여러분의 합격을 응원하는
해커스공무원의 특별 혜택

FREE 공무원 행정법 **특강**

해커스공무원(gosi.Hackers.com) 접속 후 로그인 ▶ 상단의 [무료강좌] 클릭 ▶ 좌측의 [교재 무료특강] 클릭

OMR 답안지(PDF)

해커스공무원(gosi.Hackers.com) 접속 후 로그인 ▶
상단의 [교재·서점 → 무료 학습 자료] 클릭 ▶ 본 교재의 [자료받기] 클릭

▲ 바로가기

해커스공무원 온라인 단과강의 **20% 할인쿠폰**

F3EE77D6B88FZWC3

해커스공무원(gosi.Hackers.com) 접속 후 로그인 ▶ 상단의 [나의 강의실] 클릭 ▶
좌측의 [쿠폰등록] 클릭 ▶ 위 쿠폰번호 입력 후 이용

* 등록 후 7일간 사용 가능(ID당 1회에 한해 등록 가능)

해커스 회독증강 콘텐츠 **5만원 할인쿠폰**

99F2AC8CB4AZ3SPT

해커스공무원(gosi.Hackers.com) 접속 후 로그인 ▶ 상단의 [나의 강의실] 클릭 ▶
좌측의 [쿠폰등록] 클릭 ▶ 위 쿠폰번호 입력 후 이용

* 등록 후 7일간 사용 가능(ID당 1회에 한해 등록 가능)
* 월간 학습지 회독증강 행정학/행정법총론 개별상품은 할인쿠폰 할인대상에서 제외

합격예측 **온라인 모의고사 응시권 + 해설강의 수강권**

6B3E73BE7579B2HT

해커스공무원(gosi.Hackers.com) 접속 후 로그인 ▶ 상단의 [나의 강의실] 클릭 ▶
좌측의 [쿠폰등록] 클릭 ▶ 위 쿠폰번호 입력 후 이용

* ID당 1회에 한해 등록 가능

모바일 자동 채점 + 성적 분석 서비스

교재 내 수록되어 있는 문제의 채점 및 성적 분석 서비스를 제공합니다.

* 세부적인 내용은 해커스공무원(gosi.Hackers.com)에서 확인 가능합니다.

바로 이용하기 ▶

쿠폰 이용 관련 문의 **1588-4055**

단기 합격을 위한

해커스  커리큘럼

베이스가 있다면
기본 단계부터!

문제풀이로 이론 학습을 원한다면
기출문제풀이 단계로!

START → **입문** → **기본** → **심화** →

입문

탄탄한 기본기를 위한
핵심 개념 다지기!

강의 **쌩기초 입문반**

이해하기 쉬운 개념 설명과 풍부한 연습문제 풀이로 부담 없이 기초를 다질 수 있는 강의

기본

반드시 알아야 할
개념과 이론 완성!

강의 **기본이론반**

반드시 알아야 할 기본 개념과 문제풀이 전략을 학습하여 핵심 개념 정리를 완성하는 강의

심화

고난도 개념 학습으로
응용력을 다진다!

강의 **심화이론반**

심화이론과 중·상 난이도의 문제를 함께 학습하여 고득점을 위한 발판을 마련하는 강의

단계별 교재 확인 및
수강신청은 여기서!

gosi.Hackers.com

* 커리큘럼은 과목별·선생님별로 상이할 수 있으며, 자세한 내용은 해커스공무원 사이트에서 확인하세요.

PASS

기출문제

기출문제풀이 훈련으로
취약영역을 보완한다!

강의 기출문제 풀이반

기출문제의 유형과 출제 의도를 이해하고, 본인의 취약영역을 파악 및 보완하는 강의

예상문제

예상문제풀이로
실전력을 강화한다!

강의 예상문제 풀이반

최신 출제경향을 반영한 예상 문제들을 풀어보며 실전력을 강화하는 강의

마무리

시험 직전 반드시
확인할 내용만 엄선한다!

강의 실전동형모의고사반

최신 출제경향을 완벽하게 반영한 모의고사를 풀어보며 실전 감각을 극대화하는 강의

강의 봉투모의고사반

시험 직전에 실제 시험과 동일한 형태의 모의고사를 풀어보며 실전력을 완성하는 강의

해커스공무원

神 행정법총론

실전동형모의고사 2

해커스공무원

: 들어가며

공무원 난이도에 딱 맞는 모의고사

해커스가 공무원 행정법총론 시험의 난이도 · 경향을 완벽 반영하여 만들었습니다.

얼마 남지 않은 시험까지 모의고사를 풀며 실전 감각을 유지하고 싶은 수험생 여러분을 위해, 공무원 행정법총론 시험의 최신 출제 경향을 완벽 반영한 교재를 만들었습니다.

『해커스공무원 神행정법총론 실전동형모의고사 2』를 통해 14회분 모의고사로 행정법총론 실력을 완성할 수 있습니다.

실전 감각은 하루아침에 완성할 수 있는 것이 아닙니다. 실제 시험과 동일한 형태의 모의고사를 여러 번 풀어봄으로써 정해진 시간 안에 문제가 요구하는 바를 정확하게 파악하는 연습을 해야 합니다. 『해커스공무원 神행정법총론 실전동형모의고사 2』는 실제 시험과 동일하게 회차별 20문항으로 구성된 실전동형모의고사 14회를 수록하였습니다. 이를 통해 실제 시험과 가장 유사한 형태로 실전에 철저히 대비할 수 있습니다. 또한 상세한 해설을 통해 공무원 행정법총론의 핵심 출제포인트를 확인할 수 있습니다.

『해커스공무원 神행정법총론 실전동형모의고사 2』는 공무원 행정법총론 시험에 최적화된 교재입니다.

제한된 시간 안에 문제 풀이는 물론 답안지까지 작성하는 훈련을 할 수 있도록 OMR 답안지를 수록하였습니다. 또한 공무원 행정법총론 기출문제 중에서 중요도가 높은 문제를 선별하여 '최종점검 기출모의고사' 3회분으로 재구성하였습니다. 시험 직전, 실전과 같은 훈련 및 최신 출제 경향의 파악을 통해 효율적인 시간 안배를 연습하고 효과적으로 학습을 마무리할 수 있습니다.

공무원 합격을 위한 여정,
해커스공무원이 여러분과 함께 합니다.

실전 감각을 키우는 모의고사

실전동형모의고사

최종점검 기출모의고사

약점 보완 해설집 [책 속의 책]

OMR 답안지 추가 제공

해커스공무원(gosi.Hackers.com) ▶ 사이트 상단의 '교재·서점' ▶ 무료 학습 자료

이 책의 특별한 구성

문제집 구성

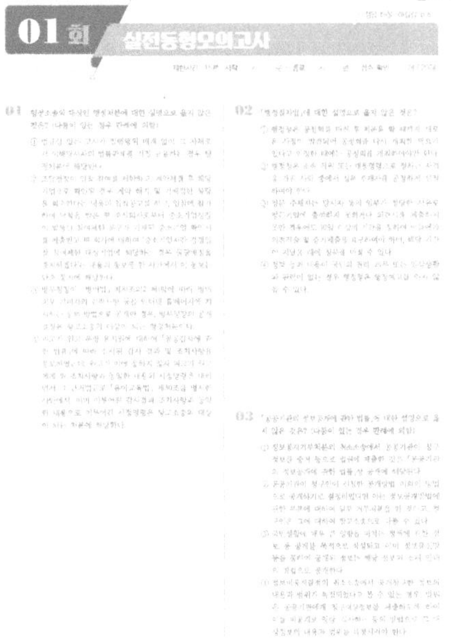

실전동형모의고사

- 공무원 행정법총론 시험과 동일한 유형의 실전동형모의고사 14회분 수록
- 15분의 제한된 문제 풀이 시간을 통해 효율적인 시간 안배 연습 가능

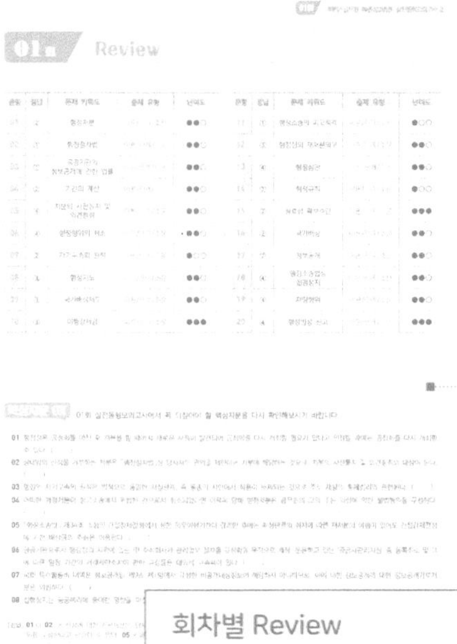

회차별 Review

- 각 회차별 정답, 키워드, 출제 유형, 난이도를 빠르게 확인 가능
- 각 회차의 주요 지문을 OX문제로 변형한 핵심지문 OX 수록

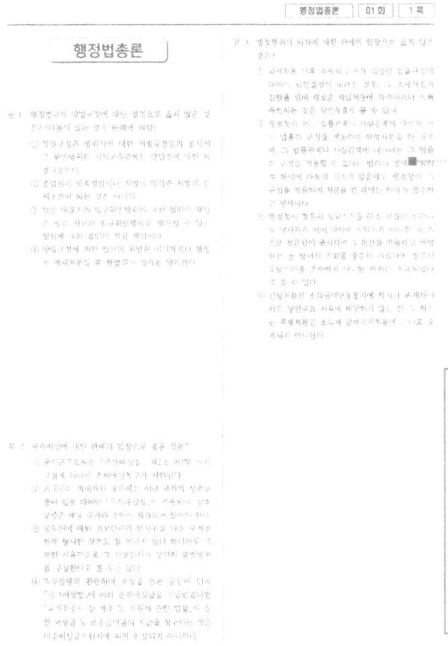

최종점검 기출모의고사

- 최근 출제된 기출문제 중 출제 가능성이 높은 문제만을 선별하여 최종점검 기출모의고사 3회분 수록
- 시험 직전 기출모의고사 풀이를 통해 최신 출제 경향을 파악하여 효과적인 학습 마무리 가능

상세한 해설

빠른 정답 확인
- 모든 문제의 정답과 단원을 표로 한눈에 확인 가능
- 빠르게 출제 단원과 정답을 확인

06

정답

01	①	Ⅳ	06	①	Ⅳ	11	③	
02	③	Ⅳ	07	②	Ⅰ	12	①	
03	③	Ⅱ	08	①	Ⅱ	13	④	
04	①	Ⅵ	09	③	Ⅰ	14	②	

취약 단원 분석표

단원	맞힌 답의 개수
Ⅰ	/3
Ⅱ	/6
Ⅲ	/1
Ⅳ	/5

취약 단원 분석표

스스로 취약한 단원을 분석하여 시험 직전에 더 학습하여야 하는 단원 확인

01 이행강제금 정답 ①

❶ [×] 이행강제금은 계고나 시정명령 없이 부과할 수 없으며 **법령으**로 정하는 바에 따라 반복적으로 이행할 때까지 부과할 수 있다.

② [O] 건축주 등이 장기간 시정명령을 이행하지 아니하였더라도, 그 기간 중에는 시정명령의 이행 기회가 제공되지 아니하였다가 뒤늦게 시정명령의 이행 기회가 제공된 경우라면, 시정명령의 이행 기회 제공을 전제로 한 1회분의 이행강제금만을 부과할 수 있고, 시정명령의 이행 기회가 제공되지 아니한 과거의 기간에 대한 이행강제금까지 한꺼번에 부과할 수는 없다. 그리고 이를 위반하여 이루어진 이행강제금 부과처분은 과거의 위반행위에 대한 제재가 아니라 행정상의 간접강제 수단이라는 이행강제금의 본질에 반하여 구 건축법 제80조 제1항, 제4항 등 법규의 중요한 부분을 위반한 것으로서, 그러한 하자는 중대할 뿐만 아니라 객관적으로도 명백하다(대판 2016.7.14. 2015두46598).

상세한 해설
- 모든 문제의 핵심 출제 키워드 제시
- 해설 학습을 통해 이론 복습의 효과를 기대할 수 있도록 모든 선지의 해설 수록

판례 이론 조문

국세환급금결정이나 그 결정을 구하는 신청에 대한 환급거부결정이 항고소송의 대상이 되는 처분인지 여부(소극)

구 국세기본법(2006.12.30. 법률 제8139호로 개정되기 전의 것) 제51조의 오납액과 초과납부액은 조세채무가 처음부터 존재하지 않거나 그 후 소멸되었음에도 불구하고 국가가 법률상 원인 없이 수령하거나 보유하고 있는 부당이득에 해당하고, 그 국세환급금결정에 관한 규정은 이미 납세의무자의 환급청구권이 확정된 국세환급금에 대하여 내부적 사무처리절차로서 과세관청의 환급절차를 규정한 것에 지나지 않고 위 규정에 의한 국세환급금결정에 의하여 비로소 환급청구권이 확정되는 것은 아니므로, 위 국세환급금결정이나 이 결정을 구하는 신청에 대한 환급거부결정은 납세의무자가 갖는 환급청구권의 존부나 범위에 구체적이고 직접적인 영향을 미치는 처분이 아니어서 항고소송의 대상이 되는 처분이라고 볼 수 없다(대판 2009.11.26. 2007두4018).

판례

문제의 이해를 돕는 판결 내용 수록

판례 이론 조문

제80조 【이행강제금】 ⑥ 허가권자는 제79조 제1항에 따라 시정명령을 받은 자가 이를 이행하면 새로운 이행강제금의 부과를 즉시 중지하되, 이미 부과된 이행강제금은 징수하여야 한다.

조문

문제 풀이에 참고하면 좋을 관련 조문 수록

이론

자주 출제되는 문제를 해결하기 위해 필요한 이론을 요약하여 제시

판례 이론 조문

취소소송에 관한 행정소송법 규정의 준용

구분	대위책임설	자기책임설
책임의 성질	공무원 개인책임이지만 국가가 대신 배상책임을 짐	국가의 기관책임이므로 국가가 배상(자기책임)
선택적 청구	×(국가가 배상책임 인수한 이상 공무원 개인에게 선택적 청구할 수 없음)	O(국가의 기관책임과 공무원 개인책임이 별도 존재하므로 선택적 청구 가능)
구상권 행사	O(원래 공무원 책임이므로 구상권 인정)	×(공무원의 행위는 국가의 행위가 되므로 구상권 부정)

실전동형 모의고사

잠깐! 실전동형모의고사 전 확인사항

실전동형모의고사도 실전처럼 문제를 푸는 연습이 필요합니다.

✔ 휴대전화는 전원을 꺼주세요.
✔ 연필과 지우개를 준비하세요.
✔ 제한시간 15분 내 최대한 많은 문제를 정확하게 풀어보세요.

매 회 실전동형모의고사 전, 위 사항을 점검하고 시험에 임하세요.

정답·해설 _해설집 p.6

01회 실전동형모의고사

제한시간: 15분 시작 시 분 ~ 종료 시 분 점수 확인 개 / 20개

01 행정소송의 대상인 행정처분에 대한 설명으로 옳지 않은 것은? (다툼이 있는 경우 판례에 의함)

① 법규성 있는 고시가 집행행위 매개 없이 그 자체로서 이해당사자의 법률관계를 직접 규율하는 경우 행정처분에 해당한다.

② 조달청장이 입찰 참여를 제한하고, 계약체결 후 해당 기업으로 확인될 경우 계약 해지 및 기배정한 물량을 회수한다는 내용의 입찰공고를 하고, 입찰에 참가하여 낙찰을 받은 甲 주식회사로부터 중소기업청장이 발행한 참여제한 문구가 기재된 중소기업 확인서를 제출받고 甲 회사에 대하여 '중소기업자간 경쟁입찰 참여제한 대상기업에 해당하는 경우 물량배정을 중지하겠다'는 내용의 통보를 한 사안에서 이 통보는 단순 통지에 해당한다.

③ 병무청장이 「병역법」 제81조의2 제1항에 따라 병역의무 기피자의 인적사항 등을 인터넷 홈페이지에 게시하는 등의 방법으로 공개한 경우, 병무청장의 공개결정은 항고소송의 대상이 되는 행정처분이다.

④ 피고가 원고 운영 유치원에 대하여 「공공감사에 관한 법률」에 따라 실시된 감사 결과 및 조치사항을 통보하였는데, 원고가 이에 응하지 않자 피고가 원고에게 위 조치사항과 동일한 내용의 시정명령을 내리면서 그 근거법규로 「유아교육법」 제30조를 명시한 사안에서, 이미 이루어진 감사결과 조치사항과 동일한 내용으로 이루어진 시정명령은 항고소송의 대상이 되는 처분에 해당한다.

02 법률유보와 법률의 위임에 대한 설명으로 옳지 않은 것은? (다툼이 있는 경우 판례에 의함)

① 자격이나 신분 등을 취득 또는 부여할 수 없거나 인가, 허가, 지정, 승인, 영업등록, 신고 수리 등을 필요로 하는 영업 또는 사업 등을 할 수 없는 사유는 법률로 정하여야 한다.

② 국가공무원인 교원의 보수에 관한 구체적인 내용(보수 체계, 보수 내용, 지급 방법 등)은 '기본적인 사항'으로서 반드시 법률의 형식으로 정해야 하는 사항이다.

③ 도시환경정비사업시행인가 신청시 요구되는 토지등 소유자의 동의정족수를 정하는 것은 법률유보 내지 의회유보의 원칙이 지켜져야 할 영역이다.

④ 헌법재판소에 따르면 법률이 자치적인 사항을 공법적 단체의 정관으로 정하도록 위임한 경우에는 포괄위임입법금지원칙이 적용되지 않는다.

03 「공공기관의 정보공개에 관한 법률」에 대한 설명으로 옳지 않은 것은? (다툼이 있는 경우 판례에 의함)

① 정보공개거부처분의 취소소송에서 공공기관이 청구정보를 증거 등으로 법원에 제출한 것은 「공공기관의 정보공개에 관한 법률」상 공개에 해당된다.

② 공공기관이 청구인이 신청한 공개방법 이외의 방법으로 공개하기로 결정하였다면 이는 정보공개방법에 관한 부분에 대하여 일부 거부처분을 한 것이고, 청구인은 그에 대하여 항고소송으로 다툴 수 있다.

③ 국민생활에 매우 큰 영향을 미치는 정책에 관한 정보 등 공개를 목적으로 작성되고 이미 정보통신망 등을 통하여 공개된 정보는 해당 정보의 소재 안내의 방법으로 공개한다.

④ 정보비공개결정의 취소소송에서 공개청구한 정보의 내용과 범위가 특정되었다고 볼 수 없는 경우, 법원은 공공기관에게 청구대상정보를 제출하도록 하여 이를 비공개로 열람·심사하는 등의 방법으로 그 대상정보의 내용과 범위를 특정시켜야 한다.

04 과징금에 대한 설명으로 옳지 않은 것은? (다툼이 있는 경우 판례에 의함)

① 과징금 부과처분은 행정목적의 달성을 위하여 행정법규 위반이라는 객관적 사실에 착안하여 가하는 제재이므로 반드시 현실적인 행위자가 아니라도 법령상 책임자로 규정된 자에게 부과되고 원칙적으로 위반자의 고의·과실을 요하지 아니한다.
② 과징금은 한꺼번에 납부하는 것을 원칙으로 하지만 과징금을 부과받은 자가 사업 여건의 악화로 사업이 중대한 위기에 처한 경우로 과징금 전액을 한꺼번에 내기 어렵다고 인정될 때에는 그 납부기한을 연기하거나 분할 납부하게 할 수 있다.
③ 구 「정보통신망 이용촉진 및 정보보호 등에 관한 법률」 제64조의3 제1항에서 부과하는 과징금은 법 위반행위에 따르는 불법적인 경제적 이익을 박탈하기 위한 부당이득환수의 성격을 가지나 위법행위에 대한 제재로서의 성격을 가지는 것은 아니다.
④ 과징금의 근거가 되는 법률에는 과징금에 관한 부과·징수 주체, 부과 사유, 상한액, 가산금을 징수하려는 경우 그 사항, 과징금 또는 가산금 체납 시 강제징수를 하려는 경우 그 사항을 명확하게 규정하여야 한다.

05 「행정절차법」상 처분의 사전통지 및 의견청취 등에 대한 설명으로 옳은 것은? (다툼이 있는 경우 판례에 의함)

① 고시의 방법으로 불특정 다수인을 상대로 권익을 제한하는 처분을 할 경우 당사자는 물론 제3자에게도 의견제출의 기회를 주어야 한다.
② 상대방의 신청을 거부하는 처분은 「행정절차법」상 당사자의 권익을 제한하는 처분에 해당하는 것으로, 처분의 사전통지 및 의견청취의 대상이 된다.
③ 처분의 사전통지 및 의견청취 등에 관한 행정절차법 규정은 「국가공무원법」상 직위해제처분에 대해서는 적용되지만, 「군인사법」상 진급선발취소처분에 대해서는 적용되지 않는다.
④ 행정청이 당사자와 사이에 도시계획사업시행 관련 협약을 체결하면서 청문 실시를 배제하는 조항을 두었더라도, 이와 같은 협약의 체결로 청문 실시 규정의 적용을 배제할 만한 법령상 규정이 없는 한, 이러한 협약이 체결되었다고 하여 청문을 실시하지 않아도 되는 예외적인 경우에 해당한다고 할 수 없다.

06 행정행위의 취소에 대한 설명으로 옳지 않은 것은? (다툼이 있는 경우 통설 및 판례에 의함)

① 변상금 부과처분에 대한 취소소송이 진행 중이라도 처분청은 위법한 처분을 스스로 취소하고 그 하자를 보완하여 다시 적법한 부과처분을 할 수 있다.
② 수익적 행정처분의 경우 상대방의 신뢰보호와 관련하여 직권취소가 제한되나 그 필요성에 대한 입증책임은 기존 이익과 권리를 침해하는 처분을 한 행정청에 있다.
③ 보건복지부장관이 어린이집에 대한 평가인증이 이루어진 이후에 새로이 발생한 사유를 들어 「영유아보육법」 제30조 제5항에 따라 평가인증을 철회하는 처분을 하면서도, 그 평가인증의 효력을 과거로 소급하여 상실시키기 위해서는, 특별한 사정이 없는 한 「영유아보육법」 제30조 제5항과는 별도의 법적 근거가 필요하다.
④ 도로관리청이 도로점용허가를 함에 있어서 특별사용의 필요가 없는 부분을 도로점용허가의 점용장소 및 점용면적으로 포함한 흠이 있고 그로 인하여 점용료 부과처분에도 흠이 있게 된 경우, 흠 있는 부분에 해당하는 점용료를 감액하는 것은 당초 처분 자체를 일부 취소하는 변경처분이 아니라 흠의 치유에 해당한다.

07 「행정절차법」의 내용으로 옳지 않은 것은? (다툼이 있는 경우 판례에 의함)

① 행정청은 처분 후 1년 이내에 당사자등이 요청하는 경우에는 청문·공청회 또는 의견제출을 위하여 제출받은 서류나 그 밖의 물건을 반환하여야 한다.
② 송달이 불가능하여 관보, 공보 등에 공고한 경우에는 다른 법령등에 특별한 규정이 있는 경우를 제외하고는 공고일부터 14일이 지난 때에 그 효력이 발생한다. 다만, 긴급히 시행하여야 할 특별한 사유가 있어 효력 발생 시기를 달리 정하여 공고한 경우에는 그에 따른다.
③ 「행정절차법」 제2조 제4호에 의하면, '당사자 등'이란 행정청의 처분에 대하여 직접 그 상대가 되는 당사자와 행정청이 직권 또는 신청에 의하여 행정절차에 참여하게 한 이해관계인을 의미하는데, 국가는 '당사자 등'에서 제외된다.
④ 처분에 관한 권리 또는 이익을 사실상 양수한 자는 행정청의 승인을 받아 당사자등의 지위를 승계할 수 있다.

08 행정지도에 대한 설명으로 옳은 것은? (다툼이 있는 경우 통설 및 판례에 의함)

① 방송통신심의위원회의 시정요구는 단순한 행정지도로서 규제적·구속적 성격을 상당히 강하게 갖는 것이라도 항고소송의 대상이 되는 공권력의 행사라고 볼 수 없다.
② 법규에 근거가 없는 행정지도에 대해서는 행정법의 일반원칙이 적용되지 아니한다.
③ 토지매매대금의 허위신고가 위법한 행정지도에 따른 것이라 하더라도 그 범법행위가 정당화되지는 않는다.
④ 행정지도의 한계 일탈로 인해 상대방에게 손해가 발생한 경우 행정기관은 손해배상책임이 없다.

09 국가배상제도에 대한 설명으로 옳은 것(○)과 옳지 않은 것(×)을 올바르게 조합한 것은? (다툼이 있는 경우 판례에 의함)

ㄱ. 공무원증 및 재직증명서 발급 업무를 담당하는 공무원이 다른 공무원의 공무원증을 위조한 행위는 그 실질이 직무행위에 속하지 아니하므로 「국가배상법」 제2조 제1항 소정의 직무집행에 해당하지 아니한다.
ㄴ. 어떠한 행정처분이 항고소송에서 위법한 것으로서 취소되었다면 이로써 당해 행정처분은 공무원의 고의 또는 과실에 의한 불법행위를 구성한다.
ㄷ. 헌법재판소는 「국가배상법」 제2조 제1항 단서를, 일반국민이 직무집행 중인 군인과의 공동불법행위로 직무집행 중인 다른 군인에게 공상을 입혀 그 피해자에게 공동의 불법행위로 인한 손해를 배상한 다음 공동불법행위자인 군인의 부담부분에 관하여 국가에 대하여 구상권을 행사하는 것을 허용하지 아니한다고 해석하는 한 헌법에 위반된다고 판단하였다.
ㄹ. 대법원은 공무원의 직무상 불법행위로 인하여 직무집행과 관련하여 피해를 입은 군인 등에 대하여 그 불법행위와 관련하여 공동불법행위책임을 지는 일반국민은 자신의 귀책부분을 초과하는 부분까지도 손해배상의무를 부담하며, 이를 전부 배상한 경우 다른 공동불법행위자인 군인의 부담부분에 관하여 국가를 상대로 구상권을 행사할 수 있다고 판단하였다.

	ㄱ	ㄴ	ㄷ	ㄹ
①	○	×	○	○
②	○	○	○	×
③	×	×	○	×
④	×	○	×	○

10 이행강제금에 대한 설명으로 옳지 않은 것은? (다툼이 있는 경우 판례에 의함)

① 건축주 등이 장기간 시정명령을 이행하지 아니하였더라도, 그 기간 중에는 시정명령의 이행 기회가 제공되지 아니하였다가 뒤늦게 시정명령의 이행 기회가 제공된 경우라면, 시정명령의 이행 기회 제공을 전제로 한 1회분의 이행강제금만을 부과할 수 있다.
② 「국토의 계획 및 이용에 관한 법률」상 토지의 이용의무 불이행에 따른 이행명령을 받은 의무자가 이행명령에서 정한 기간을 지나서 그 명령을 이행한 경우에도 이행명령 불이행에 따른 최초의 이행강제금을 부과할 수 없다.
③ 「공정거래법」에 따라 부작위의무를 명하는 이행강제금이 부과되었다면, 이행강제금이 부과되기 전에 시정조치를 이행하거나 부작위의무를 명하는 시정조치 불이행을 중단한 경우 과거의 시정조치 불이행기간에 대하여 이행강제금을 부과할 수 없다.
④ 관할청이 「농지법」에 따른 이행강제금 부과처분을 하면서 재결청에 행정심판을 청구하거나 관할 행정법원에 행정소송을 할 수 있다고 잘못 안내한 경우에도 행정법원의 항고소송 재판관할이 생긴다고 볼 수는 없다.

11 행정소송의 피고적격에 대한 설명으로 옳지 않은 것은? (다툼이 있는 경우 판례에 의함)

① 건국훈장 독립장이 수여된 망인에 대하여 사후적으로 친일행적이 확인되었다는 이유로 대통령에 의하여 망인에 대한 독립유공자서훈취소가 결정되고, 그 서훈취소에 따라 훈장 등을 환수조치하여 달라는 당시 행정안전부장관의 요청에 의하여 국가보훈처장이 망인의 유족에게 독립유공자서훈취소결정을 통보한 사안에서, 독립유공자서훈취소결정에 대한 취소소송에서의 피고적격이 있는 자는 국가보훈처장이다.
② 대리권을 수여받은 데 불과하여 그 자신의 명의로는 행정처분을 할 권한이 없는 행정청의 경우 대리관계를 밝힘이 없이 그 자신의 명의로 행정처분을 하였다면 그에 대하여는 처분명의자인 당해 행정청이 항고소송의 피고가 되어야 하는 것이 원칙이다.
③ 취소소송은 다른 법률에 특별한 규정이 없는 한 그 처분 등을 행한 행정청을 피고로 하며, 당사자소송은 국가·공공단체 그 밖의 권리주체를 피고로 한다.
④ 「국가공무원법」에 의한 처분, 기타 본인의 의사에 반한 불리한 처분이나 부작위에 관한 행정소송을 제기할 때에 대통령의 처분 또는 부작위의 경우에는 소속 장관을 피고로 한다.

12 거부처분취소판결에 따른 행정청의 재처분의무에 대한 설명으로 옳지 않은 것은? (다툼이 있는 경우 판례에 의함)

① 행정청의 재처분 내용은 판결의 취지를 존중하는 것이면 되고 반드시 원고가 신청한 내용대로 처분하여야 하는 것은 아니다.
② 거부처분 후에 법령이 개정·시행된 경우, 거부처분 취소의 확정판결을 받은 행정청이 개정된 법령을 새로운 사유로 들어 다시 거부처분을 한 경우도 재처분에 해당한다.
③ 「행정소송법」 제34조 소정의 간접강제결정에서 정한 의무이행기한이 경과한 후에는 확정판결의 취지에 따른 재처분의 이행이 있어도 간접강제결정에 기한 배상금의 추심은 허용된다.
④ 행정처분에 대하여 무효확인 판결이 내려진 경우에는 그 행정처분이 거부처분인 경우에도 행정청에 판결의 취지에 따른 재처분의무가 인정될 뿐 그에 대하여 간접강제까지 허용되는 것은 아니다.

13 음식점을 운영하는 甲은 미성년자인 乙에게 음주를 제공한 사실이 적발되어, 관련법령에 따라 A자치구의 구청장인 丙으로부터 영업정지 2개월의 처분을 받았다. 이에 甲은 A자치구를 관할로 하는 B광역시 산하의 행정심판위원회(이하 'C'라 한다)에 행정심판을 제기하고자 한다. 이에 대한 설명으로 옳지 않은 것은?

① 甲은 丙의 영업정지처분에 대하여 C에 취소심판청구 및 집행정지 신청을 할 수 있고, 이에 대해 C는 집행정지결정을 할 수 있지만 임시처분을 할 수는 없다.
② C는 甲의 심판청구서를 받은 날로부터 60일 이내에 재결을 하여야 한다.
③ C는 甲의 취소심판청구가 이유 있다고 인정하면 2개월의 영업정지처분을 1개월의 영업정지처분으로 변경하는 원처분을 할 수 있으며, 이에 불복하는 소송은 변경되어 남아있는 원처분을 대상으로 하고 피고는 丙이다.
④ C는 甲이 주장하지 아니한 사실에 대해서는 심리할 수 없다.

14 행정규칙에 대한 설명으로 옳지 않은 것은? (다툼이 있는 경우 판례에 의함)

① 상급 행정기관이 소속 공무원이나 하급 행정기관에 대하여 업무처리지침이나 법령의 해석·적용 기준을 정해 주는 행정규칙은 대외적으로 국민이나 법원을 구속하는 효력이 없다.
② 공공기관으로서 행정청의 지위에 있는 甲 주식회사가 관리업무 절차를 규정함을 목적으로 제정·운용하고 있는 '공급자관리지침' 중 등록취소 및 그에 따른 일정 기간의 거래제한조치에 관한 규정들은 대외적 구속력이 있다.
③ 행정규칙의 내용이 상위법령이나 법의 일반원칙에 반하는 것이라면 법원은 해당 행정규칙이 법질서상 부존재하는 것으로 취급하여 행정기관이 한 조치의 당부를 상위법령의 규정과 입법 목적 등에 따라서 판단하여야 한다.
④ 대외적으로 처분 권한이 있는 처분청이 상급 행정기관의 지시를 위반하는 처분을 하였다고 해서 그러한 사정만으로 처분이 곧바로 위법하게 되는 것은 아니고, 처분이 상급 행정기관의 지시를 따른 것이라고 해서 적법성이 보장되는 것도 아니다.

15 행정의 실효성 확보수단에 대한 설명으로 옳지 않은 것은? (다툼이 있는 경우 판례에 의함)

① 행정법규 위반에 대하여 가하는 제재조치는 행정목적의 달성을 위하여 행정법규 위반이라는 객관적 사실에 착안하여 가하는 제재이므로 반드시 현실적인 행위자가 아니라도 법령상 책임자로 규정된 자에게 부과되고, 특별한 사정이 없는 한 위반자에게 고의나 과실이 없더라도 부과할 수 있다.
② 위법한 행정대집행이 완료되면 그 처분의 무효확인 또는 취소를 구할 소의 이익은 없다 하더라도 미리 그 행정처분의 취소판결이 있어야만 그 행정처분의 위법임을 이유로 한 손해배상청구를 할 수 있다.
③ 구 「공공용지의 취득 및 보상에 관한 특례법」에 의한 협의취득시 건물소유자가 협의취득대상 건물에 대하여 약정한 철거의무는 별도의 규정이 없는 한 행정대집행의 방법으로 강제이행할 수 없다.
④ 제1차로 창고건물의 철거 및 하천부지에 대한 원상복구명령을 하였음에도 불구하고 이에 불응하므로 대집행계고를 하면서 다시 자진철거 및 토사를 반출하여 하천부지를 원상복구할 것을 명한 경우, 대집행계고서에 기재된 자진철거 및 원상복구명령은 취소소송의 대상이 되는 독립한 행정처분이라 할 수 없다.

16 국가배상에 대한 판례의 입장으로 옳은 것을 모두 고르면?

ㄱ. 국가의 철도운행사업과 관련하여 발생한 사고로 인한 손해배상청구의 경우 그 사고에 공무원이 간여하였다고 하더라도 「국가배상법」이 아니라 「민법」이 적용되어야 하지만, 철도시설물의 설치 또는 관리의 하자로 인한 손해배상청구의 경우에는 「국가배상법」이 적용된다.
ㄴ. 「국가배상법」 제2조 소정의 '법령을 위반하여'라고 함은 인권존중·권력남용금지·신의성실과 같이 공무원으로서 마땅히 지켜야 할 준칙이나 규범을 지키지 아니하고 위반한 경우를 말하며, 널리 그 행위가 객관적인 정당성을 결여하고 있는 경우는 포함되지 않는다.
ㄷ. 공무원에 대한 전보인사가 법령이 정한 기준과 원칙에 위배되거나 인사권을 부적절하게 행사한 것이라면 그 전보인사는 당연히 당해 공무원에 대한 관계에서 손해배상책임이 인정되는 불법행위를 구성한다.
ㄹ. 구치소 등 교정시설에 수용된 후 출소한 甲 등이 혼거실 등에 과밀수용되어 정신적, 육체적 고통을 겪었다고 주장하며 국가를 상대로 위자료 지급을 구한 사안에서, 수용자 1인당 도면상 면적이 2㎡ 미만인 거실에 수용되었는지를 위법성 판단의 기준으로 삼아 甲 등에 대한 국가배상책임을 인정한다.

① ㄱ, ㄴ　　② ㄱ, ㄹ
③ ㄴ, ㄷ　　④ ㄱ, ㄴ, ㄹ

17 「개인정보 보호법」상 개인정보에 대한 설명으로 옳지 않은 것은? (다툼이 있는 경우 판례에 의함)

① 개인정보처리자의 고의 또는 중대한 과실로 인하여 개인정보가 분실·도난·유출·위조·변조 또는 훼손된 경우로서 정보주체에게 손해가 발생한 때에는 법원은 그 손해액의 3배를 넘지 아니하는 범위에서 손해배상액을 정할 수 있다.
② 분쟁조정위원회는 조정안을 작성하면 지체 없이 각 당사자에게 제시하여야 하고, 조정안을 제시받은 당사자가 제시받은 날부터 15일 이내에 수락 여부를 알리지 아니하면 조정을 수락한 것으로 본다.
③ 개인정보자기결정권의 보호대상이 되는 개인정보는 반드시 개인의 내밀한 영역이나 사사(私事)의 영역에 속하는 정보에 국한되지 않고 공적 생활에서 형성되었거나 이미 공개된 정보까지 포함한다.
④ 자신의 개인정보를 열람한 정보주체는 개인정보처리자에게 그 개인정보의 정정 또는 삭제를 요구할 수 있지만 다른 법령에서 그 개인정보가 수집 대상으로 명시되어 있는 경우에는 그 삭제를 요구할 수 없다.

18 「행정소송법」상 집행정지에 대한 설명으로 옳지 않은 것은? (다툼이 있는 경우 판례에 의함)

① 「행정소송법」 제23조 제1항은 "취소소송의 제기는 처분 등의 효력이나 그 집행 또는 절차의 속행에 영향을 주지 아니한다."라고 규정하여 집행부정지원칙을 규정하고 있으며, 이는 남소를 방지하고 행정의 실효성 확보를 위한 것이다.
② 제약회사의 경제적 손실, 기업 이미지 및 신용의 훼손은 「행정소송법」 제23조 제2항 소정의 집행정지의 요건인 '회복하기 어려운 손해'에 해당하지 않는다.
③ 집행정지는 공공복리에 중대한 영향을 미칠 우려가 있을 때에는 허용되지 아니한다.
④ 집행정지의 결정 또는 기각의 결정에 대하여는 즉시항고할 수 있으며, 이 경우 집행정지의 결정에 대한 즉시항고에는 결정의 집행을 정지하는 효력이 있다.

19 행정재량에 대한 설명으로 옳지 않은 것은? (다툼이 있는 경우 판례에 의함)

① 토지의 형질변경행위를 수반하는 건축허가는 「건축법」에 의한 건축허가와 「국토의 계획 및 이용에 관한 법률」에 의한 개발행위허가의 성질을 아울러 갖게 되므로 재량행위에 해당한다.
② 개발제한구역 내에서는 구역지정의 목적상 건축물의 건축 및 공작물의 설치 등 개발행위가 원칙적으로 금지되고 예외적으로 허가에 의하여 그러한 행위를 할 수 있게 되어 있으므로 그 허가는 재량행위에 속한다.
③ 「국토의 계획 및 이용에 관한 법률」의 규정에 의한 토지의 형질변경허가는 그 금지요건이 불확정개념으로 규정되어 있어 그 금지요건에 해당하는지 여부를 판단함에 있어서 행정청에게 재량권이 부여되어 있다고 할 것이므로 재량행위에 속한다.
④ 건축허가권자는 건축허가신청이 「건축법」 등 관계 법규에서 정하는 어떠한 제한에 배치되지 않는 이상 중대한 공익상의 필요가 있더라도 관계 법령에서 정하는 제한사유 이외의 사유를 들어 요건을 갖춘 자에 대한 허가를 거부할 수는 없다.

20 「공공기관의 정보공개에 관한 법률」상 정보공개에 대한 설명으로 옳지 않은 것은? (다툼이 있는 경우 판례에 의함)

① 정보공개위원회는 행정안전부장관 소속이며, 위원회는 성별을 고려하여 위원장과 부위원장 각 1명을 포함한 11명의 위원으로 구성한다.
② 직무를 수행한 공무원의 성명·직위는 사생활의 비밀 또는 자유를 침해할 우려가 있다고 인정되는 정보이므로 비공개 대상 정보이다.
③ 공개청구의 대상이 되는 정보가 이미 인터넷 등을 통하여 공개되어 인터넷검색 등을 통하여 쉽게 알 수 있다는 사정만으로는 소의 이익이 없다거나 비공개결정이 정당화될 수 없다.
④ 공공기관이 공개청구의 대상이 된 정보를 공개는 하되, 청구인이 신청한 공개방법 이외의 방법으로 공개하기로 하는 결정을 하였다면, 이는 정보공개청구 중 정보공개방법에 관한 부분에 대하여 일부 거부처분을 한 것이다.

01회 Review

문항	정답	문제 키워드	출제 유형	난이도
01	②	행정처분	이론/판례/조문	●●○
02	②	법률유보	이론/판례/조문	●●○
03	①	공공기관의 정보공개에 관한 법률	이론/판례/조문	●●○
04	③	과징금	이론/판례/조문	●●○
05	④	처분의 사전통지 및 의견청취	이론/판례/조문	●●○
06	④	행정행위의 취소	이론/판례/조문	●●○
07	③	행정절차법	이론/판례/조문	●●○
08	③	행정지도	이론/판례/조문	●●○
09	③	국가배상제도	이론/판례/조문	●●○
10	③	이행강제금	이론/판례/조문	●●●
11	①	행정소송의 피고적격	이론/판례/조문	●○○
12	③	행정청의 재처분의무	이론/판례/조문	●●○
13	④	행정심판	이론/판례/조문	●●○
14	②	행정규칙	이론/판례/조문	●○○
15	②	실효성 확보수단	이론/판례/조문	●●●
16	②	국가배상	이론/판례/조문	●●○
17	①	개인정보 보호법	이론/판례/조문	●●○
18	④	행정소송법상 집행정지	이론/판례/조문	●●○
19	④	재량행위	이론/판례/조문	●●○
20	②	정보공개법	이론/판례/조문	●●○

핵심지문 OX

01회 실전동형모의고사에서 꼭 되짚어야 할 핵심지문을 다시 확인해보시기 바랍니다.

01 국가공무원인 교원의 보수에 관한 구체적인 내용(보수 체계, 보수 내용, 지급 방법 등)은 '기본적인 사항'으로서 반드시 법률의 형식으로 정해야 하는 사항이다. (　　)

02 과징금 부과처분은 행정목적의 달성을 위하여 행정법규 위반이라는 객관적 사실에 착안하여 가하는 제재이므로 반드시 현실적인 행위자가 아니라도 법령상 책임자로 규정된 자에게 부과되고 원칙적으로 위반자의 고의·과실을 요하지 아니한다. (　　)

03 상대방의 신청을 거부하는 처분은 「행정절차법」상 당사자의 권익을 제한하는 처분에 해당하는 것으로, 처분의 사전통지 및 의견청취의 대상이 된다. (　　)

04 행정청은 처분 후 1년 이내에 당사자등이 요청하는 경우에는 청문·공청회 또는 의견제출을 위하여 제출받은 서류나 그 밖의 물건을 반환하여야 한다. (　　)

05 어떠한 행정처분이 항고소송에서 위법한 것으로서 취소되었다면 이로써 당해 행정처분은 공무원의 고의 또는 과실에 의한 불법행위를 구성한다. (　　)

06 「행정소송법」 제34조 소정의 간접강제결정에서 정한 의무이행기한이 경과한 후에는 확정판결의 취지에 따른 재처분의 이행이 있어도 간접강제결정에 기한 배상금의 추심은 허용된다. (　　)

07 공공기관으로서 행정청의 지위에 있는 甲 주식회사가 관리업무 절차를 규정함을 목적으로 제정·운용하고 있는 '공급자관리지침' 중 등록취소 및 그에 따른 일정 기간의 거래제한조치에 관한 규정들은 대외적 구속력이 있다. (　　)

08 집행정지는 공공복리에 중대한 영향을 미칠 우려가 있을 때에는 허용되지 아니한다. (　　)

[정답] **01** × 반드시 법률의 형식으로만 정해야 하는 '기본적인 사항'이라고 보기는 어렵고, 이를 행정부의 하위법령에 위임하는 것은 불가피하다. **02** ○ **03** × 신청에 대한 거부처분은 '당사자의 권익을 제한하는 처분'에 해당한다고 할 수 없어 처분의 사전통지 대상이 아니다. **04** ○ **05** × 불법행위를 구성한다고 단정할 수 없다. **06** × 배상금을 추심하는 것은 허용되지 않는다. **07** × 대외적 구속력이 없다. **08** ○

정답·해설 _해설집 p.17

02회 실전동형모의고사

제한시간: 15분 시작 시 분 ~ 종료 시 분 점수 확인 개 / 20개

01 과징금에 대한 설명으로 옳지 않은 것은? (다툼이 있는 경우 판례에 의함)

① 초기에는 의무위반으로 취득한 경제적 이익을 박탈하기 위한 행정상 제재수단으로 도입되었으나 최근에는 영업정지에 갈음하여 부과되는 형태로 많이 활용되고 있다.
② 과징금은 한꺼번에 납부하는 것이 원칙이나 행정청은 과징금을 부과받은 자가 재해 등으로 재산에 현저한 손실을 입어 전액을 한꺼번에 내기 어렵다고 인정될 때에는 그 납부기한을 연기하거나 분할납부하게 할 수 있다.
③ 과징금의 액수가 위반행위의 내용에 비해 과중하여 사회통념상 현저하게 타당성을 잃은 경우라도 그러한 과징금 부과처분이 재량권을 일탈·남용하여 위법하다고 볼 수는 없다.
④ 금전상 제재인 과징금은 법령이 규정한 범위 내에서 그 부과처분 당시까지 부과관청이 확인한 사실을 기초로 일의적으로 확정되어야 할 것이지, 추후에 부과금 산정기준이 되는 새로운 자료가 나왔다고 하여 새로운 부과처분을 할 수 있는 것은 아니다.

02 항고소송의 대상인 처분 등에 대한 설명으로 옳지 않은 것은? (다툼이 있는 경우 판례에 의함)

① 국민권익위원회가 소방청장에게 인사와 관련하여 부당한 지시를 한 사실이 인정된다며 이를 취소할 것을 요구하기로 의결하고 그 내용을 통지하자 소방청장이 국민권익위원회 조치요구의 취소를 구하는 소송을 제기한 사안에서, 이는 정부조직 내에서 당부를 판단하여야 할 사항이므로 처분성이 부정된다.
② 행정안전부장관이나 시·도지사의 분쟁조정결정에 대하여는 후속의 이행명령을 기다려 대법원에 이행명령을 다투는 소를 제기한 후 그 사건에서 이행의무의 존부와 관련하여 분쟁조정결정의 위법까지 함께 다투는 것이 가능할 뿐이다.
③ 총포·화약안전기술협회의 '회비납부통지'는 항고소송의 대상이 되는 처분에 해당한다.
④ 조달청의 국가종합전자조달시스템인 나라장터 종합쇼핑몰에 거래정지조치는 행정처분에 해당한다.

03 행정상 강제집행에 대한 설명으로 옳지 않은 것은? (다툼이 있는 경우 판례에 의함)

① 국유 일반재산인 대지에 대한 대부계약이 해지되어 국가가 원상회복으로 지상의 시설물을 철거하려는 경우, 「행정대집행법」에 따라 대집행을 하여야 하고 민사소송의 방법으로 시설물의 철거를 구하는 것은 허용되지 않는다.
② 국유 일반재산의 대부료 징수에 관하여 국세 체납처분의 예에 따른 간이하고 경제적인 특별한 구제절차가 마련되어 있으므로, 특별한 사정이 없는 한 민사소송으로 일반재산의 대부료 지급을 구하는 것은 허용되지 않는다.
③ 건축주 등이 장기간 시정명령을 이행하지 아니하였으나 그 기간 중에 시정명령의 이행 기회가 제공되지 아니하였다가 뒤늦게 이행 기회가 제공된 경우, 이행 기회가 제공되지 아니한 과거의 기간에 대한 이행강제금까지 한꺼번에 부과하였다면 그러한 이행강제금 부과처분은 하자가 중대·명백하여 당연무효이다.
④ 「건축법」상 이행강제금은 의무자에게 심리적 압박을 주어 시정명령에 따른 의무이행을 간접적으로 강제하는 강제집행수단이 아니라 시정명령의 불이행이라는 과거의 위반행위에 대한 금전적 제재에 해당한다.

04 당사자소송의 대상에 해당하는 것을 모두 고르면? (다툼이 있는 경우 판례에 의함)

> ㄱ. 구 「공익사업을 위한 토지 등의 취득 및 보상에 관한 법률」에 의한 주거이전비 보상 청구
> ㄴ. 재개발조합 조합원의 자격 인정 여부에 관한 다툼
> ㄷ. 폐광대책비의 일종으로 폐광된 광산에서 업무상 재해를 입은 근로자에게 지급하는 재해위로금의 지급 청구
> ㄹ. 부가가치세법령상 확정된 부가가치세의 환급세액의 지급 청구

① ㄱ
② ㄱ, ㄷ
③ ㄱ, ㄴ, ㄹ
④ ㄱ, ㄴ, ㄷ, ㄹ

05 무효등 확인소송에 대한 설명으로 옳지 않은 것은? (다툼이 있는 경우 판례에 의함)

① 행정처분의 무효확인소송 계속 중 처분청이 다툼의 대상이 되는 행정처분을 직권으로 취소한 경우, 그 처분을 대상으로 한 항고소송이 적법하다.
② 일반적으로 행정처분의 무효확인을 구하는 소에는 원고가 그 처분의 취소를 구하지 아니한다고 밝히지 아니한 이상 그 처분이 만약 당연무효가 아니라면 그 취소를 구하는 취지도 포함되어 있는 것으로 보아야 한다.
③ 무효등 확인소송의 보충성이 요구되는 것은 아니므로 행정처분의 유·무효를 전제로 한 이행소송 등과 같은 직접적인 구제수단이 있는지 여부를 따질 필요가 없다.
④ 무효확인소송의 제기 전에 이미 처분의 위법을 이유로 국가배상청구소송을 제기하였다면 수소법원은 국가배상청구소송을 무효확인소송이 계속된 법원으로 이송·병합할 수 있다.

06 위헌·위법인 법령에 근거한 행정처분의 효력에 대한 설명으로 옳은 것은? (다툼이 있는 경우 판례에 의함)

① 행정처분 이후에 처분의 근거법령에 대하여 헌법재판소 또는 대법원이 위헌 또는 위법하다는 결정을 하게 되면, 당해 처분은 법적 근거가 없는 처분으로 하자 있는 처분이고 그 하자는 중대한 것으로 당연무효이다.
② 헌법재판소의 위헌결정의 효력은 위헌제청을 한 당해 사건은 물론 위헌제청신청은 아니하였지만 당해 법률 또는 법률의 조항이 재판의 전제가 되어 법원에 계속 중인 사건에도 미친다.
③ 처분이 있은 후에 근거법률이 위헌으로 결정된 경우, 그 법률을 적용한 공무원에게 고의 또는 과실이 있었다고 단정할 수 있다.
④ 대법원은 조세 부과의 근거가 되었던 법률규정이 그 후 위헌으로 선언된 경우라도 위헌법률의 집행력을 배제하는 명문의 규정이 없는 이상 위헌결정 이후에 조세채권의 집행을 위한 새로운 체납처분에 착수하거나 이를 속행하더라도 이를 위법하다고 볼 수 없다는 입장이다.

07 행정행위의 하자에 대한 설명으로 옳지 않은 것은? (다툼이 있는 경우 판례에 의함)

① 기존사업자와 신규사업자 사이에 명칭 사용 허락과 관련하여 민사상 분쟁이 있는 경우에는 이를 이유로 등록관청이 신규사업자의 신문 등록을 직권으로 취소·철회할 수 없다.
② 치유의 대상이 되는 하자는 절차상 하자 및 형식의 하자만이 가능하고 내용상의 하자의 치유는 인정되지 않는다.
③ 피심인의 방어권 행사에 실질적으로 지장이 초래되었다고 볼 수 없는 예외적인 경우에 해당한다고 할지라도 공정거래위원회가 첨부자료의 제공 또는 열람·복사를 거절하였다면 공정거래위원회의 심의·의결은 절차적 하자로 인하여 취소되어야 한다.
④ 점용료 부과처분에 취소사유에 해당하는 흠이 있는 경우 도로관리청으로서는 당초 처분 자체를 취소하고 흠을 보완하여 새로운 부과처분을 하거나, 흠 있는 부분에 해당하는 점용료를 감액하는 처분을 할 수 있을 뿐 흠 있는 행정행위의 치유는 원칙적으로 허용되지 않는다.

08 행정벌에 대한 설명으로 옳지 않은 것은? (다툼이 있는 경우 판례에 의함)

① 과태료를 부과하는 근거 법령이 개정되어 행위시의 법률에 의하면 과태료 부과대상이었지만 재판시의 법률에 의하면 부과대상이 아니게 된 때에는 특별한 사정이 없는 한 과태료를 부과할 수 없다.
② 행정청에 의해 부과된 과태료는 질서위반행위가 종료된 날(다수인이 질서위반행위에 가담한 경우에는 최종행위가 종료된 날을 말한다)부터 5년간 징수하지 아니하거나 집행하지 아니하면 시효로 인하여 소멸한다.
③ 경찰서장이 범칙행위에 대하여 통고처분을 한 이상, 범칙자의 위와 같은 절차적 지위를 보장하기 위하여 통고처분에서 정한 범칙금 납부기간까지는 원칙적으로 경찰서장은 즉결심판을 청구할 수 없다.
④ 법령이 특정한 행정기관 등으로 하여금 다른 행정기관을 상대로 제재적 조치를 취할 수 있도록 하면서, 그에 따르지 않으면 그 행정기관에 대하여 과태료를 부과하거나 형사처벌을 할 수 있도록 정하는 경우, 제재적 조치의 상대방인 행정기관 등에게 항고소송 원고로서의 당사자능력과 원고적격을 인정할 수 있다.

09 손실보상에 대한 설명으로 옳은 것(○)과 옳지 않은 것(×)을 올바르게 조합한 것은? (다툼이 있는 경우 판례에 의함)

ㄱ. 공익사업의 시행자가 해당 공익사업을 수행할 의사와 능력을 상실하였음에도 사업인정에 기하여 수용권을 행사하는 것은 수용권의 남용에 해당한다.
ㄴ. 개성공단 전면 중단조치에 의한 영업중단으로 인해 발생하는 영업상 손실이나 주식 등 권리의 가치하락으로 인한 손실은 헌법 제23조의 재산권보장의 범위에 속한다.
ㄷ. 개발제한구역의 지정으로 인한 개발가능성의 소멸과 그에 따른 지가의 하락은 토지소유자가 감수하여야 하는 사회적 제약의 범주에 속한다.
ㄹ. 공익사업의 시행자는 해당 공익사업의 성격 등 제반 사정을 고려하여 관련 법이 정한 이주대책대상자를 포함하여 그 밖의 이해관계인에게까지 대상자를 넓혀 이주대책수립 등을 시행할 수 있다.

	ㄱ	ㄴ	ㄷ	ㄹ
①	○	×	○	×
②	○	×	○	○
③	○	×	×	○
④	×	○	○	○

10 행정처분의 하자에 대한 설명으로 옳은 것은? (다툼이 있는 경우 판례에 의함)

① 성희롱 혐의로 공무원을 해임하면서 징계절차에서 피해자 실명 등을 구체적으로 밝히지 않았더라도 징계대상자가 피해자가 누구인지 등을 충분히 알 수 있을 정도로 징계혐의사실이 특정됐다면 절차상 하자로 볼 수 없다.
② 토지구획정리사업 시행 후 시행인가처분의 하자가 취소사유에 불과하더라도 사업 시행 후 시행인가처분의 하자를 이유로 환지청산금 부과처분의 효력을 다툴 수 있다.
③ 행정처분에 있어 여러 개의 처분사유 중 일부가 적법하지 않으면 다른 처분사유로써 그 처분의 정당성이 인정된다고 하더라도, 그 처분은 위법하게 된다.
④ 선행처분인 개별공시지가결정이 위법하여 그에 기초한 개발부담금 부과처분도 위법하게 되었지만 그 후 적법한 절차를 거쳐 공시된 개별공시지가결정이 종전의 위법한 공시지가결정과 그 내용이 동일하다면 위법한 개별공시지가 결정에 기초한 개발부담금 부과처분은 적법하게 된다.

11 다음 사례에 대한 설명으로 옳지 않은 것은? (다툼이 있는 경우 판례에 의함)

> 甲이 A시에 공장을 설립하였는데 그 공장이 들어선 이후로 공장 인근에 거주하는 주민들에게 중한 피부질환과 호흡기질환이 발생하였다. 환경운동실천시민단체와 주민들은 역학조사를 실시하였고 그 결과에 따라 甲의 공장에서 배출되는 매연물질과 오염물질이 주민들에게 발생한 질환의 원인이라고 판단하고 있다. 주민들은 규제권한이 있는 A시장에게 甲의 공장에 대해 개선조치를 해줄 것을 요청하였으나, A시장은 상당한 기간이 지나도록 아무런 조치를 취하지 않고 있다.

① 관계 법령에서 A시장에게 일정한 조치를 취하여야 할 작위의무를 규정하고 있지 않더라도 甲의 공장에서 나온 매연물질과 오염물질로 인해 질환을 앓게 된 주민들이 많고 그 정도가 심각하여 주민들의 생명, 신체에 가해지는 위험이 절박하고 중대하다고 인정된다면 A시장에게 그러한 위험을 배제하는 조치를 하여야 할 작위의무를 인정할 수 있다.
② 개선조치를 요청한 주민이 A시장을 상대로 개선조치를 해달라는 행정쟁송을 하고자 할 때 가능한 쟁송 유형으로 의무이행심판은 가능하나 의무이행소송은 허용되지 않는다.
③ 甲의 공장에서 배출된 물질 때문에 피해를 입은 주민이 A시장의 부작위를 원인으로 하여 국가배상을 청구한 경우에 국가배상책임이 인정되기 위해서는 A시장의 작위의무위반이 인정되면 충분하고, A시장이 그와 같은 결과를 예견하여 그 결과를 회피하기 위한 조치를 취할 수 있는 가능성까지 인정되어야 하는 것은 아니다.
④ 부작위위법확인소송에서 A시장의 부작위의 위법성은 사실심변론종결시를 기준으로 판단하며, 부작위가 위법하다고 확인한 인용판결이 확정되어도 A시장의 부작위를 원인으로 한 국가배상소송에서 A시장의 부작위가 고의 또는 과실에 의한 불법행위를 구성한다는 점이 곧바로 인정되는 것은 아니다.

12 항고소송의 대상인 처분에 대한 설명으로 옳지 않은 것은? (다툼이 있는 경우 판례에 의함)

① 국회의원에 대한 징계처분에 대하여는 헌법 제64조 제4항이 법원에 제소할 수 없다고 규정하고 있으므로 행정소송의 대상이 되지 아니하나, 그러한 특별한 규정이 없는 지방의회의원에 대한 징계의결은 항고소송의 대상이 된다.

② 근로복지공단이 사업주에 대하여 하는 '개별 사업장의 사업종류 변경결정'만으로는 사업주의 권리·의무에 직접적인 변동이나 불이익이 발생한다고 볼 수 없고, 국민건강보험공단이 보험료 부과처분을 함으로써 비로소 사업주에게 현실적인 불이익이 발생하게 되므로, 위 사업종류 변경결정은 항고소송의 대상이 되는 처분에 해당하지 않는다.

③ 법무부장관의 입국금지결정이 공식적인 방법으로 외부에 표시된 것이 아니라 단지 그 정보를 내부전산망인 '출입국관리정보시스템'에 입력하여 관리한 것에 지나지 않는 경우라면, 위 입국금지결정은 항고소송의 대상이 될 수 있는 처분에 해당하지 않는다.

④ 공기업·준정부기관이 법령 또는 계약에 근거하여 선택적으로 입찰참가자격 제한 조치를 할 수 있는 경우, 계약상대방에 대한 입찰참가자격 제한 조치가 법령에 근거한 행정처분인지 아니면 계약에 근거한 권리행사인지는 원칙적으로 의사표시 해석의 문제이다.

13 행정행위의 효력에 대한 설명으로 옳은 것은? (다툼이 있는 경우 판례에 의함)

① 운전면허취소처분이 행정쟁송절차에 의하여 취소되었다면, 그 처분은 단지 장래에 향하여서만 효력을 잃게 된다.

② 위법한 행정대집행이 완료되면 계고처분의 취소를 구할 소의 이익은 없다 하더라도, 미리 그 처분의 취소판결이 있어야만 그 처분의 위법임을 이유로 한 손해배상청구를 할 수 있는 것은 아니다.

③ 행정처분이 불복기간의 경과로 인하여 확정될 경우 그 확정력에는 판결에 있어서와 같은 기판력이 인정되고 법원은 이에 기속되어 모순되는 판단을 할 수 없다.

④ 행정행위의 불가변력은 당해 행정행위에 대하여 인정될 뿐만 아니라, 동종의 행정행위라면 그 대상을 달리하더라도 이를 인정할 수 있다.

14 국가배상에 대한 설명으로 옳은 것은? (다툼이 있는 경우 판례에 의함)

① '민간인 집단 희생사건'이나 '중대한 인권침해사건·조작의혹사건'에서 공무원의 위법한 직무집행으로 입은 손해에 대한 배상을 청구하는 소송이 위헌결정 당시까지 법원에 계속되어 있는 경우에도 손해배상청구권에 대해서는 「민법」에 따른 '객관적 기산점을 기준으로 하는 소멸시효'는 적용된다.

② 甲이 하사로 임관하여 해군교육사령부 정보통신학교 등에서 교육을 받고 함선에서 근무하던 중 자살한 사안에서, 甲이 해군교육사령부에서 받은 인성검사에서 '부적응, 관심, 자살예측'이라는 결과가 나왔음에도 「자살예방 및 생명존중문화조성을 위한 법률」 및 장병의 자살예방 대책과 관련한 부대관리훈령 등에 따른 자살우려자 식별과 신상파악 등의 조치가 이루어지지 아니한 사정 등을 이유로 국가배상을 인정할 수는 없다.

③ 해군본부가 해군 홈페이지 자유게시판에 게시된 '제주해군기지 건설사업에 반대하는 취지의 항의글' 100여 건을 삭제하는 조치를 취하자, 항의글을 게시한 甲 등이 국가를 상대로 손해배상을 구한 사안에서, 위 삭제 조치가 객관적 정당성을 상실한 위법한 직무집행에 해당한다고 보기 어렵다.

④ 담당공무원이 농지가 원소유자의 소유로 환원되었음을 제대로 확인하지 않은 채 제3자에게 농지를 처분한 다음 소유권보존등기를 하고 소유권이전등기를 해줌으로써 제3자의 등기부취득시효가 완성되었다 하더라도 이것만으로는 공무원의 고의 또는 과실에 의한 위법행위라고 할 수는 없다.

15 신뢰보호의 원칙에 대한 설명으로 옳지 않은 것은? (다툼이 있는 경우 판례에 의함)

① 과세관청이 납세의무자에게 부가가치세 면세사업자용 사업자등록증을 교부한 행위는 부가가치세를 과세하지 아니함을 시사하는 언동이나 공적인 견해를 표명한 것으로 볼 수 있다.
② 폐기물처리업 사업계획에 대하여 적정통보를 한 것만으로 그 사업부지 토지에 대한 국토이용계획변경신청을 승인하여 주겠다는 취지의 공적인 견해표명을 한 것으로 볼 수 없다.
③ 행정청이 상대방에게 장차 어떤 처분을 하겠다고 공적인 의사표명을 하였다고 하더라도, 공적인 의사표명이 있은 후에 사실적·법률적 상태가 변경되었다면, 그와 같은 공적인 의사표명은 행정청의 별다른 의사표시를 기다리지 않고 실효된다.
④ 동일한 사유에 관하여 보다 무거운 면허취소처분을 하기 위하여 이미 행하여진 가벼운 면허정지처분을 취소하는 것은 선행처분에 대한 당사자의 신뢰 및 법적 안정성을 크게 저해하는 것이 되어 허용될 수 없다.

16 과징금에 대한 설명으로 옳은 것은? (다툼이 있는 경우 판례에 의함)

① 과징금은 원칙적으로 행위자의 고의·과실이 있는 경우에 부과한다.
② 과징금부과처분의 기준을 규정하고 있는 구 「청소년보호법 시행령」 제40조 [별표 6]은 행정규칙의 성질을 갖는다.
③ 부과관청이 추후에 부과금 산정 기준이 되는 새로운 자료가 나올 경우 과징금액이 변경될 수도 있다고 유보하며 과징금을 부과하였다면, 새로운 자료가 나온 것을 이유로 새로이 부과처분을 할 수 있다.
④ 공정거래위원회가 부당한 공동행위에 대한 시정명령 및 과징금 부과와 자진신고 감면 여부를 분리 심리하여 별개로 의결한 다음 과징금 등 처분과 별도의 처분서로 감면기각처분을 한 경우, 처분의 상대방은 각 처분에 대하여 함께 또는 별도로 불복할 수 있다.

17 정보공개에 대한 판례의 입장으로 옳은 것은?

① 지방자치단체의 업무추진비 세부항목별 집행내역 및 그에 관한 증빙서류에 포함된 개인에 관한 정보는 공공기관의 정보공개에 관한 법률 소정의 '공개하는 것이 공익을 위하여 필요하다고 인정되는 정보'에 해당하여 공개대상이 된다.
② 학교환경위생구역 내 금지행위(숙박시설) 해제결정에 관한 학교환경위생정화위원회의 회의록에 기재된 발언내용에 대한 해당 발언자의 인적사항 부분에 관한 정보는 공공기관의 정보공개에 관한 법률 소정의 비공개대상정보에 해당하지 않는다.
③ 정보공개를 청구한 목적이 손해배상소송에 제출할 증거자료를 획득하기 위한 것이었고 그 소송이 이미 종결되었다면, 그러한 정보공개청구는 권리남용에 해당한다.
④ 통일에 관한 사항으로서 공개될 경우 국가의 중대한 이익을 현저히 해칠 우려가 있다고 인정되는 정보는 비공개대상정보에 해당한다.

18 부작위위법확인소송에 대한 설명으로 옳지 않은 것은? (다툼이 있는 경우 판례에 의함)

① 부작위위법확인의 소는 행정청이 당사자의 법규상 또는 조리상의 권리에 기한 신청에 대하여 상당한 기간 내에 그 신청을 인용하는 적극적 처분 또는 각하하거나 기각하는 등의 소극적 처분을 하여야 할 법률상의 응답의무가 있음에도 불구하고 이를 하지 아니하는 경우에 그 부작위가 위법하다는 것을 확인함으로써 행정청의 응답을 신속하게 하여 부작위 또는 무응답이라고 하는 소극적인 위법상태를 제거하는 것을 목적으로 하는 제도이다.
② 행정청이 행한 공사중지명령의 상대방이 그 명령 이후에 그 원인사유가 소멸하였음을 들어 공사중지명령의 철회를 신청하였으나 행정청이 아무런 응답을 하지 않고 있는 경우 행정청의 부작위는 그 자체로 위법하다.
③ 부작위의 직접 상대방이 아닌 제3자라 하여도 당해 행정처분의 부작위위법확인을 구할 법률상의 이익이 있는 경우에는 원고적격이 인정된다.
④ 부작위위법확인소송에 대해서는 「행정소송법」상 처분변경으로 인한 소의 변경에 관한 규정이 준용된다.

19 행정소송의 대상인 행정처분에 대한 설명으로 옳지 않은 것은? (다툼이 있는 경우 판례에 의함)

① 재단법인 한국연구재단이 甲 대학교 총장에게 연구개발비의 부당집행을 이유로 두뇌한국(BK)21 사업 협약을 해지하고 연구팀장 乙에 대한 대학 자체징계를 요구한 것은 항고소송의 대상인 행정처분에 해당하지 않는다.

② 「교육공무원법」상 승진후보자 명부에 의한 승진심사 방식으로 행해지는 승진임용에서 승진후보자 명부에 포함되어 있던 후보자를 승진임용인사발령에서 제외하는 행위는 항고소송의 대상인 처분에 해당하지 않는다.

③ 지방자치단체 등이 건축물을 건축하기 위해 건축물 소재지 관할 허가권자인 지방자치단체의 장과 건축 협의를 하였는데 허가권자인 지방자치단체의 장이 그 협의를 취소한 경우, 건축협의 취소는 항고소송의 대상인 행정처분에 해당한다.

④ 사업시행자인 한국도로공사가 구 「지적법」에 따라 고속도로 건설공사에 편입되는 토지소유자들을 대위하여 토지면적등록 정정신청을 하였으나 관할 행정청이 이를 반려하였다면, 이러한 반려행위는 항고소송 대상이 되는 행정처분에 해당한다.

20 행정벌에 대한 설명으로 옳은 것을 모두 고르면? (다툼이 있는 경우 판례에 의함)

ㄱ. 행정청의 과태료 부과에 불복하는 자는 서면으로 이의제기를 할 수 있으나, 이의제기가 있더라도 과태료 부과처분은 그 효력을 유지한다.
ㄴ. 법인의 대표자, 법인 또는 개인의 대리인·사용인 및 그 밖의 종업원이 업무에 관하여 법인 또는 그 개인에게 부과된 법률상의 의무를 위반한 때에는 법인 또는 그 개인에게 과태료를 부과한다.
ㄷ. 양벌규정에 의한 영업주의 처벌은 금지위반행위자인 종업원의 처벌에 종속하는 것이 아니라 독립하여 그 자신의 종업원에 대한 선임감독상의 과실로 인하여 처벌되는 것이므로 종업원의 범죄성립이나 처벌이 영업주 처벌의 전제조건이 될 필요는 없다.
ㄹ. 신분에 의하여 과태료를 감경 또는 가중하거나 과태료를 부과하지 아니하는 때에는 그 신분의 효과는 신분이 없는 자에게는 미치지 않는다.
ㅁ. 과태료처분을 받고 이를 납부한 일이 있는데도 그 후에 형사처벌을 하면 일사부재리의 원칙에 위반된다.
ㅂ. 「여객자동차 운수사업법」에서 정하는 과태료처분이나 감차처분 등은 형벌이 아니므로 같은 법이 정하고 있는 처분대상인 위반행위를 유추해석하거나 확대해석하는 것이 가능하다.

① ㄱ, ㅁ
② ㄴ, ㄷ, ㄹ
③ ㄷ, ㄹ, ㅂ
④ ㄱ, ㄴ, ㄷ, ㄹ

02회 Review

문항	정답	문제 키워드	출제 유형	난이도
01	③	과징금	이론/판례/조문	●●○
02	①	항고소송의 대상	이론/판례/조문	●●○
03	④	행정상 강제집행	이론/판례/조문	●○○
04	④	당사자소송	이론/판례/조문	●○○
05	①	무효등 확인소송	이론/판례/조문	●○○
06	②	위헌법령에 근거한 처분의 효력	이론/판례/조문	●●○
07	③	행정행위의 하자	이론/판례/조문	●●○
08	②	행정벌	이론/판례/조문	●●●
09	②	행정상 손실보상	이론/판례/조문	●●○
10	①	행정행위의 하자	이론/판례/조문	●●○

문항	정답	문제 키워드	출제 유형	난이도
11	③	부작위에 대한 구제수단	이론/판례/조문	●●●
12	②	항고소송의 대상	이론/판례/조문	●●○
13	②	행정행위의 효력	이론/판례/조문	●●○
14	③	국가배상	이론/판례/조문	●●●
15	①	신뢰보호원칙	이론/판례/조문	●●○
16	④	과징금	이론/판례/조문	●●●
17	④	정보공개제도	이론/판례/조문	●●○
18	④	부작위위법확인소송	이론/판례/조문	●●○
19	②	행정처분	이론/판례/조문	●●○
20	②	행정벌	이론/판례/조문	●●○

핵심지문 OX

02회 실전동형모의고사에서 꼭 되짚어야 할 핵심지문을 다시 확인해보시기 바랍니다.

01 국민권익위원회가 소방청장에게 인사와 관련하여 부당한 지시를 한 사실이 인정된다며 이를 취소할 것을 요구하기로 의결하고 그 내용을 통지하자 소방청장이 국민권익위원회 조치요구의 취소를 구하는 소송을 제기한 사안에서, 이는 정부조직 내에서 당부를 판단하여야 할 사항이므로 처분성이 부정된다. (　　)

02 무효확인소송의 제기 전에 이미 처분의 위법을 이유로 국가배상청구소송을 제기하였다면, 수소법원은 국가배상청구소송을 무효확인소송이 계속된 법원으로 이송·병합할 수 있다. (　　)

03 처분이 있은 후에 근거법률이 위헌으로 결정된 경우, 그 법률을 적용한 공무원에게 고의 또는 과실이 있었다고 단정할 수 있다. (　　)

04 피심인의 방어권 행사에 실질적으로 지장이 초래되었다고 볼 수 없는 예외적인 경우에 해당한다고 할지라도 공정거래위원회가 첨부자료의 제공 또는 열람·복사를 거절하였다면 공정거래위원회의 심의·의결은 절차적 하자로 인하여 취소되어야 한다. (　　)

05 행정청에 의해 부과된 과태료는 질서위반행위가 종료된 날(다수인이 질서위반행위에 가담한 경우에는 최종행위가 종료된 날을 말한다)부터 5년간 징수하지 아니하거나 집행하지 아니하면 시효로 인하여 소멸한다. (　　)

06 법무부장관의 입국금지결정이 공식적인 방법으로 외부에 표시된 것이 아니라 단지 그 정보를 내부전산망인 '출입국관리정보시스템'에 입력하여 관리한 것에 지나지 않는 경우라면, 위 입국금지결정은 항고소송의 대상이 될 수 있는 처분에 해당하지 않는다. (　　)

07 통일에 관한 사항으로서 공개될 경우 국가의 중대한 이익을 현저히 해칠 우려가 있다고 인정되는 정보는 비공개대상정보에 해당한다. (　　)

08 지방자치단체 등이 건축물을 건축하기 위해 건축물 소재지 관할 허가권자인 지방자치단체의 장과 건축협의를 하였는데 허가권자인 지방자치단체의 장이 그 협의를 취소한 경우, 건축협의 취소는 항고소송의 대상인 행정처분에 해당한다. (　　)

[정답] **01** × 처분성이 인정된다. **02** ○ **03** × 공무원의 과실은 인정될 수 없다고 보는 것이 통설이다. **04** × 그 처분을 취소할 것은 아니다. **05** × 시효로 인하여 소멸하는 것이 아니라 제척기간 규정이 적용되어 과태료를 부과할 수 없다. **06** ○ **07** ○ **08** ○

정답·해설 _해설집 p.27

03회 실전동형모의고사

제한시간: 15분 시작 시 분 ~ 종료 시 분 점수 확인 개 / 20개

01 공권과 공의무에 대한 설명으로 옳지 않은 것은? (다툼이 있는 경우 판례에 의함)

① 환경영향평가 대상지역 밖에 거주하는 주민에게는 헌법상의 환경권 또는 「환경정책기본법」에 근거하여 공유수면매립면허처분과 농지개량사업 시행인가처분의 무효확인을 구할 원고적격이 없다.
② 수익처분의 상대방은 그의 권리나 법률상 보호되는 이익이 침해되었다고 볼 수 없으므로 달리 특별한 사정이 없는 한 그 처분의 취소를 구할 이익이 없다.
③ 상수원에서 급수를 받고 있는 지역주민들이 가지는 상수원의 오염을 막아 양질의 급수를 받을 이익은 근거 법률에 의하여 직접적이고 구체적으로 보호되는 이익으로서, 해당 지역주민들에게는 상수원보호구역변경처분의 취소를 구할 법률상의 이익이 있다.
④ 이행강제금 납부의무는 상속인 기타의 사람에게 승계될 수 없는 일신전속적인 성질의 것이므로 이미 사망한 사람에게 이행강제금을 부과하는 내용의 처분이나 결정은 당연무효이다.

02 행정심판에 대한 설명으로 옳지 않은 것은? (다툼이 있는 경우 판례에 의함)

① 통상 고시 또는 공고에 의하여 행정처분을 하는 경우에 그에 대한 행정심판 청구기간은 고시일 또는 공고일에 그 행정처분이 있음을 알았던 것으로 보아 기산하여야 한다.
② 행정심판위원회는 의무이행심판청구가 이유가 있다고 인정하면 지체 없이 신청에 따른 처분을 하거나 처분을 할 것을 피청구인에게 명한다.
③ 위원회는 심판청구의 대상이 되는 처분보다 청구인에게 불리한 재결을 하지 못한다.
④ 관할 행정심판위원회가 각하재결이 아닌 기각재결을 하면서 관할 법원에 행정소송을 할 수 있다고 잘못 안내하였다면 그러한 잘못된 안내로 행정법원의 항고소송 재판관할이 생긴다고 보아야 할 것이다.

03 국가배상에 대한 설명으로 옳은 것을 <보기>에서 모두 고르면? (다툼이 있는 경우 판례에 의함)

<보기>

ㄱ. 긴급조치 제9호를 적용하여 유죄판결을 한 법관의 직무행위가 국민의 기본권 보장의무에 반하여 객관적 정당성을 상실하였다고 볼 수는 없다.
ㄴ. 서울특별시가 점유·관리하는 도로에 대하여 행정권한 위임조례에 따라 보도 관리 등을 위임받은 관할 자치구청장 甲으로부터 도급받은 A주식회사가 공사를 진행하면서 남은 자갈더미를 그대로 방치하여 오토바이를 타고 이곳을 지나가던 乙이 넘어져 상해를 입은 경우 서울특별시는 「국가배상법」 제5조 제1항에서 정한 설치·관리상의 하자로 인한 국가배상책임을 부담하지 아니한다.
ㄷ. 도지사에 의한 지방의료원의 폐업결정과 관련하여 국가배상책임이 성립하기 위하여서는 공무원의 직무집행이 위법하다는 점만으로는 부족하고 그로 인하여 타인의 권리·이익이 침해되어 구체적 손해가 발생하여야 한다.
ㄹ. 소방공무원의 권한 행사가 관계 법률의 규정에 의하여 소방공무원의 재량이 맡겨져 있으면 구체적인 상황에서 소방공무원이 권한을 행사하지 아니한 것이 현저하게 합리성을 잃어 사회적 타당성이 없는 경우에도 직무상 의무를 위반하여 위법하게 되는 것은 아니다.

① ㄷ ② ㄱ, ㄷ
③ ㄱ, ㄹ ④ ㄴ, ㄷ

04 甲은 행정청 乙이 지출한 업무추진비의 예산집행내역과 지출증빙서 등에 관하여 乙에게 정보공개청구를 하였다. 이에 대한 설명으로 옳지 않은 것은? (다툼이 있는 경우 판례에 의함)

① 甲이 사본 또는 복제물의 교부를 원하는 경우에 공개대상 정보의 양이 너무 많아 정상적인 업무수행에 현저한 지장을 초래할 우려가 있는 경우가 아니라면, 乙은 열람의 방식으로 공개할 수 없다.
② 공개청구된 지출증빙서에 간담회 등 행사참석자를 식별할 수 있는 개인정보가 일부 기재되어 있는 경우 乙은 공개청구된 정보에 대해 정보비공개결정을 하여야 한다.
③ 甲이 공개청구한 정보가 담긴 문서 등이 폐기되어 존재하지 않게 된 경우라면 그 정보를 더 이상 보유·관리하고 있지 않다는 점에 대한 증명책임은 乙에게 있다.
④ 甲이 정보공개거부처분취소심판을 청구하여 인용재결을 받았음에도 乙이 정보공개를 하지 않는 경우, 甲은 「행정심판법」상 간접강제신청을 할 수 있다.

05 행정행위의 하자의 승계에 대한 설명으로 옳지 않은 것은? (다툼이 있는 경우 판례에 의함)

① 선행행위와 후행행위가 서로 독립하여 별개의 법률효과를 목적으로 하는 경우라도 선행행위의 불가쟁력이나 구속력이 그로 인하여 불이익을 입는 자에게 수인한도를 넘는 가혹함을 가져오고 그 결과가 예측가능한 것이 아닌 때에는 하자의 승계를 인정할 수 있다.
② 「도시 및 주거환경정비법」상 사업시행계획에 관한 취소사유인 하자는 관리처분계획에 승계되지 않는다.
③ 「국토의 계획 및 이용에 관한 법률」상 도시·군계획시설결정과 실시계획인가는 동일한 법률 효과를 목적으로 하는 것이므로 선행처분인 도시·군계획시설결정의 하자는 실시계획인가에 승계된다.
④ 구 「부동산 가격공시 및 감정평가에 관한 법률」상 선행처분인 표준지공시지가의 결정에 하자가 있는 경우에 그 하자는 보상금 산정을 위한 수용재결에 승계된다.

06 행정입법에 대한 설명으로 옳지 않은 것은? (다툼이 있는 경우 판례에 의함)

① 법령의 위임이 없음에도 법령에 규정된 처분 요건에 해당하는 사항을 부령에서 변경하여 규정한 경우에는 그 부령의 규정은 국민에 대한 대외적 구속력은 없다고 보아야 한다.
② 법규명령이 구법에 위임의 근거가 없어 무효였더라도 사후에 법개정으로 위임의 근거가 부여되면 그 때부터는 유효한 법규명령이 된다.
③ 추상적인 법령의 제정 여부는 그 자체로서 국민의 구체적인 권리의무에 직접적 변동을 초래하는 것이 아니어서 부작위위법확인소송의 대상이 될 수 없다.
④ 행정처분이 법규성이 없는 내부지침 등의 규정에 위배된다고 한다면 그 이유만으로 처분은 위법하게 된다.

07 「행정절차법」에 대한 설명으로 옳지 않은 것은? (다툼이 있는 경우 판례에 의함)

① 명예전역 선발을 취소하는 처분은 「행정절차법」 제24조 제1항에 따라 문서로 하여야 한다.
② 외국인의 사증발급 신청에 대한 거부처분이 「행정절차법」 제24조에서 정한 '처분서 작성·교부'를 할 필요가 없거나 곤란하다고 인정되는 사항에 해당된다고 단정할 수 없다.
③ 생도에 대한 퇴학처분과 같이 신분을 박탈하는 징계처분은 성질상 행정절차를 거치기 곤란하거나 불필요하다고 인정되는 처분에 해당되지 않는다.
④ 행정청은 「행정절차법」 제11조 제1항에 따라 당사자 등이 대표자를 선정하지 아니하거나 대표자가 지나치게 많아 행정절차가 지연될 우려가 있는 경우에는 그 이유를 들어 상당한 기간 내에 3인 이내의 대표자를 선정할 것을 요청하여야 한다.

08 「행정절차법」상 행정절차에 대한 설명으로 옳지 않은 것은? (다툼이 있는 경우 판례에 의함)

① 행정청에 대하여 처분을 구하는 신청을 할 때 전자문서로 하는 경우에는 행정청의 컴퓨터 등에 입력된 때에 신청한 것으로 본다.
② 행정절차법 제3조 제2항에서 「행정절차법」이 적용되지 않는 사항을 열거하고 있는데, '국가를 상대로 하는 행정행위'는 그 예외사유에 해당하지 않는다.
③ 행정청은 공청회를 마친 후 처분을 할 때까지 새로운 사정이 발견되어 공청회를 다시 개최할 필요가 있다고 인정할 때에는 공청회를 다시 개최할 수 있다.
④ 지방자치단체장이 구 「공유재산 및 물품관리법」에 근거하여 민간투자사업을 추진하던 중 우선협상대상자의 지위를 박탈하는 처분을 하기 위하여는 반드시 청문을 실시하여야 한다.

09 다음 법률규정에 대한 설명으로 옳지 않은 것은? (다툼이 있는 경우 판례에 의함)

> 「여객자동차 운수사업법」 제88조 【과징금 처분】 ① 국토교통부장관 또는 시·도지사는 여객자동차 운수사업자가 제49조의6 제1항 또는 제85조 제1항 각 호의 어느 하나에 해당하여 사업정지 처분을 하여야 하는 경우에 그 사업정지 처분이 그 여객자동차 운수사업을 이용하는 사람들에게 심한 불편을 주거나 공익을 해칠 우려가 있는 때에는 그 사업정지 처분을 갈음하여 5천만원 이하의 과징금을 부과·징수할 수 있다.

① 과징금 부과처분은 제재적 행정처분이므로 현실적인 행위자에 부과하여야 하며 위반자의 고의·과실을 요한다.
② 사업정지처분을 내릴 것인지 과징금을 부과할 것인지는 통상 행정청의 재량에 속한다.
③ 과징금 부과처분은 특별한 불복절차가 없는 경우에 일반적인 행정쟁송절차로 다툴 수 있다.
④ 과징금 산정시 위반 횟수 가중의 근거로 삼은 위반행위에 대한 시정조치가 그 후 '위반행위 자체가 존재하지 않는다는 이유로 취소판결이 확정된 경우', 과징금 부과처분이 비례·평등원칙 및 책임주의 원칙에 위배될 수 있다.

10 「행정소송법」상 집행정지에 대한 설명으로 옳지 않은 것은? (다툼이 있는 경우 판례에 의함)

① 처분의 효력을 정지하는 집행정지결정이 이루어지면 결정 주문에서 정한 정지기간 중에는 처분이 없었던 원래의 상태와 같은 상태가 되며 처분청이 처분을 실현하기 위한 조치를 할 수 없다.

② 처분상대방이 집행정지결정을 받지 못했으나 본안소송에서 해당 제재처분이 위법함이 확인되어 취소하는 판결이 확정되면, 처분청은 그 제재처분으로 처분상대방에게 초래된 불이익한 결과를 제거하기 위하여 필요한 조치를 취하여야 한다.

③ 집행정지는 행정쟁송절차에서 실효적 권리구제를 확보하기 위한 잠정적 조치일 뿐이므로, 본안 확정판결로 해당 제재처분이 적법하다는 점이 확인되었다면 처분청은 제재처분의 상대방이 집행정지가 이루어지지 않은 경우와 비교하여 제재를 덜 받게 되는 결과가 초래되도록 해서는 안 된다.

④ 항고소송을 제기한 원고가 본안소송에서 패소확정판결을 받은 경우에는 집행정지결정의 효력이 소급적으로 소멸한다.

11 「개인정보 보호법」에 대한 설명으로 옳지 않은 것은?

① 개인정보처리자는 통계작성, 과학적 연구, 공익적 기록보존 등을 위하여 정보주체의 동의 없이 가명정보를 처리할 수 없다.

② 개인정보 보호에 관한 사무를 독립적으로 수행하기 위하여 국무총리 소속으로 개인정보 보호위원회를 두며, 보호위원회는 「정부조직법」 제2조에 따른 중앙행정기관으로 본다.

③ 개인정보분쟁조정위원회의 조정은 재판상 화해와 동일한 효력을 갖는다.

④ 개인정보분쟁조정위원회는 집단분쟁조정의 당사자인 다수의 정보주체 중 일부의 정보주체가 법원에 소를 제기한 경우에는 그 절차를 중지하지 아니하고, 소를 제기한 일부의 정보주체를 그 절차에서 제외한다.

12 행정규칙에 대한 설명으로 옳지 않은 것은? (다툼이 있는 경우 판례에 의함)

① 법령의 규정이 특정 행정기관에게 법령 내용의 구체적 사항을 정할 수 있는 권한을 부여하면서 권한행사의 절차나 방법을 특정하지 아니한 경우에는 수임행정기관은 행정규칙으로 법령 내용이 될 사항을 구체적으로 정할 수 있다.

② 상급 행정기관이 하급 행정기관에 대하여 업무처리지침이나 법령의 해석적용에 관한 기준을 정하여 발하는 행정규칙은 일반적으로 행정조직 내부에서만 효력을 가질 뿐 대외적인 구속력을 갖는 것은 아니다.

③ 행정규칙도 행정작용의 하나이므로 하자가 있으면 하자의 정도에 따라 무효 또는 취소할 수 있는 행정규칙이 된다.

④ 재량권행사의 준칙인 행정규칙이 그 정한 바에 따라 되풀이 시행되어 행정관행이 형성되어 행정기관이 그 상대방에 대한 관계에서 그 행정규칙에 따라야 할 자기구속을 당하게 되는 경우에는 그 행정규칙은 헌법소원의 심판대상이 될 수도 있다.

13 과세처분 등에 대한 설명으로 옳지 않은 것은? (다툼이 있는 경우 판례에 의함)

① 과세처분에 관한 불복절차에서 불복사유가 옳다고 인정하고 이에 따라 필요한 처분을 하였을 경우, 동일 사항에 관하여 특별한 사유 없이 이를 번복하고 다시 종전의 처분을 되풀이할 수 없다.

② 특별한 사정이 없는 한, 과세관청이 과세처분에 앞서 필수적으로 행하여야 할 과세예고 통지를 하지 아니함으로써 납세자에게 과세전적부심사의 기회를 부여하지 아니한 채 과세처분을 하였다면, 그 과세처분은 위법하다.

③ 하나의 납세고지서에 의하여 복수의 과세처분을 함께 하는 경우에는 과세처분별로 그 세액과 산출근거 등을 구분하여 기재함으로써 납세의무자가 각 과세처분의 내용을 알 수 있도록 하여야 한다.

④ 지방국세청장 또는 세무서장이 조세범칙행위에 대하여 고발을 한 후에 동일한 조세범칙행위에 대하여 통고처분을 하였다면, 이는 법적 권한 소멸 후에 이루어진 것으로서 특별한 사정이 없는 한 효력이 없지만, 조세범칙행위자가 이러한 통고처분을 이행한 경우라면 「조세범 처벌절차법」 제15조 제3항에서 정한 일사부재리의 원칙이 적용될 수 있다.

14 「행정기본법」에 명시된 행정의 법 원칙에 대한 설명으로 옳지 않은 것은? (다툼이 있는 경우 판례에 의함)

① 행정작용은 법률에 위반되어서는 아니 되며, 국민의 권리를 제한하거나 의무를 부과하는 경우와 그 밖에 국민생활에 중요한 영향을 미치는 경우에는 법률에 근거하여야 한다.

② 행정청은 법령등에 따른 의무를 성실히 수행하여야 하며, 행정권한을 남용하거나 그 권한의 범위를 넘어서는 아니 된다.

③ 행정청은 권한 행사의 기회가 있음에도 불구하고 장기간 권한을 행사하지 아니하여 국민이 그 권한이 행사되지 아니할 것으로 믿을 만한 정당한 사유가 있는 경우에는 그 권한을 행사해서는 아니 된다.

④ 재량권 행사의 준칙인 규칙이 그 정한 바에 따라 되풀이 시행되어 행정관행이 이룩되게 되면 평등의 원칙이나 신뢰보호의 원칙에 따라 행정기관은 그 상대방에 대한 관계에서 그 규칙에 따라야 할 자기구속을 당하게 되는 경우에는 대외적인 구속력을 가지게 된다.

15 「행정소송법」에 의한 임시의 권리구제에 대한 설명으로 옳은 것은? (다툼이 있는 경우 판례에 의함)

① 본안청구의 이유 없음이 명백한 때에는 집행정지를 하지 못한다.

② 무효등 확인소송에서는 집행정지가 준용되지 않으므로 「민사집행법」의 가처분이 적용된다.

③ 「행정소송법」이 정하는 집행정지의 요건은 '중대한 손해'의 예방 필요성이다.

④ 집행정지는 처분권주의가 적용되므로 본안이 계속되어 있는 법원이 당사자의 신청 없이 직권으로 하지 못한다.

16 행정절차와 행정작용에 대한 설명으로 옳은 것은? (다툼이 있는 경우 판례에 의함)

① 행정청이 당사자의 신청에 따라 장래에 어떤 처분을 하거나 하지 아니할 것을 내용으로 하는 의사표시인 확약을 했다면, 그 확약이 위법한 경우라도 행정청은 이에 기속된다.
② 행정청이 어떤 처분을 하겠다는 확약을 하면서 그 자체에서 상대방에게 일정 기간까지 그 처분의 신청을 하도록 유효기간을 둔 경우, 그 기간 내에 상대방의 신청이 없거나 확약이 있은 후에 사실적·법률적 상태가 변경되었다면 그 확약은 행정청의 별다른 의사표시를 기다리지 않고 실효된다.
③ 지방자치단체의 장이 「공유재산 및 물품관리법」에 근거하여 기부채납 및 사용·수익허가 방식으로 민간투자사업을 추진함에 있어, 사업시행자를 지정하기 위한 전(前)단계에서 공모 제안을 받아 일정한 심사를 거쳐 우선협상대상자를 선정하는 행위는 항고소송의 대상이 되는 처분에 해당하지 않는다.
④ 자동차운수사업 양도·양수인가신청에 대하여 행정청이 내인가를 한 후, 본인가신청이 있음에도 내인가를 취소한 경우에 내인가 취소행위를 본인가신청의 거부로 볼 것은 아니다.

17 「국가배상법」상 국가배상에 대한 설명으로 옳지 않은 것은? (다툼이 있는 경우 판례에 의함)

① 상호 보증은 외국의 법령, 판례 및 관례 등에 의하여 발생요건을 비교하여 인정되면 충분하고 반드시 당사국과의 조약이 체결되어 있을 필요는 없다.
② 지방자치단체가 구 산업기술혁신 촉진법령에 따른 인증신제품 구매의무를 위반하였다고 하더라도 이를 이유로 신제품 인증을 받은 자에 대하여 국가배상책임을 지는 것은 아니다.
③ 공법인이 국가로부터 위탁받은 공행정사무를 집행하는 과정에서 공법인의 임직원이 경과실로 법령을 위반하여 타인에게 손해를 입힌 경우, 공법인의 임직원은 「국가배상법」 제2조에서 정한 공무원에 해당하여 배상책임을 면한다.
④ 「부마민주항쟁 관련자의 명예회복 및 보상 등에 관한 법률」 제32조 제2항에 따라 보상금 등 지급결정에 동의함으로써 성립하는 재판상 화해의 대상에는 부마민주항쟁과 관련하여 입은 피해 중 '정신적 손해' 부분도 포함된다고 할 수 있다.

18 행정행위의 하자에 대한 설명으로 옳지 않은 것은? (다툼이 있는 경우 판례에 의함)

① 적법한 건축물에 대한 철거명령의 하자가 중대하고 명백하여 당연무효라 하더라도, 그 후행행위인 건축물철거 대집행계고처분이 당연무효인 것은 아니다.
② 지방병무청장이 재신체검사 등을 거쳐 종전의 현역병입영대상편입처분을 보충역편입처분으로 변경한 후에 제소기간의 경과 등으로 보충역편입처분에 형식적 존속력이 생겼다면, 보충역편입처분에 하자가 있다는 이유로 이를 직권으로 취소하더라도 종전의 현역병입영대상편입처분의 효력은 회복되지 않는다.
③ 조세부과처분과 압류 등의 체납처분은 별개의 행정처분으로서 독립성을 가지므로 조세부과처분에 하자가 있더라도 그 부과처분이 취소되지 아니하는 한 그에 근거한 체납처분은 위법이라고 할 수 없으나, 그 부과처분에 중대하고도 명백한 하자가 있어 무효인 경우에는 그 부과처분의 집행을 위한 체납처분도 무효이다.
④ 민사소송에 있어서 어느 행정처분의 당연무효 여부가 선결문제로 되는 때에는 당해 수소법원이 이를 판단하여 당연무효임을 전제로 판결할 수 있고, 반드시 행정소송 등의 절차에 의하여 무효확인을 받아야 하는 것은 아니다.

19 행정상 손실보상에 대한 설명으로 옳은 것은? (다툼이 있는 경우 판례에 의함)

① 공익사업으로 인하여 공익사업시행지구 밖에서 영업을 휴업하는 자가 「공익사업을 위한 토지 등의 취득 및 보상에 관한 법률」 제34조, 제50조 등에 규정된 재결절차를 거치지 않은 채 곧바로 사업시행자를 상대로 영업손실에 대한 보상을 청구할 수 있다.
② 공공용물에 관하여 적법한 개발행위 등이 이루어져 일정범위의 사람들의 일반사용이 종전에 비하여 제한받게 되었다 하더라도 특별한 사정이 없는 한 이는 특별한 손실에 해당한다고 할 수 없다.
③ 공익사업의 시행으로 토석채취허가를 연장받지 못한 경우 그로 인한 손실은 적법한 공권력의 행사로 가하여진 재산상의 특별한 희생으로서 손실보상의 대상이 된다.
④ 개발제한구역 지정으로 인한 지가의 하락은 원칙적으로 토지소유자가 감수하여야 하는 사회적 제약의 범주에 속하나, 지가의 하락이 20% 이상으로 과도한 경우에는 특별한 희생에 해당한다.

20 다음 사례에 대한 설명으로 옳지 않은 것은? (다툼이 있는 경우 판례에 의함)

> 원고 甲은 2019.11.26. 피고(사단장)로부터 품위유지의무 위반 등을 이유로 견책의 징계처분을 받았다. 甲은 2020.11.18. 징계처분의 취소 등을 구하는 소를 제기하였다(이하 '징계처분 취소사건'이라 한다).
> 甲은 2020.12.31. 피고(사단장)에게 징계위원회에 참여한 징계위원의 성명과 직위(이하 '이 사건 정보'라 한다)에 대한 정보공개청구를 하였으나, 피고는 2021.1.12. 이 사건 정보가 「공공기관의 정보공개에 관한 법률」 제9조 제1항 제1호, 제2호, 제5호와 제6호에 해당한다는 이유로 공개를 거부하는 처분을 하였다(이하 '이 사건 처분'이라 한다).
> 한편 징계처분 취소사건에서 2021.9.9. 甲의 청구를 모두 기각하는 판결이 선고되었고, 甲은 2022.1.19. 항소를 취하하여 위 판결이 그대로 확정되었다.

① 「공공기관의 정보공개에 관한 법률」 제9조 제1항 제1호, 제2호, 제5호와 제6호에 해당하는 정보라도 공개할 수 있으며, 공공기관은 제9조 제1항 각 호의 어느 하나에 해당하는 정보가 기간의 경과 등으로 인하여 비공개의 필요성이 없어진 경우에는 그 정보를 공개 대상으로 하여야 한다.
② 정보공개를 청구하는 자가 공공기관에 대해 정보의 사본 또는 출력물의 교부의 방법으로 공개방법을 선택하여 정보공개청구를 한 경우에 공개청구를 받은 공공기관으로서는 정보공개청구자가 선택한 공개방법에 따라 정보를 공개하여야 하므로 그 공개방법을 선택할 재량권이 없다.
③ 정보공개청구권은 법률상 보호되는 구체적인 권리이므로 甲이 공공기관에 대하여 정보공개를 청구하였다가 거부처분을 받은 것 자체가 법률상 이익의 침해에 해당한다.
④ 사안에서 甲은 더 이상 이 사건 징계처분의 위법을 다툴 수 없게 되어 이 사건 정보의 공개를 구할 법률상 이익이 없다.

03회 Review

문항	정답	문제 키워드	출제 유형	난이도
01	③	공권과 공의무	이론/판례/조문	●●○
02	④	행정심판	이론/판례/조문	●●○
03	①	국가배상	이론/판례/조문	●●○
04	②	정보공개청구	이론/판례/조문	●●○
05	③	하자승계	이론/판례/조문	●●○
06	④	행정입법	이론/판례/조문	●●○
07	④	행정절차법	이론/판례/조문	●●○
08	④	행정절차	이론/판례/조문	●●○
09	①	과징금	이론/판례/조문	●○○
10	④	집행정지	이론/판례/조문	●○○
11	①	개인정보 보호법	이론/판례/조문	●●○
12	③	행정규칙	이론/판례/조문	●●○
13	④	과세처분	이론/판례/조문	●●○
14	④	행정기본법	이론/판례/조문	●●○
15	①	행정소송법상 가구제	이론/판례/조문	●●○
16	②	행정절차와 행정작용	이론/판례/조문	●●○
17	④	국가배상	이론/판례/조문	●●○
18	①	행정행위의 하자	이론/판례/조문	●○○
19	②	행정상 손실보상	이론/판례/조문	●●○
20	④	공공기관의 정보공개에 관한 법률	이론/판례/조문	●●○

핵심지문 OX

03회 실전동형모의고사에서 꼭 되짚어야 할 핵심지문을 다시 확인해보시기 바랍니다.

01 관할 행정심판위원회가 각하재결이 아닌 기각재결을 하면서 관할 법원에 행정소송을 할 수 있다고 잘못 안내하였다면 그러한 잘못된 안내로 행정법원의 항고소송 재판관할이 생긴다고 보아야 할 것이다. (　　)

02 「국토의 계획 및 이용에 관한 법률」상 도시·군계획시설결정과 실시계획인가는 동일한 법률 효과를 목적으로 하는 것이므로 선행처분인 도시·군계획시설결정의 하자는 실시계획인가에 승계된다. (　　)

03 지방자치단체장이 구 「공유재산 및 물품관리법」에 근거하여 민간투자사업을 추진하던 중 우선협상대상자의 지위를 박탈하는 처분을 하기 위하여는 반드시 청문을 실시하여야 한다. (　　)

04 사업정지처분을 내릴 것인지 과징금을 부과할 것인지는 통상 행정청의 재량에 속한다. (　　)

05 행정규칙도 행정작용의 하나이므로 하자가 있으면 하자의 정도에 따라 무효 또는 취소할 수 있는 행정규칙이 된다. (　　)

06 지방자치단체의 장이 「공유재산 및 물품관리법」에 근거하여 기부채납 및 사용·수익허가 방식으로 민간투자사업을 추진함에 있어, 사업시행자를 지정하기 위한 전(前)단계에서 공모 제안을 받아 일정한 심사를 거쳐 우선협상대상자를 선정하는 행위는 항고소송의 대상이 되는 처분에 해당하지 않는다. (　　)

07 「부마민주항쟁 관련자의 명예회복 및 보상 등에 관한 법률」 제32조 제2항에 따라 보상금 등 지급결정에 동의함으로써 성립하는 재판상 화해의 대상에는 부마민주항쟁과 관련하여 입은 피해 중 '정신적 손해' 부분도 포함된다고 할 수 있다. (　　)

08 공공용물에 관하여 적법한 개발행위 등이 이루어져 일정범위의 사람들의 일반사용이 종전에 비하여 제한받게 되었다 하더라도 특별한 사정이 없는 한 이는 특별한 손실에 해당한다고 할 수 없다. (　　)

[정답] **01** × 행정법원의 항고소송 재판관할이 생긴다고 볼 수 없다. **02** × 당연무효가 아닌 한 승계되지 않는다. **03** × 반드시 청문을 실시할 의무가 있다고 볼 수는 없다. **04** ○ **05** × 행정규칙은 무효만 있을 뿐이다. **06** × 우선협상대상자를 선정하는 행위는 처분에 해당한다. **07** × 화해간주조항에 따라 보상금 등 지급결정에 동의함으로써 성립하는 재판상 화해의 대상에 부마민주항쟁과 관련하여 입은 피해 중 '정신적 손해' 부분은 포함되지 아니한다. **08** ○

정답·해설 _해설집 p.36

04회 실전동형모의고사

제한시간: 15분 시작 시 분 ~ 종료 시 분 점수 확인 개 / 20개

01 허가에 대한 설명으로 옳지 않은 것은? (다툼이 있는 경우 판례에 의함)

① 인·허가 등 수익적 행정처분을 신청한 여러 사람이 서로 경원관계에 있어서 한 사람에 대한 허가 등 처분이 다른 사람에 대한 불허가 등으로 귀결될 수밖에 없을 때 허가 등 처분을 받지 못한 사람은 신청에 대한 거부처분의 직접 상대방으로서 원칙적으로 자신에 대한 거부처분의 취소를 구할 원고적격이 있고 특별한 사정이 없는 한 자신에 대한 거부처분의 취소를 구할 소의 이익이 있다.

② 공익법인의 기본재산에 대한 감독관청의 처분허가는 그 성질상 특정 상대에 대한 처분행위의 허가가 아니고 처분의 상대가 누구이든 이에 대한 처분행위를 보충하여 유효하게 하는 행위라 할 것이므로 그 처분행위에 따른 권리의 양도가 있는 경우에도 처분이 완전히 끝날 때까지는 허가의 효력이 유효하게 존속한다.

③ 건축허가를 받은 자가 법정 착수기간이 지나 공사에 착수한 경우, 허가권자는 착수기간이 지났음을 이유로 건축허가를 취소하여야 한다.

④ 일정한 공유수면에 관하여 매립면허가 있고 이것이 고시되었다면 그 이후의 어업허가는 공유수면매립사업의 시행과 그로 인한 허가어업의 제한이 이미 객관적으로 확정되어 있는 상태로서의 허가로서 그 이후의 공유수면매립사업 시행으로 인하여 허가어업자가 특별한 손실을 입게 되었다고 볼 수 없다.

02 소의 이익에 대한 설명으로 옳은 것은? (다툼이 있는 경우 판례에 의함)

① 경업자에 대한 행정처분이 경업자에게 불리한 내용인 경우, 기존의 업자가 행정처분의 무효확인 또는 취소를 구할 이익은 없다.

② 교육부장관이 특정 후보자를 임용제청에서 제외하고 다른 후보자를 임용제청함으로써 대통령이 임용제청된 다른 후보자를 총장으로 임용한 경우에도, 교육부장관의 임용제청 제외처분을 별도로 다툴 소의 이익이 있다.

③ 가까운 시일 내에 최종적인 결정과 외부적인 표시가 예정된 상황이라 하더라도 관할 지방병무청장이 1차로 공개 대상자 결정을 하고, 그에 따라 병무청장이 같은 내용으로 최종적 공개결정을 하였다면, 관할 지방병무청장의 공개 대상자 결정을 별도로 다툴 소의 이익이 없어지는 것은 아니다.

④ 건축허가처분의 취소를 구하는 소를 제기하기 전에 건축공사가 완료된 경우에는 소의 이익이 없으나, 소를 제기한 후 사실심 변론종결일 전에 건축공사가 완료된 경우에는 소의 이익이 있다.

03 「행정소송법」상 행정청의 소송참가에 대한 설명으로 옳지 않은 것은?

① 법원은 다른 행정청을 취소소송에 참가시킬 필요가 있다고 인정할 때에는 당사자 또는 당해 행정청의 신청 또는 직권에 의하여 결정으로써 그 행정청을 소송에 참가시킬 수 있다.

② 법원이 소송참가 결정을 하고자 할 때에는 미리 당사자 및 제3자의 의견을 들어야 한다.

③ 소송참가할 수 있는 행정청이 자기에게 책임 없는 사유로 소송에 참가하지 못함으로써 판결의 결과에 영향을 미칠 공격 방어방법을 제출하지 못한 때에는 이를 이유로 확정된 종국판결에 대하여 재심을 청구할 수 있다.

④ 행정청의 소송참가는 처분의 효력 유무가 민사소송의 선결문제가 되어 당해 민사소송의 수소법원이 이를 심리·판단하는 경우에도 허용된다.

04 행정상의 절차에 대한 설명으로 옳은 것을 모두 고르면? (다툼이 있는 경우 판례에 의함)

ㄱ. 행정청이 침해적 행정처분을 하면서 당사자에게 「행정절차법」상의 사전통지를 하지 않았고 의견제출의 기회도 부여하지 않았다면 사전통지를 하지 아니하거나 의견제출의 기회를 주지 아니하여도 되는 예외적인 경우에 해당하지 아니하는 한 그 처분은 위법하다.
ㄴ. 「건축법」에서 인·허가의제 제도를 둔 취지는 인·허가의제사항 관련 법률에 따른 각각의 인·허가 요건에 관한 일체의 심사를 배제하여 건축허가의 관할 행정청으로 그 창구를 단일화하고 절차를 간소화하며 비용과 시간을 절감함으로써 국민의 권익을 보호하려는 것이다.
ㄷ. 일반적으로 당사자가 근거규정 등을 명시하여 신청하는 인·허가 등을 거부하는 처분을 함에 있어 당사자가 그 근거를 알 수 있을 정도로 상당한 이유를 제시한 경우에는 당해 처분의 근거 및 이유를 구체적 조항 및 내용까지 명시하지 않았더라도 그로 말미암아 처분이 위법한 것이 된다고 할 수 없다.
ㄹ. 「행정절차법」상 청문은 청문 주재자가 필요하다고 인정하는 경우 공개할 수 있으며, 당사자 또는 이해관계인은 청문의 공개를 신청할 수 없다.
ㅁ. 「행정절차법」상 공무원 인사관계 법령에 의한 처분에 관한 사항 전부에 대하여 「행정절차법」의 적용이 배제되는 것이 아니라 성질상 행정절차를 거치기 곤란하거나 불필요하다고 인정되는 처분이나 행정절차에 준하는 절차를 거치도록 하고 있는 처분의 경우에만 「행정절차법」의 적용이 배제된다.

① ㄱ, ㄴ, ㄷ　② ㄱ, ㄴ, ㅁ
③ ㄱ, ㄷ, ㄹ　④ ㄱ, ㄷ, ㅁ

05 공무원의 신분과 권리에 대한 설명으로 옳지 않은 것은? (다툼이 있는 경우 판례에 의함)

① 국가공무원이 당연퇴직 사유에 해당하는 금고 이상의 형의 집행유예를 선고받은 후 그 선고가 실효되거나 취소됨이 없이 유예기간을 경과하여 형의 선고의 효력을 잃게 되었다 하더라도 이미 발생한 당연퇴직의 효력에는 영향이 없다.
② 당연무효인 임용결격자에 대한 임용행위에 의하여는 공무원의 신분을 취득하거나 근로고용관계가 성립될 수 없는 것이므로 임용결격자가 공무원으로 임명되어 사실상 근무하여 왔다 하더라도 퇴직금 청구를 할 수 없으며, 임용행위가 당연무효이거나 취소된 공무원의 임용시부터 퇴직시까지의 사실상의 근로에 대하여 국가 또는 지방자치단체가 부당이득반환의무를 지는 것도 아니다.
③ 학력요건을 갖추지 못한 甲이 허위의 고등학교 졸업증명서를 제출하여 하사관에 지원했다는 이유로 하사관 임용일로부터 30년이 지나서 한 임용취소처분은 적법하며, 甲이 위 처분에 불복하여 신뢰이익을 원용할 수 없음은 물론 행정청이 이를 고려하지 아니하였다고 하여도 재량권의 남용이 되지 않는다.
④ 진급예정자 명단에 포함된 자에 대하여 진급선발을 취소하는 처분은 진급예정자로서 가지는 이익을 침해하는 처분이어서 「행정절차법」상의 의견제출 기회 등을 주어야 하며, 수사과정 및 징계과정에서 자신의 비위행위에 대한 해명기회를 가졌다는 사정만으로 사전통지를 하지 않거나 의견제출의 기회를 주지 아니하여도 되는 예외적인 경우에 해당한다고 할 수 없다.

06 행정행위의 분류에 대한 설명으로 옳은 것만을 <보기>에서 모두 고르면? (다툼이 있는 경우 판례에 의함)

<보기>

ㄱ. 행정청의 사립학교법인 임원취임승인행위는 학교법인의 임원선임행위의 법률상 효력을 완성하게 하는 보충적 법률행위로서 강학상 인가에 해당한다.
ㄴ. 개인택시운송사업면허는 특정인에게 권리나 의무를 부여하는 것이므로 강학상 특허에 해당한다.
ㄷ. 공유수면의 점용·사용허가는 허가 상대방에게 제한을 해제하여 공유수면이용권을 부여하는 처분으로 강학상 허가에 해당한다.
ㄹ. 토지거래허가는 토지거래허가구역 내의 토지거래를 전면적으로 금지시키고 특정한 경우에 예외적으로 토지거래계약을 체결할 수 있는 자격을 부여하는 점에서 강학상 특허에 해당한다.

① ㄱ, ㄴ ② ㄱ, ㄷ
③ ㄴ, ㄷ ④ ㄴ, ㄹ

07 행정규칙에 대한 설명으로 옳지 않은 것은? (다툼이 있는 경우 판례에 의함)

① 상위법령에서 세부사항 등을 시행규칙으로 정하도록 위임하였음에도 이를 고시 등 행정규칙으로 정하였다면 이는 대외적 구속력을 가지는 법규명령으로서 효력이 인정될 수 없다.
② 행정관청 내부의 사무처리규정에 불과한 전결규정에 위반하여 원래의 전결권자 아닌 보조기관이 처분권자인 행정관청의 이름으로 행정처분을 하였다면 그 처분은 권한 없는 자에 의하여 행하여진 무효의 처분이다.
③ 「검찰보존사무규칙」이 「검찰청법」에 기하여 제정된 법무부령이기는 하지만, 그 사실만으로 그 규칙 내의 모든 규정이 법규적 효력을 가지는 것은 아니다.
④ 어떠한 고시가 다른 집행행위의 매개 없이 그 자체로서 직접 국민의 구체적인 권리의무나 법률관계를 규율하는 성격을 가질 때에는 항고소송의 대상이 되는 행정처분에 해당한다.

08 행정행위의 성질에 대한 설명으로 옳은 것은? (다툼이 있는 경우 판례에 의함)

① 「친일반민족행위자 재산의 국가귀속에 관한 특별법」에 따른 친일재산은 친일반민족행위자재산조사위원회가 국가귀속결정을 하여야 비로소 국가의 소유로 된다.
② 주택재개발조합설립인가는 기본행위에 대한 보충행위에 불과하므로 조합총회결의의 하자를 이유로 인가 취소를 구하는 항고소송을 제기하는 것은 부적법하다.
③ 「민법」상 재단법인의 정관변경에 대한 주무관청의 허가는 법률상 표현이 허가로 되어 있기는 하나, 그 성질은 법률행위의 효력을 보충해 주는 것이지 일반적 금지를 해제하는 것은 아니다.
④ 토지거래계약허가는 규제지역 내 토지거래의 자유를 일반적으로 금지하고 일정한 요건을 갖춘 경우에만 그 금지를 해제하여 계약체결의 자유를 회복시켜 주는 성질의 것이다.

09 행정행위의 부관에 대한 설명으로 옳은 것은? (다툼이 있는 경우 판례에 의함)

① 법정부관은 행정청의 의사에 기하여 붙여지는 본래적 의미에서의 행정행위의 부관이 아니므로 행정행위의 부관의 한계에 관한 일반원칙이 적용되지 않는다.
② 관리처분계획에 대한 인가처분은 행정청의 재량행위이므로 그 관리처분계획의 내용이 구 도시 및 주거환경정비법 기준에 부합하는지 여부 등을 심사·확인하여 그 인가 여부를 결정하면서 기부채납과 같은 다른 조건을 붙일 수 있다.
③ 부담부 행정처분에 있어서 처분의 상대방이 부담을 이행하지 아니한 경우에도 행정청은 신뢰보호 원칙에 따라 당해 처분을 취소할 수는 없다.
④ 행정청이 수익적 행정처분을 하면서 사전에 상대방과 체결한 협약상의 의무를 부담으로 부가하였는데 부담의 전제가 된 주된 행정처분의 근거법령이 개정되어 부관을 붙일 수 없게 된 경우라면, 위 협약의 효력은 실효되었다고 보아야 한다.

10 행정소송에 대한 설명으로 옳지 않은 것은? (다툼이 있는 경우 판례에 의함)

① 당사자소송에 대하여는 「행정소송법」의 집행정지에 관한 규정이 준용되지 아니하므로, 「민사집행법」상 가처분에 관한 규정 역시 준용되지 아니한다.
② 서훈은 서훈대상자의 특별한 공적에 의하여 수여되는 고도의 일신전속적 성격을 가지는 것이므로, 망인에게 수여된 서훈이 취소된 경우 그 유족은 서훈취소처분의 상대방이 되지 아니한다.
③ 「민사소송법」 규정이 준용되는 행정소송에서 증명책임은 원칙적으로 민사소송 일반원칙에 따라 당사자 사이에 분배되고, 항고소송의 경우에는 그 특성에 따라 처분의 적법성을 주장하는 피고에게 그 적법사유에 대한 증명책임이 있다.
④ 행정처분의 무효확인을 구하는 청구에는 특별한 사정이 없는 한 그 처분의 취소를 구하는 취지까지도 포함되어 있다고 볼 수 있다.

11 「행정소송법」상 집행정지에 대한 설명으로 옳지 않은 것은? (다툼이 있는 경우 판례에 의함)

① 집행정지결정을 한 후 본안소송이 취하되어 소송이 계속하지 아니한 것으로 되면 집행정지결정은 당연히 그 효력이 소멸되는 것이고 이에 대한 별도의 취소조치가 필요한 것은 아니다.
② 행정처분의 집행정지를 구하는 신청사건에서는 「행정소송법」 제23조에서 정한 요건의 존부만이 판단의 대상이 되므로 집행정지사건 자체에 의하여도 신청인의 본안청구가 적법한 것이어야 한다는 것을 집행정지의 요건에 포함시켜서는 아니 된다.
③ '처분 등이나 그 집행 또는 절차의 속행으로 인하여 생길 회복하기 어려운 손해를 예방하기 위하여 긴급한 필요'가 있는지는 처분의 성질과 태양 및 내용, 처분 상대방이 입게 될 손해의 성질·내용 및 정도, 원상회복·금전배상의 방법 및 난이 등은 물론 본안청구의 승소가능성 정도 등을 종합적으로 고려하여 구체적·개별적으로 판단하여야 한다.
④ 집행정지의 소극적 요건으로서 '공공복리에 중대한 영향을 미칠 우려가 없을 것'이라고 할 때의 공공복리는 그 처분의 집행과 관련된 구체적·개별적인 공익을 말하고, 피신청인인 행정청이 공공복리에 중대한 영향을 미칠 우려가 있다는 점을 주장·소명하여야 한다.

12 행정입법에 대한 설명으로 옳은 것은? (다툼이 있는 경우 판례에 의함)

① 상위 법령 등의 단순한 집행을 위해 총리령을 제정하려는 경우, 행정상 입법예고를 하지 아니할 수 있다.
② 특히 긴급한 필요가 있거나 미리 법률로 자세히 정할 수 없는 부득이한 사정이 있어 법률에 형벌의 종류·상한·폭을 명확히 규정하더라도, 행정형벌에 대한 위임입법은 허용되지 않는다.
③ 교육부장관이 대학입시기본계획의 내용에서 내신성적 산정기준에 관한 시행지침을 정한 경우, 각 고등학교는 이에 따라 내신성적을 산정할 수밖에 없어 이는 행정처분에 해당된다.
④ 행정소송에 대한 대법원 판결에 의하여 명령·규칙이 헌법 또는 법률에 위반된다는 것이 확정된 경우, 대법원은 지체 없이 그 사유를 해당 법령의 소관부처의 장에게 통보하여야 한다.

13 공법상 계약에 해당하는 것만을 <보기>에서 모두 고르면? (다툼이 있는 경우 판례에 의함)

<보기>

ㄱ. 「사회기반시설에 대한 민간투자법」에 따라 지방자치단체와 유한회사 간 체결한 터널 민간투자사업 실시협약
ㄴ. 구 「중소기업 기술혁신 촉진법」상의 중소기업 정보화지원사업에 따른 지원금 출연을 위하여 중소기업청장이 민간 주식회사와 체결하는 협약
ㄷ. 도시계획사업의 시행자가 그 사업에 필요한 토지를 협의취득하는 행위
ㄹ. 국유일반재산의 대부행위

① ㄱ, ㄴ ② ㄱ, ㄷ
③ ㄴ, ㄷ ④ ㄴ, ㄹ

14 「건축법」상 이행강제금에 대한 설명으로 옳은 것은? (다툼이 있는 경우 판례에 의함)

① 이행강제금은 일정한 기한까지 의무를 이행하지 않을 때에 일정한 금전적 부담을 과할 뜻을 미리 계고함으로써 의무자에게 심리적 압박을 주어 장래에 그 의무를 이행하게 하려는 행정상 간접적인 강제집행 수단의 하나이자 과거의 일정한 법률위반 행위에 대한 제재로서 형벌의 성격을 갖는다.

② 시정명령을 받은 의무자가 그 시정명령의 취지에 부합하는 의무를 이행하기 위한 정당한 방법으로 신고를 하였으나 행정청이 위법하게 이를 반려함으로써 결국 반려처분이 취소되었더라도, 행정청은 이행강제금 제도의 취지상 이행강제금을 부과할 수 있다.

③ 의무자가 이행기간을 도과하여 의무를 이행한 이상 행정청이 이행강제금을 부과하기 전에 그 의무를 이행한 것이라도 해당 이행강제금 부과처분은 위법하다고 볼 수 없다.

④ 건축주가 장기간 시정명령을 이행하지 아니하였더라도, 그 기간 중에는 시정명령의 이행 기회가 제공되지 아니하였다가 뒤늦게 시정명령의 이행 기회가 제공된 경우라면, 시정명령의 이행 기회 제공을 전제로 한 1회분의 이행강제금만을 부과할 수 있고, 시정명령의 이행 기회가 제공되지 아니한 과거의 기간에 대한 이행강제금까지 한꺼번에 부과할 수는 없다.

15 「행정절차법」상 의견청취에 대한 설명으로 옳지 않은 것은? (다툼이 있는 경우 판례에 의함)

① 허가영업의 양도에 따른 영업자지위승계신고를 수리하는 처분을 할 경우에는 행정청은 종전의 영업자에 대하여 의견청취절차를 거친 후 처분을 하여야 한다.

② 퇴직연금의 환수결정은 당사자에게 의무를 과하는 처분이므로 퇴직연금의 환수결정에 앞서 당사자에게 의견진술의 기회를 주지 아니하면 절차의 하자가 있는 위법한 처분이 된다.

③ 행정청이 당사자와 도시계획사업의 시행과 관련한 협약을 체결하면서 관계 법령 및 「행정절차법」에 규정된 청문의 실시 등 의견청취절차를 배제하는 조항을 두었다고 하더라도, 이러한 협약의 체결로 청문의 실시에 관한 규정의 적용을 배제할 수 있다고 볼 만한 법령상의 규정이 없는 한, 청문의 실시에 관한 규정의 적용이 배제된다거나 청문을 실시하지 않아도 되는 예외적인 경우에 해당한다고 할 수 없다.

④ 청문 주재자는 당사자등의 전부 또는 일부가 정당한 사유 없이 청문기일에 출석하지 아니하거나 의견서를 제출하지 아니한 경우에는 이들에게 다시 의견진술 및 증거제출의 기회를 주지 아니하고 청문을 마칠 수 있다.

16 부작위위법확인소송에 대한 설명으로 옳지 않은 것은? (다툼이 있는 경우 판례에 의함)

① 부작위위법확인의 소는 부작위상태가 계속되는 한 그 위법의 확인을 구할 이익이 있다고 보아야 하므로 원칙적으로 제소기간의 제한을 받지 않으나, 행정심판 등 전심절차를 거친 경우에는 「행정소송법」 제20조가 정한 제소기간 내에 소를 제기해야 한다.

② 소제기의 전후를 통하여 판결시까지 행정청이 그 신청에 대하여 적극 또는 소극의 처분을 함으로써 부작위상태가 해소된 때에는 소의 이익을 상실하게 되어 당해 소는 각하를 면할 수가 없다.

③ 행정청에 대하여 어떠한 행정처분을 하여 줄 것을 요청하는 것은 법규상 또는 조리상의 권리를 갖는 자만이 제기할 수 있다.

④ 법원은 단순히 행정청의 방치행위의 적부에 관한 절차적 심리만 하는 게 아니라, 신청의 실체적 내용이 이유 있는지도 심리하며 그에 대한 적정한 처리방향에 관한 법률적 판단을 해야 한다.

17 손실보상에 대한 설명으로 옳지 않은 것은? (다툼이 있는 경우 판례에 의함)

① 하천수 사용권은 「공익사업을 위한 토지 등의 취득 및 보상에 관한 법률」 제76조 제1항에서 손실보상의 대상으로 규정하고 있는 '물의 사용에 관한 권리'에 해당한다.

② 실질적으로 같은 내용의 손해에 관하여 「공익사업을 위한 토지 등의 취득 및 보상에 관한 법률」에 따른 손실보상과 「환경정책기본법」에 따른 손해배상청구권이 동시에 성립하는 경우, 영업자가 두 청구권을 동시에 행사할 수는 없다.

③ 영업손실에 대한 보상을 받기 위해서는 재결절차를 거친 다음 그 재결에 대하여 불복이 있는 때에 비로소 「토지보상법」에 따라 권리구제를 받을 수 있을 뿐이고 이러한 재결절차를 거치지 않은 채 곧바로 사업시행자를 상대로 손실보상을 청구하는 것은 허용되지 않는다.

④ 「공익사업을 위한 토지 등의 취득 및 보상에 관한 법률 시행규칙」에서 정한 공익사업시행지구 밖 영업손실보상의 요건인 '공익사업의 시행으로 인한 그 밖의 부득이한 사유로 일정 기간 동안 휴업이 불가피한 경우'에 공익사업의 시행 결과로 휴업이 불가피한 경우는 포함된다고 할 수 없다.

18 사인의 공법행위에 대한 설명으로 옳은 것을 <보기>에서 모두 고르면? (다툼이 있는 경우 판례에 의함)

<보기>

ㄱ. 공무원의 사직 의사표시는 그에 따른 면직처분 전까지 철회할 수 없다.
ㄴ. 납골당설치신고는 수리를 요하는 신고이므로 신고필증의 교부가 필요하다.
ㄷ. 주민등록 전입신고를 받은 시장, 군수 또는 구청장의 심사대상은 전입신고자가 30일 이상 생활의 근거로 거주할 목적으로 거주지를 옮기는지 여부만으로 제한된다고 보아야 한다.
ㄹ. 행정관청에 적법하게 건축주의 명의변경을 신고하더라도 행정관청은 그 신고의 수리를 거부할 수 있다.
ㅁ. 구 「체육시설의 설치·이용에 관한 법률」 제18조에 의한 체육시설의 이용료 또는 관람료변경신고는 행정청의 수리를 요하지 않는다.

① ㄱ, ㄴ　　② ㄱ, ㄹ
③ ㄷ, ㄹ　　④ ㄷ, ㅁ

19 「공공기관의 정보공개에 관한 법률」(이하 '정보공개법'이라 한다)상 정보공개에 대한 설명으로 옳은 것은? (다툼이 있는 경우 판례에 의함)

① 사립대학교는 정보공개법 시행령에 따른 정보공개의무를 지는 공공기관에 해당하나, 국비의 지원을 받는 범위 내에서만 그러한 공공기관의 성격을 가진다.
② 정보공개거부처분 취소소송에 있어서 정보의 분리공개가 가능하다 하더라도 원고가 공개가 가능한 정보에 관한 부분만의 일부취소로 청구취지를 변경하지 않았다면 법원은 일부취소를 명할 수 없다.
③ 공공기관은 공개청구된 공개대상정보의 전부 또는 일부가 제3자와 관련이 있다고 인정할 때에는 그 사실을 제3자에게 지체 없이 통지하여야 하며, 공개청구된 사실을 통지받은 제3자는 그 통지를 받은 날부터 3일 이내에 해당 공공기관에 대하여 자신과 관련된 정보를 공개하지 아니할 것을 요청할 수 있다.
④ 공공기관이 정보공개를 거부할 때에는 개괄적인 사유만을 들 수 없고 어느 부분이 어떠한 법익 또는 기본권과 충돌하여 비공개사유에 해당하는지를 밝혀야 하나, 정보공개법 제9조 제1항 몇 호에서 정하고 있는 비공개사유에 해당하는지 주장·입증할 필요까지는 없다.

20 행정조사에 대한 설명으로 옳지 않은 것은?

① 행정기관은 조사목적에 적합하도록 조사대상자를 선정하여 행정조사를 실시하는 것을 원칙으로 하나 필요한 경우 제3자에 대하여도 조사할 수 있다.
② 행정기관은 이미 조사를 받은 조사대상자에 대하여 위법행위가 의심되는 새로운 증거를 확보한 경우에는 재조사할 수 있다.
③ 행정기관은 조사대상자의 법령위반행위의 예방 또는 확인을 위하여 긴급하게 실시하는 것으로서 일정한 주기 또는 시기를 정하여 정기적으로 실시하여서는 그 목적을 달성하기 어려운 경우에 수시조사를 할 수 있다.
④ 행정기관은 조사대상자의 자발적인 협조를 얻어 실시하는 행정조사인 경우, 「행정조사기본법」 제17조 제1항 본문에 따른 사전통지를 하여야 한다.

04회 Review

문항	정답	문제 키워드	출제 유형	난이도
01	③	허가	이론/판례/조문	●○○
02	①	소의 이익	이론/판례/조문	●●○
03	③	행정소송법상 행정청의 소송참가	이론/판례/조문	●○○
04	④	행정상의 절차	이론/판례/조문	●●○
05	②	임용결격자 부당이득	이론/판례/조문	●●○
06	①	행정행위	이론/판례/조문	●●○
07	②	행정규칙	이론/판례/조문	●●○
08	③	행정행위의 성질	이론/판례/조문	●●○
09	①	행정행위의 부관	이론/판례/조문	●○○
10	①	행정소송	이론/판례/조문	●●○
11	②	행정소송법상 집행정지	이론/판례/조문	●●●
12	①	행정입법	이론/판례/조문	●●○
13	①	공법상 계약	이론/판례/조문	●○○
14	④	이행강제금	이론/판례/조문	●●○
15	②	행정절차법	이론/판례/조문	●●○
16	④	부작위위법확인소송	이론/판례/조문	●●○
17	④	행정상 손실보상	이론/판례/조문	●○○
18	④	사인의 공법행위	이론/판례/조문	●●○
19	③	정보공개	이론/판례/조문	●●○
20	④	행정조사	이론/판례/조문	●●○

핵심지문 OX 04회 실전동형모의고사에서 꼭 되짚어야 할 핵심지문을 다시 확인해보시기 바랍니다.

01 법원은 다른 행정청을 취소소송에 참가시킬 필요가 있다고 인정할 때에는 당사자 또는 당해 행정청의 신청 또는 직권에 의하여 결정으로써 그 행정청을 소송에 참가시킬 수 있다. ( )

02 국가공무원이 당연퇴직 사유에 해당하는 금고 이상의 형의 집행유예를 선고 받은 후 그 선고가 실효되거나 취소됨이 없이 유예기간을 경과하여 형의 선고의 효력을 잃게 되었다 하더라도 이미 발생한 당연퇴직의 효력에는 영향이 없다. ( )

03 토지거래허가는 토지거래허가구역 내의 토지거래를 전면적으로 금지시키고 특정한 경우에 예외적으로 토지거래계약을 체결할 수 있는 자격을 부여하는 점에서 강학상 특허에 해당한다. ( )

04 관리처분계획에 대한 인가처분은 행정청의 재량행위이므로 그 관리처분계획의 내용이 구 「도시 및 주거환경정비법」 기준에 부합하는지 여부 등을 심사·확인하여 그 인가 여부를 결정하면서 기부채납과 같은 다른 조건을 붙일 수 있다. ( )

05 당사자소송에 대하여는 「행정소송법」의 집행정지에 관한 규정이 준용되지 아니하므로, 「민사집행법」상 가처분에 관한 규정 역시 준용되지 아니한다. ( )

06 행정소송에 대한 대법원 판결에 의하여 명령·규칙이 헌법 또는 법률에 위반된다는 것이 확정된 경우, 대법원은 지체 없이 그 사유를 해당 법령의 소관부처의 장에게 통보하여야 한다. ( )

07 구 「체육시설의 설치·이용에 관한 법률」 제18조에 의한 체육시설의 이용료 또는 관람료변경신고는 행정청의 수리를 요하지 않는다. ( )

08 행정기관은 조사목적에 적합하도록 조사대상자를 선정하여 행정조사를 실시하는 것을 원칙으로 하나 필요한 경우 제3자에 대하여도 조사할 수 있다. ( )

[정답] **01** ○ **02** ○ **03** × 허가 전의 유동적 무효 상태에 있는 법률행위의 효력을 완성시켜 주는 인가적 성질을 띤 것이라고 보는 것이 타당하다. **04** × 다른 조건을 붙일 수 없다. **05** × 가처분에 관한 규정이 준용되어야 한다. **06** × 행정안전부장관에게 통보하여야 한다. **07** ○ **08** ○

정답·해설 _해설집 p.46

05회 실전동형모의고사

제한시간: 15분 시작 시 분 ~ 종료 시 분 점수 확인 개 / 20개

01 항고소송의 대상이 되는 행정처분에 해당하는 것은? (다툼이 있는 경우 판례에 의함)

① 국민건강보험공단에 의한 '직장가입자 자격상실 및 자격변동 안내' 통보 및 '사업장 직권탈퇴에 따른 가입자 자격상실 안내' 통보
② 화약류 안정도시험 대상자가 총포·화약안전기술협회로부터 안정도시험을 받지 않는 경우, 경찰청장 또는 지방경찰청장의 일정 기한 내에 안정도시험을 받으라는 검사명령
③ 무허가건물을 무허가건물관리대장에서 삭제하는 행위
④ 각 군 참모총장이 군인 명예전역수당 지급대상자 결정절차에서 국방부장관에게 수당지급대상자를 추천하는 행위

02 공공의 영조물의 설치·관리의 하자로 인한 「국가배상법」상 배상책임에 대한 설명으로 옳지 않은 것은? (다툼이 있는 경우 판례에 의함)

① 일반인이 공해 등의 위험지역으로 이주하여 거주하는 경우라고 하더라도 위험에 접근할 당시에 그러한 위험이 문제가 되고 있지 아니하였고, 그러한 위험이 존재하는 사실을 정확하게 알 수 없었으며, 그 밖에 위험에 접근하게 된 경위와 동기 등의 여러 가지 사정을 종합하여 그와 같은 위험의 존재를 인식하면서 굳이 위험으로 인한 피해를 용인하였다고 볼 수 없는 경우에는 그 책임이 감면되지 아니한다.
② 영조물의 설치·관리상의 하자로 인한 배상책임은 무과실책임이고, 국가는 영조물의 설치·관리상의 하자로 인하여 타인에게 손해를 가한 경우에 그 손해 방지에 필요한 주의를 해태하지 아니하였다 하여 면책을 주장할 수 없다.
③ 객관적으로 보아 시간적·장소적으로 영조물이 기능상 결함으로 인한 손해발생의 예견가능성과 회피가능성이 없는 경우에는 영조물의 설치관리상의 하자를 인정할 수 없다.
④ 광역시와 국가 모두가 도로의 점유자 및 관리자, 비용부담자로서의 책임을 중첩적으로 지는 경우 국가만이 「국가배상법」에 따라 궁극적으로 손해를 배상할 책임이 있는 자가 된다.

03 「행정절차법」상 행정절차에 대한 설명으로 옳은 것은? (다툼이 있는 경우 판례에 의함)

① 행정청은 행정처분의 상대방에 대한 청문통지서가 반송되었거나, 행정처분의 상대방이 청문일시에 불출석하였다는 이유로 청문절차를 생략하고 침해적 행정처분을 할 수 있다.
② 「국가공무원법」상 직위해제처분에는 처분의 사전통지 및 의견청취 등에 관한 「행정절차법」의 규정이 별도로 적용되지 않는다.
③ 「행정절차법」은 당사자에게 의무를 부과하거나 당사자의 권익을 제한하는 처분을 하는 경우에 대해서만 그 근거와 이유를 제시하도록 규정하고 있다.
④ 절차상의 하자를 이유로 과세처분을 취소하는 판결이 확정된 후 그 위법사유를 보완하여 이루어진 새로운 부과처분은 확정판결의 기판력에 저촉된다.

04 공법상 계약에 대한 설명으로 옳은 것은? (다툼이 있는 경우 판례에 의함)

① 지방자치단체가 근무기간을 정하여 임용하는 공무원으로 시민옴부즈만을 채용하는 행위는 공법상 계약에 해당한다.
② 국가를 당사자로 하는 계약이나 「공공기관의 운영에 관한 법률」의 적용대상인 공기업이 일방 당사자가 되는 모든 계약은 공법상 계약으로 본다.
③ 기부채납은 기부자의 소유재산을 지방자치단체의 공유재산으로 무상증여하도록 하는 지방자치단체의 일방적 의사표시인 행정처분에 해당한다.
④ 중앙행정기관인 방위사업청과 부품개발 협약을 체결한 기업이 협약을 이행하는 과정에서 환율변동 및 물가상승 등 외부적 요인으로 발생한 초과비용 지급에 대한 소송은 민사소송에 의한다.

05 甲은 국립대학교 교수로 재직하던 중 같은 대학 총장 乙로부터 감봉 3개월의 징계처분을 받았다. 甲은 A지방법원에 징계처분취소의 소를 제기하였으나, 위 법원은 교원소청심사위원회의 전심절차를 거치지 아니하였다는 이유로 이를 각하하였다. 이에 대한 설명으로 옳은 것을 모두 고르면? (다툼이 있는 경우 판례에 의함)

ㄱ. 「국가공무원법」 및 「교육공무원법」에 따르면, 甲은 징계처분에 관하여 취소소송을 제기하기에 앞서 교원소청심사를 필요적으로 거쳐야 하므로, 그 심사절차에 사법절차가 준용되지 않는다면 이는 헌법에 위반된다.
ㄴ. 교원에 대한 징계처분의 적법성을 판단함에 있어서는 교육의 자주성·전문성이 요구되므로 법원의 재판에 앞서 교육전문가들의 심사를 먼저 받아볼 필요가 있다.
ㄷ. 만약 甲이 징계처분의 취소를 구하는 소를 제기하기 전에 소청심사를 먼저 청구하여 교원소청심사위원회에서 감봉 2개월로 변경하는 결정을 하였다면, 甲은 감경되고 남은 원처분을 대상으로 취소소송을 제기하여야 한다.
ㄹ. 甲이 취소소송 제기 당시 교원소청심사위원회의 필요적 전심절차를 거치지 못하였다하여도 사실심 변론종결시까지 그 전심절차를 거쳤다면 그 흠결의 하자는 치유된다.
ㅁ. 「행정소송법」상 인정되는 행정심판전치주의의 다양한 예외는 필요적 전심절차인 교원소청심사에는 적용되지 아니한다.

① ㄱ, ㅁ
② ㄴ, ㄷ, ㄹ
③ ㄱ, ㄴ, ㄷ, ㄹ
④ ㄱ, ㄴ, ㄷ, ㅁ

06 甲은 긴급조치 제9호 위반 혐의로 피고(대한민국) 소속 수사관들에 의해 체포되어 기소되었고, 유죄판결을 선고받아 그 판결이 확정되었으며, 형을 복역하다가 형 집행정지 등으로 석방되었다. 甲은 유죄 확정판결에 대한 재심청구를 하여 재심개시결정을 받았고, 이에 따라 개시된 재심절차에서 甲에게 적용된 긴급조치 제9호가 위헌·무효라는 이유로 「형사소송법」 제325조 전단에 의한 무죄판결이 선고되었으며, 그 판결이 그대로 확정되었다. 甲은 대통령의 긴급조치 제9호 발령행위 또는 긴급조치 제9호에 근거한 수사 및 재판이 불법행위에 해당한다고 주장하면서 피고를 상대로 국가배상을 청구하였다. 이에 대한 내용으로 옳지 않은 것은? (다툼이 있는 경우에 판례에 의함)

① 긴급조치 제9호의 발령 및 적용·집행이라는 일련의 국가작용으로 인하여 신체의 자유를 비롯한 국민의 기본적 인권이 침해되었다면 국가는 그 자신이 부담하는 국민의 기본권 보장의무를 저버린 것이다.
② 광범위한 다수 공무원이 관여한 일련의 국가작용에 의한 기본권 침해에 대해서 국가배상책임의 성립이 문제되는 경우에는 전체적으로 보아 객관적 주의의무 위반이 인정되면 충분하다.
③ 긴급조치 제9호를 적용하여 유죄판결을 한 법관의 직무행위는 긴급조치의 발령 및 적용·집행이라는 일련의 국가작용으로서 전체적으로 보아 국민의 기본권 보장의무에 반하여 객관적 정당성을 상실하였다.
④ 대통령의 긴급조치권 행사는 고도의 정치성을 띤 국가행위로서 대통령은 국가긴급권의 행사에 관하여 원칙적으로 국민 전체에 대한 관계에서 정치적 책임을 질 뿐 국민 개개인의 권리에 대응하여 법적 의무를 지는 것은 아니다.

07 통치행위에 대한 설명으로 옳은 것(○)과 옳지 않은 것(×)을 <보기>에서 바르게 조합한 것은? (다툼이 있는 경우 판례에 의함)

<보기>

ㄱ. 한미연합 군사훈련의 일종인 2007년 전시증원연습을 하기로 한 대통령의 결정은 사법심사를 자제해야 하는 통치행위가 아니다.
ㄴ. 외국에의 국군의 파견결정은 고도의 정치적 판단이 요구되는 사안이므로 원칙적으로 사법심사는 자제되어야 한다.
ㄷ. 남북정상회담 개최와 대북송금 행위는 고도의 정치적 행위이므로 사법심사의 대상은 아니다.
ㄹ. 서훈취소는 법원이 사법심사를 자제해야 하는 고도의 정치성을 띤 행위가 아니다.
ㅁ. 통치행위로 인정되면 그에 관한 사법심사는 불가능하다.

	ㄱ	ㄴ	ㄷ	ㄹ	ㅁ
①	○	×	○	×	○
②	×	×	○	○	○
③	×	○	○	○	×
④	○	○	×	○	×

08 행정지도와 행정조사에 대한 설명으로 옳지 않은 것은? (다툼이 있는 경우 판례에 의함)

① 행정기관의 장은 법령등에 특별한 규정이 있는 경우를 제외하고는 행정조사의 결과를 확정한 날부터 7일 이내에 그 결과를 조사대상자에게 통지하여야 한다.
② 행정지도가 그에 따를 의사가 없는 상대방에게 이를 부당하게 강요하는 것으로서 행정지도의 한계를 일탈하였다면 위법하다.
③ 「국세기본법」상 금지되는 재조사에 기하여 과세처분을 하는 것은 과세관청이 그러한 재조사로 얻은 과세자료를 배제하고서도 동일한 과세처분이 가능한 경우라면 적법하다.
④ 우편물 통관검사절차에서 이루어지는 우편물의 개봉, 시료채취, 성분분석 등의 검사는 행정조사의 성격을 가지는 것으로서 압수·수색영장 없이 우편물의 개봉, 시료채취, 성분분석 등 검사가 진행되었다 하더라도 특별한 사정이 없는 한 위법하다고 볼 수 없다.

09 「질서위반행위규제법」상 과태료에 대한 설명으로 옳은 것은?

① 행정청은 당사자가 납부기한까지 과태료를 납부하지 아니한 때에는 납부기한을 경과한 날부터 체납된 과태료에 대하여 100분의 5에 상당하는 가산금을 징수한다.
② 질서위반행위가 종료된 날부터 3년이 경과한 경우에는 해당 질서위반행위에 대하여 과태료를 부과할 수 없다.
③ 신분에 의하여 과태료를 감경 또는 가중하거나 과태료를 부과하지 아니하는 때에는 그 신분의 효과는 신분이 없는 자에게는 미치지 아니한다.
④ 법인의 대표자, 법인 또는 개인의 대리인·사용인 및 그 밖의 종업원이 업무에 관하여 법인 또는 그 개인에게 부과된 법률상의 의무를 위반한 때에 법인 또는 그 개인에게 과태료를 부과하는 것은 위법하다.

10 행정행위의 효력발생요건으로서의 통지에 대한 설명으로 옳지 않은 것은? (다툼이 있는 경우 판례에 의함)

① 처분의 통지는 행정처분을 상대방에게 표시하는 것으로서 상대방이 인식할 수 있는 상태에 둠으로써 족하고, 객관적으로 보아 행정처분으로 인식할 수 있도록 고지하면 된다.
② 통상 고시 또는 공고에 의하여 행정처분을 하는 경우에는 그 처분의 상대방이 불특정 다수인이고 그 처분의 효력이 불특정 다수인에게 일률적으로 적용되는 것이므로, 그 행정처분에 이해관계를 갖는 자가 고시 또는 공고가 있었다는 사실을 현실적으로 알았는지 여부에 관계없이 고시가 효력을 발생하는 날 행정처분이 있음을 알았다고 보아야 한다.
③ 구 「청소년 보호법」에 따라 정보통신윤리위원회가 특정 웹사이트를 청소년유해매체물로 결정하고 청소년보호위원회가 효력발생시기를 명시하여 고시하였으나 정보통신윤리위원회와 청소년보호위원회가 웹사이트 운영자에게는 위 처분이 있었음을 통지하지 않았다면 그 효력이 발생하지 않는다.
④ 등기에 의한 우편송달의 경우라도 수취인이 주민등록지에 실제로 거주하지 않는 경우에는 우편물의 도달사실을 처분청이 입증해야 한다.

11 행정상 손실보상에 대한 설명으로 옳은 것을 모두 고르면? (다툼이 있는 경우 판례에 의함)

ㄱ. 물건 또는 권리 등에 대한 손실보상액 산정의 기준이나 방법에 관하여 구체적으로 정하고 있는 법령의 규정이 없는 경우에는, 그 성질상 유사한 물건 또는 권리 등에 대한 관련 법령상의 손실보상액 산정의 기준이나 방법에 관한 규정을 유추적용할 수 있다.
ㄴ. 공유수면 매립면허의 고시가 있다고 하여 반드시 그 사업이 시행되고 그로 인하여 손실이 발생한다고 할 수 없고, 매립면허 고시 이후 매립공사가 실행되어 어업권자에게 실질적이고 현실적인 피해가 발생한 경우에만 「공유수면 관리 및 매립에 관한 법률」에서 정하는 손실보상청구권이 발생한다.
ㄷ. 공공사업의 시행으로 인하여 사업지 밖에 미치는 간접손실에 관하여 그 피해자와 사업시행자 사이에 협의가 이루어지지 아니하고 그 보상에 관한 명문의 근거법령이 없는 경우에 손실의 예견 및 특정이 가능하여도 「공익사업을 위한 토지 등의 취득 및 보상에 관한 법률 시행규칙」의 관련 규정을 유추하여 적용할 수는 없다.
ㄹ. 이주대책은 이주자들에게 종전의 생활상태를 회복시켜 주려는 생활보상의 일환으로서 헌법 제23조 제3항에 규정된 정당한 보상에 당연히 포함되는 것이므로 이주대책의 실시 여부는 입법자의 입법재량의 영역에 속한다고 할 수 없다.

① ㄱ　② ㄱ, ㄴ
③ ㄷ, ㄹ　④ ㄱ, ㄷ, ㄹ

12 행정대집행에 대한 설명으로 옳지 않은 것은? (다툼이 있는 경우 판례에 의함)

① 「행정대집행법」에 따른 행정대집행에서 건물의 점유자가 철거의무자일 때에는 건물철거의무에 퇴거의무도 포함되어 있는 것이어서 별도로 퇴거를 명하는 집행권원이 필요하지 않다.
② 법률에 의해서뿐만 아니라 법률의 위임을 받은 조례에 의해 직접 부과된 대체적 작위의무도 대집행의 대상이 된다.
③ 부작위의무 위반행위에 대하여 대체적 작위의무로 전환하는 규정이 없는 경우, 부작위의무 위반결과의 시정을 명하는 원상복구명령은 무효이고, 원상복구명령의 실효성 확보를 위한 대집행의 계고처분 역시 무효로 봄이 타당하다.
④ 건물의 소유자에게 위법건축물을 일정기간까지 철거할 것을 명함과 아울러 불이행하면 대집행한다는 내용의 계고처분을 고지한 후, 이에 불응하자 다시 제2차 계고서로 일정기간까지의 철거를 촉구하고 불이행하면 대집행한다는 뜻을 고지하였다면, 「행정대집행법」상 건물철거의무는 제2차 계고처분으로 인하여 발생한다.

13 행정심판에 대한 설명으로 옳은 것은? (다툼이 있는 경우 판례에 의함)

① 처분청이 심판청구 기간을 알리지 아니한 경우에는 청구인이 처분이 있음을 알았는지 여부를 묻지 않고 청구기간의 제한이 없게 된다.
② 법령의 규정에 따라 공고하거나 고시한 처분이 재결로써 취소되거나 변경되면 처분을 한 행정청은 지체 없이 그 처분이 취소 또는 변경되었다는 것을 공고하거나 고시하여야 한다.
③ 행정심판에서는 항고소송에서와 달리 처분청이 당초 처분의 근거로 삼은 사유와 기본적 사실관계가 동일성이 인정되지 않는 다른 사유를 처분사유로 추가하거나 변경할 수 있다.
④ 행정심판위원회는 피청구인이 의무이행재결의 취지에 따른 처분을 하지 아니하면 청구인의 신청에 의하여 결정으로 상당한 기간을 정하고 피청구인이 그 기간 내에 이행하지 아니하는 경우에는 그 지연기간에 따라 일정한 배상을 하도록 명할 수 있으나 즉시 배상을 할 것을 명할 수 없다.

14 행정조사에 대한 설명으로 옳지 않은 것은? (다툼이 있는 경우 판례에 의함)

① 「행정조사기본법」에 따르면 행정기관의 장은 법령 등에서 규정하고 있는 조사사항을 조사대상자로 하여금 스스로 신고하도록 하는 제도를 운영할 수 있다.
② 음주운전 여부에 대한 조사 과정에서 운전자 본인의 동의를 받지 아니하고 또한 법원의 영장도 없이 채혈조사를 한 결과를 근거로 한 운전면허 정지·취소 처분은 특별한 사정이 없는 한 위법한 처분이다.
③ 「관세법」 등에 따라 우편물 통관검사절차에서 이루어지는 우편물의 개봉, 시료채취, 성분분석 등의 검사는 행정조사의 성격을 가지는 것이 아니라 수사기관의 강제처분에 해당한다.
④ 「행정조사기본법」에 따르면 조사대상자는 조사원에게 공정한 행정조사를 기대하기 어려운 사정이 있다고 판단되는 경우에는 행정기관의 장에게 당해 조사원의 교체를 신청할 수 있다.

15 이행강제금에 대한 설명으로 옳지 않은 것은? (다툼이 있는 경우 판례에 의함)

① 현행 「건축법」상 시정명령을 위반한 자와 관련하여 이행강제금은 대체적 작위의무위반으로 인한 행정대집행과 선택적 관계이다.
② 「건축법」상의 이행강제금과 관련하여, 시정명령을 받은 의무자가 이행강제금이 부과되기 전에 그 의무를 이행한 경우에는 비록 시정명령에서 정한 기간을 지나서 이행한 경우라도 이행강제금을 부과할 수 없다.
③ 현행 「건축법」상의 이행강제금에 대한 불복은 「비송사건절차법」에 의하도록 규정하고 있으므로 이행강제금부과처분은 항고소송의 대상이 될 수 없다.
④ 사용자가 이행하여야 할 행정법상 의무의 내용을 초과하는 것을 '불이행 내용'으로 기재한 이행강제금 부과예고서에 의하여 이행강제금 부과예고를 한 다음 이행강제금을 부과한 경우, 초과한 정도가 근소하다는 등의 특별한 사정이 없는 한, 이 이행강제금 부과예고 및 이행강제금부과처분은 위법하다.

16 국가배상에 대한 설명으로 옳지 않은 것은? (다툼이 있는 경우 판례에 의함)

① 국가배상청구권의 소멸시효 기간은 지났으나 국가가 소멸시효 완성을 주장하는 것이 신의성실의 원칙에 반하는 권리남용으로 허용될 수 없어 배상책임을 이행한 경우, 국가는 원칙적으로 해당 공무원에 대해 구상권을 행사할 수 있다.

② 공무원이 관계 법령의 해석이 확립되기 전에 어느 한 설을 취하여 업무를 처리한 것이 결과적으로 위법하더라도 처분 당시 그 이상의 업무처리를 성실한 평균적 공무원에게 기대하기 어려웠던 경우라면 원칙적으로 공무원의 과실을 인정할 수 없다.

③ 국가배상청구권은 피해자나 그 법정대리인이 그 손해 및 가해자를 안 날로부터 3년간 이를 행사하지 아니하면 시효로 인하여 소멸한다.

④ 담당공무원이 주택구입대부제도와 관련하여 지급보증서제도에 관해 알려주지 않은 조치는 법령위반에 해당하지 않는다.

17 정보공개제도에 대한 설명으로 옳지 않은 것은? (다툼이 있는 경우 판례에 의함)

① 정보공개청구권은 헌법 제21조에 의하여 보장되는 알 권리에 근거하여 인정되고, 알 권리는 자유권적 성질과 청구권적 성질을 함께 가진다.

② 「공공기관의 정보공개에 관한 법률」 제4조 제1항에서 '정보공개에 관하여 다른 법률에 특별한 규정이 있는 경우'에 해당한다고 하여 정보공개법의 적용을 배제하기 위해서는, 특별한 규정이 '법률'이어야 하고, 정보공개의 대상 및 범위, 정보공개의 절차 등의 내용에서 정보공개법과 달리 규정하고 있는 것이어야 한다.

③ 정보의 공개방법 및 절차에 비추어 당해 정보에서 비공개대상정보에 관련된 기술 등을 제외 혹은 삭제하고 나머지 정보만을 공개하는 것이 가능하고 나머지 부분의 정보만으로도 공개가치가 있는 경우 정보의 부분 공개가 허용된다.

④ 사립대학교는 국비의 지원을 받는 범위 내에서만 공공기관의 성격을 가지므로 정보가 그에 해당하지 않는 경우 공개청구의 대상이 되지 아니한다.

18 「행정대집행법」상 대집행의 대상이 되는 의무는? (다툼이 있는 경우 판례에 의함)

① 관계 법령을 위반하여 장례식장 영업을 하고 있는 자의 장례식장 사용 중지의무

② 피수용자 등이 기업자에 대하여 부담하는 수용대상 토지의 인도의무

③ 공유재산 대부계약의 해지에 따라 원상회복을 위하여 실시하는 지상물 철거의무

④ 구 「공공용지의 취득 및 손실보상에 관한 특례법」에 따른 토지 등의 협의취득시 건물소유자가 매매대상 건물에 대한 철거의무를 부담하겠다는 취지의 약정을 한 경우, 그 철거의무

19 행정상 공표에 대한 설명으로 옳지 않은 것은? (다툼이 있는 경우 판례에 의함)

① 「행정절차법」에 따르면 행정청은 위반사실등의 공표를 하기 전에 당사자가 공표와 관련된 의무의 이행 등의 조치를 마친 경우에는 위반사실등의 공표를 하지 않을 수 있다.

② 병무청장이 병역의무 기피자의 인적사항 등을 인터넷 홈페이지에 게시하는 등의 방법으로 공개한 경우 병무청장의 공개결정은 항고소송의 대상이 되는 행정처분이라 할 수 없다.

③ 구 「청소년의 성보호에 관한 법률」이 형벌 외에 신상도 공개하도록 한 것은 헌법 제13조의 이중처벌금지 원칙에 위배되지 않는다.

④ 「행정절차법」에 따르면 행정청은 공표된 내용이 사실과 다른 것으로 밝혀진 경우에도 당사자가 원하지 아니하면 정정한 내용을 공표하지 아니할 수 있다.

20 행정행위의 하자에 대한 설명으로 옳지 않은 것은? (다툼이 있는 경우 판례에 의함)

① 구 「환경영향평가법」상 환경영향평가를 실시하여야 할 사업에 대하여 환경영향평가를 거치지 아니하였음에도 승인 등 처분을 한 경우, 그 처분은 당연무효이다.

② 적법한 권한 위임 없이 세관출장소장에 의하여 행하여진 관세부과처분은 그 하자가 중대하기는 하지만 객관적으로 명백하다고 할 수 없어 당연무효는 아니다.

③ 수익적 행정행위의 거부처분을 함에 있어서 당사자에게 사전통지를 하지 아니하였다면, 그 거부처분은 위법하여 취소를 면할 수 없다.

④ 납세의무자가 부과된 세금을 자진납부하였다고 하더라도 세액산출근거 등의 기재사항이 누락된 납세고지서에 의한 과세처분의 하자는 치유되지 않는다.

05회 Review

문항	정답	문제 키워드	출제 유형	난이도
01	②	항고소송의 대상	이론/판례/조문	●●○
02	④	영조물 책임	이론/판례/조문	●●●
03	②	행정절차법	이론/판례/조문	●○○
04	①	공법상 계약	이론/판례/조문	●●○
05	③	행정심판전치주의	이론/판례/조문	●●○
06	④	긴급조치와 국가배상	이론/판례/조문	●●●
07	④	통치행위	이론/판례/조문	●○○
08	③	행정지도와 행정조사	이론/판례/조문	●●○
09	③	질서위반행위규제법	이론/판례/조문	●●○
10	③	행정행위의 효력발생요건	이론/판례/조문	●●○
11	②	행정상 손실보상	이론/판례/조문	●●●
12	④	행정대집행	이론/판례/조문	●●○
13	②	행정심판	이론/판례/조문	●●○
14	③	행정조사	이론/판례/조문	●●○
15	③	이행강제금	이론/판례/조문	●●○
16	①	국가배상책임	이론/판례/조문	●●○
17	④	정보공개제도	이론/판례/조문	●○○
18	③	대집행	이론/판례/조문	●●○
19	②	행정상 공표	이론/판례/조문	●●○
20	③	행정행위의 하자	이론/판례/조문	●●○

핵심지문 OX

05회 실전동형모의고사에서 꼭 되짚어야 할 핵심지문을 다시 확인해보시기 바랍니다.

01 절차상의 하자를 이유로 과세처분을 취소하는 판결이 확정된 후 그 위법사유를 보완하여 이루어진 새로운 부과처분은 확정판결의 기판력에 저촉된다. ( )

02 남북정상회담 개최와 대북송금 행위는 고도의 정치적 행위이므로 사법심사의 대상은 아니다. ( )

03 행정기관의 장은 법령등에 특별한 규정이 있는 경우를 제외하고는 행정조사의 결과를 확정한 날부터 7일 이내에 그 결과를 조사대상자에게 통지하여야 한다. ( )

04 법인의 대표자, 법인 또는 개인의 대리인·사용인 및 그 밖의 종업원이 업무에 관하여 법인 또는 그 개인에게 부과된 법률상의 의무를 위반한 때에 법인 또는 그 개인에게 과태료를 부과하는 것은 위법하다. ( )

05 등기에 의한 우편송달의 경우라도 수취인이 주민등록지에 실제로 거주하지 않는 경우에는 우편물의 도달사실을 처분청이 입증해야 한다. ( )

06 공공사업의 시행으로 인하여 사업지 밖에 미치는 간접손실에 관하여 그 피해자와 사업시행자 사이에 협의가 이루어지지 아니하고 그 보상에 관한 명문의 근거법령이 없는 경우에 손실의 예견 및 특정이 가능하여도 「공익사업을 위한 토지 등의 취득 및 보상에 관한 법률 시행규칙」의 관련 규정을 유추하여 적용할 수는 없다. ( )

07 국가배상청구권의 소멸시효 기간은 지났으나 국가가 소멸시효 완성을 주장하는 것이 신의성실의 원칙에 반하는 권리남용으로 허용될 수 없어 배상책임을 이행한 경우, 국가는 원칙적으로 해당 공무원에 대해 구상권을 행사할 수 있다. ( )

08 정보공개청구권은 헌법 제21조에 의하여 보장되는 알 권리에 근거하여 인정되고, 알 권리는 자유권적 성질과 청구권적 성질을 함께 가진다. ( )

[정답] **01** × 확정판결의 기판력에 저촉되지 않는다. **02** × 사법심사의 대상이 된다. **03** ○ **04** × 법인 또는 그 개인에게 과태료를 부과한다. **05** ○ **06** × 관련 규정을 유추하여 적용할 수 있다. **07** × 국가는 해당 공무원에 대해 구상권을 행사할 수 없다. **08** ○

정답·해설 _해설집 p.56

06회 실전동형모의고사

제한시간: 15분 시작 시 분 ~ 종료 시 분 점수 확인 개 / 20개

01 「국가배상법」상 국가배상에 대한 설명으로 옳지 않은 것은? (다툼이 있는 경우 판례에 의함)

① 「경찰관 직무집행법」 제5조의 규정 내용이 형식상 경찰관에게 재량에 의한 직무수행권한을 부여한 것처럼 되어 있더라도 경찰관이 권한을 행사하여 필요한 조치를 하지 아니하는 것이 현저하게 불합리하다고 인정되는 경우에는 그러한 권한의 불행사는 위법하다.
② 국가배상책임은 공무원에 의한 가해행위의 태양이 확정될 수 있으면 성립되고 구체적인 행위자가 반드시 특정될 것을 요하지 않는다.
③ 「국가배상법」 제2조 제1항 단서는 '전투·훈련'뿐만 아니라 경찰공무원의 사고현장 교통정리와 같은 '일반 직무집행'의 경우에도 적용된다.
④ 경찰공무원인 피해자가 구 「공무원연금법」에 따라 공무상 요양비를 지급받는 것은 구 「국가배상법」 제2조 제1항 단서에서 정한 '다른 법령의 규정'에 따라 보상을 지급받는 것에 해당한다.

02 「질서위반행위규제법」상 과태료에 대한 설명으로 옳지 않은 것은? (다툼이 있는 경우 판례에 의함)

① 법인의 대표자, 법인 또는 개인의 대리인·사용인 및 그 밖의 종업원이 업무에 관하여 법인 또는 그 개인에게 부과된 법률상의 의무를 위반한 때에는 법인 또는 그 개인에게 과태료를 부과한다.
② 판례에 따르면 과태료는 죄형법정주의의 적용대상에 해당하지 아니한다.
③ 행정청은 과태료 부과에 앞서 7일 이상의 기간을 정하여 당사자에게 의견을 제출할 기회를 주어야 한다.
④ 과태료는 행정청의 과태료 부과 처분 이후 5년간 징수하지 아니하면 시효로 인하여 소멸한다.

03 행정계획에 대한 설명으로 옳지 않은 것을 <보기>에서 모두 고르면? (다툼이 있는 경우 판례에 의함)

<보기>

ㄱ. 구 「도시계획법」 제19조 제1항에서는 도시계획이 도시기본계획에 부합되어야 한다고 규정하고 있으므로, 도시기본계획은 행정청에 대한 직접적 구속력이 있다.
ㄴ. 행정주체가 행정계획을 입안·결정하면서 이익형량을 전혀 하지 아니하거나 이익형량의 고려 대상에 마땅히 포함시켜야 할 사항을 누락한 경우에는 그 행정계획 결정은 이익형량에 하자가 있어 위법하게 될 수 있다.
ㄷ. 후행 도시계획의 결정을 하는 행정청이 선행도시계획의 결정·변경 등에 관한 권한을 가지고 있지 아니한 경우, 선행 도시계획과 양립할 수 없는 내용이 포함된 후행 도시계획결정은 무효이다.
ㄹ. 환지계획과 환지예정지 지정은 항고소송의 대상이 되는 행정처분이 아니다.
ㅁ. 채광계획인가로 공유수면점용허가가 의제되는 경우, 공유수면점용불허가결정을 이유로 채광계획을 인가하지 아니할 수 없다.

① ㄱ, ㄴ, ㄹ　② ㄱ, ㄷ, ㅁ
③ ㄱ, ㄹ, ㅁ　④ ㄴ, ㄷ, ㅁ

04 현행 「행정심판법」상 행정심판제도에 대한 설명으로 옳은 것은?

① 취소심판의 재결로서 처분취소재결, 처분변경재결, 처분변경명령재결을 할 수 있으며, 처분취소명령재결은 할 수 없다.
② 처분청이 처분이행명령재결에 따른 처분을 하지 아니한 경우에는 행정심판위원회는 당사자의 신청 여부를 불문하고 직권으로 직접처분을 할 수 있다.
③ 취소재결의 기속력으로서 재처분의무가 없으므로 현행법상 거부처분에 불복할 때에는 취소심판보다 의무이행심판이 더 효과적이다.
④ 거부에 대한 의무이행심판에는 청구기간의 제한과 사정재결, 집행정지 규정이 적용되지 않는다.

05 위헌법률에 근거한 처분의 효력에 대한 설명으로 옳지 않은 것은? (다툼이 있는 경우 판례에 의함)

① 위헌인 법률에 근거한 행정처분이 당연무효인지의 여부는 위헌결정의 소급효와는 별개의 문제로서 취소소송의 제기기간을 경과하여 확정력이 발생한 행정처분에는 위헌결정의 소급효가 미치지 않는다.
② 근거법률의 위헌결정 이전에 이미 부담금 부과처분과 압류처분 및 이에 기한 압류등기가 이루어지고 각 처분이 확정된 경우에는 기존의 압류등기나 교부청구로도 다른 사람에 의하여 개시된 경매절차에서 배당을 받을 수 있다.
③ 어느 행정처분에 대하여 그 행정처분의 근거가 된 법률이 위헌이라는 이유로 무효확인청구의 소가 제기된 경우, 다른 특별한 사정이 없는 한 법원으로서는 그 법률이 위헌인지 여부에 대하여는 판단할 필요 없이 그 무효확인청구를 기각하여야 한다.
④ 행정처분 자체의 효력이 쟁송기간 경과 후에도 존속 중인 경우, 그 행정처분이 위헌인 법률에 근거하여 내려졌고 그 목적달성을 위해 필요한 후행 행정처분이 아직 이루어지지 않았다면 그 하자가 중대하여 그 구제가 필요한 경우에 대하여서는 쟁송기간 경과 후라도 무효확인을 구할 수 있다.

06 손실보상에 대한 설명으로 옳지 않은 것은? (다툼이 있는 경우 판례에 의함)

① 법률이 민간기업을 수용의 주체로 규정한 자체를 두고 위헌이라고 할 수는 없다.
② 공익사업의 시행 후에 사업지 밖에서 발생한 간접손실에 대하여는 해당 법률에 보상규정이 있는 경우에만 보상할 수 있다.
③ 헌법 제23조 제3항이 규정하는 정당한 보상이란 원칙적으로 피수용재산의 객관적 가치를 완전하게 보상하는 '완전보상'을 의미한다.
④ 하나의 재결에서 피보상자별로 여러 가지의 토지, 물건, 권리 또는 영업의 손실에 관하여 심리·판단이 이루어졌을 때, 피보상자로서는 반드시 재결 전부에 관하여 불복하여야 하는 것은 아니다.

07 공권(公權)에 대한 설명으로 옳은 것은? (다툼이 있는 경우 판례에 의함)

① 검사의 임용여부는 임용권자의 자유재량에 속하는 사항이므로, 임용권자가 동일한 검사신규임용의 기회에 원고를 비롯한 다수의 검사 임용신청자 중 일부만을 검사로 임용하는 결정을 함에 있어, 임용 신청자들에게 전형의 결과인 임용 여부의 응답을 할 것인지 여부는 임용권자의 편의재량사항이다.
② 무하자재량행사청구권은 수익적 행정행위뿐만 아니라 부담적 행정행위에도 적용될 수 있다.
③ 환경영향평가에 관한 자연공원법령 및 환경영향평가 법령들의 취지는 환경공익을 보호하려는 데 있으므로 환경영향평가 대상지역 안의 주민들이 수인한도를 넘는 환경침해를 받지 아니하고 쾌적한 환경에서 생활할 수 있는 개별적 이익까지 보호하는 데 있다고 볼 수는 없다.
④ 주거지역 내에서 법령상의 제한면적을 초과하는 연탄공장의 건축허가처분으로 불이익을 받고 있는 인근주민은 당해 처분의 취소를 소구할 법률상 자격이 없다.

08 「행정기본법」이 규정하고 있는 내용이 아닌 것은 모두 몇 개인가?

ㄱ. 공정력
ㄴ. 법률우위의 원칙과 법률유보원칙
ㄷ. 공법상 계약
ㄹ. 결격사유 법정주의
ㅁ. 자동적 처분

① 0개 ② 1개
③ 2개 ④ 3개

09 공법관계와 사법관계에 대한 설명으로 옳지 않은 것은? (다툼이 있는 경우 판례에 의함)

① 「국가를 당사자로 하는 계약에 관한 법률」에 의하여 국가와 사인 간에 체결된 계약은 특별한 사정이 없는 한 사법상의 계약으로서 그 본질적인 내용은 사인 간의 계약과 다를 바가 없다.
② 회사합병이 있는 경우에는 피합병회사의 권리·의무는 사법상의 관계나 공법상의 관계를 불문하고 그의 성질상 이전을 허용하지 않는 것을 제외하고는 모두 합병으로 인하여 존속한 회사에 승계되는 것으로 보아야 한다.
③ 「국가를 당사자로 하는 계약에 관한 법률」에 의하여 국가기관이 특정기업의 입찰참가자격을 제한하는 경우 이것은 사법관계이므로 이에 대해 다투기 위하여서는 민사소송을 제기하여야 한다.
④ 개발부담금 부과처분이 취소된 후의 부당이득으로서의 과오납금 반환에 관한 법률관계는 사법상 법률관계이다.

10 甲은 개발제한구역 내에서 레미콘시설에 대한 설치허가를 신청하였고, 이에 대해 관할 행정청 乙은 허가를 하면서 기한의 제한에 관한 규정이 없음에도 허가기간을 5년으로 하였다. 이에 대한 설명으로 옳은 것은? (다툼이 있는 경우 판례에 의함)

① 설치허가에 부가된 5년의 기한은 법령상 근거가 없는 것으로서 당연무효인 부관이다.
② 乙이 설치허가 이전에 미리 甲과 협의하여 5년의 기한을 붙일 것을 협약의 형식으로 정하여 허가시 부가한 경우, 그 허가는 처분성을 상실하고 공법상 계약의 성질을 가진다.
③ 甲이 5년의 기한은 레미콘시설의 성질상 부당하게 짧다는 이유로 소송상 다투려면, 부관부행정행위 중 기한만의 취소를 구하여야 한다.
④ 甲이 제소기간 경과 후 허가기간이 부당하게 짧다는 이유로 부관의 변경을 신청하였으나 乙이 이를 거절한 경우, 乙의 거부행위는 특별한 사정이 없는 한 취소소송의 대상이 되는 처분이 아니다.

11 대집행에 대한 설명으로 옳은 것을 모두 고르면? (다툼이 있는 경우 판례에 의함)

ㄱ. 대집행을 통한 건물철거의 경우 건물의 점유자가 철거의무자인 때에는 부수적으로 건물의 점유자에 대한 퇴거조치를 할 수 있다. ㄴ. 비상시 또는 위험이 절박한 경우에 있어서 당해 행위의 급속한 실시를 요하여 규정한 수속을 취할 여유가 없을 때에는 계고를 생략할 수 있지만 대집행 영장 통지를 하지 아니하고 대집행을 할 수 없다. ㄷ. 대집행시에 대집행계고서에 대집행의 대상물 등 대집행 내용이 특정되지 않으면 다른 문서나 기타 사정을 종합하여 특정될 수 있다 하더라도 그 대집행은 위법하다. ㄹ. 1장의 문서에 철거명령과 계고처분을 동시에 기재하여 처분할 수 있다.

① ㄱ, ㄴ
② ㄱ, ㄹ
③ ㄴ, ㄷ
④ ㄴ, ㄹ

12 행정소송에 대한 판례의 입장으로 옳은 것은?

① 행정처분의 무효확인 또는 취소소송 계속 중 처분청이 다툼의 대상이 되는 행정처분을 직권으로 취소한 경우, 그 처분을 대상으로 한 항고소송은 적법하지 않다.
② 합의제행정청의 처분에 대하여는 합의제행정청이 피고가 되므로 부당노동행위에 대한 구제명령 등 중앙노동위원회의 처분에 대한 소송에서는 중앙노동위원회가 피고가 된다.
③ '서울특별시 시민감사옴부즈만 운영 및 주민감사청구에 관한 조례'에 따라 계약직으로 구성하는 옴부즈만 공개채용과정에서 최종합격자로 공고된 자에 대해 서울특별시장이 인사위원회의 심의결과에 따라 채용하지 아니하겠다고 통보한 경우, 그 불채용통보는 항고소송을 통해 다툴 수 있다.
④ 개발제한구역 중 일부 취락을 개발제한구역에서 해제하는 내용의 도시관리계획변경결정에 대하여 개발제한구역 해제대상에서 누락된 토지의 소유자는 그 결정의 취소를 구할 법률상 이익이 있다.

13 사인의 공법행위로서 신고에 대한 설명으로 옳지 않은 것은? (다툼이 있는 경우 판례에 의함)

① 구 「체육시설의 설치·이용에 관한 법률」의 규정에 따라 체육시설의 회원을 모집하고자 하는 자의 '회원모집계획서 제출' 은 수리를 요하는 신고이며, 이에 대하여 회원모집계획을 승인하는 시·도지사 등의 검토결과 통보는 수리행위로서 행정처분에 해당한다.
② 수리를 요하는 신고의 경우, 수리행위에 신고필증 교부 등 행위가 꼭 필요한 것은 아니다.
③ 숙박업을 하고자 하는 자가 법령이 정하는 시설과 설비를 갖추고 행정청에 신고를 하면 행정청은 공중위생관리법령의 규정에 따라 원칙적으로 이를 수리하여야 하므로, 새로 숙박업을 하려는 자가 기존에 다른 사람이 숙박업 신고를 한 적이 있는 시설 등의 소유권 등 정당한 사용권한을 취득하여 법령에서 정한 요건을 갖추어 신고하였다면, 행정청으로서는 특별한 사정이 없는 한 이를 수리하여야 하고, 기존의 숙박업 신고가 외관상 남아있다는 이유로 이를 거부할 수 없다.
④ 장기요양기관의 폐업신고 자체가 효력이 없음에도 행정청이 이를 수리한 경우, 그 수리행위가 당연무효로 되는 것은 아니다.

14 정보공개청구에 대한 설명으로 옳은 것은? (다툼이 있는 경우 판례에 의함)

① 공공기관이 공개청구의 대상이 된 정보를 공개는 하되, 청구인이 신청한 공개방법 이외의 방법으로 공개하기로 하는 결정을 한 경우 이는 정보공개방법만을 달리 한 것이므로 일부 거부처분이라 할 수 없다.
② 공개하는 것이 공익을 위하여 필요한 경우로서 법령에 따라 국가가 업무의 일부를 위탁 또는 위촉한 개인의 성명·직업은, 공개되면 사생활의 비밀 또는 자유가 침해될 우려가 있다고 인정되더라도 공개대상 정보에 해당한다.
③ 공개청구된 정보를 공공기관이 한때 보유·관리하였으나 후에 그 정보가 담긴 문서가 정당하게 폐기되어 존재하지 않게 된 경우, 정보 보유·관리 여부의 입증책임은 정보공개청구자에게 있다.
④ 공개청구의 대상이 되는 정보가 이미 다른 사람에게 공개되어 널리 알려져 있다거나 인터넷 등을 통하여 공개되어 인터넷 검색 등을 통하여 쉽게 알 수 있다면 행정청의 정보비공개 결정이 정당화될 수 있다.

15 행정행위의 하자에 대한 판례의 입장으로 옳은 것은?

① 甲이 병원의 실질적 소유자인 乙과의 약정에 따라 병원장으로서 대가를 받고 근로를 제공한 근로자인데도 자신의 이름으로 병원의 사업자등록을 마친 후 사업소득에 대한 종합소득세 명목으로 과세관청에 종합소득세를 신고·납부하였는데, 과세관청이 근로소득에 대한 종합소득세 명목으로 甲에게 무신고가산세와 납부불성실가산세를 포함한 종합소득세를 경정·고지하는 처분을 한 사안에서, 甲이 종합소득 과세표준을 무신고하였음을 전제로 한 무신고가산세 부과처분 및 甲의 체납세액에 대한 납부불성실가산세 부과처분은 당연무효는 아니라고 봄이 상당하다.
② 행정규칙의 내용이 상위법령이나 법의 일반원칙에 반하는 것이라면 법치국가원리에서 파생되는 법질서의 통일성과 모순금지 원칙에 따라 그것은 법질서상 당연무효이고, 행정내부적 효력도 인정될 수 없다.
③ 처분 이후에 처분의 근거가 된 법률이 헌법재판소에 의해 위헌으로 결정되었다면 그 처분은 법률상 근거없는 처분이 되어 당연무효임이 원칙이다.
④ 「국방·군사시설 사업에 관한 법률」 및 구 「산림법」에서 보전임지를 다른 용도로 이용하기 위한 사업에 대하여 승인 등 처분을 하기 전에 미리 산림청장과 협의를 하라고 규정한 의미는 그 의견에 따라 처분을 하라는 것이므로, 이러한 협의를 거치지 아니하고서 행해진 승인처분은 당연무효이다.

16 부작위위법확인소송에 대한 설명으로 옳은 것은? (다툼이 있는 경우 판례에 의함)

① 부작위위법확인소송의 계속중 소극적 처분이 있게 되더라도 부작위위법확인의 소가 소의 이익을 잃게 되는 것은 아니다.
② 형사사건에서 무죄판결이 확정되어 피압수자가 압수물 환부신청을 하였음에도 검사가 이에 대하여 아무런 결정이나 통지도 하지 않고 있는 부작위는 부작위위법확인소송의 대상이 되지 아니한다.
③ 부작위위법확인소송은 행정심판을 거친 경우에도 제소기간의 제한을 받지 않는다.
④ 취소소송의 재판관할 규정은 부작위위법확인소송의 경우에 준용되지 않는다.

17 「행정소송법」상 확정된 취소판결의 효력에 대한 설명으로 옳은 것(○)과 옳지 않은 것(×)을 올바르게 조합한 것은? (다툼이 있는 경우 판례에 의함)

ㄱ. 영업허가취소처분을 취소하는 판결이 확정되었다면 그 영업허가취소처분 이후의 영업행위를 무허가영업이라고 볼 수는 없다.
ㄴ. 취소 확정판결의 기판력은 그 판결의 주문에만 미치고, 또한 소송물인 행정처분의 위법성 존부에 관한 판단 그 자체에만 미치는 것이므로 전소와 후소가 그 소송물을 달리하는 경우에는 전소 확정판결의 기판력이 후소에 미치지 아니한다.
ㄷ. 취소판결의 기속력에 위반하여 행한 처분청의 행위는 위법하나, 이는 무효사유가 아니라 취소사유에 해당한다.
ㄹ. 처분청이 취소소송의 대상인 처분에 대해 취소절차를 취하여 원고에게 취소통지를 한 때 취소의 효과가 발생한다.

	ㄱ	ㄴ	ㄷ	ㄹ
①	○	×	×	×
②	○	○	×	×
③	×	○	○	○
④	×	×	○	○

18 행정행위의 효력에 대한 판례의 입장으로 옳지 않은 것은?

① 처분의 불복기간이 도과된 경우에는 당해 처분의 효력을 더 이상 다툴 수 없도록 그 처분의 기초가 된 사실관계나 법률적 판단도 확정되기 때문에 법원은 그에 모순되는 판단을 할 수 없다.
② 운전면허취소처분을 받았으나 나중에 행정쟁송절차에 의해 취소되었다면, 운전면허취소처분은 그 처분 시에 소급하여 효력을 잃게 되고, 운전면허취소처분에 복종할 의무가 원래부터 없었음이 후에 확정된 것이다.
③ 민사소송에 있어서 행정처분의 당연무효여부가 선결문제로 되는 때에는 법원은 이를 판단하여 당연무효임을 전제로 판결할 수 있고 반드시 행정소송 등의 절차에 의하여 그 취소나 무효확인을 받아야 하는 것은 아니다.
④ 국세의 과오납이 위법한 과세처분에 의한 것이라도 그 흠이 단지 취소할 수 있는 정도에 불과한 때에는 그 처분이 취소되지 않는 한 그 납세액을 곧바로 부당이득이라고 하여 반환을 구할 수 있는 것은 아니다.

19 국가배상책임에 대한 설명으로 옳지 않은 것은? (다툼이 있는 경우 판례에 의함)

① 다수의 성폭력범죄로 여러 차례 처벌을 받은 뒤 위치추적 전자장치를 부착하고 보호관찰을 받고 있던 甲이 乙을 강간하였고, 그로부터 13일 후 丙을 강간하려다 살해하였는데, 丙의 유족들이 경찰관과 보호관찰관의 위법한 직무수행을 이유로 국가를 상대로 손해배상을 구한 사안에서, 경찰관과 보호관찰관의 직무수행은 객관적 정당성을 결여하여 위법하다.
② 국민이 법령에 정하여진 수질기준에 미달한 상수원수로 생산된 수돗물을 마심으로써 건강상의 위해 발생에 대한 염려 등에 따른 정신적 고통을 받았다고 하더라도, 이러한 사정만으로는 국가 또는 지방자치단체가 국민에게 손해배상책임을 부담하지 아니한다.
③ 공무원의 직무집행이 법령이 정한 요건과 절차에 따라 이루어진 것이라도, 그 과정에서 개인의 권리가 침해되면 법령위반에 해당한다.
④ 교육공무원 성과상여금 지급지침에서 기간제 교원을 성과상여금 지급대상에서 제외하여도 이에 대해 국가배상책임이 있다고 할 수 없다.

20 관할 행정청이 한 행위로서 항고소송의 대상이 되는 것을 모두 고른 것은? (다툼이 있는 경우 판례에 의함)

ㄱ. 토지대장상의 소유자명의변경신청을 거부한 행위
ㄴ. 토지대장을 직권말소한 행위
ㄷ. 건축물대장의 용도변경신청을 거부한 행위
ㄹ. 건축물대장을 직권말소한 행위
ㅁ. 건축물대장 작성신청을 반려한 행위

① ㄱ, ㄴ
② ㄷ, ㄹ, ㅁ
③ ㄴ, ㄷ, ㄹ, ㅁ
④ ㄱ, ㄴ, ㄷ, ㄹ, ㅁ

06회 Review

문항	정답	문제 키워드	출제 유형	난이도
01	④	국가배상	이론/판례/조문	●●○
02	③	과태료	이론/판례/조문	●○○
03	③	행정계획	이론/판례/조문	●●●
04	①	행정심판제도	이론/판례/조문	●○○
05	②	위헌법률에 근거한 처분의 효력	이론/판례/조문	●●○
06	②	행정상 손실보상	이론/판례/조문	●●○
07	②	공권	이론/판례/조문	●●○
08	①	행정기본법	이론/판례/조문	●●○
09	③	공법관계와 사법관계	이론/판례/조문	●○○
10	④	행정행위의 부관	이론/판례/조문	●●○
11	②	대집행	이론/판례/조문	●●○
12	①	행정소송	이론/판례/조문	●●○
13	④	신고	이론/판례/조문	●○○
14	②	정보공개	이론/판례/조문	●●○
15	②	행정행위의 하자	이론/판례/조문	●●○
16	②	부작위위법소송	이론/판례/조문	●●○
17	②	판결의 효력	이론/판례/조문	●●○
18	①	행정행위의 효력	이론/판례/조문	●●○
19	③	국가배상책임	이론/판례/조문	●●○
20	③	항고소송	이론/판례/조문	●●○

핵심지문 OX 06회 실전동형모의고사에서 꼭 되짚어야 할 핵심지문을 다시 확인해보시기 바랍니다.

01 구 「도시계획법」 제19조 제1항에서는 도시계획이 도시기본계획에 부합되어야 한다고 규정하고 있으므로, 도시기본계획은 행정청에 대한 직접적 구속력이 있다. (　　)

02 채광계획인가로 공유수면점용허가가 의제되는 경우, 공유수면점용불허가결정을 이유로 채광계획을 인가하지 아니할 수 없다. (　　)

03 위헌인 법률에 근거한 행정처분이 당연무효인지의 여부는 위헌결정의 소급효와는 별개의 문제로서 취소소송의 제기기간을 경과하여 확정력이 발생한 행징처분에는 위헌결징의 소급효가 미치지 않는다. (　　)

04 주거지역 내에서 법령상의 제한면적을 초과하는 연탄공장의 건축허가처분으로 불이익을 받고 있는 인근주민은 당해 처분의 취소를 소구할 법률상 자격이 없다. (　　)

05 회사합병이 있는 경우에는 피합병회사의 권리·의무는 사법상의 관계나 공법상의 관계를 불문하고 그의 성질상 이전을 허용하지 않는 것을 제외하고는 모두 합병으로 인하여 존속한 회사에 승계되는 것으로 보아야 한다. (　　)

06 공개청구된 정보를 공공기관이 한때 보유·관리하였으나 후에 그 정보가 담긴 문서가 정당하게 폐기되어 존재하지 않게 된 경우, 정보 보유·관리 여부의 입증책임은 정보공개청구자에게 있다. (　　)

07 처분 이후에 처분의 근거가 된 법률이 헌법재판소에 의해 위헌으로 결정되었다면 그 처분은 법률상 근거 없는 처분이 되어 당연무효임이 원칙이다. (　　)

08 국민이 법령에 정하여진 수질기준에 미달한 상수원수로 생산된 수돗물을 마심으로써 건강상의 위해 발생에 대한 염려 등에 따른 정신적 고통을 받았다고 하더라도, 이러한 사정만으로는 국가 또는 지방자치단체가 국민에게 손해배상책임을 부담하지 아니한다. (　　)

[정답] **01** × 직접적인 구속력은 없다. **02** × 인가하지 아니할 수 있다. **03** ○ **04** × 법률상 자격이 인정된다. **05** ○ **06** × 입증책임은 공공기관에게 있다. **07** × 당연무효사유는 아니다. **08** ○

정답·해설 _해설집 p.65

07회 실전동형모의고사

제한시간: 15분 시작 시 분 ~ 종료 시 분 점수 확인 개 / 20개

01 신뢰보호원칙에 대한 설명으로 옳은 것(○)과 옳지 않은 것(×)을 올바르게 조합한 것은? (다툼이 있는 경우 판례에 의함)

ㄱ. 행정청은 공익 또는 제3자의 이익을 현저히 해할 우려가 있는 경우를 제외하고는 행정에 대한 국민의 정당하고 합리적인 신뢰를 보호하여야 한다.
ㄴ. 신뢰보호원칙 위배 여부를 판단하기 위하여, 한편으로는 침해받은 이익의 보호가치, 침해의 중한 정도, 신뢰가 손상된 정도, 신뢰침해의 방법 등과 다른 한편으로는 새 입법을 통해 실현하고자 하는 공익적 목적 등을 종합적으로 비교·형량하여야 한다.
ㄷ. 행정청이 단순한 착오로 어떠한 처분을 계속한 경우, 신뢰보호원칙상 행정청이 그와 배치되는 조치를 할 수 없는 행정관행이 성립하므로, 행정청이 추후 오류를 발견하여 합리적인 방법으로 변경하더라도 신뢰보호원칙에 위배된다.
ㄹ. 헌법적 신뢰보호는 개개의 국민이 어떠한 경우에도 실망하지 않도록 하는 데까지 미칠 수는 없지만, 입법자는 구법질서가 더 이상 그 법률관계에 적절하지 못하고 합목적적이지 않더라도 그 수혜자 집단을 위하여 이를 계속 유지할 의무를 부담한다.

	ㄱ	ㄴ	ㄷ	ㄹ
①	○	○	○	○
②	○	○	×	○
③	○	○	×	×
④	×	×	○	×

02 취소소송에서 법원이 원고의 청구를 기각할 때 판결의 주문에서 취소대상인 처분이 위법함을 명시하여야 하는 경우에 대한 설명으로 옳지 않은 것은? (다툼이 있는 경우 판례에 의함)

① 당사자의 명백한 주장이 없는 경우에도 법원은 일건 기록에 나타난 사실을 기초로 하여 직권으로 이러한 판결을 할 수 있다.
② 법원이 이 판결을 함에 있어 공공복리 적합성 여부의 판단시점은 변론종결시이다.
③ 소송비용은 피고의 부담으로 한다.
④ 이 판결이 확정되면 취소판결의 기속력과 기판력이 발생한다.

03 사실행위에 대한 설명으로 옳지 않은 것은? (다툼이 있는 경우 판례에 의함)

① 방송통신심의위원회의 시정요구는 단순한 행정지도로서의 한계를 넘어 규제적·구속적 성격을 갖는 것으로서 항고소송의 대상이 되는 공권력의 행사이다.
② 헌법재판소는 "수형자의 서신을 교도소장이 검열하는 행위는 이른바 권력적 사실행위로서 행정심판이나 행정소송의 대상이 되는 행정처분으로 볼 수 있다."라고 하여 명시적으로 권력적 사실행위의 처분성을 긍정하였다.
③ 위법한 행정지도로 손해가 발생한 경우 국가 등을 상대로 손해배상을 청구할 수 있으나, 이 경우 「국가배상법」 제2조가 정한 배상책임의 요건을 갖추어야 한다.
④ 판례에 의하면, 행정규칙에 의한 불문경고 조치는 차후 징계감경사유로 작용할 수 있는 표창대상자에서 제외되는 등의 인사상 불이익을 줄 수 있다 하여도 이는 간접적 효과에 불과하므로 항고소송의 대상인 행정처분에 해당하지 않는다.

04 무효등확인소송에 대한 설명으로 옳지 않은 것은? (다툼이 있는 경우 판례에 의함)

① 처분이 무효인 사유를 주장·입증할 책임은 원고에게 있다.
② 거부처분에 대한 무효확인 판결에는 간접강제가 허용되지 않는다.
③ 무효등확인소송과 취소소송을 예비적 병합의 형태로 제기하는 것은 허용되지 않는다.
④ 처분의 무효확인을 구할 법률상 이익이 있는지를 판단함에 있어 처분의 무효를 전제로 한 이행소송 등과 같은 직접적인 구제수단이 있는지 여부를 따질 필요가 없다.

05 항고소송에서 수소법원이 하여야 하는 판결에 대한 설명으로 옳지 않은 것은? (다툼이 있는 경우 판례에 의함)

① 무효확인소송의 제기는 처분의 효력이나 그 집행 또는 절차의 속행에 영향을 주지 아니한다.
② 행정처분이 있음을 안 날부터 90일을 넘겨 행정심판을 청구하였다가 각하재결을 받은 후 그 재결서를 송달받은 날부터 90일 내에 원래의 처분에 대하여 취소소송을 제기한 경우, 수소법원은 각하판결을 하여야 한다.
③ 허가처분 신청에 대한 부작위를 다투는 부작위위법확인소송을 제기하여 제1심에서 승소판결을 받았는데 제2심 단계에서 피고 행정청이 허가처분을 한 경우, 제2심 수소법원은 각하판결을 하여야 한다.
④ 행정심판을 청구하여 기각재결을 받은 후 재결 자체에 고유한 위법이 있음을 주장하며 그 기각재결에 대하여 취소소송을 제기한 경우, 수소법원은 심리 결과 재결 자체에 고유한 위법이 없다면 각하판결을 하여야 한다.

06 「질서위반행위규제법」에 대한 설명으로 옳지 않은 것은?

① 14세가 되지 아니한 자의 질서위반행위는 과태료를 부과하지 아니한다. 다만, 다른 법률에 특별한 규정이 있는 경우에는 그러하지 아니하다.
② 신분에 의하여 성립하는 질서위반행위에 신분이 없는 자가 가담한 때에는 신분이 없는 자에 대하여도 질서위반행위가 성립한다.
③ 과태료는 행정청의 과태료 부과처분이나 법원의 과태료 재판이 확정된 후 5년간 징수하지 아니하거나 집행하지 아니하면 시효로 인하여 소멸한다.
④ 행정청은 당사자가 납부기한까지 과태료를 납부하지 아니한 때에는 납부기한을 경과한 날부터 체납된 과태료에 대하여 100분의 5에 상당하는 가산금을 징수한다.

07 「행정소송법」상 당사자소송에 대한 설명으로 옳지 않은 것은? (다툼이 있는 경우 판례에 의함)

① 국가를 상대로 하는 당사자소송의 경우에는 가집행선고를 할 수 없다.
② 취소소송에 관한 '행정심판기록의 제출명령' 규정은 당사자소송에 준용된다.
③ 당사자소송에 관련청구소송이 병합된 경우 당사자소송이 부적법하여 각하되면 그에 병합된 관련청구소송도 소송요건을 흠결하여 부적합하므로 각하되어야 한다.
④ 「국토의 계획 및 이용에 관한 법률」에 따라 사업시행자가 토지 소유자를 상대로 토지의 일시 사용에 대한 동의의 의사표시를 구하는 소는 당사자소송에 해당한다.

08 정보공개청구제도에 대한 설명으로 옳은 것을 <보기>에서 모두 고르면? (다툼이 있는 경우 판례에 의함)

<보기>

ㄱ. 정보공개청구인은 자신에게 해당 정보의 공개를 구할 법률상 이익이 있음을 입증하여야 한다.
ㄴ. 정보공개신청이 오로지 권리남용의 목적임이 명백하다면 행정청은 공개를 거부할 수 있다.
ㄷ. 공공기관이 정보공개청구에 대해 이를 거부하는 행위는 취소소송의 대상이 되는 처분이다.
ㄹ. 공공기관은 정보공개청구의 대상이 된 정보가 제3자와 관련된 경우 해당 제3자의 의견을 청취할 수 있으나, 그에게 통지할 의무는 없다.

① ㄱ, ㄴ
② ㄱ, ㄹ
③ ㄴ, ㄷ
④ ㄷ, ㄹ

09 甲은 아파트를 건설하고자 乙시장에게 「주택법」상 사업계획승인신청을 하였는데, 乙시장은 아파트단지 인근에 개설되는 자동차전용도로의 부지로 사용할 목적으로 甲 소유 토지의 일부를 아파트 사용검사 시까지 기부채납하도록 하는 부담을 붙여 사업계획을 승인하였다. 이에 대한 설명으로 옳은 것만을 <보기>에서 모두 고르면? (다툼이 있는 경우 판례에 의함)

<보기>

ㄱ. 甲이 위 부담을 불이행하였다면 乙시장은 이를 이유로 사업계획승인을 철회하거나, 위 부담상의 의무불이행에 대해 행정대집행을 할 수 있다.
ㄴ. 甲이 위 부담을 이행하지 아니하더라도 乙시장의 사업계획승인이 당연히 효력을 상실하는 것은 아니다.
ㄷ. 乙시장은 기부채납의 내용을 甲과 사전에 협의하여 협약의 형식으로 미리 정한 다음, 사업계획승인을 하면서 위 부담을 부가할 수도 있다.
ㄹ. 만일 甲이 「건축법」상 기속행위에 해당하는 건축허가를 신청하였고, 乙시장이 건축허가를 하면서 법률의 근거 없이 기부채납 부담을 붙였다면 그 부담은 무효이다.

① ㄱ, ㄴ
② ㄱ, ㄷ
③ ㄴ, ㄹ
④ ㄴ, ㄷ, ㄹ

10 A지역에서 토지 등을 소유한 자들은 「도시 및 주거환경정비법」에 따라 주택재개발사업을 시행하기 위해 조합설립추진위원회를 구성하여 관할 행정청으로부터 승인을 받았다. 조합설립추진위원회는 이 법에 따라 조합설립결의를 거쳐 주택재개발조합(이하 '조합'이라 한다)의 설립인가를 받았다. 이후 조합은 조합총회결의를 거쳐 관리처분계획을 수립하였고, 행정청이 이를 인가·고시하였다. 한편, 이 사건 정비구역 내에 토지를 소유한 甲은 조합설립추진위원회 구성에 동의하지 않았다. 이에 대한 설명으로 옳지 않은 것은? (다툼이 있는 경우 판례에 의함)

① 甲은 조합설립추진위원회 구성승인처분의 취소를 구할 원고적격이 있다.
② 조합설립추진위원회 구성승인처분과 조합설립인가처분은 재개발조합의 설립이라는 동일한 법적 효과를 목적으로 하는 것으로, 조합설립추진위원회 구성승인처분에 하자가 있는 경우에는 특별한 사정이 없는 한 조합설립인가처분은 위법한 것이 된다.
③ 조합설립인가처분은 단순히 조합설립행위에 대한 보충행위로서의 성질을 갖는 것에 그치는 것이 아니라 주택재개발사업을 시행할 수 있는 권한을 갖는 행정주체로서의 지위를 부여하는 일종의 설권적 처분의 성격을 갖는다.
④ 조합설립인가처분이 행해진 이후에 조합설립결의의 하자를 이유로 조합설립의 무효를 주장하려면 인가행정청을 상대로 조합설립인가처분의 취소 또는 무효확인을 구하는 항고소송을 제기하여야 한다.

11 「행정소송법」상 취소소송의 심리에 대한 설명으로 옳은 것을 모두 고르면? (다툼이 있는 경우 판례에 의함)

ㄱ. 당사자가 제출한 소송자료에 의하여 법원이 처분의 적법 여부에 관한 합리적인 의심을 품을 수 있음에도 단지 구체적 사실에 관한 주장을 하지 아니하였다는 이유만으로 당사자에게 석명 또는 직권에 의한 심리·판단을 하지 아니하는 것은 허용될 수 없다.
ㄴ. 행정소송의 경우 직권심리주의에 따라 변론주의가 완화되므로 행정의 적법성 보장과 국민의 권리보호를 위하여 당사자가 주장하지 않은 법률효과에 관한 요건사실이나 공격방어방법이라도 이를 시사하고 그 제출을 권유하는 것이 민사소송과 달리 허용된다.
ㄷ. 항고소송의 경우 피고가 당해 처분의 적법성에 관하여 합리적으로 수긍할 수 있는 일응의 입증을 하였다면 이와 상반되는 주장과 입증의 책임은 원고에게 돌아간다.
ㄹ. 항고소송에서 원고는 전심절차에서 주장하지 아니한 공격방어방법이라도 이전의 주장과 전혀 별개의 것이 아닌 한 이를 소송절차에서 주장할 수 있고 법원은 이를 심리하여 행정처분의 적법여부를 판단할 수 있다.

① ㄱ, ㄹ
② ㄴ, ㄷ
③ ㄱ, ㄴ, ㄹ
④ ㄱ, ㄷ, ㄹ

12 행정상 강제집행에 대한 설명으로 옳은 것만을 <보기>에서 모두 고르면? (다툼이 있는 경우 판례에 의함)

<보기>

ㄱ. 행정청은 개별사건에 있어서 위반내용, 위반자의 시정의지 등을 감안하여 대집행과 이행강제금을 선택적으로 활용할 수 있으며, 이처럼 그 합리적인 재량에 의해 선택하여 활용하는 이상 중첩적인 제재에 해당한다고 볼 수 없다.
ㄴ. 「국세징수법」상의 공매통지는 그 상대방인 체납자 등의 법적 지위나 권리·의무에 직접적인 영향을 주는 행정처분이므로 공매통지 자체를 취소소송의 대상으로 삼을 수 있다.
ㄷ. 행정청이 행정대집행을 할 수 있는 경우에도 필요하면 별도로 민사소송의 방법을 통하여 의무이행을 구할 수 있다.
ㄹ. 장기간 시정명령을 이행하지 아니하였더라도, 그 기간 중에는 시정명령의 이행 기회가 제공되지 아니하였다가 뒤늦게 시정명령의 이행 기회가 제공된 경우라면, 시정명령의 이행 기회 제공을 전제로 한 1회분의 이행강제금만을 부과할 수 있고, 시정명령의 이행 기회가 제공되지 아니한 과거의 기간에 대한 이행강제금까지 한꺼번에 부과할 수는 없으며 이를 위반하여 이루어진 이행강제금 부과처분은 무효이다.

① ㄱ, ㄴ
② ㄱ, ㄹ
③ ㄴ, ㄷ
④ ㄴ, ㄹ

13 거부처분에 대한 설명으로 옳지 않은 것은? (다툼이 있는 경우 판례에 의함)

① 무효확인 판결은 취소판결에 관한 규정을 준용함에 있어서 「행정소송법」 제34조를 준용한다는 규정을 두고 있지 않으므로, 행정처분에 대하여 무효확인 판결이 내려진 경우에는 그 행정처분이 거부처분인 경우에도 행정청에 판결의 취지에 따른 재처분의무가 인정될 뿐 그에 대하여 간접강제까지 허용되는 것은 아니다.
② 「출입국관리법」의 입법 목적, 사증발급 신청인의 대한민국과의 실질적 관련성, 상호주의원칙 등을 고려하면, 우리 「출입국관리법」의 해석상 외국인에게는 사증발급 거부처분의 취소를 구할 법률상 이익이 인정되지 않는다.
③ 외국인의 사증발급 신청에 대한 거부처분은 「행정절차법」 제24조에서 정한 '처분서 작성·교부'를 할 필요가 없거나 곤란하다고 인정되는 사항이거나 「행정절차법」 제24조에 정한 절차를 따르지 않고 '행정절차에 준하는 절차'로 대체할 수 있는 것이다.
④ 거부행위의 처분성을 인정하기 위한 전제요건이 되는 신청권의 존부는 구체적 사건에서 신청인이 누구인가를 고려하지 말고 관계 법규에서 일반 국민에게 그러한 신청권을 인정하고 있는가를 살펴 추상적으로 결정하여야 한다.

14 건축허가와 건축신고에 대한 설명으로 옳지 않은 것을 모두 고르면? (다툼이 있는 경우 판례에 의함)

ㄱ. 「건축법」 제14조 제2항에 의한 인·허가의제 효과를 수반하는 건축신고에 대한 수리거부는 처분성이 인정되나, 동 규정에 의한 인·허가의제 효과를 수반하지 않는 건축신고에 대한 수리거부는 처분성이 부정된다.
ㄴ. 「국토의 계획 및 이용에 관한 법률」에 의해 지정된 도시지역 안에서 토지의 형질변경행위를 수반하는 건축허가는 재량행위에 속한다.
ㄷ. 건축허가권자는 중대한 공익상의 필요가 없음에도 관계 법령에서 정하는 제한사유 이외의 사유를 들어 건축허가 요건을 갖춘 자에 대한 허가를 거부할 수 있다.
ㄹ. 건축허가는 대물적 허가에 해당하므로, 허가의 효과는 허가대상 건축물에 대한 권리변동에 수반하여 이전되고 별도의 승인처분에 의하여 이전되는 것은 아니다.

① ㄱ, ㄴ　② ㄱ, ㄷ
③ ㄴ, ㄷ　④ ㄷ, ㄹ

15 행정지도에 대한 설명으로 옳지 않은 것은? (다툼이 있는 경우 판례에 의함)

① 행정지도는 상대방의 의사에 반하여 부당하게 강요하여서는 안 된다.
② 행정지도는 작용법적 근거가 필요하지 않으므로, 비례원칙과 평등원칙에 구속되지 않는다.
③ 교육인적자원부장관의 대학총장들에 대한 학칙시정요구는 법령에 따른 것으로 행정지도의 일종이지만, 단순한 행정지도로서의 한계를 넘어 헌법소원의 대상이 되는 공권력의 행사라고 볼 수 있다.
④ 세무당국이 주류제조회사에 대하여 특정 업체와의 주류거래를 일정기간 중지하여 줄 것을 요청한 행위는 권고적 성격의 행위로서 행정처분이라고 볼 수 없다.

16 행정행위의 공정력과 선결문제에 대한 설명으로 옳지 않은 것은? (다툼이 있는 경우 판례에 의함)

① 민사소송에 있어서 행정처분의 당연무효여부가 선결문제로 되는 때에는 법원은 이를 판단하여 당연무효임을 전제로 판결할 수 있고 반드시 행정소송 등의 절차에 의하여 그 취소나 무효확인을 받아야 하는 것은 아니다.

② 처분의 효력 유무가 당사자소송의 선결문제인 경우, 당사자소송의 수소법원은 이를 심사하여 하자가 중대·명백한 경우에는 처분이 무효임을 전제로 판단할 수 있고, 또한 단순한 취소사유에 그칠 때에도 처분의 효력을 부인할 수 있다.

③ 취소소송에 당해 처분과 관련되는 부당이득반환청구소송이 병합되어 제기된 경우, 부당이득반환청구가 인용되기 위해서는 그 소송절차에서 판결에 의해 당해 처분이 취소되면 충분하고 그 처분의 취소가 확정되어야 하는 것은 아니다.

④ 행정청이 침해적 행정처분인 시정명령을 하면서 사전통지를 하거나 의견제출 기회를 부여하지 않아 시정명령이 절차적 하자로 위법하다면, 그 시정명령을 위반한 사람에 대하여는 시정명령위반죄가 성립하지 않는다.

17 「공공기관의 정보공개에 관한 법률」상 정보공개에 대한 판례의 입장으로 옳지 않은 것은?

① 견책의 징계처분을 받은 甲이 사단장에게 징계위원회에 참여한 징계위원의 성명과 직위에 대한 정보공개청구를 하였으나 위 정보가 「공공기관의 정보공개에 관한 법률」 제9조 제1항 제1호, 제2호, 제5호, 제6호에 해당한다는 이유로 공개를 거부한 사안에서, 징계처분 취소사건에서 甲의 청구를 기각하는 판결이 확정되었더라도, 甲은 여전히 정보공개거부처분의 취소를 구할 법률상 이익이 있다.

② 형사재판확정기록의 공개에 관하여 「공공기관의 정보공개에 관한 법률」에 의한 공개청구가 허용된다.

③ '감사·감독·검사·시험·규제·입찰계약·기술개발·인사관리·의사결정과정 또는 내부검토과정에 있는 사항 등으로서 공개될 경우 업무의 공정한 수행에 현저한 지장을 초래한다고 인정할 만한 상당한 이유가 있는 정보'란 공개될 경우 업무의 공정한 수행이 객관적으로 현저하게 지장을 받을 것이라는 고도의 개연성이 존재하는 경우를 말한다.

④ 교육공무원의 근무성적평정 결과를 공개하지 아니한다고 규정하고 있는 「교육공무원 승진규정」을 근거로 정보공개청구를 거부하는 것은 위법하다.

18 손실보상에 대한 설명으로 옳지 않은 것은? (다툼이 있는 경우 판례에 의함)

① 우리 헌법상 수용의 주체를 국가로 한정하고 있지 않으므로 민간기업도 수용의 주체가 될 수 있다.

② 토지를 종래의 목적으로도 사용할 수 없는 경우에는 토지소유자가 수인해야 할 사회적 제약의 한계를 넘는 것으로 보아야 한다.

③ 공익사업으로 인해 농업손실을 입은 자가 사업시행자에게서 「공익사업을 위한 토지 등의 취득 및 보상에 관한 법률」에 따른 보상을 받으려면 재결절차를 거쳐야 하고, 이를 거치지 않고 곧바로 민사소송으로 보상금을 청구하는 것은 허용되지 않는다.

④ 사업인정고시는 수용재결절차로 나아가 강제적인 방식으로 토지소유자나 관계인의 권리를 취득·보상하기 위한 요건으로서 영업손실보상청구를 위해서는 반드시 사업인정이나 수용이 전제되어야 한다.

19 행정절차에 대한 설명으로 옳지 않은 것을 모두 고르면? (다툼이 있는 경우 판례에 의함)

ㄱ. 행정절차에는 당사자주의가 적용되므로 행정청은 당사자가 제출한 증거나 당사자의 증거신청에 구속된다.
ㄴ. 환경영향평가법령에서 요구하는 환경영향평가절차를 거쳤더라도 그 내용이 부실한 경우, 부실의 정도가 환경영향평가를 하지 아니한 것과 마찬가지인 정도가 아니라면 이는 취소사유에 해당한다.
ㄷ. 「행정절차법」이 처분의 처리기간을 정하는 것은 신청에 따른 사무를 가능한 한 조속히 처리하도록 하기 위한 것으로, 처리기간에 관한 규정은 훈시규정에 불과할 뿐 강행규정이라고 볼 수 없으므로, 행정청이 처리기간이 지나 처분을 하였더라도 이를 처분을 취소할 절차상 하자로 볼 수 없다.
ㄹ. 국민생활에 매우 큰 영향을 주는 사항, 많은 국민의 이해가 상충되는 사항, 많은 국민에게 불편이나 부담을 주는 사항 등 중요한 정책, 제도 및 계획을 수립 또는 변경하려는 경우에 한해서 행정예고를 원칙으로 하고 있다.
ㅁ. 처분의 이유제시에 하자가 있는 경우 행정쟁송 계속 중에 이유제시를 보완하였다면 그 하자는 치유된다.

① ㄱ, ㄴ
② ㄴ, ㅁ
③ ㄱ, ㄴ, ㄷ
④ ㄱ, ㄴ, ㄹ, ㅁ

20 과징금에 대한 설명으로 옳지 않은 것은? (다툼이 있는 경우 판례에 의함)

① 초기에는 의무위반으로 취득한 경제적 이익을 박탈하기 위한 행정상 제재수단으로 도입되었으나 최근에는 영업정지에 갈음하여 부과되는 형태로 많이 활용되고 있다.
② 과징금은 한꺼번에 납부하는 것이 원칙이나 행정청은 과징금을 부과받은 자가 재해 등으로 재산에 현저한 손실을 입어 전액을 한꺼번에 내기 어렵다고 인정될 때에는 그 납부기한을 연기하거나 분할납부하게 할 수 있다.
③ 「부동산 실권리자명의 등기에 관한 법률」상 실권리자명의 등기의무를 위반한 명의신탁자에 대한 과징금의 부과처분은 재량행위에 해당하므로 조세를 포탈하거나 법령에 의한 제한을 회피할 목적이 아닌 경우에는 이를 부과하지 않거나 전액감면할 수 있다.
④ 금전상 제재인 과징금은 법령이 규정한 범위 내에서 그 부과처분 당시까지 부과관청이 확인한 사실을 기초로 일의적으로 확정되어야 할 것이지, 추후에 부과금 산정기준이 되는 새로운 자료가 나왔다고 하여 새로운 부과처분을 할 수 있는 것은 아니다.

07회 Review

문항	정답	문제 키워드	출제 유형	난이도
01	③	신뢰보호원칙	이론/판례/조문	●●○
02	④	취소소송	이론/판례/조문	●●○
03	④	사실행위	이론/판례/조문	●○○
04	③	무효등확인소송	이론/판례/조문	●●○
05	④	항고소송의 판결	이론/판례/조문	●●○
06	④	질서위반행위규제법	이론/판례/조문	●●●
07	①	당사자소송	이론/판례/조문	●○○
08	③	정보공개	이론/판례/조문	●○○
09	④	부담(부관)	이론/판례/조문	●●○
10	②	행정행위의 처분성	이론/판례/조문	●●●
11	④	취소소송	이론/판례/조문	●●○
12	②	행정상 강제집행	이론/판례/조문	●●○
13	③	거부처분	이론/판례/조문	●●○
14	②	건축허가와 건축신고	이론/판례/조문	●●○
15	②	행정지도	이론/판례/조문	●●○
16	②	행정행위의 공정력과 선결문제	이론/판례/조문	●●○
17	②	정보공개	이론/판례/조문	●●○
18	④	행정상 손실보상	이론/판례/조문	●●○
19	④	행정절차	이론/판례/조문	●●○
20	③	과징금	이론/판례/조문	●○○

핵심지문 OX

07회 실전동형모의고사에서 꼭 되짚어야 할 핵심지문을 다시 확인해보시기 바랍니다.

01 위법한 행정지도로 손해가 발생한 경우 국가 등을 상대로 손해배상을 청구할 수 있으나, 이 경우 「국가배상법」 제2조가 정한 배상책임의 요건을 갖추어야 한다. ( )

02 무효등확인소송과 취소소송을 예비적 병합의 형태로 제기하는 것은 허용되지 않는다. ( )

03 행정심판을 청구하여 기각재결을 받은 후 재결 자체에 고유한 위법이 있음을 주장하며 그 기각재결에 대하여 취소소송을 제기한 경우, 수소법원은 심리 결과 재결 자체에 고유한 위법이 없다면 각하판결을 하여야 한다. ( )

04 조합설립인가처분이 행해진 이후에 조합설립결의의 하자를 이유로 조합설립의 무효를 주장하려면 인가행정청을 상대로 조합설립인가처분의 취소 또는 무효확인을 구하는 항고소송을 제기하여야 한다. ( )

05 민사소송에 있어서 행정처분의 당연무효여부가 선결문제로 되는 때에는 법원은 이를 판단하여 당연무효임을 전제로 판결할 수 있고 반드시 행정소송 등의 절차에 의하여 그 취소나 무효확인을 받아야 하는 것은 아니다. ( )

06 토지를 종래의 목적으로도 사용할 수 없는 경우에는 토지소유자가 수인해야 할 사회적 제약의 한계를 넘는 것으로 보아야 한다. ( )

07 처분의 이유제시에 하자가 있는 경우 행정쟁송 계속 중에 이유제시를 보완하였다면 그 하자는 치유된다. ( )

[정답] **01** ○ **02** × 행정처분에 대한 무효확인과 취소청구는 서로 양립할 수 없는 청구로서 주위적·예비적 청구로서만 병합이 가능하다. **03** × 원처분의 당부와는 상관없이 당해 재결취소소송은 이를 기각하여야 한다. **04** ○ **05** ○ **06** ○ **07** × 하자의 치유는 행정쟁송의 제기 전까지 해야 한다.

정답·해설 _해설집 p.74

08회 실전동형모의고사

제한시간: 15분 시작 시 분 ~ 종료 시 분 점수 확인 개 / 20개

01 다음 사례에 대한 설명으로 옳지 않은 것은? (다툼이 있는 경우 판례에 의함)

> 국민건강보험 관련 법령상 보건복지부장관은 제약회사의 신청 또는 직권으로 모든 의약품에 대하여 요양급여대상 또는 비급여대상의 결정을 할 수 있다. 전국의 모든 의료기관·약국이 요양기관으로 강제편입되어 있고 모든 국민이 국민건강보험에 편입되어 있기 때문에 의사의 처방이 필요 없는 일반의약품을 제외한 모든 의약품은 국민건강보험상의 요양급여로 공급되는 것만이 판로라 할 수 있다. '국민건강보험 요양급여의 기준에 관한 규칙'에서 약제의 제조·수입업자에 대해서도 이미 고시된 요양급여대상 또는 비급여대상의 조정신청권을 부여하고 있고, 또 약제의 제조·수입업자 등이 요양급여대상 여부의 결정을 신청하고자 하는 경우 판매예정가 산출근거 및 내역, 동일 또는 유사 약제와의 장·단점 및 판매가의 비교 등 비용효과에 관한 자료를 제출하도록 하고 있다. 이러한 상황에서 A제약회사의 B제품이 보건복지부장관에 의해 비급여대상으로 결정됨에 따라 A제약회사는 경영상 큰 타격을 맞게 될 위험에 처했다.

① A제약회사는 그가 공급하는 이 사건 약품에 대하여 국민건강보험 관련 법규 등에 의하여 보호되는 직접적이고 구체적인 이익을 향유한다고 할 것이므로 A에게 이 사건 고시의 효력을 다툴 수 있는 원고적격 또는 신청인적격을 인정함이 상당하다.
② 이 사건 고시는 다른 집행행위의 매개 없이 그 자체로서 제약회사, 요양기관, 환자 및 국민건강보험공단 사이의 법률관계를 직접 규율하는 성격을 가진다고 할 것이므로 이는 항고소송의 대상이 되는 행정처분으로서의 성격을 갖는다.
③ 보건복지부 고시의 효력이 계속 유지됨으로 인한 제약회사의 경제적 손실, 기업 이미지 및 신용의 훼손은 「행정소송법」 제23조 제2항 소정의 집행정지의 요건인 '회복하기 어려운 손해'에 해당하지 않는다.
④ 고시의 효력발생일을 처분이 있은 날로 보아 그로부터 1년 이내에 취소소송을 제기하면 된다.

02 법치행정의 원리에 대한 설명으로 옳은 것은? (다툼이 있는 경우 판례에 의함)

① 법우위의 원칙에서 법은 형식적 법률뿐 아니라 법규명령과 관습법 등을 포함하는 넓은 의미의 법이다.
② 행정처분과 부관 사이에 실제적 관련성이 있다고 볼 수 없는 경우라도 행정처분의 상대방과 사이에 사법상 계약을 체결하는 형식을 취하였다면 이는 법치행정의 원리에 반하는 것으로서 위법하다고 볼 수 없다.
③ 법률유보원칙에서 '법률의 유보'라고 하는 경우의 '법률'에는 국회에서 법률제정의 절차에 따라 만들어진 형식적 의미의 법률뿐만 아니라 국회의 의결을 거치지 않은 명령이나 불문법원으로서의 관습법이나 판례법도 포함된다.
④ 토지등소유자가 도시환경정비사업을 시행하는 경우 사업시행인가 신청에 필요한 토지등소유자의 동의정족수를 토지등소유자가 자치적으로 정하여 운영하는 규약에 정하도록 한 것은 법률유보원칙에 위반되지 않는다.

03 행정상 새로운 의무이행 확보수단에 대한 설명으로 옳지 않은 것은? (다툼이 있는 경우 판례에 의함)

① 본세와 가산세 각각의 세액과 산출근거 및 가산세 상호 간의 종류별 세액과 산출근거 등을 제대로 구분하여 기재하지 않은 채 본세와 가산세의 합계액 등만을 기재한 경우, 과세처분은 위법하다.
② 위법한 지방세부과처분에 대한 행정소송은 「지방세기본법」에 따른 심판청구와 그에 대한 결정을 거치지 아니하면 제기할 수 없다
③ 「독점규제 및 공정거래에 관한 법률」에 의한 시정명령의 내용은 과거의 위반행위에 대한 중지는 물론 가까운 장래에 반복될 우려가 있는 동일한 유형의 행위의 반복금지까지 명할 수 있는 것으로 해석된다.
④ 세법상 가산세는 정당한 이유 없이 법에 규정된 신고·납세의무 등을 이행하지 않은 경우에 부과되는 행정상 제재로서 납세자의 고의·과실이 중요한 고려요소가 된다.

04 행정지도에 대한 설명으로 옳은 것을 모두 고르면? (다툼이 있는 경우 판례에 의함)

> ㄱ. 행정지도는 그 목적 달성에 필요한 최소한도에 그쳐야 하며, 행정지도의 상대방의 의사에 반하여 부당하게 강요하여서는 아니 된다.
> ㄴ. 공정거래위원회의 표준약관 사용권장행위는 비록 그 통지를 받은 해당 사업자 등에게 표준약관을 사용할 경우 표준약관과 다르게 정한 주요내용을 고객이 알기 쉽게 표시하여야 할 의무를 부과하고 그 불이행에 대해서는 과태료에 처하도록 되어 있으나, 이는 어디까지나 구속력이 없는 행정지도에 불과하므로 행정처분에 해당되지 아니한다.
> ㄷ. 행정지도의 상대방은 해당 행정지도의 방식·내용 등에 관하여 행정기관에 의견제출을 할 수 있다.

① ㄱ ② ㄱ, ㄴ
③ ㄱ, ㄷ ④ ㄱ, ㄴ, ㄷ

05 행정규칙에 대한 설명으로 옳지 않은 것은? (다툼이 있는 경우 판례에 의함)

① 행정처분이 법규성이 없는 내부지침 등의 규정에 위배된다고 하더라도 그 이유만으로 처분이 위법하게 되는 것은 아니고, 또 그 내부지침 등에서 정한 요건에 부합한다고 하여 반드시 그 처분이 적법한 것이라고 할 수도 없다.
② 법령의 규정이 특정 행정기관에 그 법령 내용의 구체적 사항을 정할 수 있는 권한을 부여하면서 그 권한 행사의 절차나 방법을 특정하고 있지 아니한 관계로 수임 행정기관이 행정규칙의 형식으로 그 법령의 내용이 될 사항을 구체적으로 정하고 있다면 그와 같은 행정규칙은 행정기관에 법령의 구체적 내용을 보충할 권한을 부여한 법령 규정의 효력에 의하여 그 내용을 보충하는 기능을 갖게 된다.
③ 재량권 행사의 준칙인 행정규칙이 있으면 그에 따른 관행이 없더라도 평등의 원칙에 따라 행정기관은 상대방에 대한 관계에서 그 규칙에 따라야 할 자기구속을 받게 된다.
④ 고시가 법령의 규정을 보충하는 기능을 가지면서 그와 결합하여 대외적인 구속력이 있는 법규명령으로서의 효력을 가지는 경우에도 그 자체가 법령은 아니고 행정규칙에 지나지 않으므로 적당한 방법으로 이를 일반인 또는 관계인에게 표시 또는 통보함으로써 그 효력이 발생한다.

06 甲은 관할 A행정청에 토지형질변경허가를 신청하였으나 A행정청은 허가를 거부하였다. 이에 甲은 거부처분 취소소송을 제기하여 재량의 일탈·남용을 이유로 취소판결을 받았고, 그 판결은 확정되었다. 이에 대한 설명으로 옳은 것은? (다툼이 있는 경우 판례에 의함)

① A행정청이 거부처분 이전에 이미 존재하였던 사유 중 거부처분 사유와 기본적 사실관계의 동일성이 없는 사유를 근거로 다시 거부처분을 하는 것은 허용되지 않는다.
② A행정청이 재처분을 하였더라도 취소판결의 기속력에 저촉되는 경우에는 甲은 간접강제를 신청할 수 있다.
③ A행정청의 재처분이 취소판결의 기속력에 저촉되더라도 당연무효는 아니고 취소사유가 될 뿐이다.
④ A행정청이 간접강제결정에서 정한 의무이행 기한 내에 재처분을 이행하지 않아 배상금이 이미 발생한 경우에는 그 이후에 재처분을 이행하더라도 甲은 배상금을 추심할 수 있다.

07 「행정심판법」상 간접강제에 대한 설명으로 옳지 않은 것은?

① 행정심판위원회는 피청구인이 재결에 따른 재처분의무를 이행하지 않으면 청구인의 신청에 의하여 결정으로 상당한 기간을 정하고 피청구인이 그 기간 내에 이행하지 아니하는 경우에는 그 지연기간에 따라 일정한 배상을 하도록 명하거나 즉시 배상을 할 것을 명할 수 있다.
② 행정심판위원회는 사정의 변경이 있는 경우에는 당사자의 신청에 의하여 간접강제결정의 내용을 변경할 수 있다.
③ 행정심판위원회의 간접강제결정의 효력은 피청구인인 행정청이 소속된 국가·지방자치단체 또는 공공단체에까지 미친다.
④ 간접강제의 결정서 정본은 「민사집행법」에 따른 강제집행에 관하여는 집행권원과 같은 효력을 가진다. 다만, 청구인이 해당 결정에 불복하는 소송을 제기한 경우에는 이러한 효력이 인정될 수 없다.

08 행정행위의 취소에 대한 설명으로 옳은 것을 모두 고르면? (다툼이 있는 경우 판례에 의함)

ㄱ. 면허의 취소처분에는 그 근거가 되는 법령이나 취소권 유보의 부관 등을 명시하여야 함은 물론 처분을 받은 자가 어떠한 위반사실에 대하여 당해 처분이 있었는지를 알 수 있을 정도로 사실을 적시할 것을 요하지만, 이와 같은 취소처분의 근거와 위반사실의 적시를 빠뜨린 하자는 피처분자가 처분 당시 그 취지를 알고 있었거나 그 후 알게 되었다면 그 하자는 치유될 수 있다.
ㄴ. 행정청이 여러 종류의 자동차운전면허를 취득한 자에 대해 그 운전면허를 취소하는 경우, 취소사유가 특정면허에 관한 것이 아니고 다른 면허와 공통된 것이거나 운전면허를 받은 사람에 관한 것일 경우에는 여러 면허를 전부 취소할 수 있다.
ㄷ. 구 「유통산업발전법」에 따른 대규모점포의 개설등록 및 구 「재래시장 및 상점가 육성을 위한 특별법」에 따른 시장관리자 지정이 '수리를 요하는 신고'로서 행정처분에 해당하는 경우, 이에 따른 대규모점포개설자의 지위 및 시장관리자의 지위는 위 행정처분이 당연무효이거나 적법하게 취소되지 않는 한 유효하게 유지된다.

① ㄱ, ㄴ　　② ㄱ, ㄷ
③ ㄴ, ㄷ　　④ ㄱ, ㄴ, ㄷ

09 「행정기본법」상 행정에 관한 기간의 계산과 법령등 시행일의 기간 계산에 대한 설명으로 옳지 않은 것은?

① 행정에 관한 나이는 다른 법령등에 특별한 규정이 있는 경우를 제외하고는 출생일을 산입하여 만 나이로 계산하고, 연수로 표시한다. 다만, 1세에 이르지 아니한 경우에는 월수(月數)로 표시할 수 있다.
② 처분에서 의무를 부과하는 경우, 의무가 지속되는 기간의 계산은 기간을 일, 주, 월 또는 연으로 정한 경우에는 기간의 첫날을 산입하는 것이 원칙이나 국민에게 불리한 경우에는 이를 적용하지 아니한다.
③ 법령등에서 국민의 권익을 제한하는 경우, 권익이 제한되는 기간의 계산에 있어 기간의 말일이 토요일 또는 공휴일인 경우에는 기간은 그 익일로 만료한다.
④ 법령등을 공포한 날부터 일정 기간이 경과한 날부터 시행하는 경우 법령등을 공포한 날을 첫날에 산입하지 아니한다.

10 「공익사업을 위한 토지 등의 취득 및 보상에 관한 법률」(이하 '토지보상법'이라 한다)에 대한 설명으로 옳지 않은 것은?

① 보상액의 산정은 협의에 의한 경우에는 협의 성립 당시의 가격을, 재결에 의한 경우에는 수용 또는 사용의 재결 당시의 가격을 기준으로 한다.
② 사업인정고시가 된 후 사업시행자가 토지를 사용하는 기간이 3년 이상인 경우 토지소유자는 토지수용위원회에 토지의 수용을 청구할 수 있고, 토지수용위원회가 이를 받아들이지 않는 재결을 한 경우에는 사업시행자를 피고로 하여 토지보상법상 보상금의 증감에 관한 소송을 제기할 수 있다.
③ 사업시행자는 동일한 사업지역에 보상시기를 달리하는 동일인 소유의 토지등이 여러 개 있는 경우 토지소유자나 관계인이 요구할 때에는 한꺼번에 보상금을 지급하도록 하여야 한다.
④ 사업시행자는 동일한 소유자에게 속하는 일단의 토지의 일부를 취득하는 경우 해당 공익사업의 시행으로 인하여 잔여지의 가격이 증가한 경우에 그 이익을 그 취득으로 인한 손실과 상계한다.

11 항고소송의 피고에 대한 설명으로 옳지 않은 것은? (다툼이 있는 경우 판례에 의함)

① 조례에 대한 무효확인소송의 경우 의결기관인 지방의회가 피고가 된다.
② 중앙노동위원회의 처분에 대한 행정소송은 중앙노동위원회 위원장을 피고로 한다.
③ 관할청인 농림축산식품부장관으로부터 농지보전부담금 수납업무의 대행을 위탁받은 한국농어촌공사가 농지보전부담금 납부통지서에 관할청의 대행자임을 기재하고 납부통지서를 보낸 경우 농지보전부담금 부과처분에 대한 취소소송의 피고는 관할청이 된다.
④ 대리관계를 명시적으로 밝히지는 아니하였다 하더라도 처분명의자가 피대리행정청 산하의 행정기관으로서 실제로 피대리행정청으로부터 대리권한을 수여받아 피대리행정청을 대리한다는 의사로 행정처분을 하였고 처분명의자는 물론 그 상대방도 그 행정처분이 피대리행정청을 대리하여 한 것임을 알고서 이를 받아들인 예외적인 경우에는 피대리행정청이 피고가 된다.

12 「국가배상법」상의 배상책임에 대한 설명으로 옳은 것은? (다툼이 있는 경우 판례에 의함)

① 국가가 구 「농지개혁법」에 따라 농지를 매수하였으나 분배하지 않아 그 농지가 원소유자의 소유로 환원되었는데도 담당 공무원이 이를 제대로 확인하지 않은 채 제3자에게 처분하여 원소유자에게 손해를 입힌 경우, 담당 공무원에게는 「국가배상법」 제2조의 배상책임이 인정된다.
② 국·공유나 사유 여부를 불문하고 사실상 도로로 사용되고 있었다면 도로의 노선인정의 공고 기타 공용개시가 없었다고 하여도 「국가배상법」 제5조의 배상책임이 인정된다.
③ 고속도로에 인접한 과수원의 운영자인 甲이 과수원에 식재된 과수나무 중 고속도로에 접한 1열과 2열에 식재된 과수나무의 생장과 결실이 다른 곳에 식재된 과수나무에 비해 현격하게 부진하자 과수원의 과수가 고사하는 등의 피해는 고속도로에서 발생하는 매연과 한국도로공사의 제설제 사용 등으로 인한 것이라고 주장하며 한국도로공사를 상대로 손해배상을 구한 사안에서, 한국도로공사의 배상책임은 인정되지 않는다.
④ 편도 2차로 도로의 1차로상에 교통사고의 원인이 될 수 있는 크기의 돌멩이가 방치되어있었고 이로 인하여 사고가 발생하였다면, 도로의 점유·관리자의 관리 가능성과 무관하게 이는 도로 관리·보존상의 하자에 해당한다.

13 행정소송과 그 피고에 대한 연결이 옳은 것을 모두 고르면? (다툼이 있는 경우 판례에 의함)

ㄱ. 대통령의 서훈취소처분에 대한 취소소송 - 대통령
ㄴ. 국토교통부장관으로부터 권한을 내부위임받은 국토교통부차관이 처분을 한 경우에 그에 대한 취소소송 - 국토교통부차관
ㄷ. 헌법재판소장이 소속 직원에게 내린 징계처분에 대한 취소소송 - 헌법재판소 사무처장
ㄹ. 환경부장관의 권한을 위임받은 서울특별시장이 내린 처분에 대한 취소소송 - 서울특별시장

① ㄱ, ㄴ
② ㄷ, ㄹ
③ ㄱ, ㄷ, ㄹ
④ ㄱ, ㄴ, ㄷ, ㄹ

14 다음 사례에 대한 설명으로 옳지 않은 것은? (다툼이 있는 경우 판례에 의함)

甲은 「식품위생법」 제37조 제1항에 따라 허가를 받아 식품조사처리업 영업을 하고 있던 중 乙과 영업양도계약을 체결하였다. 당해 계약은 하자 있는 계약이었음에도 불구하고, 乙은 같은 법 제39조에 따라 식품의약품안전처장에게 영업자지위승계신고를 하였다.

① 식품의약품안전처장이 乙의 신고를 수리한다면, 이는 실질에 있어서 乙에게는 적법하게 사업을 할 수 있는 권리를 설정하여 주는 행위이다.
② 식품의약품안전처장이 乙의 신고를 수리하는 경우 종전의 영업자인 甲에게 행정절차법 소정의 행정절차를 실시하고 처분을 하여야 한다.
③ 식품의약품안전처장이 乙의 신고를 수리하기 전에 甲의 영업허가처분이 취소된 경우, 乙이 甲에 대한 영업허가처분의 취소를 구하는 소송을 제기할 법률상 이익은 없다.
④ 甲은 민사쟁송으로 양도·양수행위의 무효를 구함이 없이 막바로 식품의약품안전처장을 상대로 한 행정소송으로 위 신고수리처분의 무효확인을 구할 법률상 이익이 있다.

15 행정행위의 부관에 대한 설명으로 옳지 않은 것은? (다툼이 있는 경우 판례에 의함)

① 도로점용허가의 점용기간을 정함에 있어 위법사유가 있다면 도로점용허가처분 전부가 위법하게 된다.
② 행정청이 공유수면매립준공인가처분을 하면서 일부 공유수면매립지에 대해 국가로의 귀속처분을 한 경우, 공유수면매립준공인가처분 중 매립지 일부에 대한 귀속처분만의 취소를 구하는 소송을 청구할 수 없다.
③ 행정처분에 부담인 부관을 붙인 경우, 부관이 무효라면 부담의 이행으로 이루어진 사법상 매매행위도 당연히 무효가 된다.
④ 부관의 사후변경은 법률에 명문의 규정이 있거나 그 변경이 미리 유보되어 있는 경우 또는 상대방의 동의가 있는 경우에 한하여 허용되는 것이 원칙이지만, 사정변경으로 인하여 당초에 부담을 부가한 목적을 달성할 수 없게 된 경우에도 그 목적달성에 필요한 범위 내에서 예외적으로 허용된다.

16 「공익사업을 위한 토지 등의 취득 및 보상에 관한 법률」상 수용 및 보상에 대한 설명으로 옳은 것은? (다툼이 있는 경우 판례에 의함)

① 재산권의 수용·사용·제한은 공공필요가 인정되는 경우에만 예외적으로 허용될 수 있는 것이므로 사업시행자가 사인인 경우에는 수용재결의 전제가 되는 사업인정을 받을 수 없다.
② 사업인정과 수용재결은 하나의 법률효과를 위하여 이루어지는 일련의 행정처분이므로, 사업인정이 당연무효가 아니더라도 그 위법을 수용재결 취소소송에서 수용재결의 위법사유로 주장할 수 있다.
③ 피수용자가 수용재결에서 정한 보상금의 액수가 과소하여 헌법상 '정당한 보상' 원칙에 위배된다는 이유로 보상금증감소송을 제기하는 경우 관할 토지수용위원회가 아니라 사업시행자를 피고로 하여야 한다.
④ 헌법 제23조 제3항에서 정한 '정당한 보상'이란 피수용재산의 객관적인 재산가치를 완전하게 보상하여야 한다는 완전보상을 뜻하는 것이므로, 해당 공익사업의 시행으로 인한 개발이익도 완전보상의 범위에 포함된다.

17 행정벌에 대한 설명으로 옳지 않은 것은? (다툼이 있는 경우 판례에 의함)

① 과실범을 처벌한다는 명문의 규정이 없더라도 행정형벌법규의 해석에 의하여 과실행위도 처벌한다는 뜻이 도출되는 경우에는 과실범도 처벌될 수 있다.
② 통고처분에 따른 범칙금을 납부한 후에 동일한 사건에 대하여 다시 형사처벌을 하는 것이 일사부재리의 원칙에 반하는 것은 아니다.
③ 과태료는 행정질서벌에 해당할 뿐 형벌이라고 할 수 없어 죄형법정주의의 규율대상에 해당하지 아니한다.
④ 기본적으로 질서위반행위의 성립과 과태료 처분은 행위시의 법률에 따르나, 과태료를 부과하는 근거 법령이 개정되어 행위시의 법률에 의하면 과태료 부과대상이었지만 재판시의 법률에 의하면 부과대상이 아니게 된 때에는 특별한 사정이 없는 한 과태료를 부과할 수 없다.

18 「행정심판법」상 임시처분에 대한 설명으로 옳지 않은 것은?

① 임시처분이란 행정청의 처분이나 부작위 때문에 발생할 수 있는 당사자의 중대한 불이익이나 급박한 위험을 막기 위해 당사자에게 임시지위를 부여하는 행정심판위원회의 결정을 말한다.
② 당사자의 임시지위를 정하여야 할 필요성이 인정된다면, 집행정지로 목적을 달성할 수 있는 경우에도 임시처분은 선택적으로 사용될 수 있다.
③ 행정심판위원회는 적극적 가구제 수단인 임시처분을 직권으로 결정할 수 있다.
④ 행정심판위원회가 임시처분결정을 하기 위해서 행정심판청구의 계속이 요구된다.

19 행정소송상 주장책임과 증명책임(입증책임)에 대한 설명으로 옳은 것을 모두 고르면? (다툼이 있는 경우 판례에 의함)

ㄱ. 취소소송에서 당사자의 명백한 주장이 없는 경우에도 법원은 기록에 나타난 여러 사정을 기초로 직권으로 사정판결을 할 수 있다.
ㄴ. 교육부장관이 총장 후보자에게 총장 임용 부적격사유가 있다고 밝혔다면, 그 후보자는 그러한 판단에 사실오인 등의 잘못이 있음을 주장·증명함과 아울러, 임용제청되었거나 임용된 다른 후보자에게 총장 임용 부적격사유가 있다는 등의 특별한 사정까지 주장·증명하여야 한다.
ㄷ. 난민 인정의 요건이 되는 '박해'라 함은 '생명, 신체 또는 자유에 대한 위협을 비롯하여 인간의 본질적 존엄성에 대한 중대한 침해나 차별을 야기하는 행위'라고 할 수 있을 것이고, 그러한 박해를 받을 '충분한 근거 있는 공포'가 있음은 난민인정의 신청을 하는 외국인에게 증명책임이 있다.
ㄹ. 국가유공자 인정과 관련하여, 공무수행으로 상이(傷痍)를 입었다는 점이나 그로 인한 신체장애의 정도가 법령에 정한 등급 이상에 해당한다는 점에 관한 증명책임은 국가유공자 등록신청인에게 있지만, 그 상이가 '불가피한 사유 없이 본인의 과실이나 본인의 과실이 경합된 사유로 입은 것'이라는 사정에 관한 증명책임은 피고인 처분청에게 있다.

① ㄱ, ㄴ, ㄷ
② ㄱ, ㄴ, ㄹ
③ ㄱ, ㄷ, ㄹ
④ ㄱ, ㄴ, ㄷ, ㄹ

20 국가배상청구권에 대한 설명으로 옳지 않은 것은 모두 몇 개인가? (다툼이 있는 경우 판례에 의함)

ㄱ. 국가가 구 「농지개혁법」에 따라 농지를 매수하였으나 분배하지 않아 그 농지가 원소유자의 소유로 환원되었는데도 담당 공무원이 이를 제대로 확인하지 않은 채 제3자에게 처분하여 원소유자에게 손해를 입힌 경우, 「국가배상법」 제2조 제1항에서 정한 공무원의 고의 또는 과실에 의한 위법행위에 해당한다.
ㄴ. 일반적인 국가배상청구권에 적용되는 소멸시효 기산점과 시효기간에 합리적 이유가 인정된다 하더라도, 「과거사정리법」 제2조 제1항 제3호에 규정된 '민간인 집단희생사건', 제4호에 규정된 '중대한 인권침해·조작의혹사건'의 특수성을 고려하지 아니한 채 「민법」 제166조 제1항, 제766조 제2항의 '객관적 기산점'이 그대로 적용되도록 규정하는 것은 국가배상청구권에 관한 입법형성의 한계를 일탈한 것이다.
ㄷ. 군인 등이 직무집행과 관련하여 공상을 입는 등의 이유로 「보훈보상대상자 지원에 관한 법률」이 정한 보훈보상대상자 요건에 해당하여 보상금 등 보훈급여금을 지급받을 수 있는 경우에는, 국가를 상대로 국가배상을 청구할 수 없다.
ㄹ. 공무원에 대한 전보인사가 법령이 정한 기준과 원칙에 위배되거나 인사권을 부적절하게 행사한 것이라면 그 전보인사는 당연히 당해 공무원에 대한 관계에서 손해배상책임이 인정되는 불법행위를 구성한다.
ㅁ. 구 「부동산소유권 이전등기 등에 관한 특별조치법」상 보증인은 공무를 위탁받아 실질적으로 공무를 수행한다고 볼 수 있다.
ㅂ. 한센병을 앓은 적이 있는 甲 등이 국가가 한센병 환자의 치료 및 격리수용을 위하여 운영·통제해 온 국립 소록도병원 등에서 소속 의사 등으로부터 정관절제수술 또는 임신중절수술을 받았음을 이유로 국가를 상대로 손해배상을 구한 사안에서, 국가는 소속 의사 등이 행한 행위로 甲 등이 입은 손해에 대하여 국가배상책임을 부담한다.

① 1개
② 2개
③ 3개
④ 4개

08회 Review

문항	정답	문제 키워드	출제 유형	난이도
01	④	행정입법	이론/판례/조문	●●○
02	①	법치행정	이론/판례/조문	●●●
03	④	새로운 의무이행 확보수단	이론/판례/조문	●●○
04	③	행정지도	이론/판례/조문	●●○
05	③	행정규칙	이론/판례/조문	●○○
06	②	거부처분	이론/판례/조문	●●○
07	④	간접강제	이론/판례/조문	●●●
08	③	행정행위의 취소	이론/판례/조문	●●○
09	③	행정기본법	이론/판례/조문	●●○
10	④	토지보상법	이론/판례/조문	●●○

문항	정답	문제 키워드	출제 유형	난이도
11	①	항고소송	이론/판례/조문	●●○
12	①	국가배상법상 배상책임	이론/판례/조문	●●○
13	③	행정소송의 피고적격	이론/판례/조문	●●○
14	③	영업자지위승계신고	이론/판례/조문	●●●
15	③	행정행위의 부관	이론/판례/조문	●●○
16	③	수용 및 보상	이론/판례/조문	●●○
17	②	행정벌	이론/판례/조문	●●○
18	②	행정심판법	이론/판례/조문	●●○
19	④	행정소송상 주장·입증책임	이론/판례/조문	●●●
20	②	국가배상	이론/판례/조문	●●○

핵심지문 OX

08회 실전동형모의고사에서 꼭 되짚어야 할 핵심지문을 다시 확인해보시기 바랍니다.

01 고시의 효력발생일을 처분이 있은 날로 보아 그로부터 1년 이내에 취소소송을 제기하면 된다. ( )

02 세법상 가산세는 정당한 이유 없이 법에 규정된 신고·납세의무 등을 이행하지 않은 경우에 부과되는 행정상 제재로서 납세자의 고의·과실이 중요한 고려요소가 된다. ( )

03 행정심판위원회의 간접강제결정의 효력은 피청구인인 행정청이 소속된 국가·지방자치단체 또는 공공단체에까지 미친다. ( )

04 행정에 관한 나이는 다른 법령등에 특별한 규정이 있는 경우를 제외하고는 출생일을 산입하여 만 나이로 계산하고, 연수로 표시한다. 다만, 1세에 이르지 아니한 경우에는 월수로 표시할 수 있다. ( )

05 조례에 대한 무효확인소송의 경우 의결기관인 지방의회가 피고가 된다. ( )

06 행정처분에 부담인 부관을 붙인 경우, 부관이 무효라면 부담의 이행으로 이루어진 사법상 매매행위도 당연히 무효가 된다. ( )

07 국가유공자 인정과 관련하여, 공무수행으로 상이(傷痍)를 입었다는 점이나 그로 인한 신체장애의 정도가 법령에 정한 등급 이상에 해당한다는 점에 관한 증명책임은 국가유공자 등록신청인에게 있지만, 그 상이가 '불가피한 사유 없이 본인의 과실이나 본인의 과실이 경합된 사유로 입은 것'이라는 사정에 관한 증명책임은 피고인 처분청에게 있다. ( )

08 구 「부동산소유권 이전등기 등에 관한 특별조치법」상 보증인은 공무를 위탁받아 실질적으로 공무를 수행한다고 볼 수 있다. ( )

[정답] **01** × 고시의 효력발생일부터 90일 이내에 취소소송을 제기하여야 한다. **02** × 납세자의 고의·과실은 고려되지 아니한다. **03** ○ **04** ○ **05** × 조례로서의 효력을 발생시키는 공포권이 있는 지방자치단체의 장이 피고가 된다. **06** × 당연무효가 되는 것은 아니다. **07** ○ **08** × 보증인은 공무를 위탁받아 실질적으로 공무를 수행한다고 보기 어렵다.

정답·해설 _해설집 p.83

09회 실전동형모의고사

제한시간: 15분 시작 시 분 ~ 종료 시 분 점수 확인 개 / 20개

01 항고소송의 대상인 처분 등에 대한 설명으로 옳지 않은 것은? (다툼이 있는 경우 판례에 의함)

① 항고소송의 대상이 되는 행정처분이란 행정청의 공법상 행위로서 특정사항에 대하여 법규에 의한 권리의 설정 또는 의무의 부담을 명하며 기타 법률상 효과를 발생하게 하는 등 국민의 구체적 권리의무에 직접적 변동을 초래하는 행위를 말한다.
② 행정청 내부에서의 행위나 알선, 권유, 사실상의 통지 등과 같이 상대방 또는 기타 관계자들의 법률상 지위에 직접적인 법률적 변동을 일으키지 아니하는 행위는 항고소송의 대상이 될 수 없다.
③ 조달청장이 甲 회사 등으로부터 중소기업청장이 발행한 참여제한 문구가 기재된 중소기업 확인서를 제출받고 甲 회사 등에 '중소기업자간 경쟁입찰 참여제한 대상기업에 해당하는 경우 물량 배정을 중지하겠다'는 내용의 통보를 한 경우, 위 통보는 항고소송의 대상이 된다.
④ 국민건강보험공단이 甲 등에게 '직장가입자 자격상실 및 자격변동 안내' 통보 및 '사업장 직권탈퇴에 따른 가입자 자격상실 안내' 통보를 한 경우, 위 각 통보는 항소소송의 대상인 처분이다.

02 행정입법에 대한 설명으로 옳은 것은? (다툼이 있는 경우 판례에 의함)

① 위임입법의 형태로 대통령령, 총리령 또는 부령 등을 열거하고 있는 헌법규정은 예시규정이다.
② 법령상 대통령령으로 규정하도록 되어 있는 사항을 부령으로 정하더라도 그 부령은 유효하다.
③ 법률의 위임에 의하여 효력을 갖는 법규명령은 구법에 위임의 근거가 없어 무효였더라도 사후에 법률개정으로 위임의 근거가 부여되면 소급하여 유효한 법규명령이 된다.
④ 성질상 위임이 불가피한 전문적·기술적 사항에 관하여 구체적으로 범위를 정하여 법령에서 위임하더라도 고시 등으로는 규제의 세부적인 내용을 정할 수 없다.

03 병무청장이 법무부장관에게 '가수 甲이 공연을 위하여 국외여행허가를 받고 출국한 후 미국 시민권을 취득함으로써 사실상 병역의무를 면탈하였다'는 이유로 입국금지를 요청함에 따라 법무부장관이 甲의 입국금지결정을 하였는데, 甲이 재외공관의 장에게 재외동포(F-4) 체류자격의 사증발급을 신청하자 재외공관장이 처분이유를 기재한 사증발급 거부처분서를 작성해 주지 않은 채 甲의 아버지에게 전화로 사증발급이 불허되었다고 통보하였다. 이에 대한 설명으로 옳지 않은 것은? (다툼이 있는 경우 판례에 의함)

① 법무부장관이 甲의 입국을 금지하는 결정을 하고, 그 정보를 내부전산망인 '출입국관리정보시스템'에 입력하였으나 甲에게는 통보하지 않은 경우, 처분이 성립한다고 볼 수 없으므로 입국금지결정은 항고소송의 대상이 되는 처분이라고 할 수 없다.
② 외국인의 사증발급 신청에 대한 거부처분은 당사자에게 의무를 부과하거나 적극적으로 권익을 제한하는 처분이 아니므로, 「행정절차법」 제21조 제1항에서 정한 '처분의 사전통지'와 제22조 제3항에서 정한 '의견제출 기회 부여'의 대상은 아니다.
③ 「행정절차법」 제24조 제1항은 "행정청이 처분을 할 때에는 다른 법령 등에 특별한 규정이 있는 경우를 제외하고는 문서로 하여야 하며, 전자문서로 하는 경우에는 당사자 등의 동의가 있어야 한다. 다만, 신속히 처리할 필요가 있거나 사안이 경미한 경우에는 말 또는 그 밖의 방법으로 할 수 있다."라고 정하고 있는데, 이를 위반한 처분은 취소사유에 해당한다.
④ 「행정절차법」의 적용이 제외되는 '외국인의 출입국에 관한 사항'이란 해당 행정작용의 성질상 행정절차를 거치기 곤란하거나 거칠 필요가 없다고 인정되는 사항이나 행정절차에 준하는 절차를 거친 사항으로서 「행정절차법 시행령」으로 정하는 사항만을 가리키며, '외국인의 출입국에 관한 사항'이라고 하여 행정절차를 거칠 필요가 당연히 부정되는 것은 아니다.

04 다른 법률행위를 보충하여 그 법적 효력을 완성시키는 행위에 해당하지 않는 것을 모두 고르면? (다툼이 있는 경우 판례에 의함)

ㄱ. 사설법인묘지의 설치에 대한 행정청의 허가
ㄴ. 토지거래허가구역 내의 토지거래계약에 대한 행정청의 허가
ㄷ. 학교법인의 임원에 대한 감독청의 취임승인
ㄹ. 재건축조합이 수립하는 관리처분계획에 대한 행정청의 인가

① ㄱ
② ㄱ, ㄹ
③ ㄴ, ㄹ
④ ㄱ, ㄴ, ㄷ

05 행정심판에 대한 설명으로 옳지 않은 것은? (다툼이 있는 경우 판례에 의함)

① 행정심판위원회는 피청구인이 거부처분의 취소재결에도 불구하고 처분을 하지 아니하는 경우에는 당사자가 신청하면 기간을 정하여 서면으로 시정을 명하고, 그 기간에 이행하지 아니하면 직접 처분을 할 수 있다.
② 개별공시지가의 결정에 이의가 있는 자가 행정심판을 거쳐 취소소송을 제기하는 경우 취소소송의 제소기간은 그 행정심판 재결서 정본을 송달받은 날부터 또는 재결이 있은 날부터 기산한다.
③ 행정심판의 종류에는 행정청의 위법 또는 부당한 처분의 취소 또는 변경을 하는 심판, 행정청의 처분의 효력 유무 또는 존재 여부에 대한 확인을 하는 심판과 행정청의 위법 또는 부당한 거부처분이나 부작위에 대하여 일정한 처분을 하도록 하는 심판이 있다.
④ 행정심판위원회는 필요하다고 인정할 때에는 그 심판결과에 대하여 이해관계가 있는 제3자 또는 행정청에게 그 사건에 참가할 것을 요구할 수 있고, 요구를 받은 제3자 또는 행정청은 그 사건에 참가하거나 참가하지 아니할 뜻을 위원회에 통지하여야 한다.

06 직접강제와 즉시강제에 대한 설명으로 옳지 않은 것은? (다툼이 있는 경우 판례에 의함)

① 직접강제와 즉시강제는 권력적 사실행위로서의 성격을 가지고 있다.
② 경찰관의 제지 조치가 적법한지는 제지 조치 당시의 구체적 상황을 기초로 판단하여야 하고 사후적으로 순수한 객관적 기준에서 판단할 것은 아니다.
③ 행정강제는 행정상 강제집행을 원칙으로 하므로 불법 게임물에 대해서도 관계당사자에게 수거·폐기를 명하고 그 불이행시 직접강제 등 행정상 강제집행으로 나아가야 한다.
④ 즉시강제는 법치국가의 요청인 예측가능성과 법적 안정성에 반하고 기본권 침해의 소지가 큰 권력작용이라는 비판이 존재한다.

07 「행정심판법」상 재결에 대한 설명으로 옳은 것은?

① 재결에 의하여 취소되는 처분이 당사자의 신청을 거부하는 것을 내용으로 하는 경우라도 그 처분을 한 행정청이 재결의 취지에 따라 다시 이전의 신청에 대한 처분을 하여야 할 의무는 없다.
② 행정심판위원회는 재처분 의무가 있는 피청구인이 재처분 의무를 이행하지 아니하면 지연기간에 따라 일정한 배상을 하도록 명할 수는 있으나 즉시 배상을 할 것을 명할 수는 없다.
③ 행정심판 청구인은 행정심판위원회의 간접강제 결정에 불복하는 경우 그 결정에 대하여 행정소송을 제기할 수 없다.
④ 행정심판청구에 대한 재결이 있으면 그 재결 및 같은 처분 또는 부작위에 대하여 다시 행정심판을 청구할 수 없다.

08 구 「과징금부과 세부기준 등에 관한 고시」의 위반행위에 대한 시정조치 횟수를 근거로 공정거래위원회가 부과한 과징금부과처분에 대한 취소소송의 계속 중 위반행위 자체가 존재하지 않는다는 이유로 시정조치의 취소판결이 확정되었다. 이에 대한 설명으로 옳지 않은 것은? (다툼이 있는 경우 판례에 의함)

① 과징금부과처분 취소소송의 수소법원은 행정처분의 위법 여부를 행정처분이 있을 때의 법령과 사실상태를 기준으로 판단하여야 하므로 처분 후 법령의 개폐나 사실상태의 변동에 영향을 받지 않는다.
② 위반행위에 대한 시정조치를 취소하는 확정판결은 과징금부과처분 후 사실상태의 변동에 해당하므로 과징금부과처분 취소소송의 수소법원의 위법 여부 판단에 영향을 주지 않는다.
③ 법원은 행정처분 당시 행정청이 알고 있었던 자료뿐만 아니라 사실심 변론종결 당시까지 제출된 모든 자료를 종합하여 처분 당시 존재하였던 객관적 사실을 확정하고 그 사실에 기초하여 처분의 위법 여부를 판단할 수 있다.
④ 시정조치에 대한 취소판결의 확정으로 해당 위반행위가 위반 횟수 가중을 위한 횟수 산정에서 제외되더라도 그 사유가 과징금부과처분에 영향을 미치지 아니하여 처분의 정당성이 인정되는 경우에는 그 처분을 위법하다고 할 수 없다.

09 국가배상청구권에 대한 설명으로 옳지 않은 것은? (다툼이 있는 경우 판례에 의함)

① 법령에 의해 대집행권한을 위탁받은 한국토지공사는 「국가공무원법」 제2조에서 말하는 공무원에 해당하지 아니한다.
② 경찰관은 피의자의 진술을 조서화하는 과정에서 조서의 객관성을 유지하여야 하고, 고의 또는 과실로 위 직무상 의무를 위반하여 피의자신문조서를 작성함으로써 피의자의 방어권이 실질적으로 침해되었다고 인정된다면, 국가는 그로 인하여 피의자가 입은 손해를 배상하여야 한다.
③ 직무집행과 관련하여 공상을 입은 군인이 먼저 「국가배상법」에 따라 손해배상금을 지급받은 후 「보훈보상대상자 지원에 관한 법률」이 정한 보상금 등 보훈급여금의 지급을 청구하는 경우에 국가보훈처장은 「국가배상법」에 따라 손해배상을 받았다는 것을 이유로 그 지급을 거부할 수 없다.
④ 우편집배원이 압류 및 전부명령 결정 정본을 특별송달함에 있어 부적법한 송달을 하고도 적법한 송달을 한 것처럼 보고서를 작성하여 압류 및 전부의 효력이 발생하지 않아 집행채권자가 피압류채권을 전부받지 못한 경우 우편집배원의 직무상 의무위반과 집행채권자의 손해 사이에는 상당인과관계가 없다.

10 행정행위의 효력에 대한 설명으로 옳지 않은 것은? (다툼이 있는 경우 판례에 의함)

① 구 「도시계획법」상 원상회복 등의 조치명령을 받고도 이를 따르지 않은 자에 대해 형사처벌을 하기 위해서는 적법한 조치명령이 전제되어야 하며, 이 때 형사법원은 그 적법여부를 심사할 수 있다.
② 행정처분이 불복기간의 경과로 확정된 경우에는 그 처분의 기초가 된 사실관계나 법률적 판단이 확정되고 당사자들이나 법원이 이에 기속되어 모순되는 주장이나 판단을 할 수 없다.
③ 표준지공시지가에 대한 불복절차를 밟지 않은 채 재산세 등 부과처분의 취소를 구하는 소송에서 표준지공시지가결정의 위법성을 다투는 것은 허용되지 않는다.
④ 부정한 방법으로 받은 수입승인서를 함께 제출하여 수입면허를 받았다고 하더라도, 그 수입면허가 당연무효인 것으로 인정되지 않는 한 「관세법」 제181조 소정의 무면허수입죄가 성립되지 않는다.

11 국가배상에 대한 설명으로 옳지 않은 것은? (다툼이 있는 경우 판례에 의함)

① 국회가 일정한 사항에 관하여 헌법에 의하여 부과되는 구체적인 입법의무를 부담하고 있음에도 불구하고 그 입법에 필요한 상당한 기간이 경과하도록 고의 또는 과실로 이러한 입법의무를 이행하지 아니하는 등 극히 예외적인 사정이 인정되는 사안에 한정하여 「국가배상법」 소정의 배상책임이 인정될 수 있다.
② 일반적으로 공무원이 필요한 지식을 갖추지 못하고 법규의 해석을 그르쳐 행정처분을 하였다면 그가 법률 전문가가 아닌 행정직 공무원이라고 하여 과실이 없다고는 할 수 없다.
③ 법령의 위임에도 불구하고 보건복지부장관이 치과전문의제도의 실시를 위하여 필요한 시행규칙의 개정 등 절차를 마련하지 않은 입법부작위가 위헌이라는 헌법재판소 결정의 기속력에 따라, 보건복지부장관이 사실상 전공의 수련과정을 수료한 치과의사들에게 그 수련경력에 대한 기득권을 인정하는 경과조치를 행정입법으로 제정하지 않았다면 입법부작위에 의한 국가배상책임이 성립한다.
④ 직무수행 중 경과실로 피해자에게 손해를 입힌 공무원이 피해자에게 손해를 배상하였다면, 공무원은 특별한 사정이 없는 한 국가가 피해자에 대하여 부담하는 손해배상책임의 범위 내에서 자신이 변제한 금액에 관하여 구상권을 취득한다.

12 행정행위의 부관에 대한 설명으로 옳지 않은 것은? (다툼이 있는 경우 판례에 의함)

① 도로점용허가에서 부관인 점용기간을 정함에 있어서 위법사유가 있다 하더라도 도로점용허가 전부가 위법하게 되지는 않는다.
② 행정청이 종교단체에 기본재산전환인가를 함에 있어 인가조건을 부가하고 그 불이행시 인가를 취소할 수 있도록 한 경우, 인가조건의 의미는 철회권을 유보한 것이다.
③ 행정청이 관리처분계획에 대한 인가처분을 할 때에는 그 관리처분계획의 내용이 구 도시 및 주거환경정비법 기준에 부합하는지 여부 등을 심사·확인하여 그 인가 여부를 결정할 수 있을 뿐 기부채납과 같은 다른 조건을 붙일 수는 없다.
④ 기부채납 받은 행정재산에 대한 사용·수익허가에서 공유재산의 관리청이 정한 사용·수익허가의 기간은 그 허가의 효력을 제한하기 위한 행정행위의 부관으로서, 이러한 사용·수익허가의 기간에 대해서는 독립하여 행정소송을 제기할 수 없다.

13 행정절차에 대한 설명으로 옳지 않은 것은? (다툼이 있는 경우 판례에 의함)

① 한국방송공사의 설치·운영에 관한 사항을 정하고 있는 「방송법」은 제50조 제2항에서 "사장은 이사회의 제청으로 대통령이 임명한다."고 규정하고 있을 뿐 한국방송공사 사장에 대한 해임에 관하여는 명시적 규정을 두고 있지 아니하므로, 한국방송공사 사장의 임명권자인 대통령에게 해임권한이 없다고 보는 것이 타당하다.
② 군인사법령에 의하여 진급예정자명단에 포함된 자에 대하여 의견제출의 기회를 부여하지 아니한 채 진급선발을 취소하는 처분을 한 것은 절차상 하자가 있어 위법하다.
③ 지방의회의 동의를 얻어 행하는 처분에 대해서는 「행정절차법」이 적용되지 아니한다.
④ 도시·군계획시설결정과 실시계획인가는 도시·군계획시설사업을 위하여 이루어지는 단계적 행정절차에서 별도의 요건과 절차에 따라 별개의 법률효과를 발생시키는 독립적인 행정처분이다. 그러므로 선행처분인 도시·군계획시설결정에 하자가 있더라도 그것이 당연무효가 아닌 한 원칙적으로 후행처분인 실시계획인가에 승계되지 않는다.

14 항고소송의 원고적격이 인정되는 것만을 <보기>에서 모두 고르면? (다툼이 있는 경우 판례에 의함)

<보기>

ㄱ. 경기도 선거관리위원회 소속 공무원인 甲이 「부패방지 및 국민권익위원회의 설치와 운영에 관한 법률」에 따라 국민권익위원회에 신고를 하면서 신분보장조치를 요구하였고, 이에 국민권익위원회가 경기도 선거관리위원회 위원장에게 甲에 대한 중징계요구를 취소하고 향후 신고로 인한 신분상 불이익 등을 주지 말 것을 요구하는 조치요구를 한 사안에서 이에 불복하는 경기도 선거관리위원회 위원장
ㄴ. 시외버스운송사업계획변경인가처분으로 시외버스 운행노선 중 일부가 기존의 시내버스 운행노선과 중복하게 되어 수익감소가 예상되는 기존 시내버스운송사업자
ㄷ. 인근 공유수면의 매립목적을 택지조성에서 조선시설용지로 변경하는 공유수면매립목적 변경 승인처분으로 인하여 환경상의 이익을 침해받았다고 주장하는 수녀원
ㄹ. 교육부장관이 사학분쟁조정위원회의 심의를 거쳐 대학의 학교법인의 임시이사를 선임한 데 대하여 그 선임처분의 취소를 구하는 그 대학의 노동조합
ㅁ. 대학에 대한 국가연구개발사업의 협약해지통보에 불복하여 협약해지통보의 효력을 다투는 그 연구개발사업의 연구팀장인 교수

① ㄱ, ㄴ ② ㄹ, ㅁ
③ ㄱ, ㄴ, ㅁ ④ ㄱ, ㄷ, ㄹ

15 「행정기본법」에 대한 설명으로 옳지 않은 것은?

① 「행정기본법」상의 법령등에는 국회규칙·대법원규칙·헌법재판소규칙·중앙선거관리위원회규칙 및 감사원규칙이 포함된다.
② 「행정기본법」상의 '당사자'란 처분의 상대방을 말한다.
③ '제재처분'이란 법령등에 따른 의무를 위반하거나 이행하지 아니하였음을 이유로 당사자에게 의무를 부과하거나 권익을 제한하는 처분을 말하며, 조세부과처분이 대표적인 예라고 할 수 있다.
④ 국가와 지방자치단체는 국민의 삶의 질을 향상시키기 위하여 적법절차에 따라 공정하고 합리적인 행정을 수행할 책무를 진다.

16 신뢰보호의 원칙에 대한 설명으로 옳지 않은 것은? (다툼이 있는 경우 판례에 의함)

① 폐기물처리업 사업계획에 대하여 적정통보를 한 것만으로 그 사업부지 토지에 대한 국토이용계획변경신청을 승인하여 주겠다는 취지의 공적인 견해표명을 한 것으로 볼 수 없다.
② 행정청이 공적 견해를 표명하였는지를 판단할 때는 담당자의 조직상 지위와 임무, 발언 등 언동을 하게 된 구체적인 경위와 그에 대한 상대방의 신뢰가능성에 비추어 실질적으로 판단하여야 한다.
③ 지방병무청 총무과 민원팀장이 관련 법령의 내용을 숙지하지 못한 채 민원봉사차원에서 상담에 응하여 보충역 편입이 가능하다고 안내한 것은 공적인 견해표명으로 볼 수 있다.
④ 조세법률관계에 있어서 신의성실의 원칙이나 신뢰보호의 원칙 또는 비과세 관행 존중의 원칙은 합법성의 원칙을 희생하여서라도 납세자의 신뢰를 보호함이 정의에 부합하는 것으로 인정되는 특별한 사정이 있을 경우에 한하여 적용되는 예외적인 법 원칙이다.

17 행정행위의 하자에 대한 설명으로 옳지 않은 것은? (다툼이 있는 경우 판례에 의함)

① 피심인이 심의·의결절차에서의 방어권을 행사하기 위하여 필요한 심사보고서의 첨부자료 열람·복사를 신청하였으나, 공정거래위원회가 절차규칙 제29조 제12항에서 정한 거부 사유에 해당하지 않음에도 이에 응하지 아니하였다 하더라도, 피심인의 방어권 행사에 실질적 지장이 초래되지 않은 경우에는 처분을 취소할 것은 아니다.
② 「국민연금법」상 장애연금 지급을 위한 장애등급 결정을 하는 경우에는 원칙상 장애연금 지급청구권을 취득할 당시가 아니라 장애연금 지급을 결정할 당시의 법령을 적용한다.
③ 소유권·전세권 및 임차권의 등기 외에 가압류등기가 마쳐져 있어 건축물대장을 합병할 수 없는 건물에 대하여 근거 법령을 잘못 해석하여 건축물대장을 합병한 경우, 그 하자가 중대하고 객관적으로 명백하여 당연무효이다.
④ 지방자치단체와 민간단체 등이 공동 발족한 추모공원건립추진협의회가 시립화장장 후보지 선정을 위해 개최하는 공청회는 행정청이 도시계획시설결정을 하면서 개최한 공청회가 아니므로 「행정절차법」에서 정한 절차를 준수하여야 하는 것은 아니다.

18 甲, 乙, 丙, 丁은 「국가공무원법」에 따라 일반직공무원으로 임용된 사람이다. 이와 관련한 법률관계에 대한 설명으로 옳지 않은 것은? (다툼이 있는 경우 판례에 의함)

① 임용 당시 甲에게 임용결격사유가 있었다면 비록 국가의 과실에 의하여 임용결격자임을 밝혀내지 못하였다 하더라도 그 임용행위는 당연무효가 되지 않는다.
② 임용 당시 乙에게 임용결격사유가 있음에도 임용되어 근무하다가 퇴직한 경우, 乙은 「공무원연금법」상 퇴직급여 청구 또는 「근로자퇴직급여 보장법」상 퇴직금 청구를 할 수 없다.
③ 임용행위가 당연무효이거나 취소된 공무원의 임용시부터 퇴직시까지의 사실상의 근로에 대하여 국가 또는 지방자치단체는 부당이득반환의무를 진다.
④ 행정기관이 보도자료를 작성할 때 증권거래 등 일반인들에게 영향을 미칠 수 있는 정보가 포함되는 경우에, 담당 공무원 丁은 해당 정보의 진실성 여부 및 주식시장의 파급효과 등을 보다 면밀히 살펴 사실과 다르거나 오해를 낳을 수 있는 정보가 보도자료에 담기지 아니하도록 할 주의의무를 부담한다.

19 행정계획에 대한 설명으로 옳지 않은 것은? (다툼이 있는 경우 판례에 의함)

① 교육부장관의 '대학교육역량강화사업 기본계획'은 헌법소원의 대상이 되는 공권력 행사에 해당하지 아니한다.

② 대법원은 '4대강 살리기 마스터플랜'에 대한 취소소송과 집행정지사건에서 처분성을 긍정하면서도 집행정지에 관해서는 요건미비를 이유로 인정하지 않았다.

③ 구 「하수도법」 제5조의2에 의하여 기존의 하수도 정비기본계획을 변경하여 광역하수종말처리시설을 설치하는 등의 내용으로 수립한 하수도정비기본계획은 항고소송의 대상이 되는 행정처분이 아니다.

④ 도시계획시설인 주차장에 대한 건축허가신청을 받은 행정청으로서는 「건축법」상 허가요건뿐 아니라 국토의 계획 및 이용에 관한 법령이 정한 도시계획시설사업에 관한 실시계획인가요건도 충족하는 경우에 한하여 이를 허가하여야 한다.

20 행정절차에 대한 설명으로 옳지 않은 것은? (다툼이 있는 경우 판례에 의함)

① 행정청은 처분 후 2년 이내에 청문·공청회 또는 의견제출을 위하여 제출받은 서류나 그 밖의 물건을 반환하여야 한다.

② 「국가공무원법」상 직위해제처분은 당해 행정작용의 성질상 행정절차를 거치기 곤란하거나 불필요하다고 인정되는 사항에 해당하므로, 처분의 사전통지 및 의견청취 등에 관한 「행정절차법」의 규정이 별도로 적용되지 않는다.

③ 소방서 담당 공무원이 소방시설 보완명령을 구두로 고지한 것은 당연 무효인 행정처분이므로 이러한 시정보완명령을 위반하였음을 이유로 행정형벌을 부과할 수는 없다.

④ 온라인공청회를 실시하는 경우에는 누구든지 정보통신망을 이용하여 의견을 제출하거나 제출된 의견 등에 대한 토론에 참여할 수 있다.

09회 Review

문항	정답	문제 키워드	출제 유형	난이도
01	④	항고소송의 대상	이론/판례/조문	●●○
02	①	행정입법	이론/판례/조문	●●○
03	③	행정행위의 취소와 철회	이론/판례/조문	●●●
04	①	인가	이론/판례/조문	●●○
05	①	행정심판	이론/판례/조문	●●○
06	③	직접강제와 즉시강제	이론/판례/조문	●○○
07	④	행정심판의 재결	이론/판례/조문	●●○
08	②	과징금	이론/판례/조문	●●○
09	④	국가배상청구권	이론/판례/조문	●●○
10	②	행정행위의 효력	이론/판례/조문	●○○

문항	정답	문제 키워드	출제 유형	난이도
11	③	국가배상	이론/판례/조문	●●○
12	①	행정행위의 부관	이론/판례/조문	●●○
13	①	행정절차	이론/판례/조문	●○○
14	③	원고적격	이론/판례/조문	●●○
15	③	행정기본법	이론/판례/조문	●●○
16	③	신뢰보호원칙	이론/판례/조문	●●○
17	②	행정행위의 하자	이론/판례/조문	●●○
18	①	행정행위의 하자	이론/판례/조문	●●○
19	②	행정계획	이론/판례/조문	●●○
20	①	행정절차	이론/판례/조문	●●○

핵심지문 OX

09회 실전동형모의고사에서 꼭 되짚어야 할 핵심지문을 다시 확인해보시기 바랍니다.

01 위임입법의 형태로 대통령령, 총리령 또는 부령 등을 열거하고 있는 헌법규정은 예시규정이다. (   )

02 행정심판위원회는 필요하다고 인정할 때에는 그 심판결과에 대하여 이해관계가 있는 제3자 또는 행정청에게 그 사건에 참가할 것을 요구할 수 있고, 요구를 받은 제3자 또는 행정청은 그 사건에 참가하거나 참가하지 아니할 뜻을 위원회에 통지하여야 한다. (   )

03 행정심판위원회는 재처분 의무가 있는 피청구인이 재처분 의무를 이행하지 아니하면 지연기간에 따라 일정한 배상을 하도록 명할 수는 있으나 즉시 배상을 할 것을 명할 수는 없다. (   )

04 우편집배원이 압류 및 전부명령 결정 정본을 특별송달함에 있어 부적법한 송달을 하고도 적법한 송달을 한 것처럼 보고서를 작성하여 압류 및 전부의 효력이 발생하지 않아 집행채권자가 피압류채권을 전부 받지 못한 경우 우편집배원의 직무상 의무위반과 집행채권자의 손해 사이에는 상당인과관계가 없다. (   )

05 지방의회의 동의를 얻어 행하는 처분에 대해서는 「행정절차법」이 적용되지 아니한다. (   )

06 「행정기본법」상의 '당사자'란 처분의 상대방을 말한다. (   )

07 임용행위가 당연무효이거나 취소된 공무원의 임용시부터 퇴직시까지의 사실상의 근로에 대하여 국가 또는 지방자치단체는 부당이득반환의무를 진다. (   )

08 교육부장관의 '대학교육역량강화사업 기본계획'은 헌법소원의 대상이 되는 공권력 행사에 해당하지 아니한다. (   )

[정답] **01** ○ **02** ○ **03** × 즉시 배상할 것을 명할 수 있다. **04** × 상당인과관계가 있다. **05** ○ **06** ○ **07** ○ **08** ○

정답·해설 _해설집 p.93

10회 실전동형모의고사

제한시간: 15분 시작 시 분 ~ 종료 시 분 점수 확인 개 / 20개

01 다음 사례에 대한 설명으로 옳지 않은 것을 모두 고르면? (다툼이 있는 경우 판례에 의함)

> 「주택법」상 주택건설사업계획의 승인이 있으면, 관계 행정기관의 장과 협의한 사항에 대하여 「국토의 계획 및 이용에 관한 법률」(이하 '국토계획법'이라 한다)에 따른 도시·군관리계획의 결정을 비롯하여 「주택법」 제19조 제1항 각 호에서 열거하는 인·허가를 받은 것으로 의제된다. 甲은 관할 A행정청에 「주택법」에 따른 주택건설사업계획승인을 신청하였고, A행정청은 관계 행정기관의 장과 협의를 거쳐 주택건설사업계획을 승인·고시하였다.

> ㄱ. 주택건설사업계획의 승인이 있으면 「주택법」 제19조 제1항 각 호에서 열거하는 모든 인·허가가 의제되므로, 모든 인·허가 사항에 대해 사전에 관계 행정기관과 일괄하여 협의를 거쳐야 한다.
> ㄴ. A행정청은 도시·군관리계획 결정권자와 협의를 거쳐 주택건설사업계획을 승인하면서 이와는 별도로 「국토계획법」에서 정한 도시·군관리계획 입안을 위한 주민 의견청취 절차를 거칠 필요가 없다.
> ㄷ. 의제되는 「국토계획법」상 도시·군관리계획의 결정에 하자가 있다면, 주택건설사업계획 승인처분 자체가 위법하게 된다.
> ㄹ. 의제되는 인·허가는 주택건설사업계획 승인처분과 별도로 항고소송의 대상이 되는 처분에 해당하지 않는다.

① ㄱ, ㄷ ② ㄱ, ㄹ
③ ㄴ, ㄷ ④ ㄱ, ㄷ, ㄹ

02 특별권력관계에 대한 설명으로 옳지 않은 것은? (다툼이 있는 경우 판례에 의함)

① 구 「군인사법」 제47조의2가 군인의 복무에 관한 사항에 관한 규율권한을 대통령령에 위임하면서 다소 개괄적으로 위임하였다고 하여 헌법 제75조의 포괄위임금지원칙에 어긋난다고 보기 어렵다.
② 금치처분을 받은 수형자에 대해 금치기간 중 운동을 절대적으로 금지하는 것은 필요 최소한도의 범위를 넘어선 것으로서 헌법 제10조의 인간의 존엄과 가치 및 제12조의 신체의 자유를 침해하는 것이다.
③ 육군3사관학교의 사관생도는 학교에 입학한 날에 육군 사관생도의 병적에 편입하고 준사관에 준하는 대우를 받는 특수한 신분관계에 있으므로, 그 존립 목적을 달성하기 위하여 필요한 한도 내에서 일반 국민보다 상대적으로 기본권이 더 제한될 수 있다.
④ 육군3사관학교의 사관생도 행정예규에 따라 사관생도의 모든 사적 생활에서까지 예외 없이 금주의무를 이행할 것을 요구하면서 경위 등을 묻지 않고 일률적으로 2회 위반 시 원칙적으로 퇴학 조치하도록 정한 것은 사관생도의 기본권을 지나치게 침해하는 것은 아니다.

03 행정계획에 대한 설명으로 옳지 않은 것은? (다툼이 있는 경우 판례에 의함)

① 법령이 관할 행정청으로 하여금 도시관리계획을 입안할 때 해당 도시관리계획안의 내용을 주민에게 공고·열람하도록 한 것은 행정의 민주화와 신뢰를 확보하기 위하여 국민의 의사를 그 과정에 반영시키는 데 그 취지가 있다.
② 공유수면 점용허가가 의제되는 채광계획 인가신청에 대하여 공유수면 관리청이 공유수면 점용을 허용하지 않기로 결정하였다면, 채광계획 인가관청은 이를 사유로 하여 채광계획을 인가하지 아니할 수 있다.
③ 도시·군관리계획결정은 특정 개인의 권리 내지 법률상의 이익을 개별적이고 구체적으로 규제하는 효과를 가져오게 하는 행정청의 처분이라 할 것이고, 이는 행정소송의 대상이 된다.
④ 구 「도시계획법」상 주민이 도시계획 및 그 변경에 대하여 어떤 신청을 할 수 있다는 규정이 없으나 어떤 사정의 변동이 있다면 지역주민에게 일일이 그 계획의 변경을 청구할 권리를 인정하여 줄 수 있다.

04 행정심판에 있어서 당사자와 관계인에 대한 설명으로 옳지 않은 것은?

① 심판청구의 대상과 관계되는 권리나 이익을 양수한 자는 위원회의 허가를 받아 청구인의 지위를 승계할 수 있다.
② 법인이 아닌 사단 또는 재단으로서 대표자나 관리인이 정하여져 있는 경우에는 그 대표자나 관리인의 이름으로 심판청구를 할 수 있다.
③ 청구인이 피청구인을 잘못 지정한 경우에는 위원회는 직권으로 또는 당사자의 신청에 의하여 결정으로써 피청구인을 경정할 수 있다.
④ 행정심판의 경우 여러 명의 청구인이 공동으로 심판청구를 할 때에는 청구인들 중에서 3명 이하의 선정대표자를 선정할 수 있다.

05 행정소송에 대한 설명으로 옳지 않은 것은? (다툼이 있는 경우 판례에 의함)

① 검사의 불기소결정은 「행정소송법」상 처분에 해당되어 항고소송을 제기할 수 있다.
② 납세의무부존재확인의 소는 공법상의 법률관계 그 자체를 다투는 소송으로서 당사자소송이다.
③ 무효확인소송을 제기하였는데 해당 사건에서의 위법이 취소사유에 불과한 때, 법원은 취소소송의 요건을 충족한 경우 취소판결을 내린다.
④ 상대방이 있는 행정처분에 대하여 행정심판을 거치지 아니하고 바로 취소소송을 제기하는 경우 처분이 있음을 안 날이란 통지, 공고 기타의 방법에 의해 당해 행정처분이 있었다는 사실을 현실적으로 안 날을 의미한다.

06 행정상 즉시강제에 대한 설명으로 옳은 것은?

① 「감염병의 예방 및 관리에 관한 법률」 제47조 제1호의 감염병 유행에 대한 방역조치로 감염병환자 등이 있는 장소나 감염병병원체에 오염되었다고 인정되는 장소에 대한 '일시적 폐쇄'는 직접강제에 해당한다.
② 신체의 자유를 제한하는 즉시강제는 헌법상 기본권 침해에 해당하여 법률의 규정에 의해서도 허용되지 아니한다.
③ 권력적 사실행위인 즉시강제는 그 조치가 계속 중인 상태에 있는 경우에도 취소소송의 대상이 될 수는 없다.
④ 즉시강제로써 행정상 장해를 제거하여 보호하고자 하는 공익과 즉시강제에 따른 권익침해 사이에는 비례관계가 있어야 한다.

07 신뢰보호의 원칙에 대한 설명으로 옳지 않은 것은? (다툼이 있는 경우 판례에 의함)

① 행정청의 공적 견해 표명이 있었는지의 여부를 판단하는 데 있어 반드시 행정조직상의 형식적인 권한분장에 구애될 것이 아니라 담당자의 조직상의 지위와 임무, 해당 언동을 하게 된 구체적인 경위 및 그에 대한 상대방의 신뢰가능성에 비추어 실질에 의하여 판단하여야 한다.
② 입법예고를 통해 법령안의 내용을 국민에게 예고한 것은 국가가 이해관계자들에게 법령안에 관련된 사항을 약속하거나 신뢰를 부여하였다고 볼 수 있다.
③ 신뢰가 보호할 만한 것인가는 정당한 이익형량에 의한다. 사후에 선행조치가 변경될 것을 사인이 예상하였거나 중대한 과실로 알지 못한 경우 또는 사인의 사위나 사실은폐 등이 있는 경우에는 보호가치가 있는 신뢰라고 보기 어렵다.
④ 선행조치는 반드시 관세관청이 납세자에 대하여 비과세를 시사하는 명시적 언동이 있어야만 하는 것은 아니고, 묵시적인 언동 다시 말하면 비과세의 사실상태가 장기간에 걸쳐 계속되는 경우에 그것이 그 사항에 대하여 과세의 대상으로 삼지 아니하는 뜻의 과세관청의 묵시적인 의향표시로 볼 수 있는 경우에도 이를 인정할 수 있다.

08 행정상 손실보상에 대한 설명으로 옳은 것은? (다툼이 있는 경우 판례에 의함)

① 물건 또는 권리 등에 대한 손실보상액 산정의 기준이나 방법에 관하여 구체적으로 정하고 있는 법령의 규정이 없는 경우, 그 성질상 유사한 물건 또는 권리 등에 대한 관련 법령상의 손실보상액 산정의 기준이나 방법에 관한 규정을 유추적용할 수 있다.
② 어떤 보상항목이 공익사업을 위한 토지 등의 취득 및 보상에 관한 법령상 손실보상대상에 해당함에도 관할 토지수용위원회가 사실을 오인하거나 법리를 오해함으로써 손실보상대상에 해당하지 않는다고 잘못된 내용의 재결을 한 경우에는, 피보상자는 관할 토지수용위원회를 상대로 그 재결에 대한 취소소송을 제기하여야 한다.
③ 공익사업으로 인해 간접손실을 입은 자는 재결을 거치지 않고 영업손실에 대해 곧바로 보상을 청구할 수 있다.
④ 개발제한구역 지정으로 인한 지가의 하락은 원칙적으로 토지소유자가 감수해야 하는 사회적 제약의 범주에 속하나, 지가의 하락이 20% 이상으로 과도한 경우에는 특별한 희생에 해당한다.

09 행정행위의 부관에 대한 설명으로 옳은 것은? (다툼이 있는 경우 판례에 의함)

① 부관 중에서 부담은 주된 행정행위로부터 분리될 수 있다 할지라도 부담 그 자체는 독립된 행정행위가 아니므로 주된 행정행위로부터 분리하여 쟁송의 대상이 될 수 없다.

② 기부채납받은 행정재산에 대한 사용·수익허가에서 공유재산의 관리청이 정한 사용·수익허가의 기간은 그 허가의 효력을 제한하기 위한 행정행위의 부관으로서, 이러한 사용·수익허가의 기간에 대해서는 독립하여 행정소송을 제기할 수 있다.

③ 행정처분과 부관 사이에 실제적 관련성이 있다고 볼 수 없는 경우 공무원이 공법상의 제한을 회피할 목적으로 행정처분의 상대방과 사이에 사법상 계약을 체결하는 형식을 취하였다면 이는 법치행정의 원리에 반하는 것으로서 위법하다.

④ 종전 허가의 유효기간이 지나서 신청한 기간연장신청은 별도의 새로운 허가를 내용으로 하는 행정처분을 구하는 것이라기보다는 종전의 허가처분을 전제로 하여 단순히 그 유효기간을 연장하여 주는 행정처분을 구하는 것으로 보아야 한다.

10 행정행위의 하자에 대한 설명으로 옳지 않은 것은? (다툼이 있는 경우 판례에 의함)

① 과세관청이 과세예고 통지 후 과세전적부심사 청구나 그에 대한 결정이 있기 전에 과세처분을 한 경우, 특별한 사정이 없는 한 그 과세처분은 절차상 하자가 중대·명백하여 당연무효이다.

② 처분의 하자가 그 내용에 관한 것인 경우, 판례는 소제기 이후에도 하자의 치유가 가능한 것으로 본다.

③ 법치주의 원칙을 강조할 경우 행정행위의 하자의 치유는 원칙적으로 허용될 수 없지만 예외적으로 행정의 무용한 반복을 피하고 당사자의 법적 안정성을 위해 허용될 수 있다.

④ 행정행위의 하자가 치유되면 당해 행정행위는 처분당시부터 하자가 없는 적법한 행정행위로 효력을 발생한다.

11 과세처분에 대한 판례의 입장으로 옳지 않은 것은?

① 세무조사가 과세자료의 수집 등의 본연의 목적이 아니라 부정한 목적을 위하여 행하여진 것이라면 세무조사에 중대한 위법사유가 있는 경우에 해당하고, 이러한 세무조사에 의하여 수집된 과세자료를 기초로 한 과세처분 역시 위법하다.

② 증액경정처분이 있는 경우 당초 신고나 결정은 증액경정처분에 흡수됨으로써 독립된 존재가치를 잃게 된다고 보아야 할 것이므로, 원칙적으로는 당초 신고나 결정에 대한 불복기간의 경과 여부 등에 관계 없이 증액경정처분만이 항고소송의 심판대상이 된다.

③ 과세처분이 있은 후 이를 증액하는 경정처분이 있고, 다시 이를 감액하는 재경정처분이 있으면 재경정처분은 위 증액경정처분과는 별개인 독립의 과세처분으로서 그 실질은 위 증액경정처분의 변경이고 그에 의하여 세액의 일부취소라는 납세의무자에게 유리한 효과를 가져오는 처분이라 할 것이므로, 감액재경정결정이 항고소송의 대상이 된다.

④ 원천징수의무자에 대하여 납세의무의 단위를 달리하여 순차 이루어진 2개의 징수처분은 별개의 처분으로서 당초 처분과 증액경정처분에 관한 법리가 적용되지 아니하므로, 당초 처분이 후행 처분에 흡수되어 독립한 존재가치를 잃는다고 볼 수 없고, 후행 처분만이 항고소송의 대상이 되는 것도 아니다.

12 행정행위의 직권취소와 철회에 대한 설명으로 옳은 것만을 <보기>에서 모두 고르면? (다툼이 있는 경우 판례에 의함)

<보기>

ㄱ. 행정청은 거짓이나 그 밖의 부정한 방법으로 처분을 받은 경우 또는 당사자가 처분의 위법성을 알고 있었거나 중대한 과실로 알지 못한 경우에는 직권취소를 할 수 있다.
ㄴ. 행정행위의 철회는 적법요건을 구비하여 완전히 효력을 발하고 있는 행정행위를 사후적으로 그 행위의 효력의 전부 또는 일부를 장래에 향해 소멸시키는 행정처분이므로, 철회사유는 행정행위의 성립 당시에 존재하였던 하자를 말한다.
ㄷ. 행정청은 적법한 처분이 중대한 공익을 위하여 필요한 경우에도 그 처분의 전부 또는 일부를 장래를 향하여 철회할 수 있다.
ㄹ. 행정청은 적법한 처분을 철회하려는 경우에는 철회로 인하여 당사자가 입게 될 불이익을 철회로 달성되는 공익과 비교·형량하여야 한다.

① ㄱ, ㄴ ② ㄱ, ㄷ
③ ㄴ, ㄹ ④ ㄱ, ㄷ, ㄹ

13 행정처분의 이유제시에 대한 설명으로 옳은 것은? (다툼이 있는 경우 판례에 의함)

① 행정청은 침익적 행정처분의 경우에만 이유를 제시하여야 하고 수익적 행정처분의 경우에는 이유제시를 하지 않아도 무방하다.
② 교육부장관이 어떤 후보자를 상대적으로 총장 임용에 더 적합하다고 판단하여 임용제청하는 경우, 임용제청 행위 자체로서 「행정절차법」상 이유제시의무를 다한 것이라 할 수 없다.
③ 면허의 취소처분의 경우 그 처분을 받은 자가 어떠한 위반 사실에 대하여 당해 처분이 있었는지를 알 수 있을 정도로 사실을 적시할 것을 요하지만, 처분의 상대방이 처분 당시 그 취지를 알고 있었다거나 그 후 알게 되었다면 그 하자는 치유된다.
④ 세액산출 근거가 기재되지 아니한 납세고지서에 의한 과세처분을 한 경우에는 늦어도 과세처분에 대한 불복 여부의 결정 및 불복신청에 편의를 줄 수 있는 상당한 기간 내에 보정행위를 하여야 그 하자가 치유된다.

14 「행정소송법」상 당사자소송에 대한 설명으로 옳지 않은 것은? (다툼이 있는 경우 판례에 의함)

① 당사자소송에 관련청구소송인 민사소송을 병합할 수 있지만, 민사소송에는 당사자소송을 병합할 수 없다.
② 「수산업법」상의 어업면허에 대한 처분 등이 행정처분에 해당된다 하여도 이로 인한 손실보상청구권은 공법상의 권리가 아니라 사법상의 권리이다.
③ 공법상 계약의 무효확인을 구하는 당사자소송의 청구는 당해 소송에서 추구하는 권리구제를 위한 다른 직접적인 구제방법이 있는 이상, 소송요건을 구비하지 못한 위법한 청구이다.
④ 민주화운동관련자 명예회복 및 보상 등에 관한 법률에 따라 보상금 등의 지급신청을 한 자가 '민주화운동관련자 명예회복 및 보상 심의위원회'의 보상금 등 지급에 관한 결정을 다투고자 하는 경우에는 곧바로 보상금 등의 지급을 구하는 소송을 당사자소송의 형식으로 제기할 수 있다.

15 「개인정보 보호법」에 대한 설명으로 옳지 않은 것은?

① 개인정보는 살아 있는 개인에 관한 정보로서 성명, 주민등록번호 및 영상 등을 통하여 개인을 알아볼 수 있는 정보이며, 해당 정보만으로는 특정 개인을 알아볼 수 없다면, 다른 정보와 쉽게 결합하여 그 개인을 알아볼 수 있는 경우라도 개인정보라 할 수 없다.

② 개인정보처리자는 법령상 의무를 준수하기 위하여 불가피한 경우에는 개인정보를 수집할 수 있으며 그 수집 목적의 범위 내에서 이용할 수 있다.

③ 개인정보처리자로부터 개인정보를 제공받은 자는 정보주체로부터 별도의 동의를 받은 경우나 다른 법률에 특별한 규정이 있는 경우를 제외하고는 개인정보를 제공받은 목적 외의 용도로 이용하거나 이를 제3자에게 제공하여서는 아니 된다.

④ 개인정보처리자의 고의 또는 중대한 과실로 인하여 개인정보가 유출된 경우로서 정보주체에게 손해가 발생한 때에는 법원은 그 손해액의 3배를 넘지 아니하는 범위에서 손해배상액을 정할 수 있다.

16 공법상 계약에 대한 설명으로 옳지 않은 것은? (다툼이 있는 경우 판례에 의함)

① 지방자치단체가 일방 당사자가 되는 이른바 '공공계약'이 사경제의 주체로서 상대방과 대등한 위치에서 체결하는 사법상 계약에 해당하는 경우 그에 관한 법령에 특별한 정함이 있는 경우를 제외하고는 사적 자치와 계약자유의 원칙 등 사법의 원리가 그대로 적용된다.

② 고양시장에 의한 재활용자원화시설의 민간위탁대상자 선정행위는 공법상 계약에 해당한다.

③ 계약직공무원계약해지의 의사표시는 처분이 아니므로 「행정절차법」에 의해 근거와 이유를 제시하여야 하는 것은 아니다.

④ 지방계약직공무원에 대해 법률상 징계절차에 의하지 않고서는 보수를 삭감할 수 없다.

17 이행강제금에 대한 설명으로 옳지 않은 것은? (다툼이 있는 경우 판례에 의함)

① 「건축법」상 이행강제금은 시정명령의 불이행이라는 과거의 위반행위에 대한 제재가 아니라 의무자에게 심리적 압박을 주어 시정명령에 따른 의무의 이행을 간접적으로 강제하는 행정상의 간접강제 수단에 해당한다.

② 「건축법」상의 이행강제금 납부의무는 상속인 기타의 사람에게 승계될 수 없는 일신전속적인 성질의 것이다.

③ 이행강제금은 과거의 일정한 법률위반 행위에 대한 제재로서의 형벌이 아니라 장래의 의무이행의 확보를 위한 강제수단일 뿐이어서 이중처벌금지의 원칙이 적용될 여지가 없다.

④ 행정청이 「농지법」상 이행강제금 부과처분을 하면서 관할 행정법원에 행정소송을 할 수 있다고 잘못 안내하였다면 그 잘못된 안내로 행정법원의 항고소송 재판관할이 생긴다고 볼 수 있다.

18 행정소송에 대한 판례의 입장으로 옳은 것은?

① 감사원의 변상판정 처분에 대하여 위법 또는 부당하다고 인정하는 본인 등은 이 처분에 대하여 행정소송을 제기할 수 없고, 재결에 해당하는 재심의 판정에 대하여서만 감사원을 피고로 행정소송을 제기할 수 있다.
② 어떠한 처분의 근거나 법적인 효과가 행정규칙에 규정되어 있다면, 그 처분이 행정규칙의 내부적 구속력에 의하여 상대방의 권리 의무에 직접 영향을 미치는 행위라도 항고소송의 대상이 되는 행정처분이라 볼 수 없다.
③ 사증발급의 법적 성질, 「출입국관리법」의 입법 목적, 사증발급 신청인의 대한민국과의 실질적 관련성, 상호주의원칙 등을 고려하면, 우리 「출입국관리법」의 해석상 외국인에게 사증발급 거부처분의 취소를 구할 법률상 이익이 인정된다.
④ 법외노조 통보는 적법하게 설립되어 활동 중인 노동조합에 대하여 행정관청이 더 이상 「노동조합법」상 노동조합이 아님을 확정하는 행정처분이 아니라, 확정된 사실에 대한 단순 통보에 불과하다.

19 「행정심판법」의 내용에 대한 설명으로 옳지 않은 것은?

① 인용재결의 기속력은 피청구인과 그 밖의 관계 행정청에 미치고, 행정심판위원회의 간접강제 결정의 효력은 피청구인인 행정청이 소속된 국가·지방자치단체 또는 공공단체에 미친다.
② 재결에 의하여 취소되거나 무효 또는 부존재로 확인되는 처분이 당사자의 신청을 거부하는 것을 내용으로 하는 경우에는 그 처분을 한 행정청은 재결의 취지에 따라 다시 이전의 신청에 대한 처분을 하여야 한다.
③ 청구인은 행정심판위원회의 간접강제 결정에 불복하는 경우 그 결정에 대하여 행정소송을 제기할 수 있다.
④ 조정은 당사자가 합의한 사항을 조정서에 기재한 후 당사자가 서명 또는 날인함으로써 완성된다.

20 사업주 甲에게 고용된 종업원 乙이 영업행위 중 행정법규를 위반한 경우 행정벌의 부과에 대한 설명으로 옳은 것은? (다툼이 있는 경우 판례에 의함)

① 乙의 위반행위가 과태료 부과대상인 경우에 乙이 자신의 행위가 위법하지 아니한 것으로 오인하였다면 乙에 대해서 과태료를 부과할 수 없다.
② 甲의 처벌을 규정한 양벌규정이 있는 경우에도 乙에 대한 처벌은 甲을 처벌하는 전제조건이므로 乙이 처벌을 받지 않는 경우에는 甲만 처벌할 수 없다.
③ 행위자 외에 사업주를 처벌한다는 명문의 규정이 없더라도 관계규정의 해석에 의해 과실 있는 사업주도 벌할 뜻이 명확한 경우에는 乙 외에 甲도 처벌할 수 있다.
④ 위 위반행위에 대해 내려진 시정명령에 따르지 않았다는 이유로 乙이 과태료 부과처분을 받고 이를 납부하였다면, 당초의 위반행위를 이유로 乙을 형사처벌할 수 없다.

10회 Review

문항	정답	문제 키워드	출제 유형	난이도
01	④	인·허가의제	이론/판례/조문	●●○
02	④	특별권력관계	이론/판례/조문	●●○
03	④	행정계획	이론/판례/조문	●●○
04	②	행정심판에서 당사자와 관계인	이론/판례/조문	●●●
05	①	행정소송	이론/판례/조문	●●●
06	④	행정상 즉시강제	이론/판례/조문	●●○
07	②	신뢰보호원칙	이론/판례/조문	●●○
08	①	행정상 손실보상	이론/판례/조문	●○○
09	③	행정행위의 부관	이론/판례/조문	●●○
10	②	행정행위의 하자	이론/판례/조문	●○○

문항	정답	문제 키워드	출제 유형	난이도
11	③	과세처분	이론/판례/조문	●●○
12	④	행정행위	이론/판례/조문	●●○
13	④	처분의 이유제시	이론/판례/조문	●●○
14	④	당사자소송	이론/판례/조문	●●○
15	①	개인정보 보호법	이론/판례/조문	●○○
16	②	공법상 계약	이론/판례/조문	●●○
17	④	이행강제금	이론/판례/조문	●●○
18	①	행정소송	이론/판례/조문	●●○
19	④	행정심판법	이론/판례/조문	●●○
20	③	행정벌	이론/판례/조문	●●●

핵심지문 OX

10회 실전동형모의고사에서 꼭 되짚어야 할 핵심지문을 다시 확인해보시기 바랍니다.

01 육군3사관학교의 사관생도 행정예규에 따라 사관생도의 모든 사적 생활에서까지 예외 없이 금주의무를 이행할 것을 요구하면서 경위 등을 묻지 않고 일률적으로 2회 위반 시 원칙적으로 퇴학 조치하도록 정한 것은 사관생도의 기본권을 지나치게 침해하는 것은 아니다. (　　)

02 도시·군관리계획결정은 특정 개인의 권리 내지 법률상의 이익을 개별적이고 구체적으로 규제하는 효과를 가져오게 하는 행정청의 처분이라 할 것이고, 이는 행정소송의 대상이 된다. (　　)

03 신체의 자유를 제한하는 즉시강제는 헌법상 기본권 침해에 해당하여 법률의 규정에 의해서도 허용되지 아니한다. (　　)

04 종전 허가의 유효기간이 지나서 신청한 기간연장신청은 별도의 새로운 허가를 내용으로 하는 행정처분을 구하는 것이라기보다는 종전의 허가처분을 전제로 하여 단순히 그 유효기간을 연장하여 주는 행정처분을 구하는 것으로 보아야 한다. (　　)

05 행정청은 침익적 행정처분의 경우에만 이유를 제시하여야 하고 수익적 행정처분의 경우에는 이유제시를 하지 않아도 무방하다. (　　)

06 고양시장에 의한 재활용자원화시설의 민간위탁대상자 선정행위는 공법상 계약에 해당한다. (　　)

07 「건축법」상의 이행강제금 납부의무는 상속인 기타의 사람에게 승계될 수 없는 일신전속적인 성질의 것이다. (　　)

08 감사원의 변상판정 처분에 대하여 위법 또는 부당하다고 인정하는 본인 등은 이 처분에 대하여 행정소송을 제기할 수 없고, 재결에 해당하는 재심의 판정에 대하여서만 감사원을 피고로 행정소송을 제기할 수 있다. (　　)

[정답] **01** × 금주조항은 사관생도의 일반적 행동자유권, 사생활의 비밀과 자유 등 기본권을 과도하게 제한하는 것으로서 무효이다. **02** ○ **03** × 즉시강제는 법적 근거가 있으면 가능하다. **04** × 종전의 허가처분과는 별도의 새로운 행정처분으로 보아야 한다. **05** × 이유제시는 침익적 행정처분, 수익적 행정처분, 복효적 행정처분 모두에 공통된 절차이다. **06** × 민간위탁대상자 선정행위는 처분에 해당한다. **07** ○ **08** ○

정답·해설 _해설집 p.101

11회 실전동형모의고사

제한시간: 15분 시작 시 분 ~ 종료 시 분 점수 확인 개 / 20개

01 「행정심판법」에 대한 설명으로 옳지 않은 것만을 <보기>에서 모두 고르면?

<보기>

ㄱ. 대통령의 처분 또는 부작위에 대하여는 다른 법률에서 행정심판을 청구할 수 있도록 정한 경우 외에는 행정심판을 청구할 수 없다.
ㄴ. 행정심판에는 당사자의 신청에 대한 행정청의 위법 또는 부당한 거부처분이나 부작위에 대하여 일정한 처분을 하도록 하는 의무이행심판이 포함된다.
ㄷ. 행정심판청구에 대한 재결이 있으면 그 재결 및 같은 처분 또는 부작위에 대하여 다시 행정심판을 청구할 수 있다.
ㄹ. 행정심판청구를 인용하는 재결에 대하여 피청구인과 그 밖의 관계 행정청은 재결서의 정본을 송달받은 날부터 90일 이내에 행정소송을 제기할 수 있다.

① ㄱ ② ㄴ
③ ㄷ, ㄹ ④ ㄱ, ㄴ, ㄷ

02 행정소송의 원고적격을 가지는 자에 해당하지 않는 것은? (다툼이 있는 경우 판례에 의함)

① 지방자치단체가 건축물 소재지 관할 허가권자인 지방자치단체의 장을 상대로 건축협의 취소의 취소를 구하는 사안에서의 지방자치단체
② 하자 있는 건축물에 대한 사용검사처분의 무효확인 및 취소를 구하는 구 「주택법」상 입주자
③ 미얀마 국적의 甲이 위명(僞名)인 乙명의의 여권으로 대한민국에 입국한 뒤 乙명의로 난민 신청을 하였으나 법무부장관이 乙명의를 사용한 甲을 직접 면담하여 조사한 후 甲에 대하여 난민불인정 처분을 한 사안에서의 그 처분의 취소를 구하는 甲
④ 국민권익위원회가 소방청장에게 인사와 관련하여 부당한 지시를 한 사실이 인정된다며 이를 취소할 것을 요구하기로 의결하고 내용을 통지하자 그 국민권익위원회 조치요구의 취소를 구하는 사안에서의 소방청장

03 항고소송의 대상으로 옳은 것을 모두 고르면? (다툼이 있는 경우 판례에 의함)

ㄱ. 교도소장이 특정 수형자를 '접견내용 녹음·녹화 및 접견 시 교도관 참여대상자'로 지정한 행위
ㄴ. 개별토지가격합동조사지침에 따른 개별공시지가 경정결정신청에 대한 행정청의 정정불가결정 통지
ㄷ. 국립대학교 학칙의 [별표 2] 모집단위별 입학정원을 개정한 학칙개정행위
ㄹ. 「부가가치세법」상 사업자등록 직권말소행위
ㅁ. 공공기관 입찰의 낙찰적격 심사기준인 점수를 감점한 조치

① ㄱ, ㄷ ② ㄱ, ㄹ
③ ㄱ, ㄴ, ㄷ ④ ㄴ, ㄷ, ㅁ

04 행정대집행에 대한 설명으로 옳지 않은 것은? (다툼이 있는 경우 판례에 의함)

① 「행정대집행법」에 따른 행정대집행에서 건물의 점유자가 철거의무자일 때에는 건물철거의무에 퇴거의무도 포함되어 있는 것이어서 별도로 퇴거를 명하는 집행권원이 필요하지 않다.
② 행정청은 대집행을 할 때 대집행 과정에서의 안전 확보를 위하여 필요하다고 인정하는 경우 현장에 긴급 의료장비나 시설을 갖추는 등 필요한 조치를 하여야 한다.
③ 대집행에 대해서는 「행정기본법」에 따른 이의신청을 할 수 있고, 「행정심판법」에 따른 행정심판도 청구할 수 있다.
④ 행정청은 해가 지기 전에 대집행을 착수한 경우라도 해가 진 후에는 대집행을 하여서는 아니 된다.

05 행정소송에 대한 설명으로 옳지 않은 것은? (다툼이 있는 경우 판례에 의함)

① 행정처분의 무효확인을 구하는 청구에는 특별한 사정이 없는 한 그 처분의 취소를 구하는 취지까지도 포함되어 있다고 볼 수 있다.
② 「행정소송법」 제34조 소정의 간접강제결정에 기한 배상금은 거부처분취소판결이 확정된 경우 그 처분을 행한 행정청으로 하여금 확정판결의 취지에 따른 재처분의무의 이행을 확실히 담보하기 위한 것으로서, 이는 확정판결의 취지에 따른 재처분의 지연에 대한 제재나 손해배상이 아니고 재처분의 이행에 관한 심리적 강제수단에 불과한 것이다.
③ 민사소송법 규정이 준용되는 행정소송에서 증명책임은 원칙적으로 민사소송 일반원칙에 따라 당사자 사이에 분배되고, 항고소송의 경우에는 그 특성에 따라 처분의 적법성을 주장하는 피고에게 그 적법사유에 대한 증명책임이 있다.
④ 당사자소송은 취소소송의 제소기간에 대한 규정이 준용되지는 않으나, 「행정소송법」에 당사자소송의 제소기간이 별도로 규정되어 있다.

06 「행정소송법」상 거부처분에 대한 설명으로 옳지 않은 것은? (다툼이 있는 경우 판례에 의함)

① 「행정소송법」상 거부처분 취소소송의 대상인 '거부처분'이란 '행정청이 행하는 구체적 사실에 관한 법집행으로서의 공권력의 행사 또는 이에 준하는 행정작용', 즉 적극적 처분의 발급을 구하는 신청에 대하여 그에 따른 행위를 하지 않았다고 거부하는 행위를 말한다.
② 거부처분 후에 법령이 개정·시행된 경우, 거부처분 취소의 확정판결을 받은 행정청이 개정된 법령을 새로운 사유로 들어 다시 거부처분을 한 경우도 재처분에 해당한다.
③ 정보공개청구인이 전자적 형태의 정보를 정보통신망을 통하여 송신하는 방법으로 정보공개할 것을 청구하였으나, 공공기관이 대상정보를 공개하되 방문하여 수령하라고 결정하여 통지한 경우, 청구인에게 특정한 공개방법을 지정하여 정보공개를 청구할 수 있는 법령상 신청권이 있다고 볼 수는 없으므로, 이를 항고소송의 대상이 되는 거부처분이라 할 수 없다.
④ 행정처분에 대하여 무효확인 판결이 내려진 경우에는 그 행정처분이 거부처분인 경우에도 행정청에 판결의 취지에 따른 재처분의무가 인정될 뿐 그에 대하여 간접강제까지 허용되는 것은 아니다.

07 행정행위의 부관에 대한 설명으로 옳은 것은? (다툼이 있는 경우 판례에 의함)

① 공유수면매립준공인가처분 중 매립지 일부에 대하여 한 국가 및 지방자치단체에의 귀속처분은 독립하여 행정소송의 대상이 될 수 있다.
② 부담부 행정행위에 있어서 처분의 상대방이 부담을 이행하지 아니한 경우에 당해 부담부 행정행위는 당연히 효력을 상실하게 된다.
③ 부담 이외의 부관으로 인하여 권리를 침해당한 자는 부관부 행정행위 전체에 대해 취소소송을 제기하거나, 행정청에 부관이 없는 행정행위로 변경해 줄 것을 청구한 다음 그것이 거부된 경우 거부처분 취소소송을 제기할 수 있다.
④ 기부채납 받은 행정재산에 대한 사용·수익허가에서 공유재산의 관리청이 정한 사용·수익허가의 기간은 그 허가의 효력을 제한하기 위한 행정행위의 부관으로서 이러한 사용·수익허가의 기간에 대해서는 독립하여 행정소송을 제기할 수 있다.

08 행정계획에 대한 설명으로 옳지 않은 것은? (다툼이 있는 경우 판례에 의함)

① 행정계획에 있어서 관계 법령에 추상적인 행정목표와 절차만 규정되어 있을 뿐 행정계획의 내용에 관하여는 별다른 규정을 두지 아니한 경우, 행정주체는 행정계획을 입안·결정함에 있어서 비교적 광범위한 형성의 자유를 가진다.
② 도시계획구역 내 토지 등을 소유하고 있는 주민으로서는 입안권자에게 도시관리계획입안을 요구할 수 있는 법규상 또는 조리상 신청권이 인정되나, 문화재보호구역 내의 토지소유자의 경우에는 위 보호구역의 해제를 요구할 수 있는 법규상 또는 조리상 신청권이 인정되지 않는다.
③ 재건축정비사업조합이 행정주체의 지위에서 수립한 사업시행계획은 이해관계인에 대한 구속적 행정계획으로서 독립된 행정처분에 해당한다.
④ 「택지개발촉진법」에 의한 택지개발예정지구의 지정과 택지개발계획의 승인은 후자가 전자의 처분을 전제로 하는 것이기는 하나 각각 단계적으로 별개의 법률효과를 발생하는 독립한 행정처분이다.

09 국민건강보험공단은 甲에게 보험료 부과처분을 하였다. 이에 甲은 그 전액을 납부하였으나 나중에 위 보험료 부과처분에 하자가 있다는 사실을 알게 되었다. 이에 대한 설명으로 옳지 않은 것은? (다툼이 있는 경우 판례에 의함)

① 甲이 취소소송을 제기하여 취소판결이 선고되면 甲은 민사상 부당이득반환청구소송을 제기하여 보험료를 반환받을 수 있다.
② 甲이 보험료를 이미 납부한 경우에는 비록 부당이득반환청구소송과 같은 직접적인 구제수단이 있다 하더라도 부당이득반환청구소송을 제기하지 않고 바로 무효확인소송을 제기할 수 있다.
③ 甲이 민사상 부당이득반환청구소송을 제기한 경우 보험료 부과처분이 비록 위법하더라도 당연무효가 아니라면 그 공정력으로 인하여 민사법원은 그 효력을 부정할 수 없게 된다.
④ 甲이 취소소송과 부당이득반환청구소송을 병합하여 제기한 경우 법원은 보험료 부과처분의 취소가 확정되지 않은 이상 그 효력을 부정할 수 없으므로 甲의 부당이득반환청구를 인용할 수 없게 된다.

10 「행정기본법」상 공법상 계약에 대한 설명으로 옳지 않은 것은? (다툼이 있는 경우 판례에 의함)

① 행정청은 법령등을 위반하지 아니하는 범위에서 행정목적을 달성하기 위하여 필요한 경우에는 공법상 계약을 체결할 수 있다.
② 국립의료원 부설 주차장에 관한 위탁관리용역운영계약은 공법상 계약에 해당한다.
③ 행정청은 공법상 계약의 상대방을 선정하고 계약 내용을 정할 때 공법상 계약의 공공성과 제3자의 이해관계를 고려하여야 한다.
④ 행정청은 공법상 계약을 체결할 경우 계약의 목적 및 내용을 정확하게 적은 계약서로 작성하여야 한다.

11 개정 법령의 적용에 대한 설명으로 옳은 것을 모두 고르면? (다툼이 있는 경우 판례에 의함)

ㄱ. 행정처분은 신청 후 그 근거 법령이 개정된 경우에도 경과규정에서 달리 정함이 없는 한 처분 당시 시행되는 개정 법령과 그에 정한 기준에 의하는 것이 원칙이다.
ㄴ. 개정 법령이 기존의 사실 또는 법률관계를 적용대상으로 하면서 국민의 재산권과 관련하여 종전보다 불리한 법률효과를 규정하고 있는 경우에도 그러한 사실 또는 법률관계가 개정 법령이 시행되기 이전에 이미 완성 또는 종결된 것이 아니라면 이를 헌법상 금지되는 소급입법에 의한 재산권 침해라고 할 수는 없다.
ㄷ. 개정 법령의 적용과 관련하여서는 개정 전 법령의 존속에 대한 국민의 신뢰가 개정 법령의 적용에 관한 공익상 요구보다 더 보호가치가 있다고 인정되는 경우에 그러한 국민의 신뢰를 보호하기 위하여 그 적용이 제한될 여지가 있다.
ㄹ. 구 「유료도로법」에 따라 통행료를 징수할 수 없게 된 도로라 하더라도 신법에 따른 유료도로의 요건을 갖추었다면 그 시행 이후 그 도로를 통행하는 차량에 대하여 통행료를 부과하여도 헌법상 소급입법에 의한 재산권 침해금지 원칙에 반한다고 볼 수 없다.

① ㄱ, ㄴ　② ㄱ, ㄷ
③ ㄱ, ㄴ, ㄷ　④ ㄱ, ㄴ, ㄷ, ㄹ

12 「행정절차법」상 청문에 대한 설명으로 옳지 않은 것은? (다툼이 있는 경우 판례에 의함)

① 행정청이 특히 침해적 행정처분을 할 때 그 처분의 근거 법령 등에서 청문을 실시하도록 규정하고 있다면, 「행정절차법」 등 관련 법령상 청문을 실시하지 않아도 되는 예외적인 경우에 해당하지 않는 한 반드시 청문을 실시하여야 한다.
② 행정청은 다수 국민의 이해가 상충되는 처분을 하려는 경우에 청문 주재자를 2명 이상으로 선정하여야 한다.
③ 행정청은 청문이 시작되는 날부터 7일 전까지 청문 주재자에게 청문과 관련한 필요한 자료를 미리 통지하여야 한다.
④ 청문제도의 취지는 행정처분의 사유에 대하여 당사자에게 변명과 유리한 자료를 제출할 기회를 부여함으로써 위법사유의 시정가능성을 고려하고, 처분의 신중과 적정을 기하려는 데 있다.

13 과세처분에 대한 설명으로 옳지 않은 것은? (다툼이 있는 경우 판례에 의함)

① 「지방세기본법」에 따르면, 지방자치단체의 장은 적절하고 공평한 과세의 실현을 위하여 필요한 최소한의 범위에서 세무조사를 하여야 하며, 다른 목적 등을 위하여 조사권을 남용해서는 아니 된다.
② 특별한 사정이 없는 한, 과세관청이 과세처분에 앞서 필수적으로 행하여야 할 과세예고통지를 하지 아니함으로써 납세자에게 과세전적부심사의 기회를 부여하지 아니한 채 과세처분을 하였다면, 그 과세처분은 위법하다.
③ 하나의 납세고지서에 의하여 복수의 과세처분을 함께 하는 경우에는 과세처분별로 그 세액과 산출근거 등을 구분하여 기재함으로써 납세의무자가 각 과세처분의 내용을 알 수 있도록 해야 한다.
④ 지방국세청장이 조세범칙행위에 대하여 형사고발을 한 후에 동일한 조세범칙행위에 대하여 한 통고처분은 특별한 사정이 없는 한 위법하지만 무효는 아니다.

14 행정상 손실보상에 대한 설명으로 옳지 않은 것은? (다툼이 있는 경우 판례에 의함)

① 개발제한구역 지정으로 인하여 토지를 종래의 목적으로도 사용할 수 없거나 또는 더 이상 법적으로 허용된 토지이용의 방법이 없기 때문에 실질적으로 토지의 사용·수익의 길이 없는 경우에는 토지소유자가 수인해야 하는 사회적 제약의 한계를 넘는 것으로 보아야 한다.
② 도로구역 결정고시 전에 공장을 운영하다가 고시 후 시로부터 3년 내에 공장을 이전할 것을 조건으로 공장설립허가를 받았더라도 그 공장부지가 수용되었다면 휴업보상의 대상이 된다.
③ 공익사업과 이로 인한 손실 사이에는 상당인과관계가 있어야 손실보상의 대상인 손실이 된다.
④ 지장물인 건물이 구 「토지수용법」상 손실보상의 대상이 되기 위해서는 적법한 건축허가를 받아 건축된 것이어야 한다.

15 「공공기관의 정보공개에 관한 법률」상 정보공개에 대한 설명으로 옳은 것만을 <보기>에서 모두 고르면? (다툼이 있는 경우 판례에 의함)

<보기>

ㄱ. 청구인이 공공기관에 대하여 정보공개를 청구하였다가 거부처분을 받은 것은 법률상 이익의 침해에 해당하지 않는다.
ㄴ. 「공공기관의 정보공개에 관한 법률」상 공개청구의 대상이 되는 정보란 공공기관이 직무상 작성 또는 취득하여 현재 보유·관리하고 있는 문서에 한정되는 것이기는 하나, 그 문서는 반드시 원본일 필요는 없다.
ㄷ. 공공기관의 정보공개 담당자는 정보공개 업무를 성실하게 수행하여야 하며, 공개 여부의 자의적인 결정, 고의적인 처리 지연 또는 위법한 공개 거부 및 회피 등 부당한 행위를 하여서는 아니 된다.
ㄹ. 공공기관은 공개 대상 정보의 양이 너무 많아 정상적인 업무 수행에 현저한 지장을 초래할 우려가 있는 경우에는 해당 정보를 일정 기간별로 나누어 제공하거나 사본·복제물의 교부 또는 열람과 병행하여 제공할 수 있다.

① ㄱ, ㄴ ② ㄱ, ㄷ
③ ㄴ, ㄹ ④ ㄴ, ㄷ, ㄹ

16 「행정심판법」의 규정에 대한 설명으로 옳은 것은?

① 특별행정심판 또는 「행정심판법」에 따른 행정심판절차에 대한 특례를 신설하거나 변경하는 법령을 제정·개정할 때 중앙행정심판위원회와 사전에 협의하여야 하는 것은 아니다.
② 대통령의 처분 또는 부작위에 대하여는 다른 법률에서 행정심판을 청구할 수 있도록 정한 경우 외에는 행정심판을 청구할 수 없다.
③ 국가인권위원회의 처분 또는 부작위에 대한 행정심판의 청구는 국민권익위원회에 두는 중앙행정심판위원회에서 심리·재결한다.
④ 행정심판결과에 이해관계가 있는 제3자나 행정청은 신청에 의하여 행정심판에 참가할 수 있으나, 행정심판위원회가 직권으로 심판 참가를 요구할 수는 없다.

17 재산권에 대한 공용침해 및 그에 따른 손실보상에 대한 설명으로 옳은 것(○)과 옳지 않은 것(×)을 올바르게 조합한 것은? (다툼이 있는 경우 판례에 의함)

ㄱ. 공익사업의 시행자가 해당 공익사업을 수행할 의사와 능력을 상실하였음에도 사업인정에 기하여 수용권을 행사하는 것은 수용권의 남용에 해당한다.
ㄴ. 개성공단 전면 중단조치에 의한 영업중단으로 인해 발생하는 영업상 손실이나 주식 등 권리의 가치하락으로 인한 손실은 헌법 제23조의 재산권보장의 범위에 속한다.
ㄷ. 개발제한구역의 지정으로 인한 개발가능성의 소멸과 그에 따른 지가의 하락은 토지소유자가 감수하여야 하는 사회적 제약의 범주에 속한다.
ㄹ. 공익사업의 시행자는 해당 공익사업의 성격 등 제반 사정을 고려하여 관련 법이 정한 이주대책대상자를 포함하여 그 밖의 이해관계인에게까지 대상자를 넓혀 이주대책수립 등을 시행할 수 있다.

	ㄱ	ㄴ	ㄷ	ㄹ
①	○	×	○	×
②	○	×	○	○
③	○	×	×	○
④	×	○	○	○

18 행정작용에 대한 설명으로 옳은 것을 <보기>에서 모두 고르면? (다툼이 있는 경우 판례에 의함)

<보기>

ㄱ. 인가의 대상이 되는 행위에 취소원인이 있더라도 일단 인가가 있는 때에는 그 흠은 치유된다.
ㄴ. 처분의 통지는 행정처분을 상대방에게 표시하는 것으로서 상대방이 인식할 수 있는 상태에 둠으로써 족하고, 객관적으로 보아 행정처분으로 인식할 수 있도록 고지하면 된다.
ㄷ. 관계 법령을 위반하였음을 이유로 장례식장의 사용중지를 명하고 이를 불이행할 경우 「행정대집행법」에 의하여 대집행하겠다는 내용의 장례식장사용중지계고처분은 적법하다.
ㄹ. 이유부기를 결한 행정행위는 무효이며 그 흠의 치유를 인정하지 아니하는 것이 판례의 입장이다.
ㅁ. 행정행위의 구성요건적 효력은 처분청 이외의 다른 국가기관으로 하여금 당해 행위의 존재와 효과를 인정하고 그 내용에 구속될 것을 요구하는 효력을 말한다.

① ㄱ, ㄴ
② ㄱ, ㄷ
③ ㄴ, ㄹ
④ ㄴ, ㅁ

19 「개인정보 보호법」상 개인정보 보호에 대한 설명으로 옳지 않은 것은? (다툼이 있는 경우 판례에 의함)

① 헌법재판소는 개인정보자기결정권을 사생활의 비밀과 자유, 일반적 인격권 등을 이념적 기초로 하는 독자적 기본권으로서 헌법에 명시되지 않은 기본권으로 보고 있다.
② 「개인정보 보호법」에는 개인정보 단체소송을 제기할 수 있는 단체에 대한 제한을 두고 있지 않으므로 법인격이 있는 단체라면 어느 단체든지 권리침해 행위의 금지·중지를 구하는 소송을 제기할 수 있다.
③ 개인정보처리자의 개인정보 보호법 위반행위로 손해를 입은 정보주체는 개인정보처리자에게 손해배상을 청구할 수 있고, 그 개인정보처리자는 고의 또는 과실이 없음을 입증하지 않으면 책임을 면할 수 없다.
④ 「개인정보 보호법」은 집단분쟁조정제도에 대하여 규정하고 있다.

20 행정심판에 대한 설명으로 옳지 않은 것은?

① 재결을 한 행정심판위원회는 재결에 위법이 있는 경우 이를 취소·변경할 수 있다.
② 행정심판위원회는 의무이행심판청구가 이유가 있다고 인정하면 지체 없이 신청에 따른 처분을 하거나 처분을 할 것을 피청구인에게 명한다.
③ 심판청구에 대한 재결이 있는 경우에는 그 재결 및 같은 처분 또는 부작위에 대하여 다시 행정심판을 청구할 수 없다.
④ 처분청이 행정심판청구기간을 고지하지 아니한 때에는 심판청구기간은 처분이 있음을 안 경우에도 당해 처분이 있은 날로부터 180일이 된다.

11회 Review

문항	정답	문제 키워드	출제 유형	난이도
01	③	행정심판법	이론/판례/조문	●●○
02	②	원고적격	이론/판례/조문	●●●
03	①	항고소송의 대상	이론/판례/조문	●●○
04	④	행정대집행	이론/판례/조문	●●○
05	④	행정소송	이론/판례/조문	●●○
06	③	행정소송법상 거부처분	이론/판례/조문	●○○
07	③	행정행위의 부관	이론/판례/조문	●●○
08	②	행정계획	이론/판례/조문	●●○
09	④	행정행위의 하자	이론/판례/조문	●○○
10	②	공법상 계약	이론/판례/조문	●●○

문항	정답	문제 키워드	출제 유형	난이도
11	④	개정 법령의 적용	이론/판례/조문	●●○
12	②	청문	이론/판례/조문	●●○
13	④	과세처분	이론/판례/조문	●●○
14	④	행정상 손실보상	이론/판례/조문	●●●
15	④	정보공개법	이론/판례/조문	●●○
16	②	행정심판법	이론/판례/조문	●●○
17	②	행정상 손실보상	이론/판례/조문	●●○
18	④	행정작용	이론/판례/조문	●●○
19	②	개인정보 보호법	이론/판례/조문	●●○
20	①	행정심판	이론/판례/조문	●●○

핵심지문 OX

11회 실전동형모의고사에서 꼭 되짚어야 할 핵심지문을 다시 확인해보시기 바랍니다.

01 대통령의 처분 또는 부작위에 대하여는 다른 법률에서 행정심판을 청구할 수 있도록 정한 경우 외에는 행정심판을 청구할 수 없다. (　　)

02 「행정대집행법」에 따른 행정대집행에서 건물의 점유자가 철거의무자일 때에는 건물철거의무에 퇴거의무도 포함되어 있는 것이어서 별도로 퇴거를 명하는 집행권원이 필요하지 않다. (　　)

03 당사자소송은 취소소송의 제소기간에 대한 규정이 준용되지는 않으나, 「행정소송법」에 당사자소송의 제소기간이 별도로 규정되어 있다. (　　)

04 기부채납 받은 행정재산에 대한 사용·수익허가에서 공유 재산의 관리청이 정한 사용·수익허가의 기간은 그 허가의 효력을 제한하기 위한 행정행위의 부관으로서 이러한 사용·수익허가의 기간에 대해서는 독립하여 행정소송을 제기할 수 있다. (　　)

05 행정청은 공법상 계약을 체결할 경우 계약의 목적 및 내용을 정확하게 적은 계약서로 작성하여야 한다. (　　)

06 행정처분은 신청 후 그 근거 법령이 개정된 경우에도 경과규정에서 달리 정함이 없는 한 처분 당시 시행되는 개정 법령과 그에 정한 기준에 의하는 것이 원칙이다. (　　)

07 개발제한구역 지정으로 인하여 토지를 종래의 목적으로도 사용할 수 없거나 또는 더 이상 법적으로 허용된 토지이용의 방법이 없기 때문에 실질적으로 토지의 사용·수익의 길이 없는 경우에는 토지소유자가 수인해야 하는 사회적 제약의 한계를 넘는 것으로 보아야 한다. (　　)

08 개인정보처리자의 개인정보 보호법 위반행위로 손해를 입은 정보주체는 개인정보처리자에게 손해배상을 청구할 수 있고, 그 개인정보처리자는 고의 또는 과실이 없음을 입증하지 않으면 책임을 면할 수 없다. (　　)

[정답] **01** ○ **02** ○ **03** × 별도로 규정되어 있지 않다. **04** × 행정소송을 제기할 수 없다. **05** ○ **06** ○ **07** ○ **08** ○

정답·해설 _해설집 p.110

12회 실전동형모의고사

제한시간: 15분 시작 시 분 ~ 종료 시 분 점수 확인 개 / 20개

01 「행정소송법」상 행정소송에 대한 설명으로 옳지 않은 것은? (다툼이 있는 경우 판례에 의함)

① 「행정소송법」 제14조에 의한 피고경정은 사실심변론 종결시까지 허용된다.
② 행정청의 위법한 처분등의 취소 또는 변경을 구하는 취소소송의 대상이 될 수 있는 것은 구체적인 권리 의무에 관한 분쟁이어야 하고 일반적, 추상적인 법령이나 규칙 등은 그 자체로서 국민의 구체적인 권리 의무에 직접적 변동을 초래케 하는 것이 아니므로 그 대상이 될 수 없다.
③ 처분변경으로 인한 소의 변경의 신청은 처분의 변경이 있음을 안 날로부터 90일 이내에 하여야 한다.
④ 행정청으로 하여금 일정한 행정처분을 하도록 명하는 이행판결을 구하는 소송이나 법원으로 하여금 행정청이 일정한 행정처분을 행한 것과 같은 효과가 있는 행정처분을 직접 행하도록 하는 형성판결을 구하는 소송은 허용되지 아니한다.

02 「행정기본법」에 대한 설명으로 옳지 않은 것은?

① 공무원은 공공의 이익을 위하여 행정을 적극적으로 추진하여야 한다.
② 국가와 지방자치단체는 소속 공무원이 공공의 이익을 위하여 적극적으로 직무를 수행할 수 있도록 제반 여건을 조성하고, 이와 관련된 시책 및 조치를 추진하여야 한다.
③ 행정에 관하여 다른 법률에 특별한 규정이 있는 경우를 제외하고는 「행정기본법」에서 정하는 바에 따른다.
④ 행정에 관한 다른 법률을 제정하거나 개정하는 경우에는 이 법의 목적과 원칙, 기준 및 취지에 부합되도록 노력하여야 한다.

03 「행정소송법」상 재결취소소송에 대한 설명으로 옳지 않은 것은? (다툼이 있는 경우 판례에 의함)

① 인용재결의 당부를 그 심판대상으로 하고 있는 인용재결의 취소를 구하는 당해 소송에서는 재결청이 심판청구인의 심판청구원인 사유를 배척한 판단 부분이 정당한가도 심리·판단하여야 한다.
② 행정처분에 대한 재결에 이유모순의 위법이 있다는 사유는 재결 자체에 고유한 하자로서 재결처분의 취소를 구하는 소송에서 이를 주장할 수 있고, 원처분의 취소를 구하는 소송에서도 그 취소를 구할 위법사유로서 주장할 수 있다.
③ 처분이 아닌 자기완결적 신고의 수리에 대한 심판청구는 행정심판의 대상이 되지 아니하여 부적법 각하하여야 함에도 인용재결한 경우 이는 재결 자체에 고유한 위법이 있다고 할 것이다.
④ 행정심판청구가 부적법하지 않음에도 각하한 재결은 심판청구인의 실체심리를 받을 권리를 박탈한 것으로서 재결 자체에 고유한 위법이 있는 경우에 해당한다.

04 「국가배상법」상 공무원의 불법행위로 인한 국가배상책임에 대한 설명으로 옳지 않은 것은? (다툼이 있는 경우 판례에 의함)

① 구 「소방법」 제63조의 규정에 의하여 시, 읍, 면이 소방서장의 소방업무를 보조하게 하기 위하여 설치한 의용소방대는 국가기관이라고 할 수 없다.
② 지방자치단체가 '교통할아버지 봉사활동 계획'을 설립한 후, 이 계획에 따라 관할 동장이 선정한 '교통할아버지'도 공무원에 해당한다.
③ 식품의약품안전청장이 구 「식품위생법」상의 규제 권한을 행사하지 않아서 미니컵 젤리가 수입·유통되어 이를 먹던 아동이 질식사 하였다면 국가는 이에 대한 손해배상책임을 부담해야 한다.
④ 공무원에 대한 전보인사가 법령이 정한 기준과 원칙에 위배되거나 인사권을 다소 부적절하게 행사한 것으로 볼 여지가 있더라도, 그 사유만으로 당연히 해당 전보인사가 불법행위를 구성한다고 볼 수는 없다.

05 강학상 허가·특허·인가 등에 대한 판례의 입장으로 옳지 않은 것은? (다툼이 있는 경우 판례에 의함)

① 환경의 보전 등 중대한 공익상 필요가 있다고 인정되더라도 법규에 명문의 근거가 없다면 산림훼손기간 연장허가를 거부할 수 없다.
② 「도시 및 주거환경정비법」상 도시환경정비사업조합이 수립한 사업시행계획인가는 도시환경정비사업조합의 사업시행계획에 대한 법률상의 효력을 완성시키는 보충행위에 해당한다.
③ 「출입국관리법」상 체류자격 변경허가는 신청인에게 당초의 체류자격과 다른 체류자격에 해당하는 활동을 할 수 있는 권한을 부여하는 일종의 설권적 처분이다.
④ 기본행위인 이사선임결의가 적법·유효하고 보충행위인 승인처분 자체에만 하자가 있다면 그 승인처분의 무효확인이나 그 취소를 주장할 수 있다.

06 다음 중 행정행위의 처분성이 인정된 것을 모두 고르면? (다툼이 있는 경우 판례에 의함)

ㄱ. 인감증명행위
ㄴ. 자동차운전면허대장상 등재행위
ㄷ. 지적공부상 지목신청변경 반려행위
ㄹ. 건축물대장작성신청의 반려행위

① ㄱ, ㄷ　② ㄴ, ㄷ
③ ㄷ, ㄹ　④ ㄴ, ㄷ, ㄹ

07 공법상 당사자소송에 해당하는 것은 모두 몇 개인가? (다툼이 있는 경우 판례에 의함)

ㄱ. 부가가치세 환급청구소송
ㄴ. 지방자치단체가 보조금 지급결정을 하면서 일정기한 내에 보조금을 반환하도록 하는 교부조건을 부가한 경우, 보조금을 교부받은 사업자에 대한 지방자치단체의 보조금반환청구소송
ㄷ. 민주화운동관련자 명예회복 및 보상 등에 관한 법률에 따른 보상심의위원회의 보상금 등 지급기각 결정을 다투는 소송
ㄹ. 공무원연금법령 개정으로 퇴직연금 중 일부금액의 지급이 정지되어 미지급된 퇴직연금의 지급을 구하는 소송

① 1개　② 2개
③ 3개　④ 4개

08 행정벌에 대한 설명으로 옳지 않은 것은? (다툼이 있는 경우 판례에 의함)

① 과실범을 처벌한다는 명문의 규정이 없더라도 행정형벌법규의 해석에 의하여 과실행위도 처벌한다는 뜻이 도출되는 경우에는 과실범도 처벌될 수 있다.
② 경찰서장이 범칙행위에 대하여 통고처분을 하고 통고처분에서 정한 범칙금 납부기간이 경과하지 아니한 경우라도, 즉결심판을 청구할 수 있고, 검사는 해당 범칙행위에 대하여 공소를 제기할 수 있다.
③ 「부동산등기특별조치법」상의 과태료는 죄형법정주의의 규율대상에 해당하지 않는다.
④ 「질서위반행위규제법」에 따르면, 과태료를 부과하는 근거 법령이 개정되어 행위시의 법률에 의하면 과태료 부과대상이었지만 재판시의 법률에 의하면 부과대상이 아니게 된 때에는 특별한 사정이 없는 한 과태료를 부과할 수 없다.

09 국가배상책임에 대한 설명으로 옳지 않은 것은? (다툼이 있는 경우 판례에 의함)

① 「국가배상법」상 공무원 과실의 판단기준은 보통 일반의 공무원을 표준으로 하여 볼 때 위법한 행정처분의 담당 공무원이 객관적 주의의무를 소홀히 하고 그로 인해 행정처분이 객관적 정당성을 잃었다고 볼 수 있는 경우에 「국가배상법」 제2조가 정한 국가배상책임이 성립할 수 있다.
② 「국가배상법」 제2조 또는 제5조에 따라 국가나 지방자치단체가 배상책임을 진다는 것은 당해 사무의 귀속주체에 따라서 배상책임을 진다는 것을 의미하기 때문에 기관위임사무의 경우에도 위임기관이 속한 행정주체가 사무의 귀속주체로서 배상책임을 진다.
③ 공무원에게 부과된 직무상 의무의 내용이 전적으로 또는 부수적으로 사회구성원 개인의 안전과 이익을 보호하기 위하여 설정된 것이라면, 공무원이 그와 같은 직무상 의무를 위반함으로써 피해자가 입은 손해에 대해서는 상당인과관계가 인정되는 범위에서 그 공무원이 속한 국가 또는 지방자치단체가 배상책임을 진다.
④ 공법인이 국가로부터 위탁받은 공행정사무를 집행하는 과정에서 공법인의 임직원이나 피용인이 고의 또는 과실로 법령을 위반하여 타인에게 손해를 입힌 경우에 공법인은 위탁받은 공행정사무에 관한 행정보조의 지위에 있으므로 배상책임을 부담하지 않는다.

10 법규명령에 대한 설명으로 옳지 않은 것은? (다툼이 있는 경우 판례에 의함)

① 법령에서 행정처분의 요건 중 일부 사항을 부령으로 정할 것을 위임한 데 따라 시행규칙 등 부령에서 이를 정한 경우에 그 부령의 규정은 국민에 대해서도 구속력이 있는 법규명령에 해당한다고 할 것이지만, 법령의 위임이 없음에도 법령에 규정된 처분 요건에 해당하는 사항을 부령에서 변경하여 규정한 경우에는 그 부령의 규정은 행정청 내부의 사무처리 기준 등을 정한 것으로서 행정조직 내에서 적용되는 행정명령의 성격을 지닐 뿐 국민에 대한 대외적 구속력은 없다.

② 법규명령이 법률상 위임의 근거가 없어 무효이더라도 나중에 법률의 개정으로 위임의 근거가 부여되면 그때부터는 유효한 법규명령으로서 구속력을 갖는다.

③ 행정 각부의 장이 정하는 고시(告示)는 법령의 규정으로부터 구체적 사항을 정할 수 있는 권한을 위임받아 그 법령 내용을 보충하는 기능을 가진 경우라도 그 형식상 대외적으로 구속력을 갖지 않는다.

④ 법규명령이 법률에서 위임받은 사항에 관하여 대강을 정하고 그 중의 특정사항에 대하여 범위를 정하여 하위법령에 다시 위임하는 경우에는 재위임이 허용된다.

11 항고소송의 대상적격에 대한 설명으로 옳지 않은 것은? (다툼이 있는 경우 판례에 의함)

① 예탁금회원제 골프장에 가입되어 있는 기존 회원 C는 그 골프장 운영자가 당초 승인을 받을 때 정한 예정인원을 초과하여 회원을 모집하는 내용의 회원모집계획서에 대한 시·도지사의 검토결과통보의 취소를 구할 법률상 이익이 있다.

② 교육부장관이 대학에서 추천한 복수의 총장 후보자들 전부 또는 일부를 임용제청에서 제외하는 행위는 제외된 후보자들에 대한 불이익처분으로서 항고소송의 대상이 되는 처분에 해당한다.

③ 처분의 근거 법규 또는 관련 법규에 그 처분으로써 이루어지는 행위 등 사업으로 인하여 환경상 침해를 받으리라고 예상되는 영향권의 범위가 구체적으로 규정되어 있는 경우, 그 영향권 내의 주민들에 대하여는 특단의 사정이 없는 한 환경상 이익에 대한 침해 또는 침해 우려가 있는 것으로 사실상 추정된다.

④ 「교육공무원법」상 승진후보자 명부에 의한 승진심사 방식으로 행해지는 승진임용에서 승진후보자 명부에 포함되어 있던 후보자를 승진임용인사발령에서 제외하는 행위는 항고소송의 대상인 처분에 해당하지 않는다.

12 항고소송의 대상에 대한 설명으로 옳은 것은? (다툼이 있는 경우 판례에 의함)

① 「독점규제 및 공정거래에 관한 법률」을 위반한 부당공동행위 사업자에 대한 과징금 부과처분 후에 다시 자진신고나 조사협조 등을 이유로 이에 대한 과징금 감면처분이 이루어진 경우 취소소송의 대상이 되는 것은 과징금 감면처분이다.

② 조달청이 계약대상자에 대하여 나라장터 종합쇼핑몰에서의 거래를 일정 기간 정지하는 조치는 사법상 계약에 근거한 것으로서 이에 대해서는 행정소송이 아닌 민사소송을 통해 다투어야 한다.

③ 인터넷 포털사이트의 개인정보 유출사고로 자신의 주민등록번호가 불법유출되었음을 이유로 이를 변경해줄 것을 신청하였으나 행정청이 거부하는 취지의 통지를 한 경우, 행정청의 변경신청 거부행위는 항고소송의 대상인 행정처분에 해당하지 않는다.

④ 사업자등록의 말소는 폐업사실의 기재일 뿐만 아니라 그에 의해 사업자로서의 지위에 변동을 가져오는 점에서 과세관청의 사업자등록직권말소행위는 불복의 대상이 되는 행정처분으로 볼 수 있다.

13 행정입법에 대한 설명으로 옳지 않은 것은? (다툼이 있는 경우 판례에 의함)

① 입법부가 법률로써 행정부에게 특정한 사항을 위임했음에도 불구하고 행정부가 정당한 이유 없이 이를 이행하지 않는다면 권력분립의 원칙과 법치국가 내지 법치행정의 원칙에 위배된다.

② 헌법 제107조 제2항의 규정에 따르면 행정입법의 심사는 일반적인 재판절차에 의하여 구체적 규범통제의 방법에 의하도록 하고 있으므로, 원칙적으로 당사자는 구체적 사건의 심판을 위한 선결문제로서 행정입법의 위법성을 주장하여 법원에 대하여 당해 사건에 대한 적용 여부의 판단을 구할 수 있을 뿐 행정입법 자체의 합법성의 심사를 목적으로 하는 독립한 신청을 제기할 수는 없다.

③ 행정입법에 관여한 공무원이 입법 당시의 상황에서 다양한 요소를 고려하여 나름 합리적인 근거를 찾아 어느 하나의 견해에 따라 경과규정을 두는 등의 조치 없이 새 법령을 그대로 시행하거나 적용하였어도 이러한 경우에까지 「국가배상법」 제2조 제1항에서 정한 국가배상책임의 성립요건인 공무원의 과실이 있다고 할 수는 없다.

④ 「공공기관의 정보공개에 관한 법률」 제9조 제1항 제1호의 '법률에서 위임한 명령'은 법률의 위임규정에 의하여 제정된 대통령령, 총리령, 부령 전부를 의미한다.

14 행정심판에 대한 설명으로 옳지 않은 것은? (다툼이 있는 경우 판례에 의함)

① 청구인이 경제적 능력으로 인해 대리인을 선임할 수 없는 경우에 위원회는 직권 또는 신청에 의해 국선대리인을 선임할 수 있다.
② 위원회는 당사자의 권리 및 권한의 범위에서 당사자의 동의를 받아 심판청구의 신속하고 공정한 해결을 위하여 조정을 할 수 있다.
③ 위원회는 필요하다고 인정하면 그 행정심판 결과에 이해관계가 있는 제3자나 행정청에 그 사건 심판에 참가할 것을 요구할 수 있다.
④ 이의신청을 제기해야 할 사람이 처분청에 표제를 '행정심판청구서'로 한 서류를 제출한 경우라 할지라도 서류의 내용에 이의신청 요건에 맞는 불복취지와 사유가 충분히 기재되어 있다면 이를 처분에 대한 이의신청으로 볼 수 있다.

15 과징금 부과처분에 대한 설명으로 옳지 않은 것은? (다툼이 있는 경우 판례에 의함)

① 「독점규제 및 공정거래에 관한 법률」상의 과징금은 법이 규정한 범위 내에서 그 부과처분 당시까지 부과관청이 확인한 사실을 기초로 일의적으로 확정되어야 할 것이지, 추후에 부과금 산정기준이 되는 새로운 자료가 나왔다고 하여 새로운 부과처분을 할 수 있는 것은 아니다.
② 자동차운수사업면허조건 등을 위반한 사업자에 대한 과징금부과처분이 법이 정한 한도액을 초과하여 위법한 경우 법원은 그 처분 전부를 취소하여야 한다.
③ 과징금 부과처분의 경우 원칙적으로 위반자의 고의·과실을 요하지 아니하나, 위반자의 의무 해태를 탓할 수 없는 정당한 사유가 있는 등의 특별한 사정이 있는 경우에는 이를 부과할 수 없다.
④ 「부동산 실권리자명의 등기에 관한 법률」상 명의신탁자에 대한 과징금의 부과 여부는 행정청의 재량행위이다.

16 신고에 대한 설명으로 옳은 것은? (다툼이 있는 경우 판례에 의함)

① 「체육시설의 설치·이용에 관한 법률」상 당구장업은 적법한 요건을 갖춘 신고를 접수한 행정청의 수리행위가 있어야 신고로서의 효력이 발생한다.
② 「수산업법」 제47조 소정의 어업의 신고는 이른바 '수리를 요하는 신고'라고 할 것이므로 관할관청의 수리가 있어야 적법한 어업신고가 있는 것으로 볼 수 있다.
③ 봉안시설 설치 신고가 「장사 등에 관한 법률」 관련 규정의 모든 요건에 맞는 신고라 하더라도 신고인은 봉안시설을 곧바로 설치할 수는 없고 행정청의 수리행위가 있어야 하며 신고필증 교부행위가 필요하다.
④ 사업양도·양수에 따른 허가관청의 지위승계신고의 수리에서 수리대상인 사업양도·양수가 존재하지 않거나 무효라 하더라도 수리행위가 당연무효는 아니라 할 것이므로 양도자는 허가관청을 상대로 위 신고수리처분의 무효확인소송을 제기할 수 없다.

17 인허가의제에 대한 설명으로 옳지 않은 것은? (다툼이 있는 경우 판례에 의함)

① 인허가의제 제도는 관련 인허가 행정청의 권한을 제한하거나 박탈하는 효과를 가진다는 점에서 법률 또는 법률의 위임에 따른 법규명령의 근거가 있어야 한다.
② 「국토의 계획 및 이용에 관한 법률」에 따른 개발행위허가가 의제되는 「건축법」상 건축허가의 신청이 국토의 계획 및 이용에 관한 법령이 정한 개발행위허가기준에 부합하지 아니하면 건축허가권자로서는 이를 거부할 수 있다.
③ 주택건설사업계획 승인처분에 따라 의제된 인허가의 위법을 다투고자 하는 이해관계인은 의제된 인허가의 취소를 구할 것이 아니라 주택건설사업계획 승인처분의 취소를 구하여야 한다.
④ 주된 인허가 행정청은 주된 인허가를 하기 전에 관련 인허가에 관하여 미리 관련 인허가 행정청과 협의하여야 한다.

18 재량행위에 대한 설명으로 옳지 않은 것은? (다툼이 있는 경우 판례에 의함)

① 「국가공무원법」상 복직명령은 재량행위이므로, 국가공무원이 휴직사유가 소멸하였음을 이유로 복직신청을 한 경우 임용권자는 지체 없이 복직명령을 하여야 하는 것은 아니다.

② 구 「야생동·식물보호법」에 의한 용도변경승인은 특정인에게만 용도 외의 사용을 허용해주는 권리나 이익을 부여하는 이른바 수익적 행정행위로서 법령에 특별한 규정이 없는 한 재량행위이다.

③ 「출입국관리법」상 체류자격 변경허가의 허가권자는 신청인이 관계 법령에서 정한 요건을 충족하였더라도, 신청인의 적격성, 체류 목적, 공익상의 영향 등을 참작하여 허가 여부를 결정할 수 있는 재량을 가진다.

④ 「가축분뇨의 관리 및 이용에 관한 법률」에 따른 가축분뇨 처리방법 변경 불허가처분에 대한 사법심사는 법원이 허가권자의 재량권을 대신 행사하는 것이 아니라 허가권자의 공익판단에 관한 재량의 여지를 감안하여 원칙적으로 재량권의 일탈·남용이 있는지 여부만을 판단하여야 한다.

19 국가공무원 甲은 음주 후 운전을 하다가 경찰관에게 적발되었는데 음주측정 결과 혈중알코올 농도가 0.1%에 이르렀고, 이에 A지방경찰청장은 「도로교통법」 제93조 및 동법 시행규칙 제91조 제1항 [별표 28] 운전면허 취소·정지처분 기준에 따라 甲의 운전면허를 취소하였다. 이와 별도로 甲은 「도로교통법」 위반죄로 기소되어 재판 중이고, 소속기관에서는 징계위원회에 회부되었다. 이에 대한 설명으로 옳지 않은 것은? (다툼이 있는 경우 판례에 의함)

① 위 「도로교통법 시행규칙」의 운전면허 취소·정지처분 기준은 행정청 내부의 사무처리준칙에 불과하여 재량권 일탈·남용 여부에 따라 위법 여부가 결정된다.

② 甲은 운전면허취소처분에 대하여 행정심판과 행정소송을 선택적으로 행사하여 불복할 수 있으며, 甲이 징계처분을 받은 경우에는 소청심사를 거쳐 행정소송을 제기할 수 있다.

③ 음주운전에 대한 도로교통법 위반죄로 형사판결이 선고되어 확정되었다면 면허취소처분 또는 징계처분에 대한 행정쟁송에서 특별한 사정이 없는 한 형사판결의 사실판단과 배치되는 사실을 인정할 수 없다.

④ 甲에 대한 운전면허취소처분, 징계처분 및 형벌 사이에는 일사부재리원칙이 적용되지 않는다.

20 정보공개에 대한 판례의 입장으로 옳은 것은?

① '검찰보존사무규칙'은 행정기관 내부의 사무처리준칙으로서 '검찰보존사무규칙'상의 열람, 등사의 제한은 「공공기관의 정보공개에 관한 법률」 제9조 제1항 제1호의 '다른 법률 또는 법률에 의한 명령에 의하여 비공개사항으로 규정된 경우'에 해당한다.

② '진행 중인 재판에 관련된 정보'에 해당한다는 사유로 정보공개를 거부하기 위하여는 반드시 그 정보가 진행 중인 재판의 소송기록 그 자체에 포함된 내용의 정보일 필요는 없으나, 재판에 관련된 일체의 정보가 그에 해당하는 것은 아니고 진행 중인 재판의 심리 또는 재판 결과에 구체적으로 영향을 미칠 위험이 있는 정보에 한정된다.

③ 「공공기관의 정보공개에 관한 법률」 제9조 제1항 제6호 소정의 '당해 정보에 포함되어 있는 이름, 주민등록번호 등 개인에 대한 사항으로서 공개될 경우 개인의 사생활의 비밀 또는 자유를 침해할 우려가 있다고 인정되는 정보'의 의미와 범위는 구법과 마찬가지로 개인식별정보에 제한된다고 해석해야 한다.

④ 공무원이 직무와 관련 없이 개인적인 자격으로 행사에 참석하고 금품을 수령한 정보는 '공개하는 것이 공익을 위하여 필요하다고 인정되는 정보'에 해당한다.

12회 Review

문항	정답	문제 키워드	출제 유형	난이도
01	③	행정소송	이론/판례/조문	●●○
02	①	행정기본법	이론/판례/조문	●○○
03	②	행정심판의 재결	이론/판례/조문	●●○
04	③	국가배상	이론/판례/조문	●○○
05	①	허가·특허·인가	이론/판례/조문	●○○
06	③	행정행위의 처분성	이론/판례/조문	●●○
07	③	당사자소송	이론/판례/조문	●●●
08	②	행정벌	이론/판례/조문	●○○
09	④	국가배상	이론/판례/조문	●●○
10	③	법규명령	이론/판례/조문	●●○
11	④	항고소송의 대상적격	이론/판례/조문	●●○
12	①	항고소송	이론/판례/조문	●○○
13	④	행정입법	이론/판례/조문	●●●
14	①	행정심판	이론/판례/조문	●●○
15	④	과징금	이론/판례/조문	●●○
16	②	신고	이론/판례/조문	●●●
17	③	인·허가의제	이론/판례/조문	●●○
18	①	재량행위	이론/판례/조문	●●○
19	②	행정소송	이론/판례/조문	●●○
20	②	정보공개제도	이론/판례/조문	●●○

핵심지문 OX

12회 실전동형모의고사에서 꼭 되짚어야 할 핵심지문을 다시 확인해보시기 바랍니다.

01 「행정소송법」 제14조에 의한 피고경정은 사실심변론종결시까지 허용된다. ( )

02 행정처분에 대한 재결에 이유모순의 위법이 있다는 사유는 재결 자체에 고유한 하자로서 재결처분의 취소를 구하는 소송에서 이를 주장할 수 있고, 원처분의 취소를 구하는 소송에서도 그 취소를 구할 위법사유로서 주장할 수 있다. ( )

03 기본행위인 이사선임결의가 적법·유효하고 보충행위인 승인처분 자체에만 하자가 있다면 그 승인처분의 무효확인이나 그 취소를 수상할 수 있다. ( )

04 경찰서장이 범칙행위에 대하여 통고처분을 하고 통고처분에서 정한 범칙금 납부기간이 경과하지 아니한 경우라도, 즉결심판을 청구할 수 있고, 검사는 해당 범칙행위에 대하여 공소를 제기할 수 있다. ( )

05 공법인이 국가로부터 위탁받은 공행정사무를 집행하는 과정에서 공법인의 임직원이나 피용인이 고의 또는 과실로 법령을 위반하여 타인에게 손해를 입힌 경우에 공법인은 위탁받은 공행정사무에 관한 행정보조의 지위에 있으므로 배상책임을 부담하지 않는다. ( )

06 청구인이 경제적 능력으로 인해 대리인을 선임할 수 없는 경우에 위원회는 직권 또는 신청에 의해 국선대리인을 선임할 수 있다. ( )

07 「부동산 실권리자명의 등기에 관한 법률」상 명의신탁자에 대한 과징금의 부과 여부는 행정청의 재량행위이다. ( )

08 음주운전에 대한 도로교통법 위반죄로 형사판결이 선고되어 확정되었다면 면허취소처분 또는 징계처분에 대한 행정쟁송에서 특별한 사정이 없는 한 형사판결의 사실판단과 배치되는 사실을 인정할 수 없다. ( )

[정답] **01** ○ **02** × 원처분의 취소를 구하는 소송에서는 그 취소를 구할 위법사유로서 주장할 수 없다. **03** ○ **04** × 공소를 제기할 수 없다. **05** × 공법인은 위탁받은 공행정사무에 관한 행정주체의 지위에서 배상책임을 부담한다. **06** × 위원회에 국선대리인을 선임하여 줄 것을 신청할 수 있다. **07** × 기속행위이다. **08** ○

정답·해설 _해설집 p.119

13회 실전동형모의고사

제한시간: 15분 시작 시 분 ~ 종료 시 분 점수 확인 개 / 20개

01 항고소송의 대상이 되는 것을 모두 고르면? (다툼이 있는 경우 판례에 의함)

ㄱ. 국민건강보험공단의 '직장가입자 자격상실 및 자격변동 안내' 통보 ㄴ. 과세처분을 위한 과세관청의 질문조사권이 행해지는 세무조사결정 ㄷ. 「농지법」에 따른 이행강제금 부과처분 ㄹ. 조달청의 나라장터 종합쇼핑몰 거래정지 조치 ㅁ. 건축물대장 소관 행정청이 건축물에 관한 건축물대장을 직권말소한 행위 ㅂ. 공정거래위원회의 표준약관 사용 권장행위

① ㄱ, ㄴ, ㄷ ② ㄱ, ㄷ, ㅁ
③ ㄴ, ㄹ, ㅂ ④ ㄴ, ㄹ, ㅁ, ㅂ

02 부작위위법확인소송에 대한 설명으로 옳지 않은 것은? (다툼이 있는 경우 판례에 의함)

① 부작위위법확인의 소는 행정청이 당사자의 법규상 또는 조리상의 권리에 기한 신청에 대하여 상당한 기간 내에 그 신청을 인용하는 적극적 처분 또는 각하하거나 기각하는 등의 소극적 처분을 하여야 할 법률상의 응답의무가 있음에도 불구하고 이를 하지 아니하는 경우에 그 부작위가 위법하다는 것을 확인함으로써 행정청의 응답을 신속하게 하여 부작위 또는 무응답이라고 하는 소극적인 위법상태를 제거하는 것을 목적으로 하는 제도이다.
② 행정입법부작위와 같이 추상적인 법령에 관하여 제정의 여부 등은 그 자체로서 국민의 구체적인 권리 의무에 직접적 변동을 초래하는 것이 아니어서 부작위위법확인소송의 대상이 될 수 없다.
③ 부작위위법확인소송의 경우 소의 변경에 대한 규정이 준용된다.
④ 부작위위법확인소송에 대해서는 「행정소송법」상 처분변경으로 인한 소의 변경에 관한 규정이 준용된다.

03 행정행위의 하자에 대한 설명으로 옳지 않은 것은? (다툼이 있는 경우 판례에 의함)

① 무효인 행정행위는 무효등확인심판 또는 무효등확인소송에 의해서만 다툴 수 있는 것이 아니고, 무효선언을 구하는 취소쟁송이나 무효를 전제로 한 민사소송으로도 다툴 수 있다.
② 하자 있는 행정처분이 당연무효가 되기 위해서는 그 하자가 중대하고 명백하여야 하고, 이를 판별함에 있어서는 법규의 목적·의미 등을 목적론적으로 고찰함과 동시에 구체적인 사안 자체의 특수성에 관하여도 합리적으로 고찰하여야 한다.
③ 하자의 승계에 있어 선행처분과 후행처분이 서로 독립하여 별개의 법률효과를 목적으로 하는 때에도 선행처분이 당연무효이면 선행처분의 하자를 이유로 후행처분의 효력을 다툴 수 있다.
④ 정당한 권한 없는 구 환경관리청장의 폐기물처리시설 설치승인 처분은 권한 없는 기관에 의한 행정처분으로서 그 하자는 취소사유에 해당한다.

04 허가에 대한 설명으로 옳지 않은 것을 <보기>에서 모두 고르면? (다툼이 있는 경우 판례에 의함)

<보기>

ㄱ. 개발제한구역 내에서 건축물의 건축 등에 대한 허가는 재량행위이다.
ㄴ. 허가신청 후 허가기준이 변경된 경우에는 신청 당시의 기준에 따라 처리되어야 한다.
ㄷ. 개인택시운송사업의 면허는 기속행위이다.
ㄹ. 구 「식품위생법」상 일반음식점영업허가신청에 대하여 관계 법령에서 정하는 제한 사유 외에 공공복리 등의 사유를 들어 거부할 수 없다.
ㅁ. 「국토의 계획 및 이용에 관한 법률」에 따른 토지의 형질변경허가를 수반하더라도 건축허가는 기속행위이다.

① ㄱ, ㄷ, ㄹ ② ㄱ, ㄹ, ㅁ
③ ㄴ, ㄷ, ㅁ ④ ㄴ, ㄹ, ㅁ

05 행정법의 일반원칙에 대한 설명으로 옳은 것은? (다툼이 있는 경우 판례에 의함)

① 국가가 임용결격자에 대하여 결격사유가 있는 것을 알지 못하고 공무원으로 임용하였다가 사후에 결격사유가 있음을 발견하고 당초의 임용처분을 취소하는 것은 신의칙 내지 신뢰의 원칙에 위반된다.
② 법령의 잘못된 해석이나 행정청의 관행에 대하여도 그것이 평균적인 납세자로 하여금 합리적이고 정당한 기대를 가지게 할 만한 것이면 신의성실의 원칙이나 신뢰보호의 원칙 또는 비과세 관행 존중의 원칙이 적용될 수 있는데, 그러한 해석 또는 관행의 존재 여부에 대한 증명책임은 법치행정에 대한 의무를 지는 행정청에 있다.
③ 평등의 원칙에 따라 본질적으로 같은 것은 같게 취급할 것이 요구되므로, 위법한 행정처분이더라도 수차례에 걸쳐 반복적으로 행하여졌다면 그러한 위법한 처분은 행정청에 대하여 자기구속력을 갖게 된다.
④ 행정청이 권한 행사의 기회가 있음에도 불구하고 장기간 권한을 행사하지 아니하여 국민이 그 권한이 행사되지 아니할 것으로 믿을 만한 정당한 사유가 있더라도, 행정청이 그 권한을 행사하지 않으면 공익 또는 제3자의 이익을 현저히 해칠 우려가 있을 경우에는 행정청은 그 권한을 행사할 수 있다.

06 행정절차에 대한 「행정절차법」의 내용으로 옳은 것은?

① 행정청이 처분절차를 준수하였는지는 취소소송의 본안에서 고려할 요소이지 소송요건 심사단계에서 고려할 요소는 아니다.
② 처분의 이유제시는 신청내용을 모두 그대로 인정하는 처분인 경우, 단순, 반복적인 처분 또는 경미한 처분으로서 당사자가 그 이유를 명백히 알 수 있는 경우, 처분의 성질상 이유제시가 현저히 곤란한 경우에 이유제시의무가 면제된다.
③ 행정청이 처분을 할 때 다른 법령등에서 공청회를 개최하도록 규정하고 있는 경우, 해당 처분의 영향이 광범위하여 널리 의견을 수렴할 필요가 있다고 행정청이 인정하는 경우에 한하여 공청회를 개최할 수 있다.
④ 청문 주재자는 당사자 등의 전부 또는 일부가 정당한 사유로 청문기일에 출석하지 못하거나 의견서를 제출하지 못한 경우에는 상당한 기간을 정하여 이들에게 의견진술 및 증거제출을 요구하여야 하며, 해당 기간이 지났을 때에 청문을 마칠 수 있다.

07 행정소송에 대한 설명으로 옳지 않은 것은? (다툼이 있는 경우 판례에 의함)

① 사업시행자가 환매권의 존부에 관한 확인을 구하는 소송은 민사소송이다.
② 명예퇴직한 법관이 명예퇴직수당액의 차액 지급을 신청한 것에 대해 법원행정처장이 거부하는 의사표시를 한 경우 항고소송으로 이를 다투어야 한다.
③ 국가에 대한 납세의무자의 부가가치세 환급세액청구는 민사소송이 아니라 당사자소송으로 다투어야 한다.
④ 공무원연금법령상 급여를 받으려고 하는 자는 구체적 권리가 발생하지 않은 상태에서 곧바로 공무원연금공단을 상대로 한 당사자소송을 제기할 수 없다.

08 행정행위의 하자에 대한 설명으로 옳지 않은 것은? (다툼이 있는 경우 판례에 의함)

① 과세관청이 세무조사 결과에 대한 서면통지 후 과세전적부심사 청구나 그에 대한 결정이 있기 전에 과세처분을 한 경우, 절차상 하자가 중대하고도 명백하여 과세처분은 무효이다.
② 적법한 권한 위임 없이 세관출장소장에 의하여 행하여진 관세부과처분은 그 하자가 중대하기는 하지만 객관적으로 명백하다고 할 수 없어 당연무효는 아니다.
③ 행정청이 청문서 도달기간을 다소 어겼다하더라도 영업자가 이에 대하여 이의하지 아니한 채 스스로 청문일에 출석하여 그 의견을 진술하고 변명하는 등 방어의 기회를 충분히 가졌다면 청문서 도달기간을 준수하지 아니한 하자는 치유되었다.
④ 형식상 하자로 인하여 무효인 행정처분이 있은 후 행정청이 관계 법령에서 정한 형식을 갖추어 다시 동일한 행정처분을 하였다면, 당해 행정처분은 종전의 무효인 행정처분과 관계 없는 새로운 행정처분이라고 볼 수는 없다.

09 甲이 소유하고 있는 A대지는 관할 행정청인 乙에 의해 도시·군관리계획에 의거 도시계획시설인 학교를 신축하기 위한 부지로 결정·고시되었다. 乙은 A대지에 위 도시계획시설결정을 한 채 장기간 그 사업을 시행하고 있지 않은 상황이다. 이에 대한 설명으로 옳지 않은 것은? (다툼이 있는 경우 판례에 의함)

① 甲이 乙에게 국토의 계획 및 이용에 관한 법령에 따라 자신의 대지에 대한 매수를 청구하더라도 매매의 효과가 바로 발생하는 것은 아니다.
② 乙이 고시한 도시계획시설결정은 특정 개인의 권리 내지 법률상의 이익을 개별적이고 구체적으로 규제하는 효과를 가져 오게 하는 행정청의 처분이라 할 것이고, 이는 행정소송의 대상이 된다.
③ 행정주체는 행정계획을 입안·결정함에 있어서 비교적 광범위한 형성의 자유를 가지지만, 이익형량에 있어서 정당성과 객관성이 결여된 경우에는 그 행정계획결정은 이익형량에 하자가 있어 위법하게 될 수 있다.
④ 甲은 도시계획시설결정에 乙에게 도시시설계획의 입안 내지 변경을 요구할 수 있는 법규상 또는 조리상의 신청권이 없다.

10 행정소송의 심리에 대한 설명으로 옳지 않은 것은? (다툼이 있는 경우 판례에 의함)

① 취소판결을 받더라도 해당 처분으로 발생한 위법상태를 원상으로 회복시킬 수 없는 경우에는 그 취소를 구할 소의 이익이 인정되지 않는 것이 원칙이나, 그 취소로써 회복할 수 있는 다른 이익이 남아 있거나 또는 불분명한 법률문제의 해명이 필요한 경우에는 예외적으로 소의 이익을 인정할 수 있다.
② 처분의 위법 여부는 처분 당시의 법령과 사실 상태를 기준으로 판단하여야 하므로, 법원은 처분 당시에 행정청이 알고 있었던 자료만을 기초로 처분 당시 존재하였던 객관적 사실을 확정하여 처분의 위법 여부를 판단하여야 한다.
③ 부작위위법확인소송에서는 사실심 변론종결시를 기준으로 부작위의 위법 여부를 판단하여야 하고, 사실심 변론종결 전에 거부처분이 이루어져 부작위 상태가 해소된 경우에는 소의 이익이 소멸하므로 원고가 거부처분 취소소송으로 소변경을 하지 않는 이상 법원은 소를 각하하여야 한다.
④ 공법상 당사자소송에서는 이행소송이라는 직접적인 권리구제방법이 있다면 확인소송은 허용되지 않는다.

11 행정청이 행하는 행정처분에 대한 설명으로 옳은 것을 <보기>에서 모두 고르면? (다툼이 있는 경우 판례에 의함)

<보기>

ㄱ. 헌법재판소는 처분의 근거가 된 법률이 처분 이후에 위헌으로 선고된 경우라도 행정처분이 근거 법규의 위헌의 정도가 심각하여 그 하자가 중대하다고 보여지고 또 그 때문에 국민의 기본권 구제의 필요성이 큰 반면에 법적 안정성의 요구는 비교적 적은 경우에는 당연무효사유가 될 수 있다고 본다.
ㄴ. 하자 있는 행정행위의 치유는 행정행위의 성질이나 법치주의의 관점에서 볼 때 원칙적으로 허용될 수 없는 것이고, 예외적으로 행정행위의 무용한 반복을 피하고 당사자의 법적 안정성을 위해 이를 허용하는 때에도 국민의 권리나 이익을 침해하지 않는 범위에서 구체적 사정에 따라 합목적적으로 인정하여야 한다.
ㄷ. 행정처분을 한 처분청은 그 처분의 성립에 하자가 있는 경우 이를 취소할 별도의 법적 근거가 없다고 하더라도 직권으로 이를 취소할 수 있다.
ㄹ. 행정행위를 한 처분청이 그 행위에 하자가 있어 수익적 행정처분을 취소할 때에는 이를 취소하여야 할 공익상의 필요와 그 취소로 인하여 당사자가 입게 될 기득권과 신뢰보호 및 법률생활 안정의 침해 등 불이익을 비교·교량한 후 공익상의 필요가 당사자가 입을 불이익을 정당화할 만큼 강한 경우에 한하여 취소할 수 있다.
ㅁ. 직권취소는 처분의 성격을 가지므로, 이유제시절차 등의 「행정절차법」상 처분절차에 따라야하며, 특히 수익적 행정행위의 직권취소는 상대방에게 침해적 효과를 발생시키므로 「행정절차법」에 따른 사전통지, 의견청취의 절차를 거쳐야 한다.

① ㄱ, ㄷ
② ㄱ, ㄷ, ㄹ
③ ㄴ, ㄹ, ㅁ
④ ㄱ, ㄴ, ㄷ, ㄹ, ㅁ

12 행정청의 확약에 대한 설명으로 옳은 것은? (다툼이 있는 경우 판례에 의함)

① 판례는 어업권면허에 선행하는 우선순위결정의 처분성을 인정하고 있다.
② 재량행위에 대해 상대방에게 확약을 하려면 확약에 대한 법적 근거가 있어야 한다.
③ 행정청이 상대방에게 확약을 한 후에 사실적·법률적 상태가 변경되었다면 확약은 행정청의 별다른 의사표시가 없더라도 실효된다.
④ 행정청의 확약에 대해 법률상 이익이 있는 제3자는 확약에 대해 취소소송으로 다툴 수 있다.

13 항고소송의 소의 이익에 대한 판례의 입장으로 옳지 않은 것은?

① 처분청이 당초의 운전면허 취소처분을 철회하고 정지처분을 하였다면, 당초의 처분인 운전면허 취소처분은 철회로 인하여 그 효력이 상실되어 더 이상 존재하지 않는 것이고 그 후의 운전면허 정지처분만이 남아 있는 것이라 할 것이며, 존재하지 않는 행정처분을 대상으로 한 취소소송은 소의 이익이 없어 부적법하다.
② 주택건설사업계획 사전결정반려처분 취소청구소송의 계속 중 구 「주택건설촉진법」의 개정으로 주택건설사업계획 사전결정제도가 폐지된 경우 소의 이익이 없다.
③ 교육부장관이 사학분쟁조정위원회의 심의를 거쳐 학교법인의 이사와 임시이사를 선임한 데 대하여 그 대학교의 교수협의회와 총학생회는 이사선임처분을 다툴 법률상 이익을 가지지만, 직원으로 구성된 노동조합은 법률상 이익을 가지지 않는다.
④ 채석허가를 받은 자로부터 영업양수 후 명의변경신고 이전에 양도인의 법위반사유를 이유로 채석허가가 취소된 경우, 양수인은 수허가자의 지위를 사실상 양수받았다고 하더라도 그 처분의 취소를 구할 법률상 이익을 가지지 않는다.

14 행정행위의 직권취소에 대한 설명으로 옳은 것은? (다툼이 있는 경우 판례에 의함)

① 변상금 부과처분에 대한 취소소송이 진행 중이라면 그 부과권자는 위법한 처분을 스스로 취소하고 그 하자를 보완하여 다시 적법한 부과처분을 할 수 없다.
② 취소소송에 의한 행정처분 취소의 경우에도 수익적 행정처분의 직권취소 제한에 관한 법리가 적용된다.
③ 처분청이 직권취소를 할 수 있다면 그 사정만으로 이해관계인은 처분청에 대하여 그 취소를 요구할 신청권을 가진다.
④ 국민에게 일정한 이익과 권리를 취득하게 한 종전 행정처분의 하자나 직권취소해야 할 필요성에 관한 증명책임은 기존이익과 권리를 침해하는 처분을 한 행정청에 있다.

15 「행정기본법」에 대한 설명으로 옳지 않은 것은?

① 행정청은 법령등의 위반행위가 종료된 날부터 10년이 지나면 해당 위반행위에 대하여 제재처분을 할 수 없다.

② 행정청은 의무자가 행정상 의무를 이행할 때까지 이행강제금을 반복하여 부과할 수 있다. 다만, 의무자가 의무를 이행하면 새로운 이행강제금의 부과를 즉시 중지하되, 이미 부과한 이행강제금은 징수하여야 한다.

③ 행정청의 처분에 이의가 있는 당사자는 처분을 받은 날부터 30일 이내에 해당 행정청에 이의신청을 할 수 있다.

④ 당사자는 처분(제재처분 및 행정상 강제는 제외한다)이 행정심판, 행정소송 및 그 밖의 쟁송을 통하여 다툴 수 없게 된 경우(법원의 확정판결이 있는 경우는 제외한다)라도 당사자에게 유리한 결정을 가져다주었을 새로운 증거가 있는 경우에는 해당 처분을 한 행정청에 처분을 취소·철회하거나 변경하여 줄 것을 신청할 수 있다.

16 행정의 실효성 확보수단에 대한 설명으로 옳은 것은? (다툼이 있는 경우 판례에 의함)

① 행정상 의무불이행에 대하여 법령에 의한 행정상 강제집행이 인정되는 경우에도 필요시 민사상 강제집행의 방법을 사용할 수 있다.

② 부작위의무 위반이 있는 경우, 별도의 규정이 없더라도 부작위의무의 근거인 금지규정으로부터 위반상태의 시정을 명할 수 있는 권한이 도출된다.

③ 건물을 불법점거하고 있는 경우, 건물의 명도의무는 일반적으로 행정대집행의 대상이 된다.

④ 「건축법」상 이행강제금 부과처분은 이에 대한 불복방법에 관하여 별도의 규정을 두지 않고 있으므로 이는 행정소송의 대상이 된다.

17 다음 중 판례의 입장으로 옳은 것은?

① 난민 인정 거부처분의 취소를 구하는 취소소송에서도 그 거부처분을 한 후 국적국의 정치적 상황이 변화하였다고 하여 처분의 적법 여부가 달라지는 것은 아니다.

② 행정청이 공무원에게 국가공무원법령상 연가보상비를 지급하지 아니한 행위는 공무원의 연가보상비청구권을 제한하는 행위로서 항고소송의 대상이 되는 처분이다.

③ 기반시설부담금 납부의무자의 환급신청에 대하여 행정청이 전부 또는 일부 환급을 거부하는 결정은 항고소송의 대상인 처분에 해당하지 않는다.

④ 교원소청심사위원회 결정의 기속력의 범위 및 불리한 처분을 받은 사립학교 교원의 소청심사청구에 대하여 교원소청심사위원회가 그 사유 자체가 인정되지 않는다는 이유로 처분을 취소하는 결정을 하고, 그에 대하여 학교법인 등이 제기한 행정소송 절차에서 심리한 결과 처분사유 중 일부 사유는 인정된다고 판단되는 경우, 법원이 교원소청심사위원회의 결정을 취소해야 하는 것은 아니다.

18 국가배상책임에 대한 설명으로 옳지 않은 것은? (다툼이 있는 경우 판례에 의함)

① 특별한 사정이 없는 한 일반적으로 공무원이 관계 법규를 알지 못하거나 필요한 지식을 갖추지 못하고 법규의 해석을 그르쳐 행정처분을 하였다면 그가 법률전문가가 아닌 행정직 공무원이라도 과실이 있다.
② 담당공무원이 주택구입대부제도와 관련하여 지급보증서제도에 관해 알려주지 않은 조치는 법령위반에 해당하지 않는다.
③ 과세대상이 아닌 것을 세무공무원이 직무상 과실로 과세대상으로 오인하여 과세처분을 행함으로 인하여 손해가 발생된 경우, 동 과세처분이 취소되지 아니하였다 하더라도 국가는 이로 인한 손해를 배상할 책임이 있다.
④ 교육공무원 성과상여금 지급지침에서 기간제교원을 성과상여금 지급대상에서 제외하였다면 이에 대해 국가배상책임이 없다고 할 수 없다.

19 공법상 계약에 대한 설명으로 옳지 않은 것은? (다툼이 있는 경우 판례에 의함)

① 수익적 행정처분에 있어서 행정청은 부담을 부가하기 이전에 상대방과 협의하여 부담의 내용을 협약의 형식으로 미리 정한 다음 행정처분을 하면서 부담을 부가할 수도 있다.
② 지방전문직공무원 채용계약 해지의 의사표시에 대하여는 공법상 당사자소송으로 그 의사표시의 무효확인을 청구할 수 있다.
③ 광주광역시문화예술회관장의 단원위촉은 광주광역시와 단원이 되고자 하는 자 사이에 대등한 지위에서 의사가 합치되어 성립하는 공법상 근로계약에 해당한다.
④ 구 「중소기업 기술혁신 촉진법」상 중소기업 정보화 지원사업에 따른 지원금 출연을 위하여 중소기업청장이 체결하는 협약은 공법상 계약에 해당하지만 그 협약의 해지 및 그에 따른 환수통보는 행정처분에 해당한다.

20 개인정보 보호에 대한 설명으로 옳지 않은 것만을 <보기>에서 모두 고르면? (다툼이 있는 경우 판례에 의함)

<보기>

ㄱ. 「개인정보 보호법」에서 "처리"란 개인정보의 수집, 생성, 연계, 연동, 기록, 저장, 보유, 가공, 편집, 검색, 출력, 정정(訂正), 복구, 이용, 제공, 공개, 파기(破棄), 그 밖에 이와 유사한 행위를 말한다.
ㄴ. 개인정보자기결정권은 자신에 관한 정보가 언제 누구에게 어느 범위까지 알려지고 또 이용되도록 할 것인지를 그 정보주체가 스스로 결정할 수 있는 권리를 말한다.
ㄷ. 정보주체는 개인정보처리자가 「개인정보 보호법」을 위반한 행위로 손해를 입으면 개인정보처리자에게 손해배상을 청구할 수 있다. 이 경우 그 개인정보처리자는 고의 또는 과실이 없음을 입증하더라도 책임을 면할 수 없다.
ㄹ. 분쟁조정위원회의 조정안을 제시받은 당사자가 제시받은 날부터 15일 이내에 수락 여부를 알리지 아니하면 조정을 거부한 것으로 본다.

① ㄴ　　② ㄱ, ㄷ
③ ㄱ, ㄹ　　④ ㄷ, ㄹ

13회 Review

문항	정답	문제 키워드	출제 유형	난이도
01	④	항고소송의 대상	이론/판례/조문	●●●
02	④	부작위위법확인소송	이론/판례/조문	●●○
03	④	행정행위의 하자	이론/판례/조문	●●○
04	③	기속행위와 재량행위	이론/판례/조문	●●○
05	④	행정법의 일반원칙	이론/판례/조문	●●○
06	①	행정절차	이론/판례/조문	●●●
07	②	행정소송	이론/판례/조문	●●●
08	④	행정행위의 하자	이론/판례/조문	●●○
09	④	행정계획	이론/판례/조문	●○○
10	②	행정소송의 심리	이론/판례/조문	●●○

문항	정답	문제 키워드	출제 유형	난이도
11	④	행정처분	이론/판례/조문	●●○
12	③	확약	이론/판례/조문	●●○
13	④	소의 이익	이론/판례/조문	●●○
14	④	직권취소	이론/판례/조문	●○○
15	①	행정기본법	이론/판례/조문	●●○
16	④	실효성 확보수단	이론/판례/조문	●●○
17	①	행정처분	이론/판례/조문	●●●
18	④	국가배상	이론/판례/조문	●●○
19	④	공법상 계약	이론/판례/조문	●●○
20	④	개인정보 보호	이론/판례/조문	●●○

핵심지문 OX

13회 실전동형모의고사에서 꼭 되짚어야 할 핵심지문을 다시 확인해보시기 바랍니다.

01 「국토의 계획 및 이용에 관한 법률」에 따른 토지의 형질변경허가를 수반하더라도 건축허가는 기속행위이다. (　　)

02 국가에 대한 납세의무자의 부가가치세 환급세액청구는 민사소송이 아니라 당사자소송으로 다투어야 한다. (　　)

03 행정청이 상대방에게 확약을 한 후에 사실적·법률적 상태가 변경되었다면 확약은 행정청의 별다른 의사표시가 없더라도 실효된다. (　　)

04 「건축법」상 이행강제금 부과처분은 이에 대한 불복방법에 관하여 별도의 규정을 두지 않고 있으므로 이는 행정소송의 대상이 된다. (　　)

05 난민 인정 거부처분의 취소를 구하는 취소소송에서도 그 거부처분을 한 후 국적국의 정치적 상황이 변화하였다고 하여 처분의 적법 여부가 달라지는 것은 아니다. (　　)

06 담당공무원이 주택구입대부제도와 관련하여 지급보증서제도에 관해 알려주지 않은 조치는 법령위반에 해당하지 않는다. (　　)

07 교육공무원 성과상여금 지급지침에서 기간제교원을 성과상여금 지급대상에서 제외하였다면 이에 대해 국가배상책임이 없다고 할 수 없다. (　　)

08 구 「중소기업 기술혁신 촉진법」상 중소기업 정보화지원사업에 따른 지원금 출연을 위하여 중소기업청장이 체결하는 협약은 공법상 계약에 해당하지만 그 협약의 해지 및 그에 따른 환수통보는 행정처분에 해당한다. (　　)

[정답] **01** × 건축허가는 재량행위에 속한다. **02** ○ **03** ○ **04** ○ **05** ○ **06** ○ **07** × 국가배상책임이 없다. **08** × 중소기업 정보화지원사업에 따른 지원금 출연을 위하여 중소기업청장이 체결하는 협약은 공법상 대등한 당사자 사이의 의사표시의 합치로 성립하는 공법상 계약에 해당한다.

정답·해설 _해설집 p.129

14회 실전동형모의고사

제한시간: 15분 시작 시 분 ~ 종료 시 분 점수 확인 개 / 20개

01 다음은 행정입법에 대한 대법원 판결문의 일부이다. 이에 대한 설명으로 옳은 것은? (다툼이 있는 경우 판례에 의함)

> 공공기관의 운영에 관한 법률(이하 '공공기관법'이라 한다) 제39조 제2항, 제3항 및 그 위임에 따라 기획재정부령으로 제정된 공기업·준정부기관 계약사무규칙 제15조 제1항(이하 '이 사건 규칙 조항'이라 한다)의 내용을 대비해 보면, 입찰참가자격제한의 요건을 공공기관법에서는 '공정한 경쟁이나 계약의 적정한 이행을 해칠 것이 명백할 것'을 규정하고 있는 반면, 이 사건 규칙 조항에서는 '경쟁의 공정한 집행이나 계약의 적정한 이행을 해칠 우려가 있거나 입찰에 참가시키는 것이 부적합하다고 인정되는 자'라고 규정함으로써, 이 사건 규칙 조항이 법률에 규정된 것보다 한층 완화된 처분요건을 규정하여 그 처분대상을 확대하고 있다. 그러나 공공기관법 제39조 제3항에서 부령에 위임한 것은 '입찰참가자격의 제한기준 등에 관하여 필요한 사항'일 뿐이고, 이는 그 규정의 문언상 입찰참가자격을 제한하면서 그 기간의 정도와 가중·감경 등에 관한 사항을 의미하는 것이지 처분의 요건까지를 위임한 것이라고 볼 수는 없다. 따라서 이 사건 규칙 조항에서 위와 같이 처분의 요건을 완화하여 정한 것은 상위 법령의 위임 없이 규정한 것이므로 이는 행정기관 내부의 사무처리준칙을 정한 것에 지나지 않는다.

① 공기업·준정부기관 계약사무규칙 제15조 제1항은 국민에 대하여 구속력이 있다.
② 법률의 위임이 없음에도 법률에 규정된 처분 요건을 부령에서 변경하여 규정한 경우에는 그 부령의 규정은 국민에 대하여 대외적 구속력은 없다.
③ 어떤 행정처분이 법규성이 없는 부령의 규정에 위배되면 그 처분은 위법하고, 또 그 부령에서 정한 요건에 부합하면 그 처분은 적법하다.
④ 입찰참가자격제한처분의 적법 여부는 공기업·준정부기관 계약사무규칙 제15조 제1항에서 정한 요건에 합치하는지 여부와 공공기관법 제39조의 규정을 기준으로 판단하여야 한다.

02 공공기관의 정보공개 절차에 대한 설명으로 옳지 않은 것은?

① 정보의 공개 및 우송 등에 소요되는 비용은 실비의 범위에서 청구인의 부담으로 한다. 다만, 그 액수가 너무 많아서 청구인에게 과중한 부담을 주는 경우에는 비용을 감면할 수 있다.
② 공개대상의 양이 과다하여 정상적인 업무수행에 현저한 지장을 초래할 우려가 있는 경우에는 이를 기간별로 나누어 교부하거나 열람과 병행하여 교부할 수 있다.
③ 국가기관, 지방자치단체 등은 정보공개 여부 등을 심의하기 위하여 정보공개심의회를 설치·운영한다.
④ 공개대상정보의 일부 또는 전부가 제3자와 관련이 있다고 인정하는 때에는 공공기관은 지체 없이 관련된 제3자에게 통지하여야 한다.

03 강학상 인가에 대한 설명으로 옳은 것을 모두 고르면? (다툼이 있는 경우 판례에 의함)

> ㄱ. 주택재개발정비사업을 위한 관리처분계획이 조합원 총회에서 승인되었으나 아직 관할 행정청의 인가 전이라면 조합원은 해당총회의결의에 대해서 당사자소송으로 다툴 수 있다.
> ㄴ. 토지거래허가지역 내의 토지거래계약은 허가가 있기 전에는 효력이 발생하지 않은 상태에 있다가 허가가 있으면 토지거래계약은 소급하여 유효하게 된다.
> ㄷ. 인가처분에 하자가 없더라도 기본행위에 무효사유가 있다면 기본행위의 무효를 내세워 그에 대한 행정청의 인가처분의 취소 또는 무효확인을 구할 소의 이익이 있다.
> ㄹ. 인가의 대상이 되는 기본행위는 법률적 행위일 수도 있고, 사실행위일 수도 있다.

① ㄱ, ㄴ
② ㄴ, ㄷ
③ ㄷ, ㄹ
④ ㄱ, ㄴ, ㄹ

04 「개인정보 보호법」에 대한 설명으로 옳지 않은 것은? (다툼이 있는 경우 판례에 의함)

① 시간·비용·기술 등을 합리적으로 고려할 때 다른 정보를 사용하여도 더 이상 개인을 알아볼 수 없는 정보에는 개인정보 보호법을 적용하지 아니한다.
② 보호위원회는 상임위원 3명을 포함한 9명의 위원으로 구성한다.
③ 기존에 대통령 소속이던 개인정보 보호위원회는 법 개정으로 국무총리 소속 중앙행정기관이 되었다.
④ 개인정보 보호위원회는 개인정보처리자가 처리하는 주민등록번호가 분실·도난·유출·위조·변조 또는 훼손된 경우에는 5억원 이하의 과징금을 부과·징수할 수 있다.

05 「행정소송법」상 집행정지에 대한 설명으로 옳은 것은? (다툼이 있는 경우 판례에 의함)

① 본안소송이 부작위위법확인소송이나 당사자소송인 경우에는 집행정지가 허용되지 않는다.
② 거부처분에 대해 취소소송과 함께 제기한 집행정지 신청은 법원에 의해 허용될 수 있다.
③ 집행정지의 결정에 대한 즉시항고에는 결정의 집행을 정지하는 효력이 있다.
④ 집행정지결정의 효력은 정지결정의 대상인 처분의 발령시점에 소급하는 것이 원칙이다.

06 사인의 공법행위로서 신고에 대한 설명으로 옳지 않은 것은? (다툼이 있는 경우 판례에 의함)

① 수리를 요하지 아니한 신고에 있어서 적법한 요건을 갖춘 신고의 경우에는 행정청의 수리처분 등 별단의 조처를 기다릴 필요 없이 그 접수시에 신고로서의 효력이 발생하는 것이므로 그 수리가 거부되었다고 하여 무신고 영업이 되는 것은 아니다.
② 인·허가의제 효과를 수반하는 건축신고는 일반적인 건축신고와는 달리, 특별한 사정이 없는 한 행정청이 그 형식적 요건을 충족하면 수리하여야 하는 이른바 '수리를 요하는 신고'이다.
③ 주민등록전입신고자가 30일 이상 생활의 근거로 거주할 목적 이외에 다른 이해관계에 관한 의도를 가지고 있는지 여부, 무허가 건축물의 관리, 전입신고를 수리함으로써 당해 지방자치단체에 미치는 영향 등과 같은 사유는 「주민등록법」이 아닌 다른 법률에 의하여 규율되어야 하고, 주민등록전입신고의 수리 여부를 심사하는 단계에서는 고려 대상이 될 수 없다.
④ 허가대상건축물의 양수인이 형식적 요건을 갖추어 시장, 군수에게 적법하게 건축주의 명의변경을 신고한 때에는 시장, 군수는 그 신고를 수리하여야지 실체적인 이유를 내세워 그 신고의 수리를 거부할 수는 없다.

07 항고소송의 대상에 대한 설명으로 옳은 것(○)과 옳지 않은 것(×)을 올바르게 조합한 것은? (다툼이 있는 경우 판례에 의함)

> ㄱ. 대법원은 국회의원에 대한 징계처분에 대하여 법원에 제소할 수 없다고 규정하고 있는 헌법 제64조 제4항과 같은 특별규정이 없다 하더라도, 지방자치제도를 둔 헌법의 취지에 비추어 볼 때 지방의회의원에 대한 징계의결도 항고소송의 대상이 되지 않는다고 한다.
> ㄴ. 대법원은 항정신병 치료제의 요양급여에 관한 보건복지부 고시가 구체적 집행행위의 개입 없이 그 자체로서 직접 국민에 대하여 구체적 효과를 발생하여 특정한 권리의무를 형성하게 하는 경우라 하더라도 항고소송의 대상이 될 수 없다고 한다.
> ㄷ. 헌법재판소는 국가인권위원회가 법률상의 독립된 국가기관이고, 피해자인 진정인에게는 「국가인권위원회법」이 정하고 있는 구제조치를 신청할 법률상 신청권이 있어 그 진정이 각하 및 기각결정된 경우 피해자인 진정인으로서는 자신의 인격권 등을 침해하는 인권침해 또는 차별행위 등이 시정되고 그에 따른 구제조치를 받을 권리를 박탈당하게 되므로, 국가인권위원회에의 진정에 대한 각하 및 기각결정은 항고소송의 대상이 되는 행정처분에 해당하므로 그에 대한 다툼은 우선 행정심판이나 행정소송에 의하여야 한다고 하였다.
> ㄹ. 「방송통신위원회의 설치 및 운영에 관한 법률」 제21조 제4호에 근거한 방송통신심의위원회의 시정요구는 항고소송의 대상이 되는 공권력의 행사이다.

	ㄱ	ㄴ	ㄷ	ㄹ
①	○	×	×	○
②	○	○	×	×
③	×	×	○	○
④	○	×	○	×

08 다음 중 하자의 승계가 인정되는 경우가 아닌 것은? (다툼이 있는 경우 판례에 의함)

① 도시계획결정과 수용재결처분
② 계고처분과 대집행비용납부명령
③ 귀속재산의 임대처분과 후행매각처분
④ 한지의사시험자격인정과 한지의사면허처분

09 「행정소송법」상 당사자소송에 대한 설명으로 옳은 것은 모두 몇 개인가? (다툼이 있는 경우 판례에 의함)

> ㄱ. 재개발조합과 조합장 또는 조합임원 사이의 선임·해임 등을 둘러싼 법률관계는 공법상의 법률관계로서 그 조합장 또는 조합임원의 지위를 다투는 소송은 당사자소송에 의하여야 할 것이다.
> ㄴ. 국가 등 과세주체가 당해 확정된 조세채권의 소멸시효 중단을 위해 납세의무자를 상대로 제기한 조세채권존재확인의 소의 법적 성질은 민사소송이다.
> ㄷ. 「석탄산업법」과 관련하여 피재근로자는 석탄산업합리화사업단이 한 재해위로금 지급거부의 의사표시에 불복이 있는 경우 공법상의 당사자소송을 제기하여야 한다.
> ㄹ. 국가에 대한 납세의무자의 부가가치세 환급세액 지급청구는 당사자소송이 아니라 민사소송의 절차에 따라야 한다.
> ㅁ. 파면처분을 당한 공무원은 그 처분에 취소사유인 하자가 존재하는 경우 파면처분취소소송을 제기하여야 하고 곧바로 공무원지위확인소송을 제기할 수 없다.

① 0개 ② 1개
③ 2개 ④ 3개

10 「국가배상법」상 국가배상에 대한 설명으로 옳지 않은 것은? (다툼이 있는 경우 판례에 의함)

① 직무수행과 자살로 인한 사망 사이의 상당인과관계는 이를 주장하는 측에서 증명하여야 하며, 반드시 의학적·자연과학적으로 명백히 증명되어야 하고 규범적 관점에서 상당인과관계가 인정되는 경우에는 증명이 된 것으로 볼 수 없다.
② 국가가 일정한 사항에 관하여 헌법에 의하여 부과되는 구체적인 입법의무를 부담하고 있음에도 불구하고 그 입법에 필요한 상당한 기간이 경과하도록 고의·과실로 입법의무를 이행하지 아니하는 경우, 국가배상책임이 인정될 수 있다.
③ 경찰관은 피의자의 진술을 조서화하는 과정에서 조서의 객관성을 유지하여야 하고, 고의 또는 과실로 위 직무상 의무를 위반하여 피의자신문조서를 작성함으로써 피의자의 방어권이 실질적으로 침해되었다고 인정된다면, 국가는 그로 인하여 피의자가 입은 손해를 배상하여야 한다.
④ 피해자에게 손해를 직접 배상한 경과실이 있는 공무원은 특별한 사정이 없는 한, 국가의 피해자에 대한 손해배상책임의 범위 내에서 자신이 변제한 금액에 관하여 국가에 대한 구상권을 취득한다.

11 행정의 실효성 확보수단에 대한 설명으로 옳은 것을 모두 고르면? (다툼이 있는 경우 판례에 의함)

ㄱ. 「독점규제 및 공정거래에 관한 법률」 제16조에 따른 시정조치를 그 정한 기간 내에 이행하지 아니하는 자에 대하여 동법 제17조의3에 따라 이행강제금을 부과할 수 있고 이행강제금이 부과되기 전에 시정조치를 이행하거나 부작위 의무를 명하는 시정조치 불이행을 중단한 경우 과거의 시정조치 불이행기간에 대하여 이행강제금을 부과하는 것은 정당하다.
ㄴ. 납세의무자가 세무공무원의 잘못된 설명을 믿고 신고납부의무를 이행하지 아니하였다 하더라도 그것이 관계 법령에 어긋나는 것임이 명백한 때에는 그러한 사유만으로는 가산세를 부과할 수 없는 정당한 사유가 있는 경우에 해당한다고 할 수 없다.
ㄷ. 행정법규 위반에 대하여 가하는 제재조치는 반드시 현실적인 행위자가 아니라도 법령상 책임자로 규정된 자에게 부과되고, 특별한 사정이 없는 한 위반자에게 고의나 과실이 없더라도 부과할 수 있다.
ㄹ. 「질서위반행위규제법」에 의한 과태료 부과처분은 처분의 상대방이 이의제기하지 않은 채 납부기간까지 과태료를 납부하지 않으면 「도로교통법」상 통고처분과 마찬가지로 그 효력을 상실한다.

① ㄱ, ㄷ　　② ㄴ, ㄹ
③ ㄱ, ㄴ, ㄷ　　④ ㄱ, ㄷ, ㄹ

12 행정계획에 대한 설명으로 옳은 것은? (다툼이 있는 경우 판례에 의함)

① 구 「도시계획법」상 관련 절차를 거쳐 정당하게 도시계획결정등의 처분을 하였다면 이를 고시하지 아니하였더라도 대외적으로 효력이 발생한다.
② 행정계획안이 국민의 기본권에 직접적으로 영향을 끼치고 법령의 뒷받침에 의하여 그대로 실시될 것이 틀림없을 것으로 예상되는 때에도 그것이 구속력 없는 행정계획안이라면 헌법소원의 대상이 될 수 없다.
③ 문화재보호구역 내 토지 소유자의 문화재보호구역 지정해제 신청에 대한 행정청의 거부행위는 항고소송의 대상이 되는 행정처분에 해당하지 않는다.
④ 도시계획의 수립에 있어서 구 「도시계획법」 소정의 공청회를 열지 아니하고 구 「공공용지의 취득 및 손실보상에 관한 특례법」 소정의 이주대책을 수립하지 아니하였더라도 이는 절차상의 위법으로서 취소사유에 불과하다.

13 행정행위에 대한 설명으로 옳지 않은 것은? (다툼이 있는 경우 판례에 의함)

① 구 「기부금품모집규제법」상의 기부금품모집허가는 공익목적을 위하여 일반적·상대적으로 제한된 기본권적 자유를 다시 회복시켜주는 강학상의 허가에 해당한다.
② 재단법인의 임원취임을 인가할 것인지 여부는 주무관청의 권한에 속하는 사항으로서, 임원취임승인 신청에 대하여 주무관청은 이에 기속되어 이를 당연히 승인(인가)하여야 하는 것은 아니다.
③ 관할관청은 개인택시 운송사업의 양도·양수에 대한 인가를 한 후에는 그 양도·양수 이전에 있었던 양도인에 대한 운송사업면허 취소사유를 들어 양수인의 사업면허를 취소할 수 없다.
④ 「국가공무원법」에 의한 정년퇴직 발령은 정년퇴직 사실을 알리는 이른바 관념의 통지에 불과하다.

14 행정처분의 이유제시에 대한 설명으로 옳지 않은 것은? (다툼이 있는 경우 판례에 의함)

① 당초 행정처분의 근거로 제시한 이유가 실질적인 내용이 없는 경우에도 행정소송의 단계에서 행정처분의 사유를 추가할 수 있다.
② 행정행위의 하자의 치유는 취소할 수 있는 행정행위에 대하여서만 인정되며 내용상의 하자에 대해서는 하자의 치유가 인정되지 않는다.
③ 당사자가 신청하는 허가 등을 거부하는 처분을 하면서 당사자가 그 근거를 알 수 있을 정도로 이유를 제시했다면 처분의 근거와 이유를 구체적으로 명시하지 않았더라도 당해 처분이 위법한 것은 아니다.
④ 이유제시에 하자가 있어 당해 처분을 취소하는 판결이 확정된 경우에 처분청이 그 이유제시의 하자를 보완하여 종전의 처분과 동일한 내용의 처분을 하는 것은 종전의 처분과는 별개의 처분을 하는 것이다.

15 「행정대집행법」 제2조가 규정하고 있는 행정대집행의 요건에 대한 설명으로 옳은 것은? (다툼이 있는 경우 판례에 의함)

① 의무자에게 부과된 의무는 행정청에 의해서 행해진 명령에 한하며 법률에 의해 혹은 법률에 근거하여 행해진 명령은 해당되지 않는다.
② 대체적, 비대체적 의무 모두 해당되지만 부작위의무가 아니어야 한다.
③ 대집행계고를 하기 위하여는 법령에 의하여 직접 명령되거나 법령에 근거한 행정청의 명령에 의한 의무자의 대체적 작위의무 위반행위가 있어야 하는데, 단순한 부작위의무 위반의 경우에는 당해 법령에서 그 위반자에게 위반에 의해 생긴 유형적 결과의 시정을 명하는 행정처분 권한을 인정하는 규정을 두고 있지 않은 이상, 이와 같은 부작위의무로부터 그 의무를 위반함으로써 생긴 결과를 시정하기 위한 작위의무를 당연히 끌어낼 수는 없다.
④ 다른 수단에 의한 이행의 확보도 가능하지만 그 수단이 행정대집행보다 비용이 많이 들어야 한다.

16 공법상 계약에 대한 설명으로 옳은 것은 모두 몇 개인가? (다툼이 있는 경우 판례에 의함)

> ㄱ. 재단법인 한국연구재단이 甲대학교 총장에게 연구개발비의 부당집행을 이유로 '해양생물유래 고부가식품·향장·한약 기초소재 개발 인력양성사업에 대한 2단계 두뇌한국(BK)21 사업' 협약을 해지하고 연구팀장 乙에 대한 국가연구개발사업의 3년간 참여제한 등을 명하는 통보는 공법상 계약을 해지하는 것이다.
> ㄴ. 광주광역시문화예술회관장의 단원 위촉은 공법상 근로계약이 아니라 행정청으로서 공권력을 행사하여 행하는 행정처분이다.
> ㄷ. 계약직공무원에 대한 채용계약 해지의 의사표시는 국가 또는 지방자치단체가 대등한 지위에서 행하는 의사표시로 이해된다.
> ㄹ. 관할 행정청이 면허 발급 이후에도 운송사업자의 동의하에 여객자동차운송사업의 질서 확립을 위하여 운송사업자가 준수할 의무를 정하고 이를 위반할 경우 감차명령을 할 수 있다는 내용의 면허 조건을 붙일 수 있도록 한 것은 일종의 공법상 계약이다.

① 1개　　② 2개
③ 3개　　④ 4개

17 행정심판에 대한 설명으로 옳은 것은? (다툼이 있는 경우 판례에 의함)

① 취소재결의 경우 기판력과 기속력이 인정된다.
② 청구인이 경제적 능력으로 인해 대리인을 선임할 수 없는 경우에는 위원회에 국선대리인을 선임하여 줄 것을 신청할 수 있다.
③ 피청구인의 경정이 있으면 심판청구는 피청구인의 경정시에 제기된 것으로 본다.
④ 고시 또는 공고에 의하여 행정처분을 하는 경우에는 고시 또는 공고의 효력발생일을 처분이 있는 날로 보아 그 날로부터 180일 이내에 행정심판을 청구할 수 있다.

18 다음 사례에 대한 설명으로 옳은 것(○)과 옳지 않은 것(×)을 올바르게 조합한 것은? (다툼이 있는 경우 판례에 의함)

> A법률이 해당 법률의 집행에 관한 특정한 사항을 부령에 위임하고 있음에도 관계 행정기관은 그에 따른 B부령을 제정하고 있지 않다.

> ㄱ. B부령의 제정이 없더라도 상위법령의 규정만으로 A법률의 집행이 이루어질 수 있는 경우라면 B부령을 제정하여야 할 작위의무는 인정되지 않는다.
> ㄴ. B부령을 제정하여야 할 작위의무가 인정되는 경우에는 B부령을 제정하지 않은 입법부작위에 대해 「행정소송법」상 부작위위법확인소송으로 다툴 수 있다.
> ㄷ. B부령을 제정하지 않은 입법부작위는 「국가배상법」상 국가배상청구의 요건인 공무원의 '직무'에 포함되지 않는다.
> ㄹ. 만일 B부령이 A법률의 위임 범위를 벗어나 제정되었다고 하더라도 사후에 A법률의 개정으로 위임의 근거가 부여되면 그때부터 B부령은 유효하게 된다.

	ㄱ	ㄴ	ㄷ	ㄹ
①	○	×	×	○
②	○	×	○	○
③	○	○	×	○
④	×	○	○	○

19 항고소송의 원고적격과 소의 이익에 대한 설명으로 옳은 것(○)과 옳지 않은 것(×)을 올바르게 조합한 것은? (다툼이 있는 경우 판례에 의함)

> ㄱ. 청구인이 공공기관에 대하여 정보공개를 청구하였다가 거부처분을 받은 것 자체만으로는 법률상 이익의 침해에 해당한다고 볼 수 없고, 청구인은 추가로 위 거부처분의 취소를 구할 어떤 구체적인 이익이 있다는 점에 관해 주장·증명하여야 한다.
> ㄴ. 행정처분의 근거 법규 또는 관련 법규에 그 처분으로써 이루어지는 행위 등 사업으로 인하여 환경상 침해를 받으리라고 예상되는 영향권의 범위가 구체적으로 규정되어 있는 경우에는, 그 영향권 내의 주민들에 대하여는 특단의 사정이 없는 한 환경상 이익에 대한 침해 또는 침해 우려가 있는 것으로 사실상 추정되어 원고적격이 인정된다.
> ㄷ. 허가 등 처분을 신청한 甲과 乙이 서로 경원관계에 있는 경우, 행정청이 甲에게 허가 등을 거부하는 처분(이하 '이 사건 거부처분'이라 한다)을 함과 동시에 乙에게 허가 등 처분을 하였다면, 이 사건 거부처분에 대한 취소판결이 확정되더라도 乙에 대한 허가 등 처분이 취소되거나 효력이 소멸되는 것은 아니므로, 甲은 이 사건 거부처분의 취소를 구할 소의 이익이 없다.
> ㄹ. 「법무사규칙」이 이의신청 절차를 규정한 것은 채용승인을 신청한 법무사뿐만 아니라 사무원이 되려는 사람의 이익도 보호하려는 취지로 볼 수 있으므로, 지방법무사회의 사무원 채용승인 거부처분에 대해서는 처분상대방인 법무사뿐만 아니라 그 때문에 사무원이 될 수 없게 된 사람도 이를 다툴 원고적격이 인정된다.

	ㄱ	ㄴ	ㄷ	ㄹ
①	○	○	×	○
②	○	×	○	×
③	×	×	○	○
④	×	○	×	○

20 손실보상에 대한 설명으로 옳은 것은? (다툼이 있는 경우 판례에 의함)

① 「공익사업을 위한 토지 등의 취득 및 보상에 관한 법률」에 의한 잔여지 수용청구를 받아들이지 않은 토지수용위원회의 재결에 대하여 토지소유자가 불복하여 제기하는 소송은 항고소송에 해당한다.
② 「공익사업을 위한 토지 등의 취득 및 보상에 관한 법률」상 주거용 건축물 세입자의 주거이전비 보상청구권은 사법상의 권리이고, 주거이전비 보상청구소송은 민사소송에 의해야 한다.
③ 「공익사업을 위한 토지 등의 취득 및 보상에 관한 법률」에 의한 보상합의는 공공기관이 사경제주체로서 행하는 사법상 계약의 실질을 가진다.
④ 공공사업 시행으로 사업시행지 밖에서 발생한 간접손실은 손실 발생을 쉽게 예견할 수 있고 손실 범위도 구체적으로 특정할 수 있더라도, 사업시행자와 협의가 이루어지지 않고 그 보상에 관한 명문의 근거 법령이 없는 경우에는 보상의 대상이 아니다.

14회 Review

문항	정답	문제 키워드	출제 유형	난이도
01	②	행정입법	이론/판례/조문	●●●
02	①	공공기관의 정보공개에 관한 법률	이론/판례/조문	●○○
03	①	강학상 인가	이론/판례/조문	●●○
04	②	개인정보 보호법	이론/판례/조문	●●●
05	①	집행정지	이론/판례/조문	●●○
06	②	사인의 공법행위	이론/판례/조문	●●○
07	③	항고소송의 대상	이론/판례/조문	●●○
08	①	하자승계	이론/판례/조문	●●○
09	③	당사자소송	이론/판례/조문	●●●
10	①	국가배상	이론/판례/조문	●○○
11	③	실효성 확보수단	이론/판례/조문	●●○
12	④	행정계획	이론/판례/조문	●●○
13	③	행정행위	이론/판례/조문	●●○
14	①	처분의 이유제시	이론/판례/조문	●●○
15	③	대집행	이론/판례/조문	●●○
16	①	공법상 계약	이론/판례/조문	●●●
17	②	행정심판	이론/판례/조문	●○○
18	①	행정입법부작위	이론/판례/조문	●●○
19	④	원고적격, 소의 이익	이론/판례/조문	●●○
20	③	행정상 손실보상	이론/판례/조문	●●○

핵심지문 OX

14회 실전동형모의고사에서 꼭 되짚어야 할 핵심지문을 다시 확인해보시기 바랍니다.

01 법률의 위임이 없음에도 법률에 규정된 처분 요건을 부령에서 변경하여 규정한 경우에는 그 부령의 규정은 국민에 대하여 대외적 구속력은 없다. ( )

02 인가의 대상이 되는 기본행위는 법률적 행위일 수도 있고, 사실행위일 수도 있다. ( )

03 도시계획의 수립에 있어서 구 「도시계획법」 소정의 공청회를 열지 아니하고 구 「공공용지의 취득 및 손실보상에 관한 특례법」 소성의 이수대책을 수립하지 아니하였더라도 이는 절차상의 위법으로서 취소사유에 불과하다. ( )

04 「국가공무원법」에 의한 정년퇴직 발령은 정년퇴직 사실을 알리는 이른바 관념의 통지에 불과하다. ( )

05 당초 행정처분의 근거로 제시한 이유가 실질적인 내용이 없는 경우에도 행정소송의 단계에서 행정처분의 사유를 추가할 수 있다. ( )

06 청구인이 경제적 능력으로 인해 대리인을 선임할 수 없는 경우에는 위원회에 국선대리인을 선임하여 줄 것을 신청할 수 있다. ( )

07 청구인이 공공기관에 대하여 정보공개를 청구하였다가 거부처분을 받은 것 자체만으로는 법률상 이익의 침해에 해당한다고 볼 수 없고, 청구인은 추가로 위 거부처분의 취소를 구할 어떤 구체적인 이익이 있다는 점에 관해 주장·증명하여야 한다. ( )

08 「법무사규칙」이 이의신청 절차를 규정한 것은 채용승인을 신청한 법무사뿐만 아니라 사무원이 되려는 사람의 이익도 보호하려는 취지로 볼 수 있으므로, 지방법무사회의 사무원 채용승인 거부처분에 대해서는 처분상대방인 법무사뿐만 아니라 그 때문에 사무원이 될 수 없게 된 사람도 이를 다툴 원고적격이 인정된다. ( )

[정답] **01** ○ **02** × 인가는 사인의 법률행위를 대상으로 한다. **03** ○ **04** ○ **05** × 소송단계에서 처분사유를 추가하여 주장할 수 없다. **06** ○ **07** × 정보공개 청구권은 법률상 보호되는 구체적인 권리이므로 청구인이 공공기관에 대하여 정보공개를 청구하였다가 거부처분을 받은 것 자체가 법률상 이익의 침해에 해당한다. **08** ○

최종점검 기출모의고사

잠깐! 최종점검 기출모의고사 전 확인사항

최종점검 기출모의고사도 실전처럼 문제를 푸는 연습이 필요합니다.

- ✔ 휴대전화는 전원을 꺼주세요.
- ✔ 연필과 지우개를 준비하세요.
- ✔ 제한시간 15분 내 최대한 많은 문제를 정확하게 풀어보세요.

매 회 최종점검 기출모의고사 전, 위 사항을 점검하고 시험에 임하세요.

최종점검 기출모의고사

실제 기출문제를 실전동형모의고사 형태에 맞추어
학습함으로써, 최신 출제경향을 파악하고
문제풀이 능력을 극대화시킬 수 있습니다.

승리는 가장 끈기 있는 자에게 돌아간다.

- 나폴레옹 보나파르트

공개경쟁채용 필기시험 대비

해커스공무원 최종점검 기출모의고사

응시번호	
성명	

문제회차
01회

【시 험 과 목】

과목명	소요시간	문항수	점 수
행정법총론	15분	20문항	100점

응시자 주의사항

1. **시험 시작 전**에 시험문제를 열람하는 행위나 시험종료 후 답안을 작성하는 행위를 한 사람은 부정행위자로 처리됩니다.
2. 시험 시작 즉시 **문제 누락 여부, 인쇄상태 이상유무 및 표지와 과목의 일치 여부** 등을 확인한 후 문제책 표지에 응시번호, 성명을 기재합니다.
3. 문제는 **총 20문항**으로 구성되어 있으니, 문제지와 답안지를 확인하시기 바랍니다.
   - 답안지는 **'해커스공무원 실전동형모의고사 답안지'**를 사용합니다.
4. 시험이 시작되면 문제를 주의 깊게 읽은 후, **문항의 취지에 가장 적합한 하나의 정답만**을 고르시기 바랍니다.
5. 답안을 잘못 표기하였을 경우에는 답안지를 교체하여 작성하거나 **수정테이프만을 사용**하여 수정할 수 있으며(수정액 또는 수정스티커 등은 사용 불가), 부착된 수정테이프가 떨어지지 않게 손으로 눌러주어야 합니다.
   - 불량 수정테이프의 사용과 불완전한 수정 처리로 인해 발생하는 **모든 문제는 응시자에게 책임**이 있습니다.
6. **시험시간 관리의 책임**은 전적으로 응시자 본인에게 있습니다.

해커스공무원 최종점검 기출모의고사 정답 공개 및 안내

1. 해커스공무원 최종점검 기출모의고사의 문제들은 **국가직, 지방직** 등 주요 시험의 기출문제들로만 선별하여 수록하였습니다.
2. 각 문제별 **기출연도 및 시행처, 정답 및 해설은 해설집에 수록**되어 있으니, 참고하시기 바랍니다.

해커스공무원

행정법총론

문 1. 행정대집행에 대한 설명으로 옳지 않은 것은? (다툼이 있는 경우 판례에 의함)

① 행정대집행은 「행정기본법」상 행정상 강제에 해당한다.
② 대집행에 요한 비용은 「국세징수법」의 예에 의하여 징수할 수 있다.
③ 「행정대집행법」상 대집행의 대상이 되는 대체적 작위의무는 공법상 의무이어야 한다.
④ 대집행에 요한 비용에 대하여서는 행정청은 사무비의 소속에 따라 국세와 동일한 순위의 선취득권을 가지며, 대집행에 요한 비용을 징수하였을 때에는 그 징수금은 국고의 수입으로 한다.

문 2. 행정상 강제에 대한 설명으로 옳지 않은 것은? (다툼이 있는 경우 판례에 의함)

① 관계 법령상 행정대집행의 절차가 인정되어 행정청이 행정대집행의 방법으로 건물의 철거 등 대체적 작위의무의 이행을 실현할 수 있는 경우에는 따로 민사소송의 방법으로 그 의무의 이행을 구할 수 없다.
② 「행정대집행법」에 따른 행정대집행에서 건물의 점유자가 철거의무자일 때에는 별도로 퇴거를 명하는 집행권원이 필요하다.
③ 「건축법」에 위반하여 건축한 것이어서 철거의무가 있는 건물이라 하더라도 그 철거의무를 대집행하기 위한 계고처분을 하려면 다른 방법으로는 이행의 확보가 어렵고 불이행을 방치함이 심히 공익을 해하는 것으로 인정될 때에 한하여 허용되고 이러한 요건의 주장·입증책임은 처분 행정청에 있다.
④ 과세관청이 체납처분으로서 행하는 공매는 우월한 공권력의 행사로서 행정소송의 대상이 되는 공법상의 행정처분이며 공매에 의하여 재산을 매수한 자는 그 공매처분이 취소된 경우에 그 취소처분의 위법을 주장하여 행정소송을 제기할 법률상 이익이 있다.

문 3. 행정소송에 대한 설명으로 옳지 않은 것은? (다툼이 있는 경우 판례에 의함)

① 건축물의 하자를 다투는 입주예정자들은 건물의 사용검사처분에 대해 제3자효 행정행위의 차원에서 행정소송을 통해 다툴 수 있다.
② 당사자소송으로 서울행정법원에 제기할 것을 민사소송으로 지방법원에 제기하여 판결이 내려진 경우, 그 판결은 관할위반에 해당한다.
③ 민사소송인 소가 서울행정법원에 제기되었는데도 피고가 제1심 법원에서 관할위반이라고 항변하지 않고 본안에서 변론을 한 경우에는 제1심법원에 변론관할이 생긴다.
④ 환경부장관이 생태·자연도 1등급으로 지정되었던 지역을 2등급으로 변경하는 내용의 생태·자연도 수정·보완을 고시하는 경우, 1등급지역에 거주하던 인근 주민은 생태·자연도 등급 변경처분의 무효 확인을 구할 원고적격이 없다.

문 4. 행정계약에 대한 설명으로 옳은 것만을 모두 고르면? (다툼이 있는 경우 판례에 의함)

> ㄱ. 행정청은 법령등을 위반하지 아니하는 범위에서 행정목적을 달성하기 위하여 필요한 경우에는 공법상 법률관계에 관한 계약을 체결할 수 있다.
> ㄴ. 「행정기본법」에 따르면 신속히 처리할 필요가 있거나 사안이 경미한 경우에는 말 또는 서면으로 공법상 계약을 체결할 수 있다.
> ㄷ. 중소기업기술정보진흥원장이 甲 주식회사와 체결한 중소기업 정보화지원사업 지원대상인 사업의 지원에 관한 협약의 해지는 상대방의 권리·의무를 변경시키는 처분에 해당하므로 항고소송의 대상이 된다.
> ㄹ. 「국가를 당사자로 하는 계약에 관한 법률」에 따라 국가가 당사자가 되는 이른바 공공계약은 그에 관한 법령에 특별한 정함이 없는 한 사법상 계약에 해당한다.

① ㄱ, ㄴ　　② ㄱ, ㄹ
③ ㄴ, ㄷ　　④ ㄷ, ㄹ

문 5. 사인의 공법행위에 대한 설명으로 옳은 것은? (다툼이 있는 경우 판례에 의함)

① 공무원에 의해 제출된 사직원은 그에 터잡은 의원면직처분이 있을 때까지 철회될 수 있고, 일단 면직처분이 있고 난 이후에도 자유로이 취소 및 철회될 수 있다.

② 시장 등의 주민등록전입신고 수리 여부에 대한 심사는 「주민등록법」의 입법 목적의 범위 내에서 제한적으로 이루어져야 하는바, 전입신고자가 30일 이상 생활의 근거로서 거주할 목적으로 거주지를 옮기는지 여부가 심사 대상으로 되어야 한다.

③ 행정청은 신청에 구비서류의 미비 등 흠이 있는 경우 원칙상 형식적·절차적인 요건만을 보완요구하여야 하므로 실질적인 요건에 관한 흠이 민원인의 단순한 착오나 일시적인 사정 등에 기인한 경우에도 보완을 요구할 수 없다.

④ 사인의 공법행위는 원칙적으로 발신주의에 따라 그 효력이 발생한다.

문 6. 행정소송의 판결에 대한 설명으로 옳지 않은 것은? (다툼이 있는 경우 판례에 의함)

① 처분등을 취소하는 확정판결은 제3자에 대하여도 효력이 있다.

② 취소 확정판결의 기속력은 판결의 주문 및 전제가 되는 처분등의 구체적 위법사유에 관한 판단에도 미치므로, 종전 처분이 판결에 의하여 취소되었다면 종전 처분의 처분사유와 기본적 사실관계에서 동일하지 않은 다른 사유를 들어서 새로이 동일한 내용을 처분하는 것 또한 확정판결의 기속력에 저촉된다.

③ 법원은 원고의 청구가 이유 있다고 인정하는 경우에도 처분등을 취소하는 것이 현저히 공공복리에 적합하지 아니하다고 인정하는 때에는 원고의 청구를 기각할 수 있다.

④ 과세의 절차 내지 형식에 위법이 있어 과세처분을 취소하는 판결이 확정되었을 경우 과세관청은 그 위법사유를 보완하여 다시 새로운 과세처분을 할 수 있고, 그 새로운 과세처분은 확정판결에 의하여 취소된 종전의 과세처분과는 별개의 처분이다.

문 7. 「행정절차법」상 청문과 사전통지에 대한 설명으로 옳은 것은? (다툼이 있는 경우 판례에 의함)

① 행정청은 거부처분을 할 경우에는 상대방에게 원칙적으로 사전통지를 하여야 한다.

② 행정청은 영업자 지위승계의 신고의 수리를 하기 전에 양수인에게 사전통지를 해야 한다.

③ 행정청이 침익적 처분을 하면서 청문을 하지 않았다면 「행정절차법」상 예외적인 경우에 해당하지 않는 한 그 처분은 원칙적으로 무효에 해당한다.

④ 행정청은 다수 국민의 이해가 상충되는 처분이나 다수 국민에게 불편이나 부담을 주는 처분을 하려는 경우에는 청문주재자를 2명 이상으로 선정할 수 있다.

문 8. 「행정절차법」상 행정절차에 대한 설명으로 옳지 않은 것은? (다툼이 있는 경우 판례에 의함)

① 「공무원연금법」상 퇴직연금의 환수결정은 당사자에게 의무를 과하는 처분이기는 하지만 퇴직연금의 환수결정에 앞서 당사자에게 의견진술의 기회를 주지 아니하여도 「행정절차법」에 어긋나지 아니한다.

② 행정청이 처분을 하면서 당사자에게 그 처분에 관하여 행정심판 및 행정소송을 제기할 수 있는지 여부, 그 밖에 불복을 할 수 있는지 여부, 청구절차 및 청구기간 그 밖에 필요한 사항을 고지하지 않았다면 그 처분은 위법하다.

③ 행정청이 미리 공표한 처분의 처리기간을 지나 처분을 하였더라도 이를 처분을 취소할 절차상 하자로 볼 수 없다.

④ 행정청이 당사자와 협약을 체결하면서 관계 법령 및 「행정절차법」에 규정된 청문 등 의견청취절차를 배제하는 조항을 둔 경우, 이를 청문 실시의 배제사유로 인정하는 법령상의 규정이 없다면 청문을 실시하지 않은 것은 절차적 하자를 구성한다.

문 9. 행정소송의 심리에 대한 설명으로 옳지 않은 것은? (다툼이 있는 경우 판례에 의함)

① 「행정소송법」에 따르면 법원은 필요하다고 인정할 때에는 직권으로 증거조사를 할 수 있으나, 당사자가 주장하지 아니한 사실에 대하여는 판단할 수 없다.

② 법원은 행정처분 당시 행정청이 알고 있었던 자료뿐만 아니라 사실심 변론종결 당시까지 제출된 모든 자료를 종합하여 처분 당시 존재하였던 객관적 사실을 확정하고 그 사실에 기초하여 처분의 위법 여부를 판단할 수 있다.

③ 「행정소송법」에 따르면 법원은 당사자의 신청이 있는 때에는 결정으로써 재결을 행한 행정청에 대하여 행정심판에 관한 기록의 제출을 명할 수 있고, 제출명령을 받은 행정청은 지체 없이 당해 행정심판에 관한 기록을 법원에 제출하여야 한다.

④ 결혼이민[F-6 (다)목] 체류자격을 신청한 외국인에 대하여 행정청이 그 요건을 충족하지 못하였다는 이유로 거부처분을 하는 경우 '그 요건을 갖추지 못하였다는 판단', 즉 '혼인파탄의 주된 귀책사유가 국민인 배우자에게 있지 않다는 판단' 자체가 처분사유가 되는바, 결혼이민[F-6 (다)목] 체류자격 거부처분 취소소송에서 그 처분사유에 관한 증명책임은 피고 행정청에 있다.

문 10. 취소소송에 대한 설명으로 옳지 않은 것은? (다툼이 있는 경우 판례에 의함)

① 어떠한 처분에 법령상 근거가 있는지, 「행정절차법」에서 정한 처분 절차를 준수하였는지는 본안에서 당해 처분이 적법한가를 판단하는 단계에서 고려할 요소가 아니라, 소송요건 심사단계에서 고려할 요소이다.

② 행정처분의 위법 여부는 행정처분이 있을 때의 법령과 사실 상태를 기준으로 판단하여야 하며, 법원은 행정처분 당시 행정청이 알고 있었던 자료뿐만 아니라 사실심 변론종결 당시까지 제출된 모든 자료를 종합하여 처분 당시 존재하였던 객관적 사실을 확정하고 그 사실에 기초하여 처분의 위법 여부를 판단할 수 있다.

③ 개발부담금부과처분 취소소송에 있어 당사자가 제출한 자료에 의하여 적법하게 부과될 정당한 부과금액을 산출할 수 없을 경우에는 부과처분전부를 취소할 수밖에 없으나, 그렇지 않은 경우에는 그 정당한 금액을 초과하는 부분만 취소하여야 한다.

④ 사정판결은 당사자의 명백한 주장이 없는 경우에도 기록에 나타난 여러 사정을 기초로 직권으로 할 수 있는 것이나, 그 요건인 현저히 공공복리에 적합하지 아니한지 여부는 위법한 행정처분을 취소·변경하여야 할 필요와 그 취소·변경으로 인하여 발생할 수 있는 공공복리에 반하는 사태 등을 비교·교량하여 판단하여야 한다.

문 11. 「공익사업을 위한 토지 등의 취득 및 보상에 관한 법률」에 대한 설명으로 옳지 않은 것은? (다툼이 있는 경우 판례에 의함)

① 구 「하천법」에 의한 하천수 사용권은 「공익사업을 위한 토지 등의 취득 및 보상에 관한 법률」이 손실보상의 대상으로 규정하고 있는 '물의 사용에 관한 권리'에 해당한다.

② 토지수용위원회의 재결에 대한 토지소유자의 행정소송 제기는 사업의 진행 및 토지의 수용 또는 사용을 정지시키지 아니한다.

③ 사업인정은 공익사업의 시행자에게 그 후 일정한 절차를 거칠 것을 조건으로 일정한 내용의 수용권을 설정하여 주는 형성행위이다.

④ 어떤 보상항목이 공익사업을 위한 토지 등의 취득 및 보상에 관한 법령상 손실보상대상에 해당함에도 관할 토지수용위원회가 사실을 오인하거나 법리를 오해함으로써 손실보상대상에 해당하지 않는다고 잘못된 내용의 재결을 한 경우에는, 피보상자는 관할 토지수용위원회를 상대로 재결취소소송을 제기하여야 한다.

문 12. 공법관계와 사법관계에 관한 판례의 내용으로 옳지 않은 것은?

① 서울특별시 지하철공사의 사장이 소속직원에게 한 징계처분에 대한 불복절차는 민사소송에 의하여야 한다.

② 공기업·준정부기관이 계약에 근거한 권리행사로서 입찰참가자격 제한 조치를 하였더라도 입찰참가자격 제한 조치는 행정처분이다.

③ 국유재산 등의 관리청이 하는 행정재산의 사용·수익에 대한 허가는 관리청이 특정인에게 행정재산을 사용할 수 있는 권리를 설정하여 주는 강학상 특허로서 공법관계이다.

④ 기부자가 기부채납한 부동산을 일정기간 무상 사용한 후에 한 사용허가기간 연장신청을 거부한 지방자치단체의 장의 행위는 사법상의 행위이다.

문 13. 「국가배상법」상 영조물의 설치·관리의 하자로 인한 손해배상책임에 대한 설명으로 옳지 않은 것은? (다툼이 있는 경우 판례에 의함)

① 국가 또는 지방자치단체에 의하여 특정 공공의 목적에 공여된 유체물 내지 물적 설비는 국가 또는 지방자치단체가 사실상의 관리를 하고 있는 경우에도 '공공의 영조물'이라 볼 수 있다.

② 영조물이 그 용도에 따라 갖추어야 할 안전성을 갖추지 못한 상태에는 영조물이 공공의 목적에 이용됨에 있어 그 이용 상태 및 정도가 일정한 한도를 초과하여 제3자에게 사회통념상 수인할 것이 기대되는 한도를 넘는 피해를 입히는 경우까지 포함된다.

③ 영조물이 안전성을 갖추었는지 여부는 영조물의 설치자 또는 관리자가 그 영조물의 위험성에 비례하여 사회통념상 일반적으로 요구되는 정도의 방호조치의무를 다하였는지를 기준으로 판단하여야 하고, 그 설치자 또는 관리자의 재정적·인적·물적 제약 등은 고려하지 않는다.

④ 객관적으로 보아 영조물의 결함이 영조물의 설치·관리자의 관리행위가 미칠 수 없는 상황 아래에 있는 경우에는 영조물의 설치·관리의 하자를 인정할 수 없다.

문 14. 「개인정보 보호법」에 대한 내용으로 옳지 않은 것은?

① 개인정보처리자는 개인정보를 익명 또는 가명으로 처리하여도 개인정보 수집목적을 달성할 수 있는 경우 익명처리가 가능한 경우에는 익명에 의하여, 익명처리로 목적을 달성할 수 없는 경우에는 가명에 의하여 처리될 수 있도록 하여야 한다.

② 개인정보처리자는 정보주체가 필요한 최소한의 정보 외의 개인정보 수집에 동의하지 아니한다는 이유로 정보주체에게 재화 또는 서비스의 제공을 거부할 수 있다.

③ 개인정보처리자는 공공기관이 법령 등에서 정하는 소관 업무의 수행을 위하여 불가피한 경우에는 개인정보를 수집할 수 있으며 그 수집 목적의 범위에서 이용할 수 있다.

④ 개인정보처리자는 보유기간의 경과, 개인정보의 처리 목적 달성, 가명정보의 처리 기간 경과 등 그 개인정보가 불필요하게 되었을 때에는 지체 없이 그 개인정보를 파기하여야 한다. 다만, 다른 법령에 따라 보존하여야 하는 경우에는 그러하지 아니하다.

문 15. 헌법재판소와 대법원 판례의 내용으로 옳지 않은 것은?

① 도축장 사용정지·제한명령은 공익목적을 위하여 이미 형성된 구체적 재산권을 박탈하거나 제한하는 헌법 제23조 제3항의 수용·사용 또는 제한에 해당하는 것이 아니라, 도축장 소유자들이 수인하여야 할 사회적 제약으로서 헌법 제23조 제1항의 재산권의 내용과 한계에 해당한다.

② 토지수용위원회의 수용재결에 대한 이의절차는 실질적으로 행정심판의 성질을 갖는 것이므로 「토지수용법」에 특별한 규정이 있는 것을 제외하고는 「행정심판법」의 규정이 적용된다고 할 것이다.

③ 「공무원연금법」상 공무원연금급여 재심위원회에 대한 심사청구 제도는 사안의 전문성과 특수성을 살리기 위하여 특히 필요하여 「행정심판법」에 따른 일반행정심판을 갈음하는 특별한 행정 불복절차, 즉 특별행정심판에 해당한다.

④ 당사자의 신청을 받아들이지 않은 거부처분이 재결에서 취소된 경우에 행정청은 종전 거부처분 또는 재결 후에 발생한 새로운 사유를 내세워 다시 거부처분을 할 수 없다.

문 16. 「공익사업을 위한 토지 등의 취득 및 보상에 관한 법률」(이하 '토지보상법'이라 한다)상 행정상 손실보상에 대한 설명으로 옳지 않은 것은? (다툼이 있는 경우 판례에 의함)

① 사업시행자, 토지소유자 또는 관계인은 토지수용위원회의 재결에 불복할 때에는 재결서를 받은 날부터 90일 이내에, 이의신청을 거쳤을 때에는 이의신청에 대한 재결서를 받은 날부터 60일 이내에 각각 행정소송을 제기할 수 있으며, 이 경우 행정소송의 제기는 사업의 진행 및 토지의 수용 또는 사용을 정지시키지 아니한다.

② 동일한 소유자에게 속하는 일단의 토지의 일부가 협의에 의하여 매수되거나 수용됨으로 인하여 잔여지를 종래의 목적에 사용하는 것이 현저히 곤란할 때에는 해당 토지소유자는 사업시행자에게 잔여지를 매수하여 줄 것을 청구할 수 있으며, 사업인정 이후에는 관할 토지수용위원회에 수용을 청구할 수 있고, 이 경우 수용의 청구는 매수에 관한 협의가 성립되지 아니한 경우에만 할 수 있으며 사업완료일까지 하여야 한다.

③ 토지보상법에 의한 보상금증감청구소송은 보상금의 증액 또는 감액 청구에 관한 소송이므로 잔여지 수용청구를 거절한 재결에 불복하는 소송은 '보상금의 증감에 관한 소송'에 해당되지 아니한다.

④ 하나의 재결에서 피보상자별로 여러 가지의 토지, 물건, 권리 또는 영업의 손실에 관하여 심리·판단이 이루어졌을 때, 피보상자 또는 사업시행자가 여러 보상항목들 중 일부에 관해서만 불복하는 경우 반드시 재결 전부에 관하여 불복하여야 하는 것은 아니다.

문 17. 「행정소송법」상 취소소송에 대한 설명으로 옳지 않은 것은? (다툼이 있는 경우 판례에 의함)

① 부당해고 구제신청에 관한 중앙노동위원회의 결정에 대하여 취소소송을 제기하는 경우, 법원은 중앙노동위원회의 결정 후에 생긴 사유를 들어 그 결정의 적법 여부를 판단할 수 있다.

② 취소소송에서 쟁송의 대상이 되는 행정처분의 존부는 소송요건으로서 법원의 직권조사사항이고 자백의 대상이 될 수 없다.

③ 이미 직위해제처분을 받아 직위해제된 공무원에 대하여 행정청이 새로운 사유에 기하여 직위해제 처분을 하였다면, 이전 직위해제처분의 취소를 구하는 소송을 제기하는 것은 부적법하다.

④ 취소소송 계속 중에 처분청이 계쟁 처분을 직권으로 취소하더라도, 동일한 소송 당사자 사이에서 그 처분과 동일한 사유로 위법한 처분이 반복될 위험성이 있어 그 처분에 대한 위법성의 확인이 필요한 경우에는 그 처분의 취소를 구할 소의 이익이 있다.

문 18. 「공공기관의 정보공개에 관한 법률」(이하 '정보공개법'이라 한다)에 대한 설명으로 옳지 않은 것은? (다툼이 있는 경우 판례에 의함)

① 도시공원위원회의 회의관련자료 및 회의록은 시장 등의 결정의 대외적 공표행위가 있은 후에는 이를 의사결정과정이나 내부검토과정에 있는 사항이라고 할 수 없고 위원회의 회의관련자료 및 회의록을 공개하더라도 업무의 공정한 수행에 지장을 초래할 염려가 없으므로 공개대상이 된다.

② 전자적 형태로 보유·관리되는 정보의 경우에 그 정보가 청구인이 구하는 대로 되어 있지 않더라도 공개청구를 받은 공공기관이 공개청구대상정보의 기초자료를 검색하여 청구인이 구하는 대로 편집할 수 있으며, 그 작업이 당해 기관의 업무수행에 별다른 지장을 초래하지 않는다면 그 공공기관이 공개청구대상정보를 보유·관리하고 있는 것으로 볼 수 있다.

③ 정보공개법에서 공개대상의 예외로 규정하고 있는 '다른 법률 또는 법률에서 위임한 명령(국회규칙·대법원규칙·헌법재판소규칙·중앙선거관리위원회규칙·대통령령 및 조례로 한정함)에 따라 비밀이나 비공개 사항으로 규정된 정보'의 해석에 있어서 '법률에서 위임한 명령'은 정보의 공개에 관하여 법률의 구체적인 위임 아래 제정된 법규명령(위임명령)을 의미한다.

④ 정보공개청구인이 정보공개와 관련한 공공기관의 비공개 결정 또는 부분 공개 결정에 대하여 불복하는 경우에는 정보공개법상 이의신청절차를 거친 후에야 비로소 행정심판을 청구할 수 있다.

문 19. 「질서위반행위규제법」에 대한 설명으로 옳지 않은 것은?

① 행정청의 과태료 처분이 확정된 후 법률이 변경되어 그 행위가 질서위반행위에 해당하지 아니하게 된 때에는 변경된 법률에 특별한 규정이 없는 한 과태료의 징수를 면제한다.

② 심신(心神)장애로 인하여 행위의 옳고 그름을 판단할 능력이 없거나 그 판단에 따른 행위를 할 능력이 없는 자의 질서위반행위는 과태료를 부과하지 아니한다.

③ 행정청은 질서위반행위가 종료된 날(다수인이 질서위반행위에 가담한 경우에는 최종행위가 종료된 날을 말함)부터 5년이 경과한 경우에는 해당 질서위반행위에 대하여 과태료를 부과할 수 없다.

④ 행정청의 과태료 부과에 불복하는 당사자는 과태료 부과 통지를 받은 날부터 90일 이내에 관할 법원에 취소소송을 제기할 수 있다.

문 20. 「행정기본법」상 이의신청과 재심사에 대한 설명으로 옳지 않은 것은?

① 이의신청에 대한 결과를 통지받은 후 행정심판 또는 행정소송을 제기하려는 자는 그 결과를 통지받은 날부터 90일 이내에 행정심판 또는 행정소송을 제기할 수 있다.

② 공무원 인사관계 법령에 의한 징계 등 처분에 관한 사항에 대하여도 「행정기본법」상의 이의신청 규정이 적용된다.

③ 당사자는 처분에 대하여 법원의 확정판결이 있는 경우에는 처분의 근거가 된 사실관계 또는 법률관계가 추후에 당사자에게 유리하게 바뀐 경우에도 해당 처분을 한 행정청이 처분을 취소·철회하거나 변경하여 줄 것을 신청할 수는 없다.

④ 처분을 유지하는 재심사 결과에 대하여는 행정심판, 행정소송 및 그 밖의 쟁송수단을 통하여 불복할 수 없다.

정답·해설_해설집 p.140

공개경쟁채용 필기시험 대비

해커스공무원 최종점검 기출모의고사

응시번호	
성명	

문제회차
02회

【시 험 과 목】

과목명	소요시간	문항수	점 수
행정법총론	15분	20문항	100점

응시자 주의사항

1. **시험 시작 전**에 시험문제를 열람하는 행위나 시험종료 후 답안을 작성하는 행위를 한 사람은 부정행위자로 처리됩니다.
2. 시험 시작 즉시 **문제 누락 여부, 인쇄상태 이상유무 및 표지와 과목의 일치 여부** 등을 확인한 후 문제책 표지에 응시번호, 성명을 기재합니다.
3. 문제는 **총 20문항**으로 구성되어 있으니, 문제지와 답안지를 확인하시기 바랍니다.
   - 답안지는 **'해커스공무원 실전동형모의고사 답안지'**를 사용합니다.
4. 시험이 시작되면 문제를 주의 깊게 읽은 후, **문항의 취지에 가장 적합한 하나의 정답만**을 고르시기 바랍니다.
5. 답안을 잘못 표기하였을 경우에는 답안지를 교체하여 작성하거나 **수정테이프만을 사용**하여 수정할 수 있으며(수정액 또는 수정스티커 등은 사용 불가), 부착된 수정테이프가 떨어지지 않게 손으로 눌러주어야 합니다.
   - 불량 수정테이프의 사용과 불완전한 수정 처리로 인해 발생하는 **모든 문제는 응시자에게 책임**이 있습니다.
6. **시험시간 관리의 책임**은 전적으로 응시자 본인에게 있습니다.

해커스공무원 최종점검 기출모의고사 정답 공개 및 안내

1. 해커스공무원 최종점검 기출모의고사의 문제들은 **국가직, 지방직** 등 주요 시험의 기출문제들로만 선별하여 수록하였습니다.
2. 각 문제별 **기출연도 및 시행처, 정답 및 해설은 해설집에 수록**되어 있으니, 참고하시기 바랍니다.

해커스공무원

행정법총론

문 1. 「행정기본법」상 행정의 법 원칙에 대한 설명으로 옳지 않은 것은?

① 행정청은 행정작용을 할 때 상대방에게 해당 행정작용과 실질적인 관련이 없는 의무를 부과해서는 아니 된다.

② 행정청은 합리적 이유 없이 국민을 차별하여서는 아니 된다.

③ 행정청은 공익을 현저히 해칠 우려가 있는 경우라도 행정에 대한 국민의 정당하고 합리적인 신뢰를 보호하여야 한다.

④ 행정청은 법령 등에 따른 의무를 성실히 수행하여야 한다.

문 2. 행정행위의 성립과 효력발생에 대한 설명으로 옳지 않은 것은? (다툼이 있는 경우 판례에 의함)

① 상대방 있는 행정처분이 상대방에게 고지되지 아니한 경우에도 상대방이 다른 경로를 통해 행정처분의 내용을 알게 되었다면 행정처분의 효력이 발생한다고 볼 수 있다.

② 일반적으로 행정처분이 주체·내용·절차와 형식이라는 내부적 성립요건과 외부에 대한 표시라는 외부적 성립요건을 모두 갖춘 경우에는 행정처분이 존재한다.

③ 법무부장관이 입국금지에 관한 정보를 내부전산망인 출입국관리정보시스템에 입력한 것만으로는 법무부장관의 의사가 공식적인 방법으로 외부에 표시된 것이 아니어서 위 입국금지결정은 항고소송의 대상인 처분에 해당되지 않는다.

④ 행정처분의 외부적 성립은 행정의사가 외부에 표시되어 행정청이 자유롭게 취소·철회할 수 없는 구속을 받게 되는 시점을 확정하는 의미를 가진다.

문 3. 행정행위의 취소와 철회에 대한 설명으로 옳지 않은 것은? (다툼이 있는 경우 판례에 의함)

① 「행정기본법」은 직권취소나 철회의 일반적 근거규정을 두고 있고, 직권취소나 철회는 개별법률의 근거가 없어도 가능하다.

② 행정행위의 철회 사유는 행정행위가 성립되기 이전에 발생한 것으로서 행정행위의 효력을 존속시킬 수 없는 사유를 말한다.

③ 수익적 처분이 상대방의 허위 기타 부정한 방법으로 인하여 행하여졌다면 상대방은 그 처분이 그와 같은 사유로 인하여 취소될 것임을 예상할 수 있으므로, 이러한 경우까지 상대방의 신뢰를 보호하여야 하는 것은 아니다.

④ 수익적 행정처분을 직권취소할 때에는 이를 취소하여야 할 중대한 공익상 필요와 취소로 인하여 처분상대방이 입게 될 기득권과 법적 안정성에 대한 침해 정도 등 불이익을 비교·교량한 후 공익상 필요가 처분상대방이 입을 불이익을 정당화할 만큼 강한 경우에 한하여 취소할 수 있다.

문 4. 행정행위의 하자에 대한 설명으로 옳지 않은 것은? (다툼이 있는 경우 판례에 의함)

① 과세관청이 과세처분에 앞서 납세의무자에게 보낸 과세예고통지서 등에 납세고지서의 필요적 기재사항이 제대로 기재되어 있어 납세의무자가 그 처분에 대한 불복 여부의 결정 및 불복신청에 전혀 지장을 받지 않았음이 명백하다면, 이로써 납세고지서의 하자가 보완되거나 치유될 수 있다.

② 체납취득세에 대한 압류처분권한은 도지사로부터 시장에게 권한위임된 것이고 시장으로부터 압류처분권한을 내부위임 받은 데 불과한 구청장이 자신의 명의로 한 압류처분은 권한 없는 자에 의하여 행하여진 위법무효의 처분이다.

③ 서훈취소 처분의 통지가 처분권한자인 대통령이 아니라 그 보좌기관에 의하여 이루어진 경우, 통지의 주체나 형식에 어떤 하자가 있다.

④ 환경영향평가를 거쳐야 할 대상사업에 대하여 환경영향평가를 거치지 아니하였음에도 불구하고 승인 등 처분이 이루어진다면, 이러한 행정처분의 하자는 법규의 중요한 부분을 위반한 중대한 것이고 객관적으로도 명백한 것이라고 하지 않을 수 없다.

문 5. 「행정소송법」상 행정소송에 대한 설명으로 옳지 않은 것은?

① 토지의 수용에 대한 취소소송은 그 부동산소재지를 관할하는 행정법원에 이를 제기할 수 있다.

② 「행정소송법」을 적용함에 있어서 행정청에는 행정권한의 위임 또는 위탁을 받은 사인이 포함된다.

③ 행정소송에 대한 대법원판결에 의하여 명령·규칙이 헌법 또는 법률에 위반된다는 것이 확정된 경우에는 대법원은 지체 없이 그 사유를 국무총리에게 통보하여야 한다.

④ 원고의 고의 또는 중대한 과실 없이 행정소송이 심급을 달리하는 법원에 잘못 제기된 경우에는 관할위반을 이유로 관할법원에 이송한다.

문 6. 공공의 영조물에 대한 설명으로 옳지 않은 것은? (다툼이 있는 경우 판례에 의함)

① 「도로교통법」 제3조 제1항에 의하여 특별시장·광역시장·제주특별자치도지사 또는 시장·군수의 권한으로 규정되어 있는 도로에서 경찰서장 등이 설치·관리하는 신호기의 하자로 인한 「국가배상법」 제5조 소정의 배상책임은 그 사무의 귀속 주체인 국가가 부담한다.

② 사실상 군민의 통행에 제공되고 있던 도로 옆의 암벽으로부터 떨어진 낙석에 맞아 사망하는 사고가 발생하였다고 하여도 동사고지점 도로가 군에 의하여 노선인정기타 공용개시가 없었으면 이를 영조물이라 할 수 없다.

③ 국가나 지방자치단체가 영조물의 설치·관리의 하자를 이유로 손해배상책임을 부담하는 경우 영조물의 설치·관리를 맡은 자와 그 비용부담자가 동일하지 아니하면 비용부담자도 손해배상책임이 있다.

④ 경찰서지서의 숙직실에서 순직한 경찰공무원의 유족들은 「국가배상법」 및 「민법」의 규정에 의한 손해배상을 청구할 권리가 있다.

문 7. 행정심판의 재결의 효력에 대한 설명으로 옳지 않은 것은? (다툼이 있는 경우 판례에 의함)

① 재결의 기속력은 인용재결의 효력이며 기각재결에는 인정되지 않는다.

② 재결이 확정된 경우에는 처분의 기초가 된 사실관계나 법률적 판단이 확정되고 당사자들이나 법원이 이에 기속되어 모순되는 주장이나 판단을 할 수 없게 된다.

③ 당해 처분에 관하여 위법한 것으로 재결에서 판단된 사유와 기본적 사실관계에 있어 동일성이 인정되는 사유를 내세워 다시 동일한 내용의 처분을 하는 것은 허용되지 않는다.

④ 형성력이 인정되는 재결로는 취소재결, 변경재결, 처분재결이 있다.

문 8. 「공공기관의 정보공개에 관한 법률」상 정보공개에 대한 설명으로 옳은 것만을 모두 고르면? (다툼이 있는 경우 판례에 의함)

ㄱ. 모든 국민은 정보의 공개를 청구할 권리를 가진다.
ㄴ. 법무부령인 「검찰보존사무규칙」은 행정기관 내부의 사무처리준칙인 행정규칙이지만, 「검찰보존사무규칙」상의 열람·등사의 제한은 「공공기관의 정보공개에 관한 법률」 제9조 제1항 제1호의 '다른 법률 또는 법률에 의한 명령에 의하여 비공개사항으로 규정된 경우'에 해당한다.
ㄷ. 해당 정보를 취득 또는 활용할 의사가 전혀 없이 정보공개 제도를 이용하여 사회통념상 용인될 수 없는 부당한 이득을 얻으려 하거나, 오로지 공공기관의 담당 공무원을 괴롭힐 목적으로 정보공개 청구를 하는 경우 권리 남용에 해당함이 명백하므로 정보공개청구권의 행사가 허용되지 아니한다.
ㄹ. 청구인이 정보공개와 관련한 공공기관의 결정에 대하여 불복이 있거나 정보공개청구 후 10일이 경과하도록 정보공개 결정이 없는 때에는 「행정심판법」에서 정하는 바에 따라 행정심판을 청구할 수 있다.

① ㄱ, ㄴ　　② ㄱ, ㄷ
③ ㄴ, ㄹ　　④ ㄷ, ㄹ

문 9. 행정소송에 대한 설명으로 옳지 않은 것은? (다툼이 있는 경우 판례에 의함)

① 「공기업·준정부기관 계약사무규칙」에 따른 낙찰적격 세부기준은 국민의 권리의무에 영향을 미치므로 대외적 구속력이 인정된다.

② 지적공부 소관청의 지목변경신청 반려행위는 국민의 권리관계에 영향을 미치는 것으로서 항고소송의 대상이 되는 행정처분에 해당한다.

③ 건축물대장 소관청의 용도변경신청 거부행위는 국민의 권리관계에 영향을 미치는 것으로서 항고소송의 대상이 되는 행정처분에 해당한다.

④ 「국가계약법」상 감점조치는 계약 사무를 처리함에 있어 내부규정인 세부기준에 의하여 종합취득점수의 일부를 감점하게 된다는 뜻의 사법상의 효력을 가지는 통지행위에 불과하므로 항고소송의 대상이 되지 않는다.

문 10. 「공공기관의 정보공개에 관한 법률」에 대한 설명으로 옳지 않은 것은? (다툼이 있는 경우 판례에 의함)

① 자연인은 물론 법인도 정보공개청구를 할 수 있으나 지방자치단체는 정보공개청구를 할 수 없다.

② 사법시험 답안지는 비공개대상 정보가 아니다.

③ 「공공기관의 정보공개에 관한 법률」은 공공기관이 보유·관리하는 정보공개에 관한 일반법이지만, 국가안보에 관련되는 정보는 이 법의 적용대상이 아니다.

④ 통상적으로 정보에 포함되어 있는 개인식별정보는 비공개대상이나, 독립유공자 서훈 공적심사위원회 회의록이나 형사재판확정기록은 공개청구 대상이다.

문 11. 「행정심판법」상 의무이행심판에 대한 설명으로 옳지 않은 것은?

① 의무이행심판은 거부처분이나 부작위에 대하여 일정한 처분을 구할 법률상 이익이 있는 자가 청구인 적격을 갖는다.

② 당사자의 신청을 거부하거나 부작위로 방치한 처분의 이행을 명하는 재결이 있는 경우에는 처분청은 지체 없이 그 재결의 취지에 따라 다시 이전의 신청에 대한 처분을 하여야 한다.

③ 의무이행재결은 행정심판위원회가 의무이행심판의 청구가 이유있다고 인정할 때에 지체 없이 신청에 따른 처분을 하거나 처분청에게 그 신청에 따른 처분을 할 것을 명하는 재결을 말한다.

④ 거부처분이나 부작위에 대한 의무이행심판청구는 청구기간의 제한이 있다.

문 12. 국가배상에 대한 설명으로 옳지 않은 것은? (다툼이 있는 경우 판례에 의함)

① 시·도경찰청장 또는 경찰서장이 지방자치단체의 장으로부터 권한을 위탁받아 설치·관리하는 신호기의 하자로 인해 손해가 발생한 경우 「국가배상법」 제5조 소정의 배상책임의 귀속 주체는 국가뿐이다.

② 헌법재판소 재판관이 청구기간 내에 제기된 헌법소원심판청구 사건에서 청구기간을 오인하여 각하결정을 한 경우, 이에 대한 불복절차 내지 시정절차가 없는 때에는 배상책임의 요건이 충족되는 한 국가배상책임을 인정할 수 있다.

③ 영조물의 설치·관리자와 비용부담자가 다른 경우 피해자에게 손해를 배상한 자는 내부관계에서 그 손해를 배상할 책임이 있는 자에게 구상할 수 있다.

④ 군 복무 중 사망한 군인 등의 유족이 「국가배상법」에 따른 손해배상금을 지급받은 경우 그 손해배상금 상당 금액에 대해서는 「군인연금법」에서 정한 사망보상금을 지급받을 수 없다.

문 13. 다음 사례에 대한 설명으로 옳은 것은? (다툼이 있는 경우 판례에 의함)

> 식품접객업을 하는 甲은 청소년의 연령을 확인하지 않고 주류를 판매한 사실이 적발되어 관할 행정청 乙로부터 「식품위생법」 위반을 이유로 영업정지 2개월을 부과받자 관할 행정심판위원회 丙에 행정심판을 청구하였다.

① 丙은 영업정지 2개월에 갈음하여 「식품위생법」 소정의 과징금으로 변경할 수 없다.
② 甲이 丙의 기각재결을 받은 후 재결 자체에 고유한 하자가 있음을 주장하며 그 기각재결에 대하여 취소소송을 제기한 경우, 수소법원은 심리 결과 재결 자체에 고유한 위법이 없다면 각하판결을 하여야 한다.
③ 丙이 영업정지처분을 취소하는 재결을 할 경우, 乙은 이 인용재결의 취소를 구하는 행정소송을 제기할 수 없다.
④ 丙은 행정심판의 심리과정에서 甲의 「식품위생법」상의 또 다른 위반 사실을 인지한 경우, 乙의 2개월 영업정지와는 별도로 1개월 영업정지를 추가하여 부과하는 재결을 할 수 있다.

문 14. 「행정절차법」에 대한 설명으로 옳지 않은 것은? (다툼이 있는 경우 판례에 의함)

① 처분기준을 공표하는 것이 해당 처분의 성질상 현저히 곤란하거나 공공의 안전 또는 복리를 현저히 해치는 것으로 인정될 만한 상당한 이유가 있는 경우에는 처분기준을 공표하지 아니할 수 있다.
② 행정처분의 상대방에 대한 청문통지서가 반송되었거나 행정처분의 상대방이 청문일시에 불출석하였다는 이유만으로 행정청이 관계 법령상 그 실시가 요구되는 청문을 실시하지 아니하고 한 침해적 행정처분은 위법하다.
③ 「행정절차법」상 사전통지 및 의견제출에 대한 권리를 부여하고 있는 '당사자등'에는 불이익처분의 직접 상대방인 당사자와 행정청이 직권으로 또는 신청에 따라 행정절차에 참여하게 한 이해관계인, 그 밖에 제3자가 포함된다.
④ 행정청이 처분을 하면서 당사자가 그 근거를 알 수 있을 정도로 이유를 제시한 경우에는 처분의 근거와 이유를 구체적으로 명시하지 않았더라도 그로 말미암아 그 처분이 위법하다고 볼 수는 없다.

문 15. 사인의 공법행위에 대한 설명으로 옳지 않은 것은? (다툼이 있는 경우 판례에 의함)

① 공무원이 한 사직 의사표시는 그에 터잡은 의원면직처분이 있고 난 이후라도 철회나 취소할 수 있다.
② 자기완결적 신고의 경우 적법한 요건을 갖춘 신고를 하면 신고의 대상이 되는 행위를 적법하게 할 수 있고, 별도로 행정청의 수리를 기다릴 필요가 없다.
③ 「건축법」에 의한 인·허가 의제 효과를 수반하는 건축신고는 특별한 사정이 없는 한 행정청이 그 실체적 요건에 관한 심사를 한 후 수리하여야 하는, 수리를 요하는 신고에 해당한다.
④ 구 「유통산업발전법」에 따른 대규모점포의 개설 등록 및 구 「재래시장 및 상점가 육성을 위한 특별법」에 따른 시장관리자 지정은 행정청이 실체적 요건에 관한 심사를 한 후 수리하여야 하는, 수리를 요하는 신고로서 행정처분에 해당한다.

문 16. 신뢰보호의 원칙에 대한 설명으로 옳지 않은 것은? (다툼이 있는 경우 판례에 의함)

① 「행정기본법」에 의하면 행정청은 공익 또는 제3자의 이익을 현저히 해칠 우려가 있는 경우를 제외하고는 행정에 대한 국민의 정당하고 합리적인 신뢰를 보호하여야 한다.

② 「행정기본법」에 의하면 행정청은 권한 행사의 기회가 있음에도 불구하고 장기간 권한을 행사하지 아니하여 국민이 그 권한이 행사되지 아니할 것으로 믿을 만한 정당한 사유가 있는 경우에는, 공익 또는 제3자의 이익을 현저히 해칠 우려가 있는 경우를 제외하고는 그 권한을 행사해서는 아니 된다.

③ 신법의 효력발생일까지 진행 중인 사건에 대하여 신법을 적용하는 것은 법률의 소급적용에 해당하므로 원칙적으로 허용될 수 없다.

④ 헌법재판소의 위헌결정은 행정청이 개인에 대하여 신뢰의 대상이 되는 공적인 견해를 표명한 것이라고 할 수 없으므로 그 결정에 관련한 개인의 행위에 대하여는 신뢰보호의 원칙이 적용되지 아니한다.

문 17. 개인적 공권에 대한 설명으로 옳지 않은 것은? (다툼이 있는 경우 판례에 의함)

① 재량권이 영으로 수축하는 경우에는 무하자재량행사청구권은 행정개입청구권으로 전환되는 특성이 존재한다.

② 사회적 기본권의 성격을 가지는 연금수급권은 국가에 대하여 적극적으로 급부를 요하는 것이므로 헌법규정만으로는 이를 실현할 수 없고, 법률에 의한 형성을 필요로 한다.

③ 행정청에게 부여된 공권력 발동권한이 재량행위인 경우, 행정청의 권한행사에 이해관계가 있는 개인은 행정청에 대하여 무하자재량행사청구권을 가진다.

④ 환경부장관의 생태·자연도 등급결정으로 1등급 권역의 인근 주민들이 가지는 환경상 이익은 법률상 이익이다.

문 18. 항고소송의 대상인 '처분'에 대한 설명으로 옳지 않은 것은? (다툼이 있는 경우 판례에 의함)

① 교육부장관이 대학에서 추천한 복수의 총장후보자들 전부 또는 일부를 임용제청에서 제외하는 행위는 제외된 후보자들에 대한 불이익처분으로서 항고소송의 대상이 되는 처분에 해당한다고 보아야 한다.

② 법령상 토사채취가 제한되지 않는 산림 내에서의 토사채취에 대하여 국토와 자연의 유지, 환경보전 등 중대한 공익상 필요를 이유로 그 허가를 거부하는 것은 재량권을 일탈·남용하여 위법한 처분이라 할 수 있다.

③ 대학이 복수의 후보자에 대하여 순위를 정하여 추천한 경우 교육부장관이 후순위후보자를 임용제청했더라도 이로 인하여 헌법과 법률이 보장하는 대학의 자율성이 제한된다고는 볼 수 없다.

④ 절차상 또는 형식상 하자로 무효인 행정처분에 대하여 행정청이 적법한 절차 또는 형식을 갖추어 다시 동일한 행정처분을 하였다면, 종전의 무효인 행정처분에 대한 무효확인청구는 과거의 법률관계의 효력을 다투는 것에 불과하므로 무효확인을 구할 법률상 이익이 없다.

문 19. 다음 사례에 대한 설명으로 옳지 않은 것은? (다툼이 있는 경우 판례에 의함)

> 甲은 토지 위에 컨테이너를 설치하여 사무실로 사용하였다. 관할 행정청인 乙은 甲에게 이 컨테이너는 「건축법」상 건축허가를 받아야 하는 건축물인데 건축허가를 받지 않고 건축하였다는 이유로 甲에게 원상복구명령을 하면서, 만약 기한 내에 원상복구를 하지 않을 경우에는 행정대집행을 통하여 컨테이너를 철거할 것임을 계고하였다. 이후 甲은 乙에게 이 컨테이너에 대하여 가설건축물 축조신고를 하였으나 乙은 이 컨테이너는 건축허가대상이라는 이유로 가설건축물 축조신고를 반려하였다.

① 「건축법」에 특별한 규정이 없더라도 「행정절차법」상 예외에 해당하지 않는 한 乙은 원상복구명령을 하면서 甲에게 원상복구명령을 사전통지하고 의견제출의 기회를 주어야 한다.

② 乙이 행한 원상복구명령과 대집행 계고가 계고서라는 1장의 문서로 이루어진 경우라도 원상복구명령과 계고처분은 독립하여 있는 것으로서 각 그 요건이 충족된 것으로 볼 수 있다.

③ 乙이 대집행영장을 통지한 경우, 원상복구명령이 당연무효라면 대집행영장통지도 당연무효이다.

④ 甲이 제기한 원상복구명령 및 계고처분에 대한 취소소송에서, 乙은 처분 시에 제시한 '甲의 건축물은 건축허가를 받지 않은 건축물'이라는 처분사유에 '甲의 건축물은 신고를 하지 않은 가설건축물'이라는 처분사유를 추가할 수 있다.

문 20. 「공익사업을 위한 토지 등의 취득 및 보상에 관한 법률」상의 토지 등의 취득 및 그 보상에 대한 설명으로 옳은 것만을 모두 고르면? (다툼이 있는 경우 판례에 의함)

> ㄱ. 사업인정은 공익사업의 시행자에게 일정한 절차를 거칠 것을 조건으로 일정한 내용의 수용권을 설정하여 주는 형성행위이며, 사업시행자에게 해당 공익사업을 수행할 의사와 능력이 있어야 한다는 것도 사업인정의 한 요건이 된다.
>
> ㄴ. 사업시행자가 「공증인법」에 따른 공증을 받아 협의 성립의 확인을 신청한 경우, 그 신청이 수리되면 협의 성립의 확인이 있었던 것으로 간주되고 그에 관한 재결이 있었던 것으로 재차 의제되므로 그에 따라 사업시행자는 사법상 매매의 효력만을 갖는 협의취득과는 달리 확인대상 토지를 수용재결의 경우와 동일하게 원시취득하는 효과를 누리게 된다.
>
> ㄷ. 토지수용위원회의 수용재결이 있은 후에도 토지소유자 등과 사업시행자는 다시 협의하여 토지 등의 취득이나 사용 및 그에 대한 보상에 관하여 임의로 계약을 체결할 수 있다.
>
> ㄹ. 사업인정고시는 수용재결절차로 나아가 강제적인 방식으로 토지소유자나 관계인의 권리를 취득·보상하기 위한 절차적 요건에 지나지 않고 영업손실보상의 요건이 아니므로, 사업시행자가 시행하는 사업이 공익사업에 해당하고 그 사업으로 인한 폐업이 영업손실 보상대상에 해당한다면 사업인정고시가 없더라도 사업시행자는 영업손실을 보상할 의무가 있다.

① ㄱ, ㄴ ② ㄱ, ㄷ, ㄹ

③ ㄴ, ㄷ, ㄹ ④ ㄱ, ㄴ, ㄷ, ㄹ

정답·해설_해설집 p.148

공개경쟁채용 필기시험 대비

해커스공무원 최종점검 기출모의고사

응시번호	
성명	

문제회차
03회

【시 험 과 목】

과목명	소요시간	문항수	점 수
행정법총론	15분	20문항	100점

응시자 주의사항

1. **시험 시작 전**에 시험문제를 열람하는 행위나 시험종료 후 답안을 작성하는 행위를 한 사람은 부정행위자로 처리됩니다.
2. 시험 시작 즉시 **문제 누락 여부, 인쇄상태 이상유무 및 표지와 과목의 일치 여부** 등을 확인한 후 문제책 표지에 응시번호, 성명을 기재합니다.
3. 문제는 **총 20문항**으로 구성되어 있으니, 문제지와 답안지를 확인하시기 바랍니다.
   - 답안지는 **'해커스공무원 실전동형모의고사 답안지'**를 사용합니다.
4. 시험이 시작되면 문제를 주의 깊게 읽은 후, **문항의 취지에 가장 적합한 하나의 정답만**을 고르시기 바랍니다.
5. 답안을 잘못 표기하였을 경우에는 답안지를 교체하여 작성하거나 **수정테이프만을 사용**하여 수정할 수 있으며(수정액 또는 수정스티커 등은 사용 불가), 부착된 수정테이프가 떨어지지 않게 손으로 눌러주어야 합니다.
   - 불량 수정테이프의 사용과 불완전한 수정 처리로 인해 발생하는 **모든 문제는 응시자에게 책임**이 있습니다.
6. **시험시간 관리의 책임**은 전적으로 응시자 본인에게 있습니다.

해커스공무원 최종점검 기출모의고사 정답 공개 및 안내

1. 해커스공무원 최종점검 기출모의고사의 문제들은 **국가직, 지방직** 등 주요 시험의 기출문제들로만 선별하여 수록하였습니다.
2. 각 문제별 **기출연도 및 시행처, 정답 및 해설은 해설집에 수록**되어 있으니, 참고하시기 바랍니다.

해커스공무원

행정법총론

문 1. 헌법재판소와 대법원 판례의 내용으로 옳지 않은 것은?

① 「감염병의 예방 및 관리에 관한 법률」 제71조에 의한 예방접종 피해에 대한 국가의 보상책임은 무과실책임이지만, 질병, 장애 또는 사망이 예방접종으로 발생하였다는 점이 인정되어야 한다.

② 당사자적격, 권리보호이익 등 소송요건은 직권조사사항으로서 당사자가 주장하지 아니하더라도 법원이 직권으로 조사하여 판단하여야 하고, 사실심 변론종결 이후에 소송요건이 흠결되거나 그 흠결이 치유된 경우 상고심에서도 이를 참작하여야 한다.

③ 법령이 특정한 행정기관 등으로 하여금 다른 행정기관을 상대로 제재적 조치를 취할 수 있도록 하면서, 그에 따르지 않으면 그 행정기관에 대하여 과태료를 부과하거나 형사처벌을 할 수 있도록 정하는 경우, 제재적 조치의 상대방인 행정기관 등에게 항고소송 원고로서의 당사자능력과 원고적격을 인정할 수 없다.

④ 원고가 「행정소송법」상 항고소송으로 제기해야 할 사건을 민사소송으로 잘못 제기한 경우에 수소법원이 그 항고소송에 대한 관할을 가지고 있지 아니하여 관할법원에 이송하는 결정을 하였고, 그 이송결정이 확정된 후 원고가 항고소송으로 소 변경을 하였다면, 그 항고소송에 대한 제소기간의 준수 여부는 원칙적으로 처음에 소를 제기한 때를 기준으로 판단하여야 한다.

문 2. 행정지도에 대한 설명으로 옳지 않은 것은? (다툼이 있는 경우 판례에 의함)

① 행정기관은 행정지도의 상대방이 행정지도에 따르지 아니하였다는 것을 이유로 불이익한 조치를 하여서는 아니 된다.

② 행정기관이 같은 행정목적을 실현하기 위하여 많은 상대방에게 행정지도를 하려는 경우에는 특별한 사정이 없으면 행정지도에 공통적인 내용이 되는 사항을 공표하여야 한다.

③ 위법한 행정지도에 따라 행한 사인의 행위는 위법성이 조각되어 범법행위가 되지 않는다.

④ 행정지도가 강제성을 띠지 않은 비권력적 작용으로서 행정지도의 한계를 일탈하지 아니하였다면, 그로 인하여 상대방에게 손해가 발생하였다 하더라도 행정기관은 손해배상책임이 없다.

문 3. 기속행위와 재량행위에 대한 설명으로 옳지 않은 것은? (다툼이 있는 경우 판례에 의함)

① 기속행위와 재량행위의 구분은 당해 행위의 근거가 된 법규의 체재·형식과 그 문언, 당해행위가 속하는 행정 분야의 주된 목적과 특성, 당해 행위 자체의 개별적 성질과 유형 등을 모두 고려하여 판단하여야 한다.

② 처분의 근거 법령이 행정청에 재량을 부여하였으나 행정청이 처분으로 달성하려는 공익과 처분상대방이 입게 되는 불이익을 전혀 비교형량하지 않은 채 처분을 하였더라도 재량권 일탈·남용으로 해당 처분을 취소해야 할 위법사유가 되지는 않는다.

③ 행정청은 처분에 재량이 없는 경우에는 법률에 근거가 있는 경우에 부관을 붙일 수 있다.

④ 재량행위의 경우 법원은 독자의 결론을 도출함이 없이 당해 행위에 재량권의 일탈·남용이 있는지 여부만을 심사한다.

문 4. 행정행위의 취소와 철회에 대한 설명으로 옳지 않은 것은? (다툼이 있는 경우 판례에 의함)

① 행정청이 의료법인의 이사에 대한 이사취임승인 취소처분(제1처분)을 직권으로 취소(제2처분)한 경우, 제1처분과 제2처분 사이에 법원에 의하여 선임결정된 임시이사들의 지위는 법원의 해임결정이 있어야 소멸된다.

② 행정행위를 한 처분청은 비록 그 처분 당시에 별다른 하자가 없었고, 또 그 처분 후에 이를 철회할 별도의 법적 근거가 없다 하더라도 원래의 처분을 존속시킬 필요가 없게 된 사정변경이 생겼거나 또는 중대한 공익상의 필요가 발생한 경우에는 그 효력을 상실케 하는 별개의 행정행위로 이를 철회할 수 있다.

③ 조세부과처분이 취소되면 그 조세부과처분은 확정적으로 효력이 상실되므로 나중에 취소처분이 취소되어도 원 조세부과처분의 효력이 회복되지 않는다.

④ 행정청은 당사자의 신뢰를 보호할 가치가 있는 등 정당한 사유가 있는 경우에는 위법 또는 부당한 처분의 전부나 일부를 장래를 향하여 취소할 수 있다.

문 5. 행정지도에 대한 설명으로 옳지 않은 것은?

① 행정지도를 하는 자는 그 상대방에게 그 행정지도의 취지 및 내용과 신분을 밝혀야 한다.

② 행정지도는 말로 이루어질 수 있다.

③ 행정기관은 행정지도의 상대방이 행정지도에 따르지 아니할 경우 그에 상응하는 불이익 조치를 할 수 있다.

④ 행정지도의 상대방은 해당 행정지도의 방식에 관하여 행정기관에 의견제출을 할 수 있다.

문 6. 행정소송에 대한 설명으로 옳지 않은 것은? (다툼이 있는 경우 판례에 의함)

① 행정심판청구가 부적법하지 않음에도 각하한 재결은 심판청구인의 실체심리를 받을 권리를 박탈한 것으로서 재결에 고유한 하자가 있는 경우에 해당하여 재결 자체가 취소소송의 대상이 된다.

② 항고소송은 원칙적으로 당해 처분을 대상으로 하나, 당해 처분에 대한 재결 자체에 고유한 주체, 절차, 형식 또는 내용상의 위법이 있는 경우에 한하여 그 재결을 대상으로 할 수 있다.

③ 한국자산공사가 당해 부동산을 인터넷을 통해 재공매하기로 한 결정도 항고소송의 대상이 되는 행정처분이라고 볼 수 있다.

④ 「병역법」상 신체등위판정은 항고소송의 대상이 되는 행정처분이라 보기 어렵다.

문 7. 훈령에 대한 설명으로 옳지 않은 것은? (다툼이 있는 경우 판례에 의함)

① 훈령은 하급 행정기관의 권한에 속하는 사항에 대하여 발하여야 하고 적법 · 타당 · 가능해야 한다.

② 훈령을 근거로 행정관행이 형성된 경우에는 그 관행에 위반하여 처분을 하게 되면 행정의 자기구속의 법리나 평등의 원칙의 위배로 위법한 처분이 될 수 있다.

③ 양도소득세 부과 근거인 재산제세조사사무처리규정은 국세청 훈령이므로 그에 위반한 행정처분은 위법하지 않다.

④ 하급 행정기관이 훈령에 위반하는 행정행위를 한 경우 직무상 위반행위로 징계책임을 질 수 있다.

문 8. 서훈 또는 서훈취소에 대한 설명으로 옳은 것만을 모두 고르면?

> ㄱ. 서훈취소는 대통령이 국가원수로서 행하는 행위이지만 통치행위는 아니다.
> ㄴ. 서훈은 서훈대상자의 특별한 공적에 의하여 수여되는 고도의 일신전속적 성격을 가지는 것이므로 유족이라고 하더라도 처분의 상대방이 될 수 없다.
> ㄷ. 건국훈장 독립장이 수여된 망인에 대한 서훈취소를 국무회의에서 의결하고 대통령이 결재함으로써 서훈취소가 결정된 후에 국가보훈처장이 망인의 유족에게 독립유공자 서훈취소결정 통보를 하였다면 서훈취소처분취소소송에서의 피고적격은 국가보훈처장에 있다.
> ㄹ. 국가보훈처장이 서훈추천 신청자에 대한 서훈추천을 거부한 것은 항고소송의 대상으로 볼 수는 없어 항고소송을 제기할 수는 없으나 행정권력의 부작위에 대한 헌법소원으로서 다툴 수 있다.

① ㄱ, ㄴ　② ㄱ, ㄹ
③ ㄱ, ㄷ, ㄹ　④ ㄴ, ㄷ, ㄹ

문 9. 행정상 강제집행에 대한 설명으로 옳은 것만을 모두 고르면? (다툼이 있는 경우 판례에 의함)

> ㄱ. 이행강제금은 행정상 간접적인 강제집행 수단이다.
> ㄴ. 행정청은 의무자가 행정상 의무를 이행할 때까지 이행강제금을 반복하여 부과할 수 없다.
> ㄷ. 토지·건물의 명도의무는 대체적 작위의무가 아니므로 대집행의 대상이 아니다.
> ㄹ. 부작위의무도 대체적 작위의무로 전환하는 규정을 두고 있는 경우에는 대체적 작위의무로 전환한 후에 대집행의 대상이 될 수 있다.

① ㄱ, ㄷ　② ㄱ, ㄴ, ㄹ
③ ㄱ, ㄷ, ㄹ　④ ㄴ, ㄷ, ㄹ

문 10. 「질서위반행위규제법」에 대한 설명으로 옳지 않은 것은?

① 질서위반행위 후 법률이 변경되어 그 행위가 질서위반행위에 해당하지 아니하게 되거나 과태료가 변경되기 전의 법률보다 가볍게 된 때에는 법률에 특별한 규정이 없는 한 변경된 법률을 적용하여야 한다.
② 고의 또는 과실이 없는 질서위반행위라고 하더라도 과태료를 부과할 수 있다.
③ 행정청의 과태료 부과에 불복하는 당사자는 과태료 부과 통지를 받은 날부터 60일 이내에 해당 행정청에 서면으로 이의제기를 할 수 있다.
④ 법원이 심문 없이 과태료 재판을 하고자 하는 때에는 당사자와 검사는 특별한 사정이 없는 한 약식재판의 고지를 받은 날부터 7일 이내에 이의신청을 할 수 있다.

문 11. 인가에 대한 설명으로 옳지 않은 것은? (다툼이 있는 경우 판례에 의함)

① 「자동차관리법」상 자동차관리사업자로 구성하는 사업자단체인 조합 또는 협회의 설립인가처분은 자동차관리사업자들의 단체결성행위를 보충하여 효력을 완성시키는 처분에 해당한다.
② 구 「도시 및 주거환경정비법」상 조합설립추진위원회 구성승인처분은 조합의 설립을 위한 주체인 추진위원회의 구성행위를 보충하여 그 효력을 부여하는 처분이다.
③ 주택재개발정비사업조합이 수립한 사업시행계획에 하자가 있음에도 불구하고 관할 행정청이 해당 사업시행계획에 대한 인가처분을 하였다면, 그 인가처분에는 고유한 하자가 없더라도 사업시행계획의 무효를 주장하면서 곧바로 그에 대한 인가처분의 무효확인이나 취소를 구하여야 한다.
④ 구 「도시 및 주거환경정비법」상 토지소유자들이 조합을 설립하지 아니하고 직접 도시환경정비사업을 시행하고자 하는 경우에 내려진 사업시행인가처분은 설권적 처분의 성격을 가진다.

문 12. 「국가배상법」상의 배상책임에 대한 설명으로 옳은 것은? (다툼이 있는 경우 판례에 의함)

① 「국가배상법」상 손해배상의 소송은 배상심의회의 배상심의를 거치지 아니하면 이를 제기할 수 없다.

② 공익근무요원도 「국가배상법」 제2조 제1항 단서의 이중배상이 금지되는 자에 해당한다.

③ 피해자에게 직접 손해를 배상한 경과실이 있는 공무원은 국가에 대해 구상권을 행사할 수 없다.

④ 국가배상청구권은 피해자나 법정대리인이 손해 및 가해자를 안 날로부터 3년간, 불법행위가 있은 날로부터 5년간 이를 행사하지 않으면 시효로 인하여 소멸된다.

문 13. 국·공유재산의 사용관계에 대한 설명으로 옳지 않은 것은? (다툼이 있는 경우 판례에 의함)

① 「도로법」상 도로점용허가는 공물관리자가 신청인의 적격성, 사용목적 및 공익상 영향 등을 참작하여 허가 여부를 결정하는 재량행위이다.

② 「하천법」상 하천점용허가에 의해 발생한 하천의 전용허가권은 특허에 의한 공물사용권의 일종으로서 하천의 관리주체에 대한 채권에 지나지 아니하고 대세적 효력이 있는 물권이라 할 수 없다.

③ 「도로법」에 따라 도로관리청이 도로점용허가를 하면서 특별사용의 필요가 없는 부분을 점용장소 및 점용면적에 포함시킨 경우에도 그 특별사용의 필요가 없는 부분이 위법하다고 할 수 없다.

④ 「공유재산 및 물품 관리법」에 의하여 도지사로부터 공유재산 관리의 권한을 위임받은 군수가 공유재산인 일반재산을 대부하는 행위는 사법상의 계약에 해당한다.

문 14. 조세행정에 대한 설명으로 옳지 않은 것은? (다툼이 있는 경우 판례에 의함)

① 납세의무자가 국세를 납부하면서 오납액이 발생한 경우에 부당이득의 반환을 구하는 납세의무자의 국세환급금채권은 오납액을 납부 또는 징수한 시점에 이미 확정된다.

② 원천징수의무자가 원천납세의무자로부터 징수하여야 할 세액을 초과하여 징수·납부한 경우, 초과한 세액에 대한 환급청구권은 원천징수의무자가 아니라 원천납세의무자에게 귀속된다.

③ 과세처분에 대한 증액경정처분이 있는 경우 당초의 과세처분은 증액경정처분에 흡수되어 소멸하고, 소멸한 당초 과세처분의 절차적 하자는 증액경정처분에 승계되지 아니한다.

④ 신고납세방식의 조세의 경우 납세의무자의 신고행위가 중대하고 명백한 하자로 인하여 당연무효로 되지 아니하는 한 신고에 따라 납부한 세액이 바로 부당이득에 해당하는 것은 아니다.

문 15. 행정규칙에 대한 설명으로 옳지 않은 것은? (다툼이 있는 경우 판례에 의함)

① 「여객자동차 운수사업법」의 위임에 따른 시외버스 운송사업의 사업계획변경 기준 등에 관한 「여객자동차 운수사업법 시행규칙」의 관련 규정은 대외적인 구속력이 있는 법규명령이라고 할 것이다.

② 법령에 반하는 위법한 행정규칙은 무효이므로 위법한 행정규칙을 위반한 것은 징계사유가 되지 않는다.

③ 법률이 일정한 사항을 고시와 같은 행정규칙에 위임하는 것은 전문적·기술적 사항이나 경미한 사항으로서 업무의 성질상 위임이 불가피한 사항에 한정된다.

④ 행정 각부의 장이 정하는 고시가 법령에 근거를 둔 것이라면, 그 규정 내용이 법령의 위임 범위를 벗어난 것이라도 법규명령으로서의 대외적 구속력이 인정된다.

문 16. 선결문제에 대한 설명으로 옳지 않은 것은? (다툼이 있는 경우 판례에 의함)

① 계고처분이 위법한 경우 행정대집행이 완료되면 그 처분의 취소를 구할 소의 이익은 없다 하더라도, 미리 그 행정처분의 취소판결이 있어야만 그 행정처분의 위법임을 이유로 한 손해배상 청구를 할 수 있는 것은 아니다.

② 민사소송에서 어느 행정처분의 당연무효 여부가 선결문제로 되는 경우 행정소송 등의 절차에 의하여 그 취소나 무효확인을 받아야 한다.

③ 과세처분의 하자가 단지 취소할 수 있는 정도에 불과할 때에는 과세관청이 이를 스스로 취소하거나 항고쟁송절차에 의하여 취소되지 않는 한, 그로 인한 조세의 납부가 부당이득이 된다고 할 수 없다.

④ 소방시설 등의 설치 또는 유지·관리에 대한 명령이 행정처분으로서 하자가 있어 무효인 경우, 위 명령 위반을 이유로 행정형벌을 부과할 수 없다.

문 17. 「행정소송법」상 항고소송에 대한 설명으로 옳은 것은? (다툼이 있는 경우 판례에 의함)

① 부작위위법확인소송에서 부작위상태가 계속되는 한 그 위법의 확인을 구할 이익이 있다고 보아야 하므로 행정심판 등 전심절차를 거친 경우에도 제소기간에 관한 규정은 적용되지 않는다.

② 외국 국적의 甲이 위명(僞名)인 乙 명의의 여권으로 대한민국에 입국한 뒤 乙 명의로 난민 신청을 하였고 법무부장관이 乙 명의를 사용한 甲을 직접 면담하여 조사한 후에 甲에 대하여 난민불인정 처분을 한 경우, 甲은 난민불인정 처분의 취소를 구할 법률상 이익이 없다.

③ 주민 등의 도시관리계획의 입안 제안을 거부하는 처분에 대하여 이익형량의 하자를 이유로 취소판결이 확정된 후에 행정청이 다시 이익형량을 하여 주민 등이 제안한 것과는 다른 내용의 계획을 수립한다면 이는 재처분의무를 이행한 것으로 볼 수 없다.

④ 무효확인소송에서 '무효확인을 구할 법률상 이익'을 판단함에 있어 행정처분의 무효를 전제로 한 이행소송 등과 같은 직접적인 구제수단이 있는지 여부를 따질 필요가 없다.

문 18. 사인의 공법행위에 대한 설명으로 옳지 않은 것은? (다툼이 있는 경우 판례에 의함)

① 국민의 적극적 행위신청에 대한 행정청의 거부행위가 항고소송의 대상이 되는 행정처분에 해당하기 위하여는 국민이 행정청에 대하여 그 행위발동을 요구할 법규상 또는 조리상의 신청권이 있어야 한다.

② 「건축법」상의 건축신고가 다른 법률에서 정한 인가·허가 등의 의제효과를 수반하는 경우, 행정행위의 효율적 측면을 고려하여 수리를 요하지 않는 신고로 볼 수 있다.

③ 건축주 등은 건축신고가 반려될 경우 건축물의 건축을 개시하면 시정명령, 이행강제금, 벌금의 대상이 되거나 당해 건축물을 사용하여 행할 행위의 허가가 거부될 우려가 있어 불안정한 지위에 놓이게 되므로, 건축신고에 대한 반려처분은 항고소송의 대상이 된다.

④ 건축주명의변경신고는 형식적 요건을 갖추어 시장, 군수에게 적법하게 건축주의 명의변경을 신고한 때에는 시장, 군수는 그 신고를 수리하여야지 실체적인 이유를 내세워 그 신고의 수리를 거부할 수는 없다.

문 19. 행정행위의 무효와 취소에 대한 설명으로 옳지 않은 것은? (다툼이 있는 경우 판례에 의함)

① 과세처분 이후 조세 부과의 근거가 되었던 법률규정에 대하여 헌법재판소에서 위헌결정이 내려진 후 그 조세채권의 집행을 위한 체납처분은 당연무효이다.

② 지방자치단체의 규칙으로 정하여야 할 기관위임사무에 대하여 당해 지방자치단체의 조례로 정한 경우 이에 근거한 처분은 당연무효이다.

③ 「행정기본법」은 직권취소에 관한 일반적 근거규정을 두고 있어, 개별 법률의 근거가 없더라도 직권취소가 가능하다.

④ 무효인 행정처분에 기한 후속 행정처분도 당연무효이다.

문 20. 「행정소송법」상 취소소송의 판결의 효력에 대한 설명으로 옳지 않은 것은? (다툼이 있는 경우 판례에 의함)

① 전소의 판결이 확정된 경우 후소의 소송물이 전소의 소송물과 동일하지 않더라도 전소의 소송물에 관한 판단이 후소의 선결문제가 되는 경우에 후소에서 전소 판결의 판단과 다른 주장을 하는 것은 기판력에 반한다.

② 행정처분을 취소하는 확정판결이 있으면 그 취소판결 자체의 효력에 의해 그 행정처분을 기초로 하여 새로 형성된 제3자의 권리는 당연히 그 행정처분 전의 상태로 환원된다.

③ 처분의 취소판결이 확정된 후 새로운 처분을 하는 경우, 새로운 처분의 사유가 취소된 처분의 사유와 기본적 사실관계에서 동일하지 않다면 취소된 처분과 같은 내용의 처분을 하는 것은 기속력에 반하지 않는다.

④ 법원이 간접강제결정에서 정한 의무이행기한이 경과한 후에라도 확정판결의 취지에 따른 재처분이 행하여지면, 처분상대방이 더 이상 배상금을 추심하는 것은 허용되지 않는다.

정답·해설_해설집 p.156

해커스공무원 실전동형모의고사 답안지

컴퓨터용 흑색사인펜만 사용

회차	

[필적감정용 기재]
*아래 예시문을 옮겨 적으시오
본인은 OOO(응시자성명)임을 확인함

성명	
자필성명	본인 성명 기재
응시직렬	
응시지역	
시험장소	

응 시 번 호

생 년 월 일

※ 시험감독관 서명
(성명을 정자로 기재할 것)

문번	제1과목	제2과목	제3과목	제4과목	제5과목
1	① ② ③ ④	① ② ③ ④	① ② ③ ④	① ② ③ ④	① ② ③ ④
2	① ② ③ ④	① ② ③ ④	① ② ③ ④	① ② ③ ④	① ② ③ ④
3	① ② ③ ④	① ② ③ ④	① ② ③ ④	① ② ③ ④	① ② ③ ④
4	① ② ③ ④	① ② ③ ④	① ② ③ ④	① ② ③ ④	① ② ③ ④
5	① ② ③ ④	① ② ③ ④	① ② ③ ④	① ② ③ ④	① ② ③ ④
6	① ② ③ ④	① ② ③ ④	① ② ③ ④	① ② ③ ④	① ② ③ ④
7	① ② ③ ④	① ② ③ ④	① ② ③ ④	① ② ③ ④	① ② ③ ④
8	① ② ③ ④	① ② ③ ④	① ② ③ ④	① ② ③ ④	① ② ③ ④
9	① ② ③ ④	① ② ③ ④	① ② ③ ④	① ② ③ ④	① ② ③ ④
10	① ② ③ ④	① ② ③ ④	① ② ③ ④	① ② ③ ④	① ② ③ ④
11	① ② ③ ④	① ② ③ ④	① ② ③ ④	① ② ③ ④	① ② ③ ④
12	① ② ③ ④	① ② ③ ④	① ② ③ ④	① ② ③ ④	① ② ③ ④
13	① ② ③ ④	① ② ③ ④	① ② ③ ④	① ② ③ ④	① ② ③ ④
14	① ② ③ ④	① ② ③ ④	① ② ③ ④	① ② ③ ④	① ② ③ ④
15	① ② ③ ④	① ② ③ ④	① ② ③ ④	① ② ③ ④	① ② ③ ④
16	① ② ③ ④	① ② ③ ④	① ② ③ ④	① ② ③ ④	① ② ③ ④
17	① ② ③ ④	① ② ③ ④	① ② ③ ④	① ② ③ ④	① ② ③ ④
18	① ② ③ ④	① ② ③ ④	① ② ③ ④	① ② ③ ④	① ② ③ ④
19	① ② ③ ④	① ② ③ ④	① ② ③ ④	① ② ③ ④	① ② ③ ④
20	① ② ③ ④	① ② ③ ④	① ② ③ ④	① ② ③ ④	① ② ③ ④

해커스공무원 실전동형모의고사 답안지

컴퓨터용 흑색사인펜만 사용

회차	

[필적감정용 기재]
*아래 예시문을 옮겨 적으시오
본인은 OOO(응시자성명)임을 확인함

성명	
자필성명	본인 성명 기재
응시직렬	
응시지역	
시험장소	

응 시 번 호							
	⓪	⓪	⓪	⓪	⓪	⓪	⓪
	①	①	①	①	①	①	①
	②	②	②	②	②	②	②
	③	③	③	③	③	③	③
	④	④	④	④	④	④	④
	⑤	⑤	⑤	⑤	⑤	⑤	⑤
⑥	⑥	⑥	⑥	⑥	⑥	⑥	⑥
⑦	⑦	⑦	⑦	⑦	⑦	⑦	⑦
	⑧	⑧	⑧	⑧	⑧	⑧	⑧
	⑨	⑨	⑨	⑨	⑨	⑨	⑨

생 년 월 일					
⓪	⓪	⓪	⓪	⓪	⓪
	①	①	①	①	①
	②		②	②	②
	③		③	③	③
	④		④	④	④
	⑤		⑤	⑤	⑤
⑥	⑥		⑥	⑥	⑥
⑦	⑦		⑦	⑦	⑦
⑧	⑧		⑧	⑧	⑧
⑨	⑨		⑨	⑨	⑨

※ 시험감독관 서명
(서명을 정자로 기재할 것)

문번	제1과목	제2과목	제3과목	제4과목	제5과목
1	① ② ③ ④	① ② ③ ④	① ② ③ ④	① ② ③ ④	① ② ③ ④
2	① ② ③ ④	① ② ③ ④	① ② ③ ④	① ② ③ ④	① ② ③ ④
3	① ② ③ ④	① ② ③ ④	① ② ③ ④	① ② ③ ④	① ② ③ ④
4	① ② ③ ④	① ② ③ ④	① ② ③ ④	① ② ③ ④	① ② ③ ④
5	① ② ③ ④	① ② ③ ④	① ② ③ ④	① ② ③ ④	① ② ③ ④
6	① ② ③ ④	① ② ③ ④	① ② ③ ④	① ② ③ ④	① ② ③ ④
7	① ② ③ ④	① ② ③ ④	① ② ③ ④	① ② ③ ④	① ② ③ ④
8	① ② ③ ④	① ② ③ ④	① ② ③ ④	① ② ③ ④	① ② ③ ④
9	① ② ③ ④	① ② ③ ④	① ② ③ ④	① ② ③ ④	① ② ③ ④
10	① ② ③ ④	① ② ③ ④	① ② ③ ④	① ② ③ ④	① ② ③ ④
11	① ② ③ ④	① ② ③ ④	① ② ③ ④	① ② ③ ④	① ② ③ ④
12	① ② ③ ④	① ② ③ ④	① ② ③ ④	① ② ③ ④	① ② ③ ④
13	① ② ③ ④	① ② ③ ④	① ② ③ ④	① ② ③ ④	① ② ③ ④
14	① ② ③ ④	① ② ③ ④	① ② ③ ④	① ② ③ ④	① ② ③ ④
15	① ② ③ ④	① ② ③ ④	① ② ③ ④	① ② ③ ④	① ② ③ ④
16	① ② ③ ④	① ② ③ ④	① ② ③ ④	① ② ③ ④	① ② ③ ④
17	① ② ③ ④	① ② ③ ④	① ② ③ ④	① ② ③ ④	① ② ③ ④
18	① ② ③ ④	① ② ③ ④	① ② ③ ④	① ② ③ ④	① ② ③ ④
19	① ② ③ ④	① ② ③ ④	① ② ③ ④	① ② ③ ④	① ② ③ ④
20	① ② ③ ④	① ② ③ ④	① ② ③ ④	① ② ③ ④	① ② ③ ④

해커스공무원 실전동형모의고사 답안지

컴퓨터용 흑색사인펜만 사용

회차	

[필적감정용 기재]
*아래 예시문을 옮겨 적으시오
본인은 OOO(응시자성명)임을 확인함
기재란

성명	
자필성명	본인 성명 기재
응시직렬	
응시지역	
시험장소	

응시번호							
⑥ ⑦	⓪ ① ② ③ ④ ⑤ ⑥ ⑦ ⑧ ⑨	⓪ ① ② ③ ④ ⑤ ⑥ ⑦ ⑧ ⑨	⓪ ① ② ③ ④ ⑤ ⑥ ⑦ ⑧ ⑨	⓪ ① ② ③ ④ ⑤ ⑥ ⑦ ⑧ ⑨	⓪ ① ② ③ ④ ⑤ ⑥ ⑦ ⑧ ⑨	⓪ ① ② ③ ④ ⑤ ⑥ ⑦ ⑧ ⑨	⓪ ① ② ③ ④ ⑤ ⑥ ⑦ ⑧ ⑨

생년월일					
⓪ ⑥ ⑦ ⑧ ⑨	⓪ ① ② ③ ④ ⑤ ⑥ ⑦ ⑧ ⑨	⓪ ①	⓪ ① ② ③ ④ ⑤ ⑥ ⑦ ⑧ ⑨	⓪ ① ② ③ ④ ⑤ ⑥ ⑦ ⑧ ⑨	⓪ ① ② ③ ④ ⑤ ⑥ ⑦ ⑧ ⑨

※ 시험감독관 서명 (서명을 정자로 기재할 것)	

문번	제1과목	제2과목	제3과목	제4과목	제5과목
1	① ② ③ ④	① ② ③ ④	① ② ③ ④	① ② ③ ④	① ② ③ ④
2	① ② ③ ④	① ② ③ ④	① ② ③ ④	① ② ③ ④	① ② ③ ④
3	① ② ③ ④	① ② ③ ④	① ② ③ ④	① ② ③ ④	① ② ③ ④
4	① ② ③ ④	① ② ③ ④	① ② ③ ④	① ② ③ ④	① ② ③ ④
5	① ② ③ ④	① ② ③ ④	① ② ③ ④	① ② ③ ④	① ② ③ ④
6	① ② ③ ④	① ② ③ ④	① ② ③ ④	① ② ③ ④	① ② ③ ④
7	① ② ③ ④	① ② ③ ④	① ② ③ ④	① ② ③ ④	① ② ③ ④
8	① ② ③ ④	① ② ③ ④	① ② ③ ④	① ② ③ ④	① ② ③ ④
9	① ② ③ ④	① ② ③ ④	① ② ③ ④	① ② ③ ④	① ② ③ ④
10	① ② ③ ④	① ② ③ ④	① ② ③ ④	① ② ③ ④	① ② ③ ④
11	① ② ③ ④	① ② ③ ④	① ② ③ ④	① ② ③ ④	① ② ③ ④
12	① ② ③ ④	① ② ③ ④	① ② ③ ④	① ② ③ ④	① ② ③ ④
13	① ② ③ ④	① ② ③ ④	① ② ③ ④	① ② ③ ④	① ② ③ ④
14	① ② ③ ④	① ② ③ ④	① ② ③ ④	① ② ③ ④	① ② ③ ④
15	① ② ③ ④	① ② ③ ④	① ② ③ ④	① ② ③ ④	① ② ③ ④
16	① ② ③ ④	① ② ③ ④	① ② ③ ④	① ② ③ ④	① ② ③ ④
17	① ② ③ ④	① ② ③ ④	① ② ③ ④	① ② ③ ④	① ② ③ ④
18	① ② ③ ④	① ② ③ ④	① ② ③ ④	① ② ③ ④	① ② ③ ④
19	① ② ③ ④	① ② ③ ④	① ② ③ ④	① ② ③ ④	① ② ③ ④
20	① ② ③ ④	① ② ③ ④	① ② ③ ④	① ② ③ ④	① ② ③ ④

해커스공무원 실전동형모의고사 답안지

컴퓨터용 흑색사인펜만 사용

회차	

[필적감정용 기재]
*아래 예시문을 옮겨 적으시오
본인은 OOO(응시자성명)임을 확인함

기재란

성명	
자필성명	본인 성명 기재
응시직렬	
응시지역	
시험장소	

응 시 번 호

	⓪	⓪	⓪	⓪	⓪	⓪	⓪
	①	①	①	①	①	①	①
	②	②	②	②	②	②	②
	③	③	③	③	③	③	③
	④	④	④	④	④	④	④
	⑤	⑤	⑤	⑤	⑤	⑤	⑤
⑥	⑥	⑥	⑥	⑥	⑥	⑥	⑥
⑦	⑦	⑦	⑦	⑦	⑦	⑦	⑦
	⑧	⑧	⑧	⑧	⑧	⑧	⑧
	⑨	⑨	⑨	⑨	⑨	⑨	⑨

생 년 월 일

⓪	⓪	⓪	⓪	⓪	⓪
	①	①	①	①	①
	②		②	②	②
	③		③	③	③
	④		④	④	④
	⑤		⑤	⑤	⑤
⑥	⑥		⑥	⑥	⑥
⑦	⑦		⑦	⑦	⑦
⑧	⑧		⑧	⑧	⑧
⑨	⑨		⑨	⑨	⑨

※ 시험감독관 서명
(사인을 정자로 기재할 것)
적색 볼펜만 사용

문번	제1과목	제2과목	제3과목	제4과목	제5과목
1	① ② ③ ④	① ② ③ ④	① ② ③ ④	① ② ③ ④	① ② ③ ④
2	① ② ③ ④	① ② ③ ④	① ② ③ ④	① ② ③ ④	① ② ③ ④
3	① ② ③ ④	① ② ③ ④	① ② ③ ④	① ② ③ ④	① ② ③ ④
4	① ② ③ ④	① ② ③ ④	① ② ③ ④	① ② ③ ④	① ② ③ ④
5	① ② ③ ④	① ② ③ ④	① ② ③ ④	① ② ③ ④	① ② ③ ④
6	① ② ③ ④	① ② ③ ④	① ② ③ ④	① ② ③ ④	① ② ③ ④
7	① ② ③ ④	① ② ③ ④	① ② ③ ④	① ② ③ ④	① ② ③ ④
8	① ② ③ ④	① ② ③ ④	① ② ③ ④	① ② ③ ④	① ② ③ ④
9	① ② ③ ④	① ② ③ ④	① ② ③ ④	① ② ③ ④	① ② ③ ④
10	① ② ③ ④	① ② ③ ④	① ② ③ ④	① ② ③ ④	① ② ③ ④
11	① ② ③ ④	① ② ③ ④	① ② ③ ④	① ② ③ ④	① ② ③ ④
12	① ② ③ ④	① ② ③ ④	① ② ③ ④	① ② ③ ④	① ② ③ ④
13	① ② ③ ④	① ② ③ ④	① ② ③ ④	① ② ③ ④	① ② ③ ④
14	① ② ③ ④	① ② ③ ④	① ② ③ ④	① ② ③ ④	① ② ③ ④
15	① ② ③ ④	① ② ③ ④	① ② ③ ④	① ② ③ ④	① ② ③ ④
16	① ② ③ ④	① ② ③ ④	① ② ③ ④	① ② ③ ④	① ② ③ ④
17	① ② ③ ④	① ② ③ ④	① ② ③ ④	① ② ③ ④	① ② ③ ④
18	① ② ③ ④	① ② ③ ④	① ② ③ ④	① ② ③ ④	① ② ③ ④
19	① ② ③ ④	① ② ③ ④	① ② ③ ④	① ② ③ ④	① ② ③ ④
20	① ② ③ ④	① ② ③ ④	① ② ③ ④	① ② ③ ④	① ② ③ ④

신동욱

약력

현 | 해커스공무원 행정법 강의
현 | 해커스공무원 헌법 강의
전 | 서울시 교육청 헌법 특강
전 | 2017 EBS 특강
전 | 2013, 2014 경찰청 헌법 특강
전 | 교육부 평생교육진흥원 학점은행 교수
전 | 금강대 초빙교수
전 | 강남 박문각행정고시학원 헌법 강의

저서

해커스공무원 처음 행정법 만화판례집
해커스공무원 神행정법총론 기본서
해커스공무원 神행정법총론 조문해설집
해커스공무원 神행정법총론 핵심요약집
해커스공무원 神행정법총론 단원별 기출문제집
해커스공무원 神행정법총론 핵심 기출 OX
해커스공무원 神행정법총론 사례형 기출+실전문제집
해커스공무원 神행정법총론 실전동형모의고사 1·2
해커스공무원 처음 헌법 만화판례집
해커스공무원 神헌법 기본서
해커스공무원 神헌법 조문해설집
해커스공무원 神헌법 핵심요약집
해커스공무원 神헌법 단원별 기출문제집
해커스공무원 神헌법 핵심 기출 OX
해커스공무원 神헌법 실전동형모의고사 1·2
해커스군무원 神행정법 단원별 기출문제집

2024 최신개정판

해커스공무원 神행정법총론 실전동형모의고사 2

개정 5판 1쇄 발행 2024년 4월 5일

지은이	신동욱 편저
펴낸곳	해커스패스
펴낸이	해커스공무원 출판팀
주소	서울특별시 강남구 강남대로 428 해커스공무원
고객센터	1588-4055
교재 관련 문의	gosi@hackerspass.com 해커스공무원 사이트(gosi.Hackers.com) 교재 Q&A 게시판 카카오톡 플러스 친구 [해커스공무원 노량진캠퍼스]
학원 강의 및 동영상강의	gosi.Hackers.com
ISBN	979-11-6999-976-2 (13360)
Serial Number	05-01-01

2024 최신개정판

1위 해커스

한경비즈니스 선정 2020
한국소비자만족지수 교육(공무원) 부문 1위

9·7급 공무원 | 국회직 | 군무원 | 소방

해커스공무원 神(신) 행정법총론

신동욱 편저

실전동형모의고사 2

+ 최종점검 기출모의고사 3회분

모바일 자동 채점 + 성적 분석 서비스
해커스공무원 gosi.Hackers.com

베스트셀러

14회분

해커스공무원 | gosi.Hackers.com

· 본 교재 인강(할인쿠폰 수록)
· 공무원 행정법 무료 특강

특별제공
· 해커스 회독증강 콘텐츠(할인쿠폰 수록)
· 합격예측 온라인 모의고사(응시권 및 해설강의 수강권 수록)
· OMR 답안지

교보문고 취업/수험서 베스트셀러 공무원 행정법 분야(2024.05.28. 온라인 주간 베스트 기준)

2024 최신개정판

해커스공무원

神행정법총론

실전동형모의고사 2

약점 보완 해설집

해커스공무원

해커스공무원

神 행정법총론

실전동형모의고사 2

약점 보완 해설집

해커스공무원

신동욱

약력

현 | 해커스공무원 행정법 강의
현 | 해커스공무원 헌법 강의
전 | 서울시 교육청 헌법 특강
전 | 2017 EBS 특강
전 | 2013, 2014 경찰청 헌법 특강
전 | 교육부 평생교육진흥원 학점은행 교수
전 | 금강대 초빙교수
전 | 강남 박문각행정고시학원 헌법 강의

저서

해커스공무원 처음 행정법 만화판례집
해커스공무원 神행정법총론 기본서
해커스공무원 神행정법총론 조문해설집
해커스공무원 神행정법총론 핵심요약집
해커스공무원 神행정법총론 단원별 기출문제집
해커스공무원 神행정법총론 핵심 기출 OX
해커스공무원 神행정법총론 사례형 기출+실전문제집
해커스공무원 神행정법총론 실전동형모의고사 1·2
해커스공무원 처음 헌법 만화판례집
해커스공무원 神헌법 기본서
해커스공무원 神헌법 조문해설집
해커스공무원 神헌법 핵심요약집
해커스공무원 神헌법 단원별 기출문제집
해커스공무원 神헌법 핵심 기출 OX
해커스공무원 神헌법 실전동형모의고사 1·2
해커스군무원 神행정법 단원별 기출문제집

: 목차

실전동형모의고사

최종점검 기출모의고사

실전동형 모의고사

01회 실전동형모의고사

정답

p. 8

01	②	Ⅳ	06	④	Ⅱ	11	①	Ⅵ	16	②	Ⅴ
02	②	Ⅰ	07	③	Ⅲ	12	③	Ⅱ	17	①	Ⅲ
03	①	Ⅲ	08	③	Ⅱ	13	④	Ⅵ	18	④	Ⅵ
04	③	Ⅳ	09	③	Ⅴ	14	②	Ⅱ	19	④	Ⅱ
05	④	Ⅲ	10	③	Ⅳ	15	②	Ⅳ	20	②	Ⅲ

Ⅰ 행정법 서론 / Ⅱ 행정작용법 / Ⅲ 행정절차와 행정공개 / Ⅳ 행정의 실효성 확보수단 / Ⅴ 행정상 손해전보 / Ⅵ 행정쟁송

취약 단원 분석표

단원	맞힌 답의 개수
Ⅰ	/ 1
Ⅱ	/ 5
Ⅲ	/ 5
Ⅳ	/ 4
Ⅴ	/ 2
Ⅵ	/ 3
TOTAL	/ 20

01 행정처분 정답 ②

① [O] 어떠한 고시가 일반적·추상적 성격을 가질 때에는 법규명령 또는 행정규칙에 해당할 것이지만, 다른 집행행위의 매개 없이 그 자체로서 직접 국민의 구체적인 권리의무나 법률관계를 규율하는 성격을 가질 때에는 항고소송의 대상이 되는 행정처분에 해당한다(대결 2003.10.9. 2003무23).

❷ [X] 조달청장이 '중소기업제품 구매촉진 및 판로지원에 관한 법률 제8조의2 제1항에 해당하는 자는 입찰 참여를 제한하고, 계약체결 후 해당 기업으로 확인될 경우 계약해지 및 기배정한 물량을 회수한다'는 내용의 레미콘 연간 단가계약을 위한 입찰공고를 하고 입찰에 참가하여 낙찰받은 甲 주식회사 등과 레미콘 연간 단가계약을 각 체결하였는데, 甲 회사 등으로부터 중소기업청장이 발행한 참여제한 문구가 기재된 중소기업 확인서를 제출받고 甲 회사 등에 '중소기업자간 경쟁입찰 참여제한 대상기업에 해당하는 경우 물량 배정을 중지하겠다'는 내용의 통보를 한 사안에서, 중소기업제품 구매촉진 및 판로지원에 관한 법률의 규정 체계 및 내용, 입찰공고 및 '물품구매계약 추가 특수조건'의 내용과 구 판로지원법은 조달청장과 같은 '공공기관의 장'이 경쟁입찰 참여제한 처분의 주체임을 명시하고 있고, 조달청장은 甲 회사 등이 대기업과 지배 또는 종속의 관계에 있다고 최종적으로 판단하여, 위 법률 조항에 의한 집행행위로서 통보를 한 점, 甲 회사 등은 위 통보로 구 판로지원법에 따라 중소기업자간 경쟁입찰에 참여할 수 있는 자격을 획득할 때까지 물량 배정을 받을 수 없게 되고 이는 甲 회사 등의 권리·의무에 직접적인 영향을 미치는 법적 불이익에 해당하는 점 등을 종합하면, 위 통보가 중소기업청장의 확인처분과 구 판로지원법 제8조의2 제1항 등에 근거한 후속 집행행위로서 상대방인 甲 회사 등의 권리·의무에도 직접 영향을 미치므로, 행정청인 조달청장이 행하는 구체적 사실에 관한 법집행으로서의 공권력의 행사이고 따라서 항고소송의 대상이 된다(대판 2019.5.10. 2015두46987).

③ [O] 병무청장이 하는 병역의무 기피자의 인적사항 등 공개는, 특정인을 병역의무 기피자로 판단하여 그 사실을 일반 대중에게 공표함으로써 그의 명예를 훼손하고 그에게 수치심을 느끼게 하여 병역의무 이행을 간접적으로 강제하려는 조치로서 병역법에 근거하여 이루어지는 공권력의 행사에 해당한다(대판 2019.6.27. 2018두49130).

④ [O] 피고가 2019.1.31. 원고에게 「공공감사에 관한 법률」 제23조에 따라 감사결과 및 조치사항을 통보한 뒤, 그와 동일한 내용으로 2020.10.22. 원고에게 시정명령을 내리면서 그 근거법령으로 유아교육법 제30조를 명시하였다면, 비록 위 시정명령이 원고에게 부과하는 의무의 내용은 같을지라도, 「공공감사에 관한 법률」 제23조에 따라 통보된 조치사항을 이행하지 않은 경우와 유아교육법 제30조에 따른 시정명령을 이행하지 않은 경우에 당사자가 입는 불이익이 다르므로, 위 시정명령에 대하여도 처분성을 인정하여 그 불복기회를 부여할 필요성이 있다고 본다(대판 2022.9.7. 2022두42365).

02 법률유보 정답 ②

① [O] 「행정기본법」은 결격사유 법정주의를 규정하고 있다.

판례 이론 **조문**

> **「행정기본법」 제16조 【결격사유】** ① 자격이나 신분 등을 취득 또는 부여할 수 없거나 인가, 허가, 지정, 승인, 영업등록, 신고 수리 등(이하 "인허가"라 한다)을 필요로 하는 영업 또는 사업 등을 할 수 없는 사유(이하 이 조에서 "결격사유"라 한다)는 법률로 정한다.

❷ [X] 국가공무원인 교원의 보수는 본질적으로 급부적 성격이 강한 국가행정의 영역에 속하는 것으로서 해마다 국가의 재정상황 등에 따라 그 액수가 수시로 변화하고, 교원의 보수체계 역시 국가의 정치·사회·경제적 상황, 시대 변화에 따른 교원의 지위 및 역할의 변화, 민간 영역의 보수 체계의 변화 등 사회적·경제적 여건에 따라 적절히 대처할 필요성이 있기 때문에 이에 관한 모든 사항을 법률에 규정하는 것은 입법기술상 매우 어렵다. 따라서 국가공무원인 교원의 보수에 관한 구체적인 내용(보수 체계, 보수 내용, 지급 방법 등)까지 반드시 법률의 형식으로만 정해야 하는 '기본적인 사항'이라고 보기는 어렵고, 이를 행정부의 하위법령에 위임하는 것은 불가피하다(대판 2023.10.26. 2020두50966).

③ [O] 토지등소유자가 도시환경정비사업을 시행하는 경우 사업시행인가 신청시 필요한 토지등소유자의 동의는 개발사업의 주체 및 정비구역 내 토지등소유자를 상대로 수용권을 행사하고 각종 행정처분을 발할 수 있는 행정주체로서의 지위를 가지는 사업시행자를 지정하는 문제로서 그 동의요건을 정하는 것은 국민의 권리와 의무의 형성에 관한 기본적이고 본질적인 사항이므로 국회가 스스로 행하여야 하는 사항에 속하는 것임에도 불구하고 사업시행인가 신청에 필요한 동의정족수를 토지등소유자가 자치적으로 정하여 운영하는 규약에 정하도록 한 것은 법률유보원칙에 위반된다(대판 2011.8.30. 2009헌바128).

판례 이론 조문

[비교판례] 구 도시 및 주거환경정비법상 사업시행자에게 사업시행계획의 작성권이 있고 행정청은 단지 이에 대한 인가권만을 가지고 있으므로 사업시행자인 조합의 사업시행계획 작성은 자치법적 요소를 가지고 있는 사항이라 할 것이고, 이와 같이 사업시행계획의 작성이 자치법적 요소를 가지고 있는 이상, 조합의 사업시행인가 신청시의 토지 등 소유자의 동의요건 역시 자치법적 사항이라 할 것이며, 따라서 2005.3.18. 법률 제7392호로 개정된 도시 및 주거환경정비법 제28조 제4항 본문이 사업시행인가 신청시의 동의요건을 조합의 정관에 포괄적으로 위임하고 있다고 하더라도 헌법 제75조가 정하는 포괄위임입법금지의 원칙이 적용되지 아니하므로 이에 위배된다고 할 수 없다. 그리고 조합의 사업시행인가 신청시의 토지 등 소유자의 동의요건이 비록 토지 등 소유자의 재산상 권리·의무에 영향을 미치는 사업시행계획에 관한 것이라고 하더라도, 그 동의요건은 사업시행인가 신청에 대한 토지 등 소유자의 사전 통제를 위한 절차적 요건에 불과하고 토지 등 소유자의 재산상 권리·의무에 관한 기본적이고 본질적인 사항이라고 볼 수 없으므로 법률유보 내지 의회유보의 원칙이 반드시 지켜져야 하는 영역이라고 할 수 없고, 따라서 개정된 도시 및 주거환경정비법 제28조 제4항 본문이 법률유보 내지 의회유보의 원칙에 위배된다고 할 수 없다(대판 2007.10.12. 2006두14476).

④ [O] 법률이 공법적 단체 등의 정관에 자치법적 사항을 위임한 경우에는 헌법 제75조가 정하는 포괄적인 위임입법의 금지는 원칙적으로 적용되지 않는다고 봄이 상당하고, 그렇다 하더라도 그 사항이 국민의 권리·의무에 관련되는 것일 경우에는 적어도 국민의 권리·의무에 관한 기본적이고 본질적인 사항은 국회가 정하여야 한다(대판 2007.10.12. 2006두14476).

03 공공기관의 정보공개에 관한 법률 정답 ①

❶ [X] 보안관찰관련 통계자료를 제외한 나머지 정보들(이하 '이 사건 나머지 정보들'이라 한다)에 대하여 공공기관의 정보공개에 관한 법률 제2조 제2호는 '공개'라 함은 공공기관이 이 법의 규정에 의하여 정보를 열람하게 하거나 그 사본 또는 복제물을 교부하는 것 등을 말한다고 정의하고 있는데, 정보공개방법에 대하여 법 시행령 제14조 제1항은 문서·도면·사진 등은 열람 또는 사본의 교부의 방법 등에 의하도록 하고 있고, 제2항은 공공기관은 정보를 공개함에 있어서 본인 또는 그 정당한 대리인임을 직접 확인할 필요가 없는 경우에는 청구인의 요청에 의하여 사본 등을 우편으로 송부할 수 있도록 하고 있으며, 한편 법 제15조 제1항은 정보의 공개 및 우송 등에 소요되는 비용은 실비의 범위 안에서 청구인의 부담으로 하도록 하고 있는바, 청구인이 정보공개거부처분의 취소를 구하는 소송에서 공공기관이 청구정보를 증거 등으로 법원에 제출하여 법원을 통하여 그 사본을 청구인에게 교부 또는 송달하게 하여 결과적으로 청구인에게 정보를 공개하는 셈이 되었다고 하더라도, 이러한 우회적인 방법은 법이 예정하고 있지 아니한 방법으로서 법에 의한 공개라고 볼 수는 없으므로, 당해 문서의 비공개결정의 취소를 구할 소의 이익은 소멸되지 않는다고 할 것이다(대판 2004.3.26. 2002두6583).

② [O] 구 공공기관의 정보공개에 관한 법률은, 정보의 공개를 청구하는 이(이하 '청구인'이라 한다)가 정보공개방법도 아울러 지정하여 정보공개를 청구할 수 있도록 하고 있고, 전자적 형태의 정보를 전자적으로 공개하여 줄 것을 요청한 경우에는 공공기관은 원칙적으로 요청에 응할 의무가 있고, 나아가 비전자적 형태의 정보에 관해서도 전자적 형태로 공개하여 줄 것을 요청하면 재량판단에 따라 전자적 형태로 변환하여 공개할 수 있도록 하고 있다. 이는 정보의 효율적 활용을 도모하고 청구인의 편의를 제고함으로써 구 정보공개법의 목적인 국민의 알 권리를 충실하게 보장하려는 것이므로, 청구인에게는 특정한 공개방법을 지정하여 정보공개를 청구할 수 있는 법령상 신청권이 있다. 따라서 공공기관이 공개청구의 대상이 된 정보를 공개는 하되, 청구인이 신청한 공개방법 이외의 방법으로 공개하기로 하는 결정을 하였다면, 이는 정보공개청구 중 정보공개방법에 관한 부분에 대하여 일부 거부처분을 한 것이고, 청구인은 그에 대하여 항고소송으로 다툴 수 있다(대판 2016.11.10. 2016두44674).

③ [O] 「공공기관의 정보공개에 관한 법률 시행령」 제14조 제1항 제5호, 「공공기관의 정보공개에 관한 법률」 제7조 제1항 제1호에 대한 옳은 내용이다.

판례 이론 **조문**

시행령 제14조 【정보공개 방법】 ① 정보는 다음 각 호의 구분에 따른 방법으로 공개한다.
5. 법 제7조 제1항에 따른 정보 등 공개를 목적으로 작성되고 이미 정보통신망 등을 통하여 공개된 정보: 해당 정보의 소재(所在) 안내

법 제7조 【정보의 사전적 공개 등】 ① 공공기관은 다음 각 호의 어느 하나에 해당하는 정보에 대해서는 공개의 구체적 범위, 주기·시기 및 방법 등을 미리 정하여 정보통신망 등을 통하여 알리고, 이에 따라 정기적으로 공개하여야 한다. 다만, 제9조 제1항 각 호의 어느 하나에 해당하는 정보에 대해서는 그러하지 아니하다.
1. 국민생활에 매우 큰 영향을 미치는 정책에 관한 정보
2. 국가의 시책으로 시행하는 공사(工事) 등 대규모 예산이 투입되는 사업에 관한 정보
3. 예산집행의 내용과 사업평가 결과 등 행정감시를 위하여 필요한 정보
4. 그 밖에 공공기관의 장이 정하는 정보

④ [O] 공공기관의 정보공개에 관한 법률에 따라 정보비공개결정의 취소를 구하는 사건에서 정보공개청구서에 청구대상정보를 특정할 수 없는 부분이 포함되어 있는 경우 법원이 취해야 할 조치: 정보비공개결정의 취소를 구하는 사건에 있어서, 만일 공개를 청구한 정보의 내용 중 너무 포괄적이거나 막연하여서 사회일반인의 관점에서 그 내용과 범위를 확정할 수 있을 정도로 특정되었다고 볼 수 없는 부분이 포함되어 있다면, 이를 심리하는 법원으로서는 마땅히 공공기관의 정보공개에 관한 법률 제20조 제2항의 규정에 따라 공공기관에게 그가 보유·관리하고 있는 공개청구정보를 제출하도록 하여 이를 비공개로 열람·심사하는 등의 방법으로 공개청구정보의 내용과 범위를 특정시켜야 하고, 나아가 위와 같은 방법으로도 특정이 불가능한 경우에는 특정되지 않은 부분과 나머지 부분을 분리할 수 있고 나머지 부분에 대한 비공개결정이 위법한 경우라고 하여도 정보공개의 청구 중 특정되지 않은 부분에 대한 비공개결정의 취소를 구하는 부분은 나머지 부분과 분리하여 이를 기각하여야 할 것이다(대판 2007.6.1. 2007두2555).

04 과징금 정답 ③

① [O] 구 여객자동차 운수사업법(2012.2.1. 법률 제11295호로 개정되기 전의 것) 제88조 제1항의 과징금부과처분은 제재적 행정처분으로서 여객자동차 운수사업에 관한 질서를 확립하고 여객의 원활한 운송과 여객자동차 운수사업의 종합적인 발달을 도모하여 공공복리를 증진한다는 행정목적의 달성을 위하여 행정법규 위반이라는 객관적 사실에 착안하여 가하는 제재이므로 반드시 현실적인 행위자가 아니라도 법령상 책임자로 규정된 자에게 부과되고 원칙적으로 위반자의 고의·과실을 요하지 아니하나, 위반자의 의무 해태를 탓할 수 없는 정당한 사유가 있는 등의 특별한 사정이 있는 경우에는 이를 부과할 수 없다(대판 2014.10.15. 2013두5005).

② [O] 「행정기본법」 제29조에 대한 옳은 내용이다.

판례 이론 **조문**

제29조 【과징금의 납부기한 연기 및 분할 납부】 과징금은 한꺼번에 납부하는 것을 원칙으로 한다. 다만, 행정청은 과징금을 부과받은 자가 다음 각 호의 어느 하나에 해당하는 사유로 과징금 전액을 한꺼번에 내기 어렵다고 인정될 때에는 그 납부기한을 연기하거나 분할 납부하게 할 수 있으며, 이 경우 필요하다고 인정하면 담보를 제공하게 할 수 있다.
1. 재해 등으로 재산에 현저한 손실을 입은 경우
2. 사업 여건의 악화로 사업이 중대한 위기에 처한 경우
3. 과징금을 한꺼번에 내면 자금 사정에 현저한 어려움이 예상되는 경우
4. 그 밖에 제1호부터 제3호까지에 준하는 경우로서 대통령령으로 정하는 사유가 있는 경우

❸ [X] 과징금은 위반행위에 대한 제재의 성격과 함께 위반행위에 따르는 불법적인 경제적 이익을 박탈하기 위한 부당이득 환수로서의 성격도 가지고, 이는 구 정보통신망 이용촉진 및 정보보호 등에 관한 법률(2020.2.4. 법률 제16955호로 개정되기 전의 것, 이하 '구 정보통신망법'이라 한다) 제64조의3 제1항 각 호에서 정한 행위에 대하여 부과하는 과징금의 경우도 마찬가지이다(대판 2023.10.12. 2022두68923).

④ [O] 「행정기본법」 제28조에 대한 옳은 내용이다.

판례 이론 **조문**

제28조 【과징금의 기준】 ① 행정청은 법령등에 따른 의무를 위반한 자에 대하여 법률로 정하는 바에 따라 그 위반행위에 대한 제재로서 과징금을 부과할 수 있다.
② 과징금의 근거가 되는 법률에는 과징금에 관한 다음 각 호의 사항을 명확하게 규정하여야 한다.
1. 부과·징수 주체
2. 부과 사유
3. 상한액
4. 가산금을 징수하려는 경우 그 사항
5. 과징금 또는 가산금 체납 시 강제징수를 하려는 경우 그 사항

05 처분의 사전통지 및 의견청취 정답 ④

① [X] '고시'의 방법으로 불특정 다수인을 상대로 의무를 부과하거나 권익을 제한하는 처분은 성질상 의견제출의 기회를 주어야 하는 상대방을 특정할 수 없으므로, 이와 같은 처분에 있어서까지 구 행정절차법 제22조 제3항에 의하여 그 상대방에게 의견제출의 기회를 주어야 한다고 해석할 것은 아니다(대판 2014.10.27. 2012두7745).

② [×] 행정절차법 제21조 제1항은 행정청은 당사자에게 의무를 과하거나 권익을 제한하는 처분을 하는 경우에는 미리 처분의 제목, 당사자의 성명 또는 명칭과 주소, 처분하고자 하는 원인이 되는 사실과 처분의 내용 및 법적 근거, 그에 대하여 의견을 제출할 수 있다는 뜻과 의견을 제출하지 아니하는 경우의 처리방법, 의견제출기관의 명칭과 주소, 의견제출기한 등을 당사자 등에게 통지하도록 하고 있는바, 신청에 따른 처분이 이루어지지 아니한 경우에는 아직 당사자에게 권익이 부과되지 아니하였으므로 특별한 사정이 없는 한 신청에 대한 거부처분이라고 하더라도 직접 당사자의 권익을 제한하는 것은 아니어서 신청에 대한 거부처분을 여기에서 말하는 '당사자의 권익을 제한하는 처분'에 해당한다고 할 수 없는 것이어서 처분의 사전통지대상이 된다고 할 수 없다(대판 2003.11.28. 2003두674).

③ [×] 국가공무원법상 직위해제처분은 구 행정절차법 제3조 제2항 제9호, 구 행정절차법 시행령 제2조 제3호에 의하여 당해 행정작용의 성질상 행정절차를 거치기 곤란하거나 불필요하다고 인정되는 사항 또는 행정절차에 준하는 절차를 거친 사항에 해당하므로, 처분의 사전통지 및 의견청취 등에 관한 행정절차법의 규정이 별도로 적용되지 않는다(대판 2014.5.16. 2012두26180). 군인사법령에 의하여 진급예정자명단에 포함된 자에 대하여 의견제출의 기회를 부여하지 아니한 채 진급선발을 취소하는 처분을 한 것이 절차상 하자가 있어 위법하다(대판 2007.9.21. 2006두20631).

❹ [○] 행정청이 당사자와 사이에 도시계획사업의 시행과 관련한 협약을 체결하면서 관계 법령 및 행정절차법에 규정된 청문의 실시 등 의견청취절차를 배제하는 조항을 두었다고 하더라도, 국민의 행정참여를 도모함으로써 행정의 공정성·투명성 및 신뢰성을 확보하고 국민의 권익을 보호한다는 행정절차법의 목적 및 청문제도의 취지 등에 비추어 볼 때, 위와 같은 협약의 체결로 청문의 실시에 관한 규정의 적용을 배제할 수 있다고 볼 만한 법령상의 규정이 없는 한, 이러한 협약이 체결되었다고 하여 청문의 실시에 관한 규정의 적용이 배제된다거나 청문을 실시하지 않아도 되는 예외적인 경우에 해당한다고 할 수 없다(대판 2004.7.8. 2002두8350).

06 행정행위의 취소 정답 ④

① [○] 소멸시효는 객관적으로 권리가 발생하여 그 권리를 행사할 수 있는 때로부터 진행하고 그 권리를 행사할 수 없는 동안만은 진행하지 아니하는데, 여기서 권리를 행사할 수 없는 경우라 함은 그 권리행사에 법률상의 장애사유가 있는 경우를 말한다. 변상금 부과처분에 대한 취소소송이 진행 중이라도 그 부과권자로서는 위법한 처분을 스스로 취소하고 그 하자를 보완하여 다시 적법한 부과처분을 할 수도 있는 것이어서 그 권리행사에 법률상의 장애사유가 있는 경우에 해당한다고 할 수 없으므로, 그 처분에 대한 취소소송이 진행되는 동안에도 그 부과권의 소멸시효가 진행된다(대판 2006.2.10. 2003두5686).

② [○] 일정한 행정처분으로 국민이 일정한 이익과 권리를 취득하였을 경우에 종전 행정처분을 취소하는 행정처분은 이미 취득한 국민의 기존 이익과 권리를 박탈하는 별개의 행정처분으로 취소될 행정처분에 하자 또는 취소해야 할 공공의 필요가 있어야 하고, 나아가 행정처분에 하자 등이 있다고 하더라도 취소해야 할 공익상 필요와 취소로 당사자가 입게 될 기득권과 신뢰보호 및 법률생활안정의 침해 등 불이익을 비교·교량한 후 공익상 필요가 당사자가 입을 불이익을 정당화할 만큼 강한 경우에 한하여 취소할 수 있는 것이며, 하자나 취소해야 할 필요성에 관한 증명책임은 기존 이익과 권리를 침해하는 처분을 한 행정청에 있다(대판 2012.3.29. 2011두23375).

③ [○] 평가인증의 취소는 강학상 철회에 해당하며, 평가인증의 효력을 과거로 소급하여 상실시키기 위해서는 특별한 사정이 없는 한 별도의 법적근거가 필요하므로 행정청이 평가인증취소처분을 하면서 별도의 법적 근거 없이는 평가인증의 효력을 취소사유 발생일로 소급하여 상실시킬 수 없다.

판례 이론 조문

> 영유아보육법 제30조 제5항 제3호에 따른 평가인증의 취소는 평가인증 당시에 존재하였던 하자가 아니라 그 이후에 새로이 발생한 사유로 평가인증의 효력을 소멸시키는 경우에 해당하므로, 법적 성격은 평가인증의 '철회'에 해당한다. 그런데 행정청이 평가인증을 철회하면서 그 효력을 철회의 효력발생일 이전으로 소급하게 하면, 철회 이전의 기간에 평가인증을 전제로 지급한 보조금 등의 지원이 그 근거를 상실하게 되어 이를 반환하여야 하는 법적 불이익이 발생한다. 이는 장래를 향하여 효력을 소멸시키는 철회가 예정한 법적 불이익의 범위를 벗어나는 것이다. 이처럼 행정청이 평가인증이 이루어진 이후에 새로이 발생한 사유를 들어 영유아보육법 제30조 제5항에 따라 평가인증을 철회하는 처분을 하면서도, 평가인증의 효력을 과거로 소급하여 상실시키기 위해서는, 특별한 사정이 없는 한 영유아보육법 제30조 제5항과는 별도의 법적 근거가 필요하다(대판 2018.6.28. 2015두58195).

❹ [×] 행정청은 행정소송이 계속되고 있는 때에도 직권으로 그 처분을 변경할 수 있고, 행정소송법 제22조 제1항은 이를 전제로 처분변경으로 인한 소의 변경에 관하여 규정하고 있다. 점용료 부과처분에 취소사유에 해당하는 흠이 있는 경우 도로관리청으로서는 당초 처분 자체를 취소하고 흠을 보완하여 새로운 부과처분을 하거나, 흠 있는 부분에 해당하는 점용료를 감액하는 처분을 할 수 있다. 한편 흠 있는 행정행위의 치유는 원칙적으로 허용되지 않을 뿐 아니라, 흠의 치유는 성립 당시에 적법한 요건을 갖추지 못한 흠 있는 행정행위를 그대로 존속시키면서 사후에 그 흠의 원인이 된 적법 요건을 보완하는 경우를 말한다. 그런데 앞서 본 바와 같은 흠 있는 부분에 해당하는 점용료를 감액하는 처분은 당초 처분 자체를 일부 취소하는 변경처분에 해당하고, 그 실질은 종래의 위법한 부분을 제거하는 것으로서 흠의 치유와는 차이가 있다(대판 2019.1.17. 2016두56721·56738).

07 행정절차법 정답 ③

① [O] 「행정절차법」 제22조 제6항에 대한 옳은 내용이다.

판례 이론 **조문**

> **제22조 【의견청취】** ⑥ 행정청은 처분 후 1년 이내에 당사자등이 요청하는 경우에는 청문·공청회 또는 의견제출을 위하여 제출받은 서류나 그 밖의 물건을 반환하여야 한다.

② [O] 「행정절차법」 제14조 제4항, 제15조 제3항에 대한 옳은 내용이다.

판례 이론 **조문**

> **제14조 【송달】** ④ 다음 각 호의 어느 하나에 해당하는 경우에는 송달받을 자가 알기 쉽도록 관보, 공보, 게시판, 일간신문 중 하나 이상에 공고하고 인터넷에도 공고하여야 한다.
> 1. 송달받을 자의 주소등을 통상적인 방법으로 확인할 수 없는 경우
> 2. 송달이 불가능한 경우
>
> **제15조 【송달의 효력 발생】** ③ 제14조 제4항의 경우에는 다른 법령등에 특별한 규정이 있는 경우를 제외하고는 공고일부터 14일이 지난 때에 그 효력이 발생한다. 다만, 긴급히 시행하여야 할 특별한 사유가 있어 효력 발생 시기를 달리 정하여 공고한 경우에는 그에 따른다.

❸ [X] 행정절차법 제2조 제4호에 의하면, '당사자 등'이란 행정청의 처분에 대하여 직접 그 상대가 되는 당사자와 행정청이 직권 또는 신청에 의하여 행정절차에 참여하게 한 이해관계인을 의미하는데, 같은 법 제9조에서는 자연인, 법인, 법인 아닌 사단 또는 재단 외에 '다른 법령 등에 따라 권리·의무의 주체가 될 수 있는 자' 역시 '당사자 등'이 될 수 있다고 규정하고 있을 뿐, 국가를 '당사자 등'에서 제외하지 않고 있다. 또한 행정절차법 제3조 제2항에서 행정절차법이 적용되지 않는 사항을 열거하고 있는데, '국가를 상대로 하는 행정행위'는 그 예외사유에 해당하지 않는다. 위와 같은 행정절차법의 규정과 행정의 공정성·투명성 및 신뢰성 확보라는 행정절차법의 입법 취지 등을 고려해 보면, 행정기관의 처분에 의하여 불이익을 입게 되는 국가를 일반 국민과 달리 취급할 이유가 없다. 따라서 국가에 대해 행정처분을 할 때에도 사전 통지, 의견청취, 이유 제시와 관련한 행정절차법이 그대로 적용된다고 보아야 한다(대판 2023.9.21. 2023두39724).

④ [O] 「행정절차법」 제10조 제4항에 대한 옳은 내용이다.

판례 이론 **조문**

> **제10조 【지위의 승계】** ④ 처분에 관한 권리 또는 이익을 사실상 양수한 자는 행정청의 승인을 받아 당사자등의 지위를 승계할 수 있다.

08 행정지도 정답 ③

① [X] 이 사건 시정요구는 서비스제공자 등에게 조치결과 통지의무를 부과하고 있고, 서비스제공자 등이 이에 따르지 않는 경우 방송통신위원회의 해당 정보의 취급거부·정지 또는 제한명령이라는 법적 조치가 내려질 수 있으며, 행정기관인 방송통신심의위원회가 표현의 자유를 제한하게 되는 결과의 발생을 의도하거나 또는 적어도 예상하였다 할 것이므로, 이 사건 시정요구는 단순한 행정지도로서의 한계를 넘어 규제적·구속적 성격을 상당히 강하게 갖는 것으로서 항고소송의 대상이 되는 공권력의 행사라고 봄이 상당하다(헌재 2012.2.23. 2008헌마500).

② [X] 행정지도는 법적 근거 없이 할 수 있으며, 「행정절차법」상 행정지도절차를 준수해야 하므로 일반원칙이 적용된다.

❸ [O] 행정관청이 국토이용관리법 소정의 토지거래계약신고에 관하여 공시된 기준시가를 기준으로 매매가격을 신고하도록 행정지도를 하여 그에 따라 허위신고를 한 것이라 하더라도 이와 같은 행정지도는 법에 어긋나는 것으로서 그와 같은 행정지도나 관행에 따라 허위신고행위에 이르렀다고 하여도 이것만 가지고서는 그 범법행위가 정당화될 수 없다(사회상규에 위배되지 않는 정당한 행위라고는 볼 수 없음)(대판 1994.6.14. 93도3247).

④ [X] 행정지도가 강제성을 띠지 않은 비권력적 작용으로서 행정지도의 한계를 일탈하지 아니하였다면, 그로 인하여 상대방에게 어떤 손해가 발생하였다 하더라도 행정기관은 그에 대한 손해배상책임이 없다(대판 2008.9.25. 2006다18228).

09 국가배상제도 정답 ③

옳은 것은 ㄷ이고, 옳지 않은 것은 ㄱ, ㄴ, ㄹ이다.

ㄱ. [X] 국가배상법 제2조 제1항의 '직무를 집행함에 당하여'라 함은 직접 공무원의 직무집행행위이거나 그와 밀접한 관련이 있는 행위를 포함하고, 이를 판단함에 있어서는 행위 자체의 외관을 객관적으로 관찰하여 공무원의 직무행위로 보여질 때에는 비록 그것이 실질적으로 직무행위가 아니거나 또는 행위자로서는 주관적으로 공무집행의 의사가 없었다고 하더라도 그 행위는 공무원이 '직무를 집행함에 당하여' 한 것으로 보아야 한다. 인사업무담당 공무원이 다른 공무원의 공무원증 등을 위조한 행위에 대하여 실질적으로는 직무행위에 속하지 아니한다 할지라도 외관상으로 국가배상법 제2조 제1항의 직무집행관련성이 인정된다(대판 2005.1.14. 2004다26805).

ㄴ. [X] 어떠한 행정처분이 후에 항고소송에서 취소되었다고 할지라도 그 기판력에 의하여 당해 행정처분이 곧바로 공무원의 고의 또는 과실로 인한 것으로서 불법행위를 구성한다고 단정할 수는 없는 것이고, 그 행정처분의 담당공무원이 보통 일반의 공무원을 표준으로 하여 볼 때 객관적 주의의무를 결하여 그 행정처분이 객관적 정당성을 상실하였다고 인정될 정도에 이른 경우에 국가배상법 제2조가 정한 국가배상책임의 요건을 충족하였다고 봄이 상당하다(대판 2012.5.24. 2012다11297).

ㄷ. [O] 일반국민이 직무집행 중인 군인과의 공동불법행위로 직무집행 중인 다른 군인에게 공상을 입혀 그 피해자에게 공동의 불법행위로 인한 손해를 배상한 다음 공동불법행위자인 군인의 부담부분에 관하여 국가에 대하여 구상권을 행사하는 것을 허용하지 아니한다고 해석하는 한, 헌법에 위반된다(헌재 1994.12.29. 93헌바21).

ㄹ. [X] 민간인이 군인 등의 불법행위로 국가와 함께 공동불법행위책임, 사용자책임 또는 자동차운행자책임을 지는 경우에 공동불법행위자 등이 부진정연대채무자로서 각자 피해자의 손해 전부를 배상할 의무를 부담하는 공동불법행위의 일반적인 경우와 달리 예외적으로 민간인은 피해 군인 등에 대하여 그 손해 중 국가 등이 민간인에 대한 구상의무를 부담한다면 그 내부적인 관계에서 부담하여야 할 부분을 제외한 나머지 자신의 부담부분에 한하여 손해배상의무를 부담하고, 한편 자신의 귀책부분을 넘어서 배상한 경우에도 국가 등에 대하여는 그 귀책부분의 구상을 청구할 수 없다고 해석함이 상당하다(대판 2001.2.15. 96다42420).

10 이행강제금 정답 ③

① [O] 건축주 등이 장기간 시정명령을 이행하지 아니하였더라도, 그 기간 중에는 시정명령의 이행 기회가 제공되지 아니하였다가 뒤늦게 시정명령의 이행 기회가 제공된 경우라면, 시정명령의 이행 기회 제공을 전제로 한 1회분의 이행강제금만을 부과할 수 있고, 시정명령의 이행 기회가 제공되지 아니한 과거의 기간에 대한 이행강제금까지 한꺼번에 부과할 수는 없다. 그리고 이를 위반하여 이루어진 이행강제금 부과처분은 과거의 위반행위에 대한 제재가 아니라 행정상의 간접강제 수단이라는 이행강제금의 본질에 반하여 구 건축법 제80조 제1항, 제4항 등 법규의 중요한 부분을 위반한 것으로서, 그러한 하자는 중대할 뿐만 아니라 객관적으로도 명백하다(대판 2016.7.14. 2015두46598).

② [O] 국토의 계획 및 이용에 관한 법률(이하 '국토계획법'이라 한다) 제124조의2 제5항이 이행명령을 받은 자가 그 명령을 이행하는 경우에 새로운 이행강제금의 부과를 즉시 중지하도록 규정한 것은 이행강제금의 본질상 이행강제금 부과로 이행을 확보하고자 한 목적이 이미 실현된 경우에는 그 이행강제금을 부과할 수 없다는 취지를 규정한 것으로서, 이에 의하여 부과가 중지되는 '새로운 이행강제금'에는 국토계획법 제124조의2 제3항의 규정에 의하여 반복 부과되는 이행강제금뿐만 아니라 이행명령 불이행에 따른 최초의 이행강제금도 포함된다. 따라서 이행명령을 받은 의무자가 그 명령을 이행한 경우에는 이행명령에서 정한 기간을 지나서 이행한 경우라도 최초의 이행강제금을 부과할 수 없다(대판 2014.12.11. 2013두15750).

❸ [X] 공정거래법 제17조의3에 따른 이행강제금은 반복하여 부과할 수 있도록 규정하고 있지 않고 매 1일당 일정 금액을 불이행 기간에 비례하여 부과할 수 있도록 규정하고 있을 뿐, 시정명령(또는 이행명령)을 받은 자가 그 명령을 이행하는 경우에 새로운 이행강제금의 부과를 즉시 중지한다는 취지의 규정[건축법 제80조 제6항, 구 국토의 계획 및 이용에 관한 법률(2016.1.19. 법률 제13797호로 개정되기 전의 것, 이하 '구 국토계획법'이라 한다) 제124조의2 제5항] 또는 이미 의무 불이행이라는 과거의 사실에 대한 제재인 과징금이 부과된 행위를 대상으로 재차 이행강제금을 부과할 수 있도록 하는 규정[부동산 실권리자명의 등기에 관한 법률(이하 '부동산실명법'이라 한다) 제6조 제2항] 등을 두고 있지 않다.

또한 공정거래위원회는 공정거래법 제7조 제1항의 기업결합 제한 규정을 위반한 사업자에 대하여 제16조에 규정된 시정조치 중 하나로서 '기업결합에 따른 경쟁제한의 폐해를 방지할 수 있는 영업방식 또는 영업범위의 제한'을 명할 수 있으므로(공정거래법 제16조 제1항 제7호), 영업방식 또는 영업범위의 제한을 위하여 일정한 기간 동안 어떠한 행위를 금지하는 부작위 의무를 부과할 수 있다. 부작위 의무자가 시정조치를 위반한 이상 일정한 기간 동안의 부작위의무 불이행 후 의무 불이행을 중단한다고 하더라도 시장에 미친 경쟁제한의 영향력이 없다고 보기 어려우므로 '기업결합에 따른 경쟁제한의 폐해방지'라는 공정거래법 제16조 제1항에 따른 시정조치의 목적은 이미 일정한 범위에서 달성되지 못하게 된다. 만약 일정한 기간 동안의 부작위의무를 불이행한 후 의무불이행을 중단하였다고 하여 불이행기간에 대하여 이행강제금을 부과할 수 없다고 해석한다면, 공정거래법 제7조 제1항을 위반하여 같은 법 제16조 제1항 제7호에 따라 일정한 부작위 의무를 명하는 시정조치를 받은 사업자는 피고의 시정조치에 따른 부작위 의무를 이행하지 않고 있다가 공정거래위원회가 이행강제금 부과처분을 위한 심사에 착수하면 그때 불이행을 중단함으로써 이행강제금 부과를 면할 수 있게 되고, 그 경우 공정거래법상 이행강제금 규정은 규제의 실효성을 가지지 못하게 된다.

이처럼 공정거래법 관련 규정 형식과 내용, 체계, 연혁 등을 종합적으로 고려하면, 공정거래법 제17조의3에 따른 이행강제금은 기업결합과 관련하여 종래의 과징금 제도를 폐지하고 과거의 의무위반행위에 대한 제재와 장래 의무 이행의 간접강제를 통합하여 시정조치 불이행기간에 비례하여 제재금을 부과하도록 하는 제도라고 보아야 한다(대판 2019.12.12. 2018두63563).

④ [O] 농지법은 농지 처분명령에 대한 이행강제금 부과처분에 불복하는 자가 그 처분을 고지받은 날부터 30일 이내에 부과권자에게 이의를 제기할 수 있고, 이의를 받은 부과권자는 지체 없이 관할 법원에 그 사실을 통보하여야 하며, 그 통보를 받은 관할 법원은 비송사건절차법에 따른 과태료 재판에 준하여 재판을 하도록 정하고 있다(제62조 제1항, 제6항, 제7항). 따라서 농지법 제62조 제1항에 따른 이행강제금 부과처분에 불복하는 경우에는 비송사건절차법에 따른 재판절차가 적용되어야 하고, 행정소송법상 항고소송의 대상은 될 수 없다. 농지법 제62조 제6항, 제7항이 위와 같이 이행강제금 부과처분에 대한 불복절차를 분명하게 규정하고 있으므로, 이와 다른 불복절차를 허용할 수는 없다. 설령 관할청이 이행강제금 부과처분을 하면서 재결청에 행정심판을 청구하거나 관할 행정법원에 행정소송을 할 수 있다고 잘못 안내하거나 관할 행정심판위원회가 각하재결이 아닌 기각재결을 하면서 관할 법원에 행정소송을 할 수 있다고 잘못 안내하였다고 하더라도, 그러한 잘못된 안내로 행정법원의 항고소송 재판관할이 생긴다고 볼 수도 없다(대판 2019.4.11. 2018두42955).

11 행정소송의 피고적격 정답 ①

❶ [×] 국무회의에서 건국훈장 독립장이 수여된 망인에 대한 서훈취소를 의결하고 대통령이 결재함으로써 서훈취소가 결정된 후 국가보훈처장이 망인의 유족 甲에게 '독립유공자 서훈취소결정 통보'를 하자 甲이 국가보훈처장을 상대로 서훈취소결정의 무효 확인 등의 소를 제기한 사안에서, 甲이 서훈취소 처분을 행한 행정청(대통령)이 아니라 국가보훈처장을 상대로 제기한 위 소는 피고를 잘못 지정한 경우에 해당하므로, 법원으로서는 석명권을 행사하여 정당한 피고로 경정하게 하여 소송을 진행해야 함에도 국가보훈처장이 서훈취소 처분을 한 것을 전제로 처분의 적법 여부를 판단한 원심판결에 법리오해 등의 잘못이 있다(대판 2014.9.26. 2013두2518).

② [○] 대리나 내부위임이더라도 현명을 하지 않고 자기이름으로 또는 수임청이 자신의 이름으로 처분을 한 경우 피고는 대리청·수임청이 된다.

판례 이론 조문

행정처분의 취소 또는 무효확인을 구하는 행정소송은 다른 법률에 특별한 규정이 없는 한 그 처분을 행한 행정청을 피고로 하여야 하며, 행정처분을 행할 적법한 권한 있는 상급 행정청으로부터 내부위임을 받은 데 불과한 하급 행정청이 권한 없이 행정처분을 한 경우에도 실제로 그 처분을 행한 하급 행정청을 피고로 할 것이지 그 상급 행정청을 피고로 할 것은 아니다(대판 1989.11.14. 89누4765).

③ [○] 행정주체라 함은 행정을 행하는 법주체를 말하며, 재산권 취득이 가능하다. 행정주체는 행정행위의 법적 효과가 귀속되는 당사자이므로 권리·의무의 귀속주체로서 법인격이 있어야 한다. 행정주체는 민사소송이나 당사자소송의 피고가 되지만, 항고소송의 피고는 원칙적으로 되지 않는다. 행정주체에는 국가 및 공공단체와 이들로부터 행정권한을 위임받은 사인이 있다. 취소소송의 경우는 「행정소송법」 제13조에 규정이 있다. 원래는 권리·의무의 귀속주체인 행정주체가 당사자, 즉 피고가 되어야 하지만, 소송수행의 편의상 또는 피고선택의 부담을 덜어주기 위해서 행정청을 피고로 한 것이다.

판례 이론 **조문**

제13조 【피고적격】 ① 취소소송은 다른 법률에 특별한 규정이 없는 한 그 처분 등을 행한 행정청을 피고로 한다. 다만, 처분 등이 있은 뒤에 그 처분 등에 관계되는 권한이 다른 행정청에 승계된 때에는 이를 승계한 행정청을 피고로 한다.
② 제1항의 규정에 의한 행정청이 없게 된 때에는 그 처분등에 관한 사무가 귀속되는 국가 또는 공공단체를 피고로 한다.

④ [○] 취소소송의 피고적격의 구체적 사례로 독임제 행정청의 경우 독임제 행정청이 피고가 된다. 다만, 「국가공무원법」에 따른 처분 그 밖에 본인의 의사에 반한 불리한 처분으로 대통령이 행한 처분에 대한 행정소송의 피고는 예외적으로 '소속 장관'이 된다. 같은 논리로 국회의장, 대법원장, 헌법재판소소장, 중앙선거관리위원회 위원장 등의 처분등의 피고적격자는 사무총장 또는 처장 등이 된다.

판례 이론 조문

검찰청법 제34조에 의하면, 검사의 임명 및 보직은 법무부장관의 제청으로 대통령이 행하고, 국가공무원법 제16조에 의하면 공무원에 대한 징계, 강임, 휴직, 직위해제, 면직 기타 본인의 의사에 반한 불리한 처분 중 대통령이 행한 처분에 대한 행정소송의 피고는 소속 장관으로 하고, 같은 법 제3조 제2항 제2호에 의하면 검사는 그 법의 적용을 받는 특정직 공무원에 해당하며, 행정심판법 제3조 제2항에 의하면 대통령의 처분 또는 부작위에 대하여는 다른 법률에 특별한 규정이 있는 경우를 제외하고는 행정심판을 제기할 수 없도록 규정하고 있는바, 위 규정들의 취지를 종합하여 보면, 이 사건에서와 같은 검사임용거부처분에 대한 취소소송의 피고는 법무부장관으로 함이 상당하다(대판 1990.3.14. 90두4).

12 행정청의 재처분의무 정답 ③

① [○] 행정청의 처분을 취소하는 인용판결이 확정되면 행정청은 판결의 취지에 따라 다시 이전의 신청에 대한 처분을 하면 되는 것이지, 원고가 신청한 내용대로 재처분을 하여야 하는 것은 아니다. 따라서 행정청은 다른 사유를 들어 다시 거부하거나 신청을 인용할 수 있다.

② [○] 행정처분의 적법 여부는 그 행정처분이 행하여 진 때의 법령과 사실을 기준으로 하여 판단하는 것이므로 거부처분 후에 법령이 개정·시행된 경우에는 개정된 법령 및 허가기준을 새로운 사유로 들어 다시 이전의 신청에 대한 거부처분을 할 수 있으며 그러한 처분도 행정소송법 제30조 제2항에 규정된 재처분에 해당된다(대판 1998.1.7. 97두22).

❸ [×] 행정소송법 제34조 소정의 간접강제결정에 기한 배상금은 거부처분취소판결이 확정된 경우 그 처분을 행한 행정청으로 하여금 확정판결의 취지에 따른 재처분의무의 이행을 확실히 담보하기 위한 것으로서, 확정판결의 취지에 따른 재처분의무내용의 불확정성과 그에 따른 재처분에의 해당 여부에 관한 쟁송으로 인하여 간접강제결정에서 정한 재처분의무의 기한 경과에 따른 배상금이 증가될 가능성이 자칫 행정청으로 하여금 인용처분을 강제하여 행정청의 재량권을 박탈하는 결과를 초래할 위험성이 있는 점 등을 감안하면, 이는 확정판결의 취지에 따른 재처분의 지연에 대한 제재나 손해배상이 아니고 재처분의 이행에 관한 심리적 강제수단에 불과한 것으로 보아야 하므로, 특별한 사정이 없는 한 간접강제결정에서 정한 의무이행기한이 경과한 후에라도 확정판결의 취지에 따른 재처분의 이행이 있으면 배상금을 추심함으로써 심리적 강제를 꾀할 목적이 상실되어 처분상대방이 더 이상 배상금을 추심하는 것은 허용되지 않는다(대판 2004.1.15. 2002두2444).

④ [○] 행정소송법 제38조 제1항이 무효확인 판결에 관하여 취소판결에 관한 규정을 준용함에 있어서 같은 법 제30조 제2항을 준용한다고 규정하면서도 같은 법 제34조는 이를 준용한다는 규정을 두지 않고 있으므로, 행정처분에 대하여 무효확인 판결이 내려진 경우에는 그 행정처분이 거부처분인 경우에도 행정청에 판결의 취지에 따른 재처분의무가 인정될 뿐 그에 대하여 간접강제까지 허용되는 것은 아니라고 할 것이다(대결 1998.12.24. 98무37).

13 행정심판 정답 ④

① [O] 甲은 丙의 영업정지처분에 대하여 C에게 취소심판을 청구할 수 있고, 청구인에게 중대한 손해가 생기는 것을 예방할 필요성이 긴급하다고 인정할 때에는 집행정지를 신청할 수 있으며, 이에 대해 집행정지결정을 할 수 있다. 위의 경우에는 집행정지결정으로 목적을 달성할 수 있는 경우이므로 임시처분을 할 수 없다.

판례 이론 **조문**

> 「행정심판법」 제31조【임시처분】③ 임시처분은 제30조 제2항에 따른 집행정지로 목적을 달성할 수 있는 경우에는 허용되지 아니한다.

② [O] 재결은 행정심판위원회 또는 피청구인인 행정청이 심판청구서를 받은 날부터 60일 이내에 하여야 한다.

판례 이론 **조문**

> 「행정심판법」 제45조【재결 기간】① 재결은 제23조에 따라 피청구인 또는 위원회가 심판청구서를 받은 날부터 60일 이내에 하여야 한다. 다만, 부득이한 사정이 있는 경우에는 위원장이 직권으로 30일을 연장할 수 있다.

③ [O] 재결을 거친 소송은 원처분을 다투는 것이 원칙이다. 2개월의 영업정지처분을 1개월의 영업정지처분으로 한 변경재결을 다투는 것이 아니라 변경되어 남아있는 원처분인 1개월의 영업정지처분이 소송의 대상이며 피고는 C(행정심판위원회)가 아닌 丙(처분청)이다.

❹ [×] 위원회는 필요하면 당사자가 주장하지 아니한 사실에 대하여도 심리할 수 있다.

판례 이론 **조문**

> 「행정심판법」 제39조【직권심리】위원회는 필요하면 당사자가 주장하지 아니한 사실에 대하여도 심리할 수 있다.

14 행정규칙 정답 ②

① [O] 상급 행정기관이 소속 공무원이나 하급 행정기관에 대하여 업무처리지침이나 법령의 해석·적용 기준을 정해 주는 '행정규칙'은 일반적으로 행정조직 내부에서만 효력을 가질 뿐 대외적으로 국민이나 법원을 구속하는 효력이 없다. 공무원의 조치가 행정규칙을 위반하였다고 해서 그러한 사정만으로 곧바로 위법하게 되는 것은 아니고, 공무원의 조치가 행정규칙을 따른 것이라고 해서 적법성이 보장되는 것도 아니다. 공무원의 조치가 적법한지는 행정규칙에 적합한지 여부가 아니라 상위법령의 규정과 입법목적 등에 적합한지 여부에 따라 판단해야 한다(대판 2020.5.28. 2017다211559).

❷ [×] 한△△△원자력 주식회사가 조달하는 기자재, 용역 및 정비공사, 기기수리의 공급자에 대한 관리업무 절차를 규정함을 목적으로 제정·운용하고 있는 '공급자관리지침' 중 등록취소 및 그에 따른 일정 기간의 거래제한조치에 관한 규정들은 공공기관으로서 행정청에 해당하는 한△△△원자력 주식회사가 상위법령의 구체적 위임 없이 정한 것이어서 대외적 구속력이 없는 행정규칙이다(대판 2020.5.28. 2017두66541).

③ [O] 행정기관이 소속 공무원이나 하급 행정기관에 대하여 세부적인 업무처리절차나 법령의 해석·적용 기준을 정해 주는 '행정규칙'은 상위법령의 구체적 위임이 있지 않는 한 조직 내부에서만 효력을 가질 뿐 대외적으로 국민이나 법원을 구속하는 효력이 없다. 행정규칙이 이를 정한 행정기관의 재량에 속하는 사항에 관한 것인 때에는 그 규정 내용이 객관적 합리성을 결여하였다는 등의 특별한 사정이 없는 한 법원은 이를 존중하는 것이 바람직하다. 그러나 행정규칙의 내용이 상위법령이나 법의 일반원칙에 반하는 것이라면 법치국가원리에서 파생되는 법질서의 통일성과 모순금지 원칙에 따라 그것은 법질서상 당연무효이고, 행정내부적 효력도 인정될 수 없다. 이러한 경우 법원은 해당 행정규칙이 법질서상 부존재하는 것으로 취급하여 행정기관이 한 조치의 당부를 상위법령의 규정과 입법 목적 등에 따라서 판단하여야 한다(대판 2020.5.28. 2017두66541).

④ [O] 상급 행정기관이 소속 공무원이나 하급 행정기관에 대하여 업무처리지침이나 법령의 해석·적용 기준을 정해 주는 '행정규칙'은 일반적으로 행정조직 내부에서만 효력을 가질 뿐 대외적으로 국민이나 법원을 구속하는 효력이 없다. 처분이 행정규칙을 위반하였다고 해서 그러한 사정만으로 곧바로 위법하게 되는 것은 아니고, 처분이 행정규칙을 따른 것이라고 해서 적법성이 보장되는 것도 아니다. 처분이 적법한지는 행정규칙에 적합한지 여부가 아니라 상위법령의 규정과 입법 목적 등에 적합한지 여부에 따라 판단해야 한다.
상급 행정기관이 소속 공무원이나 하급 행정기관에 하는 개별·구체적인 지시도 마찬가지이다. 상급 행정기관의 지시는 일반적으로 행정조직 내부에서만 효력을 가질 뿐 대외적으로 국민이나 법원을 구속하는 효력이 없다. 대외적으로 처분 권한이 있는 처분청이 상급 행정기관의 지시를 위반하는 처분을 하였다고 해서 그러한 사정만으로 처분이 곧바로 위법하게 되는 것은 아니고, 처분이 상급 행정기관의 지시를 따른 것이라고 해서 적법성이 보장되는 것도 아니다. 처분이 적법한지는 상급 행정기관의 지시를 따른 것인지 여부가 아니라, 헌법과 법률, 대외적으로 구속력 있는 법령의 규정과 입법 목적, 비례·평등원칙과 같은 법의 일반원칙에 적합한지 여부에 따라 판단해야 한다(대판 2019.7.11. 2017두38874).

15 실효성 확보수단 정답 ②

① [O] 행정법규 위반에 대한 제재조치는 행정목적의 달성을 위하여 행정법규 위반이라는 객관적 사시에 착안하여 가하는 제재이므로, 반드시 현실적인 행위자가 아니라도 법령상 책임자로 규정된 자에게 부과되고, 특별한 사정이 없는 한 위반자에게 고의나 과실이 없더라도 부과할 수 있다(대판 2017.5.11. 2014두8773).

❷ [×] 위법한 행정대집행이 완료되면 그 처분의 무효확인 또는 취소를 구할 소의 이익은 없다 하더라도, 미리 그 행정처분의 취소판결이 있어야만, 그 행정처분의 위법임을 이유로 한 손해배상청구를 할 수 있는 것은 아니다(대판 1972.4.28. 72다337).

③ [O] 구 공공용지의 취득 및 손실보상에 관한 특례법에 따른 토지 등의 협의취득은 사법상 매매나 사법상 계약이며, 철거 약정에 따른 의무는 공법상 의무가 아니므로 행정대집행 대상이 아니다.

행정대집행법상 대집행의 대상이 되는 대체적 작위의무는 공법상 의무이어야 할 것인데, 구 공공용지의 취득 및 손실보상에 관한 특례법에 따른 토지 등의 협의취득은 공공사업에 필요한 토지 등을 그 소유자와의 협의에 의하여 취득하는 것으로서 공공기관이 사경제주체로서 행하는 사법상 매매 내지 사법상 계약의 실질을 가지는 것이므로, 그 협의취득시 건물소유자가 매매대상 건물에 대한 철거의무를 부담하겠다는 취지의 약정을 하였다고 하더라도 이러한 철거의무는 공법상의 의무가 될 수 없고, 이 경우에도 행정대집행법을 준용하여 대집행을 허용하는 별도의 규정이 없는 한 위와 같은 철거의무는 행정대집행법에 의한 대집행의 대상이 되지 않는다(대판 2006.10.13. 2006두7096).

④ [O] 제1차로 창고건물의 철거 및 하천부지에 대한 원상복구명령을 하였음에도 이에 불응하므로 대집행계고를 하면서 다시 자진철거 및 토사를 반출하여 하천부지를 원상복구할 것을 명한 경우, 행정대집행법상의 철거 및 원상복구의무는 제1차 철거 및 원상복구명령에 의하여 이미 발생하였다 할 것이어서, 대집행계고서에 기재된 자진철거 및 원상복구명령은 새로운 의무를 부과하는 것이라고 볼 수 없으며, 단지 종전의 철거 및 원상복구를 독촉하는 통지에 불과하므로 취소소송의 대상이 되는 독립한 행정처분이라고 할 수 없고, 대집행계고서에 기재된 철거 및 원상복구의무의 이행기한은 행정대집행법 제3조 제1항에 따른 이행기한을 정한 것에 불과하다고 할 것이다. 원심이 이 사건 대집행계고서에 기재된 철거 및 원상복구명령이 취소소송의 대상이 되는 독립한 행정처분이 아니라고 보아 그의 취소를 구하는 소가 부적법하다고 판단한 것은 정당하고, 거기에 취소소송의 대상이 되는 행정처분에 관한 법리를 오해하였던 위법사유가 없다(대판 2004.6.10. 2002두12618). 즉, 2차 계고의 처분성을 부정하고 있다.

16 국가배상 정답 ②

옳은 것은 ㄱ, ㄹ이다.

ㄱ. [O] 국가 또는 지방자치단체라 할지라도 공권력의 행사가 아니고 단순한 사경제의 주체로 활동하였을 경우에는 그 손해배상책임에 국가배상법이 적용될 수 없고 민법상의 사용자책임 등이 인정되는 것이고 국가의 철도운행사업은 국가가 공권력의 행사로서 하는 것이 아니고 사경제적 작용이라 할 것이므로, 이로 인한 사고에 공무원이 간여하였다고 하더라도 국가배상법을 적용할 것이 아니고 일반 민법의 규정에 따라야 하므로, 국가배상법상의 배상전치절차를 거칠 필요가 없으나, 공공의 영조물인 철도시설물의 설치 또는 관리의 하자로 인한 불법행위를 원인으로 하여 국가에 대하여 손해배상청구를 하는 경우에는 국가배상법이 적용되므로 배상전치절차를 거쳐야 한다(대판 1999.6.22. 99다7008).

ㄴ. [X] 여기서 '법령에 위반하여'라고 함은 엄격하게 형식적 의미의 법령에 명시적으로 공무원의 작위의무가 정하여져 있음에도 이를 위반하는 경우만을 의미하는 것은 아니고, 인권존중·권력남용금지·신의성실과 같이 공무원으로서 마땅히 지켜야 할 준칙이나 규범을 지키지 아니하고 위반한 경우를 포함하여 널리 그 행위가 객관적인 정당성을 결여하고 있는 경우도 포함한다(대판 2012.7.26. 2010다95666).

ㄷ. [X] 공무원에 대한 전보인사가 법령이 정한 기준과 원칙에 위배되거나 인사권을 다소 부적절하게 행사한 것으로 볼 여지가 있다 하더라도 그러한 사유만으로 그 전보인사가 당연히 불법행위를 구성한다고 볼 수는 없다(대판 2009.5.28. 2006다16215).

ㄹ. [O] 구치소 등 교정시설에 수용된 후 출소한 甲 등이 혼거실 등에 과밀수용되어 정신적, 육체적 고통을 겪었다고 주장하며 국가를 상대로 위자료 지급을 구한 사안에서, 수면은 인간의 생명유지를 위한 필수적 행위 중 하나인 점, 관계 법령상 수용자에게 제공되는 일반 매트리스의 면적은 약 1.4㎡인데, 이는 수용자 1인당 수면에 필요한 최소한의 면적으로 볼 수 있는 점, 교정시설에 설치된 거실의 도면상 면적은 벽, 기둥의 중심선으로 둘러싸인 수평투영면적을 의미하는데, 벽, 기둥 외의 실제 내부 면적 중 사물함이나 싱크대 등이 설치된 공간을 제외하고 수용자가 실제 사용할 수 있는 면적은 그보다 좁을 수밖에 없는 점 등을 고려하면, 수용자 1인당 도면상 면적이 2㎡ 미만인 거실에 수용되었는지를 위법성 판단의 기준으로 삼아 甲 등에 대한 국가배상책임을 인정한 원심판단을 수긍한다(대판 2022.7.14. 2017다266771).

17 개인정보 보호법 정답 ①

❶ [X] 종전 규정은 '손해액의 3배'였으나 '손해액의 5배'로 개정되었다.

판례 이론 **조문**

> **「개인정보 보호법」 제39조 【손해배상책임】** ③ 개인정보처리자의 고의 또는 중대한 과실로 인하여 개인정보가 분실·도난·유출·위조·변조 또는 훼손된 경우로서 정보주체에게 손해가 발생한 때에는 법원은 그 손해액의 5배를 넘지 아니하는 범위에서 손해배상액을 정할 수 있다. 다만, 개인정보처리자가 고의 또는 중대한 과실이 없음을 증명한 경우에는 그러하지 아니하다.

② [O] 종전규정이 개정되어 15일 이내에 수락 여부를 알리지 아니하면 조정을 수락한 것으로 본다. 종전규정은 15일 이내에 수락 여부를 알리지 아니하면 조정을 거부한 것으로 규정하였었다.

판례 이론 **조문**

> **「개인정보 보호법」 제47조 【분쟁의 조정】** ① 분쟁조정위원회는 다음 각 호의 어느 하나의 사항을 포함하여 조정안을 작성할 수 있다.
> 1. 조사 대상 침해행위의 중지
> 2. 원상회복, 손해배상, 그 밖에 필요한 구제조치
> 3. 같거나 비슷한 침해의 재발을 방지하기 위하여 필요한 조치
>
> ② 분쟁조정위원회는 제1항에 따라 조정안을 작성하면 지체 없이 각 당사자에게 제시하여야 한다.
> ③ 제2항에 따라 조정안을 제시받은 당사자가 제시받은 날부터 15일 이내에 수락 여부를 알리지 아니하면 조정을 수락한 것으로 본다.

③ [O] 개인정보자기결정권의 보호대상이 되는 개인정보는 개인의 신체, 신념, 사회적 지위, 신분 등과 같이 개인의 인격주체성을 특징짓는 사항으로서 개인의 동일성을 식별할 수 있게 하는 일체의 정보이고, 반드시 개인의 내밀한 영역에 속하는 정보에 국한되지 아니하며 공적 생활에서 형성되었거나 이미 공개된 개인정보까지 포함한다. 또한 개인정보를 대상으로 한 조사·수집·보관·처리·이용 등의 행위는 모두 원칙적으로 개인정보자기결정권에 대한 제한에 해당한다(대판 2016.8.17. 2014다235080).

④ [O] 「개인정보 보호법」 제36조 제1항에 대한 옳은 내용이다.

판례 이론 **조문**

> **제36조 【개인정보의 정정·삭제】** ① 제35조에 따라 자신의 개인정보를 열람한 정보주체는 개인정보처리자에게 그 개인정보의 정정 또는 삭제를 요구할 수 있다. 다만, 다른 법령에서 그 개인정보가 수집 대상으로 명시되어 있는 경우에는 그 삭제를 요구할 수 없다.

18 행정소송법상 집행정지 정답 ④

① [O] 「행정소송법」 제23조 제1항은 "취소소송의 제기는 처분 등의 효력이나 그 집행 또는 절차의 속행에 영향을 주지 아니한다."라고 규정하여 집행부정지원칙을 규정하고 있다. 이는 남소를 방지하고 행정의 실효성 확보를 위한 것이다.

② [O] 항정신병 치료제의 요양급여 인정기준에 관한 보건복지부 고시의 효력이 계속 유지됨으로 인한 제약회사의 경제적 손실, 기업 이미지 및 신용의 훼손은 행정소송법 제23조 제2항 소정의 집행정지의 요건인 '회복하기 어려운 손해'에 해당하지 않는다(대결 2003.10.9. 2003무23).

③ [O] 처분의 집행정지가 공공복리에 중대한 영향을 미칠 우려가 있는 경우에는 집행정지를 할 수 없다.

❹ [X] 집행정지의 결정 또는 기각의 결정에 대하여는 즉시항고할 수 있다. 이 경우 집행정지의 결정에 대한 즉시항고에는 결정의 집행을 정지하는 효력이 없다.

19 재량행위 정답 ④

① [O] 국토의 계획 및 이용에 관한 법률(이하 '국토계획법'이라 한다)에 의한 토지의 형질변경허가는 그 허가기준 및 금지요건이 불확정개념으로 규정된 부분이 많아 그 요건에 해당하는지 여부를 판단함에 있어서는 행정청에 재량권이 부여되어 있다 할 것이다. 그리고 국토계획법에 따라 지정된 도시지역 안에 있는 토지에 대한 형질변경행위를 수반하는 건축허가는 건축법에 의한 건축허가와 국토계획법에 의한 토지 형질변경허가의 성질을 아울러 갖는 것으로 보아야 할 것이므로 그러한 건축허가는 재량행위에 속한다고 할 것이다(대판 2012.12.13. 2011두29205).

② [O] 개발제한구역 내에서는 구역지정의 목적상 건축물의 건축 및 공작물의 설치 등 개발행위가 원칙적으로 금지되고, 다만 구체적인 경우에 이러한 구역지정의 목적에 위배되지 아니할 경우 예외적으로 허가에 의하여 그러한 행위를 할 수 있게 되어 있음이 그 규정의 체제와 문언상 분명하고, 이러한 예외적인 개발행위의 허가는 상대방에게 수익적인 것이 틀림이 없으므로 그 법률적 성질은 재량행위 내지 자유재량행위에 속하는 것이고, 이러한 재량행위에 있어서는 관계 법령에 명시적인 금지규정이 없는 한 행정목적을 달성하기 위하여 조건이나 기한, 부담 등의 부관을 붙일 수 있고, 그 부관의 내용이 이행 가능하고 비례의 원칙 및 평등의 원칙에 적합하며 행정처분의 본질적 효력을 저해하지 아니하는 이상 위법하다고 할 수 없다(대판 2004.3.25. 2003두12837).

③ [O] 토지의 형질변경허가는 그 금지요건이 불확정개념으로 규정되어 있어 그 금지요건에 해당하는지 여부를 판단함에 있어서 행정청에게 재량권이 부여되어 있다고 할 것이므로, 같은 법에 의하여 지정된 도시지역 안에서 토지의 형질변경행위를 수반하는 건축허가는 결국 재량행위에 속한다(대판 2005.7.14. 2004두6181).

❹ [X] 건축허가권자는 건축허가신청이 건축법, 도시계획법 등 관계 법규에서 정하는 어떠한 제한에 배치되지 않는 이상 당연히 같은 법조 소정의 건축허가를 하여야 하므로 법률상의 근거 없이 그 신청이 관계 법규에서 정한 제한에 배치되는지 여부에 대한 심사를 거부할 수 없고, 심사결과 그 신청이 법정요건에 합치하는 경우에는 특별한 사정이 없는 한 이를 허가하여야 하며, 공익상 필요가 없음에도 불구하고 요건을 갖춘 자에 대한 허가를 관계 법령에서 정하는 제한사유 이외의 사유를 들어 거부할 수는 없다(대판 1992.12.11. 92누3038). 즉, 중대한 공익상 필요가 있다면 관계 법령에서 정하는 제한사유 이외의 사유를 들어 허가를 거부할 수 있다.

20 정보공개법 정답 ②

① [O] 「공공기관의 정보공개에 관한 법률」 제22조, 제23조 제1항에 대한 옳은 내용이다.

판례 이론 **조문**

> **제22조 【정보공개위원회의 설치】** 다음 각 호의 사항을 심의·조정하기 위하여 <u>행정안전부장관 소속</u>으로 정보공개위원회(이하 "위원회"라 한다)를 둔다.
> **제23조 【위원회의 구성 등】** ① 위원회는 성별을 고려하여 위원장과 부위원장 각 1명을 포함한 <u>11명의 위원</u>으로 구성한다.

❷ [×] 비공개 대상 정보가 아니다.

판례 이론 **조문**

> **「공공기관의 정보공개에 관한 법률」 제9조【비공개 대상 정보】** ① 공공기관이 보유·관리하는 정보는 공개 대상이 된다. 다만, 다음 각 호의 어느 하나에 해당하는 정보는 공개하지 아니할 수 있다.
> 6. 해당 정보에 포함되어 있는 성명·주민등록번호 등 「개인정보 보호법」 제2조 제1호에 따른 개인정보로서 공개될 경우 사생활의 비밀 또는 자유를 침해할 우려가 있다고 인정되는 정보. 다만, 다음 각 목에 열거한 사항은 제외한다.
> 라. 직무를 수행한 공무원의 성명·직위

③ [○] 공개청구의 대상이 되는 정보가 이미 다른 사람에게 공개하여 널리 알려져 있다거나 인터넷이나 관보 등을 통하여 공개하여 인터넷검색이나 도서관에서의 열람 등을 통하여 쉽게 알 수 있다는 사정만으로는 소의 이익이 없다거나 비공개결정이 정당화될 수는 없다(대판 2008.11.27. 2005두15694).

④ [○] 공공기관이 공개청구의 대상이 된 정보를 공개는 하되, 청구인이 신청한 공개방법 이외의 방법으로 공개하기로 하는 결정을 하였다면, 이는 정보공개청구 중 정보공개방법에 관한 부분에 대하여 일부 거부처분을 한 것이고, 청구인은 그에 대하여 항고소송으로 다툴 수 있다(대판 2016.11.10. 2016두44674).

02회 실전동형모의고사

정답 p. 16

01	③	Ⅳ	06	②	Ⅳ	11	③	Ⅵ	16	④	Ⅳ
02	①	Ⅵ	07	③	Ⅱ	12	②	Ⅵ	17	④	Ⅲ
03	④	Ⅳ	08	②	Ⅳ	13	②	Ⅱ	18	④	Ⅵ
04	④	Ⅵ	09	②	Ⅴ	14	③	Ⅴ	19	②	Ⅳ
05	①	Ⅵ	10	①	Ⅱ	15	①	Ⅰ	20	②	Ⅳ

취약 단원 분석표

단원	맞힌 답의 개수
Ⅰ	/ 1
Ⅱ	/ 3
Ⅲ	/ 1
Ⅳ	/ 7
Ⅴ	/ 2
Ⅵ	/ 6
TOTAL	/ 20

Ⅰ 행정법 서론 / Ⅱ 행정작용법 / Ⅲ 행정절차와 행정공개 / Ⅳ 행정의 실효성 확보수단 / Ⅴ 행정상 손해전보 / Ⅵ 행정쟁송

01 과징금 정답 ③

① [O] 과징금제도는 행정법상의 의무를 위반한 자에 대하여 당해 위반행위로 얻게 된 경제적 이익을 박탈하거나, 당해 법규상의 행정명령의 이행을 강제하기 위하여 행정청이 의무자에게 부과하는 금전적인 제재수단이다.

② [O] 「행정기본법」 제29조에 대한 옳은 내용이다.

판례 이론 **조문**

> **제29조 【과징금의 납부기한 연기 및 분할 납부】** 과징금은 한꺼번에 납부하는 것을 원칙으로 한다. 다만, 행정청은 과징금을 부과받은 자가 다음 각 호의 어느 하나에 해당하는 사유로 과징금 전액을 한꺼번에 내기 어렵다고 인정될 때에는 그 납부기한을 연기하거나 분할 납부하게 할 수 있으며, 이 경우 필요하다고 인정하면 담보를 제공하게 할 수 있다.
> 1. 재해 등으로 재산에 현저한 손실을 입은 경우
> 2. 사업 여건의 악화로 사업이 중대한 위기에 처한 경우
> 3. 과징금을 한꺼번에 내면 자금 사정에 현저한 어려움이 예상되는 경우
> 4. 그 밖에 제1호부터 제3호까지에 준하는 경우로서 대통령령으로 정하는 사유가 있는 경우

❸ [X] 구 정보통신망 이용촉진 및 정보보호 등에 관한 법률(2020.2.4. 법률 제16955호로 개정되기 전의 것) 제64조의3 제1항에 따른 과징금은 법 위반행위에 따르는 불법적인 경제적 이익을 박탈하기 위한 부당이득 환수의 성격과 함께 위법행위에 대한 제재로서의 성격을 가지고, 같은 조 제3항은 과징금을 부과할 때 위반행위의 내용과 정도, 기간과 횟수 외에 위반행위로 인하여 취득한 이익의 규모 등도 고려하도록 규정하고 있다. 개인정보 보호조치 의무 위반에 대해 부과되는 과징금의 액수는 보호조치 위반행위의 원인과 유형, 위반행위로 인해 유출된 개인정보의 규모, 위반행위 방지를 위한 조치의무의 이행 정도, 유사 사례에서의 과징금 액수 등을 종합적으로 고려하여 정해야 한다. 그리고 과징금의 액수가 위반행위의 내용에 비해 과중하여 사회통념상 현저하게 타당성을 잃은 경우라면 그러한 과징금 부과처분은 재량권을 일탈·남용하여 위법하다고 보아야 한다(대판 2023.10.12. 2022두68923).

④ [O] 과징금은 행정법상의 의무를 위반한 자에 대하여 당해 위반행위로 얻게 된 경제적 이익을 박탈하기 위한 목적으로 부과하는 금전적인 제재로서, 같은 법이 규정한 범위 내에서 그 부과처분 당시까지 부과관청이 확인한 사실을 기초로 일의적으로 확정되어야 할 것이고, 그렇지 아니하고 부과관청이 과징금을 부과하면서 추후에 부과금 산정 기준이 되는 새로운 자료가 나올 경우에는 과징금액이 변경될 수도 있다고 유보한다든지, 실제로 추후에 새로운 자료가 나왔다고 하여 새로운 부과처분을 할 수는 없다(대판 1999.5.28. 99두1571).

02 항고소송의 대상 정답 ①

❶ [×] 국민권익위원회가 소방청장에게 인사와 관련하여 부당한 지시를 한 사실이 인정된다며 이를 취소할 것을 요구하기로 의결하고 그 내용을 통지하자 소방청장이 국민권익위원회 조치요구의 취소를 구하는 소송을 제기한 사안에서, 행정기관인 국민권익위원회가 행정기관의 장에게 일정한 의무를 부과하는 내용의 조치요구를 한 것에 대하여 그 조치요구의 상대방인 행정기관의 장이 다투고자 할 경우에 법률에서 행정기관 사이의 기관소송을 허용하는 규정을 두고 있지 않으므로 이러한 조치요구를 이행할 의무를 부담하는 행정기관의 장으로서는 기관소송으로 조치요구를 다툴 수 없고, 위 조치요구에 관하여 정부 조직 내에서 그 처분의 당부에 대한 심사·조정을 할 수 있는 다른 방도도 없으며, 국민권익위원회는 헌법 제111조 제1항 제4호에서 정한 '헌법에 의하여 설치된 국가기관'이라고 할 수 없으므로 그에 관한 권한쟁의심판도 할 수 없고, 별도의 법인격이 인정되는 국가기관이 아닌 소방청장은 질서위반행위규제법에 따른 구제를 받을 수도 없는 점, 부패방지 및 국민권익위원회의 설치와 운영에 관한 법률은 소방청장에게 국민권익위원회의 조치요구에 따라야 할 의무를 부담시키는 외에 별도로 그 의무를 이행하지 않을 경우 과태료나 형사처벌까지 정하고 있으므로 위와 같은 조치요구에 불복하고자 하는 '소속기관 등의 장'에게는 조치요구를 다툴 수 있는 소송상의 지위를 인정할 필요가 있는 점에 비추어, 처분성이 인정되는 국민권익위원회의 조치요구에 불복하고자 하는 소방청장으로서는 조치요구의 취소를 구하는 항고소송을 제기하는 것이 유효·적절한 수단으로 볼 수 있으므로 소방청장은 예외적으로 당사자능력과 원고적격을 가진다(대판 2018.8.1. 2014두35379).

② [○] 지방자치법 제148조 제4항·제7항, 제170조 제3항의 내용과 체계, 지방자치법 제148조 제1항에 따른 지방자치단체 또는 지방자치단체의 장 상호 간 분쟁에 대한 조정결정(이하 '분쟁조정결정'이라 한다)의 법적 성격 및 분쟁조정결정과 이행명령 사이의 관계 등에 비추어 보면, 행정자치부장관이나 시·도지사의 분쟁조정결정에 대하여는 후속의 이행명령을 기다려 대법원에 이행명령을 다투는 소를 제기한 후 그 사건에서 이행의무의 존부와 관련하여 분쟁조정결정의 위법까지 함께 다투는 것이 가능할 뿐, 별도로 분쟁조정결정 자체의 취소를 구하는 소송을 대법원에 제기하는 것은 지방자치법상 허용되지 아니한다. 나아가 분쟁조정결정은 상대방이나 내용 등에 비추어 행정소송법상 항고소송의 대상이 되는 처분에 해당한다고 보기 어려우므로, 통상의 항고소송을 통한 불복의 여지도 없다(대판 2015.9.24. 2014추613).

③ [○] 총포·도검·화약류 등의 안전관리에 관한 법률 시행령 제78조 제1항 제3호, 제79조 및 총포·화약안전기술협회(이하 '협회'라 한다) 정관의 관련 규정의 내용을 위 법리에 비추어 살펴보면, 공법인인 협회가 자신의 공행정활동에 필요한 재원을 마련하기 위하여 회비납부의무자에 대하여 한 '회비납부통지'는 납부의무자의 구체적인 부담금액을 산정·고지하는 '부담금 부과처분'으로서 항고소송의 대상이 된다고 보아야 한다(대판 2021.12.30. 2018다241458).

④ [○] 甲 주식회사가 조달청과 물품구매계약을 체결하고 국가종합전자조달시스템인 나라장터 종합쇼핑몰 인터넷 홈페이지를 통해 납품요구를 하는 수요기관에 제품을 납품하였는데, 조달청이 '규격서 내용을 허위로 기재하거나 과장하였다'는 등의 이유로 물품구매계약 추가특수조건 규정에 따라 甲 회사에 대하여 6개월간 나라장터 종합쇼핑몰에서의 거래를 정지한다고 통보한 사안에서, 위 거래정지 조치는 항고소송의 대상이 되는 행정처분에 해당한다(대판 2018.11.29. 2017두34940).

03 행정상 강제집행 정답 ④

① [○] 공유재산 및 물품 관리법 제83조 제1항은 "지방자치단체의 장은 정당한 사유 없이 공유재산을 점유하거나 공유재산에 시설물을 설치한 경우에는 원상복구 또는 시설물의 철거 등을 명하거나 이에 필요한 조치를 할 수 있다."라고 규정하고, 제2항은 "제1항에 따른 명령을 받은 자가 그 명령을 이행하지 아니할 때에는 '행정대집행법'에 따라 원상복구 또는 시설물의 철거 등을 하고 그 비용을 징수할 수 있다."라고 규정하고 있다. 위 규정에 따라 지방자치단체 장은 행정대집행의 방법으로 공유재산에 설치한 시설물을 철거할 수 있고, 이러한 행정대집행의 절차가 인정되는 경우에는 민사소송의 방법으로 시설물의 철거를 구하는 것은 허용되지 아니한다(대판 2017.4.13. 2013다207941).

② [○] 국유재산법 제42조 제1항, 제73조 제2항 제2호에 따르면, 국유 일반재산의 관리·처분에 관한 사무를 위탁받은 자는 국유 일반재산의 대부료 등이 납부기한까지 납부되지 아니한 경우에는 국세징수법 제23조와 같은 법의 체납처분에 관한 규정을 준용하여 대부료 등을 징수할 수 있다. 이와 같이 국유 일반재산의 대부료 등의 징수에 관하여는 국세징수법 규정을 준용한 간이하고 경제적인 특별구제절차가 마련되어 있으므로, 특별한 사정이 없는 한 민사소송의 방법으로 대부료 등의 지급을 구하는 것은 허용되지 아니한다(대판 2014.9.4. 2014다203588).

③ [○] 건축주 등이 장기간 시정명령을 이행하지 아니하였더라도, 그 기간 중에는 시정명령의 이행 기회가 제공되지 아니하였다가 뒤늦게 시정명령의 이행 기회가 제공된 경우라면, 시정명령의 이행 기회 제공을 전제로 한 1회분의 이행강제금만을 부과할 수 있고, 시정명령의 이행 기회가 제공되지 아니한 과거의 기간에 대한 이행강제금까지 한꺼번에 부과할 수는 없다. 그리고 이를 위반하여 이루어진 이행강제금 부과처분은 과거의 위반행위에 대한 제재가 아니라 행정상의 간접강제 수단이라는 이행강제금의 본질에 반하여 구 건축법 제80조 제1항, 제4항 등 법규의 중요한 부분을 위반한 것으로서, 그러한 하자는 중대할 뿐만 아니라 객관적으로도 명백하다(대판 2016.7.14. 2015두46598).

❹ [×] 건축법상의 이행강제금은 시정명령의 불이행이라는 과거의 위반행위에 대한 제재가 아니라, 의무자에게 시정명령을 받은 의무의 이행을 명하고 그 이행기간 안에 의무를 이행하지 않으면 이행강제금이 부과된다는 사실을 고지함으로써 의무자에게 심리적 압박을 주어 의무의 이행을 간접적으로 강제하는 행정상의 간접강제 수단에 해당한다. 이러한 이행강제금의 본질상 시정명령을 받은 의무자가 이행강제금이 부과되기 전에 그 의무를 이행한 경우에는 비록 시정명령에서 정한 기간을 지나서 이행한 경우라도 이행강제금을 부과할 수 없다. 나아가 시정명령을 받은 의무자가 그 시정명령의 취지에 부합하는 의무를 이행하기 위한 정당한 방법으로 행정청에 신청 또는 신고를 하였으나 행정청이 위법하게 이를 거부 또는 반려함으로써 결국 그 처분이 취소되기에 이르렀다면, 특별한 사정이 없는 한 그 시정명령의 불이행을 이유로 이행강제금을 부과할 수는 없다고 보는 것이 위와 같은 이행강제금 제도의 취지에 부합한다(대판 2018.1.25. 2015두35116).

04 당사자소송 정답 ④

당사자소송에 해당하는 것은 ㄱ, ㄴ, ㄷ, ㄹ이다.

ㄱ. [O] 공익사업법 제78조 제5항·제7항, 공익사업법 시행규칙 제54조 제2항 본문, 제3항의 각 조문을 종합하여 보면 위 주거이전비 보상청구권은 그 요건을 충족하는 경우에 당연히 발생되는 것이므로, 주거이전비 보상청구소송은 행정소송법 제3조 제2호에 규정된 당사자소송에 의하여야 할 것이다(대판 2008.5.29. 2007다8129).

ㄴ. [O] 재개발조합은 조합원에 대한 법률관계에서 적어도 특수한 존립목적을 부여받은 특수한 행정주체로서 국가의 감독하에 그 존립 목적인 특정한 공공사무를 행하고 있다고 볼 수 있는 범위 내에서는 공법상의 권리의무 관계에 서 있다. 따라서 조합을 상대로 한 쟁송에 있어서 강제가입제를 특색으로 한 조합원의 자격 인정 여부에 관하여 다툼이 있는 경우에는 공법상의 당사자소송에 의하여 그 조합원 자격의 확인을 구할 수 있다(대판 1996.2.15. 94다31235).

ㄷ. [O] 폐광대책비의 일종으로 폐광된 광산에서 업무상 재해를 입은 근로자에게 지급하는 재해위로금은, 퇴직근로자를 대상으로 사회보장적인 차원에서 통상적인 재해보상금에 추가하여 지급하는 위로금의 성격을 갖는 것이고, 이러한 재해위로금에 대한 지급청구권은 공법상의 권리로서 그 지급을 구하는 소송은 공법상의 법률관계에 관한 소송인 공법상 당사자소송에 해당한다(대판 1999.1.26. 98두12598).

ㄹ. [O] 납세의무자에 대한 국가의 부가가치세 환급세액 지급의무는 그 납세의무자로부터 어느 과세기간에 과다하게 거래징수된 세액 상당을 국가가 실제로 납부받았는지와 관계없이 부가가치세법령의 규정에 의하여 직접 발생하는 것으로서, 그 법적 성질은 부당이득 반환의무가 아니라 부가가치세법령에 의하여 그 존부나 범위가 구체적으로 확정되고 조세 정책적 관점에서 특별히 인정되는 공법상 의무라고 봄이 타당하다. 그렇다면 국가에 대한 납세의무자의 부가가치세 환급세액 지급청구는 민사소송이 아니라 행정소송법 제3조 제2호에 규정된 당사자소송의 절차에 따라야 한다(대판 2013.3.21. 2011다95564).

05 무효등 확인소송 정답 ①

❶ [×] 행정처분의 무효확인 또는 취소를 구하는 소가 제소 당시에는 소의 이익이 있어 적법하였더라도, 소송 계속 중 처분청이 다툼의 대상이 되는 행정처분을 직권으로 취소하면 그 처분은 효력을 상실하여 더 이상 존재하지 않는 것이므로, 존재하지 않는 그 처분을 대상으로 한 항고소송은 원칙적으로 소의 이익이 소멸하여 부적법하다.

다만, 처분청의 직권취소에도 불구하고 완전한 원상회복이 이루어지지 않아 무효확인 또는 취소로써 회복할 수 있는 다른 권리나 이익이 남아 있거나 또는 동일한 소송 당사자 사이에서 그 행정처분과 동일한 사유로 위법한 처분이 반복될 위험성이 있어 행정처분의 위법성 확인 내지 불분명한 법률문제에 대한 해명이 필요한 경우 행정의 적법성 확보와 그에 대한 사법통제, 국민의 권리구제의 확대 등의 측면에서 예외적으로 그 처분의 취소를 구할 소의 이익을 인정할 수 있을 뿐이다(대판 2019.6.27. 2018두49130).

② [O] 일반적으로 행정처분의 무효확인을 구하는 소에는 원고가 그 처분의 취소를 구하지 아니한다고 밝히지 아니한 이상 그 처분이 만약 당연무효가 아니라면 그 취소를 구하는 취지도 포함되어 있는 것으로 보아야 한다(대판 1994.12.2. 94누477).

③ [O] 행정처분의 근거 법률에 의하여 보호되는 직접적이고 구체적인 이익이 있는 경우에는 행정소송법 제35조에 규정된 '무효등 확인을 구할 법률상 이익'이 있다고 보아야 한다. 이와 별도로 무효등 확인소송의 보충성이 요구되는 것은 아니므로 행정처분의 유·무효를 전제로 한 이행소송 등과 같은 직접적인 구제수단이 있는지 여부를 따질 필요가 없다(대판 2019.2.14. 2017두62587).

④ [O] 수소법원은 국가배상청구소송을 무효확인소송이 계속된 법원으로 이송·병합할 수 있다.

판례 이론 **조문**

「행정소송법」 제10조 【관련청구소송의 이송 및 병합】 ① 취소소송과 다음 각 호의 1에 해당하는 소송(이하 "관련청구소송"이라 한다)이 각각 다른 법원에 계속되고 있는 경우에 관련청구소송이 계속된 법원이 상당하다고 인정하는 때에는 당사자의 신청 또는 직권에 의하여 이를 취소소송이 계속된 법원으로 이송할 수 있다.
1. 당해 처분 등과 관련되는 손해배상·부당이득반환·원상회복 등 청구소송
2. 당해 처분 등과 관련되는 취소소송

제38조 【준용규정】 ① 제9조, 제10조, 제13조 내지 제17조, 제19조, 제22조 내지 제26조, 제29조 내지 제31조 및 제33조의 규정은 무효등 확인소송의 경우에 준용한다.

06 위헌법령에 근거한 처분의 효력 정답 ②

① [×] 법률에 근거하여 행정처분이 발하여진 후에 헌법재판소에 의해 그 법률이 위헌으로 되었다면 결과적으로 그 행정처분은 법률의 근거가 없이 행하여진 것과 마찬가지가 되어 하자가 있는 것이 되나, 그 하자가 중대하기는 하나 헌법재판소의 위헌결정이 있기 전에는 객관적으로 명백한 것이라고 할 수는 없으므로, 헌법재판소의 위헌결정 전에 행정처분의 근거가 되는 당해 법률이 헌법에 위반된다는 사유는 특별한 사정이 없는 한, 그 행정처분의 취소소송의 전제가 될 수 있을 뿐 당연무효사유는 아니라고 봄이 상당하다(대판 2000.6.9. 2000다16329).

❷ [○] 헌법재판소의 위헌결정의 효력은 위헌제청을 한 당해 사건, 위헌결정이 있기 전에 이와 동종의 위헌 여부에 관하여 헌법재판소에 위헌여부심판제청을 하였거나 법원에 위헌여부심판제청신청을 한 경우의 당해 사건과 따로 위헌제청신청은 아니하였지만 당해 법률 또는 법률의 조항이 재판의 전제가 되어 법원에 계속 중인 사건뿐만 아니라 위헌결정 이후에 위와 같은 이유로 제소된 일반사건에도 미친다(대판 1993.1.15. 92다12377 ; 대판 2003.7.24. 2001다48781).

③ [×] 법령에 근거하여 처분이 행하여진 후 근거법령이 위헌으로 판명된다면 위헌인 법령에 근거하여 행해진 당해 처분으로 발생한 손해에 대하여 국가 등의 배상책임이 인정될 수 있는가와 관련하여 공무원의 고의·과실이 인정될 수 있는가가 문제된다. 공무원에게 법률의 위헌 여부를 심사할 권한이 없기 때문에 당해 처분이 결과적으로 위법한 처분이 되더라도, 그에 이르는 과정에 있어 공무원의 과실은 인정될 수 없다고 보는 것이 통설이다.

④ [×] 조세 부과의 근거가 되었던 법률규정이 위헌으로 선언된 경우, 비록 그에 기한 과세처분이 위헌결정 전에 이루어졌고, 과세처분에 대한 제소기간이 이미 경과하여 조세채권이 확정되었으며, 조세채권의 집행을 위한 체납처분의 근거규정 자체에 대하여는 따로 위헌결정이 내려진 바 없다고 하더라도, 위와 같은 위헌결정 이후에 조세채권의 집행을 위한 새로운 체납처분에 착수하거나 이를 속행하는 것은 더 이상 허용되지 않고, 나아가 이러한 위헌결정의 효력에 위배하여 이루어진 체납처분은 그 사유만으로 하자가 중대하고 객관적으로 명백하여 당연무효라고 보아야 한다(대판 2012.2.16. 2010두10907).

07 행정행위의 하자 정답 ③

① [○] 이미 등록된 신문의 사업자(이하 '기존사업자'라 한다)가 새로운 신문사업자(이하 '신규사업자'라 한다)와 체결한 '명칭 사용 허락에 관한 약정'의 무효, 취소 또는 해지를 주장하거나 허락기간의 종료를 주장하고 신규사업자가 이를 다툼으로써 기존사업자와 신규사업자 모두 적법하게 등록한 동일한 명칭으로 신문을 발행하려고 하는 상황이 발생할 수 있다. 신문 등의 진흥에 관한 법률(이하 '신문법'이라 한다)은 이처럼 동일한 명칭의 신문이 이중으로 등록되어 두명 이상의 신문사업자가 신문을 발행하려고 하는 경우 이중등록의 효력 또는 이중으로 등록한 신규사업자에 대한 행정 조치에 관하여 직접적인 규정을 두고 있지 않다.
그러나 위와 같이 기존사업자와 신규사업자 사이에 명칭 사용 허락과 관련하여 민사상 분쟁이 있는 경우에는 이를 이유로 등록관청이 신규사업자의 신문 등록을 직권으로 취소·철회할 수는 없고, 그 다툼에 관한 법원의 판단을 기다려 그에 따라 등록취소 또는 변경등록 등의 행정 조치를 할 수 있을 뿐이며, 법원의 판단이 있기 전까지 신규사업자의 신문법상 지위는 존속한다고 보아야 한다(대판 2019.8.30. 2018두47189).

② [○] 치유의 대상이 되는 하자는 절차상 하자 및 형식의 하자만이 가능하고 내용상의 하자의 치유는 불가능하다. 판례도 같은 입장이다.

판례 이론 조문

> 행정행위의 성질이나 법치주의의 관점에서 볼 때 하자있는 행정행위의 치유는 원칙적으로 허용될 수 없을 뿐만 아니라 이를 허용하는 경우에도 국민의 권리와 이익을 침해하지 않는 범위에서 구체적 사정에 따라 합목적적으로 가려야 할 것인 바, 이 사건 처분에 관한 하자가 행정처분의 내용에 관한 것이고 새로운 노선면허가 이 사건 소 제기 이후에 이루어진 사정 등에 비추어 하자의 치유를 인정치 않은 원심의 판단은 정당하고, 거기에 소론이 지적하는 바와 같은 법리오해의 위법이 있다 할 수 없다(대판 1991.5.28. 90누1359).

❸ [×] 독점규제 및 공정거래에 관한 법률(이하 '공정거래법'이라 한다) 제55조의2에 근거한 공정거래위원회 회의운영 및 사건절차 등에 관한 규칙(2012.11.28. 공정거래위원회 고시 제2012-71호, 이하 '절차규칙'이라 한다) 제29조 제1항, 제10항, 제12항, 제29조의2 제1항, 제2항의 문언과 내용에 따르면, 심사보고서 첨부자료의 송부 및 자료 열람 등을 규정하고 있는 취지는, 공정거래위원회의 시정조치 또는 과징금납부명령으로 말미암아 불측의 피해를 받을 수 있는 '당사자'로 하여금 공정거래위원회의 심의에 출석하여 심사관의 심사결과에 대하여 효과적으로 방어권을 행사하도록 보장함으로써 심사절차의 적정을 기함과 아울러 공정거래위원회로 하여금 적법한 심사절차를 거쳐 사실관계를 보다 구체적으로 파악하게 하여 신중하게 처분을 하게 하는 데 있다.
나아가 이러한 절차규칙 규정들을 공정거래법상 당사자에게 부여된 열람·복사 요구권의 내용과 한계에 비추어 살펴보면, 요구된 대상이 영업비밀, 사생활의 비밀 등 기타 법령 규정이 정한 비공개 자료에 해당하거나 자진신고와 관련된 자료로서 자진신고자 등의 신상 등 사적인 정보가 드러나는 부분 등에 관하여는, 첨부자료의 열람·복사 요구를 거부할 수도 있다. 다만, 이 경우에도 일률적으로 거부할 수는 없고 첨부자료의 열람·복사를 거부함으로써 보호되는 이익과 그로 인하여 침해되는 피심인의 방어권의 내용과 정도를 비교·형량하여 신중하게 판단하여야 한다.
그러므로 피심인이 심의·의결절차에서의 방어권을 행사하기 위하여 필요한 심사보고서의 첨부자료 열람·복사를 신청하였으나, 공정거래위원회가 절차규칙 제29조 제12항에서 정한 거부 사유에 해당하지 않음에도 이에 응하지 아니하였다면, 공정거래위원회의 심의·의결의 절차적 정당성이 상실되므로, 공정거래위원회의 처분은 절차적 하자로 인하여 원칙적으로 취소되어야 한다.
다만, 그 절차상 하자로 피심인의 방어권 행사에 실질적으로 지장이 초래되었다고 볼 수 없는 예외적인 경우에는, 공정거래위원회가 첨부자료의 제공 또는 열람·복사를 거절하였더라도 공정거래위원회의 심의·의결에 절차적 정당성이 상실되었다고 볼 수 없으므로 그 처분을 취소할 것은 아니다.

나아가 첨부자료의 제공 또는 열람·등사가 거절되는 등으로 인하여 피심인의 방어권이 실질적으로 침해되었는지는 공정거래위원회가 송부 내지 열람·복사를 거부한 자료의 내용, 범위, 정도, 자료의 내용과 처분요건 등과의 관련 정도, 거부의 경위와 거부 사유의 타당성, 심사보고서에 기재된 내용, 피심인이 심의·의결절차에서 의견을 진술하고 변명하는 등 방어의 기회를 충분히 가졌는지 등을 종합하여 판단하여야 한다(대판 2018.12.27. 2015두44028).

④ [O] 행정청은 행정소송이 계속되고 있는 때에도 직권으로 그 처분을 변경할 수 있고, 행정소송법 제22조 제1항은 이를 전제로 처분변경으로 인한 소의 변경에 관하여 규정하고 있다. 점용료 부과처분에 취소사유에 해당하는 흠이 있는 경우 도로관리청으로서는 당초 처분 자체를 취소하고 흠을 보완하여 새로운 부과처분을 하거나, 흠 있는 부분에 해당하는 점용료를 감액하는 처분을 할 수 있다. 한편 흠 있는 행정행위의 치유는 원칙적으로 허용되지 않을 뿐 아니라, 흠의 치유는 성립 당시에 적법한 요건을 갖추지 못한 흠 있는 행정행위를 그대로 존속시키면서 사후에 그 흠의 원인이 된 적법 요건을 보완하는 경우를 말한다. 그런데 앞서 본 바와 같은 흠 있는 부분에 해당하는 점용료를 감액하는 처분은 당초 처분 자체를 일부 취소하는 변경처분에 해당하고, 그 실질은 종래의 위법한 부분을 제거하는 것으로서 흠의 치유와는 차이가 있다.
그러므로 이러한 변경처분은 흠의 치유와는 성격을 달리하는 것으로서, 변경처분 자체가 신뢰보호 원칙에 반한다는 등의 특별한 사정이 없는 한 점용료 부과처분에 대한 취소소송이 제기된 이후에도 허용될 수 있다. 이에 따라 특별사용의 필요가 없는 부분을 도로점용허가의 점용장소 및 점용면적으로 포함한 흠이 있고 그로 인하여 점용료 부과처분에도 흠이 있게 된 경우, 도로관리청으로서는 도로점용허가 중 특별사용의 필요가 없는 부분을 직권취소하면서 특별사용의 필요가 없는 점용장소 및 점용면적을 제외한 상태로 점용료를 재산정한 후 당초 처분을 취소하고 재산정한 점용료를 새롭게 부과하거나, 당초 처분을 취소하지 않고 당초 처분으로 부과된 점용료와 재산정된 점용료의 차액을 감액할 수도 있다(대판 2019.1.17. 2016두56721·2016두56738).

08 행정법 정답 ②

① [O] 「질서위반행위규제법」 제3조에 대한 옳은 내용이다.

판례 이론 **조문**

> **제3조【법 적용의 시간적 범위】** ① 질서위반행위의 성립과 과태료 처분은 행위시의 법률에 따른다.
> ② 질서위반행위 후 법률이 변경되어 그 행위가 질서위반행위에 해당하지 아니하게 되거나 과태료가 변경되기 전의 법률보다 가볍게 된 때에는 법률에 특별한 규정이 없는 한 변경된 법률을 적용한다.
> ③ 행정청의 과태료 처분이나 법원의 과태료 재판이 확정된 후 법률이 변경되어 그 행위가 질서위반행위에 해당하지 아니하게 된 때에는 변경된 법률에 특별한 규정이 없는 한 과태료의 징수 또는 집행을 면제한다.

❷ [X] '질서위반행위가 종료된 날부터' 5년이 경과한 경우에는 제척기간 규정이 적용되어 해당 질서위반행위에 대하여 과태료를 부과할 수 없다. '과태료 부과처분 또는 과태료 재판이 확정된 후' 5년간 징수·집행하지 아니하는 경우에 시효로 인하여 과태료가 소멸한다.

판례 이론 **조문**

> **「질서위반행위규제법」 제15조【과태료의 시효】** ① 과태료는 행정청의 과태료 부과처분이나 법원의 과태료 재판이 확정된 후 5년간 징수하지 아니하거나 집행하지 아니하면 시효로 인하여 소멸한다.
> **제19조【과태료 부과의 제척기간】** ① 행정청은 질서위반행위가 종료된 날(다수인이 질서위반행위에 가담한 경우에는 최종행위가 종료된 날을 말한다)부터 5년이 경과한 경우에는 해당 질서위반행위에 대하여 과태료를 부과할 수 없다.

③ [O] 경범죄 처벌법상 범칙금제도는 범칙행위에 대하여 형사절차에 앞서 경찰서장의 통고처분에 따라 범칙금을 납부할 경우 이를 납부하는 사람에 대하여는 기소를 하지 않는 처벌의 특례를 마련해 둔 것으로 법원의 재판절차와는 제도적 취지와 법적 성질에서 차이가 있다. 또한 범칙자가 통고처분을 불이행하였더라도 기소독점주의의 예외를 인정하여 경찰서장의 즉결심판 청구를 통하여 공판절차를 거치지 않고 사건을 간이하고 신속·적정하게 처리함으로써 소송경제를 도모하되, 즉결심판 선고 전까지 범칙금을 납부하면 형사처벌을 면할 수 있도록 함으로써 범칙자에 대하여 형사소추와 형사처벌을 면제받을 기회를 부여하고 있다. 따라서 경찰서장이 범칙행위에 대하여 통고처분을 한 이상, 범칙자의 위와 같은 절차적 지위를 보장하기 위하여 통고처분에서 정한 범칙금 납부기간까지는 원칙적으로 경찰서장은 즉결심판을 청구할 수 없고, 검사도 동일한 범칙행위에 대하여 공소를 제기할 수 없다고 보아야 한다(대판 2020.4.29. 2017도13409).

④ [O] 국가기관 등 행정기관(이하 '행정기관 등'이라 한다) 사이에 권한의 존부와 범위에 관하여 다툼이 있는 경우에 이는 통상 내부적 분쟁이라는 성격을 띠고 있어 상급관청의 결정에 따라 해결되거나 법령이 정하는 바에 따라 '기관소송'이나 '권한쟁의심판'으로 다루어진다. 그런데 법령이 특정한 행정기관 등으로 하여금 다른 행정기관을 상대로 제재적 조치를 취할 수 있도록 하면서, 그에 따르지 않으면 그 행정기관에 대하여 과태료를 부과하거나 형사처벌을 할 수 있도록 정하는 경우가 있다. 이러한 경우에는 단순히 국가기관이나 행정기관의 내부적 문제라거나 권한 분장에 관한 분쟁으로만 볼 수 없다. 행정기관의 제재적 조치의 내용에 따라 '구체적 사실에 대한 법집행으로서 공권력의 행사'에 해당할 수 있고, 그러한 조치의 상대방인 행정기관이 입게 될 불이익도 명확하다. 그런데도 그러한 제재적 조치를 기관소송이나 권한쟁의심판을 통하여 다툴 수 없다면, 제재적 조치는 그 성격상 단순히 행정기관 등 내부의 권한 행사에 머무는 것이 아니라 상대방에 대한 공권력 행사로서 항고소송을 통한 주관적 구제대상이 될 수 있다고 보아야 한다. 기관소송 법정주의를 취하면서 제한적으로만 이를 인정하고 있는 현행 법령의 체계에 비추어 보면, 이 경우 항고소송을 통한 구제의 길을 열어주는 것이 법치국가 원리에도 부합한다. 따라서 이러한 권리구제나 권리보호의 필요성이 인정된다면 예외적으로 그 제재적 조치의 상대방인 행정기관 등에게 항고소송 원고로서의 당사자능력과 원고적격을 인정할 수 있다(대판 2018.8.1. 2014두35379).

09 행정상 손실보상 정답 ②

옳은 것은 ㄱ, ㄷ, ㄹ이고, 옳지 않은 것은 ㄴ이다.

ㄱ. [O] 해당 공익사업을 수행하여 공익을 실현할 의사나 능력이 없는 자에게 타인의 재산권을 공권력적·강제적으로 박탈할 수 있는 수용권을 설정하여 줄 수는 없으므로, 사업시행자에게 해당 공익사업을 수행할 의사와 능력이 있어야 한다는 것도 사업인정의 한 요건이라고 보아야 한다(대판 2011.1.27. 2009두1051).

ㄴ. [X] 중단조치에 의한 영업중단으로 영업상 손실이나 주식 등 권리의 가치하락이 발생하였더라도 이는 영리획득의 기회나 기업활동의 여건 변화에 따른 재산적 손실일 뿐이므로, 헌법 제23조의 재산권보장의 범위에 속한다고 보기 어렵다(대판 2022.1.27. 2016헌마364).

ㄷ. [O] 개발제한구역의 지정으로 인한 개발가능성의 소멸과 그에 따른 지가의 하락이나 지가상승률의 상대적 감소는 토지소유자가 감수해야 하는 사회적 제약의 범주에 속하는 것으로 보아야 한다(헌재 1998.12.24. 89헌마214).

ㄹ. [O] 사업시행자는 해당 공익사업의 성격, 구체적인 경위나 내용, 그 원만한 시행을 위한 필요 등 제반 사정을 고려하여 법이 정한 이주대책대상자를 포함하여 그 밖의 이해관계인에게까지 넓혀 이주대책 수립 등을 시행할 수 있다(대판 2015.8.27. 2012두26746).

10 행정행위의 하자 정답 ①

❶ [O] 비위행위의 경우 각 행위가 이루어진 상황에 따라 그 행위의 의미 및 피해자가 느끼는 불쾌감 등이 달라질 수 있으므로, 징계대상자의 방어권을 보장하기 위해서 각 행위의 일시, 장소, 상대방, 행위 유형 및 구체적 상황이 다른 행위들과 구별될 수 있을 정도로 특정되어야 함이 원칙이다. 그러나 각 징계혐의사실이 서로 구별될 수 있을 정도로 특정되어 있고, 징계대상자가 징계사유의 구체적인 내용과 피해자를 충분히 알 수 있다고 인정되는 경우에는 징계대상자에게 피해자의 '실명' 등 구체적인 인적사항이 공개되지 않는다고 하더라도, 그와 같은 사정만으로 징계대상자의 방어권 행사에 실질적인 지장이 초래된다고 볼 수 없다. 특히 성희롱 피해자의 경우 2차 피해 등의 우려가 있어 실명 등 구체적 인적사항 공개에 더욱 신중히 처리할 필요가 있다는 점에서 더욱 그러하다(대판 2022.7.14. 2022두33323).

② [X] 토지구획정리사업은 대지로서의 효용증진과 공공시설의 정비를 위하여 실시하는 토지의 교환·분합 기타의 구획변경, 지목 또는 형질의 변경이나 공공시설의 설치·변경에 관한 사업으로서 [구 토지구획정리사업법(2000.1.28. 법률 제6252호로 폐지) 제2조 제1호], 그 시행인가는 사업지구에 편입될 목적물의 범위를 확정하고 시행자로 하여금 목적물에 관한 현재 및 장래의 권리자에게 대항할 수 있는 법적 지위를 설정해 주는 행정처분의 성격을 갖는 것이므로, 사업시행자의 자격이나 토지소유자의 동의 여부 및 특정 토지의 사업지구 편입 등에 하자가 있다고 주장하는 토지소유자 등은 시행인가 단계에서 그 하자를 다투었어야 하며, 시행인가처분에 명백하고도 중대한 하자가 있어 당연 무효라고 볼 특별한 사정이 없는 한, 사업시행 후 시행인가처분의 하자를 이유로 환지청산금 부과처분의 효력을 다툴 수는 없다(대판 2004.10.14. 2002두424).

③ [X] 수개의 처분사유 중 일부가 적법하지 않다고 하더라도 다른 처분사유로써 그 처분의 정당성이 인정되는 경우 그 처분을 위법하다고 할 수 없다(대판 2004.3.25. 2003두1264).

④ [X] 선행처분인 개별공시지가결정이 위법하여 그에 기초한 개발부담금 부과처분도 위법하게 된 경우 그 하자의 치유를 인정하면 개발부담금 납부의무자로서는 위법한 처분에 대한 가산금 납부의무를 부담하게 되는 등 불이익이 있을 수 있으므로, 그 후 적법한 절차를 거쳐 공시된 개별공시지가결정이 종전의 위법한 공시지가결정과 그 내용이 동일하다는 사정만으로는 위법한 개별공시지가결정에 기초한 개발부담금 부과처분이 적법하게 된다고 볼 수 없다(대판 2001.6.26. 99두11592).

11 부작위에 대한 구제수단 정답 ③

① [O] 국민의 생명, 신체, 재산 등에 대하여 절박하고 중대한 위험상태가 발생하였거나 발생할 우려가 있어서 국민의 생명, 신체, 재산 등을 보호하는 것을 본래적 사명으로 하는 국가가 초법규적·일차적으로 그 위험 배제에 나서지 아니하면 국민의 생명, 신체, 재산 등을 보호할 수 없는 경우 형식적 의미의 법령에 근거가 없더라도 국가나 관련 공무원에 대하여 위험을 배제할 작위의무를 인정할 수 있다(대판 2004.6.25. 2003다69652).

② [O] 행정소송에 있어서는 의무이행소송이 인정되고 있지 않지만 행정심판에 있어서는 의무이행심판이 인정되고 있다.

❸ [X] 공무원의 부작위로 인한 국가배상책임을 인정하기 위하여는 공무원의 작위로 인한 국가배상책임을 인정하는 경우와 마찬가지로 '공무원이 그 직무를 집행함에 당하여 고의 또는 과실로 법령에 위반하여 타인에게 손해를 가한 때'라고 하는 국가배상법 제2조 제1항의 요건이 충족되어야 할 것인바, 여기서 '법령에 위반하여'라고 하는 것이 엄격하게 형식적 의미의 법령에 명시적으로 공무원의 작위의무가 규정되어 있는데도 이를 위반하는 경우만을 의미하는 것은 아니고, 국민의 생명, 신체, 재산 등에 대하여 절박하고 중대한 위험상태가 발생하였거나 발생할 우려가 있어서 국민의 생명, 신체, 재산 등을 보호하는 것을 본래적 사명으로 하는 국가가 초법규적, 일차적으로 그 위험 배제에 나서지 아니하면 국민의 생명, 신체, 재산 등을 보호할 수 없는 경우에는 형식적 의미의 법령에 근거가 없더라도 국가나 관련 공무원에 대하여 그러한 위험을 배제할 작위의무를 인정할 수 있을 것이나, 그와 같은 절박하고 중대한 위험상태가 발생하였거나 발생할 우려가 있는 경우가 아닌 한, 원칙적으로 공무원이 관련 법령대로만 직무를 수행하였다면 그와 같은 공무원의 부작위를 가지고 '고의 또는 과실로 법령에 위반'하였다고 할 수는 없을 것이므로, 공무원의 부작위로 인한 국가배상책임을 인정할 것인지 여부가 문제되는 경우에 관련 공무원에 대하여 작위의무를 명하는 법령의 규정이 없다면 공무원의 부작위로 인하여 침해된 국민의 법익 또는 국민에게 발생한 손해가 어느 정도 심각하고 절박한 것인지, 관련 공무원이 그와 같은 결과를 예견하여 그 결과를 회피하기 위한 조치를 취할 수 있는 가능성이 있는지 등을 종합적으로 고려하여 판단하여야 한다(대판 2001.4.24. 2000다57856).

④ [O] 부작위위법확인소송에서는 처분이 존재하지 않으므로 처분시가 아닌 판결시(사실심변론종결시)를 기준으로 위법여부를 판단하며, 부작위의 위법성이 인정된다고 해서 국가배상소송에서 당연히 불법행위책임이 인정되는 것은 아니며 국가배상책임이 인정되기 위한 요건이 별도로 충족되어야 한다.

12 항고소송의 대상 정답 ②

① [O] 지방자치법 제78조 내지 제81조의 규정에 의거한 지방의회의 의원징계의결은 그로 인해 의원의 권리에 직접 법률효과를 미치는 행정처분의 일종으로서 행정소송의 대상이 된다(대판 1993.11.26. 93누7341).

판례 이론 **조문**

> **헌법 제64조** ② 국회는 의원의 자격을 심사하며, 의원을 징계할 수 있다.
> ③ 의원을 제명하려면 국회재적의원 3분의 2 이상의 찬성이 있어야 한다.
> ④ 제2항과 제3항의 처분에 대하여는 법원에 제소할 수 없다.

❷ [X] 항고소송의 대상인 처분에 관한 법리에 비추어 고용보험 및 산업재해보상보험의 보험료징수 등에 관한 법률, 고용보험 및 산업재해보상보험의 보험료징수 등에 관한 법률 시행령 등에서 위임된 사항과 그 시행을 위하여 필요한 사항을 규정할 목적으로 제정한 '적용 및 부과업무 처리 규정' 등 관련 규정들의 내용과 체계 등을 살펴보면, 근로복지공단이 사업주에 대하여 하는 '개별 사업장의 사업종류 변경결정'은 행정청이 행하는 구체적 사실에 관한 법집행으로서의 공권력의 행사인 '처분'에 해당한다(대판 2020.4.9. 2019두61137).

③ [O] 행정청이 행정의사를 외부에 표시하여 행정청이 자유롭게 취소·철회할 수 없는 구속을 받기 전에는 '처분'이 성립하지 않으므로 법무부장관이 출입국관리법 제11조 제1항 제3호 또는 제4호, 출입국관리법 시행령 제14조 제1항, 제2항에 따라 위 입국금지결정을 했다고 해서 '처분'이 성립한다고 볼 수는 없고, 위 입국금지결정은 법무부장관의 의사가 공식적인 방법으로 외부에 표시된 것이 아니라 단지 그 정보를 내부전산망인 '출입국관리정보시스템'에 입력하여 관리한 것에 지나지 않으므로, 위 입국금지결정은 항고소송의 대상이 될 수 있는 '처분'에 해당하지 않는다(대판 2019.7.11. 2017두38874).

④ [O] 공기업·준정부기관이 법령 또는 계약에 근거하여 선택적으로 입찰참가자격 제한 조치를 할 수 있는 경우, 계약상대방에 대한 입찰참가자격 제한 조치가 법령에 근거한 행정처분인지 아니면 계약에 근거한 권리행사인지는 원칙적으로 의사표시의 해석 문제이다(대판 2018.10.25. 2016두33537).

13 행정행위의 효력 정답 ②

① [X] 피고인이 행정청으로부터 자동차 운전면허취소처분을 받았으나 나중에 그 행정처분 자체가 행정쟁송절차에 의하여 취소되었다면, 위 운전면허취소처분은 그 처분시에 소급하여 효력을 잃게 되고, 피고인은 위 운전면허취소처분에 복종할 의무가 원래부터 없었음이 후에 확정되었다고 봄이 타당할 것이고, 행정행위에 공정력의 효력이 인정된다고 하여 행정소송에 의하여 적법하게 취소된 운전면허취소처분이 단지 장래에 향하여서만 효력을 잃게 된다고 볼 수는 없다(대판 1999.2.5. 98도4239). 쟁송취소도 소급효가 있다.

❷ [O] 위법한 행정대집행이 완료되면 그 처분의 무효확인 또는 취소를 구할 소의 이익은 없다 하더라도, 미리 그 행정처분의 취소판결이 있어야만, 그 행정처분의 위법임을 이유로 한 손해배상청구를 할 수 있는 것은 아니다(대판 1972.4.28. 72다337).

③ [X] 일반적으로 행정처분이나 행정심판재결이 불복기간의 경과로 인하여 확정될 경우, 그 확정력은 그 처분으로 인하여 법률상 이익을 침해받은 자가 당해 처분이나 재결의 효력을 더이상 다툴 수 없다는 의미일 뿐, 더 나아가 판결에 있어서와 같은 기판력이 인정되는 것은 아니어서 그 처분의 기초가 된 사실관계나 법률적 판단이 확정되고 당사자들이나 법원이 이에 기속되어 모순되는 주장이나 판단을 할 수 없게 되는 것은 아니다(대판 1994.11.8. 93누21927).

④ [X] 국민의 권리와 이익을 옹호하고 법적안정을 도모하기 위하여 특정한 행위에 대하여는 행정청이라 하여도 이것을 자유로이 취소, 변경 및 철회할 수 없다는 행정행위의 불가변력은 당해 행정행위에 대하여서만 인정되는 것이고, 동종의 행정행위라 하더라도 그 대상을 달리할 때에는 이를 인정할 수 없다(대판 1974.12.10. 73누129).

14 국가배상 정답 ③

① [X] 위헌결정의 효력은 과거사정리법 제2조 제1항 제3호의 '민간인 집단 희생사건'이나 같은 항 제4호의 '중대한 인권침해사건·조작의혹사건'에서 공무원의 위법한 직무집행으로 입은 손해에 대한 배상을 청구하는 소송이 위헌결정 당시까지 법원에 계속되어 있는 경우에도 미친다고 할 것이어서, 그 손해배상청구권에 대해서는 민법 제166조 제1항, 제766조 제2항에 따른 '객관적 기산점을 기준으로 하는 소멸시효'는 적용되지 않고, 국가에 대한 금전 급부를 목적으로 하는 권리의 소멸시효기간을 5년으로 규정한 국가재정법 제96조 제2항(구 예산회계법 제96조 제2항) 역시 이러한 객관적 기산점을 전제로 하는 경우에는 적용되지 않는다(대판 2019.11.14. 2018다233686).

② [×] 해군 기초군사교육단에 입소하여 교육을 받은 후 하사로 임관한 甲이 해군교육사령부에서 받은 인성검사에서 '부적응, 관심, 자살예측'이라는 결과가 나왔으나, 甲의 소속 부대 당직소대장 乙은 위 검사 결과를 교관 등에게 보고하지 않았고, 甲은 그 후 실시된 면담 및 검사에서 특이사항이 없다는 판정을 받고 신상등급 C급(신상에 문제점이 없는 자)으로 분류되었는데 함선 근무 중 자살한 사안에서, 甲이 해군교육사령부에서 받은 인성검사에서 자살이 예측되는 결과가 나타난 이상 당시 甲에게 자살 가능성이 있음을 충분히 예견할 수 있는 사정이 있었는데도 위 인성검사 결과를 제대로 반영하지 아니한 것은 자살우려자 식별과 신상파악·관리·처리의 책임이 있는 교관, 지휘관 등 관계자가 자살예방 및 생명존중문화 조성을 위한 법률 및 장병의 자살을 예방하기 위해 마련된 관련 규정들에 따른 조치 등 甲의 자살을 방지하기 위해 필요한 조치를 할 직무상 의무를 과실로 위반한 것이고, 그와 같은 직무상 의무위반과 위 자살 사고 사이에 상당인과관계가 있다고 보아 국가의 배상책임을 인정한 사례이다(대판 2020.5.28. 2017다211559).

❸ [○] 해군본부가 해군 홈페이지 자유게시판에 집단적으로 게시된 '제주해군기지 건설사업에 반대하는 취지의 항의글' 100여 건을 삭제하는 조치를 취하자, 항의글을 게시한 甲 등이 위 조치가 위법한 직무수행에 해당하며 표현의 자유 등이 침해되었다고 주장하면서 국가를 상대로 손해배상을 구한 사안에서, 해군 홈페이지 자유게시판이 정치적 논쟁의 장이 되어서는 안 되는 점, 위와 같은 항의글을 게시한 행위는 정부정책에 대한 반대의사 표시이므로 '해군 인터넷 홈페이지 운영규정'에서 정한 게시글 삭제사유인 '정치적 목적이나 성향이 있는 경우'에 해당하는 점, 해군본부가 집단적 항의글이 위 운영규정 등에서 정한 삭제 사유에 해당한다고 판단한 것이 사회통념상 합리성이 없다고 단정하기 어려운 점, 반대의견을 표출하는 항의 시위의 1차적 목적은 달성되었고 현행법상 국가기관으로 하여금 인터넷 공간에서의 항의 시위의 결과물인 게시글을 영구히 또는 일정 기간 보존하여야 할 의무를 부과하는 규정은 없는 점 등에 비추어 위 삭제 조치가 객관적 정당성을 상실한 위법한 직무집행에 해당한다고 보기 어려운데도, 이와 달리 본 원심판단에 법리오해의 잘못이 있다고 한 사례이다(대판 2020.6.4. 2015다233807).

④ [×] 국가가 구 농지개혁법(1994.12.22. 법률 제4817호 농지법 부칙 제2조 제1호로 폐지)에 따라 농지를 매수하였으나 분배하지 않아 원소유자의 소유로 환원된 경우에 국가는 이를 임의로 처분할 수 없고 원소유자에게 반환해야 한다. 만일 이러한 의무를 부담하는 국가의 담당공무원이 농지가 원소유자의 소유로 환원되었음을 제대로 확인하지 않은 채 제3자에게 농지를 처분한 다음 소유권보존등기를 하고 소유권이전등기를 해줌으로써 제3자의 등기부취득시효가 완성되어 원소유자에게 손해를 입혔다면, 이는 특별한 사정이 없는 한 국가배상법 제2조 제1항에서 정한 공무원의 고의 또는 과실에 의한 위법행위에 해당한다(대판 2019.10.31. 2016다243306).

15 신뢰보호원칙 정답 ①

❶ [×] 사업자등록증의 교부는 이와 같은 등록사실을 증명하는 증서의 교부행위에 불과한 것으로 과세관청이 납세의무자에게 면세사업자등록증을 교부하고 수년간 면세사업자로서 한 부가가치세 예정신고 및 확정신고를 받은 행위만으로는 과세관청이 납세의무자에게 그가 영위하는 사업에 관하여 부가가치세를 과세하지 아니함을 시사하는 언동이나 공적인 견해를 표명한 것이라 할 수 없다(대판 2002.9.4. 2001두9370).

② [○] 폐기물관리법령에 의한 폐기물처리업 사업계획에 대한 적정통보와 국토이용관리법령에 의한 국토이용계획변경은 각기 그 제도적 취지와 결정단계에서 고려해야 할 사항들이 다르다는 이유로, 폐기물처리업 사업계획에 대하여 적정통보를 한 것만으로 그 사업부지 토지에 대한 국토이용계획변경신청을 승인하여 주겠다는 취지의 공적인 견해표명을 한 것으로 볼 수 없다(대판 2005.4.28. 2004두8828).

③ [○] 행정청이 상대방에게 장차 어떤 처분을 하겠다고 확약 또는 공적인 의사표명을 하였다고 하더라도 그 자체에서 상대방으로 하여금 언제까지 처분의 발령을 신청을 하도록 유효기간을 두었는데도 그 기간 내에 상대방의 신청이 없었다거나 확약 또는 공적인 의사표명이 있은 후에 사실적·법률적 상태가 변경되었다면 그와 같은 확약 또는 공적인 의사표명은 행정청의 별다른 의사표시를 기다리지 않고 실효된다고 할 것이다(대판 1996.8.20. 95누10877).

④ [○] 운전면허 취소사유에 해당하는 음주운전을 적발한 경찰관의 소속 경찰서장이 사무착오로 위반자에게 운전면허정지처분을 한 상태에서 위반자의 주소지 관할 지방경찰청장이 위반자에게 운전면허취소처분을 한 것은 선행처분에 대한 당사자의 신뢰 및 법적 안정성을 저해하는 것으로서 허용될 수 없다(대판 2000.2.25. 99두10520).

16 과징금 정답 ④

① [×] 여객자동차 운수사업법 제88조 제1항의 과징금 부과처분은 제재적 행정처분으로서 여객자동차 운수사업에 관한 질서를 확립하고 여객의 원활한 운송과 여객자동차 운수사업의 종합적인 발달을 도모하여 공공복리를 증진한다는 행정목적의 달성을 위하여 행정법규 위반이라는 객관적 사실에 착안하여 가하는 제재이므로 반드시 현실적인 행위자가 아니라도 법령상 책임자로 규정된 자에게 부과되고 원칙적으로 위반자의 고의·과실을 요하지 아니하나, 위반자의 의무 해태를 탓할 수 없는 정당한 사유가 있는 등의 특별한 사정이 있는 경우에는 이를 부과할 수 없다(대판 2014.10.15. 2013두5005).

② [×] 구 청소년보호법 제49조 제1항·제2항에 따른 같은 법 시행령 제40조 [별표 6]의 '위반행위의 종별에 따른 과징금처분기준'은 법규명령이기는 하나 모법의 위임규정의 내용과 취지 및 헌법상의 과잉금지의 원칙과 평등의 원칙 등에 비추어 같은 유형의 위반행위라 하더라도 그 규모나 기간·사회적 비난 정도·위반행위로 인하여 다른 법률에 의하여 처벌받은 다른 사정·행위자의 개인적 사정 및 위반행위로 얻은 불법이익의 규모 등 여러 요소를 종합적으로 고려하여 사안에 따라 적정한 과징금의 액수를 정하여야 할 것이므로 그 수액은 정액이 아니라 최고한도액이다(대판 2001.3.9. 99두5207).

③ [×] 과징금은 행정법상의 의무를 위반한 자에 대하여 당해 위반행위로 얻게 된 경제적 이익을 박탈하기 위한 목적으로 부과하는 금전적인 제재로서, 같은 법이 규정한 범위 내에서 그 부과처분 당시까지 부과관청이 확인한 사실을 기초로 일의적으로 확정되어야 할 것이고, 그렇지 아니하고 부과관청이 과징금을 부과하면서 추후에 부과금 산정 기준이 되는 새로운 자료가 나올 경우에는 과징금액이 변경될 수도 있다고 유보한다든지, 실제로 추후에 새로운 자료가 나왔다고 하여 새로운 부과처분을 할 수는 없다 할 것인바, 왜냐하면 과징금의 부과와 같이 재산권의 직접적인 침해를 가져오는 처분을 변경하려면 법령에 그 요건 및 절차가 명백히 규정되어 있어야 할 것인데, 위와 같은 변경처분에 대한 법령상의 근거규정이 없고, 이를 인정하여야 할 합리적인 이유 또한 찾아 볼 수 없기 때문이다(대판 1999.5.28. 99두1571).

❹ [O] 과징금 등 처분과 감면기각처분은 근거 규정, 요건과 절차가 구별되는 독립적인 별개의 처분으로서 두 처분에 고유한 위법사유가 구별되고 법적 성격도 다르므로, 사업자로서는 두 처분의 취소를 모두 구할 실익이 인정된다. 따라서 공정거래위원회가 시정명령 및 과징금 부과와 감면 여부를 분리 심리하여 별개로 의결한 다음 과징금 등 처분과 별도의 처분서로 감면기각처분을 하였다면, 원칙적으로 2개의 처분, 즉 과징금 등 처분과 감면기각처분이 각각 성립한 것이고, 처분의 상대방으로서는 각각의 처분에 대하여 함께 또는 별도로 불복할 수 있다. 그러므로 사업자인 원고가 과징금 등 처분과 감면기각처분의 취소를 구하는 소를 함께 제기한 경우에도, 특별한 사정이 없는 한 감면기각처분의 취소를 구할 소의 이익이 인정된다(대판 2017.1.12. 2016두35199).

17 정보공개제도 정답 ④

① [×] 업무추진비 세부항목별 집행내역 및 그에 관한 증빙서류 정보 중 개인에 관한 정보는 특별한 사정이 없는 한 그 개인의 사생활 보호라는 관점에서 보더라도 위와 같은 정보가 공개되는 것은 바람직하지 않으며 위 정보의 비공개에 의하여 보호되는 이익보다 공개에 의하여 보호되는 이익이 우월하다고 단정할 수도 없으므로, 이는 '공개하는 것이 공익을 위하여 필요하다고 인정되는 정보'에 해당하지 않는다고 봄이 상당하다(대판 2003.3.11. 2001두6425).

② [×] 학교환경위생구역 내 금지행위(숙박시설) 해제결정에 관한 학교환경위생정화위원회의회의록에 기재된 발언내용에 대한 해당 발언자의 인적사항 부분에 관한 정보는 정보공개법 제9조 제1항 제5호 소정의 비공개대상에 해당한다(대판 2003.8.22. 2002두12946).

③ [×] 구 정보공개법의 목적, 규정 내용 및 취지 등에 비추어 보면, 정보공개청구의 목적에 특별한 제한이 있다고 할 수 없으므로, 피고의 주장과 같이 원고가 이 사건 정보공개를 청구한 목적이 이 사건 손해배상소송에 제출할 증거자료를 획득하기 위한 것이었고 위 소송이 이미 종결되었다고 하더라도, 원고가 오로지 피고를 괴롭힐 목적으로 정보공개를 구하고 있다는 등의 특별한 사정이 없는 한, 위와 같은 사정만으로는 원고가 이 사건 소송을 계속하고 있는 것이 권리남용에 해당한다고 볼 수 없다(대판 2004.9.23. 2003두1370).

❹ [O] 「공공기관의 정보공개에 관한 법률」 제9조 제1항 제2호에 대한 옳은 내용이다.

판례 이론 **조문**

> **제9조 【비공개 대상 정보】** ① 공공기관이 보유·관리하는 정보는 공개 대상이 된다. 다만, 다음 각 호의 어느 하나에 해당하는 정보는 공개하지 아니할 수 있다.
> 2. 국가안전보장·국방·통일·외교관계 등에 관한 사항으로서 공개될 경우 국가의 중대한 이익을 현저히 해칠 우려가 있다고 인정되는 정보

18 부작위위법확인소송 정답 ④

① [O] 행정소송법 제4조 제3호에 규정된 부작위위법확인의 소는 행정청이 당사자의 법규상 또는 조리상의 권리에 기한 신청에 대하여 상당한 기간 내에 그 신청을 인용하는 적극적 처분 또는 각하하거나 기각하는 등의 소극적 처분을 하여야 할 법률상의 응답의무가 있음에도 불구하고 이를 하지 아니하는 경우에 그 부작위가 위법하다는 것을 확인함으로써 행정청의 응답을 신속하게 하여 부작위 또는 무응답이라고 하는 소극적인 위법상태를 제거하는 것을 목적으로 하는 제도이다(대판 2019.1.17. 2014두41114).

② [O] 판례는 위와 같은 사안에서 공사중지명령의 철회를 요구할 수 있는 권리가 있다고 보았다(대판 2007.5.11. 2007두1811). 따라서 신청권이 인정되는 위와 같은 신청에 대한 부작위는 위법하다고 볼 수 있다. 행정청이 행한 공사중지명령의 상대방은 그 명령 이후에 그 원인사유가 소멸하였음을 들어 행정청에게 공사중지명령의 철회를 요구할 수 있는 조리상의 신청권이 있다 할 것이고, 상대방으로부터 그 신청을 받은 행정청으로서는 상당한 기간 내에 그 신청을 인용하는 적극적 처분을 하거나 각하 또는 기각하는 등의 소극적 처분을 하여야 할 법률상의 응답의무가 있다고 할 것이며, 행정청이 상대방의 신청에 대하여 아무런 적극적 또는 소극적 처분을 하지 않고 있는 이상 행정청의 부작위는 그 자체로 위법하다고 할 것이고, 구체적으로 그 신청이 인용될 수 있는지 여부는 소극적 처분에 대한 항고소송의 본안에서 판단하여야 할 사항이라고 할 것이다(대판 2005.4.14. 2003두7590).

③ [O] 부작위의 직접 상대방이 아닌 제3자라 하여도 당해 행정처분의 부작위위법확인을 구할 법률상의 이익이 있는 경우에는 역시 원고적격이 인정된다(대판 1989.5.23. 88누8135).

❹ [×] 부작위위법확인소송의 경우 「행정소송법」 제21조(소의 종류의 변경)는 준용규정이 있으나(동법 제37조), 동법 제22조(처분변경으로 인한 소의 변경)는 준용규정이 없다.

19 행정처분 정답 ②

① [O] 재단법인 한국연구재단이 甲 대학교 총장에게 연구개발비의 부당집행을 이유로 '해양생물유래 고부가식품·향장·한약 기초소재 개발 인력양성사업에 대한 2단계 두뇌한국(BK)21 사업' 협약을 해지하고 연구팀장 乙에 대한 대학자체 징계 요구 등을 통보한 사안에서, 재단법인 한국연구재단이 甲 대학교 총장에게 을에 대한 대학 자체징계를 요구한 것은 법률상 구속력이 없는 권유 또는 사실상의 통지로서 乙의 권리, 의무 등 법률상 지위에 직접적인 법률적 변동을 일으키지 않는 행위에 해당하므로, 항고소송의 대상인 행정처분에 해당하지 않는다고 본 원심판단을 정당하다고 한 사례이다(대판 2014.12.11. 2012두28704).

❷ [X] 교육공무원법 제29조의2 제1항, 제13조, 제14조 제1항, 제2항, 교육공무원 승진규정 제1조, 제2조 제1항 제1호, 제40조 제1항, 교육공무원임용령 제14조 제1항, 제16조 제1항에 따르면 임용권자는 3배수의 범위 안에 들어간 후보자들을 대상으로 승진임용 여부를 심사하여야 하고, 이에 따라 승진후보자 명부에 포함된 후보자는 임용권자로부터 정당한 심사를 받게 될 것에 관한 절차적 기대를 하게 된다. 그런데 임용권자 등이 자의적인 이유로 승진후보자 명부에 포함된 후보자를 승진임용에서 제외하는 처분을 한 경우에, 이러한 승진임용제외처분을 항고소송의 대상이 되는 처분으로 보지 않는다면, 달리 이에 대하여는 불복하여 침해된 권리 또는 법률상 이익을 구제받을 방법이 없다. 따라서 교육공무원법상 승진후보자 명부에 의한 승진심사 방식으로 행해지는 승진임용에서 승진후보자 명부에 포함되어 있던 후보자를 승진임용인사발령에서 제외하는 행위는 불이익처분으로서 항고소송의 대상인 처분에 해당한다고 보아야 한다(대판 2018.3.27. 2015두47492).

③ [O] 구 건축법(2011.5.30. 법률 제10755호로 개정되기 전의 것) 제29조 제1항·제2항, 제11조 제1항 등의 규정 내용에 의하면, 건축협의의 실질은 지방자치단체 등에 대한 건축허가와 다르지 않으므로, 지방자치단체 등이 건축물을 건축하려는 경우 등에는 미리 건축물의 소재지를 관할하는 허가권자인 지방자치단체의 장과 건축협의를 하지 않으면, 지방자치단체라 하더라도 건축물을 건축할 수 없다. 그리고 구 지방자치법 등 관련 법령을 살펴보아도 지방자치단체의 장이 다른 지방자치단체를 상대로 한 건축협의의 취소에 관하여 다툼이 있는 경우에 법적 분쟁을 실효적으로 해결할 구제수단을 찾기도 어렵다. 따라서 건축협의 취소는 상대방이 다른 지방자치단체 등 행정주체라 하더라도 '행정청이 행하는 구체적 사실에 관한 법집행으로서의 공권력 행사'(행정소송법 제2조 제1항 제1호)로서 처분에 해당한다고 볼 수 있고, 지방자치단체인 원고가 이를 다툴 실효적 해결 수단이 없는 이상, 원고는 건축물 소재지 관할 허가권자인 지방자치단체의 장을 상대로 항고소송을 통해 건축협의 취소의 취소를 구할 수 있다(대판 2014.2.27. 2012두22980).

④ [O] 구 지적법 제28조 제1호의 '공공사업 등으로 인하여 학교용지·도로·철도용지·제방·하천·구거·유지·수도용지 등의 지목으로 되는 토지의 경우에는 그 사업시행자가 이 법에 의하여 토지소유자가 하여야 하는 신청을 대위할 수 있다'는 규정에 따라 토지소유자의 같은 법 제24조 제1항에 규정된 지적공부 등록사항 정정신청권을 대위하여 피고 화성시장에게 한 토지면적등록 정정신청을 피고가 반려한 것은 공공사업의 원활한 수행을 위하여 부여된 원고 한국도로공사의 위 관계 법령상의 권리 또는 이익에 영향을 미치는 공권력의 행사 또는 그 거부에 해당하는 것으로서 항고소송의 대상이 되는 행정처분에 해당한다(대판 2011.8.25. 2011두3371).

20 행정법 정답 ②

옳은 것은 ㄴ, ㄷ, ㄹ이다.

ㄱ. [X] 이의제기가 있는 경우에는 행정청의 과태료 부과처분은 그 효력을 상실한다.

판례 이론 **조문**

> **「질서위반행위규제법」 제20조【이의제기】** ① 행정청의 과태료 부과에 불복하는 당사자는 제17조 제1항에 따른 과태료 부과통지를 받은 날부터 60일 이내에 해당 행정청에 서면으로 이의제기를 할 수 있다.
> ② 제1항에 따른 이의제기가 있는 경우에는 행정청의 과태료 부과처분은 그 효력을 상실한다.

ㄴ. [O] 「질서위반행위규제법」 제11조 제1항에 대한 옳은 내용이다.

판례 이론 **조문**

> **제11조【법인의 처리 등】** ① 법인의 대표자, 법인 또는 개인의 대리인·사용인 및 그 밖의 종업원이 업무에 관하여 법인 또는 그 개인에게 부과된 법률상의 의무를 위반한 때에는 법인 또는 그 개인에게 과태료를 부과한다.

ㄷ. [O] 양벌규정에 의한 영업주의 처벌은 금지위반행위자인 종업원의 처벌에 종속하는 것이 아니라 독립하여 그 자신의 종업원에 대한 선임감독상의 과실로 인하여 처벌되는 것이므로 종업원의 범죄성립이나 처벌이 영업주 처벌의 전제조건이 될 필요는 없다(대판 2006.2.24. 2005도7673).

ㄹ. [O] 「질서위반행위규제법」 제12조 제3항에 대한 옳은 내용이다.

판례 이론 **조문**

> **제12조【다수인의 질서위반행위 가담】** ③ 신분에 의하여 과태료를 감경 또는 가중하거나 과태료를 부과하지 아니하는 때에는 그 신분의 효과는 신분이 없는 자에게는 미치지 아니한다.

ㅁ. [X] 행정법상의 질서벌인 과태료의 부과처분과 형사처벌은 그 성질이나 목적을 달리하는 별개의 것이므로 행정법상의 질서벌인 과태료를 납부한 후에 형사처벌을 한다고 하여 이를 일사부재리의 원칙에 반하는 것이라고 할 수는 없다(대판 1996.4.12. 96도158).

ㅂ. [X] 여객자동차 운수사업법 제76조, 제85조에서 정하는 과태료처분이나 감차처분 등은 규정 위반자에 대하여 처벌 또는 제재를 가하는 것이므로 같은 법이 정하고 있는 처분대상인 위반행위를 함부로 유추해석하거나 확대해석하여서는 아니된다(대판 2007.3.30. 2004두7665).

정답

p. 24

01	③	Ⅰ	06	④	Ⅱ	11	①	Ⅲ	16	②	Ⅲ
02	④	Ⅵ	07	④	Ⅲ	12	③	Ⅱ	17	④	Ⅴ
03	①	Ⅴ	08	④	Ⅲ	13	④	Ⅳ	18	①	Ⅱ
04	②	Ⅲ	09	①	Ⅳ	14	④	Ⅱ	19	②	Ⅴ
05	③	Ⅱ	10	④	Ⅵ	15	①	Ⅵ	20	④	Ⅲ

Ⅰ 행정법 서론 / Ⅱ 행정작용법 / Ⅲ 행정절차와 행정공개 / Ⅳ 행정의 실효성 확보수단 / Ⅴ 행정상 손해전보 / Ⅵ 행정쟁송

취약 단원 분석표

단원	맞힌 답의 개수
Ⅰ	/ 1
Ⅱ	/ 5
Ⅲ	/ 6
Ⅳ	/ 2
Ⅴ	/ 3
Ⅵ	/ 3
TOTAL	/ 20

01 공권과 공의무 정답 ③

① [O] 헌법 제35조 제1항에서 정하고 있는 환경권에 관한 규정만으로는 그 권리의 주체·대상·내용·행사방법 등이 구체적으로 정립되어 있다고 볼 수 없고, 환경정책기본법 제6조도 그 규정 내용 등에 비추어 국민에게 구체적인 권리를 부여한 것으로 볼 수 없다는 이유로, 환경영향평가 대상지역 밖에 거주하는 주민에게 헌법상의 환경권 또는 환경정책기본법에 근거하여 공유수면매립면허처분과 농지개량사업 시행인가처분의 무효확인을 구할 원고적격이 없다(대판 2006.3.16. 2006두330).

② [O] 행정처분에 있어서 불이익처분의 상대방은 직접 개인적 이익의 침해를 받은 자로서 원고적격이 인정되지만 수익처분의 상대방은 그의 권리나 법률상 보호되는 이익이 침해되었다고 볼 수 없으므로 달리 특별한 사정이 없는 한 취소를 구할 이익이 없다(대판 1995.8.22. 94누8129).

❸ [X] 상수원보호구역 설정의 근거가 되는 수도법 제5조 제1항 및 동 시행령 제7조 제1항이 보호하고자 하는 것은 상수원의 확보와 수질보전일 뿐이고, 그 상수원에서 급수를 받고 있는 지역주민들이 가지는 상수원의 오염을 막아 양질의 급수를 받을 이익은 직접적이고 구체적으로는 보호하고 있지 않음이 명백하여 위 지역주민들이 가지는 이익은 상수원의 확보와 수질보호라는 공공의 이익이 달성됨에 따라 반사적으로 얻게 되는 이익에 불과하므로 지역주민들에 불과한 원고들에게는 위 상수원보호구역변경처분의 취소를 구할 법률상의 이익이 없다(대판 1995.9.26. 94누14544).

④ [O] 이행강제금 납부의무는 상속인 기타의 사람에게 승계될 수 없는 일신전속적인 성질의 것이므로 이미 사망한 사람에게 이행강제금을 부과하는 내용의 처분이나 결정은 당연무효이다(대판 2006.12.8. 2006마470).

02 행정심판 정답 ④

① [O] 통상 고시 또는 공고에 의하여 행정처분을 하는 경우에는 그 처분의 상대방이 불특정 다수인이고, 그 처분의 효력이 불특정 다수인에게 일률적으로 적용되는 것이므로, 그에 대한 행정심판 청구기간도 고시일 또는 공고일에 그 행정처분이 있음을 알았던 것으로 보아 기산하여야 한다(대판 1998.11.27. 96누13927).

② [O] 「행정심판법」 제43조 제5항에 대한 옳은 내용이다.

판례 이론 **조문**

> **제43조 【재결의 구분】** ⑤ 위원회는 의무이행심판의 청구가 이유가 있다고 인정하면 지체 없이 신청에 따른 처분을 하거나 처분을 할 것을 피청구인에게 명한다.

③ [O] 「행정심판법」 제47조 제2항에 대한 옳은 내용이다.

판례 이론 **조문**

> **제47조 【재결의 범위】** ② 위원회는 심판청구의 대상이 되는 처분보다 청구인에게 불리한 재결을 하지 못한다.

❹ [X] 농지법 제62조 제6항·제7항이 위와 같이 이행강제금 부과처분에 대한 불복절차를 분명하게 규정하고 있으므로, 이와 다른 불복절차를 허용할 수는 없다. 설령 관할청이 이행강제금 부과처분을 하면서 재결청에 행정심판을 청구하거나 관할 행정법원에 행정소송을 할 수 있다고 잘못 안내하거나 관할 행정심판위원회가 각하재결이 아닌 기각재결을 하면서 관할 법원에 행정소송을 할 수 있다고 잘못 안내하였다고 하더라도, 그러한 잘못된 안내로 행정법원의 항고소송 재판관할이 생긴다고 볼 수도 없다(대판 2019.4.11. 2018두42955).

03 국가배상 정답 ①

옳은 것은 ㄷ이다.

ㄱ. [X] 긴급조치 제9호에 따라 영장 없이 이루어진 체포·구금, 그에 이은 수사 및 공소제기 등 수사기관의 직무행위와 긴급조치 제9호를 적용하여 유죄판결을 한 법관의 직무행위는 긴급조치의 발령 및 적용·집행이라는 일련의 국가작용으로서 전체적으로 보아 국민의 기본권 보장의무에 반하여 객관적 정당성을 상실하였다. 영장주의를 전면적으로 배제한 긴급조치 제9호는 위헌·무효이므로, 그에 따라 영장 없이 이루어진 체포·구금은 헌법상 영장주의를 위반하여 신체의 자유 등 국민의 기본권을 침해한 직무집행이다(대판 2022.8.30. 2018다212610 전합).

ㄴ. [X] 서울특별시가 점유·관리하는 도로에 대하여 '서울특별시 도로 등 주요시설물 관리에 관한 조례'에 따라 보도 관리 등의 위임을 받은 관할 자치구청장으로부터 도로에 접한 보도의 가로수 생육환경 개선공사를 도급받은 甲주식회사가 공사를 진행하면서 사용하고 남은 자갈더미를 그대로 도로에 적치해 두었고, 乙이 오토바이를 운전하다가 도로에 적치되어 있던 공사용 자갈더미를 발견하지 못하고 그대로 진행하는 바람에 중심을 잃고 넘어지면서 상해를 입은 사안에서, 서울특별시에 국가배상법 제5조 제1항에서 정한 설치·관리상의 하자가 없다고 본 원심판단에 법리오해의 잘못이 있다(대판 2017.9.21. 2017다223538).

ㄷ. [O] 국가배상법 제2조 제1항은 "국가나 지방자치단체는 공무원 또는 공무를 위탁받은 사인(이하 '공무원'이라 한다)이 직무를 집행하면서 고의 또는 과실로 법령을 위반하여 타인에게 손해를 입히거나, 자동차손해배상 보장법에 따라 손해배상의 책임이 있을 때에는 이 법에 따라 그 손해를 배상하여야 한다."라고 규정하고 있다. 따라서 국가배상책임이 성립하기 위해서는 공무원의 직무집행이 위법하다는 점만으로는 부족하고, 그로 인해 타인의 권리·이익이 침해되어 구체적 손해가 발생하여야 한다(대판 2016.8.30. 2015두60617).

ㄹ. [X] 소방공무원이 구 소방시설법과 다중이용업소법의 안전관리에 관한 특별법 규정에 정하여진 직무상 의무를 게을리한 경우 의무 위반이 직무에 충실한 보통 일반의 공무원을 표준으로 객관적 정당성을 상실하였다고 인정될 정도에 이른 때는 국가배상법 제2조 제1항에 정한 위법의 요건을 충족하게 된다. 그리고 소방공무원의 행정권한 행사가 관계 법률의 규정 형식상 소방공무원의 재량에 맡겨져 있더라도 소방공무원에게 그러한 권한을 부여한 취지와 목적에 비추어 볼 때 구체적인 상황 아래에서 소방공무원이 권한을 행사하지 아니한 것이 현저하게 합리성을 잃어 사회적 타당성이 없는 경우에는 소방공무원의 직무상 의무를 위반한 것으로서 위법하게 된다(대판 2016.8.25. 2014다225083).

04 정보공개청구 정답 ②

① [O] 정보공개를 청구하는 자가 공공기관에 대해 정보의 사본 또는 출력물의 교부의 방법으로 공개방법을 선택하여 정보공개청구를 한 경우에 공개청구를 받은 공공기관으로서는 같은 법 제8조 제2항에서 규정한 정보의 사본 또는 복제물의 교부를 제한할 수 있는 사유에 해당하지 않는 한 정보공개청구자가 선택한 공개방법에 따라 정보를 공개하여야 하므로 그 공개방법을 선택할 재량권이 없다고 해석함이 상당하다(대판 2003.12.12. 2003두8050).

❷ [X] 지방자치단체의 업무추진비 세부항목별 집행내역 및 그에 관한 증빙서류에 포함된 개인에 관한 정보는 '공개하는 것이 공익을 위하여 필요하다고 인정되는 정보'에 해당하지 않는다. … 법원이 행정청의 정보공개거부처분의 위법 여부를 심리한 결과 공개를 거부한 정보에 비공개대상정보에 해당하는 부분과 공개가 가능한 부분이 혼합되어 있고 공개청구의 취지에 어긋나지 아니하는 범위 안에서 두 부분을 분리할 수 있음을 인정할 수 있을 때에는, 위 정보 중 공개가 가능한 부분을 특정하고 판결의 주문에 행정청의 위 거부처분 중 공개가 가능한 정보에 관한 부분만을 취소한다고 표시하여야 한다. 이 사건 정보 중 개인에 관한 정보를 제외한 나머지 부분만의 정보를 공개함이 타당하다(대판 2003.3.11. 2001두6425).

③ [O] 공개를 구하는 정보를 공공기관이 보유·관리하고 있을 상당한 개연성이 있다는 점에 대하여 원칙적으로 공개청구자에게 증명책임이 있다고 할 것이지만, 공개를 구하는 정보를 공공기관이 한 때 보유·관리하였으나 후에 그 정보가 담긴 문서 등이 폐기되어 존재하지 않게 된 것이라면 그 정보를 더 이상 보유·관리하고 있지 아니하다는 점에 대한 증명책임은 공공기관에게 있다(대판 2004.12.9. 2003두12707).

④ [O] 「행정심판법」 제50조의2 제1항에 대한 옳은 내용이다.

판례 이론 **조문**

> **제50조의2 【위원회의 간접강제】** ① 위원회는 피청구인이 제49조 제2항(제49조 제4항에서 준용하는 경우를 포함한다) 또는 제3항에 따른 처분을 하지 아니하면 청구인의 신청에 의하여 결정으로 상당한 기간을 정하고 피청구인이 그 기간 내에 이행하지 아니하는 경우에는 그 지연기간에 따라 일정한 배상을 하도록 명하거나 즉시 배상을 할 것을 명할 수 있다.

05 하자승계 정답 ③

① [O] 두 개 이상의 행정처분이 연속적으로 행하여지는 경우 선행처분과 후행처분이 서로 결합하여 1개의 법률효과를 완성하는 때에는 선행처분에 하자가 있으면 그 하자는 후행처분에 승계되므로 선행처분에 불가쟁력이 생겨 그 효력을 다툴 수 없게 된 경우에도 선행처분의 하자를 이유로 후행처분의 효력을 다툴 수 있는 반면 선행처분과 후행처분이 서로 독립하여 별개의 법률효과를 목적으로 하는 때에는 선행처분에 불가쟁력이 생겨 그 효력을 다툴 수 없게 된 경우에는 선행처분의 하자가 중대하고 명백하여 당연무효인 경우를 제외하고는 선행처분의 하자를 이유로 후행처분의 효력을 다툴 수 없는 것이 원칙이나 선행처분과 후행처분이 서로 독립하여 별개의 효과를 목적으로 하는 경우에도 선행처분의 불가쟁력이나 구속력이 그로 인하여 불이익을 입게 되는 자에게 수인한도를 넘는 가혹함을 가져오며, 그 결과가 당사자에게 예측가능한 것이 아닌 경우에는 국민의 재판받을 권리를 보장하고 있는 헌법의 이념에 비추어 선행처분의 후행처분에 대한 구속력은 인정될 수 없다(대판 1994.1.25. 93누8542).

② [O] 사업시행계획과 관리처분계획은 서로 독립하여 별개의 법적 효과를 발생시키는 것으로서 이 사건 사업시행계획의 수립에 관한 취소사유인 하자가 이 사건 관리처분 계획에 승계되지 아니하므로, 위 취소사유를 들어 이 사건 관리처분계획의 적법 여부를 다툴 수는 없다(대판 2012.8.23. 2010두13463).

❸ [X] 도시·군계획시설결정과 실시계획인가는 도시·군계획시설사업을 위하여 이루어지는 단계적 행정절차에서 별도의 요건과 절차에 따라 별개의 법률효과를 발생시키는 독립적인 행정처분이다. 그러므로 선행처분인 도시·군계획시설결정에 하자가 있더라도 그것이 당연무효가 아닌 한 원칙적으로 후행처분인 실시계획인가에 승계되지 않는다(대판 2017.7.18. 2016두49938).

④ [O] 표준지공시지가결정이 위법한 경우에는 그 자체를 행정소송의 대상이 되는 행정처분으로 보아 그 위법 여부를 다툴 수 있음은 물론, 수용보상금의 증액을 구하는 소송에서도 선행처분으로서 그 수용대상 토지 가격 산정의 기초가 된 비교표준지공시지가결정의 위법을 독립한 사유로 주장할 수 있다(대판 2008.8.21. 2007두13845).

판례 **이론** 조문

행정행위 하자의 승계를 인정한 경우

- 한지의사시험자격인정과 한지의사면허처분 사이
- 안경사국가시험합격무효처분과 안경사면허취소처분 사이
- 귀속재산의 임대처분과 매각처분 사이
- 강제징수의 각 절차 사이(독촉·압류·매각·청산)
- 대집행의 각 절차 사이(계고·통지·실행·비용징수)
- 독촉과 가산금·중가산금 징수처분 사이
- 기준지가고시처분과 토지수용처분 사이
- (암매장)분묘개장명령과 계고처분 사이
- 개별공시지가결정과 과세처분 사이(개별공시지가결정과 개발부담금부과처분)
- 표준공시지가결정과 수용재결 등 후행행정처분 사이
- 친일반민족행위자로 결정한 친일반민족행위진상규명위원회의 최종발표와 지방보훈청장의 독립유공자법 적용배제자 결정

06 행정입법 정답 ④

① [O] 법령에서 행정처분의 요건 중 일부 사항을 부령으로 정할 것을 위임한 데 따라 시행규칙 등 부령에서 이를 정한 경우에 그 부령의 규정은 국민에 대해서도 구속력이 있는 법규명령에 해당한다고 할 것이지만, 법령의 위임이 없음에도 법령에 규정된 처분 요건에 해당하는 사항을 부령에서 변경하여 규정한 경우에는 그 부령의 규정은 행정청 내부의 사무처리 기준 등을 정한 것으로서 행정조직 내에서 적용되는 행정명령의 성격을 지닐 뿐 국민에 대한 대외적 구속력은 없다고 보아야 한다(대판 2013.9.12. 2011두10584).

② [O] 일반적으로 법률의 위임에 따라 효력을 갖는 법규명령의 경우에 위임의 근거가 없어 무효였더라도 나중에 법 개정으로 위임의 근거가 부여되면 그때부터는 유효한 법규명령으로 볼 수 있다(대판 2017.4.20. 2015두45700).

③ [O] 행정소송은 구체적 사건에 대한 법률상 분쟁을 법에 의하여 해결함으로써 법적 안정을 기하자는 것이므로 부작위위법확인소송의 대상이 될 수 있는 것은 구체적 권리의무에 관한 분쟁이어야 하고 추상적인 법령에 관하여 제정의 여부 등은 그 자체로서 국민의 구체적인 권리의무에 직접적 변동을 초래하는 것이 아니어서 그 소송의 대상이 될 수 없다(대판 1992.5.8. 91누11261).

❹ [X] 어떤 행정처분이 그와 같이 법규성이 없는 시행규칙 등의 규정(내부의 사무처리 기준)에 위배된다고 하더라도 그 이유만으로 처분이 위법하게 되는 것은 아니라 할 것이고, 또 그 규칙 등에서 정한 요건에 부합한다고 하여 반드시 그 처분이 적법한 것이라고 할 수도 없다. 이 경우 처분의 적법 여부는 그러한 규칙 등에서 정한 요건에 합치하는지 여부가 아니라 일반 국민에 대하여 구속력을 가지는 법률 등 법규성이 있는 관계 법령의 규정을 기준으로 판단하여야 한다(대판 2013.9.12. 2011두10584).

07 행정절차법 정답 ④

① [O] 행정절차법 제15조 제1항, 제24조 제1항, 공무원임용령 제6조 제3항, 공무원 인사기록·통계 및 인사사무 처리 규정 제26조 제1항의 규정에 따르면, 명예전역 선발을 취소하는 처분은 당사자의 의사에 반하여 예정되어 있던 전역을 취소하고 명예전역수당의 지급 결정 역시 취소하는 것으로서 임용에 준하는 처분으로 볼 수 있으므로, 행정절차법 제24조 제1항에 따라 문서로 해야 한다(대판 2019.7.25. 2016두54862).

② [O] 외국인의 사증발급 신청에 대한 거부처분은 당사자에게 의무를 부과하거나 적극적으로 권익을 제한하는 처분이 아니므로, 행정절차법 제21조 제1항에서 정한 '처분의 사전통지'와 제22조 제3항에서 정한 '의견제출 기회 부여'의 대상은 아니다. 그러나 사증발급 신청에 대한 거부처분이 성질상 행정절차법 제24조에서 정한 '처분서 작성·교부'를 할 필요가 없거나 곤란하다고 일률적으로 단정하기 어렵다. 또한 출입국관리법령에 사증발급 거부처분서 작성에 관한 규정을 따로 두고 있지 않으므로, 외국인의 사증발급 신청에 대한 거부처분을 하면서 행정절차법 제24조에 정한 절차를 따르지 않고 '행정절차에 준하는 절차'로 대체할 수도 없다(대판 2019.7.11. 2017두38874).

③ [O] 행정절차법 제3조 제2항, 행정절차법 시행령 제2조 등 행정절차법령 관련 규정들의 내용을 행정의 공정성, 투명성 및 신뢰성을 확보하고 국민의 권익보호를 목적으로 하는 행정절차법의 입법 목적에 비추어 보면, 행정절차법의 적용이 제외되는 공무원 인사관계 법령에 의한 처분에 관한 사항이란 성질상 행정절차를 거치기 곤란하거나 불필요하다고 인정되는 처분이나 행정절차에 준하는 절차를 거치도록 하고 있는 처분에 관한 사항만을 말하는 것으로 보아야 한다. 이러한 법리는 '공무원 인사관계 법령에 의한 처분'에 해당하는 육군3사관학교 생도에 대한 퇴학처분에도 마찬가지로 적용된다. 그리고 행정절차법 시행령 제2조 제8호는 '학교·연수원 등에서 교육·훈련의 목적을 달성하기 위하여 학생·연수생들을 대상으로 하는 사항'을 행정절차법의 적용이 제외되는 경우로 규정하고 있으나, 이는 교육과정과 내용의 구체적 결정, 과제의 부과, 성적의 평가, 공식적 징계에 이르지 아니한 질책·훈계 등과 같이 교육·훈련의 목적을 직접 달성하기 위하여 행하는 사항을 말하는 것으로 보아야 하고, 생도에 대한 퇴학처분과 같이 신분을 박탈하는 징계처분은 여기에 해당한다고 볼 수 없다(대판 2018.3.13. 2016두33339).

❹ [X] 대표자를 선정할 것을 요청할 수 있으며, 당사자 등이 그 요청에 따르지 않는 경우에는 행정청이 직접 대표자를 선정할 수 있다.

판례 이론 **조문**

> **「행정절차법」 제11조 【대표자】** ① 다수의 당사자 등이 공동으로 행정절차에 관한 행위를 할 때에는 대표자를 선정할 수 있다.
> ② 행정청은 제1항에 따라 당사자 등이 대표자를 선정하지 아니하거나 대표자가 지나치게 많아 행정절차가 지연될 우려가 있는 경우에는 그 이유를 들어 상당한 기간 내에 3인 이내의 대표자를 선정할 것을 요청할 수 있다. 이 경우 당사자 등이 그 요청에 따르지 아니하였을 때에는 행정청이 직접 대표자를 선정할 수 있다.

08 행정절차 정답 ④

① [O] 「행정절차법」 제17조 제2항에 대한 옳은 내용이다.

판례 이론 **조문**

> **제17조 【처분의 신청】** ② 제1항에 따라 처분을 신청할 때 전자문서로 하는 경우에는 행정청의 컴퓨터 등에 입력된 때에 신청한 것으로 본다.

② [O] 행정절차법 제2조 제4호에 의하면, '당사자 등'이란 행정청의 처분에 대하여 직접 그 상대가 되는 당사자와 행정청이 직권 또는 신청에 의하여 행정절차에 참여하게 한 이해관계인을 의미하는데, 같은 법 제9조에서는 자연인, 법인, 법인 아닌 사단 또는 재단 외에 '다른 법령 등에 따라 권리·의무의 주체가 될 수 있는 자' 역시 '당사자 등'이 될 수 있다고 규정하고 있을 뿐, 국가를 '당사자 등'에서 제외하지 않고 있다. 또한 행정절차법 제3조 제2항에서 행정절차법이 적용되지 않는 사항을 열거하고 있는데, '국가를 상대로 하는 행정행위'는 그 예외사유에 해당하지 않는다(대판 2023.9.21. 2023두39724).

③ [O] 「행정절차법」 제39조의3에 대한 옳은 내용이다.

판례 이론 **조문**

> **제39조의3 【공청회의 재개최】** 행정청은 공청회를 마친 후 처분을 할 때까지 새로운 사정이 발견되어 공청회를 다시 개최할 필요가 있다고 인정할 때에는 공청회를 다시 개최할 수 있다.

❹ [X] 지방자치단체의 장이 공유재산 및 물품관리법에 근거하여 민간투자사업을 추진하던 중 우선협상대상자 지위를 박탈하는 처분을 하기 위하여 반드시 청문을 실시할 의무가 있다고 볼 수는 없다. 구체적인 이유는 다음과 같다.

판례 이론 조문

> 행정절차법이 당사자에게 의무를 부과하거나 권익을 제한하는 처분을 하는 경우에 사전통지 및 의견청취를 하도록 규정한 것은 불이익처분 상대방의 방어권 행사를 실질적으로 보장하기 위함이다. 이러한 행정절차법의 규정 내용과 체계에 의하면, 행정청이 당사자에게 의무를 부과하거나 권익을 제한하는 처분을 하는 경우에는 원칙적으로 행정절차법 제21조 제1항에 따른 사전통지를 하고, 제22조 제3항에 따른 의견제출 기회를 주는 것으로 족하며, 다른 법령 등에서 반드시 청문을 실시하도록 규정한 경우이거나 행정청이 필요하다고 인정하는 경우 등에 한하여 청문을 실시할 의무가 있다(대판 2020.4.29. 2017두31064).

09 과징금 정답 ①

❶ [X] 과징금부과처분은 제재적 행정처분으로서 여객자동차 운수사업에 관한 질서를 확립하고 여객의 원활한 운송과 여객자동차 운수사업의 종합적인 발달을 도모하여 공공복리를 증진한다는 행정목적의 달성을 위하여 행정법규 위반이라는 객관적 사실에 착안하여 가하는 제재이므로 반드시 현실적인 행위자가 아니라도 법령상 책임자로 규정된 자에게 부과되고 원칙적으로 위반자의 고의·과실을 요하지 아니하나, 위반자의 의무 해태를 탓할 수 없는 정당한 사유가 있는 등의 특별한 사정이 있는 경우에는 이를 부과할 수 없다(대판 2014.10.15. 2013두5005).

② [O] 변형된 과징금은 영업정지 등에 갈음하여 부과하는 것이다. 따라서 동일한 위반사유에 대하여 과징금과 영업정지를 병과할 수는 없다. 다만, 과징금을 부과할 것인지 영업정지처분을 할 것인지는 보통 행정청의 재량이다(대판 2006.5.12. 2004두12315).

③ [O] 과징금 부과도 행정처분에 해당하기 때문에 행정쟁송의 대상이다(대판 2019.7.25. 2017두55077).

④ [O] 공정거래위원회가 과징금 산정시 위반 횟수 가중의 근거로 삼은 위반행위에 대한 시정조치가 그 후 '위반행위 자체가 존재하지 않는다는 이유로 취소판결이 확정된 경우' 과징금 부과처분의 상대방은 결과적으로 처분 당시 객관적으로 존재하지 않는 위반행위로 과징금이 가중되므로, 그 처분은 비례·평등원칙 및 책임주의 원칙에 위배될 여지가 있다(대판 2019.7.25. 2017두55077).

10 집행정지 정답 ④

① [O] 행정소송법 제23조에 따른 집행정지결정이 있으면 결정 주문에서 정한 정지기간 중에는 처분을 실현하기 위한 조치를 할 수 없다. 특히 처분의 효력을 정지하는 집행정지결정이 있으면 결정 주문에서 정한 정지기간 중에는 처분이 없었던 원래의 상태와 같은 상태가 된다(대판 2020.9.3. 2020두34070).

② [O] 처분상대방이 집행정지결정을 받지 못했으나 본안소송에서 해당 제재처분이 위법함이 확인되어 취소하는 판결이 확정되면, 처분청은 그 제재처분으로 처분상대방에게 초래된 불이익한 결과를 제거하기 위하여 필요한 조치를 취하여야 한다(대판 2019.1.31. 2016두52019).

③ [O] 집행정지는 행정쟁송절차에서 실효적 권리구제를 확보하기 위한 잠정적 조치일 뿐이므로, 본안 확정판결로 해당 제재처분이 적법하다는 점이 확인되었다면 제재처분의 상대방이 잠정적 집행정지를 통해 집행정지가 이루어지지 않은 경우와 비교하여 제재를 덜 받게 되는 결과가 초래되도록 해서는 안 된다(대판 2017.7.11. 2013두 25498).

❹ [X] 항고소송을 제기한 원고가 본안소송에서 패소확정판결을 받았다고 하더라도 집행정지결정의 효력이 소급하여 소멸하지 않는다(대판 2020.9.3. 2020두34070).

③ [O] 「개인정보 보호법」 제47조 제5항에 대한 옳은 내용이다.

판례 이론 **조문**

> **제47조 【분쟁의 조정】** ① 분쟁조정위원회는 다음 각 호의 어느 하나의 사항을 포함하여 조정안을 작성할 수 있다.
> 1. 조사 대상 침해행위의 중지
> 2. 원상회복, 손해배상, 그 밖에 필요한 구제조치
> 3. 같거나 비슷한 침해의 재발을 방지하기 위하여 필요한 조치
>
> ④ 당사자가 조정내용을 수락한 경우 분쟁조정위원회는 조정서를 작성하고, 분쟁조정위원회의 위원장과 각 당사자가 기명날인하여야 한다.
> ⑤ 제4항에 따른 조정의 내용은 재판상 화해와 동일한 효력을 갖는다.

④ [O] 「개인정보 보호법」 제49조 제6항에 대한 옳은 내용이다.

판례 이론 **조문**

> **제49조 【집단분쟁조정】** ⑥ 제48조 제2항에도 불구하고 분쟁조정위원회는 집단분쟁조정의 당사자인 다수의 정보주체 중 일부의 정보주체가 법원에 소를 제기한 경우에는 그 절차를 중지하지 아니하고, 소를 제기한 일부의 정보주체를 그 절차에서 제외한다.

11 개인정보 보호법 정답 ①

❶ [X] 개인정보처리자는 통계작성, 과학적 연구, 공익적 기록보존 등을 위하여 정보주체의 동의 없이 가명정보를 처리할 수 있다.

판례 이론 **조문**

> **「개인정보 보호법」 제28조의2 【가명정보의 처리 등】** ① 개인정보처리자는 통계작성, 과학적 연구, 공익적 기록보존 등을 위하여 정보주체의 동의 없이 가명정보를 처리할 수 있다.
> ② 개인정보처리자는 제1항에 따라 가명정보를 제3자에게 제공하는 경우에는 특정 개인을 알아보기 위하여 사용될 수 있는 정보를 포함해서는 아니 된다.

② [O] 「개인정보 보호법」 제7조 제1항·제2항에 대한 옳은 내용이다.

판례 이론 **조문**

> **제7조 【개인정보 보호위원회】** ① 개인정보 보호에 관한 사무를 독립적으로 수행하기 위하여 국무총리 소속으로 개인정보 보호위원회(이하 "보호위원회"라 한다)를 둔다.
> ② 보호위원회는 「정부조직법」 제2조에 따른 중앙행정기관으로 본다. 다만, 다음 각 호의 사항에 대하여는 「정부조직법」 제18조를 적용하지 아니한다.
> 1. 제7조의8 제3호 및 제4호의 사무
> 2. 제7조의9 제1항의 심의·의결 사항 중 제1호에 해당하는 사항

12 행정규칙 정답 ③

① [O] 법령의 규정이 특정 행정기관에게 법령 내용의 구체적 사항을 정할 수 있는 권한을 부여하면서 권한행사의 절차나 방법을 특정하지 아니한 경우에는 수임 행정기관은 행정규칙이나 규정 형식으로 법령 내용이 될 사항을 구체적으로 정할 수 있다. 이 경우 행정규칙 등은 당해 법령의 위임한계를 벗어나지 않는 한 대외적 구속력이 있는 법규명령으로서 효력을 가지게 되지만, 이는 행정규칙이 갖는 일반적 효력이 아니라 행정기관에 법령의 구체적 내용을 보충할 권한을 부여한 법령 규정의 효력에 근거하여 예외적으로 인정되는 것이다(대판 2012.7.5. 2010다72076).

② [O] 상급 행정기관이 하급 행정기관에 대하여 업무처리지침이나 법령의 해석적용에 관한 기준을 정하여 발하는 이른바 '행정규칙이나 내부지침'은 일반적으로 행정조직 내부에서만 효력을 가질 뿐 대외적인 구속력을 갖는 것은 아니므로 행정처분이 그에 위반하였다고 하여 그러한 사정만으로 곧바로 위법하게 되는 것은 아니다(대판 2009.12.24. 2009두7967).

❸ [X] 적법요건을 갖추지 못한 행정규칙은 하자 있는 것이 된다. 하자 있는 행정규칙은 하자 있는 행정행위와 달리 취소를 모른다. 즉, 행정행위의 경우에는 하자의 효과로서 무효와 취소가 있으나 행정규칙은 무효만 있을 뿐이다.

④ [O] 행정규칙은 일반적으로 행정조직 내부에서만 효력을 가지는 것이고 대외적인 구속력을 갖는 것이 아니어서 원칙적으로 헌법소원의 대상이 되지 아니하며, 다만 행정규칙이 법령의 규정에 의하여 행정관청에 법령의 구체적 내용을 보충할 권한을 부여한 경우나, 재량권행사의 준칙인 규칙이 그 정한 바에 따라 되풀이 시행되어 행정관행이 형성되어 행정기관이 그 상대방에 대한 관계에서 그 규칙에 따라야 할 자기구속을 당하게 되는 경우에 한하여 헌법소원의 대상이 될 수 있다(헌재 2014.7.29. 2014헌마528).

13 과세처분 정답 ④

① [O] 구 국세기본법은 제81조에서 심판청구에 관하여는 심사청구에 관한 제65조를 준용한다고 규정하고, 제80조 제1항, 제2항에서 심판청구에 대한 결정의 효력에 관하여 제81조에서 준용하는 제65조에 따른 결정은 관계 행정청을 기속하고, 심판청구에 대한 결정이 있으면 해당 행정청은 결정의 취지에 따라 즉시 필요한 처분을 하여야 한다고 규정하고 있으며, 제65조 제1항 제3호에서 심사청구가 이유 있다고 인정될 때에는 그 청구의 대상이 된 처분의 취소·경정 결정을 하거나 필요한 처분의 결정을 한다고 규정하고 있다. 과세처분에 관한 불복절차에서 불복사유가 옳다고 인정하고 이에 따라 필요한 처분을 하였을 경우에는 불복제도와 이에 따른 시정방법을 인정하고 있는 위 법 규정의 취지에 비추어 동일 사항에 관하여 특별한 사유 없이 이를 번복하고 다시 종전의 처분을 되풀이할 수는 없다(대판 2019.1.31. 2017두75873).

② [O] 국세기본법 및 구 국세기본법 시행령(2015.2.3. 대통령령 제26066호로 개정되기 전의 것)이 과세예고 통지의 대상으로 삼고 있지 않다거나 과세전적부심사를 거치지 않고 곧바로 과세처분을 할 수 있는 예외사유로 정하고 있는 등의 특별한 사정이 없는 한, 과세관청이 과세처분에 앞서 필수적으로 행하여야 할 과세예고통지를 하지 아니함으로써 납세자에게 과세전적부심사의 기회를 부여하지 아니한 채 과세처분을 하였다면, 이는 납세자의 절차적 권리를 침해한 것으로서 과세처분의 효력을 부정하는 방법으로 통제할 수밖에 없는 중대한 절차적 하자가 존재하는 경우에 해당하므로, 과세처분은 위법하다(대판 2016.4.15. 2015두52326).

③ [O] 하나의 납세고지서에 의하여 복수의 과세처분을 함께 하는 경우에는 과세처분별로 그 세액과 산출근거 등을 구분하여 기재함으로써 납세의무자가 각 과세처분의 내용을 알 수 있도록 해야 하는 것 역시 당연하다고 할 것이다(대판 2012.10.18. 2010두12347).

❹ [X] 지방국세청장 또는 세무서장이 조세범칙행위에 대하여 고발을 한 후에 동일한 조세범칙행위에 대하여 통고처분을 하였더라도, 이는 법적 권한 소멸 후에 이루어진 것으로서 특별한 사정이 없는 한 효력이 없고, 조세범칙행위자가 이러한 통고처분을 이행하였더라도 조세범 처벌절차법 제15조 제3항에서 정한 일사부재리의 원칙이 적용될 수 없다(대판 2016.9.28. 2014도10748).

판례 이론 조문

지방국세청장 또는 세무서장이 조세범칙행위에 대하여 고발을 한 후에 동일한 조세범칙행위에 대하여 한 통고처분의 효력(원칙적 무효) 및 조세범칙행위자가 이러한 통고처분을 이행한 경우, 조세범 처벌절차법 제15조 제3항에서 정한 일사부재리의 원칙이 적용되는지 여부(소극)

조세범 처벌절차법 제15조 제1항에 따른 지방국세청장 또는 세무서장의 조세범칙사건에 대한 통고처분은 법원에 의하여 자유형 또는 재산형에 처하는 형사절차에 갈음하여 과세관청이 조세범칙자에 대하여 금전적 제재를 통고하고 이를 이행한 조세범칙자에 대하여는 고발하지 아니하고 조세범칙사건을 신속·간이하게 처리하는 절차로서, 형사절차의 사전절차로서의 성격을 가진다. 그리고 조세범 처벌절차법에 따른 조세범칙사건에 대한 지방국세청장 또는 세무서장의 고발은 수사 및 공소제기의 권한을 가진 수사기관에 대하여 조세범칙사실을 신고함으로써 형사사건으로 처리할 것을 요구하는 의사표시로서, 조세범칙사건에 대하여 고발한 경우에는 지방국세청장 또는 세무서장에 의한 조세범칙사건의 조사 및 처분 절차는 원칙적으로 모두 종료된다.
위와 같은 통고처분과 고발의 법적 성질 및 효과 등을 조세범칙사건의 처리 절차에 관한 조세범 처벌절차법 관련 규정들의 내용과 취지에 비추어 보면, 지방국세청장 또는 세무서장이 조세범 처벌절차법 제17조 제1항에 따라 통고처분을 거치지 아니하고 즉시 고발하였다면 이로써 조세범칙사건에 대한 조사 및 처분 절차는 종료되고 형사사건 절차로 이행되어 지방국세청장 또는 세무서장으로서는 동일한 조세범칙행위에 대하여 더 이상 통고처분을 할 권한이 없다. 따라서 지방국세청장 또는 세무서장이 조세범칙행위에 대하여 고발을 한 후에 동일한 조세범칙행위에 대하여 통고처분을 하였더라도, 이는 법적 권한 소멸 후에 이루어진 것으로서 특별한 사정이 없는 한 효력이 없고, 조세범칙행위자가 이러한 통고처분을 이행하였더라도 조세범 처벌절차법 제15조 제3항에서 정한 일사부재리의 원칙이 적용될 수 없다(대판 2016.9.28. 2014도10748).

14 행정기본법 정답 ④

① [O] 「행정기본법」 제8조에 대한 옳은 내용이다.

판례 이론 **조문**

제8조 【법치행정의 원칙】 행정작용은 법률에 위반되어서는 아니 되며, 국민의 권리를 제한하거나 의무를 부과하는 경우와 그 밖에 국민생활에 중요한 영향을 미치는 경우에는 법률에 근거하여야 한다.

② [O] 「행정기본법」 제11조에 대한 옳은 내용이다.

판례 이론 **조문**

제11조 【성실의무 및 권한남용금지의 원칙】 ① 행정청은 법령등에 따른 의무를 성실히 수행하여야 한다.
② 행정청은 행정권한을 남용하거나 그 권한의 범위를 넘어서는 아니 된다.

③ [O] 「행정기본법」 제12조 제2항은 실권의 법리를 규율하고 있다. 실권의 법리는 상대방의 신뢰보호를 위해 인정되는 원칙이므로 제3자의 이익 또는 공익을 현저히 해칠 우려가 있는 경우에는 적용이 제한된다.

판례 이론 **조문**

> **제12조 【신뢰보호의 원칙】** ① 행정청은 공익 또는 제3자의 이익을 현저히 해칠 우려가 있는 경우를 제외하고는 행정에 대한 국민의 정당하고 합리적인 신뢰를 보호하여야 한다.
> ② 행정청은 권한 행사의 기회가 있음에도 불구하고 장기간 권한을 행사하지 아니하여 국민이 그 권한이 행사되지 아니할 것으로 믿을 만한 정당한 사유가 있는 경우에는 그 권한을 행사해서는 아니 된다. 다만, 공익 또는 제3자의 이익을 현저히 해칠 우려가 있는 경우는 예외로 한다.

❹ [X] 자기구속의 원칙은 판례를 통해서 인정되는 원칙이며, 「행정기본법」에 명시된 법 원칙이 아니다.

판례 이론 조문

> 이른바 행정규칙은 일반적으로 행정조직 내부에서만 효력을 가지는 것이고 대외적인 구속력을 갖는 것이 아니다. 다만, 행정규칙이 법령의 규정에 의하여 행정관청에 법령의 구체적 내용을 보충할 권한을 부여한 경우, 또는 재량권 행사의 준칙인 규칙이 그 정한 바에 따라 되풀이 시행되어 행정관행이 이룩되게 되면 평등의 원칙이나 신뢰보호의 원칙에 따라 행정기관은 그 상대방에 대한 관계에서 그 규칙에 따라야 할 자기구속을 당하게 되는 경우에는 대외적인 구속력을 가지게 된다(헌재 1990.9.3. 90헌마13).

15 행정소송법상 가구제 정답 ①

❶ [O] 본안소송에서 처분의 취소가능성이 없음에도 처분의 효력이나 집행의 정지를 인정한다는 것은 제도의 취지에 반하므로 행정처분의 효력정지나 집행정지사건에서 그 자체로 신청인의 본안청구가 이유 없음이 명백하지 않아야 한다는 점도 효력정지나 집행정지의 요건이다(대결 2007.7.13. 2005무85).

② [X] 무효등 확인소송에서도 취소소송의 집행정지는 준용된다(「행정소송법」 제23조, 제38조 제1항). 그러므로 민사집행법상의 가처분으로써 행정행위의 금지를 구할 수 없다(대결 1992.7.6. 92마54).

판례 이론 **조문**

> **제23조 【집행정지】** ① 취소소송의 제기는 처분 등의 효력이나 그 집행 또는 절차의 속행에 영향을 주지 아니한다.
> ② 취소소송이 제기된 경우에 처분 등이나 그 집행 또는 절차의 속행으로 인하여 생길 회복하기 어려운 손해를 예방하기 위하여 긴급한 필요가 있다고 인정할 때에는 본안이 계속되고 있는 법원은 당사자의 신청 또는 직권에 의하여 처분 등의 효력이나 그 집행 또는 절차의 속행의 전부 또는 일부의 정지(이하 "집행정지"라 한다)를 결정할 수 있다. 다만, 처분의 효력정지는 처분 등의 집행 또는 절차의 속행을 정지함으로써 목적을 달성할 수 있는 경우에는 허용되지 아니한다.
> ③ 집행정지는 공공복리에 중대한 영향을 미칠 우려가 있을 때에는 허용되지 아니한다.
> ④ 제2항의 규정에 의한 집행정지의 결정을 신청함에 있어서는 그 이유에 대한 소명이 있어야 한다.
> ⑤ 제2항의 규정에 의한 집행정지의 결정 또는 기각의 결정에 대하여는 즉시항고할 수 있다. 이 경우 집행정지의 결정에 대한 즉시항고에는 결정의 집행을 정지하는 효력이 없다.
> ⑥ 제30조 제1항의 규정은 제2항의 규정에 의한 집행정지의 결정에 이를 준용한다.
> **제38조 【준용규정】** ① 제9조, 제10조, 제13조 내지 제17조, 제19조, 제22조 내지 제26조, 제29조 내지 제31조 및 제33조의 규정은 무효등 확인소송의 경우에 준용한다.

③ [X] 「행정소송법」이 정하는 집행정지의 요건은 '회복하기 어려운 손해'의 예방 필요성이다(「행정소송법」 제23조 제2항).

④ [X] 당사자의 신청 없이 직권으로 집행정지를 결정할 수 있다(「행정소송법」 제23조 제2항).

16 행정절차와 행정작용 정답 ②

① [X] 확약이 위법한 경우에는 행정청은 이에 기속되지 아니한다.

판례 이론 **조문**

> **「행정절차법」 제40조의2 【확약】** ① 법령등에서 당사자가 신청할 수 있는 처분을 규정하고 있는 경우 행정청은 당사자의 신청에 따라 장래에 어떤 처분을 하거나 하지 아니할 것을 내용으로 하는 의사표시(이하 "확약"이라 한다)를 할 수 있다.
> ④ 행정청은 다음 각 호의 어느 하나에 해당하는 경우에는 확약에 기속되지 아니한다.
> 1. 확약을 한 후에 확약의 내용을 이행할 수 없을 정도로 법령등이나 사정이 변경된 경우
> 2. 확약이 위법한 경우

❷ [O] 행정청이 상대방에게 장차 어떤 처분을 하겠다고 확약 또는 공적인 의사표명을 하였다고 하더라도, 그 자체에서 상대방으로 하여금 언제까지 처분의 발령을 신청을 하도록 유효기간을 두었는데도 그 기간 내에 상대방의 신청이 없었다거나 확약 또는 공적인 의사표명이 있은 후에 사실적·법률적 상태가 변경되었다면, 그와 같은 확약 또는 공적인 의사표명은 행정청의 별다른 의사표시를 기다리지 않고 실효된다(대판 1996.8.20. 95누10877).

③ [×] 지방자치단체의 장이 공유재산법에 근거하여 기부채납 및 사용·수익허가 방식으로 민간투자사업을 추진하는 과정에서 사업시행자를 지정하기 위한 전 단계에서 공모제안을 받아 일정한 심사를 거쳐 우선협상대상자를 선정하는 행위와 이미 선정된 우선협상대상자를 그 지위에서 배제하는 행위는 민간투자사업의 세부내용에 관한 협상을 거쳐 공유재산법에 따른 공유재산의 사용·수익허가를 우선적으로 부여받을 수 있는 지위를 설정하거나 또는 이미 설정한 지위를 박탈하는 조치이므로 모두 항고소송의 대상이 되는 행정처분으로 보아야 한다(대판 2020.4.29. 2017두31064).

④ [×] 자동차운송사업양도양수계약에 기한 양도양수인가신청에 대하여 피고 시장이 내인가를 한 후 위 내인가에 기한 본인가신청이 있었으나 자동차운송사업 양도양수인가신청서가 합의에 의한 정당한 신청서라고 할 수 없다는 이유로 위 내인가를 취소한 경우, 위 내인가의 법적 성질이 행정행위의 일종으로 볼 수 있든 아니든 그것이 행정청의 상대방에 대한 의사표시임이 분명하고, 피고가 위 내인가를 취소함으로써 다시 본인가에 대하여 따로이 인가 여부의 처분을 한다는 사정이 보이지 않는다면 위 내인가취소를 인가신청을 거부하는 처분으로 보아야 할 것이다(대판 1991.6.28. 90누4402).

17 국가배상 정답 ④

① [○] 상호보증은 외국의 법령, 판례 및 관례 등에 의하여 발생요건을 비교하여 인정되면 충분하고 반드시 당사국과의 조약이 체결되어 있을 필요는 없으며, 당해 외국에서 구체적으로 우리나라 국민에게 국가배상청구를 인정한 사례가 없더라도 실제로 인정될 것이라고 기대할 수 있는 상태이면 충분하다(대판 2015.6.11. 2013다208388).

② [○] 피고들이 위 법령에서 정한 인증신제품 구매의무를 위반하였다고 하더라도, 이를 이유로 원고에 대하여 국가배상법 제2조가 정한 배상책임이나 불법행위를 이유로 한 손해배상책임을 지는 것은 아니라고 할 것이다(대판 2015.5.28. 2013다41431).

③ [○] 공법인이 국가로부터 위탁받은 공행정사무를 집행하는 과정에서 공법인의 임직원이나 피용인이 고의 또는 과실로 법령을 위반하여 타인에게 손해를 입힌 경우에는, 공법인은 위탁받은 공행정사무에 관한 행정주체의 지위에서 배상책임을 부담하여야 하지만, 공법인의 임직원이나 피용인은 실질적인 의미에서 공무를 수행한 사람으로서 국가배상법 제2조에서 정한 공무원에 해당하므로 고의 또는 중과실이 있는 경우에만 배상책임을 부담하고 경과실이 있는 경우에는 배상책임을 면한다(대판 2021.1.28. 2019다260197).

❹ [×] 부마항쟁보상법과 그 시행령이 규정하는 보상금 등에는 정신적 손해배상에 상응하는 항목이 존재하지 아니하고, 위원회가 보상금 등을 산정함에 있어 정신적 손해를 고려할 수 있다는 규정도 확인되지 아니한다. 따라서 보상금 등의 지급만으로 정신적 손해에 대한 적절한 배상이 이루어졌다고 보기 어렵다. 정신적 손해에 대해 적절한 배상이 이루어지지 않은 상태에서 화해간주조항에 따라 정신적 손해를 포함한 피해 일체에 대해 재판상 화해가 성립한 것으로 간주한다면, 적극적·소극적 손실이나 손해의 보상 또는 배상에 상응하는 보상금 등 지급결정에 동의하였다는 사정만으로 정신적 손해에 대한 국가배상청구를 제한하는 것으로서 국가배상청구권에 대한 과도한 제한에 해당한다. 나아가 적절한 손실보상과 손해배상을 전제로 한 관련자의 신속한 구제와 지급결정에 대한 안정성 부여라는 공익에도 부합하지 아니한다.
따라서 화해간주조항에 따라 보상금 등 지급결정에 동의함으로써 성립하는 재판상 화해의 대상에 부마민주항쟁과 관련하여 입은 피해 중 '정신적 손해' 부분은 포함되지 아니한다고 해석함이 타당하다(대판 2023.9.21. 2023다230476).

18 행정행위의 하자 정답 ①

❶ [×] 적법한 건축물에 대한 철거명령은 그 하자가 중대하고 명백하여 당연무효라 할 것이고, 그 후행행위인 건축물철거 대집행계고처분 역시 당연무효라고 할 것이다(대판 1999.4.27. 97누6780).

② [○] 지방병무청장이 재신체검사 등을 거쳐 현역병입영대상편입처분을 보충역편입처분이나 제2국민역편입처분으로 변경하거나 보충역편입처분을 제2국민역편입처분으로 변경하는 경우 비록 새로운 병역처분의 성립에 하자가 있다고 하더라도 그것이 당연무효가 아닌 한 일단 유효하게 성립하고 제소기간의 경과 등 형식적 존속력이 생김과 동시에 종전의 병역처분의 효력은 취소 또는 철회되어 확정적으로 상실된다고 보아야 할 것이므로 그 후 새로운 병역처분의 성립에 하자가 있었음을 이유로 하여 이를 취소한다고 하더라도 종전의 병역처분의 효력이 되살아난다고 할 수 없다(대판 2002.5.28. 2001두9653).

③ [○] 구 헌법재판소법 제47조 제1항은 "법률의 위헌결정은 법원 기타 국가기관 및 지방자치단체를 기속한다."고 규정하고 있는데, 이러한 위헌결정의 기속력과 헌법을 최고규범으로 하는 법질서의 체계적 요청에 비추어 국가기관 및 지방자치단체는 위헌으로 선언된 법률규정에 근거하여 새로운 행정처분을 할 수 없음은 물론이고, 위헌결정 전에 이미 형성된 법률관계에 기한 후속처분이라도 그것이 새로운 위헌적 법률관계를 생성·확대하는 경우라면 이를 허용할 수 없다. 따라서 조세 부과의 근거가 되었던 법률규정이 위헌으로 선언된 경우, 비록 그에 기한 과세처분이 위헌결정 전에 이루어졌고, 과세처분에 대한 제소기간이 이미 경과하여 조세채권이 확정되었으며, 조세채권의 집행을 위한 체납처분의 근거규정 자체에 대하여는 따로 위헌결정이 내려진 바 없다고 하더라도, 위와 같은 위헌결정 이후에 조세채권의 집행을 위한 새로운 체납처분에 착수하거나 이를 속행하는 것은 더 이상 허용되지 않고, 나아가 이러한 위헌결정의 효력에 위배하여 이루어진 체납처분은 그 사유만으로 하자가 중대하고 객관적으로 명백하여 당연무효라고 보아야 한다(대판 2012.2.16. 2010두10907).

④ [O] 민사소송에 있어서 어느 행정처분의 당연무효여부가 선결문제로 되는 때에는 이를 판단하여 당연무효임을 전제로 판결할 수 있고 반드시 행정소송 등의 절차에 의하여 그 취소나 무효확인을 받아야 하는 것은 아니다(대판 2010.4.8. 2009다90092).

19 행정상 손실보상 정답 ②

① [X] 공익사업을 위한 토지 등의 취득 및 보상에 관한 법률(이하 '토지보상법'이라 한다) 제26조, 제28조, 제30조, 제34조, 제50조, 제61조, 제79조, 제80조, 제83조 내지 제85조의 규정 내용과 입법 취지 등을 종합하면, 공익사업으로 인하여 공익사업시행지구 밖에서 영업을 휴업하는 자가 사업시행자로부터 공익사업을 위한 토지 등의 취득 및 보상에 관한 법률 시행규칙 제47조 제1항에 따라 영업손실에 대한 보상을 받기 위해서는, 토지보상법 제34조, 제50조 등에 규정된 재결절차를 거친 다음 그 재결에 대하여 불복이 있는 때에 비로소 토지보상법 제83조 내지 제85조에 따라 권리구제를 받을 수 있을 뿐이다. 이러한 재결절차를 거치지 않은 채 곧바로 사업시행자를 상대로 손실보상을 청구하는 것은 허용되지 않는다(대판 2019.11.28. 2018두227).

❷ [O] 일반공중의 이용에 제공되는 공공용물에 대하여 특허 또는 허가를 받지 않고 하는 일반사용은, 다른 개인의 자유이용과 국가 또는 지방자치단체 등의 공공목적을 위한 개발 또는 관리·보존행위를 방해하지 않는 범위 내에서만 허용된다 할 것이므로, 공공용물에 관하여 적법한 개발행위 등이 이루어짐으로 말미암아 이에 대한 일정 범위의 사람들의 일반사용이 종전에 비하여 제한받게 되었다 하더라도 특별한 사정이 없는 한 그로 인한 불이익은 손실보상의 대상이 되는 특별한 손실에 해당한다고 할 수 없다(대판 2002.2.26. 99다35300).

③ [X] 공익사업의 시행으로 토석채취허가를 연장받지 못한 경우 그로 인한 손실과 공익사업 사이에 상당인과관계의 인정 여부 및 그 손실이 적법한 공권력의 행사로 가하여진 재산상의 특별한 희생으로서 손실보상의 대상이 되는지 여부에 대해 부정한 사안이다(대판 2009.6.23. 2009두2672).

④ [X] 나대지에 개발제한구역을 지정하는 경우와 토지를 더 이상 종래의 목적으로 사용하는 것이 불가능하거나 현저히 곤란하게 되어버린 경우에는 재산권에 제하는 사회적제약의 문턱을 넘어 특별한 희생에 해당하여 보상규정을 두지 않은 것은 위헌이라고 본다(헌재 1999.10.21. 97헌바26).
개발제한구역의 지정으로 개발가능성의 소멸과 그에 따른 지가의 하락이나 지가상승률의 상대적 감소는 토지소유자가 감수해야 하는 재산권에 내재하는 사회적 제약이므로 보상규정을 두지 않았더라도 합헌이라고 본다(헌재 1998.12.24. 89헌마214).

20 공공기관의 정보공개에 관한 법률 정답 ④

① [O] 「공공기관의 정보공개에 관한 법률」 제9조 제1항 제1호·제2항에 대한 옳은 내용이다.

판례 이론 **조문**

> **제9조 【비공개 대상 정보】** ① 공공기관이 보유·관리하는 정보는 공개 대상이 된다. 다만, 다음 각 호의 어느 하나에 해당하는 정보는 공개하지 아니할 수 있다.
> 1. 다른 법률 또는 법률에서 위임한 명령(국회규칙·대법원규칙·헌법재판소규칙·중앙선거관리위원회규칙·대통령령 및 조례로 한정한다)에 따라 비밀이나 비공개 사항으로 규정된 정보
>
> ② 공공기관은 제1항 각 호의 어느 하나에 해당하는 정보가 기간의 경과 등으로 인하여 비공개의 필요성이 없어진 경우에는 그 정보를 공개 대상으로 하여야 한다.

② [O] 공공기관의 정보공개에 관한 법률 제2조 제2항, 제3조, 제5조, 제8조 제1항, 같은 법 시행령 제14조, 같은 법 시행규칙 제2조 [별지 제1호 서식] 등의 각 규정을 종합하면, 정보공개를 청구하는 자가 공공기관에 대해 정보의 사본 또는 출력물의 교부의 방법으로 공개방법을 선택하여 정보공개청구를 한 경우에 공개청구를 받은 공공기관으로서는 같은 법 제8조 제2항에서 규정한 정보의 사본 또는 복제물의 교부를 제한할 수 있는 사유에 해당하지 않는 한 정보공개청구자가 선택한 공개방법에 따라 정보를 공개하여야 하므로 그 공개방법을 선택할 재량권이 없다고 해석함이 상당하다(대판 2003.12.12. 2003두8050).

③ [O] 국민의 정보공개청구권은 법률상 보호되는 구체적인 권리이므로, 공공기관에 대하여 정보공개를 청구하였다가 공개거부처분을 받은 청구인은 행정소송을 통해 공개거부처분의 취소를 구할 법률상 이익이 인정되고, 그 밖에 추가로 어떤 이익이 있어야 하는 것은 아니다(대판 2022.5.26. 2022두33439).

❹ [X] 비록 징계처분 취소사건에서 원고의 청구를 기각하는 판결이 확정되었다고 하더라도 이러한 사정만으로 이 사건 처분의 취소를 구할 이익이 없어지지 않는다. 피고가 원고의 정보공개청구를 거부한 이상 원고로서는 여전히 정보공개거부처분의 취소를 구할 법률상 이익이 있다(대판 2022.5.26. 2022두33439).

04회 실전동형모의고사

정답

p. 32

01	③	Ⅱ	06	①	Ⅱ	11	②	Ⅵ	16	④	Ⅵ
02	①	Ⅵ	07	②	Ⅱ	12	①	Ⅱ	17	④	Ⅴ
03	③	Ⅵ	08	③	Ⅱ	13	①	Ⅱ	18	④	Ⅰ
04	④	Ⅲ	09	①	Ⅱ	14	④	Ⅳ	19	③	Ⅲ
05	②	Ⅱ	10	①	Ⅵ	15	②	Ⅲ	20	④	Ⅳ

취약 단원 분석표

단원	맞힌 답의 개수
Ⅰ	/1
Ⅱ	/8
Ⅲ	/3
Ⅳ	/2
Ⅴ	/1
Ⅵ	/5
TOTAL	/20

Ⅰ 행정법 서론 / Ⅱ 행정작용법 / Ⅲ 행정절차와 행정공개 / Ⅳ 행정의 실효성 확보수단 / Ⅴ 행정상 손해전보 / Ⅵ 행정쟁송

01 허가 정답 ③

① [O] 인가·허가 등 수익적 행정처분을 신청한 여러 사람이 서로 경원관계에 있어서 한 사람에 대한 허가 등 처분이 다른 사람에 대한 불허가 등으로 귀결될 수밖에 없을 때 허가 등 처분을 받지 못한 사람은 신청에 대한 거부처분의 직접 상대방으로서 원칙적으로 자신에 대한 거부처분의 취소를 구할 원고적격이 있고, 취소판결이 확정되는 경우 판결의 직접적인 효과로 경원자에 대한 허가 등 처분이 취소되거나 효력이 소멸되는 것은 아니더라도 행정청은 취소판결의 기속력에 따라 판결에서 확인된 위법사유를 배제한 상태에서 취소판결의 원고와 경원자의 각 신청에 관하여 처분요건의 구비 여부와 우열을 다시 심사하여야 할 의무가 있으며, 재심사 결과 경원자에 대한 수익적 처분이 직권취소되고 취소판결의 원고에게 수익적 처분이 이루어질 가능성을 완전히 배제할 수는 없으므로, 특별한 사정이 없는 한 경원관계에서 허가 등 처분을 받지 못한 사람은 자신에 대한 거부처분의 취소를 구할 소의 이익이 있다(대판 2015.10.29. 2013두27517).

② [O] 공익법인의 기본재산에 대한 감독관청의 처분허가는 그 성질상 특정 상대에 대한 처분행위의 허가가 아니고 처분의 상대가 누구이든 이에 대한 처분행위를 보충하여 유효하게 하는 행위라 할 것이므로 그 처분행위에 따른 권리의 양도가 있는 경우에도 처분이 완전히 끝날 때까지는 허가의 효력이 유효하게 존속한다. 공익법인의 기본재산 처분에 대한 주무관청의 허가조건을 이행하지 않고, 당사자 사이의 약정으로 당초의 허가조건과 다른 내용의 약정을 체결하고도 그 변경사항에 관하여 감독관청의 허가를 취득하지 아니한 경우, 위 처분허가는 실효된 것으로 본다(대판 2005.9.28. 2004다50044).

❸ [X] 구 건축법(2014.1.14. 법률 제12246호로 개정되기 전의 것) 제11조 제7항은 건축허가를 받은 자가 허가를 받은 날부터 1년 이내에 공사에 착수하지 아니한 경우에 허가권자는 허가를 취소하여야 한다고 규정하면서도, 정당한 사유가 있다고 인정되면 1년의 범위에서 공사의 착수기간을 연장할 수 있다고 규정하고 있을 뿐이며, 건축허가를 받은 자가 착수기간이 지난 후 공사에 착수하는 것 자체를 금지하고 있지 아니하다. 이러한 법 규정에는 건축허가의 행정목적이 신속하게 달성될 것을 추구하면서도 건축허가를 받은 자의 이익을 함께 보호하려는 취지가 포함되어 있으므로, 건축허가를 받은 자가 건축허가가 취소되기 전에 공사에 착수하였다면 허가권자는 그 착수기간이 지났다고 하더라도 건축허가를 취소하여야 할 특별한 공익상 필요가 인정되지 않는 한 건축허가를 취소할 수 없다. 이는 건축허가를 받은 자가 건축허가가 취소되기 전에 공사에 착수하려 하였으나 허가권자의 위법한 공사중단명령으로 공사에 착수하지 못한 경우에도 마찬가지이다(대판 2017.7.11. 2012두22973).

④ [O] 일정한 공유수면에 관하여 매립면허가 있고 이것이 고시되었다면 그 이후의 어업허가는 공유수면매립사업의 시행과 그로 인한 허가어업의 제한이 이미 객관적으로 확정되어 있는 상태로서의 허가로서 그 이후의 공유수면매립사업 시행으로 인하여 허가어업자가 특별한 손실을 입게 되었다고 볼 수 없다(대판 1999.11.23. 98다11529).

02 소의 이익 정답 ①

❶ [O] 일반적으로 면허나 인·허가 등의 수익적 행정처분의 근거가 되는 법률이 해당 업자들 사이의 과당경쟁으로 인한 경영의 불합리를 방지하는 것도 목적으로 하고 있는 경우, 다른 업자에 대한 면허나 인·허가 등의 수익적 행정처분에 대하여 미리 같은 종류의 면허나 인·허가 등의 수익적 행정처분을 받아 영업을 하고 있는 기존의 업자는 경업자에 대하여 이루어진 면허나 인·허가 등 행정처분의 상대방이 아니라고 하더라도 당해 행정처분의 무효확인 또는 취소를 구할 이익이 있다. 그러나 경업자에 대한 행정처분이 경업자에게 불리한 내용이라면 그와 경쟁관계에 있는 기존의 업자에게는 특별한 사정이 없는 한 유리할 것이므로 기존의 업자가 그 행정처분의 무효확인 또는 취소를 구할 이익은 없다고 보아야 한다(대판 2020.4.9. 2019두49953).

② [X] 대학의 장 임용에 관하여 교육부장관의 임용제청권을 인정한 취지는 대학의 자율성과 대통령의 실질적인 임용권 행사를 조화시키기 위하여 대통령의 최종적인 임용권 행사에 앞서 대학의 추천을 받은 총장 후보자들의 적격성을 일차적으로 심사하여 대통령의 임용권 행사가 적정하게 이루어질 수 있도록 하기 위한 것이다.
대학의 추천을 받은 총장 후보자는 교육부장관으로부터 정당한 심사를 받을 것이라는 기대를 하게 된다. 만일 교육부장관이 자의적으로 대학에서 추천한 복수의 총장 후보자들 전부 또는 일부를 임용제청하지 않는다면 대통령으로부터 임용을 받을 기회를 박탈하는 효과가 있다. 이를 항고소송의 대상이 되는 처분으로 보지 않는다면, 침해된 권리 또는 법률상 이익을 구제받을 방법이 없다. 따라서 교육부장관이 대학에서 추천한 복수의 총장 후보자들 전부 또는 일부를 임용제청에서 제외하는 행위는 제외된 후보자들에 대한 불이익처분으로서 항고소송의 대상이 되는 처분에 해당한다고 보아야 한다. 다만 교육부장관이 특정 후보자를 임용제청에서 제외하고 다른 후보자를 임용제청함으로써 대통령이 임용제청된 다른 후보자를 총장으로 임용한 경우에는, 임용제청에서 제외된 후보자는 대통령이 자신에 대하여 총장 임용 제외처분을 한 것으로 보아 이를 다투어야 한다(대통령의 처분의 경우 소속 장관이 행정소송의 피고가 된다. 국가공무원법 제16조 제2항). 이러한 경우에는 교육부장관의 임용제청 제외처분을 별도로 다툴 소의 이익이 없어진다(대판 2018.6.15. 2016두57564).

③ [X] 관할 지방병무청장의 공개 대상자 결정의 경우 상대방에게 통보하는 등 외부에 표시하는 절차가 관계 법령에 규정되어 있지 않아, 행정실무상으로도 상대방에게 통보되지 않는 경우가 많다. 또한 관할 지방병무청장이 위원회의 심의를 거쳐 공개 대상자를 1차로 결정하기는 하지만, 병무청장에게 최종적으로 공개 여부를 결정할 권한이 있으므로, 관할 지방병무청장의 공개 대상자 결정은 병무청장의 최종적인 결정에 앞서 이루어지는 행정기관 내부의 중간적 결정에 불과하다. 가까운 시일 내에 최종적인 결정과 외부적인 표시가 예정된 상황에서, 외부에 표시되지 않은 행정기관 내부의 결정을 항고소송의 대상인 처분으로 보아야 할 필요성은 크지 않다. 관할 지방병무청장이 1차로 공개 대상자 결정을 하고, 그에 따라 병무청장이 같은 내용으로 최종적 공개결정을 하였다면, 공개 대상자는 병무청장의 최종적 공개결정만을 다투는 것으로 충분하고, 관할 지방병무청장의 공개 대상자 결정을 별도로 다툴 소의 이익은 없어진다(대판 2019.6.27. 2018두49130).

④ [X] 위법한 행정처분의 취소를 구하는 소는 위법한 처분에 의하여 발생한 위법상태를 배제하여 원상으로 회복시키고 그 처분으로 침해되거나 방해받은 권리와 이익을 보호·구제하고자하는 소송이므로 비록 그 위법한 처분을 취소한다 하더라도 원상회복이 불가능한 경우에는 그 취소를 구할 이익이 없다 할 것인바, 건축허가에 기하여 이미 건축공사를 완료하였다면 그 건축허가처분의 취소를 구할 이익이 없다 할 것이고, 이와 같이 건축허가처분의 취소를 구할 이익이 없게 되는 것은 건축허가처분의 취소를 구하는 소를 제기하기 전에 건축공사가 완료된 경우 뿐 아니라 소를 제기한 후 사실심 변론종결일 전에 건축공사가 완료된 경우에도 마찬가지이다(대판 2007.4.26. 2006두18409).

03 행정소송법상 행정청의 소송참가 정답 ③

① [O] 「행정소송법」 제17조 제1항에 대한 옳은 내용이다.

판례 이론 **조문**

> **제17조 【행정청의 소송참가】** ① 법원은 다른 행정청을 소송에 참가시킬 필요가 있다고 인정할 때에는 당사자 또는 당해 행정청의 신청 또는 직권에 의하여 결정으로써 그 행정청을 소송에 참가시킬 수 있다.

② [O] 「행정소송법」 제16조 제2항에 대한 옳은 내용이다.

판례 이론 **조문**

> **제16조 【제3자의 소송참가】** ① 법원은 소송의 결과에 따라 권리 또는 이익의 침해를 받을 제3자가 있는 경우에는 당사자 또는 제3자의 신청 또는 직권에 의하여 결정으로써 그 제3자를 소송에 참가시킬 수 있다.
> ② 법원이 제1항의 규정에 의한 결정을 하고자 할 때에는 미리 당사자 및 제3자의 의견을 들어야 한다.

❸ [X] 행정청의 재심청구에 관한 규정은 존재하지 않는다. 처분 등을 취소하는 판결에 의하여 권리 또는 이익의 침해를 받은 제3자는 자기에게 책임 없는 사유로 소송에 참가하지 못함으로써 판결의 결과에 영향을 미칠 공격 또는 방어방법을 제출하지 못한 때에는 이를 이유로 확정된 종국판결에 대하여 재심의 청구를 할 수 있다(「행정소송법」 제31조 제1항).

④ [O] 처분 등의 효력 유무 또는 존재 여부가 민사소송의 선결문제로 되어 당해 민사소송의 수소법원이 이를 심리·판단하는 경우에는 제17조(행정청의 소송참가), 제25조, 제26조 및 제33조의 규정을 준용한다(「행정소송법」 제11조 제1항).

04 행정상의 절차 정답 ④

옳은 것은 ㄱ, ㄷ, ㅁ이다.

ㄱ. [O] 행정청이 침해적 행정처분을 하면서 당사자에게 행정절차법상의 사전통지를 하거나 의견제출의 기회를 주지 아니하였다면 사전통지를 하지 않거나 의견제출의 기회를 주지 아니하여도 되는 예외적인 경우에 해당하지 아니하는 한 그 처분은 위법하여 취소를 면할 수 없다(대판 2007.9.21. 2006두20631).

ㄴ. [X] 건축법에서 인·허가의제 제도를 둔 취지는, 인·허가의제사항과 관련하여 건축허가 또는 건축신고의 관할 행정청으로 그 창구를 단일화하고 절차를 간소화하며 비용과 시간을 절감함으로써 국민의 권익을 보호하려는 것이지, 인·허가의제사항 관련 법률에 따른 각각의 인·허가 요건에 관한 일체의 심사를 배제하려는 것으로 보기는 어렵다(대판 2011.1.20. 2010두14954).

ㄷ. [O] 행정절차법 제23조 제1항은 행정청은 처분을 하는 때에는 당사자에게 그 근거와 이유를 제시하여야 한다고 규정하고 있는바, 일반적으로 당사자가 근거규정 등을 명시하여 신청하는 인·허가 등을 거부하는 처분을 함에 있어 당사자가 그 근거를 알 수 있을 정도로 상당한 이유를 제시한 경우에는 당해 처분의 근거 및 이유를 구체적 조항 및 내용까지 명시하지 않았더라도 그로 말미암아 그 처분이 위법한 것이 된다고 할 수 없다(대판 2002.5.17. 2000두8912).

ㄹ. [X] 청문은 당사자가 공개를 신청하거나 청문 주재자가 필요하다고 인정하는 경우 공개할 수 있다. 다만, 공익 또는 제3자의 정당한 이익을 현저히 해칠 우려가 있는 경우에는 공개하여서는 아니 된다(「행정절차법」 제30조).

ㅁ. [O] 행정과정에 대한 국민의 참여와 행정의 공정성, 투명성 및 신뢰성을 확보하고 국민의 권익을 보호함을 목적으로 하는 행정절차법의 입법목적과 행정절차법 제3조 제2항 제9호의 규정 내용 등에 비추어 보면, 공무원 인사관계 법령에 의한 처분에 관한 사항 전부에 대하여 행정절차법의 적용이 배제되는 것이 아니라 성질상 행정절차를 거치기 곤란하거나 불필요하다고 인정되는 처분이나 행정절차에 준하는 절차를 거치도록 하고 있는 처분의 경우에만 행정절차법의 적용이 배제된다(대판 2007.9.21. 2006두20631).

05 임용결격자 부당이득 정답 ②

① [O] 구 국가공무원법 제69조에서 규정하고 있는 당연퇴직제도는 같은 법 제33조 제1항 각 호에 규정되어 있는 결격사유가 발생하는 것 자체에 의하여 임용권자의 의사표시 없이 결격사유에 해당하게 된 시점에 당연히 그 공무원으로서의 신분을 상실하게 하는 것이고, 당연퇴직의 효력이 생긴 후에 당연퇴직사유가 소멸한다는 것은 있을 수 없으므로, 국가공무원이 금고 이상의 형의 집행유예를 받은 경우에는 그 이후 형법 제65조에 따라 형의 선고의 효력을 잃게 되었다 하더라도 이미 발생한 당연퇴직의 효력에는 영향이 없다(대판 2011.3.24. 2009다27605).

❷ [X] 임용행위가 당연무효이거나 취소된 공무원(이하 '임용결격공무원 등'이라 한다)의 공무원 임용시부터 퇴직시까지의 사실상의 근로(이하 '이 사건 근로'라 한다)는 법률상 원인 없이 제공된 것으로서, 국가 및 지방자치단체는 이 사건 근로를 제공받아 이득을 얻은 반면 임용결격공무원 등은 이 사건 근로를 제공하는 손해를 입었다 할 것이므로, 손해의 범위 내에서 국가 및 지방자치단체는 위 이득을 민법 제741조에 의한 부당이득으로 반환할 의무가 있다(대판 2017.5.11. 2012다200486).

판례 이론 조문

> 공무원연금법이나 근로기준법에 의한 퇴직금은 적법한 공무원으로서의 신분취득 또는 근로고용관계가 성립되어 근무하다가 퇴직하는 경우에 지급되는 것이고, 당연무효인 임용결격자에 대한 임용행위에 의하여서는 공무원의 신분을 취득하거나 근로고용관계가 성립될 수 없는 것이므로 임용결격자가 공무원으로 임용되어 사실상 근무하여 왔다고 하더라도 그러한 피임용자는 위 법률소정의 퇴직금청구를 할 수 없다(대판 1987.4.14. 86누459).

③ [O] 피고가 원고에 대한 하사관 임용 당시 적극적으로 임용결격사유를 밝혀내지 못하였다 하더라도, 원고가 허위의 고등학교 졸업증명서를 제출하는 사위의 방법에 의하여 하사관을 지원하여 입대한 이상, 원고로서는 자신에 대한 하사관 임용이 소정의 지원요건을 갖추지 못한 자에 대하여 위법하게 이루어진 것을 알고 있어 그 취소가능성도 예상할 수 있었다 할 것이므로, 피고가 33년이 경과한 후 뒤늦게 원고에 대한 하사관 및 준사관 임용을 취소함으로써 원고가 입는 불이익이 적지 않다 하더라도 위 취소행위가 신뢰이익을 침해하였다고 할 수 없음은 물론 비례의 원칙에 위배하거나 재량권을 남용하였다고 볼 수 없어, 결국 원고에 대한 하사관 및 준사관 임용을 취소한 이 사건 처분은 적법하다(대판 2002.2.5. 2001두5286).

④ [O] 군인사법 및 그 시행령의 관계 규정에 따르면, 원고와 같이 진급예정자 명단에 포함된 자는 진급예정자명단에서 삭제되거나 진급선발이 취소되지 않는 한 진급예정자 명단 순위에 따라 진급하게 되므로, 이 사건 처분과 같이 진급선발을 취소하는 처분은 진급예정자로서 가지는 원고의 이익을 침해하는 처분이라 할 것이고, 한편 군인사법 및 그 시행령에 이 사건 처분과 같이 진급예정자 명단에 포함된 자의 진급선발을 취소하는 처분을 함에 있어 행정절차에 준하는 절차를 거치도록 하는 규정이 없을 뿐만 아니라 위 처분이 성질상 행정절차를 거치기 곤란하거나 불필요하다고 인정되는 처분이라고 보기도 어렵다고 할 것이어서 이 사건 처분이 행정절차법의 적용이 제외되는 경우에 해당한다고 할 수 없으며, 나아가 원고가 수사과정 및 징계과정에서 자신의 비위행위에 대한 해명기회를 가졌다는 사정만으로 이 사건 처분이 행정절차법 제21조 제4항 제3호, 제22조 제4항에 따라 원고에게 사전통지를 하지 않거나 의견제출의 기회를 주지 아니하여도 되는 예외적인 경우에 해당한다고 할 수 없으므로, 피고가 이 사건 처분을 함에 있어 원고에게 의견제출의 기회를 부여하지 아니한 이상, 이 사건 처분은 절차상 하자가 있어 위법하다고 할 것이다(대판 2007.9.21. 2006두20631).

06 행정행위 정답 ①

옳은 것은 ㄱ, ㄴ이다.

ㄱ. [O] 사립학교법 제20조 제2항에 의한 학교법인의 임원에 대한 감독청의 취임승인은 학교법인의 임원선임행위를 보충하여 그 법률상의 효력을 완성케하는 보충적 행정행위로서 성질상 기본행위를 떠나 승인처분 그 자체만으로는 법률상 아무런 효력도 발생할 수 없으므로 기본행위인 학교법인의 임원선임행위가 불성립 또는 무효인 경우에는 비록 그에 대한 감독청의 취임승인이 있었다 하여도 이로써 무효인 그 선임행위가 유효한 것으로 될 수는 없다(대판 1987.8.18. 86누152).

ㄴ. [O] 개인택시운송사업면허는 특정인에게 권리나 이익을 부여하는 행정행위로서 법령에 특별한 규정이 없는 한 재량행위이고 그 면허에 필요한 기준을 정하는 것 역시 법령에 규정이 없는 한 행정청의 재량에 속하나, 이 경우에도 이는 객관적으로 타당하여야 하며 그 설정된 우선순위 결정방법이나 기준이 객관적으로 합리성을 잃은 것이라면 이에 따라 면허 여부를 결정하는 것은 재량권의 한계를 일탈한 것이 되어 위법하다(대판 2007.2.8. 2006두13886).

ㄷ. [X] 공유수면매립면허는 설권행위인 특허의 성질을 갖는 것이므로 원칙적으로 행정청의 자유재량에 속하며, 일단 실효된 공유수면매립면허의 효력을 회복시키는 행위도 특단의 사정이 없는 한 새로운 면허부여와 같이 면허관청의 자유재량에 속한다고 할 것이다(대판 1989.9.12. 88누9206).

ㄹ. [X] 토지거래허가가 규제지역 내의 모든 국민에게 전반적으로 토지거래의 자유를 금지하고 일정한 요건을 갖춘 경우에만 금지를 해제하여 계약체결의 자유를 회복시켜 주는 성질의 것이라고 보는 것은 위 법의 입법취지를 넘어선 지나친 해석이라고 할 것이고, 규제지역 내에서도 토지거래의 자유가 인정되나 다만 위 허가를 허가 전의 유동적 무효 상태에 있는 법률행위의 효력을 완성시켜 주는 인가적 성질을 띤 것이라고 보는 것이 타당하다(대판 1991.12.24. 90다12243).

07 행정규칙 정답 ②

① [O] 상위법령에서 세부사항 등을 시행규칙으로 정하도록 위임하였음에도 이를 고시 등 행정규칙으로 정하였다면 그 역시 대외적 구속력을 가지는 법규명령으로서 효력이 인정될 수 없다(대판 2012.7.5. 2010다72076).

❷ [X] 전결과 같은 행정권한의 내부위임은 법령상 처분권자인 행정관청이 내부적인 사무처리의 편의를 도모하기 위하여 그의 보조기관 또는 하급 행정관청으로 하여금 그의 권한을 사실상 행사하게 하는 것으로서 법률이 위임을 허용하지 않는 경우에도 인정되는 것이므로, 설사 행정관청 내부의 사무처리규정에 불과한 전결규정에 위반하여 원래의 전결권자 아닌 보조기관 등이 처분권자인 행정관청의 이름으로 행정처분을 하였다고 하더라도 그 처분이 권한 없는 자에 의하여 행하여진 무효의 처분이라고는 할 수 없다(대판 1998.2.27. 97누1105).

③ [O] 검찰보존사무규칙이 검찰청법 제11조에 기하여 제정된 법무부령이기는 하지만, 그 사실만으로 같은 규칙 내의 모든 규정이 법규적 효력을 가지는 것은 아니다(대판 2006.5.25. 2006두3049).

④ [O] 어떠한 고시가 일반적·추상적 성격을 가질 때에는 법규명령 또는 행정규칙에 해당할 것이지만, 다른 집행행위의 매개 없이 그 자체로서 직접 국민의 구체적인 권리의무나 법률관계를 규율하는 성격을 가질 때에는 항고소송의 대상이 되는 행정처분에 해당한다(대판 2003.10.9. 2003무23).

08 행정행위의 성질 정답 ③

① [X] 친일반민족행위자 재산의 국가귀속에 관한 특별법 제3조 제1항 본문, 제9조 규정들의 취지와 내용에 비추어 보면, 같은 법 제2조 제2호에 정한 친일재산은 친일반민족행위자재산조사위원회가 국가귀속결정을 하여야 비로소 국가의 소유로 되는 것이 아니라 특별법의 시행에 따라 그 취득·증여 등 원인행위시에 소급하여 당연히 국가의 소유로 되고, 위 위원회의 국가귀속결정은 당해 재산이 친일재산에 해당한다는 사실을 확인하는 이른바 준법률행위적 행정행위의 성격을 가진다(대판 2008.11.13. 2008두13491).

② [X] 재개발조합설립인가신청에 대한 행정청의 조합설립인가처분은 단순히 사인(私人)들의 조합설립행위에 대한 보충행위로서의 성질을 가지는 것이 아니라 법령상 일정한 요건을 갖추는 경우 행정주체(공법인)의 지위를 부여하는 일종의 설권적 처분의 성질을 가진다고 보아야 한다. 그러므로 구 도시 및 주거환경정비법상 재개발조합설립인가신청에 대하여 행정청의 조합설립인가처분이 있은 이후에는, 조합설립동의에 하자가 있음을 이유로 재개발조합 설립의 효력을 부정하려면 항고소송으로 조합설립인가처분의 효력을 다투어야 한다(대판 2010.1.28. 2009두4845).

❸ [O] 「민법」 제45조와 제46조에서 말하는 재단법인의 정관변경 "허가"는 법률상의 표현이 허가로 되어 있기는 하나, 그 성질에 있어 법률행위의 효력을 보충해 주는 것이지 일반적 금지를 해제하는 것이 아니므로, 그 법적 성격은 인가라고 보아야 한다(대판 1996.5.16. 95누4810 전합).

④ [×] 국토이용관리법 제21조의3 제1항 소정의 허가(토지거래계약 허가)는 규제지역 내에서도 토지거래의 자유가 인정되나, 다만 위 허가를 허가 전의 유동적 무효 상태에 있는 법률행위의 효력을 완성시켜 주는 인가적 성질을 띤 것이라고 보는 것이 타당하다(대판 1991.12.24. 90다12243 전합).

09 행정행위의 부관 정답 ①

❶ [○] 고시에 정한 허가기준에 따라 보존음료수 제조업의 허가에 붙여진 전량수출 또는 주한외국인에 대한 판매에 한한다는 내용의 조건은 이른바 법정부관으로서 행정청의 의사에 기하여 붙여지는 본래의 의미에서의 행정행위의 부관은 아니므로, 이와 같은 법정부관에 대하여는 행정행위에 부관을 붙일 수 있는 한계에 관한 일반적인 원칙이 적용되지는 않는다(대판 1994.3.8. 92누1728).

② [×] 행정청이 관리처분계획에 대한 인가 여부를 결정할 때에는 그 관리처분계획에 도시정비법 제48조 및 그 시행령 제50조에 규정된 사항이 포함되어 있는지, 그 계획의 내용이 도시정비법 제48조 제2항의 기준에 부합하는지 여부 등을 심사·확인하여 그 인가 여부를 결정할 수 있을 뿐 기부채납과 같은 다른 조건을 붙일 수는 없다고 할 것이다(대판 2012.8.30. 2010두24951).

③ [×] 부담부 행정처분에 있어서 처분의 상대방이 부담(의무)을 이행하지 아니한 경우에 처분행정청으로서는 이를 들어 당해 처분을 취소(철회)할 수 있는 것이다(대판 1989.10.24. 89누2431).

④ [×] 행정청이 수익적 행정처분을 하면서 부가한 부담의 위법 여부는 처분 당시 법령을 기준으로 판단하여야 하고, 부담이 처분 당시 법령을 기준으로 적법하다면 처분 후 부담의 전제가 된 주된 행정처분의 근거 법령이 개정됨으로써 행정청이 더 이상 부관을 붙일 수 없게 되었다 하더라도 곧바로 위법하게 되거나 그 효력이 소멸하게 되는 것은 아니다. 따라서 행정처분의 상대방이 수익적 행정처분을 얻기 위하여 행정청과 사이에 행정처분에 부가할 부담에 관한 협약을 체결하고 행정청이 수익적 행정처분을 하면서 협약상의 의무를 부담으로 부가하였으나 부담의 전제가 된 주된 행정처분의 근거 법령이 개정됨으로써 행정청이 더 이상 부관을 붙일 수 없게 된 경우에도 곧바로 협약의 효력이 소멸하는 것은 아니다(대판 2009.2.12. 2005다65500).

10 행정소송 정답 ①

❶ [×] 당사자소송에 대하여는 행정소송법 제23조 제2항의 집행정지에 관한 규정이 준용되지 아니하므로(행정소송법 제44조 제1항 참조), 이를 본안으로 하는 가처분에 대하여는 행정소송법 제8조 제2항에 따라 민사집행법상 가처분에 관한 규정이 준용되어야 한다(대결 2015.8.21. 2015무26).

② [○] 서훈은 어디까지나 서훈대상자 본인의 공적과 영예를 기리기 위한 것이므로 비록 유족이라고 하더라도 제3자는 서훈수여 처분의 상대방이 될 수 없고, 구 상훈법 제33조, 제34조 등에 따라 망인을 대신하여 단지 사실행위로서 훈장 등을 교부받거나 보관할 수 있는 지위에 있을 뿐이다. 이러한 서훈의 일신전속적 성격은 서훈취소의 경우에도 마찬가지이므로, 망인에게 수여된 서훈의 취소에서도 유족은 그 처분의 상대방이 되는 것이 아니다. 이와 같이 망인에 대한 서훈취소는 유족에 대한 것이 아니므로 유족에 대한 통지에 의해서만 성립하여 효력이 발생한다고 볼 수 없고, 그 결정이 처분권자의 의사에 따라 상당한 방법으로 대외적으로 표시됨으로써 행정행위로서 성립하여 효력이 발생한다고 봄이 타당하다(대판 2014.9.26. 2013두2518).

③ [○] 행정처분의 위법을 주장하여 그 처분의 취소를 구하는 소위 항고소송에 있어서는 그 처분이 적법하였다고 주장하는 피고에게 그가 주장하는 적법사유에 대한 입증책임이 있다(대판 1966.10.18. 66누134).

④ [○] 일반적으로 행정처분의 무효확인을 구하는 소에는 원고가 그 처분의 취소는 구하지 아니한다고 밝히고 있지 아니하는 이상 그 처분이 만약 당연무효가 아니라면 그 취소를 구하는 취지도 포함되어 있는 것으로 볼 것이나 행정심판절차를 거치지 아니한 까닭에 행정처분 취소의 소를 무효확인의 소로 변경한 경우에는 무효확인을 구하는 취지 속에 그 처분이 당연무효가 아니라면 그 취소를 구하는 취지까지 포함된 것으로 볼 여지가 전혀 없다고 할 것이므로 법원으로서는 그 처분이 당연무효인가 여부만 심리판단하면 족하다고 할 것이다(대판 1987.4.28. 86누887).

11 행정소송법상 집행정지 정답 ②

① [○] 행정처분의 집행정지는 행정처분집행 부정지의 원칙에 대한 예외로서 인정되는 일시적인 응급처분이라 할 것이므로 집행정지결정을 하려면 이에 대한 본안소송이 법원에 제기되어 계속 중임을 요건으로 하는 것이므로 집행정지결정을 한 후에라도 본안소송이 취하되어 소송이 계속하지 아니한 것으로 되면 집행정지결정은 당연히 그 효력이 소멸되는 것이고 별도의 취소조치를 필요로 하는 것이 아니다(대결 2007.6.28. 2005무75).

❷ [×] 집행정지는 행정처분의 집행부정지원칙의 예외로서 인정되는 것이고, 또 본안에서 원고가 승소할 수 있는 가능성을 전제로 한 권리보호수단이라는 점에 비추어 보면, 집행정지사건 자체에 의하여도 신청인의 본안청구가 적법한 것이어야 한다는 것을 집행정지의 요건에 포함시킴이 상당하다(대결 2010.11.26. 2010무137).

③ [O] 행정소송법 제23조 제2항에서 정하고 있는 집행정지 요건인 '회복하기 어려운 손해'란 특별한 사정이 없는 한 금전으로 보상할 수 없는 손해로서 이는 금전보상이 불능인 경우 내지는 금전보상으로는 사회관념상 행정처분을 받은 당사자가 참고 견딜 수 없거나 또는 참고 견디기가 현저히 곤란한 경우의 유형, 무형의 손해를 일컫는다 할 것이고, '처분 등이나 그 집행 또는 절차의 속행으로 인하여 생길 회복하기 어려운 손해를 예방하기 위하여 긴급한 필요'가 있는지 여부는 처분의 성질과 태양 및 내용, 처분상대방이 입는 손해의 성질·내용 및 정도, 원상회복·금전배상의 방법 및 난이 등은 물론 본안청구의 승소가능성의 정도 등을 종합적으로 고려하여 구체적·개별적으로 판단하여야 한다(대결 2010.5.14. 2010무48).

④ [O] 행정소송법 제23조 제3항에서 집행정지의 요건으로 규정하고 있는 '공공복리에 중대한 영향을 미칠 우려'가 없을 것이라고 할 때의 '공공복리'는 그 처분의 집행과 관련된 구체적이고도 개별적인 공익을 말하는 것으로서 이러한 집행정지의 소극적 요건에 대한 주장·소명책임은 행정청에게 있다(대결 1999.12.20. 99무42).

12 행정입법 정답 ①

❶ [O] 「행정절차법」 제41조 제1항 제2호에 대한 옳은 내용이다.

판례 이론 **조문**

> **제41조 【행정상 입법예고】** ① 법령 등을 제정·개정 또는 폐지(이하 '입법'이라 한다)하려는 경우에는 해당 입법안을 마련한 행정청은 이를 예고하여야 한다. 다만, 다음 각 호의 어느 하나에 해당하는 경우에는 예고를 하지 아니할 수 있다.
> 1. 신속한 국민의 권리 보호 또는 예측 곤란한 특별한 사정의 발생 등으로 입법이 긴급을 요하는 경우
> 2. 상위 법령 등의 단순한 집행을 위한 경우

② [X] 형벌법규에 대하여도 특히 긴급한 필요가 있거나 미리 법률로써 자세히 정할 수 없는 부득이한 사정이 있는 경우에 한하여 수권법률(위임법률)이 구성요건의 점에서는 처벌대상인 행위가 어떠한 것일 거라고 이를 예측할 수 있을 정도로 구체적으로 정하고, 형벌의 점에서는 형벌의 종류 및 그 상한과 폭을 명확히 규정하는 것을 조건으로 위임입법이 허용되며, 이러한 위임입법은 죄형법정주의에 반하지 않는다(헌재 1996.2.29. 94헌마213).

③ [X] 교육부장관이 내신성적 산정기준의 통일을 기하기 위해 대학입시기본계획의 내용에서 내신성적 산정기준에 관한 시행지침을 마련하여 시·도 교육감에서 통보한 것은 행정조직 내부에서 내신성적평가에 관한 내부적 심사기준을 시달한 것에 불과하여, 내신성적 산정지침을 항고소송의 대상이 되는 행정처분으로 볼 수 없다(대판 1994.9.10. 94두33).

④ [X] 해당 법령의 소관부처의 장이 아닌 행정안전부장관에게 통보하여야 한다.

판례 이론 **조문**

> **「행정소송법」 제6조 【명령·규칙의 위헌판결 등 공고】** ① 행정소송에 대한 대법원판결에 의하여 명령·규칙이 헌법 또는 법률에 위반된다는 것이 확정된 경우에는 대법원은 지체 없이 그 사유를 행정안전부장관에게 통보하여야 한다.

13 공법상 계약 정답 ①

공법상 계약에 해당하는 것은 ㄱ, ㄴ이다.

ㄱ. [O] 甲 광역자치단체가 乙 유한회사와 '관계 법령 등의 변경으로 사업의 수익성에 중대한 영향을 미치는 경우 협약당사자 간의 협의를 통해 통행료를 조정하고, 통행료 조정사유가 발생하였으나 실제로 통행료 조정이 이루어지지 못한 경우 보조금을 증감할 수 있다'는 내용의 터널 민간투자사업 실시협약을 체결하였는데, 2002년에 법인세법이 개정되어 법인세율이 인하되자 甲 자치단체가 법인세율 인하 효과를 반영하여 산정한 재정지원금액을 지급한 사안에서, 법인세법 개정에 따른 법인세율 인하가 실시협약에서 정한 '관계 법령 등의 변경'에 해당하고 '사업의 수익성에 중대한 영향을 미치는 경우'에 해당한다고 본 원심판단을 수긍한 사례에서 민간투자사업 실시협약을 체결한 당사자가 공법상 당사자소송에 의하여 그 실시협약에 따른 재정지원금의 지급을 구하는 경우에, 수소법원은 단순히 주무관청이 재정지원금액을 산정한 절차 등에 위법이 있는지 여부를 심사하는 데 그쳐서는 아니 되고, 실시협약에 따른 적정한 재정지원금액이 얼마인지를 구체적으로 심리·판단하여야 한다(대판 2019.1.31. 2017두46455).

ㄴ. [O] 중소기업기술정보진흥원장이 甲 주식회사와 중소기업 정보화지원사업 지원대상인 사업의 지원에 관한 협약을 체결하였는데, 협약이 甲 회사에 책임이 있는 사업실패로 해지되었다는 이유로 협약에서 정한 대로 지급받은 정부지원금을 반환할 것을 통보한 사안에서, 중소기업 정보화지원사업에 따른 지원금 출연을 위하여 중소기업청장이 체결하는 협약은 공법상 대등한 당사자 사이의 의사표시의 합치로 성립하는 공법상 계약에 해당하는 점, 구 중소기업 기술혁신 촉진법(2010.3.31. 법률 제10220호로 개정되기 전의 것) 제32조 제1항은 제10조가 정한 기술혁신사업과 제11조가 정한 산학협력 지원사업에 관하여 출연한 사업비의 환수에 적용될 수 있을 뿐 이와 근거 규정을 달리하는 중소기업 정보화지원사업에 관하여 출연한 지원금에 대하여는 적용될 수 없고 달리 지원금 환수에 관한 구체적인 법령상 근거가 없는 점 등을 종합하면, 협약의 해지 및 그에 따른 환수통보는 공법상 계약에 따라 행정청이 대등한 당사자의 지위에서 하는 의사표시로 보아야 하고, 이를 행정청이 우월한 지위에서 행하는 공권력의 행사로서 행정처분에 해당한다고 볼 수는 없다(대판 2015.8.27. 2015두41449).

ㄷ. [X] 도시계획사업의 시행자가 그 사업에 필요한 토지를 협의취득하는 행위는 사경제주체로서 행하는 사법상의 법률행위에 지나지 않으며 공권력의 주체로서 우월한 지위에서 행하는 공법상의 행정처분이 아니므로 행정소송의 대상이 되지 않는다(대판 1992.10.27. 91누3871).

ㄹ. [×] 국유재산법 제31조, 제32조 제3항, 산림법 제75조 제1항의 규정 등에 의하여 국유잡종재산에 관한 관리 처분의 권한을 위임받은 기관이 국유잡종재산을 대부하는 행위는 국가가 사경제 주체로서 상대방과 대등한 위치에서 행하는 사법상의 계약이고, 행정청이 공권력의 주체로서 상대방의 의사 여하에 불구하고 일방적으로 행하는 행정처분이라고 볼 수 없으며, 국유잡종재산에 관한 대부료의 납부고지 역시 사법상의 이행청구에 해당하고, 이를 행정처분이라고 할 수 없다(대판 2000.2.11. 99다61675).

14 이행강제금 정답 ④

① [×] 이행강제금은 행정법상의 부작위의무 또는 비대체적 작위의무를 이행하지 않은 경우에 '일정한 기한까지 의무를 이행하지 않을 때에는 일정한 금전적 부담을 과할 뜻'을 미리 '계고'함으로써 의무자에게 심리적 압박을 주어 장래를 향하여 의무의 이행을 확보하려는 간접적인 행정상 강제집행 수단이다(대판 2015.6.24. 2011두2170).

② [×] 시정명령을 받은 의무자가 그 시정명령의 취지에 부합하는 의무를 이행하기 위한 정당한 방법으로 행정청에 신청 또는 신고를 하였으나 행정청이 위법하게 이를 거부 또는 반려함으로써 결국 그 처분이 취소되기에 이르렀다면, 특별한 사정이 없는 한 그 시정명령의 불이행을 이유로 이행강제금을 부과할 수는 없다고 보는 것이 위와 같은 이행강제금 제도의 취지에 부합한다(대판 2018.1.25. 2015두35116).

③ [×] 건축법상의 이행강제금은 시정명령의 불이행이라는 과거의 위반행위에 대한 제재가 아니라, 의무자에게 시정명령을 받은 의무의 이행을 명하고 그 이행기간 안에 의무를 이행하지 않으면 이행강제금이 부과된다는 사실을 고지함으로써 의무자에게 심리적 압박을 주어 의무의 이행을 간접적으로 강제하는 행정상의 간접강제 수단에 해당한다. 이러한 이행강제금의 본질상 시정명령을 받은 의무자가 이행강제금이 부과되기 전에 그 의무를 이행한 경우에는 비록 시정명령에서 정한 기간을 지나서 이행한 경우라도 이행강제금을 부과할 수 없다(대판 2018.1.25. 2015두35116).

❹ [○] 비록 건축주 등이 장기간 시정명령을 이행하지 아니하였더라도, 그 기간 중에는 시정명령의 이행 기회가 제공되지 아니하였다가 뒤늦게 시정명령의 이행 기회가 제공된 경우라면, 시정명령의 이행 기회 제공을 전제로 한 1회분의 이행강제금만을 부과할 수 있고, 시정명령의 이행 기회가 제공되지 아니한 과거의 기간에 대한 이행강제금까지 한꺼번에 부과할 수는 없다(대판 2016.7.14. 2015두46598).

15 행정절차법 정답 ②

① [○] 행정절차법 제21조 제1항, 제22조 제3항 및 제2조 제4호의 각 규정에 의하면, 행정청이 당사자에게 의무를 과하거나 권익을 제한하는 처분을 함에 있어서는 당사자 등에게 처분의 사전통지를 하고 의견제출의 기회를 주어야 하며, 여기서 당사자라 함은 행정청의 처분에 대하여 직접 그 상대가 되는 자를 의미한다 할 것이고, 한편 구 식품위생법 제25조 제2항, 제3항의 각 규정에 의하면, 지방세법에 의한 압류재산 매각절차에 따라 영업시설의 전부를 인수함으로써 그 영업자의 지위를 승계한 자가 관계 행정청에 이를 신고하여 행정청이 이를 수리하는 경우에는 종전의 영업자에 대한 영업허가 등은 그 효력을 잃는다 할 것인데, 위 규정들을 종합하면 위 행정청이 구 식품위생법 규정에 의하여 영업자지위승계신고를 수리하는 처분은 종전의 영업자의 권익을 제한하는 처분이라 할 것이고 따라서 종전의 영업자는 그 처분에 대하여 직접 그 상대가 되는 자에 해당한다고 봄이 상당하므로, 행정청으로서는 위 신고를 수리하는 처분을 함에 있어서 행정절차법 규정 소정의 당사자에 해당하는 종전의 영업자에 대하여 위 규정 소정의 행정절차를 실시하고 처분을 하여야 한다(대판 2003.2.14. 2001두7015).

❷ [×] 퇴직연금의 환수결정은 당사자에게 의무를 과하는 처분이기는 하나, 관련 법령에 따라 당연히 환수금액이 정하여지는 것이므로, 퇴직연금의 환수결정에 앞서 당사자에게 의견진술의 기회를 주지 아니하여도 행정절차법 제22조 제3항이나 신의칙에 어긋나지 아니한다(대판 2000.11.28. 99두5443).

③ [○] 행정청이 당사자와 사이에 도시계획사업의 시행과 관련한 협약을 체결하면서 관계 법령 및 행정절차법에 규정된 청문의 실시 등 의견청취절차를 배제하는 조항을 두었다고 하더라도, 국민의 행정참여를 도모함으로써 행정의 공정성·투명성 및 신뢰성을 확보하고 국민의 권익을 보호한다는 행정절차법의 목적 및 청문제도의 취지 등에 비추어 볼 때, 위와 같은 협약의 체결로 청문의 실시에 관한 규정의 적용을 배제할 수 있다고 볼 만한 법령상의 규정이 없는 한, 이러한 협약이 체결되었다고 하여 청문의 실시에 관한 규정의 적용이 배제된다거나 청문을 실시하지 않아도 되는 예외적인 경우에 해당한다고 할 수 없다(대판 2004.7.8. 2002두8350).

④ [○] 「행정절차법」 제35조 제2항에 대한 옳은 내용이다.

판례 이론 **조문**

> **제35조 【청문의 종결】** ② 청문 주재자는 당사자등의 전부 또는 일부가 정당한 사유 없이 청문기일에 출석하지 아니하거나 제31조 제3항에 따른 의견서를 제출하지 아니한 경우에는 이들에게 다시 의견진술 및 증거제출의 기회를 주지 아니하고 청문을 마칠 수 있다.

16 부작위위법확인소송 정답 ④

① [O] 부작위위법확인의 소는 부작위상태가 계속되는 한 그 위법의 확인을 구할 이익이 있다고 보아야 하므로 원칙적으로 제소기간의 제한을 받지 않는다. 그러나 행정소송법 제38조 제2항이 제소기간을 규정한 같은 법 제20조를 부작위위법확인소송에 준용하고 있는 점에 비추어 보면, 행정심판 등 전심절차를 거친 경우 행정소송법 제20조가 정한 제소기간 내에 부작위위법확인의 소를 제기하여야 한다(대판 2009.7.23. 2008두10560).

② [O] 소제기의 전후를 통하여 판결시까지 행정청이 그 신청에 대하여 적극 또는 소극의 처분을 함으로써 부작위 상태가 해소된 때에는 소의 이익을 상실하게 되어 당해 소는 각하를 면할 수가 없는 것이다(대판 1990.9.25. 89누4758).

③ [O] 부작위위법확인소송은 처분의 신청을 한 자로서 부작위의 위법확인을 구할 법률상 이익이 있는 자만이 제기할 수 있다 할 것이며 이를 통하여 구하는 행정청의 응답행위는 행정소송법 제2조 제1항 제1호 소정의 처분에 관한 것이라야 하므로 당사자가 행정청에 대하여 어떠한 행정행위를 하여 줄 것을 신청하지 아니하였거나 신청을 하였더라도 당사자가 행정청에 대하여 그러한 행정행위를 하여 줄 것을 요구할 수 있는 법규상 또는 조리상 권리를 갖고 있지 아니하든지 또는 행정청이 당사자의 신청에 대하여 거부처분을 한 경우에는 원고적격이 없거나 항고소송의 대상인 위법한 부작위가 있다고 볼 수 없어 그 부작위위법확인의 소는 부적법하다(대판 1993.4.23. 92누17099).

❹ [X] 행정소송법 제4조 제3호에 규정된 부작위위법확인의 소는 행정청이 당사자의 법규상 또는 조리상의 권리에 기한 신청에 대하여 상당한 기간 내에 그 신청을 인용하는 적극적 처분 또는 각하하거나 기각하는 등의 소극적 처분을 하여야 할 법률상의 응답의무가 있음에도 불구하고 이를 하지 아니하는 경우에 그 부작위가 위법하다는 것을 확인함으로써 행정청의 응답을 신속하게 하여 부작위 또는 무응답이라고 하는 소극적인 위법상태를 제거하는 것을 목적으로 하는 제도이다(대판 1992.6.9. 91누11278). 판례는 절차적 심리설의 입장이다.

17 행정상 손실보상 정답 ④

① [O] 하천법 제50조에 따른 하천수 사용권이 공익사업을 위한 토지 등의 취득 및 보상에 관한 법률 제76조 제1항에서 손실보상의 대상으로 규정하고 있는 '물의 사용에 관한 권리'에 해당한다(대판 2018.12.27. 2014두11601).

② [O] 공익사업을 위한 토지 등의 취득 및 보상에 관한 법률(이하 '토지보상법'이라 한다) 제79조 제2항(그 밖의 토지에 관한 비용보상 등)에 따른 손실보상과 환경정책기본법 제44조 제1항(환경오염의 피해에 대한 무과실책임)에 따른 손해배상은 근거 규정과 요건·효과를 달리하는 것으로서, 각 요건이 충족되면 성립하는 별개의 청구권이다. 다만, 손실보상청구권에는 이미 '손해 전보'라는 요소가 포함되어 있어 실질적으로 같은 내용의 손해에 관하여 양자의 청구권을 동시에 행사할 수 있다고 본다면 이중배상의 문제가 발생하므로, 실질적으로 같은 내용의 손해에 관하여 양자의 청구권이 동시에 성립하더라도 영업자는 어느 하나만을 선택적으로 행사할 수 있을 뿐이고, 양자의 청구권을 동시에 행사할 수는 없다. 또한 '해당 사업의 공사완료일로부터 1년'이라는 손실보상 청구기간(토지보상법 제79조 제5항, 제73조 제2항)이 도과하여 손실보상청구권을 더 이상 행사할 수 없는 경우에도 손해배상의 요건이 충족되는 이상 여전히 손해배상청구는 가능하다(대판 2019.11.28. 2018두227).

③ [O] 영업손실에 대한 보상을 받기 위해서는, 토지보상법 제34조, 제50조 등에 규정된 재결절차를 거친 다음 그 재결에 대하여 불복이 있는 때에 비로소 토지보상법 제83조 내지 제85조에 따라 권리구제를 받을 수 있을 뿐이다. 이러한 재결절차를 거치지 않은 채 곧바로 사업시행자를 상대로 손실보상을 청구하는 것은 허용되지 않는다(대판 2019.11.28. 2018두227).

❹ [X] 모든 국민의 재산권은 보장되고, 공공필요에 의한 재산권의 수용 등에 대하여는 정당한 보상을 지급하여야 하는 것이 헌법의 대원칙이고(헌법 제23조), 법률도 그런 취지에서 공익사업의 시행 결과 공익사업의 시행이 공익사업시행지구 밖에 미치는 간접손실 등에 대한 보상의 기준 등에 관하여 상세한 규정을 마련해 두거나 하위법령에 세부사항을 정하도록 위임하고 있다. 이러한 공익사업시행지구 밖의 영업손실은 공익사업의 시행과 동시에 발생하는 경우도 있지만, 공익사업에 따른 공공시설의 설치공사 또는 설치된 공공시설의 가동·운영으로 발생하는 경우도 있어 그 발생원인과 발생시점이 다양하므로, 공익사업시행지구 밖의 영업자가 발생한 영업상 손실의 내용을 구체적으로 특정하여 주장하지 않으면 사업시행자로서는 영업손실보상금 지급의무의 존부와 범위를 구체적으로 알기 어려운 특성이 있다. 공익사업을 위한 토지 등의 취득 및 보상에 관한 법률 제79조 제2항에 따른 손실보상의 기한을 공사완료일부터 1년 이내로 제한하면서도 영업자의 청구에 따라 보상이 이루어지도록 규정한 것[공익사업을 위한 토지 등의 취득 및 보상에 관한 법률 시행규칙(이하 '시행규칙'이라 한다) 제64조 제1항]이나 손실보상의 요건으로서 공익사업시행지구 밖에서 발생하는 영업손실의 발생원인에 관하여 별다른 제한 없이 '그 밖의 부득이한 사유'라는 추상적인 일반조항을 규정한 것(시행규칙 제64조 제1항 제2호)은 간접손실로서 영업손실의 이러한 특성을 고려한 결과이다.
위와 같은 공익사업시행지구 밖 영업손실보상의 특성과 헌법이 정한 '정당한 보상의 원칙'에 비추어 보면, 공익사업시행지구 밖 영업손실보상의 요건인 '공익사업의 시행으로 인한 그 밖의 부득이한 사유로 일정 기간 동안 휴업이 불가피한 경우'란 공익사업의 시행 또는 시행 당시 발생한 사유로 휴업이 불가피한 경우만을 의미하는 것이 아니라 공익사업의 시행 결과, 즉 그 공익사업의 시행으로 설치되는 시설의 형태·구조·사용 등에 기인하여 휴업이 불가피한 경우도 포함된다고 해석함이 타당하다(대판 2019.11.28. 2018두227).

18 사인의 공법행위 정답 ④

옳은 것은 ㄷ, ㅁ이다.

ㄱ. [X] 공무원이 한 사직 의사표시의 철회나 취소는 그에 터잡은 의원면직처분이 있을 때까지 할 수 있는 것이고, 일단 면직처분이 있고 난 이후에는 철회나 취소할 여지가 없다(대판 2001.8.24. 99두9971).

ㄴ. [X] 구 장사 등에 관한 법률(장사법) 제14조 제1항, 구 장사 등에 관한 법률 시행규칙 제7조 제1항 [별지 제7호 서식]을 종합하면, 납골당설치신고는 이른바 '수리를 요하는 신고'라 할 것이므로, 납골당설치신고가 구 장사법 관련 규정의 모든 요건에 맞는 신고라 하더라도 신고인은 곧바로 납골당을 설치할 수는 없고, 이에 대한 행정청의 수리처분이 있어야만 신고한 대로 납골당을 설치할 수 있다. 한편 수리란 신고를 유효한 것으로 판단하고 법령에 의하여 처리할 의사로 이를 수령하는 수동적 행위이므로 수리행위에 신고필증 교부 등 행위가 꼭 필요한 것은 아니다(대판 2011.9.8. 2009두6766).

ㄷ. [O] 시장·군수 또는 구청장의 주민등록전입신고 수리 여부에 관한 심사는 주민등록법의 입법 목적의 범위 내에서 제한적으로 이뤄져야 한다. 전입신고를 받은 시장·군수 또는 구청장의 심사대상은 전입신고자가 30일 이상 생활의 근거로 거주할 목적으로 거주지를 옮기는지 여부만으로 제한된다고 보아야 한다. 따라서 전입신고자가 거주의 목적 이외에 다른 이해관계에 관한 의도를 가지고 있는지 여부, 무허가 건축물의 관리, 전입신고를 수리함으로써 당해 지방자치단체에 미치는 영향 등과 같은 사유는 주민등록법이 아닌 다른 법률에 의하여 규율되어야 하고, 주민등록전입신고의 수리 여부를 심사하는 단계에서는 고려 대상이 될 수 없다(대판 2009.6.18. 2008두10997).

ㄹ. [X] 건축주명의변경신고에 관한 건축법 시행규칙 제3조의2의 규정은 단순히 행정관청의 사무집행의 편의를 위한 것에 지나지 않는 것이 아니라, 허가대상건축물의 양수인에게 건축주의 명의변경을 신고할 수 있는 공법상의 권리를 인정함과 아울러 행정관청에게는 그 신고를 수리할 의무를 지게 한 것으로 봄이 상당하므로, 허가대상건축물의 양수인이 위 규칙에 규정되어 있는 형식적 요건을 갖추어 시장, 군수에게 적법하게 건축주의 명의변경을 신고한 때에는 시장, 군수는 그 신고를 수리하여야지 실체적인 이유를 내세워 그 신고의 수리를 거부할 수는 없다(대판 1992.3.31. 91누4911).

ㅁ. [O] 행정청에 대한 신고는 일정한 법률사실 또는 법률관계에 관하여 관계행정청에 일방적으로 통고를 하는 것을 뜻하는 것으로서 법에 별도 규정이 있거나 다른 특별한 사정이 없는 한 행정청에 대한 통고로서 그치는 것이고 그에 대한 행정청의 반사적 결정을 기다릴 필요가 없으므로, 체육시설의 설치·이용에 관한 법률 제18조 및 같은 법 시행령 제11조 제2항의 규정에 의한 체육시설의 이용료변경신고는 그 신고 자체가 위법하거나 그 신고에 무효사유가 없는 한 도지사에게 제출하여 접수된 때에 신고가 있었다고 볼 것이고, 도지사의 수리행위가 있어야만 신고가 있었다고 볼 것은 아니다(대결 1993.7.6. 93마635).

19 정보공개 정답 ③

① [X] 정보공개 의무기관을 정하는 것은 입법자의 입법형성권에 속하고, 이에 따라 입법자는 구 공공기관의 정보공개에 관한 법률 제2조 제3호에서 정보공개 의무기관을 공공기관으로 정하였는바, 공공기관은 국가기관에 한정되는 것이 아니라 지방자치단체, 정부투자기관, 그 밖에 공동체 전체의 이익에 중요한 역할이나 기능을 수행하는 기관도 포함되는 것으로 해석되고, 여기에 정보공개의 목적, 교육의 공공성 및 공·사립학교의 동질성, 사립대학교에 대한 국가의 재정지원 및 보조 등 여러 사정을 고려해 보면, 사립대학교에 대한 국비 지원이 한정적·일시적·국부적이라는 점을 고려하더라도, 같은 법 시행령(대통령령 제18312호로 개정되기 전의 것) 제2조 제1호가 정보공개의무를 지는 공공기관의 하나로 사립대학교를 들고 있는 것이 모법인 구 공공기관의 정보공개에 관한 법률의 위임 범위를 벗어났다거나 사립대학교가 국비의 지원을 받는 범위 내에서만 공공기관의 성격을 가진다고 볼 수 없다(대판 2006.8.24. 2004두2783).

② [X] 법원이 행정기관의 정보공개거부처분의 위법 여부를 심리한 결과 공개를 거부한 정보에 비공개대상 정보에 해당하는 부분과 공개가 가능한 부분이 혼합되어 있고 공개청구의 취지에 어긋나지 아니하는 범위 안에서 두 부분을 분리할 수 있음을 인정할 수 있을 때에는 청구취지의 변경이 없더라도 공개가 가능한 정보에 관한 부분만의 일부취소를 명할 수 있다 할 것이고, 공개청구의 취지에 어긋나지 아니하는 범위 안에서 비공개대상 정보에 해당하는 부분과 공개가 가능한 부분을 분리할 수 있다고 함은, 이 두 부분이 물리적으로 분리가능한 경우를 의미하는 것이 아니고 당해 정보의 공개방법 및 절차에 비추어 당해 정보에서 비공개대상 정보에 관련된 기술 등을 제외 내지 삭제하고 그 나머지 정보만을 공개하는 것이 가능하고 나머지 부분의 정보만으로도 공개의 가치가 있는 경우를 의미한다고 해석하여야 한다(대판 2004.12.9. 2003두12707).

❸ [O] 판례 이론 **조문**

> 「공공기관의 정보공개에 관한 법률」 제11조 【정보공개 여부의 결정】 ③ 공공기관은 공개 청구된 공개 대상 정보의 전부 또는 일부가 제3자와 관련이 있다고 인정할 때에는 그 사실을 제3자에게 지체 없이 통지하여야 하며, 필요한 경우에는 그의 의견을 들을 수 있다.
>
> **제21조 【제3자의 비공개 요청 등】** ① 제11조 제3항에 따라 공개 청구된 사실을 통지받은 제3자는 그 통지를 받은 날부터 3일 이내에 해당 공공기관에 대하여 자신과 관련된 정보를 공개하지 아니할 것을 요청할 수 있다.

④ [X] 국민으로부터 보유·관리하는 정보에 대한 공개를 요구받은 공공기관으로서는, 정보공개법 제9조 제1항 각 호에서 정하고 있는 비공개사유에 해당하지 않는 한 이를 공개하여야 한다. 이를 거부하는 경우라 할지라도, 대상이 된 정보의 내용을 구체적으로 확인·검토하여, 어느 부분이 어떠한 법익 또는 기본권과 충돌되어 정보공개법 제9조 제1항 몇 호에서 정하고 있는 비공개사유에 해당하는지를 주장·증명하여야만 하고, 그에 이르지 아니한 채 개괄적인 사유만을 들어 공개를 거부하는 것은 허용되지 아니한다(대판 2018.4.12. 2014두5477).

20 행정조사 정답 ④

① [O] 「행정조사기본법」 제4조 제2항, 제19조 제1항에 대한 옳은 내용이다.

판례 이론 **조문**

> **제4조 【행정조사의 기본원칙】** ② 행정기관은 조사목적에 적합하도록 조사대상자를 선정하여 행정조사를 실시하여야 한다.
> **제19조 【제3자에 대한 보충조사】** ① 행정기관의 장은 조사대상자에 대한 조사만으로는 당해 행정조사의 목적을 달성할 수 없거나 조사대상이 되는 행위에 대한 사실 여부 등을 입증하는 데 과도한 비용 등이 소요되는 경우로서 다음 각 호의 어느 하나에 해당하는 경우에는 제3자에 대하여 보충조사를 할 수 있다.
> 1. 다른 법률에서 제3자에 대한 조사를 허용하고 있는 경우
> 2. 제3자의 동의가 있는 경우

② [O] 「행정조사기본법」 제15조 제1항에 대한 옳은 내용이다.

판례 이론 **조문**

> **제15조 【중복조사의 제한】** ① 제7조에 따라 정기조사 또는 수시조사를 실시한 행정기관의 장은 동일한 사안에 대하여 동일한 조사대상자를 재조사 하여서는 아니 된다. 다만, 당해 행정기관이 이미 조사를 받은 조사대상자에 대하여 위법행위가 의심되는 새로운 증거를 확보한 경우에는 그러하지 아니하다.

③ [O] 「행정조사기본법」 제7조, 시행령 제3조에 대한 옳은 내용이다.

판례 이론 **조문**

> **「행정조사기본법」 제7조 【조사의 주기】** 행정조사는 법령 등 또는 행정조사운영계획으로 정하는 바에 따라 정기적으로 실시함을 원칙으로 한다. 다만, 다음 각 호 중 어느 하나에 해당하는 경우에는 수시조사를 할 수 있다.
> 1. 법률에서 수시조사를 규정하고 있는 경우
> 2. 법령 등의 위반에 대하여 혐의가 있는 경우
> 3. 다른 행정기관으로부터 법령 등의 위반에 관한 혐의를 통보 또는 이첩받은 경우
> 4. 법령 등의 위반에 대한 신고를 받거나 민원이 접수된 경우
> 5. 그 밖에 행정조사의 필요성이 인정되는 사항으로서 대통령령으로 정하는 경우
>
> **시행령 제3조 【수시조사】** 법 제7조 제5호에서 "대통령령이 정하는 경우"란 행정기관이 조사대상자의 법령위반행위의 예방 또는 확인을 위하여 긴급하게 실시하는 것으로서 일정한 주기 또는 시기를 정하여 정기적으로 실시하여서는 그 목적을 달성하기 어려운 경우를 말한다.

❹ [X] 조사대상자의 자발적인 협조를 얻어 실시하는 행정조사인 경우에는 행정조사의 개시와 동시에 출석요구서 등을 조사대상자에게 제시하거나 행정조사의 목적 등을 조사대상자에게 구두로 통지할 수 있다.

판례 이론 **조문**

> **「행정조사기본법」 제17조 【조사의 사전통지】** ① 행정조사를 실시하고자 하는 행정기관의 장은 제9조에 따른 출석요구서, 제10조에 따른 보고요구서·자료제출요구서 및 제11조에 따른 현장출입조사서(이하 "출석요구서 등"이라 한다)를 조사개시 7일 전까지 조사대상자에게 서면으로 통지하여야 한다. 다만, 다음 각 호의 어느 하나에 해당하는 경우에는 행정조사의 개시와 동시에 출석요구서 등을 조사대상자에게 제시하거나 행정조사의 목적 등을 조사대상자에게 구두로 통지할 수 있다.
> 1. 행정조사를 실시하기 전에 관련 사항을 미리 통지하는 때에는 증거인멸 등으로 행정조사의 목적을 달성할 수 없다고 판단되는 경우
> 2. 「통계법」 제3조 제2호에 따른 지정통계의 작성을 위하여 조사하는 경우
> 3. 제5조 단서에 따라 조사대상자의 자발적인 협조를 얻어 실시하는 행정조사의 경우

05회 실전동형모의고사

정답

p. 40

01	②	Ⅵ	06	④	Ⅴ	11	②	Ⅴ	16	①	Ⅴ
02	④	Ⅴ	07	④	Ⅰ	12	④	Ⅳ	17	④	Ⅲ
03	②	Ⅲ	08	③	Ⅱ	13	②	Ⅵ	18	③	Ⅳ
04	①	Ⅱ	09	③	Ⅳ	14	③	Ⅳ	19	②	Ⅱ
05	③	Ⅵ	10	③	Ⅱ	15	③	Ⅳ	20	③	Ⅱ

Ⅰ 행정법 서론 / Ⅱ 행정작용법 / Ⅲ 행정절차와 행정공개 / Ⅳ 행정의 실효성 확보수단 / Ⅴ 행정상 손해전보 / Ⅵ 행정쟁송

취약 단원 분석표

단원	맞힌 답의 개수
Ⅰ	/ 1
Ⅱ	/ 5
Ⅲ	/ 2
Ⅳ	/ 5
Ⅴ	/ 4
Ⅵ	/ 3
TOTAL	/ 20

01 항고소송의 대상 정답 ②

① [×] 국민건강보험공단이 甲 등에게 '직장가입자 자격상실 및 자격변동 안내' 통보 및 '사업장 직권탈퇴에 따른 가입자 자격상실 안내' 통보를 한 사안에서, 위 각 통보의 처분성이 인정되지 않는다고 보아 그 취소를 구하는 甲 등의 소를 모두 각하한 원심판단은 정당하다(대판 2019.2.14. 2016두41729).

❷ [○] 총포·도검·화약류 등의 안전관리에 관한 법률 제32조, 제52조 제2호에 따른 화약류에 대한 안정도시험은 화약류의 자연분해가 시작되면 분해과정에서 발생한 열이 축적되어 온도가 상승하고 그에 따라 자연분해는 더욱 촉진되며 온도가 발화점 이상으로 가열되면 자연폭발을 일으키게 되므로, 화약류의 자연분해나 자연폭발을 방지하여 그로 인한 사고 발생의 위험성을 줄이는 데 그 취지가 있다. 위와 같은 관련 규정의 문언과 체계, 화약류 안정도시험 제도의 취지 등을 종합하면, 화약류 안정도시험 대상자가 총포·화약안전기술협회로부터 안정도시험을 받지 않는 경우에는 경찰청장 또는 지방경찰청장이 화약류 안정도시험 대상자에 대하여 일정기한 내에 안정도시험을 받으라는 검사명령을 할 수 있으며, 이는 항고소송이 대상이 되는 '처분'이라고 보아야 한다(대판 2021.12.30. 2018다241458).

③ [×] 무허가건물관리대장은 행정관청이 지방자치단체의 조례 등에 근거하여 무허가건물 정비에 관한 행정상 사무처리의 편의와 사실증명의 자료로 삼기 위하여 작성, 비치하는 대장으로서 무허가건물을 무허가건물관리대장에 등재하거나 등재된 내용을 변경 또는 삭제하는 행위로 인하여 당해 무허가건물에 대한 실체상의 권리관계에 변동을 가져오는 것이 아니고, 무허가건물의 건축시기, 용도, 면적 등이 무허가건물관리대장의 기재에 의해서만 증명되는 것도 아니므로, 관할관청이 무허가건물의 무허가건물관리대장 등재 요건에 관한 오류를 바로잡으면서 당해 무허가건물을 무허가건물관리대장에서 삭제하는 행위는 다른 특별한 사정이 없는 한 항고소송의 대상이 되는 행정처분이 아니다(대판 2009.3.12. 2008두11525).

④ [×] 각 군 참모총장이 수당지급대상자 결정절차에 대하여 수당지급대상자를 추천하거나 신청자 중 일부를 추천하지 아니하는 행위는 행정기관 상호 간의 내부적인 의사결정과정의 하나일 뿐 그 자체만으로는 직접적으로 국민의 권리·의무가 설정, 변경, 박탈되거나 그 범위가 확정되는 등 기존의 권리상태에 어떤 변동을 가져오는 것이 아니므로 이를 항고소송의 대상이 되는 처분이라고 할 수는 없다(대판 2009.12.10. 2009두14231).

02 영조물 책임 정답 ④

① [○] 소음 등을 포함한 공해 등의 위험지역으로 이주하여 들어가서 거주하는 경우와 같이 위험의 존재를 인식하면서 그로 인한 피해를 용인하며 접근한 것으로 볼 수 있는 경우에 그 피해가 직접 생명이나 신체에 관련된 것이 아니라 정신적 고통이나 생활방해의 정도에 그치고, 그 침해행위에 상당한 고도의 공공성이 인정되는 때에는 위험에 접근한 후 실제로 입은 피해 정도가 위험에 접근할 당시에 인식하고 있었던 위험의 정도를 초과하는 것이거나 위험에 접근한 후에 그 위험이 특별히 증대하였다는 등의 특별한 사정이 없는 한 가해자의 면책을 인정하여야 하는 경우도 있을 수 있을 것이나, 일반인이 공해 등의 위험지역으로 이주하여 거주하는 경우라고 하더라도 위험에 접근할 당시에 그러한 위험이 문제가 되고 있지 아니하였고, 그러한 위험이 존재하는 사실을 정확하게 알 수 없었으며, 그 밖에 위험에 접근하게 된 경위와 동기 등의 여러 가지 사정을 종합하여 그와 같은 위험의 존재를 인식하면서 굳이 위험으로 인한 피해를 용인하였다고 볼 수 없는 경우에는 그 책임이 감면되지 아니한다고 봄이 상당하다(대판 2004.3.12. 2002다14242).

② [O] 국가배상법 제5조 소정의 영조물의 설치·관리상의 하자로 인한 책임은 무과실책임이고 나아가 민법 제758조 소정의 공작물의 점유자의 책임과는 달리 면책사유도 규정되어 있지 않으므로, 국가 또는 지방자치단체는 영조물의 설치·관리상의 하자로 인하여 타인에게 손해를 가한 경우에 그 손해의 방지에 필요한 주의를 해태하지 아니하였다 하여 면책을 주장할 수 없다(대판 1994.11.22. 94다32924).

③ [O] 객관적으로 보아 시간적·장소적으로 영조물의 기능상 결함으로 인한 손해발생의 예견가능성과 회피가능성이 없는 경우, 즉 그 영조물의 결함이 영조물의 설치관리자의 관리행위가 미칠 수 없는 상황 아래에 있는 경우에는 영조물의 설치관리상의 하자를 인정할 수 없다(대판 2000.2.25. 99다54004).

❹ [X] 원래 광역시가 점유·관리하던 일반국도 중 일부 구간의 포장공사를 국가가 대행하여 광역시에 도로의 관리를 이관하기 전에 교통사고가 발생한 경우, 광역시는 그 도로의 점유자 및 관리자, 도로법 제56조, 제55조, 도로법 시행령 제30조에 의한 도로관리비용 등의 부담자로서의 책임이 있고, 국가는 그 도로의 점유자 및 관리자, 관리사무귀속자, 포장공사비용 부담자로서의 책임이 있다고 할 것이며, 이와 같이 광역시와 국가 모두가 도로의 점유자 및 관리자, 비용부담자로서의 책임을 중첩적으로 지는 경우에는, 광역시와 국가 모두가 국가배상법 제6조 제2항 소정의 궁극적으로 손해를 배상할 책임이 있는 자라고 할 것이고, 결국 광역시와 국가의 내부적인 부담 부분은, 그 도로의 인계·인수 경위, 사고의 발생 경위, 광역시와 국가의 그 도로에 관한 분담비용 등 제반 사정을 종합하여 결정함이 상당하다(대판 1998.7.10. 96다42819).

03 행정절차법 정답 ②

① [X] 행정절차법 제21조 제4항 제3호는 침해적 행정처분을 할 경우 청문을 실시하지 않을 수 있는 사유로서 "당해 처분의 성질상 의견청취가 현저히 곤란하거나 명백히 불필요하다고 인정될 만한 상당한 이유가 있는 경우"를 규정하고 있으나, 여기에서 말하는 '의견청취가 현저히 곤란하거나 명백히 불필요하다고 인정될 만한 상당한 이유가 있는지 여부'는 당해 행정처분의 성질에 비추어 판단하여야 하는 것이지, 청문통지서의 반송 여부, 청문통지의 방법 등에 의하여 판단할 것은 아니며, 또한 행정처분의 상대방이 통지된 청문일시에 불출석하였다는 이유만으로 행정청이 관계 법령상 그 실시가 요구되는 청문을 실시하지 아니한 채 침해적 행정처분을 할 수는 없을 것이므로, 행정처분의 상대방에 대한 청문통지서가 반송되었다거나, 행정처분의 상대방이 청문일시에 불출석하였다는 이유로 청문을 실시하지 아니하고 한 침해적 행정처분은 위법하다(대판 2001.4.13. 2000두3337).

❷ [O] 국가공무원법상 직위해제처분은 구 행정절차법 제3조 제2항 제9호, 구 행정절차법 시행령 제2조 제3호에 의하여 당해 행정작용의 성질상 행정절차를 거치기 곤란하거나 불필요하다고 인정되는 사항 또는 행정절차에 준하는 절차를 거친 사항에 해당하므로, 처분의 사전통지 및 의견청취 등에 관한 행정절차법의 규정이 별도로 적용되지 않는다(대판 2014.5.16. 2012두26180).

③ [X] 처분의 이유제시는 원칙적으로 모든 처분에 적용된다(「행정절차법」 제23조).

④ [X] 과세의 절차 내지 형식에 위법이 있어 과세처분을 취소하는 판결이 확정되었을 때는 그 확정판결의 기판력은 거기에 적시된 절차 내지 형식의 위법사유에 한하여 미치는 것이므로 과세관청은 그 위법사유를 보완하여 다시 새로운 과세처분을 할 수 있고 그 새로운 과세처분은 확정판결에 의하여 취소된 종전의 과세처분과는 별개의 처분이라 할 것이어서 확정판결의 기판력에 저촉되는 것이 아니다(대판 1987.2.10. 86누91).

04 공법상 계약 정답 ①

❶ [O] 지방계약직공무원인 이 사건 옴부즈만 채용행위는 공법상 대등한 당사자 사이의 의사표시의 합치로 성립하는 공법상 계약에 해당한다(대판 2014.4.24. 2013두6244).

② [X] 국가를 당사자로 하는 계약이나 공공기관의 운영에 관한 법률의 적용 대상인 공기업이 일방 당사자가 되는 계약(이하 '공공계약'이라 한다)은 국가 또는 공기업(이하 '국가 등'이라 한다)이 사경제의 주체로서 상대방과 대등한 지위에서 체결하는 사법(私法)상의 계약으로서 본질적인 내용은 사인 간의 계약과 다를 바가 없으므로, 법령에 특별한 정함이 있는 경우를 제외하고는 서로 대등한 입장에서 당사자의 합의에 따라 계약을 체결하여야 하고 당사자는 계약의 내용을 신의성실의 원칙에 따라 이행하여야 하는 등 사적 자치와 계약자유의 원칙을 비롯한 사법의 원리가 원칙적으로 적용된다(대판 2017.12.21. 2012다74076 전합).

③ [X] 기부채납은 기부자가 그의 소유재산을 지방자치단체의 공유재산으로 증여하는 의사표시를 하고 지방자치단체는 이를 승낙하는 채납의 의사표시를 함으로써 성립하는 증여계약이다(대판 1996.11.8. 96다20581).

④ [X] 국책사업인 '한국형 헬기 개발사업'(Korean Helicopter Program)에 개발주관사업자 중 하나로 참여하여 국가 산하 중앙행정기관인 방위사업청과 '한국형헬기 민군겸용 핵심구성품 개발협약'을 체결한 甲 주식회사가 협약을 이행하는 과정에서 환율변동 및 물가상승 등 외부적 요인 때문에 협약금액을 초과하는 비용이 발생하였다고 주장하면서 국가를 상대로 초과비용의 지급을 구하는 민사소송을 제기한 사안에서, 국가연구개발사업규정에 근거하여 국가 산하 중앙행정기관의 장과 참여기업인 甲 회사가 체결한 위 협약의 법률관계는 공법관계에 해당하므로 이에 관한 분쟁은 행정소송으로 제기하여야 한다고 본다(대판 2017.11.9. 2015다215526).

05 행정심판전치주의 정답 ③

옳은 것은 ㄱ, ㄴ, ㄷ, ㄹ이다.

ㄱ. [O] 헌법 제107조 제3항은 "재판의 전심절차로서 행정심판을 할 수 있다. 행정심판의 절차는 법률로 정하되, 사법절차가 준용되어야 한다."라고 규정하고 있으므로, 입법자가 행정심판을 전심절차가 아니라 종심절차로 규정함으로써 정식재판의 기회를 배제하거나, 어떤 행정심판을 필요적 전심절차로 규정하면서도 그 절차에 사법절차가 준용되지 않는다면 이는 위 헌법조항, 나아가 재판청구권을 보장하고 있는 헌법 제27조에도 위반된다(헌재 2001.6.28. 2000헌바30).

ㄴ. [O] 헌법 제31조 제1항은 국민의 교육을 받을 권리를 규정하면서 이를 위하여 같은 조 제4항에서 교육의 자주성·전문성·정치적 중립성 등을 보장하고 있다. 이처럼 교원의 신분과 관련되는 징계처분에 대한 적법성을 판단함에 있어서는 교육의 자주성·전문성이 요구되므로 법원의 재판에 앞서 교육전문가들의 심사를 먼저 받아볼 필요가 있다(헌재 2007.1.17. 2005헌바86).

ㄷ. [O] 「행정소송법」 제19조는 취소소송은 처분 등을 대상으로 한다. 다만, 재결취소소송의 경우에는 재결 자체에 고유한 위법이 있음을 이유로 하는 경우에 한한다고 규정하고 있으므로 기본적으로 원처분을 대상으로 다투어야 한다. 교원소청심사위원회에서 감봉 2개월로 변경하는 결정을 하였다면, 甲은 감경되고 남은 원처분을 대상으로 취소소송을 제기하여야 한다.

ㄹ. [O] 행정심판전치주의의 근본취지가 행정청에게 반성의 기회를 부여하고 행정청의 전문지식을 활용하는데 있는 것이라 하겠으므로 제소당시에 비록 전치요건을 구비하지 못한 위법이 있다하여도 사실심 변론종결당시까지 그 전치요건을 갖추었다면 그 흠결의 하자는 치유되었다(대판 1987.4.28. 86누29).

ㅁ. [X] 행정소송법 제18조 제2항과 제3항은 행정심판전치주의에 대한 다양한 예외를 인정하고 있는바, 이는 이 사건 필요적 전심절차조항에도 적용된다. 따라서 일정한 경우에는(예 동종사건에 관하여 이미 행정심판의 기각재결이 있은 때 또는 처분을 행한 행정청이 행정심판을 거칠 필요가 없다고 잘못 알린 때 등) 행정심판을 제기함이 없이 행정소송을 바로 제기할 수 있고(동법 제18조 제3항), 어떤 경우에는(예 행정심판청구가 있은 날로부터 60일이 지나도 재결이 없는 때 또는 중대한 손해를 예방해야 할 긴급한 필요가 있는 때 등) 행정심판의 재결 없이 행정소송을 제기할 수도 있다(동법 제18조 제2항). 그러므로 위 필요적 전심절차조항에 의하여 무의미하거나 불필요한 행정심판을 거쳐야 하는 것은 아니다(헌재 2007.1.17. 2005헌바86).

06 긴급조치와 국가배상 정답 ④

① [O] 국가는 국민의 기본적 인권을 확인하고 이를 보장할 의무를 부담하고(헌법 제10조 제2문), 이는 유신헌법 아래에서도 마찬가지였다(유신헌법 제8조). 긴급조치 제9호의 발령 및 적용·집행이라는 일련의 국가작용으로 인하여 신체의 자유를 비롯한 국민의 기본적 인권이 침해되었다면 국가는 그 자신이 부담하는 국민의 기본권 보장의무를 저버린 것이다. 그런데 이러한 기본권 침해에 따라 국민에게 발생한 손해가 남아 있다면, 국가에게 그 배상책임을 부담시키는 것이 뒤늦게나마 국가의 기본권 보장의무를 이행하는 방안이 될 것이다. 이러한 관점에서 국가에게 손해의 전보책임을 부담시킬 실질적 이유가 있다고 볼 수 있다(대판 2022.8.30. 2018다212610 전합).

② [O] 광범위한 다수 공무원이 관여한 일련의 국가작용에 의한 기본권 침해에 대해서 국가배상책임의 성립이 문제되는 경우에는 전체적으로 보아 객관적 주의의무 위반이 인정되면 충분하다. 만약 이러한 국가배상책임의 성립에 개별 공무원의 구체적인 직무집행행위를 특정하고 그에 대한 고의 또는 과실을 개별적·구체적으로 엄격히 요구한다면 일련의 국가작용이 국민의 기본권을 침해한 경우에 오히려 국가배상책임이 인정되기 어려워지는 불합리한 결론에 이르게 된다(대판 2022.8.30. 2018다212610 전합).

③ [O] 긴급조치 제9호에 따라 영장 없이 이루어진 체포·구금, 그에 이은 수사 및 공소제기 등 수사기관의 직무행위와 긴급조치 제9호를 적용하여 유죄판결을 한 법관의 직무행위는 긴급조치의 발령 및 적용·집행이라는 일련의 국가작용으로서 전체적으로 보아 국민의 기본권 보장의무에 반하여 객관적 정당성을 상실하였다. 영장주의를 전면적으로 배제한 긴급조치 제9호는 위헌·무효이므로, 그에 따라 영장 없이 이루어진 체포·구금은 헌법상 영장주의를 위반하여 신체의 자유 등 국민의 기본권을 침해한 직무집행이다(대판 2022.8.30. 2018다212610 전합).

❹ [X] 긴급조치 제9호의 발령 및 적용·집행이라는 일련의 국가작용의 경우, 긴급조치 제9호의 발령 요건 및 규정 내용에 국민의 기본권 침해와 관련한 위헌성이 명백하게 존재함에도 그 발령 및 적용·집행 과정에서 그러한 위헌성이 제거되지 못한 채 영장 없이 체포·구금하는 등 구체적인 직무집행을 통하여 개별 국민의 신체의 자유가 침해되기에 이르렀다. 그러므로 긴급조치 제9호의 발령과 적용·집행에 관한 국가작용 및 이에 관여한 다수 공무원들의 직무수행은 법치국가 원리에 반하여 유신헌법 제8조가 정하는 국가의 기본권 보장의무를 다하지 못한 것으로서 전체적으로 보아 객관적 주의의무를 소홀히 하여 그 정당성을 결여하였다고 평가되고, 그렇다면 개별 국민의 기본권이 침해되어 현실화된 손해에 대하여는 국가배상책임을 인정하여야 한다(대판 2022.8.30. 2018다212610 전합).
※ 위 지문은 종전판례의 입장이다.

판례 이론 조문

긴급조치 제9호가 사후적으로 법원에서 위헌·무효로 선언되었다고 하더라도, 유신헌법에 근거한 대통령의 긴급조치권 행사는 고도의 정치성을 띤 국가행위로서 대통령은 국가긴급권의 행사에 관하여 원칙적으로 국민 전체에 대한 관계에서 정치적 책임을 질 뿐 국민 개개인의 권리에 대응하여 법적 의무를 지는 것은 아니므로, 대통령의 이러한 권력행사가 국민 개개인에 대한 관계에서 민사상 불법행위를 구성한다고는 볼 수 없다(대판 2015.3.26. 2012다48824).
※ 위 지문은 종전판례의 입장이다.

07 통치행위 정답 ④

옳은 것은 ㄱ, ㄴ, ㄹ이고, 옳지 않은 것은 ㄷ, ㅁ이다.

ㄱ. [O] 한미연합 군사훈련은 1978. 한미연합사령부의 창설 및 1979. 2.15. 한미연합연습 양해각서의 체결 이후 연례적으로 실시되어 왔고, 특히 이 사건 연습은 대표적인 한미연합 군사훈련으로서, 피청구인이 2007.3.경에 한 이 사건 연습결정이 새삼 국방에 관련되는 고도의 정치적 결단에 해당하여 사법심사를 자제하여야 하는 통치행위에 해당된다고 보기 어렵다(헌재 2009.5.28. 2007헌마369).

ㄴ. [O] 외국에의 국군의 파견결정은 파견군인의 생명과 신체의 안전뿐만 아니라 국제사회에서의 우리나라의 지위와 역할, 동맹국과의 관계, 국가안보문제 등 궁극적으로 국민 내지 국익에 영향을 미치는 복잡하고도 중요한 문제로서 국내 및 국제정치관계 등 제반상황을 고려하여 미래를 예측하고 목표를 설정하는 등 고도의 정치적 결단이 요구되는 사안이다. 따라서 그와 같은 결정은 그 문제에 대해 정치적 책임을 질 수 있는 국민의 대의기관이 관계분야의 전문가들과 광범위하고 심도 있는 논의를 거쳐 신중히 결정하는 것이 바람직하며 우리 헌법도 그 권한을 국민으로부터 직접 선출되고 국민에게 직접 책임을 지는 대통령에게 부여하고 그 권한행사에 신중을 기하도록 하기 위해 국회로 하여금 파병에 대한 동의여부를 결정할 수 있도록 하고 있는바, 현행 헌법이 채택하고 있는 대의민주제 통치구조 하에서 대의기관인 대통령과 국회의 그와 같은 고도의 정치적 결단은 가급적 존중되어야 한다. 일반사병(자이툰부대) 이라크파병결정은 대통령이 파병의 정당성뿐만 아니라 북한 핵 사태의 원만한 해결을 위한 동맹국과의 관계, 우리나라의 안보문제, 국·내외 정치관계 등 국익과 관련한 여러 가지 사정을 고려하여 파병부대의 성격과 규모, 파병기간을 국가안전보장회의의 자문을 거쳐 결정한 것으로, 그 후 국무회의 심의·의결을 거쳐 국회의 동의를 얻음으로써 헌법과 법률에 따른 절차적 정당성을 확보했음을 알 수 있다. 그렇다면 이 사건 파견결정은 그 성격상 국방 및 외교에 관련된 고도의 정치적 결단을 요하는 문제로서, 헌법과 법률이 정한 절차를 지켜 이루어진 것임이 명백하므로, 대통령과 국회의 판단은 존중되어야 하고 헌법재판소가 사법적 기준만으로 이를 심판하는 것은 자제되어야 한다. 오랜 민주주의 전통을 가진 외국에서도 외교 및 국방에 관련된 것으로서 고도의 정치적 결단을 요하는 사안에 대하여는 줄곧 사법심사를 자제하고 있는 것도 바로 이러한 취지에서 나온 것이라 할 것이다. 이에 대하여는 설혹 사법적 심사의 회피로 자의적 결정이 방치될 수도 있다는 우려가 있을 수 있으나 그러한 대통령과 국회의 판단은 궁극적으로는 선거를 통해 국민에 의한 평가와 심판을 받게 될 것이다. 이 사건 파견결정에 대한 사법적 판단을 자제함이 타당하다(헌재 2004.4.29. 2003헌마814).

ㄷ. [X] 남북정상회담의 개최과정에서 사업권의 대가명목으로 한 대북송금행위는 통치행위가 아니다. 남북정상회담의 개최는 고도의 정치적 성격을 지니고 있는 행위라 할 것이므로 특별한 사정이 없는 한 그 당부를 심판하는 것은 사법권의 내재적·본질적 한계를 넘어서는 것이 되어 적절하지 못하지만, 남북정상회담의 개최과정에서 재정경제부장관에게 신고하지 아니하거나 통일부장관의 협력사업 승인을 얻지 아니한 채 북한측에 사업권의 대가 명목으로 송금한 행위 자체는 헌법상 법치국가의 원리와 법 앞에 평등원칙 등에 비추어 볼 때 사법심사의 대상이 된다(대판 2004.3.26. 2003도7878).

ㄹ. [O] 구 상훈법(2011.8.4. 법률 제10985호로 개정되기 전의 것) 제8조는 서훈취소의 요건을 구체적으로 명시하고 있고 절차에 관하여 상세하게 규정하고 있다. 그리고 서훈취소는 서훈수여의 경우와는 달리 이미 발생된 서훈대상자 등의 권리 등에 영향을 미치는 행위로서 관련 당사자에게 미치는 불이익의 내용과 정도 등을 고려하면 사법심사의 필요성이 크다. 따라서 기본권의 보장 및 법치주의의 이념에 비추어 보면, 비록 서훈취소가 대통령이 국가원수로서 행하는 행위라고 하더라도 법원이 사법심사를 자제하여야 할 고도의 정치성을 띤 행위라고 볼 수는 없다(대판 2015.4.23. 2012두26920).

ㅁ. [X] 통치행위가 인정되더라도 사법심사가 제한적으로 가능하다. 대법원은 통치행위를 인정하면서도 사법심사가 제한적으로 가능하다고 본다. 헌법재판소도 통치행위를 인정하면서도 국민의 기본권 침해와 직접 관련된 경우 헌재의 심판대상이 된다고 본다.

판례 이론 조문

1. 통치행위에 대한 대법원의 입장

① 대통령의 계엄선포행위는 고도의 정치적, 군사적 성격을 띠는 행위라고 할 것이어서, 그 선포의 당, 부당을 판단할 권한은 헌법상 계엄의 해제요구권이 있는 국회만이 가지고 있다 할 것이고 그 선포가 당연무효의 경우라면 모르되, 사법기관인 법원이 계엄선포의 요건 구비여부나, 선포의 당, 부당을 심사하는 것은 사법권의 내재적인 본질적 한계를 넘어서는 것이 되어 적절한 바가 못된다(대판 1981.9.22. 81도1833). 즉, 계엄선포가 당연무효이면 사법심사가 가능하다.

② 대통령의 비상계엄의 선포나 확대 행위는 고도의 정치적·군사적 성격을 지니고 있는 행위라 할 것이므로, 그것이 누구에게도 일견하여 헌법이나 법률에 위반되는 것으로서 명백하게 인정될 수 있는 등 특별한 사정이 있는 경우라면 몰라도, 그러하지 아니한 이상 그 계엄선포의 요건 구비 여부나 선포의 당·부당을 판단할 권한이 사법부에는 없다고 할 것이나, 비상계엄의 선포나 확대가 국헌문란의 목적을 달성하기 위하여 행하여진 경우에는 법원은 그 자체가 범죄행위에 해당하는지의 여부에 관하여 심사할 수 있다(대판 1997.4.17. 96도3376).

2. 통치행위에 대한 헌법재판소의 입장
① 대통령의 긴급재정·경제명령 - 금융실명제
헌법재판소는 헌법의 수호와 국민의 기본권보장을 사명으로 하는 국가기관이므로 비록 고도의 정치적 결단에 의하여 행해지는 국가작용이라고 할지라도 그것이 국민의 기본권 침해와 직접 관련되는 경우에는 당연히 헌법재판소의 심판대상이 된다(헌재 1996.2.29. 93헌마186).
② 신행정수도건설특별법
신행정수도건설이나 수도이전의 문제를 국민투표에 부칠지 여부에 관한 대통령의 의사결정이 사법심사의 대상이 될 경우 위 의사결정은 고도의 정치적 결단을 요하는 문제여서 사법심사를 자제함이 바람직하다고는 할 수 있고, 이에 따라 그 의사결정에 관련된 흠을 들어 위헌성이 주장되는 법률에 대한 사법심사 또한 자제함이 바람직하다고는 할 수 있다. 그러나 대통령의 위 의사결정이 국민의 기본권침해와 직접 관련되는 경우에는 헌법재판소의 심판대상이 될 수 있고, 이에 따라 위 의사결정과 관련된 법률도 헌법재판소의 심판대상이 될 수 있다(헌재 2004.10.21. 2004헌마554·556).

08 행정지도와 행정조사 정답 ③

① [O] 「행정조사기본법」 제24조에 대한 옳은 내용이다.

판례 이론 **조문**

제24조 【조사결과의 통지】 행정기관의 장은 법령등에 특별한 규정이 있는 경우를 제외하고는 행정조사의 결과를 확정한 날부터 7일 이내에 그 결과를 조사대상자에게 통지하여야 한다.

② [O] 피고의 행정지도는 그에 따를 의사가 없는 원고에게 이를 부당하게 강요하는 것으로서 행정지도의 한계를 일탈한 위법한 행정지도에 해당하여 불법행위를 구성한다(대판 2008.9.25. 2006다18228).

❸ [X] 세무조사는 기본적으로 적정하고 공평한 과세의 실현을 위하여 필요한 최소한의 범위 안에서만 행하여져야 하고, 더욱이 같은 세목 및 같은 과세기간에 대한 재조사는 납세자의 영업의 자유나 법적 안정성을 심각하게 침해할 뿐만 아니라 세무조사권의 남용으로 이어질 우려가 있으므로 조세공평의 원칙에 현저히 반하는 예외적인 경우를 제외하고는 금지할 필요가 있다. 같은 취지에서 국세기본법은 재조사가 예외적으로 허용되는 경우를 엄격히 제한하고 있는바, 그와 같이 한정적으로 열거된 요건을 갖추지 못한 경우 같은 세목 및 같은 과세기간에 대한 재조사는 원칙적으로 금지되고, 나아가 이러한 중복세무조사금지의 원칙을 위반한 때에는 과세처분의 효력을 부정하는 방법으로 통제할 수밖에 없는 중대한 절차적 하자가 존재한다고 보아야 한다. 구 국세기본법 제81조의4 제1항, 제2항 규정의 문언과 체계, 재조사를 엄격하게 제한하는 입법 취지, 그 위반의 효과 등을 종합하여 보면, 구 국세기본법 제81조의4 제2항에 따라 금지되는 재조사에 기하여 과세처분을 하는 것은 단순히 당초 과세처분의 오류를 경정하는 경우에 불과하다는 등의 특별한 사정이 없는 한 그 자체로 위법하고, 이는 과세관청이 그러한 재조사로 얻은 과세자료를 과세처분의 근거로 삼지 않았다거나 이를 배제하고서도 동일한 과세처분이 가능한 경우라고 하여 달리 볼 것은 아니다(대판 2017.12.13. 2016두55421).

④ [O] 관세법 제246조 제1항, 제2항, 제257조, '국제우편물 수입통관 사무처리'(2011.9.30. 관세청고시 제2011-40호) 제1-2조 제2항, 제1-3조, 제3-6조, 구 '수출입물품 등의 분석사무 처리에 관한 시행세칙'(2013.1.4. 관세청훈령 제1507호로 개정되기 전의 것) 등과 관세법이 관세의 부과·징수와 아울러 수출입물품의 통관을 적정하게 함을 목적으로 한다는 점(관세법 제1조)에 비추어 보면, 우편물 통관검사절차에서 이루어지는 우편물의 개봉, 시료채취, 성분분석 등의 검사는 수출입물품에 대한 적정한 통관 등을 목적으로 한 행정조사의 성격을 가지는 것으로서 수사기관의 강제처분이라고 할 수 없으므로, 압수·수색영장 없이 우편물의 개봉, 시료채취, 성분분석 등 검사가 진행되었다 하더라도 특별한 사정이 없는 한 위법하다고 볼 수 없다(대판 2013.9.26. 2013도7718).

09 질서위반행위규제법 정답 ③

① [X] 판례 이론 **조문**

「질서위반행위규제법」 제24조 【가산금 징수 및 체납처분 등】 ① 행정청은 당사자가 납부기한까지 과태료를 납부하지 아니한 때에는 납부기한을 경과한 날부터 체납된 과태료에 대하여 100분의 3에 상당하는 가산금을 징수한다.

② [X] 판례 이론 **조문**

「질서위반행위규제법」 제19조 【과태료 부과의 제척기간】 ① 행정청은 질서위반행위가 종료된 날(다수인이 질서위반행위에 가담한 경우에는 최종행위가 종료된 날을 말한다)부터 5년이 경과한 경우에는 해당 질서위반행위에 대하여 과태료를 부과할 수 없다.

❸ [O] 「질서위반행위규제법」 제12조 제2항·제3항에 대한 옳은 내용이다.

판례 이론 **조문**

제12조 【다수인의 질서위반행위 가담】 ② 신분에 의하여 성립하는 질서위반행위에 신분이 없는 자가 가담한 때에는 신분이 없는 자에 대하여도 질서위반행위가 성립한다.
③ 신분에 의하여 과태료를 감경 또는 가중하거나 과태료를 부과하지 아니하는 때에는 그 신분의 효과는 신분이 없는 자에게는 미치지 아니한다.

④ [X] 판례 이론 **조문**

「질서위반행위규제법」 제11조 【법인의 처리 등】 ① 법인의 대표자, 법인 또는 개인의 대리인·사용인 및 그 밖의 종업원이 업무에 관하여 법인 또는 그 개인에게 부과된 법률상의 의무를 위반한 때에는 법인 또는 그 개인에게 과태료를 부과한다.

10 행정행위의 효력발생요건 정답 ③

① [O] 문화재보호법 제13조 제2항 소정의 중요문화재 가지정의 효력발생요건인 통지는 행정처분을 상대방에게 표시하는 것으로서 상대방이 인식할 수 있는 상태에 둠으로써 족하고, 객관적으로 보아서 행정처분으로 인식할 수 있도록 고지하면 되는 것이다(대판 2003.7.22. 2003두513).

② [O] 통상 고시 또는 공고에 의하여 행정처분을 하는 경우에는 그 처분의 상대방이 불특정 다수인이고 그 처분의 효력이 불특정 다수인에게 일률적으로 적용되는 것이므로, 그 행정처분에 이해관계를 갖는 자가 고시 또는 공고가 있었다는 사실을 현실적으로 알았는지 여부에 관계없이 고시가 효력을 발생하는 날 행정처분이 있음을 알았다고 보아야 한다(대판 2007.6.14. 2004두619).

❸ [X] 구 청소년 보호법에 따른 청소년유해매체물결정 및 고시처분은 당해 유해매체물의 소유자 등 특정인만을 대상으로 한 행정처분이 아니라 일반 불특정 다수인을 상대방으로 하여 일률적으로 표시의무, 포장의무, 청소년에 대한 판매·대여 등의 금지의무 등 각종 의무를 발생시키는 행정처분으로서, 정보통신윤리위원회가 특정 인터넷 웹사이트를 청소년유해매체물로 결정하고 청소년보호위원회가 효력발생시기를 명시하여 고시함으로써 그 명시된 시점에 효력이 발생하였다고 봄이 상당하고, 정보통신윤리위원회와 청소년보호위원회가 위 처분이 있었음을 위 웹사이트 운영자에게 제대로 통지하지 아니하였다고 하여 그 효력 자체가 발생하지 아니한 것으로 볼 수는 없다(대판 2007.6.14. 2004두619).

④ [O] 우편물이 등기취급의 방법으로 발송된 경우, 특별한 사정이 없는 한, 그 무렵 수취인에게 배달되었다고 보아도 좋을 것이나, 수취인이나 그 가족이 주민등록지에 실제로 거주하고 있지 아니하면서 전입신고만을 해 둔 경우에는 그 사실만으로써 주민등록지 거주자에게 송달 수령의 권한을 위임하였다고 보기는 어려울 뿐 아니라 수취인이 주민등록지에 실제로 거주하지 아니하는 경우에도 우편물이 수취인에게 도달하였다고 추정할 수는 없고, 따라서 이러한 경우에는 우편물의 도달사실을 과세관청이 입증해야 할 것이고, 수취인이나 그 가족이 주민등록지에 실제로 거주하고 있지 아니하면서 전입신고만을 해 두었고, 그 밖에 주민등록지 거주자에게 송달수령의 권한을 위임하였다고 보기 어려운 사정이 인정된다면, 등기우편으로 발송된 납세고지서가 반송된 사실이 인정되지 아니한다 하여 납세의무자에게 송달된 것이라고 볼 수는 없다(대판 1998.2.13. 97누8977).

11 행정상 손실보상 정답 ②

옳은 것은 ㄱ, ㄴ이다.

ㄱ. [O] 물건 또는 권리 등에 대한 손실보상액 산정의 기준이나 방법에 관하여 구체적으로 정하고 있는 법령의 규정이 없는 경우에는, 그 성질상 유사한 물건 또는 권리 등에 대한 관련 법령상의 손실보상액 산정의 기준이나 방법에 관한 규정을 유추적용할 수 있다(대판 2018.12.27. 2014두11601).

ㄴ. [O] 손실보상은 공공필요에 의한 행정작용에 의하여 사인에게 발생한 특별한 희생에 대한 전보라는 점에서 그 사인에게 특별한 희생이 발생하여야 하는 것은 당연히 요구되는 것이고, 공유수면 매립면허의 고시가 있다고 하여 반드시 그 사업이 시행되고 그로 인하여 손실이 발생한다고 할 수 없으므로, 매립면허 고시 이후 매립공사가 실행되어 관행어업권자에게 실질적이고 현실적인 피해가 발생한 경우에만 공유수면매립법에서 정하는 손실보상청구권이 발생하였다고 할 것이다(대판 2010.12.9. 2007두6571).

ㄷ. [X] 공공사업의 시행 결과 공공사업시행지구 밖에서 발생한 간접손실에 관하여 그 피해자와 사업시행자 사이에 협의가 이루어지지 아니하고, 그 보상에 관한 명문의 근거 법령이 없는 경우라고 하더라도, 헌법 제23조 제3항 및 구 토지수용법 등의 개별 법률의 규정, 구 공공용지의 취득 및 손실보상에 관한 특례법 제3조 제1항 및 같은 법 시행규칙 제23조의2 내지 7 등의 규정 취지에 비추어 보면, 공공사업의 시행으로 인하여 그러한 손실이 발생하리라는 것을 쉽게 예견할 수 있고, 그 손실의 범위도 구체적으로 이를 특정할 수 있는 경우에는 그 손실의 보상에 관하여 구 공공용지의 취득 및 손실보상에 관한 특례법 시행규칙의 관련 규정 등을 유추적용할 수 있다(대판 2004.9.23. 2004다25581).

ㄹ. [X] 이주대책은 헌법 제23조 제3항에 규정된 정당한 보상에 포함되는 것이라기보다는 이에 부가하여 이주자들에게 종전의 생활상태를 회복시키기 위한 생활보상의 일환으로서 국가의 정책적인 배려에 의하여 마련된 제도라고 볼 것이다. 따라서 이주대책의 실시 여부는 입법자의 입법정책적 재량의 영역에 속하므로 공익사업을 위한 토지 등의 취득 및 보상에 관한 법률 시행령 제40조 제3항 제3호가 이주대책의 대상자에서 세입자를 제외하고 있는 것이 세입자의 재산권을 침해하는 것이라 볼 수 없다(헌재 2006.2.23. 2004헌마19).

12 행정대집행 정답 ④

① [O] 관계 법령상 행정대집행의 절차가 인정되어 행정청이 행정대집행의 방법으로 건물의 철거 등 대체적 작위의무의 이행을 실현할 수 있는 경우에는 따로 민사소송의 방법으로 그 의무의 이행을 구할 수 없다. 한편 건물의 점유자가 철거의무자일 때에는 건물철거의무에 퇴거의무도 포함되어 있는 것이어서 별도로 퇴거를 명하는 집행권원이 필요하지 않다. 행정청이 행정대집행의 방법으로 건물철거의무의 이행을 실현할 수 있는 경우에는 건물철거 대집행 과정에서 부수적으로 건물의 점유자들에 대한 퇴거 조치를 할 수 있고, 점유자들이 적법한 행정대집행을 위력을 행사하여 방해하는 경우 형법상 공무집행방해죄가 성립하므로, 필요한 경우에는 '경찰관 직무집행법'에 근거한 위험발생 방지조치 또는 형법상 공무집행방해죄의 범행방지 내지 현행범체포의 차원에서 경찰의 도움을 받을 수도 있다(대판 2017.4.28. 2016다213916).

② [O] 「행정대집행법」 제2조에 대한 옳은 내용이다.

판례 이론 **조문**

> **제2조【대집행과 그 비용징수】** 법률(법률의 위임에 의한 명령, 지방자치단체의 조례를 포함한다. 이하 같다)에 의하여 직접명령되었거나 또는 법률에 의거한 행정청의 명령에 의한 행위로서 타인이 대신하여 행할 수 있는 행위를 의무자가 이행하지 아니하는 경우 다른 수단으로써 그 이행을 확보하기 곤란하고 또한 그 불이행을 방치함이 심히 공익을 해할 것으로 인정될 때에는 당해 행정청은 스스로 의무자가 하여야 할 행위를 하거나 또는 제삼자로 하여금 이를 하게 하여 그 비용을 의무자로부터 징수할 수 있다.

③ [O] 행정기관의 권한에는 사무의 성질 및 내용에 따르는 제약이 있고, 지역적·대인적으로 한계가 있으므로 이러한 권한의 범위를 넘어서는 권한유월의 행위는 무권한 행위로서 원칙적으로 무효이고, 선행행위가 부존재하거나 무효인 경우에는 그 하자는 당연히 후행행위에 승계되어 후행행위도 무효로 된다. 그런데 주택건설촉진법 제38조 제2항은 공동주택 및 부대시설·복리시설의 소유자·입주자·사용자 등은 부대시설 등에 대하여 도지사의 허가를 받지 않고 사업계획에 따른 용도 이외의 용도에 사용하는 행위 등을 금지하고(정부조직법 제5조 제1항, 행정권한의 위임 및 위탁에 관한 규정 제4조에 따른 인천광역시사무위임규칙에 의하여 위 허가권이 구청장에게 재위임되었다), 그 위반행위에 대하여 위 주택건설촉진법 제52조의2 제1호에서 1천만 원 이하의 벌금에 처하도록 하는 벌칙규정만을 두고 있을 뿐, 건축법 제69조 등과 같은 부작위의무 위반행위에 대하여 대체적 작위의무로 전환하는 규정을 두고 있지 아니하므로 위 금지규정으로부터 그 위반결과의 시정을 명하는 원상복구명령을 할 수 있는 권한이 도출되는 것은 아니다. 결국 행정청의 원고에 대한 원상복구명령은 권한 없는 자의 처분으로 무효라고 할 것이고, 위 원상복구명령이 당연무효인 이상 후행처분인 계고처분의 효력에 당연히 영향을 미쳐 그 계고처분 역시 무효로 된다(대판 1996.6.28. 96누4374).

❹ [X] 건물의 소유자에게 위법건축물을 일정기간까지 철거할 것을 명함과 아울러 불이행할 때에는 대집행한다는 내용의 철거대집행 계고처분을 고지한 후 이에 불응하자 다시 제2차, 제3차 계고서를 발송하여 일정기간까지의 자진철거를 촉구하고 불이행하면 대집행을 한다는 뜻을 고지하였다면 행정대집행법상의 건물철거의무는 제1차 철거명령 및 계고처분으로서 발생하였고 제2차, 제3차의 계고처분은 새로운 철거의무를 부과한 것이 아니고 다만 대집행기한의 연기통지에 불과하므로 행정처분이 아니다(대판 1994.10.28. 94누5144).

13 행정심판 정답 ②

① [X] 행정청이 심판청구 기간을 알리지 아니한 경우에는 처분이 있었던 날부터 180일 이내에 심판청구를 할 수 있다.

판례 이론 **조문**

> **「행정심판법」 제27조【심판청구의 기간】** ③ 행정심판은 처분이 있었던 날부터 180일이 지나면 청구하지 못한다. 다만, 정당한 사유가 있는 경우에는 그러하지 아니하다.
> ⑥ 행정청이 심판청구 기간을 알리지 아니한 경우에는 제3항에 규정된 기간(처분이 있었던 날부터 180일)에 심판청구를 할 수 있다.

❷ [O] 「행정심판법」 제49조 제5항에 대한 옳은 내용이다.

판례 이론 **조문**

> **제49조【재결의 기속력 등】** ⑤ 법령의 규정에 따라 공고하거나 고시한 처분이 재결로써 취소되거나 변경되면 처분을 한 행정청은 지체 없이 그 처분이 취소 또는 변경되었다는 것을 공고하거나 고시하여야 한다.

③ [X] 행정처분의 취소를 구하는 항고소송에서 처분청은 당초 처분의 근거로 삼은 사유와 기본적 사실관계가 동일성이 있다고 인정되는 한도 내에서만 다른 사유를 추가 또는 변경할 수 있고, 이러한 기본적 사실관계의 동일성 유무는 처분사유를 법률적으로 평가하기 이전의 구체적 사실에 착안하여 그 기초인 사회적 사실관계가 기본적인 점에서 동일한지에 따라 결정되므로, 추가 또는 변경된 사유가 처분 당시에 이미 존재하고 있었다거나 당사자가 그 사실을 알고 있었다고 하여 당초의 처분사유와 동일성이 있다고 할 수 없다. 그리고 이러한 법리는 행정심판 단계에서도 그대로 적용된다(대판 2014.5.16. 2013두26118).

④ [X] 즉시 배상을 할 것을 명할 수도 있다.

판례 이론 **조문**

> **「행정심판법」 제50조의2【위원회의 간접강제】** ① 위원회는 피청구인이 제49조 제2항(제49조 제4항에서 준용하는 경우를 포함한다) 또는 제3항에 따른 처분을 하지 아니하면 청구인의 신청에 의하여 결정으로 상당한 기간을 정하고 피청구인이 그 기간 내에 이행하지 아니하는 경우에는 그 지연기간에 따라 일정한 배상을 하도록 명하거나 즉시 배상을 할 것을 명할 수 있다.

14 행정조사 정답 ③

① [O] 「행정조사기본법」 제25조 제1항에 대한 옳은 내용이다.

판례 이론 **조문**

> **제25조 【자율신고제도】** ① 행정기관의 장은 법령등에서 규정하고 있는 조사사항을 조사대상자로 하여금 스스로 신고하도록 하는 제도를 운영할 수 있다.

② [O] 음주운전 여부에 대한 조사 과정에서 운전자 본인의 동의를 받지 아니하고 또한 법원의 영장도 없이 채혈조사를 한 결과를 근거로 한 운전면허 정지·취소 처분은 도로교통법 제44조 제3항을 위반한 것으로서 특별한 사정이 없는 한 위법한 처분으로 볼 수밖에 없다(대판 2016.12.27. 2014두46850).

❸ [×] 우편물 통관검사절차에서 이루어지는 우편물의 개봉, 시료채취, 성분분석 등의 검사는 수출입물품에 대한 적정한 통관 등을 목적으로 한 행정조사의 성격을 가지는 것으로서 수사기관의 강제처분이라고 할 수 없으므로, 압수·수색영장 없이 우편물의 개봉, 시료채취, 성분분석 등의 검사가 진행되었다 하더라도 특별한 사정이 없는 한 위법하다고 볼 수 없다(대판 2013.9.26. 2013도7718).

④ [O] 「행정조사기본법」 제22조 제1항에 대한 옳은 내용이다.

판례 이론 **조문**

> **제22조 【조사원 교체신청】** ① 조사대상자는 조사원에게 공정한 행정조사를 기대하기 어려운 사정이 있다고 판단되는 경우에는 행정기관의 장에게 당해 조사원의 교체를 신청할 수 있다.

15 이행강제금 정답 ③

① [O] 현행 건축법상 위법건축물에 대한 이행강제수단으로 대집행과 이행강제금이 인정되고 있는데, 양 제도는 각각의 장단점이 있으므로 행정청은 개별사건에 있어서 위반내용, 위반자의 시정의지 등을 감안하여 대집행과 이행강제금을 선택적으로 활용할 수 있으며, 이처럼 그 합리적인 재량에 의해 선택하여 활용하는 이상 중첩적인 제재에 해당한다고 볼 수 없다(헌재 2004.2.26. 2001헌바80).

② [O] 건축법상의 이행강제금은 시정명령의 불이행이라는 과거의 위반행위에 대한 제재가 아니라, 의무자에게 시정명령을 받은 의무의 이행을 명하고 그 이행기간 안에 의무를 이행하지 않으면 이행강제금이 부과된다는 사실을 고지함으로써 의무자에게 심리적 압박을 주어 의무의 이행을 간접적으로 강제하는 행정상의 간접강제 수단에 해당한다. 이러한 이행강제금의 본질상 시정명령을 받은 의무자가 이행강제금이 부과되기 전에 그 의무를 이행한 경우에는 비록 시정명령에서 정한 기간을 지나서 이행한 경우라도 이행강제금을 부과할 수 없다(대판 2018.1.25. 2015두35116).

❸ [×] 건축법상 이행강제금에 대하여 종전에는 비송사건절차법에 의한 절차에 의하여 판단되어야 한다고 보아야 할 것이므로, 건축법상 이행강제금 부과처분은 항고소송의 대상이 되는 행정처분이라고 볼 수 없다고 판시하였다(대판 2000.9.22. 2000두5722). 그러나 2005년 10월 19일 건축법 개정으로 비송사건절차법에 의한 절차를 준용하는 규정을 삭제하였으므로, 현재는 건축법상 이행강제금 부과처분은 항고소송의 대상이 되는 행정처분에 해당한다.

④ [O] 이행강제금은 행정법상의 부작위의무 또는 비대체적 작위의무를 이행하지 않은 경우에 '일정한 기한까지 의무를 이행하지 않을 때에는 일정한 금전적 부담을 과할 뜻'을 미리 '계고'함으로써 의무자에게 심리적 압박을 주어 장래를 향하여 의무의 이행을 확보하려는 간접적인 행정상 강제집행 수단이고, 노동위원회가 근로기준법 제33조에 따라 이행강제금을 부과하는 경우 그 30일 전까지 하여야 하는 이행강제금 부과 예고는 이러한 '계고'에 해당한다. 따라서 사용자가 이행하여야 할 행정법상 의무의 내용을 초과하는 것을 '불이행 내용'으로 기재한 이행강제금 부과 예고서에 의하여 이행강제금 부과 예고를 한 다음 이를 이행하지 않았다는 이유로 이행강제금을 부과하였다면, 초과한 정도가 근소하다는 등의 특별한 사정이 없는 한 이행강제금 부과 예고는 이행강제금 제도의 취지에 반하는 것으로서 위법하고, 이에 터 잡은 이행강제금부과처분 역시 위법하다(대판 2015.6.24. 2011두2170).

16 국가배상책임 정답 ①

❶ [×] 공무원의 불법행위로 손해를 입은 피해자의 국가배상청구권의 소멸시효 기간이 지났으나 국가가 소멸시효 완성을 주장하는 것이 신의성실의 원칙에 반하는 권리남용으로 허용될 수 없어 배상책임을 이행한 경우에는, 소멸시효 완성 주장이 권리남용에 해당하게 된 원인행위와 관련하여 공무원이 원인이 되는 행위를 적극적으로 주도하였다는 등의 특별한 사정이 없는 한, 국가가 공무원에게 구상권을 행사하는 것은 신의칙상 허용되지 않는다(대판 2016.6.10. 2015다217843).

② [O] 행정청이 관계 법령의 해석이 확립되기 전에 어느 한 설을 취하여 업무를 처리한 것이 결과적으로 위법하게 되어 그 법령의 부당집행이라는 결과를 빚었다고 하더라도 처분 당시 그와 같은 처리 방법 이상의 것을 성실한 평균적 공무원에게 기대하기 어려웠던 경우라면 특별한 사정이 없는 한 이를 두고 공무원의 과실로 인한 것이라고는 할 수 없다(대판 1997.7.11. 97다7608).

③ [O] 국가배상청구권은 피해자나 그 법정대리인이 그 손해 및 가해자를 안 날로부터 3년간 이를 행사하지 아니하면 시효로 인하여 소멸한다.

판례 이론 **조문**

> **「민법」 제766조 【손해배상청구권의 소멸시효】** ① 불법행위로 인한 손해배상의 청구권은 피해자나 그 법정대리인이 그 손해 및 가해자를 안 날로부터 3년간 이를 행사하지 아니하면 시효로 인하여 소멸한다.

④ [○] 甲이 경주보훈지청에 국가유공자에 대한 주택구입대부제도에 관하여 전화로 문의하고 대부신청서까지 제출하였으나, 담당 공무원에게서 주택구입대부금 지급을 보증하는 지급보증서제도에 관한 안내를 받지 못하여 대부제도 이용을 포기하고 시중은행에서 대출을 받아 주택을 구입함으로써 결과적으로 더 많은 이자를 부담하게 되었다고 주장하며 국가를 상대로 정신적손해의 배상을 구한 사안에서, 주택구입대부제도에 있어서 지급보증서를 교부하는 취지와 성격, 관련 법령 등의 규정 내용, 지급보증서제도를 안내받지 못함으로 인하여 침해된 甲의 법익 내지 甲이 입은 손해의 내용과 정도, 관련 공무원이 甲이 입은 손해를 예견하거나 그 결과를 회피하기 위한 조치를 취할 수 있는 가능성의 정도 등 여러 사정을 종합하여 볼 때, 담당공무원이 甲에게 주택구입대부제도에 관한 전화상 문의에 응답하거나 대부신청서의 제출에 따른 대부금지급신청안내문을 통지하면서 지급보증서제도에 관하여 알려주지 아니한 조치가 객관적 정당성을 결여하여 현저하게 불합리한 것으로서 고의 또는 과실로 법령을 위반하였다고 볼 수 없음에도, 담당공무원에게 지급보증서제도를 안내하거나 설명할 의무가 있음을 전제로 그 위반에 대한 국가배상책임을 인정한 원심판결에 법리오해의 위법이 있다(대판 2012.7.26. 2010다95666).

17 정보공개제도 정답 ④

① [○] 국민의 알 권리, 특히 국가 정보에의 접근의 권리는 우리 헌법상 기본적으로 표현의 자유와 관련하여 인정되는 것으로, 그 권리의 내용에는 자신의 권익보호와 직접 관련이 있는 정보의 공개를 청구할 수 있는 이른바 개별적 정보공개청구권이 포함된다(대판 1999.9.21. 98두3426).

② [○] "정보의 공개에 관하여는 다른 법률에 특별한 규정이 있는 경우를 제외하고는 이 법이 정하는 바에 의한다."라고 규정하고 있다. 여기서 '정보공개에 관하여 다른 법률에 특별한 규정이 있는 경우'에 해당한다고 하여 정보공개법의 적용을 배제하기 위해서는, 특별한 규정이 '법률'이어야 하고, 나아가 내용이 정보공개의 대상 및 범위, 정보공개의 절차, 비공개대상정보 등에 관하여 정보공개법과 달리 규정하고 있는 것이어야 한다(대판 2016.12.15. 2013두20882).

③ [○] 정보의 부분 공개가 허용되는 경우란 그 정보의 공개방법 및 절차에 비추어 당해 정보에서 비공개대상정보에 관련된 기술 등을 제외 혹은 삭제하고 나머지 정보만을 공개하는 것이 가능하고 나머지 부분의 정보만으로도 공개의 가치가 있는 경우를 의미한다(대판 2009.12.10. 2009두12785).

❹ [×] 정보공개의무를 지는 공공기관의 하나로 사립대학교를 들고 있는 것이 모법인 구 공공기관의 정보공개에 관한 법률의 위임 범위를 벗어났다거나 사립대학교가 국비의 지원을 받는 범위 내에서만 공공기관의 성격을 가진다고 볼 수 없다(대판 2006.8.24. 2004두2783).

18 대집행 정답 ③

① [×] '장례식장 사용 중지의무'가 원고 이외의 '타인이 대신'할 수도 없고, 타인이 대신하여 '행할 수 있는 행위'라고도 할 수 없는 비대체적 부작위 의무에 대한 것이므로, 대집행은 그 자체로 위법함이 명백하다(대판 2005.9.28. 2005두7464).

② [×] 구 토지수용법상 피수용자 등이 기업자(현재는 사업시행자)에 대하여 부담하는 수용대상 토지의 인도의무는 직접적인 실력행사가 필요한 것이지 대체적 작위의무라고 볼 수 없으므로 특별한 사정이 없는 한 행정대집행법에 의한 대집행의 대상이 될 수 있는 것이 아니다(대판 2005.8.19. 2004다2809).

❸ [○] 공유재산의 점유자가 그 공유재산에 관하여 대부계약 외 달리 정당한 권원이 있다는 자료가 없는 경우 그 대부계약이 적법하게 해지된 이상 그 점유자의 공유재산에 대한 점유는 정당한 이유 없는 점유라 할 것이고, 따라서 지방자치단체의 장은 지방재정법 제85조에 의하여 행정대집행의 방법으로 그 지상물을 철거시킬 수 있다(대판 2001.10.12. 2001두4078).

④ [×] 구 공공용지의 취득 및 손실보상에 관한 특례법에 의한 협의취득시 건물소유자가 매매대상 건물에 대한 철거의무를 부담하겠다는 취지의 약정을 한 경우는 사법상 계약의 성질을 가지기에, 그 철거의무는 행정대집행법에 의한 대집행의 대상이 되지 않는다(대판 2006.10.13. 2006두7096).

19 행정상 공표 정답 ②

① [○] 「행정절차법」 제40조의3 제7항에 대한 옳은 내용이다.

판례 이론 **조문**

> **제40조의3 【위반사실 등의 공표】** ⑦ 행정청은 위반사실등의 공표를 하기 전에 당사자가 공표와 관련된 의무의 이행, 원상회복, 손해배상 등의 조치를 마친 경우에는 위반사실등의 공표를 하지 아니할 수 있다.

❷ [×] 피고가 원고들을 병역의무 기피자로 판단하여 인적사항 등을 병무청 인터넷 홈페이지에 게시하는 방법으로 공개하기로 결정한 것은 항고소송의 대상이 되는 행정처분에 해당한다고 판단된다(대판 2019.6.27. 2018두49130).

③ [○] 헌법 제13조 제1항에서 말하는 '처벌'은 원칙적으로 범죄에 대한 국가의 형벌권 실행으로서의 과벌을 의미하는 것이고, 국가가 행하는 일체의 제재나 불이익처분을 모두 그 '처벌'에 포함시킬 수는 없다. 법 제20조 제1항은 "청소년의 성을 사는 행위 등의 범죄방지를 위한 계도"가 신상공개제도의 주된 목적임을 명시하고 있는바, 이 제도가 당사자에게 일종의 수치심과 불명예를 줄 수 있다고 하여도, 이는 어디까지나 신상공개제도가 추구하는 입법목적에 부수적인 것이지 주된 것은 아니다. 또한, 공개되는 신상과 범죄사실은 이미 공개재판 에서 확정된 유죄판결의 일부로서, 개인의 신상 내지 사생활에 관한 새로운 내용이 아니고, 공익목적을 위하여 이를 공개하는 과정에서 부수적으로 수치심 등이 발생된다고 하여 이것을 기존의 형벌 외에 또 다른 형벌로서 수치형이나 명예형에 해당한다고 볼 수는 없다. 그렇다면, 신상공개제도는 헌법 제13조의 이중처벌금지 원칙에 위배되지 않는다(헌재 2003.6.26. 2002헌가14).

④ [O] 「행정절차법」 제40조의3 제8항에 대한 옳은 내용이다.

판례 이론 **조문**

> **제40조의3 【위반사실 등의 공표】** ⑧ 행정청은 공표된 내용이 사실과 다른 것으로 밝혀지거나 공표에 포함된 처분이 취소된 경우에는 그 내용을 정정하여, 정정한 내용을 지체 없이 해당 공표와 같은 방법으로 공표된 기간 이상 공표하여야 한다. 다만, 당사자가 원하지 아니하면 공표하지 아니할 수 있다.

20 행정행위의 하자 정답 ③

① [O] 환경영향평가를 거쳐야 할 대상사업에 대하여 환경영향평가를 거치지 아니하였음에도 불구하고 승인 등 처분이 이루어진다면, 사전에 환경영향평가를 함에 있어 평가대상지역 주민들의 의견을 수렴하고 그 결과를 토대로 하여 환경부장관과의 협의내용을 사업계획에 미리 반영시키는 것 자체가 원천적으로 봉쇄되는바, 이렇게 되면 환경파괴를 미연에 방지하고 쾌적한환경을 유지·조성하기 위하여 환경영향평가제도를 둔 입법 취지를 달성할 수 없게 되는 결과를 초래할 뿐만 아니라 환경영향평가대상지역 안의 주민들의 직접적이고 개별적인 이익을 근본적으로 침해하게 되므로, 이러한 행정처분의 하자는 법규의 중요한 부분을 위반한 중대한것이고 객관적으로도 명백한 것이라고 하지 않을 수 없어, 이와 같은 행정처분은 당연무효이다(대판 2006.6.30. 2005두14363).

② [O] 세관출장소장에게 관세부과처분에 관한 권한이 위임되었다고 볼만한 법령상의 근거가 없는데도 피고가 이 사건 처분을 한 것은 결국, 적법한 위임 없이 권한 없는 자가 행한 처분으로서 그 하자가 중대하다고 할 것이나, 세관출장소장 명의로 관세부과처분 및 증액경정처분이 이루어져 왔는데, 그동안 세관출장소장에게 관세부과처분에 관한 권한이 있는지 여부에 관하여 아무런 이의제기가 없었던 점 등에 비추어 보면, 세관출장소장에게 관세부과처분을 할 권한이 있다고 객관적으로 오인할 여지가 다분하다고 인정되므로 결국 적법한 권한 위임 없이 행해진 이 사건 처분은 그 하자가 중대하기는 하지만 객관적으로 명백하다고 할 수는 없어 당연무효는 아니라고 보아야 할 것이다(대판 2004.11.26. 2003두2403).

❸ [X] 행정절차법 제21조 제1항은 행정청은 당사자에게 의무를 과하거나 권익을 제한하는 처분을 하는 경우에는 미리 처분의 제목 등을 당사자 등에게 통지하도록 하고 있는바, 신청에 따른 처분이 이루어지지 아니한 경우에는 아직 당사자에게 권익이 부과되지 아니하였으므로 특별한 사정이 없는 한 신청에 대한 거부처분이라고 하더라도 직접 당사자의 권익을 제한하는 것은 아니어서 신청에 대한 거부처분을 여기에서 말하는 '당사자의 권익을 제한하는 처분'에 해당한다고 할 수 없는 것이어서 처분의 사전통지대상이 된다고 할 수 없다(대판 2003.11.28. 2003두674).

④ [O] 세액산출근거가 기재되지 아니한 납세고지서에 의한 부과처분은 강행법규에 위반하여 취소대상이 된다 할 것이므로 이와 같은 하자는 납세의무자가 전심절차에서 이를 주장하지 아니하였거나, 그 후 부과된 세금을 자진납부 하였다거나, 또는 조세채권의 소멸시효기간이 만료되었다 하여 치유되는 것이라고는 할 수 없다(대판 1985.4.9. 84누431).

06회 실전동형모의고사

정답 p. 48

01	④	Ⅴ	06	②	Ⅴ	11	②	Ⅳ	16	②	Ⅵ
02	③	Ⅳ	07	②	Ⅰ	12	①	Ⅵ	17	②	Ⅵ
03	③	Ⅱ	08	①	Ⅱ	13	④	Ⅰ	18	①	Ⅱ
04	①	Ⅵ	09	③	Ⅰ	14	②	Ⅲ	19	③	Ⅴ
05	②	Ⅱ	10	④	Ⅱ	15	②	Ⅱ	20	③	Ⅵ

취약 단원 분석표

단원	맞힌 답의 개수
Ⅰ	/3
Ⅱ	/6
Ⅲ	/1
Ⅳ	/2
Ⅴ	/3
Ⅵ	/5
TOTAL	/20

Ⅰ 행정법 서론 / Ⅱ 행정작용법 / Ⅲ 행정절차와 행정공개 / Ⅳ 행정의 실효성 확보수단 / Ⅴ 행정상 손해전보 / Ⅵ 행정쟁송

01 국가배상 정답 ④

① [O] 경찰관직무집행법 제5조는 경찰관은 인명 또는 신체에 위해를 미치거나 재산에 중대한 손해를 끼칠 우려가 있는 위험한 사태가 있을 때에는 그 각 호의 조치를 취할 수 있다고 규정하여 형식상 경찰관에게 재량에 의한 직무수행권한을 부여한 것처럼 되어 있으나, 경찰관에게 그러한 권한을 부여한 취지와 목적에 비추어 볼 때 구체적인 사정에 따라 경찰관이 그 권한을 행사하여 필요한 조치를 취하지 아니하는 것이 현저하게 불합리하다고 인정되는 경우에는 그러한 권한의 불행사는 직무상의 의무를 위반한 것이 되어 위법하게 된다(대판 1998.8.25. 98다16890).

② [O] 국가배상책임은 공무원에 의한 가해행위의 태양이 확정될 수 있으면 성립되고 구체적인 행위자가 반드시 특정될 것을 요하지 않는다(대판 2011.1.27. 2010다6680).

③ [O] 경찰공무원이 낙석사고 현장 주변 교통정리를 위하여 사고현장 부근으로 이동하던 중 대형 낙석이 순찰차를 덮쳐 사망하자, 도로를 관리하는 지방자치단체가 국가배상법 제2조 제1항 단서에 따른 면책을 주장한 사안에서, 경찰공무원 등이 '전투·훈련 등 직무집행과 관련하여' 순직 등을 한 경우 같은 법 및 민법에 의한 손해배상책임을 청구할 수 없다고 정한 국가배상법 제2조 제1항 단서의 면책조항은 구 국가배상법(2005.7.13. 법률 제7584호로 개정되기 전의 것) 제2조 제1항 단서의 면책조항과 마찬가지로 전투·훈련 또는 이에 준하는 직무집행뿐만 아니라 '일반 직무집행'에 관하여도 국가나 지방자치단체의 배상책임을 제한하는 것이라고 해석하여, 위 면책 주장을 받아들인 원심판단을 정당하다고 한 사례이다(대판 2011.3.10. 2010다85942).

❹ [X] 구 공무원연금법에 따라 각종 급여를 지급하는 제도는 공무원의 생활안정과 복리향상에 이바지하기 위한 것이라는 점에서 국가배상법 제2조 제1항 단서에 따라 손해배상금을 지급하는 제도와 그 취지 및 목적을 달리하므로, 경찰공무원인 피해자가 구 공무원연금법의 규정에 따라 공무상 요양비를 지급받는 것은 국가배상법 제2조 제1항 단서에서 정한 '다른 법령의 규정'에 따라 보상을 지급받는 것에 해당하지 않는다. 다만 경찰공무원인 피해자가 구 공무원연금법에 따라 공무상 요양비를 지급받은 후 추가로 국가배상법에 따라 치료비의 지급을 구하는 경우나 반대로 국가배상법에 따라 치료비를 지급받은 후 추가로 구 공무원연금법에 따라 공무상 요양비의 지급을 구하는 경우, 공무상 요양비와 치료비는 실제 치료에 소요된 비용에 대하여 지급되는 것으로서 같은 종류의 급여라고 할 것이므로, 치료비나 공무상 요양비가 추가로 지급될 때 구 공무원연금법 제33조 등을 근거로 먼저 지급된 공무상 요양비나 치료비 상당액이 공제될 수 있을 뿐이다. 한편 군인연금법과 구 공무원연금법은 취지나 목적에서 유사한 면이 있으나, 별도의 규정체계를 통해 서로 다른 적용대상을 규율하고 있는 만큼 서로 상이한 내용들로 규정되어 있기도 하므로, 군인연금법이 국가배상법 제2조 제1항 단서에서 정한 '다른 법령'에 해당한다고 하여, 구 공무원연금법도 군인연금법과 동일하게 취급되어야 하는 것은 아니다(대판 2019.5.30. 2017다16174).

02 과태료 정답 ③

① [O] 「질서위반행위규제법」 제11조 제1항에 대한 옳은 내용이다.

판례 이론 **조문**

> **제11조 【법인의 처리 등】** ① 법인의 대표자, 법인 또는 개인의 대리인·사용인 및 그 밖의 종업원이 업무에 관하여 법인 또는 그 개인에게 부과된 법률상의 의무를 위반한 때에는 법인 또는 그 개인에게 과태료를 부과한다.

② [O] 죄형법정주의는 무엇이 범죄이며 그에 대한 형벌이 어떠한 것인가는 국민의 대표로 구성된 입법부가 제정한 법률로써 정하여야 한다는 원칙인데, 부동산등기특별조치법 제11조 제1항 본문 중 제2조 제1항에 관한 부분이 정하고 있는 과태료는 행정상의 질서유지를 위한 행정질서벌에 해당할 뿐 형벌이라고 할 수 없어 죄형법정주의의 규율대상에 해당하지 아니한다(헌재 1998.5.28. 96헌바83).

❸ [X] 행정청이 과태료를 부과하고자 하는 때에는 미리 당사자에게 대통령령으로 정하는 사항을 통지하고 10일 이상의 기간을 정하여 당사자에게 의견을 제출할 기회를 주어야 한다.

판례 이론 **조문**

> **「질서위반행위규제법」 제16조 【사전통지 및 의견 제출 등】** ① 행정청이 질서위반행위에 대하여 과태료를 부과하고자 하는 때에는 미리 당사자(제11조 제2항에 따른 고용주등을 포함한다. 이하 같다)에게 대통령령으로 정하는 사항을 통지하고, 10일 이상의 기간을 정하여 의견을 제출할 기회를 주어야 한다. 이 경우 지정된 기일까지 의견 제출이 없는 경우에는 의견이 없는 것으로 본다.

④ [O] 「질서위반행위규제법」 제15조 제1항에 대한 옳은 내용이다.

판례 이론 **조문**

> **제15조 【과태료의 시효】** ① 과태료는 행정청의 과태료 부과처분이나 법원의 과태료 재판이 확정된 후 5년간 징수하지 아니하거나 집행하지 아니하면 시효로 인하여 소멸한다.

03 행정계획 정답 ③

옳지 않은 것은 ㄱ, ㄹ, ㅁ이다.

ㄱ. [X] 구 도시계획법 제19조 제1항 및 도시계획시설결정 당시의 지방자치단체의 도시계획조례에서는, 도시계획이 도시기본계획에 부합되어야 한다고 규정하고 있으나, 도시기본계획은 도시의 장기적 개발방향과 미래상을 제시하는 도시계획 입안의 지침이 되는 장기적·종합적인 개발계획으로서 행정청에 대한 직접적인 구속력은 없다(대판 1998.11.27. 96누13927 ; 대판 2007.4.12. 2005두1893).

ㄴ. [O] 행정주체가 행정계획을 입안·결정하면서 이익형량을 전혀 행하지 않거나 이익형량의 고려 대상에 마땅히 포함시켜야 할 사항을 빠뜨린 경우 또는 이익형량을 하였으나 정당성과 객관성이 결여된 경우에는 행정계획결정은 형량에 하자가 있어 위법하게 된다(대판 2012.1.12. 2010두5806).

ㄷ. [O] 도시계획의 결정·변경 등에 관한 권한을 가진 행정청은 이미 도시계획이 결정·고시된 지역에 대하여도 다른 내용의 도시계획을 결정·고시할 수 있고, 이 때에 후행 도시계획에 선행 도시계획과 서로 양립할 수 없는 내용이 포함되어 있다면, 특별한 사정이 없는 한 선행 도시계획은 후행 도시계획과 같은 내용으로 변경되는 것이나, 후행 도시계획의 결정을 하는 행정청이 선행 도시계획의 결정·변경 등에 관한 권한을 가지고 있지 아니한 경우에 선행 도시계획과 서로 양립할 수 없는 내용이 포함된 후행 도시계획결정을 하는 것은 아무런 권한 없이 선행 도시계획결정을 폐지하고, 양립할 수 없는 새로운 내용이 포함된 후행 도시계획결정을 하는 것으로서, 선행 도시계획결정의 폐지 부분은 권한 없는 자에 의하여 행해진 것으로서 무효이고, 같은 대상지역에 대하여 선행 도시계획결정이 적법하게 폐지되지 아니한 상태에서 그 위에 다시 한 후행 도시계획결정 역시 위법하고, 그 하자는 중대하고도 명백하여 다른 특별한 사정이 없는 한 무효라고 보아야 한다(대판 2000.9.8. 99두11257).

ㄹ. [X] 토지구획정리사업법 제57조, 제62조 등의 규정상 환지예정지 지정이나 환지처분은 그에 의하여 직접 토지소유자 등의 권리의무가 변동되므로 이를 항고소송의 대상이 되는 처분이라고 볼 수 있으나, 환지계획은 위와 같은 환지예정지 지정이나 환지처분의 근거가 될 뿐 그 자체가 직접 토지소유자 등의 법률상의 지위를 변동시키거나 또는 환지예정지 지정이나 환지처분과는 다른 고유한 법률효과를 수반하는 것이 아니어서 이를 항고소송의 대상이 되는 처분에 해당한다고 할 수가 없다(대판 1999.8.20. 97누6889).

ㅁ. [X] 채광계획인가로 공유수면 점용허가가 의제된 경우, 공유수면 점용불허사유로써 채광계획을 인가하지 않을 수 있다. 채광계획이 중대한 공익에 배치된다고 할 때에는 인가를 거부할 수 있고, 채광계획을 불인가하는 경우에는 정당한 사유가 제시되어야 하며 자의적으로 불인가를 하여서는 아니 될 것이므로 채광계획인가는 기속재량행위에 속하는 것으로 보아야 할 것이나, 구 광업법 제47조의2 제5호에 의하여 채광계획인가를 받으면 공유수면 점용허가를 받은 것으로 의제되고, 이 공유수면 점용허가는 공유수면 관리청이 공공 위해의 예방 경감과 공공복리의 증진에 기여함에 적당하다고 인정하는 경우에 그 자유재량에 의하여 허가의 여부를 결정하여야 할 것이므로, 공유수면 점용허가를 필요로 하는 채광계획 인가신청에 대하여도, 공유수면 관리청이 재량적 판단에 의하여 공유수면 점용을 허가 여부를 결정할 수 있고, 그 결과 공유수면 점용의 허용하지 않기로 결정하였다면, 채광계획 인가관청은 이를 사유로 하여 채광계획을 인가하지 아니할 수 있는 것이다(대판 2002.10.11. 2001두151).

04 행정심판제도 정답 ①

❶ [○] 행정심판위원회는 취소심판청구에 이유가 있는 경우 제43조 제3항에 의하여 처분취소재결·처분변경재결·처분변경명령재결을 할 수 있다.

② [×] 당사자가 신청해야 가능하다.

판례 이론 **조문**

「행정심판법」 제50조 【위원회의 직접 처분】 ① 위원회는 피청구인이 제49조 제3항에도 불구하고 처분을 하지 아니하는 경우에는 당사자가 신청하면 기간을 정하여 서면으로 시정을 명하고 그 기간에 이행하지 아니하면 직접 처분을 할 수 있다. 다만, 그 처분의 성질이나 그 밖의 불가피한 사유로 위원회가 직접 처분을 할 수 없는 경우에는 그러하지 아니하다.

③ [×] 재처분의무가 있다.

판례 이론 **조문**

「행정심판법」 제49조 【재결의 기속력 등】 ① 심판청구를 인용하는 재결은 피청구인과 그 밖의 관계 행정청을 기속(羈束)한다.

② 재결에 의하여 취소되거나 무효 또는 부존재로 확인되는 처분이 당사자의 신청을 거부하는 것을 내용으로 하는 경우에는 그 처분을 한 행정청은 재결의 취지에 따라 다시 이전의 신청에 대한 처분을 하여야 한다.

③ 당사자의 신청을 거부하거나 부작위로 방치한 처분의 이행을 명하는 재결이 있으면 행정청은 지체 없이 이전의 신청에 대하여 재결의 취지에 따라 처분을 하여야 한다.

제50조의2 【위원회의 간접강제】 ① 위원회는 피청구인이 제49조 제2항 또는 제3항에 따른 처분을 하지 아니하면 청구인의 신청에 의하여 결정으로 상당한 기간을 정하고 피청구인이 그 기간 내에 이행하지 아니하는 경우에는 그 지연기간에 따라 일정한 배상을 하도록 명하거나 즉시 배상을 할 것을 명할 수 있다.

④ [×] 거부처분에 대한 의무이행심판에는 청구기간의 제한규정(제27조), 사정재결(제44조) 규정은 적용되나, 집행정지(제30조)에 관한 규정은 적용되지 않는다.

05 위헌법률에 근거한 처분의 효력 정답 ②

① [○] 위헌인 법률에 근거한 행정처분이 당연무효인지의 여부는 위헌결정의 소급효와는 별개의 문제로서, 위헌결정의 소급효가 인정된다고 하여 위헌인 법률에 근거한 행정처분이 당연무효가 된다고는 할 수 없고 오히려 이미 취소소송의 제기기간을 경과하여 확정력이 발생한 행정처분에는 위헌결정의 소급효가 미치지 않는다(대판 1994.10.28. 92누9463).

판례 이론 조문

법률에 근거하여 행정처분이 발하여진 후에 헌법재판소가 그 행정처분의 근거가 된 법률을 위헌으로 결정하였다면 결과적으로 위 행정처분은 법률의 근거가 없이 행하여진 것과 마찬가지가 되어 하자가 있는 것이 된다고 할 것이다. 그러나 하자 있는 행정처분이 당연무효가 되기 위하여는 그 하자가 중대할 뿐만 아니라 명백한 것이어야 하는데, 일반적으로 법률이 헌법에 위반된다는 사정이 헌법재판소의 위헌결정이 있기 전에는 객관적으로 명백한 것이라고 할 수는 없으므로 헌법재판소의 위헌결정 전에 행정처분의 근거되는 당해 법률이 헌법에 위반된다는 사유는 특별한 사정이 없는 한 그 행정처분의 취소소송의 전제가 될 수 있을 뿐 당연무효사유는 아니라고 봄이 상당하다. 만일 이와는 달리 위헌인 법률에 근거한 행정처분이 일반적으로 당연무효라고 한다면 이는 법적 안정성을 크게 위협하는 결과를 초래하게 되어 법치주의의 원리에 비추어 보더라도 부당하다고 하지 않을 수 없다. 그리고 이처럼 위헌인 법률에 근거한 행정처분이 당연무효인지의 여부는 위헌결정의 소급효와는 별개의 문제로서, 위헌결정의 소급효가 인정된다고 하여 위헌인 법률에 근거한 행정처분이 당연무효가 된다고는 할 수 없고 오히려 이미 취소소송의 제기기간을 경과하여 확정력이 발생한 행정처분에는 위헌결정의 소급효가 미치지 않는다고 보아야 할 것이므로, 어느 행정처분에 대하여 그 행정처분의 근거가 된 법률이 위헌이라는 이유로 무효확인청구의 소가 제기된 경우에는 다른 특별한 사정이 없는 한 법원으로서는 그 법률이 위헌인지 여부에 대하여는 판단할 필요 없이 위 무효확인청구를 기각하여야 할 것이다(대판 1994.10.28. 92누9463).

❷ [×] 위헌법률에 기한 행정처분의 집행이나 집행력을 유지하기 위한 행위는 위헌결정의 기속력에 위반되어 허용되지 않는다고 보아야 할 것인데, 그 규정 이외에는 체납부담금을 강제로 징수할 수 있는 다른 법률적 근거가 없으므로, 그 위헌결정 이전에 이미 부담금 부과처분과 압류처분 및 이에 기한 압류등기가 이루어지고 위의 각 처분이 확정되었다고 하여도, 위헌결정 이후에는 별도의 행정처분인 매각처분, 분배처분 등 후속 체납처분절차를 진행할 수 없는 것은 물론이고, 특별한 사정이 없는 한 기존의 압류등기나 교부청구만으로는 다른 사람에 의하여 개시된 경매절차에서 배당을 받을 수도 없다(대판 2002.8.23. 2001두2959).

③ [○] 어느 행정처분에 대하여 그 행정처분의 근거가 된 법률이 위헌이라는 이유로 무효확인청구의 소가 제기된 경우에는 다른 특별한 사정이 없는 한 법원으로서는 그 법률이 위헌인지 여부에 대하여는 판단할 필요 없이 위 무효확인청구를 기각하여야 할 것이다(대판 1994.10.28. 92누9463).

④ [○] 행정처분 자체의 효력이 쟁송기간 경과 후에도 존속 중인 경우, 특히 그 처분이 위헌법률에 근거하여 내려진 것이고 그 행정처분의 목적달성을 위하여서는 후행(後行) 행정처분이 필요한데 후행 행정처분은 아직 이루어지지 않은 경우와 같이, 행정처분을 무효로 하더라도 법적 안정성을 크게 해치지 않는 반면에 그 하자가 중대하여 구제가 필요한 경우에는 예외적으로 당연무효사유로 보아서 쟁송기간 경과 후에라도 무효확인을 구할 수 있다(헌재 2014.1.28. 2011헌바38 ; 헌재 1994.6.30. 92헌바23).

06 행정상 손실보상 정답 ②

① [O] 민간기업을 수용의 주체로 규정한 자체를 두고 위헌이라고 할 수 없으며, 나아가 이 사건 수용조항을 통해 민간기업에게 사업시행에 필요한 토지를 수용할 수 있도록 규정할 필요가 있다는 입법자의 인식에도 합리적인 이유가 있다 할 것이다(헌재 2009.9.24. 2007헌바114).

❷ [X] 보상규정이 없더라도 다른 법령의 손실보상에 관한 규정을 유추적용하여 보상을 청구할 수 있다.

판례 이론 조문

공공사업의 시행 결과 그 공공사업의 시행이 기업지 밖에 미치는 간접손실에 관하여 그 피해자와 사업시행자 사이에 협의가 이루어지지 아니하고 그 보상에 관한 명문의 근거 법령이 없는 경우라고 하더라도, 헌법 제23조 제3항은 "공공필요에 의한 재산권의 수용·사용 또는 제한 및 그에 대한 보상은 법률로써 하되, 정당한 보상을 지급하여야 한다."고 규정하고 있고, 이에 따라 국민의 재산권을 침해하는 행위 그 자체는 반드시 형식적 법률에 근거하여야 하며, 토지수용법 등의 개별 법률에서 공익사업에 필요한 재산권 침해의 근거와 아울러 그로 인한 손실보상 규정을 두고 있는 점, 공공용지의 취득 및 손실보상에 관한 특례법 제3조 제1항은 "공공사업을 위한 토지 등의 취득 또는 사용으로 인하여 토지 등의 소유자가 입은 손실은 사업시행자가 이를 보상하여야 한다." 고 규정하고, 같은 법 시행규칙 제23조의2 내지 7에서 공공사업시행지구 밖에 위치한 영업과 공작물 등에 대한 간접손실에 대하여도 일정한 조건하에서 이를 보상하도록 규정하고 있는 점에 비추어, 공공사업의 시행으로 인하여 그러한 손실이 발생하리라는 것을 쉽게 예견할 수 있고 그 손실의 범위도 구체적으로 이를 특정할 수 있는 경우라면 그 손실의 보상에 관하여 공공용지의 취득 및 손실보상에 관한 특례법 시행규칙의 관련 규정 등을 유추적용할 수 있다고 해석함이 상당하다(대판 1999.10.8. 99다27231).

③ [O] 헌법 제23조 제3항이 규정하는 '정당한 보상'이란 원칙적으로 피수용 재산의 객관적인 재산가치를 완전하게 보상하여야 한다는 완전보상을 뜻하는 것이다(헌재 2009.9.24. 2008헌바112).

④ [O] 하나의 재결에서 피보상자별로 여러 가지의 토지, 물건, 권리 또는 영업(이처럼 손실보상 대상에 해당하는지, 나아가 그 보상금액이 얼마인지를 심리·판단하는 기초 단위를 이하 '보상항목'이라고 한다)의 손실에 관하여 심리·판단이 이루어졌을 때, 피보상자 또는 사업시행자가 반드시 재결 전부에 관하여 불복하여야 하는 것은 아니며, 여러 보상항목들 중 일부에 관해서만 불복하는 경우에는 그 부분에 관해서만 개별적으로 불복의 사유를 주장하여 행정소송을 제기할 수 있다. 이러한 보상금 증감 소송에서 법원의 심판범위는 하나의 재결 내에서 소송당사자가 구체적으로 불복신청을 한 보상항목들로 제한된다(대판 2018.5.15. 2017두41221).

07 공권 정답 ②

① [X] 검사의 임용 여부는 임용권자의 자유재량에 속하는 사항이나, 법령상 검사임용신청 및 그 처리의 제도에 관한 명문규정이 없다고 하여도 조리상 임용권자는 임용신청자들에게 전형의 결과인 임용 여부의 응답을 해 줄 의무가 있다고 보아야 하고, 원고로서는 그 임용신청에 대하여 임용 여부의 응답을 받을 권리가 있다고 할 것이며, 응답할 것인지 여부조차도 임용권자의 편의재량사항이라고는 할 수 없다(대판 1991.2.12. 90누5825).

❷ [O] 무하자재량행사청구권은 재량영역에서 하자없이 재량행사를 청구하는 권리로서 수익이든 부담이든 관계없이 인정되므로 수익적 행정행위뿐만 아니라 부담적 행정행위에도 적용될 수 있다.

③ [X] 환경영향평가에 관한 자연공원법령 및 환경영향평가법령의 규정들의 취지는 집단시설지구개발사업이 환경을 해치지 아니하는 방법으로 시행되도록 함으로써 집단시설 지구개발사업과 관련된 환경공익을 보호하려는 데에 그치는 것이 아니라 그 사업으로 인하여 직접적이고 중대한 환경피해를 입으리라고 예상되는 환경영향평가대상지역 안의 주민들이 개발 전과 비교하여 수인한도를 넘는 환경침해를 받지 아니하고 쾌적한 환경에서 생활할 수 있는 개별적 이익까지도 이를 보호하려는 데에 있다 할 것이므로, 위 주민들이 당해 변경승인 및 허가처분과 관련하여 갖고 있는 위와 같은 환경상의 이익은 단순히 환경공익 보호의 결과로 국민일반이 공통적으로 가지게 되는 추상적·평균적·일반적인 이익에 그치지 아니하고 주민 개개인에 대하여 개별적으로 보호되는 직접적·구체적인 이익이라고 보아야 한다(대판 1998.4.24. 97누3286).

④ [X] 주거지역 내의 도시계획법 제19조 제1항과 개정 전 건축법 제32조 제1항(거주의 안녕과 건전한 생활환경의 보호를 해치는 모든 건축이 금지) 소정 제한면적을 초과한 연탄공장건축허가처분으로 불이익을 받고 있는 제3거주자는 당해 행정처분의 취소를 소구할 법률상 자격이 인정된다(대판 1975.5.13. 73누96·73누97).

08 행정기본법 정답 ①

「행정기본법」에서 규정하지 않는 것은 0개이다.

ㄱ. [O] 「행정기본법」 제15조에서 규정하고 있다.

판례 이론 조문

제15조 【처분의 효력】 처분은 권한이 있는 기관이 취소 또는 철회하거나 기간의 경과 등으로 소멸되기 전까지는 유효한 것으로 통용된다. 다만, 무효인 처분은 처음부터 그 효력이 발생하지 아니한다.

ㄴ. [O] 「행정기본법」 제8조에서 규정하고 있다.

판례 이론 조문

제8조 【법치행정의 원칙】 행정작용은 법률에 위반되어서는 아니 되며, 국민의 권리를 제한하거나 의무를 부과하는 경우와 그 밖에 국민생활에 중요한 영향을 미치는 경우에는 법률에 근거하여야 한다.

ㄷ. [O]「행정기본법」 제27조 제1항에서 규정하고 있다.

판례 이론 조문

> **제27조 【공법상 계약의 체결】** ① 행정청은 법령등을 위반하지 아니하는 범위에서 행정목적을 달성하기 위하여 필요한 경우에는 공법상 법률관계에 관한 계약(이하 "공법상 계약"이라 한다)을 체결할 수 있다. 이 경우 계약의 목적 및 내용을 명확하게 적은 계약서를 작성하여야 한다.

ㄹ. [O]「행정기본법」 제16조는 결격사유를 법률로 정하도록 규정하고 있다. 이는 법률유보의 원칙에 부합하는 내용으로서 이를 명문화한 것이다. 따라서 결격사유를 법률이 아닌 하위법령이나 자치법규, 행정규칙에서 신설해서는 안 된다.

판례 이론 조문

> **제16조 【결격사유】** ① 자격이나 신분 등을 취득 또는 부여할 수 없거나 인가, 허가, 지정, 승인, 영업등록, 신고 수리 등(이하 "인·허가"라 한다)을 필요로 하는 영업 또는 사업 등을 할 수 없는 사유(이하 이 조에서 "결격사유"라 한다)는 법률로 정한다.

ㅁ. [O]「행정기본법」 제20조에서 규정하고 있다.

판례 이론 조문

> **제20조 【자동적 처분】** 행정청은 법률로 정하는 바에 따라 완전히 자동화된 시스템(인공지능 기술을 적용한 시스템을 포함한다)으로 처분을 할 수 있다. 다만, 처분에 재량이 있는 경우는 그러하지 아니하다.

09 공법관계와 사법관계 정답 ③

① [O] 국가를 당사자로 하는 계약이나 공공기관의 운영에 관한 법률의 적용 대상인 공기업이 일방 당사자가 되는 계약(이하 편의상 '공공계약'이라 한다)은 국가 또는 공기업(이하 '국가 등'이라 한다)이 사경제의 주체로서 상대방과 대등한 지위에서 체결하는 사법(사법)상의 계약으로서 본질적인 내용은 사인 간의 계약과 다를 바가 없으므로, 법령에 특별한 정함이 있는 경우를 제외하고는 서로 대등한 입장에서 당사자의 합의에 따라 계약을 체결하여야 하고 당사자는 계약의 내용을 신의성실의 원칙에 따라 이행하여야 하는 등[구 국가를 당사자로 하는 계약에 관한 법률(2012.12.18. 법률 제11547호로 개정되기 전의 것, 이하 '국가계약법'이라 한다) 제5조 제1항] 사적 자치와 계약자유의 원칙을 비롯한 사법의 원리가 원칙적으로 적용된다(대판 2017.12.21. 2012다74076).

② [O] 회사합병이 있는 경우에는 피합병회사의 권리·의무는 사법상의 관계나 공법상의 관계를 불문하고 그의 성질상 이전을 허용하지 않는 것을 제외하고는 모두 합병으로 인하여 존속한 회사에 승계되는 것으로 보아야 한다(대판 2019.12.12. 2018두63563).

❸ [X] 판례는 국가를 당사자로 하는 계약에 관한 법률 또는 지방자치단체를 당사자로 하는 계약에 관한 법률에 의하여 국가의 각 중앙관서의 장 또는 지방자치단체의 장이 한 부정당업자의 입찰참가자격제한조치는 제재적 성격의 권력적 행위로서 행정처분이라는 입장이다(대판 1999.3.9. 98두18565).

④ [O] 개발부담금 부과처분이 취소된 이상 그 후의 부당이득으로서의 과오납금 반환에 관한 법률관계는 단순한 민사 관계에 불과한 것이고, 행정소송 절차에 따라야 하는 관계로 볼 수 없다(대판 1995.12.22. 94다51253).

10 행정행위의 부관 정답 ④

① [X] 수익적 행정처분에 있어서는 법령에 특별한 근거규정이 없다고 하더라도, 그 부관으로서 부담을 붙일 수 있고, 그와 같은 부담은 행정청이 행정처분을 하면서 일방적으로 부가할 수도 있지만 부담을 부가하기 이전에 상대방과 협의하여 부담의 내용을 협약의 형식으로 미리 정한 다음 행정처분을 하면서 이를 부가할 수도 있다(대판 2009.2.12. 2005다65500).

② [X] 乙이 설치허가 이전에 미리 甲과 협의하여 5년의 기한을 붙일 것을 협약의 형식으로 정하여 허가시 부가한 경우에도 그 허가는 여전히 처분성을 가진다.

③ [X] 행정행위의 부관은 부담인 경우를 제외하고는 독립하여 행정소송의 대상이 될 수 없는바, 이 사건 허가에서 피고가 정한 사용·수익허가의 기간은 이 사건 허가의 효력을 제한하기 위한 행정행위의 부관으로서 이러한 사용·수익허가의 기간에 대해서는 독립하여 행정소송을 제기할 수 없는 것이고, 이러한 법리는 이 사건 허가 중 원고가 신청한 허가기간을 받아들이지 않은 부분의 취소를 구하는 이 사건 주위적 청구의 경우에도 마찬가지로 적용되어야 할 것이므로, 결국 이 사건 주위적 청구는 부적법하여 각하를 면할 수 없다(대판 2001.6.15. 99두509).

❹ [O] 행정청이 국민의 신청에 대하여 한 거부행위가 항고소송의 대상이 되는 행정처분으로 되려면, 행정청의 행위를 요구할 법규상 또는 조리상의 신청권이 국민에게 있어야 하고, 이러한 신청권의 근거 없이 한 국민의 신청을 행정청이 받아들이지 아니한 경우에는 그 거부로 인하여 신청인의 권리나 법적 이익에 어떤 영향을 주는 것이 아니므로 이를 항고소송의 대상이 되는 행정처분이라 할 수 없다. 그리고 제소기간이 이미 도과하여 불가쟁력이 생긴 행정처분에 대하여는 개별 법규에서 그 변경을 요구할 신청권을 규정하고 있거나 관계 법령의 해석상 그러한 신청권이 인정될 수 있는 등 특별한 사정이 없는 한 국민에게 그 행정처분의 변경을 구할 신청권이 있다 할 수 없다(대판 2007.4.26. 2005두11104).

11 대집행 정답 ②

옳은 것은 ㄱ, ㄹ이다.

ㄱ. [O] 행정청이 행정대집행의 방법으로 건물철거의무의 이행을 실현할 수 있는 경우에는 건물철거 대집행 과정에서 부수적으로 건물의 점유자들에 대한 퇴거조치를 할 수 있다(대판 2017.4.28. 2016다213916).

ㄴ. [X] 비상시 또는 위험이 절박한 경우에 있어서 계고와 대집행영장 통지를 모두 생략할 수 있다.

판례 이론 **조문**

「행정대집행법」 제3조 【대집행의 절차】 ① 전조의 규정에 의한 처분(이하 대집행이라 한다)을 하려함에 있어서는 상당한 이행기한을 정하여 그 기한까지 이행되지 아니할 때에는 대집행을 한다는 뜻을 미리 문서로써 계고하여야 한다. 이 경우 행정청은 상당한 이행기한을 정함에 있어 의무의 성질·내용 등을 고려하여 사회통념상 해당 의무를 이행하는 데 필요한 기간이 확보되도록 하여야 한다.
② 의무자가 전항의 계고를 받고 지정기한까지 그 의무를 이행하지 아니할 때에는 당해 행정청은 대집행영장으로써 대집행을 할 시기, 대집행을 시키기 위하여 파견하는 집행책임자의 성명과 대집행에 요하는 비용의 개산에 의한 견적액을 의무자에게 통지하여야 한다.
③ 비상시 또는 위험이 절박한 경우에 있어서 당해 행위의 급속한 실시를 요하여 전2항에 규정한 수속을 취할 여유가 없을 때에는 그 수속을 거치지 아니하고 대집행을 할 수 있다.

ㄷ. [×] 행정청이 행정대집행법 제3조 제1항에 의한 대집행계고를 함에 있어서는 의무자가 스스로 이행하지 아니하는 경우에 대집행할 행위의 내용 및 범위가 구체적으로 특정되어야 하지만, 그 행위의 내용 및 범위는 반드시 대집행계고서에 의하여서만 특정되어야 하는 것이 아니고 계고처분 전후에 송달된 문서나 기타 사정을 종합하여 행위의 내용이 특정되거나 대집행 의무자가 그 이행의무의 범위를 알 수 있으면 족하다(대판 1997.2.14. 96누15428).

ㄹ. [○] 계고서라는 명칭의 1장의 문서로서 일정기간 내에 위법건축물의 자진철거를 명함과 동시에 그 소정기한 내에 자진철거를 하지 아니할 때에는 대집행할 뜻을 미리 계고한 경우라도 건축법에 의한 철거명령과 행정대집행법에 의한 계고처분은 독립하여 있는 것으로서 각 그 요건이 충족되었다고 볼 것이다(대판 1992.6.12. 91누13564).

12 행정소송 정답 ①

❶ [○] 행정처분을 다툴 소의 이익은 개별·구체적 사정을 고려하여 판단하여야 한다. 행정처분의 무효확인 또는 취소를 구하는 소가 제소 당시에는 소의 이익이 있어 적법하였더라도, 소송 계속 중 처분청이 다툼의 대상이 되는 행정처분을 직권으로 취소하면 그 처분은 효력을 상실하여 더 이상 존재하지 않는 것이므로, 존재하지 않는 처분을 대상으로 한 항고소송은 원칙적으로 소의 이익이 소멸하여 부적법하다고 보아야 한다(대판 2020.4.9. 2019두49953).

② [×] 합의제행정기관에 의한 처분의 경우 원칙상 합의제행정기관 자체가 처분청이지 합의제 행정기관의 장이 처분청이 되는 것이 아니다. 다만 「노동위원회법」은 중앙노동위원회의 처분에 대한 소송의 피고를 중앙노동위원회 위원장으로 규정하고 있다.

판례 이론 **조문**

「노동위원회법」 제27조 【중앙노동위원회의 처분에 대한 소송】 ① 중앙노동위원회의 처분에 대한 소송은 중앙노동위원회 위원장을 피고(被告)로 하여 처분의 송달을 받은 날부터 15일 이내에 제기하여야 한다.

③ [×] 지방계약직공무원인 이 사건 옴부즈만 채용행위는 공법상 대등한 당사자 사이의 의사표시의 합치로 성립하는 공법상 계약에 해당한다. 이와 같이 이 사건 옴부즈만 채용행위가 공법상 계약에 해당하는 이상 원고의 채용계약 청약에 대응한 피고의 '승낙의 의사표시'가 대등한 당사자로서의 의사표시인 것과 마찬가지로 그 청약에 대하여 '승낙을 거절하는 의사표시' 역시 행정청이 대등한 당사자의 지위에서 하는 의사표시라고 보는 것이 타당하고, 그 채용계약에 따라 담당할 직무의 내용에 고도의 공공성이 있다거나 원고가 그 채용과정에서 최종합격자로 공고되어 채용계약 성립에 관한 강한 기대나 신뢰를 가지게 되었다는 사정만으로 이를 행정청이 우월한 지위에서 행하는 공권력의 행사로서 행정처분에 해당한다고 볼 수는 없다(대판 2014.4.24. 2013두6244).

④ [×] 이 사건 토지는 위 도시관리계획변경결정 전후를 통하여 개발제한구역으로 지정된 상태에 있으므로 위 도시관리계획변경결정으로 인하여 그 소유자인 원고가 위 토지를 사용·수익·처분하는 데 새로운 공법상의 제한을 받거나 종전과 비교하여 더 불이익한 지위에 있게 되는 것은 아니다. 또한, 위 도시관리계획변경결정 중 중리취락부분이 취소된다 하더라도 그 결과 위 도시관리계획변경결정으로 개발제한구역에서 해제된 제3자 소유의 토지들이 종전과 같이 개발제한구역으로 남게 되는 결과가 될 뿐, 원고 소유의 이 사건 토지가 개발제한구역에서 해제되는 것도 아니다. 따라서 원고에게 제3자 소유의 토지에 관한 위 도시관리계획변경결정의 취소를 구할 직접적이고 구체적인 이익이 있다고 할 수 없다(대판 2008.7.10. 2007두10242).

13 신고 정답 ④

① [○] 체육시설의 회원을 모집하고자 하는 자의 시·도지사 등에 대한 회원모집계획서 제출은 수리를 요하는 신고에서의 신고에 해당하며, 시·도지사 등의 검토결과 통보는 수리행위로서 행정처분에 해당한다(대판 2009.2.26. 2006두16243).

② [○] 구 장사 등에 관한 법률 제14조 제1항을 종합하면, 납골당설치 신고는 이른바 '수리를 요하는 신고'라 할 것이므로, 납골당 설치 신고가 구 장사법 관련 규정의 모든 요건에 맞는 신고라 하더라도 신고인은 곧바로 납골당을 설치할 수는 없고, 이에 대한 행정청의 수리처분이 있어야만 신고한 대로 납골당을 설치할 수 있다. 수리란 신고를 유효한 것으로 판단하고 법령에 의하여 처리할 의사로 이를 수령하는 수동적 행위이므로 수리행위에 신고필증 교부 등 행위가 꼭 필요한 것은 아니다(대판 2011.9.8. 2009두6766).

③ [O] 숙박업을 하고자 하는 자가 법령이 정하는 시설과 설비를 갖추고 행정청에 신고를 하면, 행정청은 공중위생관리법령의 위 규정에 따라 원칙적으로 이를 수리하여야 한다. 행정청이 법령이 정한 요건 이외의 사유를 들어 수리를 거부하는 것은 위 법령의 목적에 비추어 이를 거부해야 할 중대한 공익상의 필요가 있다는 등 특별한 사정이 있는 경우에 한한다. 이러한 법리는 이미 다른 사람 명의로 숙박업 신고가 되어 있는 시설 등의 전부 또는 일부에서 새로 숙박업을 하고자 하는 자가 신고를 한 경우에도 마찬가지이다. 기존에 다른 사람이 숙박업 신고를 한 적이 있더라도 새로 숙박업을 하려는 자가 그 시설 등의 소유권 등 정당한 사용권한을 취득하여 법령에서 정한 요건을 갖추어 신고하였다면, 행정청으로서는 특별한 사정이 없는 한 이를 수리하여야 하고, 단지 해당 시설 등에 관한 기존의 숙박업 신고가 외관상 남아있다는 이유만으로 이를 거부할 수 없다(대판 2017.5.30. 2017두34087).

❹ [X] 장기요양기관의 폐업신고와 노인의료복지시설의 폐지신고는, 행정청이 관계 법령이 규정한 요건에 맞는지를 심사한 후 수리하는 이른바 '수리를 필요로 하는 신고'에 해당한다. 그러나 행정청이 그 신고를 수리하였다고 하더라도, 신고서 위조 등의 사유가 있어 신고행위 자체가 효력이 없다면, 그 수리행위는 유효한 대상이 없는 것으로서, 수리행위 자체에 중대·명백한 하자가 있는지를 따질 것도 없이 당연히 무효이다(대판 2018.6.12. 2018두33593).

14 정보공개 정답 ②

① [X] 청구인에게는 특정한 공개방법을 지정하여 정보공개를 청구할 수 있는 법령상 신청권이 있다. 따라서 공공기관이 공개청구의 대상이 된 정보를 공개는 하되, 청구인이 신청한 공개방법 이외의 방법으로 공개하기로 하는 결정을 하였다면, 이는 정보공개청구 중 정보공개방법에 관한 부분에 대하여 일부 거부처분을 한 것이고, 청구인은 그에 대하여 항고소송으로 다툴 수 있다(대판 2016.11.10. 2016두44674).

❷ [O] 「공공기관의 정보공개에 관한 법률」 제9조 제1항 제6호 마목에 대한 옳은 내용이다.

판례 이론 **조문**

> **제9조【비공개 대상 정보】** ① 공공기관이 보유·관리하는 정보는 공개 대상이 된다. 다만, 다음 각 호의 어느 하나에 해당하는 정보는 공개하지 아니할 수 있다.
> 6. 해당 정보에 포함되어 있는 성명·주민등록번호 등 개인에 관한 사항으로서 공개될 경우 사생활의 비밀 또는 자유를 침해할 우려가 있다고 인정되는 정보. 다만, 다음 각 목에 열거한 개인에 관한 정보는 제외한다.
> 마. 공개하는 것이 공익을 위하여 필요한 경우로서 법령에 따라 국가 또는 지방자치단체가 업무의 일부를 위탁 또는 위촉한 개인의 성명·직업

③ [X] 정보공개제도는 공공기관이 보유·관리하는 정보를 그 상태대로 공개하는 제도로서 공개를 구하는 정보를 공공기관이 보유·관리하고 있을 상당한 개연성이 있다는 점에 대하여 원칙적으로 공개청구자에게 증명책임이 있다고 할 것이지만, 공개를 구하는 정보를 공공기관이 한 때 보유·관리하였으나 후에 그 정보가 담긴 문서 등이 폐기되어 존재하지 않게 된 것이라면 그 정보를 더 이상 보유·관리하고 있지 아니하다는 점에 대한 증명책임은 공공기관에게 있다(대판 2004.12.9. 2003두12707).

④ [X] 공개청구의 대상이 되는 정보가 이미 다른 사람에게 공개되어 널리 알려져 있다거나 인터넷 등을 통하여 공개되어 인터넷검색 등을 통하여 쉽게 알 수 있다는 사정만으로는 소의 이익이 없다거나 비공개결정이 정당화될 수 없다(대판 2008.11.27. 2005두15694).

15 행정행위의 하자 정답 ②

① [X] 甲이 병원의 실질적 소유자인 乙과의 약정에 따라 병원장으로서 대가를 받고 근로를 제공한 근로자인데도 자신의 이름으로 병원의 사업자등록을 마친 후 사업소득에 대한 종합소득세 명목으로 과세관청에 종합소득세를 신고·납부하였는데, 과세관청이 근로소득에 대한 종합소득세 명목으로 甲에게 무신고가산세와 납부불성실가산세를 포함한 종합소득세를 경정·고지하는 처분을 한 사안에서, 甲이 종합소득 과세표준을 무신고하였음을 전제로 한 무신고가산세 부과처분 및 甲의 체납세액에 대한 납부불성실가산세 부과처분이 당연무효라고 한 사례이다(대판 2019.5.16. 2018두34848).

❷ [O] 행정기관이 소속 공무원이나 하급 행정기관에 대하여 세부적인 업무처리절차나 법령의 해석·적용 기준을 정해 주는 '행정규칙'은 상위법령의 구체적 위임이 있지 않는 한 조직 내부에서만 효력을 가질 뿐 대외적으로 국민이나 법원을 구속하는 효력이 없다. 행정규칙이 이를 정한 행정기관의 재량에 속하는 사항에 관한 것인 때에는 그 규정 내용이 객관적 합리성을 결여하였다는 등의 특별한 사정이 없는 한 법원은 이를 존중하는 것이 바람직하다.
그러나 행정규칙의 내용이 상위법령이나 법의 일반원칙에 반하는 것이라면 법치국가원리에서 파생되는 법질서의 통일성과 모순금지 원칙에 따라 그것은 법질서상 당연무효이고, 행정내부적 효력도 인정될 수 없다. 이러한 경우 법원은 해당 행정규칙이 법질서상 부존재하는 것으로 취급하여 행정기관이 한 조치의 당부를 상위법령의 규정과 입법 목적 등에 따라서 판단하여야 한다(대판 2020.5.28. 2017두66541).

③ [X] 법률에 근거하여 행정처분이 발하여진 후에 헌법재판소가 그 행정처분의 근거가 된 법률을 위헌으로 결정하였다면 결과적으로 행정처분은 법률의 근거가 없이 행하여진 것과 마찬가지가 되어 하자가 있는 것이 되나, 하자 있는 행정처분이 당연무효가 되기 위하여는 그 하자가 중대할 뿐만 아니라 명백한 것이어야 하는데, 일반적으로 법률이 헌법에 위반된다는 사정이 헌법재판소의 위헌결정이 있기 전에는 객관적으로 명백한 것이라고 할 수는 없으므로 헌법재판소의 위헌결정 전에 행정처분의 근거되는 당해 법률이 헌법에 위반된다는 사유는 특별한 사정이 없는 한 그 행정처분의 취소소송의 전제가 될 수 있을 뿐 당연무효사유는 아니라고 봄이 상당하다(대판 1994.10.28. 92누9463).

④ [×] 국방·군사시설 사업에 관한 법률 및 구 산림법(2002.12.30. 법률 제6841호로 개정되기 전의 것)에서 보전임지를 다른 용도로 이용하기 위한 사업에 대하여 승인 등 처분을 하기 전에 미리 산림청장과 협의를 하라고 규정한 의미는 그의 자문을 구하라는 것이지 그 의견을 따라 처분을 하라는 의미는 아니라 할 것이므로, 이러한 협의를 거치지 아니하였다고 하더라도 이는 당해 승인처분을 취소할 수 있는 원인이 되는 하자 정도에 불과하고 그 승인처분이 당연무효가 되는 하자에 해당하는 것은 아니라고 봄이 상당하다(대판 2006.6.30. 2005두14363).

16 부작위위법소송 정답 ②

① [×] 부작위위법확인소송의 계속중 소극적 처분이 있게 되면 부작위위법확인의 소는 소의 이익을 잃어 부적법하게 된다(대판 2009.7.23. 2008두10560).

❷ [○] 형사본안사건에서 무죄가 선고되어 확정되었다면 형사소송법 제332조 규정에 따라 검사가 압수물을 제출자나 소유자 기타 권리자에게 환부하여야 할 의무가 당연히 발생한 것이고, 권리자의 환부신청에 대한 검사의 환부결정 등 어떤 처분에 의하여 비로소 환부의무가 발생하는 것은 아니므로 압수가 해제된 것으로 간주된 압수물에 대하여 피압수자나 기타 권리자가 민사소송으로 그 반환을 구함은 별론으로 하고 검사가 피압수자의 압수물 환부신청에 대하여 아무런 결정이나 통지도 하지 아니하고 있다고 하더라도 그와 같은 부작위는 현행 행정소송법상의 부작위위법확인소송의 대상이 되지 아니한다(대판 1995.3.10. 94누14018).

③ [×] 부작위위법확인의 소는 부작위상태가 계속되는 한 그 위법의 확인을 구할 이익이 있다고 보아야 하므로 원칙적으로 제소기간의 제한을 받지 않는다. 그러나 행정소송법 제38조 제2항이 제소기간을 규정한 같은 법 제20조를 부작위위법확인소송에 준용하고 있는 점에 비추어 보면, 행정심판 등 전심절차를 거친 경우에는 행정소송법 제20조가 정한 제소기간 내에 부작위위법확인의 소를 제기하여야 한다(대판 2009.7.23. 2008두10560).

④ [×] 「행정소송법」 제9조 및 제38조에 의하면 취소소송의 재판관할 규정은 부작위위법확인소송의 경우에 준용된다.

판례 이론 **조문**

> **제9조【재판관할】** ① 취소소송의 제1심관할법원은 피고의 소재지를 관할하는 행정법원으로 한다.
> ② 제1항에도 불구하고 다음 각 호의 어느 하나에 해당하는 피고에 대하여 취소소송을 제기하는 경우에는 대법원소재지를 관할하는 행정법원에 제기할 수 있다.
> 1. 중앙행정기관, 중앙행정기관의 부속기관과 합의제행정기관 또는 그 장
> 2. 국가의 사무를 위임 또는 위탁받은 공공단체 또는 그 장
> ③ 토지의 수용 기타 부동산 또는 특정의 장소에 관계되는 처분등에 대한 취소소송은 그 부동산 또는 장소의 소재지를 관할하는 행정법원에 이를 제기할 수 있다.
> **제38조【준용규정】** ② 제9조, 제10조, 제13조 내지 제19조, 제20조, 제25조 내지 제27조, 제29조 내지 제31조, 제33조 및 제34조의 규정은 부작위위법확인소송의 경우에 준용한다.

17 판결의 효력 정답 ②

옳은 것은 ㄱ, ㄴ이고, 옳지 않은 것은 ㄷ, ㄹ이다.

ㄱ. [○] 영업의 금지를 명한 영업허가취소처분 자체가 나중에 행정쟁송절차에 의하여 취소되었다면 그 영업허가취소처분은 그 처분시에 소급하여 효력을 잃게 되며, 그 영업허가취소처분에 복종할 의무가 원래부터 없었음이 확정되었다고 봄이 타당하고, 영업허가취소처분이 장래에 향하여서만 효력을 잃게 된다고 볼 것은 아니므로 그 영업허가취소처분 이후의 영업행위를 무허가영업이라고 볼 수는 없다(대판 1993.6.25. 93도277).

ㄴ. [○] 취소 확정판결의 기판력은 그 판결의 주문에만 미치고, 또한 소송물인 행정처분의 위법성 존부에 관한 판단 그 자체에만 미치는 것이므로 전소와 후소가 그 소송물을 달리하는 경우에는 전소 확정판결의 기판력이 후소에 미치지 아니한다(대판 1996.4.26. 95누5820).

ㄷ. [×] 취소판결이 확정된 후에 그 기속력에 위반하여 한 동일 내용의 처분은 위법하고, 그 하자가 중대·명백하여 당연무효이다(1990.12.11. 90누3560).

ㄹ. [×] 취소확정판결에는 형성력이 있다.

판례 이론 조문

> 행정처분을 취소한다는 확정판결이 있으면 그 취소판결의 형성력에 의하여 당해 행정처분의 취소나 취소통지 등의 별도의 절차를 요하지 아니하고 당연히 취소의 효과가 발생한다(대판 1991.10.11. 90누5443).

18 행정행위의 효력 정답 ①

❶ [×] 일반적으로 행정처분이나 행정심판재결이 불복기간의 경과로 인하여 확정될 경우, 그 확정력은 그 처분으로 인하여 법률상 이익을 침해받은 자가 당해 처분이나 재결의 효력을 더 이상 다툴 수 없다는 의미일 뿐, 더 나아가 판결에 있어서와 같은 기판력이 인정되는 것은 아니어서 그 처분의 기초가 된 사실관계나 법률적 판단이 확정되고 당사자들이나 법원이 이에 기속되어 모순되는 주장이나 판단을 할 수 없게 되는 것은 아니다(대판 1994.11.8. 93누21927).

② [○] 피고인이 행정청으로부터 자동차 운전면허취소처분을 받았으나 나중에 그 행정처분 자체가 행정쟁송절차에 의하여 취소되었다면, 위 운전면허취소처분은 그 처분시에 소급하여 효력을 잃게 되고, 피고인은 위 운전면허취소처분에 복종할 의무가 원래부터 없었음이 후에 확정되었다고 봄이 타당할 것이고, 행정행위에 공정력의 효력이 인정된다고 하여 행정소송에 의하여 적법하게 취소된 운전면허취소처분이 단지 장래에 향하여서만 효력을 잃게 된다고 볼 수는 없다(대판 1999.2.5. 98도4239).

③ [○] 민사소송에 있어서 어느 행정처분의 당연무효 여부가 선결문제로 되는 때에는 이를 판단하여 당연무효임을 전제로 판결할 수 있고 반드시 행정소송 등의 절차에 의하여 그 취소나 무효확인을 받아야 하는 것은 아니다(대판 2010.4.8. 2009다90092).

④ [O] 조세의 과오납이 부당이득이 되기 위하여는 납세 또는 조세의 징수가 실체법적으로나 절차법적으로 전혀 법률상의 근거가 없거나 과세처분의 하자가 중대하고 명백하여 당연무효이어야 하고, 과세처분의 하자가 단지 취소할 수 있는 정도에 불과할 때에는 과세관청이 이를 스스로 취소하거나 항고소송절차에 의하여 취소되지 않는 한 그로 인한 조세의 납부가 부당이득이 된다고 할 수 없다(대판 1994.11.11. 94다28000).

19 국가배상책임 정답 ③

① [O] 다수의 성폭력범죄로 여러 차례 처벌을 받은 뒤 위치추적 전자장치를 부착하고 보호관찰을 받고 있던 甲이 乙을 강간하였고(이하 '직전 범행'이라 한다), 그로부터 13일 후 丙을 강간하려다 살해하였는데, 丙의 유족들이 경찰관과 보호관찰관의 위법한 직무수행을 이유로 국가를 상대로 손해배상을 구한 사안에서, 직전 범행의 수사를 담당하던 경찰관이 직전 범행의 특수성과 위험성을 고려하지 않은 채 통상적인 조치만 하였을 뿐 전자장치 위치정보를 수사에 활용하지 않은 것과 보호관찰관이 甲의 높은 재범의 위험성과 반사회성을 인식하였음에도 적극적 대면조치 등 이를 억제할 실질적인 조치를 하지 않은 것은 범죄를 예방하고 재범을 억지하여 사회를 방위하기 위해서 이들에게 부여된 권한과 직무를 목적과 취지에 맞게 수행하지 않았거나 소홀히 수행하였던 것이고, 이는 국민의 생명·신체에 관하여 절박하고 중대한 위험상태가 발생할 우려가 있어 그 위험 배제에 나서지 않으면 이를 보호할 수 없는 상황에서 그러한 위험을 배제할 공무원의 작위의무를 위반한 것으로 인정될 여지가 있으며, 위와 같은 경찰관과 보호관찰관의 직무상 의무 위반은 丙의 사망 사이에서 상당인과관계를 인정할 여지가 큰데도, 경찰관과 보호관찰관의 직무수행이 객관적 정당성을 결여하지 않아 위법하지 않다고 본 원심판단에 법리오해의 잘못이 있다(대판 2022.7.14. 2017다290538).

② [O] 국가 등에게 일정한 기준에 따라 상수원수의 수질을 유지하여야 할 의무를 부과하고 있는 법령의 규정은 국민에게 양질의 수돗물이 공급되게 함으로써 국민 일반의 건강을 보호하여 공공 일반의 전체적인 이익을 도모하기 위한 것이지, 국민 개개인의 안전과 이익을 직접적으로 보호하기 위한 규정이 아니므로, 국민에게 공급된 수돗물의 상수원의 수질이 수질기준에 미달한 경우가 있고, 이로 말미암아 국민이 법령에 정하여진 수질기준에 미달한 상수원수로 생산된 수돗물을 마심으로써 건강상의 위해 발생에 대한 염려 등에 따른 정신적 고통을 받았다고 하더라도, 이러한 사정만으로는 국가 또는 지방자치단체가 국민에게 손해배상책임을 부담하지 아니한다(대판 2001.10.23. 99다36280).

❸ [X] 국가배상책임은 공무원의 직무집행이 법령에 위반한 것임을 요건으로 하는 것으로서, 공무원의 직무집행이 법령이 정한 요건과 절차에 따라 이루어진 것이라면 특별한 사정이 없는 한 이는 법령에 적합한 것이고 그 과정에서 개인의 권리가 침해되는 일이 생긴다고 하여 그 법령 적합성이 곧바로 부정되는 것은 아니라고 할 것인바, 불법시위를 진압하는 경찰관들의 직무집행이 법령에 위반한 것이라고 하기 위하여는 그 시위진압이 불필요하거나 또는 불법시위의 태양 및 시위 장소의 상황 등에서 예측되는 피해 발생의 구체적 위험성의 내용에 비추어 시위 진압의 계속 수행 내지 그 방법 등이 현저히 합리성을 결하여 이를 위법하다고 평가할 수 있는 경우이어야 한다(대판 1997.7.25. 94다2480).

④ [O] 교육부장관이 甲 등을 비롯한 국·공립학교 기간제 교원을 구 공무원수당 등에 관한 규정(2011.7.4. 대통령령 제23015호로 개정되기 전의 것, 이하 같다)에 따른 성과상여금 지급대상에서 제외하는 내용의 '교육공무원 성과상여금 지급지침'을 발표한 사안에서, 위 지침에서 甲 등을 포함한 기간제 교원을 성과상여금 지급대상에서 제외한 것은 구 공무원수당 등에 관한 규정 제7조의2 제1항의 해석에 관한 법리에 따른 것이므로, 국가가 甲 등에 대하여 불법행위로 인한 손해배상책임을 진다고 볼 수 없다(대판 2017.2.9. 2013다205778).

20 항고소송 정답 ③

항고소송의 대상이 되는 것은 ㄴ, ㄷ, ㄹ, ㅁ이다.

ㄱ. [X] 토지대장에 기재된 일정한 사항을 변경하는 행위는, 그것이 지목의 변경이나 정정 등과 같이 토지소유권 행사의 전제요건으로서 토지소유자의 실체적 권리관계에 영향을 미치는 사항에 관한 것이 아닌 한 행정사무집행의 편의와 사실증명의 자료로 삼기 위한 것일 뿐이어서, 그 소유자 명의가 변경된다고 하여도 이로 인하여 당해 토지에 대한 실체상의 권리관계에 변동을 가져올 수 없고 토지 소유권이 지적공부의 기재만에 의하여 증명되는 것도 아니다. 따라서 소관청이 토지대장상의 소유자명의변경신청을 거부한 행위는 이를 항고소송의 대상이 되는 행정처분이라고 할 수 없다(대판 2012.1.12. 2010두12354).

ㄴ. [O] 토지대장은 토지의 소유권을 제대로 행사하기 위한 전제요건으로서 토지 소유자의 실체적 권리관계에 밀접하게 관련되어 있으므로, 토지대장을 직권으로 말소한 행위는 국민의 권리관계에 영향을 미치는 것으로서 항고소송의 대상이 되는 행정처분에 해당한다(대판 2013.10.24. 2011두13286).

ㄷ. [O] 건축물대장의 용도는 건축물의 소유권을 제대로 행사하기 위한 전제요건으로서 건축물 소유자의 실체적 권리관계에 밀접하게 관련되어 있으므로, 건축물대장 소관청의 용도변경신청 거부행위는 국민의 권리관계에 영향을 미치는 것으로서 항고소송의 대상이 되는 행정처분에 해당한다(대판 2009.1.30. 2007두7277).

ㄹ. [O] 건축물대장은 건축물의 소유권을 제대로 행사하기 위한 전제요건으로서 건축물 소유자의 실체적 권리관계에 밀접하게 관련되어 있으므로, 이러한 건축물대장을 직권말소한 행위는 국민의 권리관계에 영향을 미치는 것으로서 항고소송의 대상이 되는 행정처분에 해당한다(대판 2010.5.27. 2008두22655).

ㅁ. [O] 건축물대장의 작성은 건축물의 소유권을 제대로 행사하기 위한 전제요건으로서 건축물 소유자의 실체적 권리관계에 밀접하게 관련되어 있으므로 건축물대장 소관청의 작성신청 반려행위는 국민의 권리관계에 영향을 미치는 것으로서 항고소송의 대상이 되는 행정처분에 해당한다(대판 2009.2.12. 2007두17359).

07회 실전동형모의고사

정답 p. 54

01	③	Ⅰ	06	④	Ⅳ	11	④	Ⅵ	16	②	Ⅱ
02	④	Ⅵ	07	①	Ⅵ	12	②	Ⅳ	17	②	Ⅲ
03	④	Ⅵ	08	③	Ⅲ	13	③	Ⅵ	18	④	Ⅴ
04	③	Ⅵ	09	④	Ⅱ	14	②	Ⅰ	19	④	Ⅲ
05	④	Ⅵ	10	②	Ⅱ	15	②	Ⅱ	20	③	Ⅳ

취약 단원 분석표

단원	맞힌 답의 개수
Ⅰ	/2
Ⅱ	/4
Ⅲ	/3
Ⅳ	/3
Ⅴ	/1
Ⅵ	/7
TOTAL	/20

Ⅰ 행정법 서론 / Ⅱ 행정작용법 / Ⅲ 행정절차와 행정공개 / Ⅳ 행정의 실효성 확보수단 / Ⅴ 행정상 손해전보 / Ⅵ 행정쟁송

01 신뢰보호원칙 정답 ③

옳은 것은 ㄱ, ㄴ이고, 옳지 않은 것은 ㄷ, ㄹ이다.

ㄱ. [O] 「행정기본법」 제12조 제1항에 대한 옳은 내용이다.

판례 이론 **조문**

> **제12조 【신뢰보호의 원칙】** ① 행정청은 공익 또는 제3자의 이익을 현저히 해칠 우려가 있는 경우를 제외하고는 행정에 대한 국민의 정당하고 합리적인 신뢰를 보호하여야 한다.

ㄴ. [O] 이러한 신뢰보호 원칙의 위배 여부를 판단하기 위하여는 한편으로는 침해받은 이익의 보호가치, 침해의 중한 정도, 신뢰가 손상된 정도, 신뢰침해의 방법 등과 다른 한편으로는 새 법령을 통해 실현하고자 하는 공익적 목적을 종합적으로 비교·형량하여야 한다(대판 2006.11.16. 2003두12899 전합).

ㄷ. [×] 특정 사항에 관하여 신뢰보호의 원칙상 행정청이 그와 배치되는 조치를 할 수 없다고 할 수 있을 정도의 행정관행이 성립되었다고 하려면 상당한 기간에 걸쳐 그 사항에 관하여 동일한 처분을 하였다는 객관적 사실이 존재할 뿐만 아니라, 행정청이 그 사항에 관하여 다른 내용의 처분을 할 수 있음을 알면서도 어떤 특별한 사정 때문에 그러한 처분을 하지 않는다는 의사가 있고 이와 같은 의사가 명시적 또는 묵시적으로 표시되어야 한다. 단순히 착오로 어떠한 처분을 계속한 경우는 이에 해당되지 않고, 따라서 처분청이 추후 오류를 발견하여 합리적인 방법으로 변경하는 것은 신뢰보호원칙에 위배되지 않는다(대판 1993.6.11. 92누14021).

ㄹ. [×] 헌법적 신뢰보호는 개개의 국민이 어떠한 경우에도 실망을 하지 않도록 하여 주는 데까지 미칠 수는 없는 것이며, 입법자는 구법질서가 더 이상 그 법률관계에 적절하지 않음에도 불구하고 그 수혜자들을 위하여 이를 계속 유지하여줄 의무는 없다(헌재 2001.3.21. 99헌바81).

02 취소소송 정답 ④

① [O] 행정소송법 제26조, 제28조 제1항 전단의 각 규정에 비추어 보면, 법원은 행정소송에 있어서 행정처분이 위법하여 운전자의 청구가 이유 있다고 인정하는 경우에도 그 처분 등을 취소하는 것이 현저히 공공복리에 적합하지 아니하다고 인정하는 때에는 원고의 청구를 기각하는 사정판결을 할 수 있고, 이러한 사정판결을 할 필요가 있다고 인정하는 때에는 당사자의 명백한 주장이 없는 경우에도 일건 기록에 나타난 사실을 기초로 하여 직권으로 사정판결을 할 수 있다(대판 1995.7.28. 95누4629).

② [O] 사정판결의 대상인 처분의 위법 여부는 일반원칙에 따라 처분시를 기준으로 판단하지만, 사정판결의 필요성 여부는 판결시를 기준으로 판단하여야 한다. 사정판결은 처분 이후에 변화된 사정을 고려하는 제도이기 때문이다.

③ [O] 「행정소송법」 제32조에 대한 옳은 내용이다.

판례 이론 **조문**

> **제32조 【소송비용의 부담】** 취소청구가 제28조의 규정에 의하여 기각되거나 행정청이 처분등을 취소 또는 변경함으로 인하여 청구가 각하 또는 기각된 경우에는 소송비용은 피고의 부담으로 한다.

❹ [×] 기속력은 처분등을 취소하는 확정판결에만 발생하므로 사정판결에서는 발생하지 않는다. 한편 기판력은 확정판결에 발생하므로 사정판결에서도 발생한다.

판례 이론 **조문**

> **「행정소송법」 제30조 【취소판결등의 기속력】** ① 처분등을 취소하는 확정판결은 그 사건에 관하여 당사자인 행정청과 그 밖의 관계행정청을 기속한다.

03 사실행위 정답 ④

① [O] 행정기관인 방송통신심의위원회의 시정요구는 정보통신서비스제공자 등에게 조치결과 통지의무를 부과하고 있고, 정보통신서비스제공자 등이 이에 따르지 않는 경우 방송통신위원회의 해당 정보의 취급거부·정지 또는 제한명령이라는 법적 조치가 예정되어 있으며, 행정기관인 방송통신심의위원회가 표현의 자유를 제한하게 되는 결과의 발생을 의도하거나 또는 적어도 예상하였다 할 것이므로, 이는 단순한 행정지도로서의 한계를 넘어 규제적·구속적 성격을 갖는 것으로서 헌법소원 또는 항고소송의 대상이 되는 공권력의 행사라고 봄이 상당하다(헌재 2012.2.23. 2011헌가13).

② [O] 수형자의 서신을 교도소장이 검열하는 행위는 이른바 권력적 사실행위로서 행정심판이나 행정소송의 대상이 되는 행정처분으로 볼 수 있다. 헌법 제18조가 통신의 자유를 국민의 기본권으로 보장하고 있으므로 서신의 검열은 원칙으로 금지된다고 할 것이나, 헌법 제37조 제2항에 따라 법률로써 제한할 수 있다. 수형자의 서신을 검열하는 것은 수형자의 통신의 자유의 본질적 내용을 침해하는 것이 아니다(헌재 1998.8.27. 96헌마398).

③ [O] 국가배상법이 정한 배상청구의 요건인 '공무원의 직무'에는 권력적 작용만이 아니라 행정지도와 같은 비권력적 작용도 포함되며 단지 행정주체가 사경제주체로서 하는 활동만 제외된다(대판 2004.4.9. 2002다10691). 행정주체의 권력적 작용뿐만 아니라 행정지도와 같은 비권력적 작용도 사경제주체로서 하는 활동이 아닌 한 직무행위에 포함된다(대판 1998.7.10. 96다38971). 다만, 상대방의 임의적 동의가 전제된 경우에는 손해발생과의 인과관계가 부정될 것이다. 그러나 그 형식이 행정지도에 해당하더라도 실질적으로 사실상 강제력이 내재된 경우라면 손해발생의 인과관계를 인정할 수 있을 것이다.

❹ [X] 어떠한 처분의 근거가 행정규칙에 규정되어 있다고 하더라도, 그 처분이 상대방에게 권리의 설정 또는 의무의 부담을 명하거나 기타 법적인 효과를 발생하게 하는 등 그 상대방의 권리·의무에 직접 영향을 미치는 행위라면 행정처분에 해당한다. 징계양정규칙에 의한 불문경고조치는 비록 법률상의 징계처분은 아니지만 항고소송의 대상이 되는 행정처분이다(대판 2002.7.26. 2001두3532).

04 무효등확인소송 정답 ③

① [O] 행정처분의 당연무효를 주장하여 그 무효확인을 구하는 소송과 그 무효확인을 구하는 뜻에서 그 처분의 취소를 구하는 소송에 있어서는 그 무효를 구하는 사람(원고)에게 행정처분에 존재하는 하자(위법성)가 중대하고 명백하다는 것을 주장 입증할 책임이 있다(대판 1976.1.13. 75누175).

② [O] 무효등확인소송에는 취소소송의 간접강제 규정이 준용되지 않는다. 따라서 거부처분에 대한 무효확인 판결에는 간접강제가 허용되지 않는다.

판례 이론 **조문**

> **「행정소송법」 제38조 【준용규정】** ① 제9조, 제10조, 제13조 내지 제17조, 제19조, 제22조 내지 제26조, 제29조 내지 제31조 및 제33조의 규정은 무효등 확인소송의 경우에 준용한다.
> **제34조 【거부처분취소판결의 간접강제】** ① 행정청이 제30조 제2항의 규정에 의한 처분을 하지 아니하는 때에는 제1심수소법원은 당사자의 신청에 의하여 결정으로써 상당한 기간을 정하고 행정청이 그 기간 내에 이행하지 아니하는 때에는 그 지연기간에 따라 일정한 배상을 할 것을 명하거나 즉시 손해배상을 할 것을 명할 수 있다.

❸ [X] 행정처분에 대한 무효확인과 취소청구는 서로 양립할 수 없는 청구로서 주위적·예비적 청구로서만 병합이 가능하고 선택적 청구로서의 병합이나 단순 병합은 허용되지 아니한다(대판 1999.8.20. 97누6889).

④ [O] 행정처분의 근거 법률에 의하여 보호되는 직접적이고 구체적인 이익이 있는 경우에는 행정소송법 제35조에 규정된 '무효확인을 구할 법률상 이익'이 있다고 보아야 하고, 이와 별도로 무효확인소송의 보충성이 요구되는 것은 아니므로 행정처분의 무효를 전제로 한 이행소송 등과 같은 직접적인 구제수단이 있는지 여부를 따질 필요가 없다고 해석함이 상당하다(대판 2008.3.20. 2007두6342).

05 항고소송의 판결 정답 ④

① [O] 무효등 확인소송에서도 집행정지에 관한 규정이 준용되므로 무효확인소송의 제기는 처분의 효력이나 그 집행 또는 절차의 속행에 영향을 주지 아니한다.

② [O] 행정처분이 있음을 안 날부터 90일을 넘겨 행정심판을 청구하였다가 부적법하다는 이유로 각하재결을 받은 후 재결서를 송달받은 날부터 90일 내에 원래의 처분에 대하여 취소소송을 제기한 경우, 취소소송의 제소기간을 준수한 것으로 볼 수 없다(대판 2011.11.24. 2011두18786).

③ [O] 소제기의 전후를 통하여 판결시까지 행정청이 그 신청에 대하여 적극 또는 소극의 처분을 함으로써 부작위 상태가 해소된 때에는 소의 이익을 상실하게 되어 당해 소는 각하를 면할 수가 없는 것이다(대판 1990.9.25. 89누4758).

❹ [X] 재결취소소송의 경우 재결 자체에 고유한 위법이 없는 경우에는 원처분의 당부와는 상관없이 당해 재결취소소송은 이를 기각하여야 한다(대판 1994.1.25. 93누16901).

06 질서위반행위규제법 정답 ④

① [O] 「질서위반행위규제법」 제9조에 대한 옳은 내용이다.

판례 이론 **조문**

> **제9조 【책임연령】** 14세가 되지 아니한 자의 질서위반행위는 과태료를 부과하지 아니한다. 다만, 다른 법률에 특별한 규정이 있는 경우에는 그러하지 아니하다.

② [O] 「질서위반행위규제법」 제12조 제2항에 대한 옳은 내용이다.

판례 이론 **조문**

> **제12조 【다수인의 질서위반행위 가담】** ② 신분에 의하여 성립하는 질서위반행위에 신분이 없는 자가 가담한 때에는 신분이 없는 자에 대하여도 질서위반행위가 성립한다.

③ [O] 「질서위반행위규제법」 제15조 제1항에 대한 옳은 내용이다.

판례 이론 **조문**

> **제15조 【과태료의 시효】** ① 과태료는 행정청의 과태료 부과처분이나 법원의 과태료 재판이 확정된 후 5년간 징수하지 아니하거나 집행하지 아니하면 시효로 인하여 소멸한다.

❹ [X] 100분의 3에 상당하는 가산금을 징수한다.

판례 이론 **조문**

> **「질서위반행위규제법」 제24조 【가산금 징수 및 체납처분 등】** ① 행정청은 당사자가 납부기한까지 과태료를 납부하지 아니한 때에는 납부기한을 경과한 날부터 체납된 과태료에 대하여 100분의 3에 상당하는 가산금을 징수한다.
> ② 체납된 과태료를 납부하지 아니한 때에는 납부기한이 경과한 날부터 매 1개월이 경과할 때마다 체납된 과태료의 1천분의 12에 상당하는 가산금(이하 이 조에서 "중가산금"이라 한다)을 제1항에 따른 가산금에 가산하여 징수한다. 이 경우 중가산금을 가산하여 징수하는 기간은 60개월을 초과하지 못한다.

07 당사자소송 정답 ①

❶ [X] 당사자소송의 피고인 국가만을 차별적으로 우대하는 것은 합리적인 이유가 없으므로, 이러한 점에서도 평등원칙에 위반된다(헌재 2022.2.24. 2020헌가12). 행정소송법 제43가 위헌결정이 되었으므로 이제는 국가를 상대로 하는 당사자소송의 경우에는 가집행선고를 할 수 있다.

② [O] 취소소송에 관한 '행정심판기록의 제출명령' 규정은 당사자소송에 준용된다.

판례 이론 **조문**

> **「행정소송법」 제25조 【행정심판기록의 제출명령】** ① 법원은 당사자의 신청이 있는 때에는 결정으로써 재결을 행한 행정청에 대하여 행정심판에 관한 기록의 제출을 명할 수 있다.
> ② 제1항의 규정에 의한 제출명령을 받은 행정청은 지체 없이 당해 행정심판에 관한 기록을 법원에 제출하여야 한다.
> **제44조 【준용규정】** ① 제14조 내지 제17조, 제22조, 제25조, 제26조, 제30조 제1항, 제32조 및 제33조의 규정은 당사자소송의 경우에 준용한다.

③ [O] 행정소송법 제44조, 제10조에 의한 관련청구소송 병합은 본래의 당사자소송이 적법할 것을 요건으로 하는 것이어서 본래의 당사자소송이 부적법하여 각하되면 그에 병합된 관련청구소송도 소송요건을 흠결하여 부적합하므로 각하되어야 한다(대판 2011.9.29. 2009두10963).

④ [O] 토지의 일시 사용에 대한 동의의 의사표시를 할 의무는 '국토의 계획 및 이용에 관한 법률'에서 특별히 인정한 공법상의 의무이므로, 그 의무의 존부를 다투는 소송은 '공법상의 법률관계에 관한 소송으로서 그 법률관계의 한쪽 당사자를 피고로 하는 소송', 즉 행정소송법 제3조 제2호에서 규정한 당사자소송이라고 보아야 한다(대판 2019.9.9. 2016다262550).

08 정보공개 정답 ③

옳은 것은 ㄴ, ㄷ이다.

ㄱ. [X] 정보공개청구권은 법률상 보호되는 구체적인 권리이므로 청구인이 공공기관에 대하여 정보공개를 청구하였다가 거부처분을 받은 것 자체가 법률상 이익의 침해에 해당한다(대판 2003.12.12. 2003두8050).

ㄴ. [O] 원고가 오로지 피고를 괴롭힐 목적으로 정보공개를 구하고 있다는 등의 특별한 사정이 없는 한, 위와 같은 사정만으로는 원고가 이 사건 소송을 계속하고 있는 것이 권리남용에 해당한다고 볼 수 없다(대판 2004.9.23. 2003두1370).

ㄷ. [O] 공공기관의 정보공개에 관한 법률 제6조 제1항은 '모든 국민은 정보의 공개를 청구할 권리를 가진다'고 규정하고 있는데, 여기에서 말하는 국민에는 자연인은 물론 법인, 권리능력 없는 사단·재단도 포함되고, 한편 정보공개청구권은 법률상 보호되는 구체적인 권리이므로 청구인이 공공기관에 대하여 정보공개를 청구하였다가 거부처분을 받은 것 자체가 법률상 이익의 침해에 해당한다(대판 2003.3.11. 2001두6425).

ㄹ. [X] 공공기관은 공개청구된 공개 대상 정보의 전부 또는 일부가 제3자와 관련이 있다고 인정할 때에는 그 사실을 제3자에게 지체 없이 통지하여야 하며, 필요한 경우에는 그의 의견을 들을 수 있다(공공기관의 정보공개에 관한 법률 제11조 제3항).

09 부담(부관) 정답 ④

옳은 것은 ㄴ, ㄷ, ㄹ이다.

ㄱ. [×] 부담을 이행하지 않는 경우에 사업계획승인을 철회할 수 있지만 위의 사례에서 토지기부채납은 대체적 작위의무가 아니기 때문에 대집행을 할 수 없다.

ㄴ. [○] 부담을 이행하지 않는 경우 철회사유가 될 수 있지만, 주된 행정행위가 당연히 효력을 상실하는 것은 아니다.

ㄷ. [○] 수익적 행정처분에 있어서는 법령에 특별한 근거규정이 없다고 하더라도 그 부관으로서 부담을 붙일 수 있고, 그와 같은 부담은 행정청이 행정처분을 하면서 일방적으로 부가할 수도 있지만 부담을 부가하기 이전에 상대방과 협의하여 부담의 내용을 협약의 형식으로 미리 정한 다음 행정처분을 하면서 이를 부가할 수도 있다(대판 2009.2.12. 2005다65500).

ㄹ. [○] 일반적으로 기속행위나 기속적 재량행위에는 부관을 붙일 수 없고 가사 부관을 붙였다 하더라도 무효이다. 건축법 소정의 건축허가권자는 건축허가신청이 건축법, 도시계획법등 관계 법규에서 정하는 어떠한 제한에 배치되지 않는 이상 당연히 같은 법조 소정의 건축허가를 하여야 하므로, 법률상의 근거 없이 그 신청이 관계 법규에서 정한 제한에 배치되는지의 여부에 대한 심사를 거부할 수 없고, 심사 결과 그 신청이 법정요건에 합치하는 경우에는 특별한 사정이 없는 한 이를 허가하여야 하며, 공익상 필요가 없음에도 불구하고 요건을 갖춘 자에 대한 허가를 관계 법령에서 정하는 제한사유 이외의 사유를 들어 거부할 수 없다. 기속행위에 대하여는 법령상 특별한 근거가 없는 한 부관을 붙일 수 없고 가사 부관을 붙였다 하더라도 이는 무효이다(대판 1995.6.13. 94다56883).

10 행정행위의 처분성 정답 ②

① [○] 도시 및 주거환경정비법 제13조 제1항 및 제2항의 입법 경위와 취지에 비추어 하나의 정비구역 안에서 복수의 조합설립추진위원회에 대한 승인은 허용되지 않는 점, 조합설립추진위원회가 조합을 설립할 경우 동법 제15조 제4항에 의하여 조합설립추진위원회가 행한 업무와 관련된 권리와 의무는 조합이 포괄승계하며, 주택재개발사업의 경우 정비구역 내의 토지 등 소유자는 동법 제19조 제1항에 의하여 당연히 그 조합원으로 되는 점 등에 비추어 보면, 조합설립추진위원회의 구성에 동의하지 아니한 정비구역 내의 토지 등 소유자도 조합설립추진위원회 설립승인처분에 대해 동법에 의하여 보호되는 직접적이고 구체적인 이익을 향유하므로 그 설립승인처분의 취소소송을 제기할 원고적격이 있다(대판 2007.1.25. 2006두12289).

❷ [×] 조합설립인가처분은 추진위원회구성승인처분이 적법·유효할 것을 전제로 한다고 볼 것은 아니므로, 구 도시정비법령이 정한 동의요건을 갖추고 창립총회를 거쳐 주택재개발조합이 성립한 이상, 이미 소멸한 추진위원회구성승인처분의 하자를 들어 조합설립인가처분이 위법하다고 볼 수 없다(대판 2013.12.26. 2011두8291).

판례 이론 조문

구 도시 및 주거환경정비법상 주택재개발사업의 조합설립추진위원회 구성승인처분의 하자를 들어 조합설립인가처분을 위법하다고 할 수 있는지 여부(원칙적 소극)

조합설립추진위원회의 구성을 승인하는 처분은 조합의 설립을 위한 주체에 해당하는 비법인 사단인 추진위원회를 구성하는 행위를 보충하여 그 효력을 부여하는 처분인데 반하여, 조합설립인가처분은 법령상 요건을 갖출 경우 도시정비법상 주택재개발사업을 시행할 수 있는 권한을 가지는 행정주체(공법인)로서의 지위를 부여하는 일종의 설권적 처분이므로, 양자는 그 목적과 성격을 달리한다. … 따라서 조합설립인가처분은 추진위원회구성승인처분이 적법·유효할 것을 전제로 한다고 볼 것은 아니므로, 구 도시정비법령이 정한 동의요건을 갖추고 창립총회를 거쳐 주택재개발조합이 성립한 이상, 이미 소멸한 추진위원회구성승인처분의 하자를 들어 조합설립인가처분이 위법하다고 볼 수 없다. 다만, 추진위원회구성승인처분의 위법으로 그 추진위원회의 조합설립인가 신청행위가 무효라고 평가될 수 있는 특별한 사정이 있는 경우라면, 그 신청행위에 기초한 조합설립인가처분이 위법하다고 볼 수 있다(대판 2013.12.26. 2011두8291).

③ [○] 조합설립추진위원회의 구성을 승인하는 처분은 조합의 설립을 위한 주체에 해당하는 비법인 사단인 추진위원회를 구성하는 행위를 보충하여 그 효력을 부여하는 처분인 데 반하여, 조합설립인가처분은 법령상 요건을 갖출 경우 도시정비법상 주택재개발사업을 시행할 수 있는 권한을 가지는 행정주체(공법인)로서의 지위를 부여하는 일종의 설권적 처분이므로, 양자는 그 목적과 성격을 달리한다(대판 2013.12.26. 2011두8291).

④ [○] 행정청이 도시 및 주거환경정비법 등 관련 법령에 근거하여 행하는 조합설립인가처분은 단순히 사인들의 조합설립행위에 대한 보충행위로서의 성질을 갖는 것에 그치는 것이 아니라 법령상 요건을 갖출 경우 도시 및 주거환경정비법상 주택재건축사업을 시행할 수 있는 권한을 갖는 행정주체(공법인)로서의 지위를 부여하는 일종의 설권적 처분의 성격을 갖는다고 보아야 한다. 그리고 그와 같이 보는 이상 조합설립결의는 조합설립인가처분이라는 행정처분을 하는 데 필요한 요건 중 하나에 불과한 것이어서, 조합설립결의에 하자가 있다면 그 하자를 이유로 직접 항고소송의 방법으로 조합설립인가처분의 취소 또는 무효확인을 구하여야 하고, 이와는 별도로 조합설립결의 부분만을 따로 떼어내어 그 효력 유무를 다투는 확인의 소를 제기하는 것은 원고의 권리 또는 법률상의 지위에 현존하는 불안·위험을 제거하는 데 가장 유효·적절한 수단이라 할 수 없어 특별한 사정이 없는 한 확인의 이익은 인정되지 아니한다(대판 2009.9.24. 2008다60568).

11 취소소송 정답 ④

옳은 것은 ㄱ, ㄷ, ㄹ이다.

ㄱ. [O] 행정소송에서 기록상 자료가 나타나 있다면 당사자가 주장하지 않았더라도 판단할 수 있고, 당사자가 제출한 소송자료에 의하여 법원이 처분의 적법 여부에 관한 합리적인 의심을 품을 수 있음에도 단지 구체적 사실에 관한 주장을 하지 아니하였다는 이유만으로 당사자에게 석명을 하거나 직권으로 심리·판단하지 아니함으로써 구체적 타당성이 없는 판결을 하는 것은 행정소송법 제26조의 규정과 행정소송의 특수성에 반하므로 허용될 수 없다(대판 2010.2.11. 2009두18035).

ㄴ. [X] 행정소송에 있어서 특별한 사정이 있는 경우를 제외하면 당해 행정처분의 적법성에 관하여는 행정청이 이를 주장·입증하여야 할 것이나 행정소송에 있어서 직권주의가 가미되어 있다고 하더라도 여전히 변론주의를 기본구조로 하는 이상 행정처분의 위법을 들어 그 취소를 청구함에 있어서는 직권조사사항을 제외하고는 그 취소를 구하는 자가 위법사유에 해당하는 구체적 사실을 먼저 주장하여야 하고, … 당사자가 주장하지도 아니한 법률효과에 관한 요건사실이나 독립된 공격방어방법을 시사하여 그 제출을 권유함과 같은 행위를 하는 것은 변론주의의 원칙에 위배되는 것으로 석명권 행사의 한계를 일탈하는 것이 된다(대판 2001.10.23. 99두3423).

ㄷ. [O] 민사소송법의 규정이 준용되는 행정소송에 있어서 입증책임은 원칙적으로 민사소송의 일반원칙에 따라 당사자간에 분배되고 항고소송의 경우에는 그 특성에 따라 당해 처분의 적법을 주장하는 피고에게 그 적법사유에 대한 입증책임이 있다 할 것인바 피고가 주장하는 당해 처분의 적법성이 합리적으로 수긍할 수 있는 일응의 입증이 있는 경우에는 그 처분은 정당하다 할 것이며 이와 상반되는 주장과 입증은 그 상대방인 원고에게 그 책임이 돌아간다고 할 것이다(대판 1984.7.24. 84누124).

ㄹ. [O] 항고소송에 있어서 원고는 전심절차에서 주장하지 아니한 공격방어방법을 소송절차에서 주장할 수 있고 법원은 이를 심리하여 행정처분의 적법여부를 판단할 수 있는 것이므로, 원고가 전심절차에서 주장하지 아니한 처분의 위법사유를 소송절차에서 새롭게 주장하였다고 하여 다시 그 처분에 대하여 별도의 전심절차를 거쳐야 하는 것은 아니다(대판 1996.6.14. 96누754).

12 행정상 강제집행 정답 ②

옳은 것은 ㄱ, ㄹ이다.

ㄱ. [O] 전통적으로 행정대집행은 대체적 작위의무에 대한 강제집행수단으로, 이행강제금은 부작위의무나 비대체적 작위의무에 대한 강제집행수단으로 이해되어 왔으나, 이는 이행강제금제도의 본질에서 오는 제약은 아니며, 이행강제금은 대체적 작위의무의 위반에 대하여도 부과될 수 있다. 현행 건축법상 위법건축물에 대한 이행강제수단으로 대집행과 이행강제금(제83조 제1항)이 인정되고 있는데, 양 제도는 각각의 장·단점이 있으므로 행정청은 개별사건에 있어서 위반내용, 위반자의 시정의지 등을 감안하여 대집행과 이행강제금을 선택적으로 활용할 수 있으며, 이처럼 그 합리적인 재량에 의해 선택하여 활용하는 이상 중첩적인 제재에 해당한다고 볼 수 없다. 건축법 제78조에 의한 무허가 건축행위에 대한 형사처벌과 건축법 제83조 제1항에 의한 시정명령 위반에 대한 이행강제금의 부과는 그 처벌 내지 제재대상이 되는 기본적 사실관계로서의 행위를 달리하며, 또한 그 보호법익과 목적에서도 차이가 있으므로 헌법 제13조 제1항이 금지하는 이중처벌에 해당한다고 할 수 없다(대판 2004.2.26. 2001헌바80).

ㄴ. [X] 체납자 등에 대한 공매통지는 국가의 강제력에 의하여 진행되는 공매에서 체납자 등의 권리 내지 재산상의 이익을 보호하기 위하여 법률로 규정한 절차적 요건이라고 보아야 하며, 공매처분을 하면서 체납자 등에게 공매통지를 하지 않았거나 공매통지를 하였더라도 그것이 적법하지 아니한 경우에는 절차상의 흠이 있어 그 공매처분이 위법하게 되는 것이지만, 공매통지 자체가 그 상대방인 체납자 등의 법적 지위나 권리·의무에 직접적인 영향을 주는 행정처분에 해당한다고 할 것은 아니므로 다른 특별한 사정이 없는 한 체납자 등은 공매통지의 결여나 위법을 들어 공매처분의 취소 등을 구할 수 있는 것이지 공매통지 자체를 항고소송의 대상으로 삼아 그 취소 등을 구할 수는 없다(대판 2011.3.24. 2010두25527).

ㄷ. [X] 관계 법령상 행정대집행의 절차가 인정되어 행정청이 행정대집행의 방법으로 건물의 철거 등 대체적 작위의무의 이행을 실현할 수 있는 경우에는 따로 민사소송의 방법으로 그 의무의 이행을 구할 수 없다. 한편 건물의 점유자가 철거의무자일 때에는 건물철거의무에 퇴거의무도 포함되어 있는 것이어서 별도로 퇴거를 명하는 집행권원이 필요하지 않다(대판 2017.4.28. 2016다213916).

ㄹ. [O] 구 건축법상 이행강제금은 시정명령의 불이행이라는 과거의 위반행위에 대한 제재가 아니라, 시정명령을 이행하지 않고 있는 건축주·공사시공자·현장관리인·소유자·관리자 또는 점유자(이하 '건축주 등'이라 한다)에 대하여 다시 상당한 이행기한을 부여하고 기한 안에 시정명령을 이행하지 않으면 이행강제금이 부과된다는 사실을 고지함으로써 의무자에게 심리적 압박을 주어 시정명령에 따른 의무의 이행을 간접적으로 강제하는 행정상의 간접강제 수단에 해당한다. 그리고 구 건축법 제80조 제1항, 제4항에 의하면 문언상 최초의 시정명령이 있었던 날을 기준으로 1년 단위별로 2회에 한하여 이행강제금을 부과할 수 있고, 이 경우에도 매 1회 부과 시마다 구 건축법 제80조 제1항 단서에서 정한 1회분 상당액의 이행강제금을 부과한 다음 다시 시정명령의 이행에 필요한 상당한 이행기한을 정하여 그 기한까지 시정명령을 이행할 수 있는 기회(이하 '시정명령의 이행 기회'라 한다)를 준 후 비로소 다음 1회분 이행강제금을 부과할 수 있다. 따라서 비록 건축주 등이 장기간 시정명령을 이행하지 아니하였더라도, 그 기간 중에는 시정명령의 이행 기회가 제공되지 아니하였다가 뒤늦게 시정명령의 이행 기회가 제공된 경우라면, 시정명령의 이행 기회 제공을 전제로 한 1회분의 이행강제금만을 부과할 수 있고, 시정명령의 이행 기회가 제공되지 아니한 과거의 기간에 대한 이행강제금까지 한꺼번에 부과할 수는 없다. 그리고 이를 위반하여 이루어진 이행강제금 부과처분은 과거의 위반행위에 대한 제재가 아니라 행정상의 간접강제 수단이라는 이행강제금의 본질에 반하여 구 건축법 제80조 제1항, 제4항 등 법규의 중요한 부분을 위반한 것으로서, 그러한 하자는 중대할 뿐만 아니라 객관적으로도 명백하다(대판 2010.4.29. 2009다97925).

13 거부처분 정답 ③

① [O] 행정소송법 제38조 제1항이 무효확인 판결에 관하여 취소판결에 관한 규정을 준용함에 있어서 같은 법 제30조 제2항을 준용한다고 규정하면서도 같은 법 제34조는 이를 준용한다는 규정을 두지 않고 있으므로, 행정처분에 대하여 무효확인 판결이 내려진 경우에는 그 행정처분이 거부처분인 경우에도 행정청에 판결의 취지에 따른 재처분의무가 인정될 뿐 그에 대하여 간접강제까지 허용되는 것은 아니라고 할 것이다(대결 1998.12.24. 98무37).

② [O] 중화인민공화국(이하 '중국'이라 한다) 출입경관리법 제36조 등은 외국인이 사증발급 거부 등 출입국 관련 제반 결정에 대하여 불복하지 못하도록 명문의 규정을 두고 있으므로, 국제법의 상호주의원칙상 대한민국이 중국 국적자에게 우리 출입국관리 행정청의 사증발급 거부에 대하여 행정소송 제기를 허용할 책무를 부담한다고 볼 수는 없다.
이와 같은 사증발급의 법적 성질, 출입국관리법의 입법 목적, 사증발급 신청인의 대한민국과의 실질적 관련성, 상호주의원칙 등을 고려하면, 우리 출입국관리법의 해석상 외국인에게는 사증발급 거부처분의 취소를 구할 법률상 이익이 인정되지 않는다고 봄이 타당하다(대판 2018.5.15. 2014두42506).

❸ [X] 외국인의 사증발급 신청에 대한 거부처분은 당사자에게 의무를 부과하거나 적극적으로 권익을 제한하는 처분이 아니므로, 행정절차법 제21조 제1항에서 정한 '처분의 사전통지'와 제22조 제3항에서 정한 '의견제출 기회 부여'의 대상은 아니다. 그러나 사증발급 신청에 대한 거부처분이 성질상 행정절차법 제24조에서 정한 '처분서 작성·교부'를 할 필요가 없거나 곤란하다고 일률적으로 단정하기 어렵다. 또한 출입국관리법령에 사증발급 거부처분서 작성에 관한 규정을 따로 두고 있지 않으므로, 외국인의 사증발급 신청에 대한 거부처분을 하면서 행정절차법 제24조에 정한 절차를 따르지 않고 '행정절차에 준하는 절차'로 대체할 수도 없다(대판 2019.7.11. 2017두38874).

④ [O] 신청권의 존재 여부는 구체적 사건에서 신청인이 누구인가를 고려하지 않고 관계 법규의 해석에 의하여 일반국민에게 그러한 신청권을 인정하고 있는지를 살펴보아 추상적으로 결정되는 것이고, 신청인이 그 신청에 따른 단순한 응답을 받을 권리를 넘어서 신청의 인용이라는 만족스러운 결과를 얻을 권리를 의미하는 것은 아니다. 예를 들어, 각종 영업허가 등은 국민의 신청에 의해 발령되는 것이므로 그 신청에 대한 거부는 모두 항고소송의 대상이 되고, 구체적으로 그 신청인이 허가를 받을 수 있는데도 이를 거부하였는지 여부는 본안판단사항이다(대판 1996.6.11. 95누12460).

14 건축허가와 건축신고 정답 ②

옳지 않은 것은 ㄱ, ㄷ이다.

ㄱ. [X] 행정청의 건축신고 반려행위 또는 수리거부행위는 항고소송의 대상이 된다. 건축주 등으로서는 신고제하에서도 건축신고가 반려될 경우 당해 건축물의 건축을 개시하면 시정명령, 이행강제금, 벌금의 대상이 되거나 당해 건축물을 사용하여 행할 행위의 허가가 거부될 우려가 있어 불안정한 지위에 놓이게 된다. … 그러므로 건축신고 반려행위는 항고소송의 대상이 된다(대판 2010.11.18. 2008두167).

ㄴ. [O] 국토의 계획 및 이용에 관한 법률에 따른 토지의 형질변경허가는 그 금지요건이 불확정개념으로 규정되어 있어 그 금지 요건에 해당하는지 여부를 판단함에 있어서 행정청에 재량권이 부여되어 있다고 할 것이므로, 이 법에 따른 토지의 형질변경행위를 수반하는 건축허가는 재량행위에 속한다(대판 2013.10.31. 2013두9625).

ㄷ. [X] 건축허가권자는 건축허가신청이 건축법 등 관계 법규에서 정하는 어떠한 제한에 배치되지 않는 이상 당연히 같은 법조에서 정하는 건축허가를 하여야 하고, 중대한 공익상의 필요가 없는데도 관계 법령에서 정하는 제한사유 이외의 사유를 들어 요건을 갖춘 자에 대한 허가를 거부할 수는 없다(대판 2009.9.24. 2009두8946).

ㄹ. [O] 건축허가는 대물적 허가의 성질을 가지는 것으로 그 허가의 효과는 허가대상 건축물에 대한 권리변동에 수반하여 이전되고, 별도의 승인처분에 의하여 이전되는 것이 아니다(대판 1979.10.30. 79누190).

15 행정지도 정답 ②

① [O] 「행정절차법」 제48조 제1항에 대한 옳은 내용이다.

판례 이론 **조문**

> **제48조 【행정지도의 원칙】** ① 행정지도는 그 목적 달성에 필요한 최소한도에 그쳐야 하며, 행정지도의 상대방의 의사에 반하여 부당하게 강요하여서는 아니 된다.

❷ [X] 행정지도 시 비례원칙 등 행정법의 일반원칙을 준수하여야 한다.

③ [O] 교육인적자원부장관의 대학총장들에 대한 이 사건 학칙시정요구는 고등교육법 제6조 제2항, 동법 시행령 제4조 제3항에 따른 것으로서 그 법적 성격은 대학총장의 임의적인 협력을 통하여 사실상의 효과를 발생시키는 행정지도의 일종이지만, 그에 따르지 않을 경우 일정한 불이익조치를 예정하고 있어 사실상 상대방에게 그에 따를 의무를 부과하는 것과 다를 바 없으므로 단순한 행정지도로서의 한계를 넘어 규제적·구속적 성격을 상당히 강하게 갖는 것으로서 헌법소원의 대상이 되는 공권력의 행사라고 볼 수 있다(헌재 2003.6.26. 2002헌마337).

④ [O] 세무당국이 소외 회사에 대하여 원고와의 주류거래를 일정기간 중지하여 줄 것을 요청한 행위는 권고 내지 협조를 요청하는 권고적 성격의 행위로서 소외 회사나 원고의 법률상의 지위에 직접적인 법률상의 변동을 가져오는 행정처분이라고 볼 수 없는 것이므로 항고소송의 대상이 될 수 없다(대판 1980.10.27. 80누395).

16 행정행위의 공정력과 선결문제 정답 ②

① [O] 민사소송에 있어서 어느 행정처분의 당연무효여부가 선결문제로 되는 때에는 이를 판단하여 당연무효임을 전제로 판결할 수 있고 반드시 행정소송 등의 절차에 의하여 그 취소나 무효확인을 받아야 하는 것은 아니다(대판 2010.4.8. 2009다90092).

❷ [X] 당사자소송의 수소법원은 행정처분의 하자가 당연무효인 경우에는 그 효력을 부정할 수 있지만, 취소사유인 경우에는 행정처분의 공정력으로 인하여 그 효력을 부인할 수 없다.

③ [O] 행정처분의 취소를 구하는 취소소송에 당해 처분의 취소를 선결문제로 하는 부당이득반환청구가 병합된 경우, 그 청구가 인용되려면 소송절차에서 당해 처분이 취소되면 충분하고 당해 처분의 취소가 확정되어야 하는 것은 아니다(대판 2009.4.9. 2008두23153).

④ [O] 개발제한구역의 지정 및 관리에 관한 특별조치법(이하 '개발제한구역법'이라 한다) 제30조 제1항에 의하여 행정청으로부터 시정명령을 받은 자가 이를 위반한 경우, 그로 인하여 개발제한구역법 제32조 제2호에 정한 처벌을 하기 위하여는 시정명령이 적법한 것이라야 하고, 시정명령이 당연무효가 아니더라도 위법한 것으로 인정되는 한 개발제한구역법 제32조 제2호 위반죄가 성립될 수 없다(대판 2017.9.21. 2017도7321).

17 정보공개 정답 ②

① [O] 견책의 징계처분을 받은 甲이 사단장에게 징계위원회에 참여한 징계위원의 성명과 직위에 대한 정보공개청구를 하였으나 위 정보가 공공기관의 정보공개에 관한 법률 제9조 제1항 제1호, 제2호, 제5호, 제6호에 해당한다는 이유로 공개를 거부한 사안에서, 비록 징계처분 취소사건에서 甲의 청구를 기각하는 판결이 확정되었더라도 이러한 사정만으로 위 처분의 취소를 구할 이익이 없어지지 않고, 사단장이 甲의 정보공개청구를 거부한 이상 甲으로서는 여전히 정보공개거부처분의 취소를 구할 법률상 이익이 있으므로, 이와 달리 본 원심판결에 법리오해의 잘못이 있다고 한 사례(대판 2022.5.26. 2022두33439).

❷ [X] 형사소송법 제59조의2는 재판이 확정된 사건의 소송기록, 즉 형사재판확정기록의 공개 여부나 공개 범위, 불복절차 등에 관하여 공공기관의 정보공개에 관한 법률(이하 '정보공개법'이라 한다)과 달리 규정하고 있는 것으로 정보공개법 제4조 제1항에서 정한 '정보의 공개에 관하여 다른 법률에 특별한 규정이 있는 경우'에 해당한다. 따라서 형사재판확정기록의 공개에 관하여는 정보공개법에 의한 공개청구가 허용되지 않는다. 따라서 형사재판확정기록에 관해서는 형사소송법 제59조의2에 따른 열람·등사신청이 허용되고 그 거부나 제한 등에 대한 불복은 준항고에 의하며, 형사재판확정기록이 아닌 불기소처분으로 종결된 기록에 관해서는 정보공개법에 따른 정보공개청구가 허용되고 그 거부나 제한 등에 대한 불복은 항고소송절차에 의한다(대결 2022.2.11. 2021모3175).

③ [O] 공공기관의 정보공개에 관한 법률 제9조 제1항 제5호는 시험에 관한 사항으로서 공개될 경우 업무의 공정한 수행에 현저한 지장을 초래한다고 인정할 만한 상당한 이유가 있는 정보는 공개하지 아니한다고 규정하고 있는바, 여기에서 규정하고 있는 '공개될 경우 업무의 공정한 수행에 현저한 지장을 초래한다고 인정할 만한 상당한 이유가 있는 경우'란 공개될 경우 업무의 공정한 수행이 객관적으로 현저하게 지장을 받을 것이라는 고도의 개연성이 존재하는 경우를 의미한다(대판 2010.2.25. 2007두9877).

④ [O] 교육공무원법 제13조, 제14조의 위임에 따라 제정된 교육공무원승진규정은 정보공개에 관한 사항에 관하여 구체적인 법률의 위임에 따라 제정된 명령이라고 할 수 없고, 따라서 교육공무원승진규정 제26조에서 근무성적평정의 결과를 공개하지 아니한다고 규정하고 있다고 하더라도 위 교육공무원승진규정은 공공기관의 정보공개에 관한 법률 제9조 제1항 제1호에서 말하는 법률이 위임한 명령에 해당하지 아니하므로 위 규정을 근거로 정보공개청구를 거부하는 것은 잘못이다(대판 2006.10.26. 2006두11910).

18 행정상 손실보상 정답 ④

① [O] 헌법 제23조 제3항은 정당한 보상을 전제로 하여 재산권의 수용 등에 관한 가능성을 규정하고 있지만, 재산권 수용의 주체를 한정하지 않고 있다. 위 헌법조항의 핵심은 당해 수용이 공공필요에 부합하는가, 정당한 보상이 지급되고 있는가 여부 등에 있는 것이지, 그 수용의 주체가 국가인지 민간기업인지 여부에 달려 있다고 볼 수 없다. 또한 국가 등의 공적 기관이 직접 수용의 주체가 되는 것이든 그러한 공적 기관의 최종적인 허부판단과 승인결정하에 민간기업이 수용의 주체가 되는 것이든, 양자 사이에 공공필요에 대한 판단과 수용의 범위에 있어서 본질적인 차이를 가져올 것으로 보이지 않는다. 따라서 위 수용 등의 주체를 국가 등의 공적 기관에 한정하여 해석할 이유가 없다(헌재 2009.9.24. 2007헌바114).

② [O] 종래의 지목과 토지현황에 의한 이용방법에 따른 토지의 사용도 할 수 없거나 실질적으로 사용·수익을 전혀 할 수 없는 예외적인 경우에도 아무런 보상 없이 이를 감수하도록 하고 있는 한, 비례의 원칙에 위반되어 당해 토지소유자의 재산권을 과도하게 침해하는 것으로서 헌법에 위반된다. 위와 같은 기준에 따라 토지재산권의 내재적 한계로서 허용되는 사회적 제약의 범위를 넘어 감수하라고 할 수 없는 특별한 재산적 손해가 발생하였다고 볼 수 있는 구체적 예는 다음과 같은 경우를 들 수 있다(헌재 1998.12.24. 97헌바78).

③ [O] 공익사업으로 인하여 농업의 손실을 입게 된 자가 사업시행자로부터 토지보상법 제77조 제2항에 따라 농업손실에 대한 보상을 받기 위해서는 토지보상법 제34조, 제50조 등에 규정된 재결절차를 거친 다음 그 재결에 대하여 불복이 있는 때에 비로소 토지보상법 제83조 내지 제85조에 따라 권리구제를 받을 수 있다. 한편 이러한 재결절차를 거치지 않은 채 곧바로 사업시행자를 상대로 손실보상을 청구하는 것은 허용되지 않는다(대판 2012.6.28. 2011두28721 등 ; 대구고법 2018.11.30. 2018누3890).

❹ [X] 사업인정고시는 수용재결절차로 나아가 강제적인 방식으로 토지소유자나 관계인의 권리를 취득·보상하기 위한 절차적 요건에 지나지 않고 영업손실보상의 요건이 아니다. 토지보상법령도 반드시 사업인정이나 수용이 전제되어야 영업손실 보상의무가 발생한다고 규정하고 있지 않다(대판 2021.11.11. 2018다204022).

19 행정절차 정답 ④

옳지 않은 것은 ㄱ, ㄴ, ㄹ, ㅁ이다.

ㄱ. [X] 당사자가 제출한 증거나 당사자의 증거신청에 구속되지 않는다.

판례 이론 **조문**

> **「행정절차법」 제33조 【증거조사】** ① 청문 주재자는 직권으로 또는 당사자의 신청에 따라 필요한 조사를 할 수 있으며, 당사자등이 주장하지 아니한 사실에 대하여도 조사할 수 있다.

ㄴ. [X] 환경영향평가를 거쳐야 할 대상사업에 대하여 그러한 환경영향평가를 거치지 아니하였음에도 승인 등 처분을 하였다면 그 처분은 위법하다 할 것이나, 그러한 절차를 거쳤다면, 비록 그 환경영향평가의 내용이 다소 부실하다 하더라도, 그 부실의 정도가 환경영향평가제도를 둔 입법 취지를 달성할 수 없을 정도이어서 환경영향평가를 하지 아니한 것과 다를 바 없는 정도의 것이 아닌 이상 그 부실은 당해 승인 등 처분에 재량권 일탈·남용의 위법이 있는지 여부를 판단하는 하나의 요소로 됨에 그칠 뿐, 그 부실로 인하여 당연히 당해 승인 등 처분이 위법하게 되는 것이 아니다(대판 2004.12.9. 2003두12073).

ㄷ. [O] 처분이나 민원의 처리기간을 정하는 것은 신청에 따른 사무를 가능한 한 조속히 처리하도록 하기 위한 것이다. 처리기간에 관한 규정은 훈시규정에 불과할 뿐 강행규정이라고 볼 수 없다. 행정청이 처리기간이 지나 처분을 하였더라도 이를 처분을 취소할 절차상 하자로 볼 수 없다(대판 2019.12.13. 2018두41907).

ㄹ. [X] 행정청은 정책, 제도 및 계획을 수립·시행하거나 변경하려는 경우에는 이를 예고하여야 하는 것이 원칙이다.

판례 이론 **조문**

> **「행정절차법」 제46조 【행정예고】** ① 행정청은 정책, 제도 및 계획(이하 "정책등"이라 한다)을 수립·시행하거나 변경하려는 경우에는 이를 예고하여야 한다. 다만, 다음 각 호의 어느 하나에 해당하는 경우에는 예고를 하지 아니할 수 있다.
> 1. 신속하게 국민의 권리를 보호하여야 하거나 예측이 어려운 특별한 사정이 발생하는 등 긴급한 사유로 예고가 현저히 곤란한 경우
> 2. 법령등의 단순한 집행을 위한 경우
> 3. 정책등의 내용이 국민의 권리·의무 또는 일상생활과 관련이 없는 경우
> 4. 정책등의 예고가 공공의 안전 또는 복리를 현저히 해칠 우려가 상당한 경우
>
> ② 제1항에도 불구하고 법령등의 입법을 포함하는 행정예고는 입법예고로 갈음할 수 있다.
> ③ 행정예고기간은 예고 내용의 성격 등을 고려하여 정하되, 특별한 사정이 없으면 20일 이상으로 한다.

ㅁ. [X] 처분의 이유제시에 있는 하자는 행정쟁송의 제기 전, 즉 행정심판이나 행정소송의 제기 전까지 보완되어야 하자가 치유되는 것으로 볼 수 있다.

20 과징금 정답 ③

① [O] 과징금제도는 행정법상의 의무를 위반한 자에 대하여 당해 위반행위로 얻게 된 경제적 이익을 박탈하거나, 당해 법규상의 행정명령의 이행을 강제하기 위하여 행정청이 의무자에게 부과하는 금전적인 제재수단이다.

② [O] 「행정기본법」 제29조에 대한 옳은 내용이다.

판례 이론 **조문**

> **제29조 【과징금의 납부기한 연기 및 분할 납부】** 과징금은 한꺼번에 납부하는 것을 원칙으로 한다. 다만, 행정청은 과징금을 부과받은 자가 다음 각 호의 어느 하나에 해당하는 사유로 과징금 전액을 한꺼번에 내기 어렵다고 인정될 때에는 그 납부기한을 연기하거나 분할 납부하게 할 수 있으며, 이 경우 필요하다고 인정하면 담보를 제공하게 할 수 있다.

❸ [X] 부동산 실권리자명의 등기에 관한 법률 제3조 제1항, 제5조 제1항, 같은 법 시행령 제3조 제1항의 규정을 종합하면, 명의신탁자에 대하여 과징금을 부과할 것인지 여부는 기속행위에 해당하므로, 명의신탁이 조세를 포탈하거나 법령에 의한 제한을 회피할 목적이 아닌 경우에 한하여 그 과징금을 일정한 범위 내에서 감경할 수 있을 뿐이지 그에 대하여 과징금 부과처분을 하지 않거나 과징금을 전액 감면할 수 있는 것은 아니다(대판 2007.7.12. 2005두17287).

④ [O] 과징금은 행정법상의 의무를 위반한 자에 대하여 당해 위반행위로 얻게 된 경제적 이익을 박탈하기 위한 목적으로 부과하는 금전적인 제재로서, 같은 법이 규정한 범위 내에서 그 부과처분 당시까지 부과관청이 확인한 사실을 기초로 일의적으로 확정되어야 할 것이고, 그렇지 아니하고 부과관청이 과징금을 부과하면서 추후에 부과금 산정 기준이 되는 새로운 자료가 나올 경우에는 과징금액이 변경될 수도 있다고 유보한다든지, 실제로 추후에 새로운 자료가 나왔다고 하여 새로운 부과처분을 할 수는 없다(대판 1999.5.28. 99두1571).

08회 실전동형모의고사

정답 p. 62

01	④	Ⅱ	06	②	Ⅵ	11	①	Ⅵ	16	③	Ⅴ
02	①	Ⅰ	07	④	Ⅳ	12	①	Ⅴ	17	②	Ⅳ
03	④	Ⅳ	08	③	Ⅱ	13	③	Ⅵ	18	②	Ⅵ
04	③	Ⅲ	09	③	Ⅱ	14	③	Ⅱ	19	④	Ⅵ
05	③	Ⅱ	10	④	Ⅴ	15	③	Ⅱ	20	②	Ⅴ

Ⅰ 행정법 서론 / Ⅱ 행정작용법 / Ⅲ 행정절차와 행정공개 / Ⅳ 행정의 실효성 확보수단 / Ⅴ 행정상 손해전보 / Ⅵ 행정쟁송

취약 단원 분석표

단원	맞힌 답의 개수
Ⅰ	/1
Ⅱ	/6
Ⅲ	/1
Ⅳ	/3
Ⅴ	/4
Ⅵ	/5
TOTAL	/20

01 행정입법 정답 ④

① [O] 항정신병 치료제를 공급하는 제약회사는 국민건강보험 관련 법규 등에 의하여 보호되는 직접적이고 구체적인 이익을 향유한다는 이유로 그 치료제의 요양급여 인정기준에 관한 보건복지부 고시를 다툴 신청인적격이 인정된다(대결 2003.10.9. 2003무23).

② [O] 항정신병 치료제의 요양급여에 관한 보건복지부 고시가 다른 집행행위의 매개 없이 그 자체로서 제약회사, 요양기관, 환자 및 국민건강보험공단 사이의 법률관계를 직접 규율하는 성격을 가진다는 이유로 항고소송의 대상이 되는 행정처분에 해당한다(대결 2003.10.9. 2003무23).

③ [O] 항정신병 치료제의 요양급여 인정기준에 관한 보건복지부 고시의 효력이 계속 유지됨으로 인한 제약회사의 경제적 손실, 기업 이미지 및 신용의 훼손은 행정소송법 제23조 제2항 소정의 집행정지의 요건인 '회복하기 어려운 손해'에 해당하지 않는다(대결 2003.10.9. 2003무23).

❹ [X] 통상 고시 또는 공고에 의하여 행정처분을 하는 경우에는 그 처분의 상대방이 불특정 다수인이고 그 처분의 효력이 불특정 다수인에게 일률적으로 적용되는 것이므로, 그 행정처분에 이해관계를 갖는 자가 고시 또는 공고가 있었다는 사실을 현실적으로 알았는지 여부에 관계없이 고시가 효력을 발생하는 날 행정처분이 있음을 알았다고 보아야 한다(대판 2007.6.14. 2004두619). 고시의 효력발생일에 처분이 있음을 알았다고 보므로, 고시의 효력발생일부터 90일 이내에 취소소송을 제기하여야 한다.

02 법치행정 정답 ①

❶ [O] 법(법률)우위의 원칙에서의 법(법률)은 헌법, 형식적 의미의 법률, 법규명령과 관습법 등 불문법을 포함한 모든 법규범을 의미한다.

② [X] 공무원이 인·허가 등 수익적 행정처분을 하면서 상대방에게 그 처분과 관련하여 이른바 부관으로서 부담을 붙일 수 있다 하더라도, 그러한 부담은 법치주의와 사유재산 존중, 조세법률주의 등 헌법의 기본원리에 비추어 비례의 원칙이나 부당결부의 원칙에 위반되지 않아야만 적법한 것인바, 행정처분과 부관 사이에 실제적 관련성이 있다고 볼 수 없는 경우 공무원이 위와 같은 공법상의 제한을 회피할 목적으로 행정처분의 상대방과 사이에 사법상 계약을 체결하는 형식을 취하였다면 이는 법치행정의 원리에 반하는 것으로서 위법하다(대판 2009.12.10. 2007다63966).

③ [X] 법률유보에 있어서의 '법률'은 원칙적으로 국회에서 제정된 형식적 의미의 법률을 의미하며, 법률에서 구체적으로 범위를 정하여 위임받은 법규명령도 포함될 수 있다. 그러나 불문법원으로서의 관습법이나 판례법은 제외된다.

④ [X] 토지등소유자가 도시환경정비사업을 시행하는 경우 사업시행인가 신청시 필요한 토지등소유자의 동의는, 개발사업의 주체 및 정비구역 내 토지등소유자를 상대로 수용권을 행사하고 각종 행정처분을 발할 수 있는 행정주체로서의 지위를 가지는 사업시행자를 지정하는 문제로서, 그 동의요건을 정하는 것은 국민의 권리와 의무의 형성에 관한 기본적이고 본질적인 사항이므로 국회가 스스로 행하여야 하는 사항에 속하는 것임에도 불구하고, 사업시행인가 신청에 필요한 동의정족수를 토지등소유자가 자치적으로 정하여 운영하는 규약에 정하도록 한 것은 법률유보원칙에 위반된다(헌재 2012.4.24. 2010헌바1).

03 새로운 의무이행확보수단 정답 ④

① [O] 하나의 납세고지서에 의하여 본세와 가산세를 함께 부과할 때에는 납세고지서에 본세와 가산세 각각의 세액과 산출근거 등을 구분하여 기재하여야 하고, 여러 종류의 가산세를 함께 부과하는 경우에는 가산세 상호 간에도 종류별로 세액과 산출근거 등을 구분하여 기재하여야 한다. 본세와 가산세 각각의 세액과 산출근거 및 가산세 상호 간의 종류별 세액과 산출근거 등을 제대로 구분하여 기재하지 않은 채 본세와 가산세의 합계액 등만을 기재한 경우에도 과세처분은 위법하다(대판 2018.12.13. 2018두128).

② [O] 「지방세기본법」 제98조 제3항에 대한 옳은 내용이다.

판례 이론 **조문**

> **제98조 【다른 법률과의 관계】** ③ 제89조에 규정된 위법한 처분에 대한 행정소송은 「행정소송법」 제18조 제1항 본문, 같은 조 제2항 및 제3항에도 불구하고 이 법에 따른 심판청구와 그에 대한 결정을 거치지 아니하면 제기할 수 없다. 다만, 심판청구에 대한 재조사 결정(제100조에 따라 심판청구에 관하여 준용하는 「국세기본법」 제65조 제1항 제3호 단서에 따른 재조사 결정을 말한다)에 따른 처분청의 처분에 대한 행정소송은 그러하지 아니하다.

③ [O] 독점규제 및 공정거래에 관한 법률(이하 '공정거래법'이라 한다)에 의한 시정명령이 지나치게 구체적인 경우 매일 매일 다소간의 변형을 거치면서 행해지는 수많은 거래에서 정합성이 떨어져 결국 무의미한 시정명령이 되므로 그 본질적인 속성상 다소간의 포괄성·추상성을 띨 수밖에 없다 할 것이고, 한편 시정명령 제도를 둔 취지에 비추어 시정명령의 내용은 과거의 위반행위에 대한 중지는 물론 가까운 장래에 반복될 우려가 있는 동일한 유형의 행위의 반복금지까지 명할 수는 있는 것으로 해석함이 상당하다 할 것이다(대판 2003.2.20. 2001두5347).

❹ [X] 세법상 가산세는 과세권의 행사 및 조세채권의 실현을 용이하게 하기 위하여 납세자가 정당한 이유 없이 법에 규정된 신고, 납세 등 각종 의무를 위반한 경우에 법이 정하는 바에 따라 부과하는 행정상 제재로서 납세자의 고의·과실은 고려되지 아니하고 법령의 부지 등은 그 의무위반을 탓할 수 없는 정당한 사유에 해당하지 아니한다(대판 2004.2.26. 2002두10643).

04 행정지도 정답 ③

옳은 것은 ㄱ, ㄷ이다.

ㄱ. [O] 행정지도의 상대방의 의사에 반하여 부당하게 강요하여서는 아니 된다(「행정절차법」 제48조 제1항).

ㄴ. [X] 공정거래위원회의 '표준약관 사용권장행위'는 그 통지를 받은 해당 사업자 등에게 표준약관과 다른 약관을 사용할 경우 표준약관과 다르게 정한 주요내용을 고객이 알기 쉽게 표시하여야 할 의무를 부과하고, 그 불이행에 대해서는 과태료에 처하도록 되어 있으므로, 이는 사업자 등의 권리·의무에 직접 영향을 미치는 행정처분으로서 항고소송의 대상이 된다(대판 2010.10.14. 2008두23184).

ㄷ. [O] 행정지도의 상대방은 당해 행정지도의 방식·내용 등에 관하여 행정기관에 의견제출을 할 수 있다(「행정절차법」 제50조).

05 행정규칙 정답 ③

① [O] 행정처분이 법규성이 없는 내부지침 등의 규정에 위배된다고 하더라도 그 이유만으로 처분이 위법하게 되는 것은 아니고, 또 내부지침 등에서 정한 요건에 부합한다고 하여 반드시 그 처분이 적법한 것이라고 할 수도 없다(대판 2018.6.15. 2015두40248).

② [O] 법령의 규정이 특정 행정기관에게 그 법령 내용의 구체적 사항을 정할 수 있는 권한을 부여하면서 그 권한행사의 절차나 방법을 특정하고 있지 아니한 관계로 수임행정기관이 행정규칙의 형식으로 그 법령의 내용이 될 사항을 구체적으로 정하고 있는 경우, 그러한 행정규칙·규정은 행정조직 내부에서만 효력을 가질 뿐 대외적인 구속력을 갖지 않는 행정규칙의 일반적 효력으로서가 아니라 행정기관에 법령의 구체적 내용을 보충할 권한을 부여한 법령 규정의 효력에 의하여 그 내용을 보충하는 기능을 갖게 된다(대판 1995.5.23. 94도2502).

❸ [X] 재량권 행사의 준칙인 행정규칙이 그 정한 바에 따라 되풀이 시행되어 행정관행이 이루어지게 되면 평등의 원칙이나 신뢰보호의 원칙에 따라 행정기관은 그 상대방에 대한 관계에서 그 규칙에 따라야 할 자기구속을 받게 되므로, 이러한 경우에는 특별한 사정이 없는 한 그를 위반하는 처분은 평등의 원칙이나 신뢰보호의 원칙에 위배되어 재량권을 일탈·남용한 위법한 처분이 된다(대판 2009.12.24. 2009두7967).

④ [O] 수입선다변화품목의 지정 및 그 수입절차 등에 관한 상공부 고시 제91-21호는 그 근거가 되는 대외무역법 시행령 제35조의 규정을 보충하는 기능을 가지면서 그와 결합하여 대외적인 구속력이 있는 법규명령으로서의 효력을 가지는 것으로서 그 시행절차에 관하여 대외무역관리규정은 아무런 규정을 두고 있지 않으나, 그 자체가 법령은 아니고 행정규칙에 지나지 않으므로 적당한 방법으로 이를 일반인 또는 관계인에게 표시 또는 통보함으로써 그 효력이 발생한다(대판 1993.11.23. 93도662).

06 거부처분 정답 ②

① [X] 행정처분의 위법 여부는 행정처분이 행하여진 때의 법령과 사실을 기준으로 판단하므로, 확정판결의 당사자인 처분 행정청은 종전 처분 후에 발생한 새로운 사유를 내세워 다시 처분을 할 수 있고, 새로운 처분의 처분사유가 종전 처분의 처분사유와 기본적 사실관계에서 동일하지 않은 다른 사유에 해당하는 이상, 처분사유가 종전 처분 당시 이미 존재하고 있었고 당사자가 이를 알고 있었더라도 이를 내세워 새로이 처분을 하는 것은 확정판결의 기속력에 저촉되지 않는다(대판 2016.3.24. 2015두48235).

❷ [O] 거부처분에 대한 취소의 확정판결이 있음에도 행정청이 아무런 재처분을 하지 아니하거나, 재처분을 하였다 하더라도 그것이 종전 거부처분에 대한 취소의 확정판결의 기속력에 반하는 등으로 당연무효라면 이는 아무런 재처분을 하지 아니한 때와 마찬가지라 할 것이므로 이러한 경우에는 위 규정에 의한 간접강제신청에 필요한 요건을 갖춘 것으로 보아야 할 것이다(대결 2002.12.11. 2002무22).

③ [×] 확정판결의 당사자인 처분행정청이 그 행정소송의 사실심 변론종결 이전의 사유를 내세워 다시 확정판결과 저촉되는 행정처분을 하는 것은 허용되지 않는 것으로서 이러한 행정처분은 그 하자가 중대하고도 명백한 것이어서 당연무효라 할 것이다(대판 1990.12.11. 90누3560).

④ [×] 행정소송법 제34조 소정의 간접강제결정에 기한 배상금은 거부처분취소판결이 확정된 경우 그 처분을 행한 행정청으로 하여금 확정판결의 취지에 따른 재처분의무의 이행을 확실히 담보하기 위한 것으로서, 확정판결의 취지에 따른 재처분의무 내용의 불확정성과 그에 따른 재처분에의 해당 여부에 관한 쟁송으로 인하여 간접강제 정에서 정한 재처분의무의 기한 경과에 따른 배상금이 증가될 가능성이 자칫 행정청으로 하여금 인용처분을 강제하여 행정청의 재량권을 박탈하는 결과를 초래할 위험성이 있는 점 등을 감안하면, 이는 확정판결의 취지에 따른 재처분의 지연에 대한 제재나 손해배상이 아니고 재처분의 이행에 관한 심리적 강제수단에 불과한 것으로 보아야 하므로, 특별한 사정이 없는 한 간접강제결정에서 정한 의무이행기한이 경과한 후에라도 확정판결의 취지에 따른 재처분의 이행이 있으면 배상금을 추심함으로써 심리적 강제를 꾀할 목적이 상실되어 처분상대방이 더 이상 배상금을 추심하는 것은 허용되지 않는다(대판 2004.1.15. 2002두2444).

07 간접강제 정답 ④

① [○] 「행정심판법」 제50조의2 제1항에 대한 옳은 내용이다.

판례 이론 **조문**

> **제50조의2 【위원회의 간접강제】** ① 위원회는 피청구인이 제49조 제2항(제49조 제4항에서 준용하는 경우를 포함한다) 또는 제3항에 따른 처분을 하지 아니하면 청구인의 신청에 의하여 결정으로 상당한 기간을 정하고 피청구인이 그 기간 내에 이행하지 아니하는 경우에는 그 지연기간에 따라 일정한 배상을 하도록 명하거나 즉시 배상을 할 것을 명할 수 있다.

② [○] 「행정심판법」 제50조의2 제2항에 대한 옳은 내용이다.

판례 이론 **조문**

> **제50조의2 【위원회의 간접강제】** ② 위원회는 사정의 변경이 있는 경우에는 당사자의 신청에 의하여 제1항에 따른 결정의 내용을 변경할 수 있다.

③ [○] 「행정심판법」 제50조의2 제5항에 대한 옳은 내용이다.

판례 이론 **조문**

> **제50조의2 【위원회의 간접강제】** ⑤ 제1항 또는 제2항에 따른 결정의 효력은 피청구인인 행정청이 소속된 국가·지방자치단체 또는 공공단체에 미치며, 결정서 정본은 제4항에 따른 소송제기와 관계없이 「민사집행법」에 따른 강제집행에 관하여는 집행권원과 같은 효력을 가진다. 이 경우 집행문은 위원장의 명에 따라 위원회가 소속된 행정청 소속 공무원이 부여한다.

❹ [×] 결정서 정본은 청구인의 소송제기와 관계없이 「민사집행법」에 따른 강제집행에 관하여는 집행권원과 같은 효력을 가진다.

판례 이론 **조문**

> **「행정심판법」 제50조의2 【위원회의 간접강제】** ④ 청구인은 제1항 또는 제2항에 따른 결정에 불복하는 경우 그 결정에 대하여 행정소송을 제기할 수 있다.
> ⑤ 제1항 또는 제2항에 따른 결정의 효력은 피청구인인 행정청이 소속된 국가·지방자치단체 또는 공공단체에 미치며, 결정서 정본은 제4항에 따른 소송제기와 관계없이 「민사집행법」에 따른 강제집행에 관하여는 집행권원과 같은 효력을 가진다. 이 경우 집행문은 위원장의 명에 따라 위원회가 소속된 행정청 소속 공무원이 부여한다.

08 행정행위의 취소 정답 ③

옳은 것은 ㄴ, ㄷ이다.

ㄱ. [×] 면허의 취소처분에는 그 근거가 되는 법령이나 취소권 유보의 부관 등을 명시하여야 함은 물론 처분을 받은 자가 어떠한 위반사실에 대하여 당해 처분이 있었는지를 알 수 있을 정도로 사실을 적시할 것을 요하며, 이와 같은 취소처분의 근거와 위반사실의 적시를 빠뜨린 하자는 피처분자가 처분 당시 그 취지를 알고 있었다거나 그 후 알게 되었다 하여도 치유될 수 없다고 할 것이다(대판 1990.9.11. 90누1786).

ㄴ. [○] 한 사람이 여러 종류의 자동차운전면허를 취득하는 경우뿐 아니라 이를 취소 또는 정지하는 경우에도 서로 별개의 것으로 취급하는 것이 원칙이고, 다만 취소사유가 특정 면허에 관한 것이 아니고 다른 면허와 공통된 것이거나 운전면허를 받은 사람에 관한 것일 경우에는 여러 면허를 전부 취소할 수도 있다(대판 2012.5.24. 2012두1891).

ㄷ. [○] 구 유통산업발전법(2012.6.1. 법률 제11461호로 개정되기 전의 것, 이하 '구 유통산업발전법'이라 한다) 제8조 제1항, 제9조, 구 유통산업발전법 시행규칙(2012.10.5. 지식경제부령 제271호로 개정되기 전의 것) 제5조 제1항, 구 재래시장 및 상점가 육성을 위한 특별법(2007.12.27. 법률 제8803호로 개정되기 전의 것, 이하 '구 재래시장법'이라 한다) 제67조 제1항, 구 재래시장 및 상점가 육성을 위한 특별법 시행규칙(2010.6.30. 지식경제부령 제135호로 개정되기 전의 것) 제14조 제1항, 제2항의 내용과 체계에 비추어 보면, 구 유통산업발전법에 따른 대규모점포의 개설등록 및 구 재래시장법에 따른 시장관리자 지정은 행정청이 실체적 요건에 관한 심사를 한 후 수리하여야 하는 이른바 '수리를 요하는 신고'로서 행정처분에 해당한다. 그러므로 이러한 행정처분에 당연무효에 이를 정도의 중대하고도 명백한 하자가 존재하거나 그 처분이 적법한 절차에 의하여 취소되지 않는 한 구 유통산업발전법에 따른 대규모점포개설자의 지위 및 구 재래시장법에 따른 시장관리자의 지위는 공정력을 가진 행정처분에 의하여 유효하게 유지된다고 봄이 타당하다(대판 2019.9.10. 2019다208953).

09 행정기본법 정답 ③

① [O] 「행정기본법」 제7조의2에 대한 옳은 내용이다.

판례 이론 **조문**

제7조의2 【행정에 관한 나이의 계산 및 표시】 행정에 관한 나이는 다른 법령등에 특별한 규정이 있는 경우를 제외하고는 출생일을 산입하여 만(滿) 나이로 계산하고, 연수(年數)로 표시한다. 다만, 1세에 이르지 아니한 경우에는 월수(月數)로 표시할 수 있다.

② [O] 「행정기본법」 제6조 제2항에 대한 옳은 내용이다.

판례 이론 **조문**

제6조 【행정에 관한 기간의 계산】 ② 법령등 또는 처분에서 국민의 권익을 제한하거나 의무를 부과하는 경우 권익이 제한되거나 의무가 지속되는 기간의 계산은 다음 각 호의 기준에 따른다. 다만, 다음 각 호의 기준에 따르는 것이 국민에게 불리한 경우에는 그러하지 아니하다.
1. 기간을 일, 주, 월 또는 연으로 정한 경우에는 기간의 첫날을 산입한다.
2. 기간의 말일이 토요일 또는 공휴일인 경우에도 기간은 그 날로 만료한다.

❸ [X] 판례 이론 **조문**

「행정기본법」 제6조 【행정에 관한 기간의 계산】 ② 법령등 또는 처분에서 국민의 권익을 제한하거나 의무를 부과하는 경우 권익이 제한되거나 의무가 지속되는 기간의 계산은 다음 각 호의 기준에 따른다. 다만, 다음 각 호의 기준에 따르는 것이 국민에게 불리한 경우에는 그러하지 아니하다.
2. 기간의 말일이 토요일 또는 공휴일인 경우에도 기간은 그 날로 만료한다.

④ [O] 「행정기본법」 제7조 제2호에 대한 옳은 내용이다.

판례 이론 **조문**

제7조 【법령등 시행일의 기간 계산】 법령등(훈령·예규·고시·지침 등을 포함한다. 이하 이 조에서 같다)의 시행일을 정하거나 계산할 때에는 다음 각 호의 기준에 따른다.
2. 법령등을 공포한 날부터 일정 기간이 경과한 날부터 시행하는 경우 법령등을 공포한 날을 첫날에 산입하지 아니한다.

10 토지보상법 정답 ④

① [O] 「공익사업을 위한 토지 등의 취득 및 보상에 관한 법률」 제67조에 대한 옳은 내용이다.

판례 이론 **조문**

제67조 【보상액의 가격시점 등】 ① 보상액의 산정은 협의에 의한 경우에는 협의 성립 당시의 가격을, 재결에 의한 경우에는 수용 또는 사용의 재결 당시의 가격을 기준으로 한다.
② 보상액을 산정할 경우에 해당 공익사업으로 인하여 토지등의 가격이 변동되었을 때에는 이를 고려하지 아니한다.

② [O] 「공익사업을 위한 토지 등의 취득 및 보상에 관한 법률」 제72조에 대한 옳은 내용이다.

판례 이론 **조문**

제72조 【사용하는 토지의 매수청구 등】 사업인정고시가 된 후 다음 각 호의 어느 하나에 해당할 때에는 해당 토지소유자는 사업시행자에게 해당 토지의 매수를 청구하거나 관할 토지수용위원회에 그 토지의 수용을 청구할 수 있다. 이 경우 관계인은 사업시행자나 관할 토지수용위원회에 그 권리의 존속(存續)을 청구할 수 있다.
1. 토지를 사용하는 기간이 3년 이상인 경우
2. 토지의 사용으로 인하여 토지의 형질이 변경되는 경우
3. 사용하려는 토지에 그 토지소유자의 건축물이 있는 경우

③ [O] 「공익사업을 위한 토지 등의 취득 및 보상에 관한 법률」 제65조에 대한 옳은 내용이다.

판례 이론 **조문**

제65조 【일괄보상】 사업시행자는 동일한 사업지역에 보상시기를 달리하는 동일인 소유의 토지등이 여러 개 있는 경우 토지소유자나 관계인이 요구할 때에는 한꺼번에 보상금을 지급하도록 하여야 한다.

❹ [X] 판례 이론 **조문**

「공익사업을 위한 토지 등의 취득 및 보상에 관한 법률」 제66조 【사업시행 이익과의 상계금지】 사업시행자는 동일한 소유자에게 속하는 일단(一團)의 토지의 일부를 취득하거나 사용하는 경우 해당 공익사업의 시행으로 인하여 잔여지(殘餘地)의 가격이 증가하거나 그 밖의 이익이 발생한 경우에도 그 이익을 그 취득 또는 사용으로 인한 손실과 상계(相計)할 수 없다.

11 항고소송 정답 ①

❶ [×] 조례가 집행행위의 개입 없이도 그 자체로서 직접 국민의 구체적인 권리의무나 법적 이익에 영향을 미치는 등의 법률상 효과를 발생하는 경우 그 조례는 항고소송의 대상이 되는 행정처분에 해당하고, 이러한 조례에 대한 무효확인소송을 제기함에 있어서 행정소송법 제38조 제1항, 제13조에 의하여 피고적격이 있는 처분 등을 행한 행정청은, 행정주체인 지방자치단체 또는 지방자치단체의 내부적 의결기관으로서 지방자치단체의 의사를 외부에 표시한 권한이 없는 지방의회가 아니라, 구 지방자치법 제19조 제2항, 제92조에 의하여 지방자치단체의 집행기관으로서 조례로서의 효력을 발생시키는 공포권이 있는 지방자치단체의 장이다. 구 지방교육자치에 관한 법률 제14조 제5항, 제25조에 의하면 시·도의 교육·학예에 관한 사무의 집행기관은 시·도 교육감이고 시·도 교육감에게 지방교육에 관한 조례안의 공포권이 있다고 규정되어 있으므로, 교육에 관한 조례의 무효확인소송을 제기함에 있어서는 그 집행기관인 시·도 교육감을 피고로 하여야 한다(대판 1996.9.20. 95누8003).

② [O] 「노동위원회법」 제27조 제1항에 대한 옳은 내용이다.

판례 이론 **조문**

> **제27조【중앙노동위원회의 처분에 대한 소송】** ① 중앙노동위원회의 처분에 대한 소송은 중앙노동위원회 위원장을 피고로 하여 처분의 송달을 받은 날부터 15일 이내에 제기하여야 한다.

③ [O] 피고 농림축산식품부장관이 2016.5.12. 원고에 대하여 농지보전부담금 부과처분을 한다는 의사표시가 담긴 2016.6.20.자 납부통지서를 수납업무 대행자인 피고 한국농어촌공사가 원고에게 전달함으로써, 이 사건 농지보전부담금 부과처분은 성립요건과 효력 발생요건을 모두 갖추게 되었다(대판 2017.4.13. 2015두36331).

나아가 피고 한국농어촌공사가 '피고 농림축산식품부장관의 대행자' 지위에서 위와 같은 납부통지를 하였음을 분명하게 밝힌 이상, 피고 농림축산식품부장관이 이 사건 농지보전부담금 부과처분을 외부적으로 자신의 명의로 행한 행정청으로서 항고소송의 피고가 되어야 하고, 단순한 대행자에 불과한 피고 한국농어촌공사를 피고로 삼을 수는 없다(대판 2018.10.25. 2018두43095).

④ [O] 대리권을 수여받은 데 불과하여 그 자신의 명의로는 행정처분을 할 권한이 없는 행정청의 경우 대리관계를 밝힘이 없이 그 자신의 명의로 행정처분을 하였다면 그에 대하여는 처분명의자인 당해 행정청이 항고소송의 피고가 되어야 하는 것이 원칙이지만, 비록 대리관계를 명시적으로 밝히지는 아니하였다 하더라도 처분명의자가 피대리 행정청 산하의 행정기관으로서 실제로 피대리 행정청으로부터 대리권한을 수여받아 피대리 행정청을 대리한다는 의사로 행정처분을 하였고 처분명의자는 물론 그 상대방도 그 행정처분이 피대리 행정청을 대리하여 한 것임을 알고서 이를 받아들인 예외적인 경우에는 피대리 행정청이 피고가 되어야 한다(대판 2006.2.23. 2005부4).

12 국가배상법상 배상책임 정답 ①

❶ [O] 국가가 구 농지개혁법(1994.12.22. 법률 제4817호 농지법 부칙 제2조 제1호로 폐지)에 따라 농지를 매수하였으나 분배하지 않아 원소유자의 소유로 환원된 경우에 국가는 이를 임의로 처분할 수 없고 원소유자에게 반환해야 한다. 만일 이러한 의무를 부담하는 국가의 담당공무원이 농지가 원소유자의 소유로 환원되었음을 제대로 확인하지 않은 채 제3자에게 농지를 처분한 다음 소유권보존등기를 하고 소유권이전등기를 해줌으로써 제3자의 등기부취득시효가 완성되어 원소유자에게 손해를 입혔다면, 이는 특별한 사정이 없는 한 국가배상법 제2조 제1항에서 정한 공무원의 고의 또는 과실에 의한 위법행위에 해당한다(대판 2019.10.31. 2016다243306).

② [×] 국가배상법 제5조 소정의 공공의 영조물이란 공유나 사유임을 불문하고 행정주체에 의하여 특정공공의 목적에 공여된 유체물 또는 물적 설비를 의미하므로 사실상 군민의 통행에 제공되고 있던 도로 옆의 암벽으로부터 떨어진 낙석에 맞아 소외인이 사망하는 사고가 발생하였다고 하여도 동 사고지점 도로가 피고 군에 의하여 노선인정 기타 공용개시가 없었으면 이를 영조물이라 할 수 없다(대판 1981.7.7. 80다2478).

③ [×] 고속도로에 인접한 과수원의 운영자인 甲이 과수원에 식재된 과수나무 중 고속도로에 접한 1열과 2열에 식재된 과수나무의 생장과 결실이 다른 곳에 식재된 과수나무에 비해 현격하게 부진하자 과수원의 과수가 고사하는 등의 피해는 고속도로에서 발생하는 매연과 한국도로공사의 제설제 사용 등으로 인한 것이라고 주장하며 한국도로공사를 상대로 손해배상을 구한 사안에서, 한국도로공사가 설치·관리하는 고속도로에서 발생한 매연과 한국도로공사가 살포한 제설제의 염화물 성분 등이 甲이 운영하는 과수원에 도달함으로써, 과수가 고사하거나 성장과 결실이 부족하고 상품판매율이 떨어지는 피해가 발생하였을 뿐만 아니라, 이는 통상의 참을 한도를 넘는 것이어서 위법성이 인정된다고 보아 한국도로공사의 손해배상책임을 인정한 사례이다(대판 2019.11.28. 2016다233538·233545).

④ [×] 제3자의 행위로 인해 도로에 결함이 발생한 경우 도로에 그런 결함이 있다는 것만으로는 도로의 보존상 하자가 있는 것으로 보아서는 안 되고, 당해 도로의 구조, 장소적 환경과 이용 상황 등 제반사정을 고려하여 그 결함을 제거하여 원상으로 복구 할 수 있는데도 이를 방치한 경우에 비로소 손해배상책임의 원인이 되는 도로 관리상의 하자가 있는 것으로 보아야 한다. 고속도로의 관리상 하자가 인정되는 이상 고속도로의 점유관리자는 그 하자가 불가항력에 의한 것이거나 손해의 방지에 필요한 주의를 해태하지 아니하였다는 점을 주장·입증하여야 비로소 그 책임을 면할 수가 있다(대판 2008.3.13. 2007다29287).

13 행정소송의 피고적격 정답 ③

옳은 것은 ㄱ, ㄷ, ㄹ이다.

ㄱ. [O] 국무회의에서 건국훈장 독립장이 수여된 망인에 대한 서훈취소를 의결하고 대통령이 결재함으로써 서훈취소가 결정된 후 국가보훈처장이 망인의 유족 甲에게 '독립유공자 서훈취소결정 통보'를 하자 甲이 국가보훈처장을 상대로 서훈취소결정의 무효 확인 등의 소를 제기한 사안에서, 甲이 서훈취소 처분을 행한 행정청(대통령)이 아니라 국가보훈처장을 상대로 제기한 위 소는 피고를 잘못 지정한 경우에 해당하므로, 법원으로서는 석명권을 행사하여 정당한 피고로 경정하게 하여 소송을 진행해야 함에도 국가보훈처장이 서훈취소 처분을 한 것을 전제로 처분의 적법 여부를 판단한 원심판결에 법리오해 등의 잘못이 있다(대판 2014.9.26. 2013두2518).

ㄴ. [X] 내부위임의 경우에는 권한이 이양되는 것이 아니기 때문에 위임기관이 피고가 된다. 따라서 국토교통부장관이 피고가 된다.

ㄷ. [O] 「헌법재판소법」 제17조 제5항에 대한 옳은 내용이다.

판례 이론 **조문**

> **제17조 【사무처】** ⑤ 헌법재판소장이 한 처분에 대한 행정소송의 피고는 헌법재판소 사무처장으로 한다.

ㄹ. [O] 행정권한의 위임이 있는 경우에는 권한이 수임청에게 넘어가기 때문에 수임청이 피고가 된다. 따라서 서울특별시장이 피고가 된다.

14 영업자지위승계신고 정답 ③

① [O] 영업양도에 따른 지위승계신고를 수리하는 허가관청의 행위는 단순히 양도인과 양수인사이에 이미 발생한 사법상 사업양도의 법률효과에 의하여 양수인이 영업을 승계하였다는 사실의 신고를 접수하는 행위에 그치는 것이 아니라, 실질적으로 양도자의 사업허가 등을 취소함과 아울러 양수자에게 적법하게 사업을 할 수 있는 권리를 설정하여 주는 행위로서 사업허가자 등의 변경이라는 법률효과를 발생시키는 행위이다(대판 2012.1.12. 2011도6561).

② [O] 甲에게는 영업양도에 따른 지위승계신고 수리처분을 하는 경우에 침익적 처분이므로 행정절차법 소정의 사전통지 등 행정절차를 실시하고 처분을 하여야 한다.

❸ [X] 수허가자의 지위를 양수받아 명의변경신고를 할 수 있는 양수인의 지위는 단순한 반사적 이익이나 사실상의 이익이 아니라 산림법령에 의하여 보호되는 직접적이고 구체적인 이익으로서 법률상 이익이라고 할 것이고, 채석허가가 유효하게 존속하고 있다는 것이 양수인의 명의변경신고의 전제가 된다는 의미에서 관할 행정청이 양도인에 대하여 채석허가를 취소하는 처분을 하였다면 이는 양수인의 지위에 대한 직접적 침해가 된다고 할 것이므로 양수인은 채석허가를 취소하는 처분의 취소를 구할 법률상 이익을 가진다(대판 2003.7.11. 2001두6289).

④ [O] 허가관청의 사업양수에 의한 지위승계신고의 수리는 적법한 사업의 양도가 있었음을 전제로 하는 것이므로 사업의 양도행위가 무효라고 주장하는 양도자는 민사쟁송으로 양도행위의 무효를 구함이 없이 막바로 허가관청을 상대로 하여 행정소송으로 위 신고수리처분의 무효확인을 구할 법률상 이익이 있다(대판 1993.6.8. 91누11544).

15 행정행위의 부관 정답 ③

① [O] 도로점용허가의 점용기간은 행정행위의 본질적인 요소에 해당한다고 볼 것이어서 부관인 점용기간을 정함에 있어서 위법사유가 있다면 이로써 도로점용허가처분 전부가 위법하게 된다고 할 것인데, … 수락한 조건대로 원고의 총 공사비와 피고시의 징수조례에 의한 도로점용료가 같아지는 33·34년까지로 하여야 할 것임에도 불구하고, 합리적인 근거도 없이 그 점용기간을 20년으로 정하여 이 사건 도로점용허가를 한 것은 위법하다(대판 1985.7.9. 84누604).

② [O] 행정행위의 부관은 부담의 경우를 제외하고는 독립하여 행정소송의 대상이 될 수 없는 것인바, 지방국토관리청장이 일부 공유수면매립지에 대하여 한 국가 또는 직할시 귀속처분은 매립준공인가를 함에 있어서 매립의 면허를 받은 자의 매립지에 대한 소유권취득을 규정한 공유수면매립법 제14조의 효과 일부를 배제하는 부관을 붙인 것이고, 이러한 행정행위의 부관은 위 법리와 같이 독립하여 행정소송 대상이 될 수 없다(대판 1993.10.8. 93누2032).

❸ [X] 부담인 부관이 무효가 된다고 해서 부담의 이행으로 한 사법상 법률행위도 당연히 무효가 되는 것은 아니다. 행정처분에 부담인 부관을 붙인 경우 부관의 무효화에 의하여 본체인 행정처분 자체의 효력에도 영향이 있게 될 수는 있지만, 그 처분을 받은 사람이 부담의 이행으로 사법상 매매 등의 법률행위를 한 경우에는 그 부관은 특별한 사정이 없는 한 법률행위를 하게 된 동기 내지 연유로 작용하였을 뿐이므로 이는 법률행위의 취소사유가 될 수 있음은 별론으로 하고 그 법률행위 자체를 당연히 무효화하는 것은 아니다(대판 2009.6.25. 2006다18174).

④ [O] 행정처분에 이미 부담이 부가되어 있는 상태에서 그 의무의 범위 또는 내용 등을 변경하는 부관의 사후변경은, 법률에 명문의 규정이 있거나 그 변경이 미리 유보되어 있는 경우 또는 상대방의 동의가 있는 경우에 한하여 허용되는 것이 원칙이지만, 사정변경으로 인하여 당초에 부담을 부가한 목적을 달성할 수 없게 된 경우에도 그 목적 달성에 필요한 범위 내에서 예외적으로 허용된다(대판 1997.5.30. 97누2627).

16 수용 및 보상 정답 ③

① [X] 사업시행자는 토지 등을 수용하거나 사용하려면 대통령령으로 정하는 바에 따라 국토교통부장관의 사업인정을 받아야 하는데(「토지보상법」 제20조 제1항), 사인(민간인)도 사업시행자가 될 수 있고 사업인정을 받을 수 있다.

② [X] 사업인정처분에 중대하고 명백한 하자가 있어 당연무효라고 볼만한 특단의 사정이 없다면 그 처분의 불가쟁력에 의하여 사업인정처분의 위법, 부당함을 이유로 수용재결처분의 취소를 구할 수 없다(대판 1987.9.8. 87누395).

❸ [O] 토지소유자의 토지수용청구를 받아들이지 아니한 토지수용위원회의 재결에 대하여 토지소유자가 불복하여 제기하는 소송은 토지보상법 제85조 제2항에 규정되어 있는 '보상금의 증감에 관한 소송'에 해당하고, 피고는 토지수용위원회가 아니라 사업시행자로 하여야 한다(대판 2015.4.9. 2014두46669).

④ [×] 공익사업의 시행으로 지가가 상승하여 발생하는 개발이익은 사업시행자의 투자에 의한 것으로서 피수용자인 토지소유자의 노력이나 자본에 의하여 발생하는 것이 아니므로, 이러한 개발이익은 형평의 관념에 비추어 볼 때 토지소유자에게 당연히 귀속되어야 할 성질의 것이 아니고, 또한 개발이익은 공공사업의 시행에 의하여 비로소 발생하는 것이므로, 그것이 피수용토지가 수용 당시 갖는 객관적 가치에 포함된다고 볼 수도 없다(헌재 2009.12.29. 2009헌바142).

17 행정법 정답 ②

① [O] 구 대기환경보전법의 입법목적이나 제반 관계규정의 취지 등을 고려하면, 법정의 배출허용기준을 초과하는 배출 가스를 배출하면서 자동차를 운행하는 행위를 처벌하는 위 법규정은 자동차의 운행자가 그 자동차에서 배출되는 배출가스가 소정의 운행 자동차 배출허용기준을 초과한다는 점을 실제로 인식하면서 운행한 고의범의 경우는 물론 과실로 인하여 그러한 내용을 인식하지 못한 과실범의 경우도 함께 처벌하는 규정이다(대판 1993.9.10. 92도1136).

❷ [×] 통고처분에 따른 범칙금을 납부한 후에 동일한 사건에 대하여 다시 형사처벌을 하는 것은 일사부재리의 원칙에 반하는 것이다.

판례 이론 조문

도로교통법 제119조 제3항은 그 법 제118조에 의하여 범칙금 납부통고서를 받은 사람이 그 범칙금을 납부한 경우 그 범칙행위에 대하여 다시 벌받지 아니한다고 규정하고 있는바, 이는 범칙금의 납부에 확정재판의 효력에 준하는 효력을 인정하는 취지로 해석할 것이다(대판 2002.11.22. 2001도849).

③ [O] 죄형법정주의는 무엇이 범죄이며 그에 대한 형벌이 어떠한 것인가는 국민의 대표로 구성된 입법부가 제정한 법률로써 정하여야 한다는 원칙인데, 부동산등기 특별조치법 제11조 제1항 본문 중 제2조 제1항에 관한 부분이 정하고 있는 과태료는 행정상의 질서유지를 위한 행정질서벌에 해당할 뿐 형벌이라고 할 수 없어 죄형법정주의의 규율대상에 해당하지 아니한다(헌재 1998.5.28. 96헌바83).

④ [O] 「질서위반행위규제법」 제3조에 대한 옳은 내용이다.

판례 이론 **조문**

제3조【법 적용의 시간적 범위】 ① 질서위반행위의 성립과 과태료 처분은 행위시의 법률에 따른다.
② 질서위반행위 후 법률이 변경되어 그 행위가 질서위반행위에 해당하지 아니하게 되거나 과태료가 변경되기 전의 법률보다 가볍게 된 때에는 법률에 특별한 규정이 없는 한 변경된 법률을 적용한다.
③ 행정청의 과태료 처분이나 법원의 과태료 재판이 확정된 후 법률이 변경되어 그 행위가 질서위반행위에 해당하지 아니하게 된 때에는 변경된 법률에 특별한 규정이 없는 한 과태료의 징수 또는 집행을 면제한다.

18 행정심판법 정답 ②

① [O] 임시처분은 행정청의 처분이나 부작위 때문에 발생할 수 있는 당사자의 중대한 불이익이나 급박한 위험을 막기 위해 당사자에게 임시지위를 부여하는 행정심판위원회의 결정이다.

❷ [×] 임시처분은 집행정지로 목적을 달성할 수 있는 경우에는 허용되지 아니한다.

판례 이론 **조문**

「행정심판법」 제31조【임시처분】 ③ 제1항에 따른 임시처분은 제30조 제2항에 따른 집행정지로 목적을 달성할 수 있는 경우에는 허용되지 아니한다.

③ [O] 직권으로 또는 당사자의 신청에 의하여 임시처분을 결정할 수 있다.

④ [O] 임시처분의 요건은 아래와 같다.

판례 **이론** 조문

임시처분의 요건
- 심판청구의 계속
- 처분 또는 부작위가 위법·부당하다고 상당히 의심되는 경우일 것
- 당사자에게 중대한 불이익이나 급박한 위험이 생길 우려가 있을 것
- 공공복리에 중대한 영향을 미칠 우려가 없을 것

19 행정소송상 주장·입증책임 정답 ④

옳은 것은 ㄱ, ㄴ, ㄷ, ㄹ이다.

ㄱ. [O] 사정판결은 당사자의 명백한 주장이 없는 경우에도 기록에 나타난 여러 사정을 기초로 직권으로 할 수 있는 것이나, 그 요건인 현저히 공공복리에 적합하지 아니한지 여부는 위법한 행정처분을 취소·변경하여야 할 필요와 그 취소·변경으로 인하여 발생할 수 있는 공공복리에 반하는 사태 등을 비교·교량하여 판단하여야 한다(대판 2006.9.22. 2005두2506).

ㄴ. [O] 교육부장관이 총장 후보자에게 총장 임용 부적격사유가 있다고 밝혔다면, 그 후보자는 그러한 판단에 사실오인 등의 잘못이 있음을 주장·증명함과 아울러, 임용제청되었거나 임용된 다른 후보자에게 총장 임용 부적격사유가 있다는 등의 특별한 사정까지 주장·증명하여야 한다. 이러한 주장·증명이 있을 때 비로소 그에 대한 임용제청 제외처분 또는 임용 제외처분이 위법하다고 볼 수 있다. 이러한 이유로 해당 처분을 취소하는 판결이 확정된 경우에는 교육부장관 또는 대통령에게 취소판결의 취지에 따라 두 후보자의 총장 임용 적격성을 다시 심사하여 임용제청 또는 임용을 할 의무가 발생한다(행정소송법 제30조 제1항)(대판 2018.6.15. 2016두57564).

ㄷ. [O] 난민 인정의 요건이 되는 '박해'라 함은 '생명, 신체 또는 자유에 대한 위협을 비롯하여 인간의 본질적 존엄성에 대한 중대한 침해나 차별을 야기하는 행위'라고 할 수 있을 것이고, 그러한 박해를 받을 '충분한 근거 있는 공포'가 있음은 난민인정의 신청을 하는 외국인이 증명하여야 할 것이나, 난민의 특수한 사정을 고려하여, 그 진술에 일관성과 설득력이 있고 입국 경로, 입국 후 난민신청까지의 기간, 난민 신청 경위, 국적국의 상황, 주관적으로 느끼는 공포의 정도, 신청인이 거주하던 지역의 정치·사회·문화적 환경, 그 지역의 통상인이 같은 상황에서 느끼는 공포의 정도 등에 비추어 전체적인 진술의 신빙성에 의하여 그 주장사실을 인정하는 것이 합리적인 경우에는 그 증명이 있다고 할 것이다(대판 2008.7.24. 2007두19539).

ㄹ. [O] 국가유공자 인정 요건, 즉 공무수행으로 상이를 입었다는 점이나 그로 인한 신체장애의 정도가 법령에 정한 등급 이상에 해당한다는 점은 국가유공자 등록신청인이 증명할 책임이 있지만, 그 상이가 '불가피한 사유 없이 본인의 과실이나 본인의 과실이 경합된 사유로 입은 것'이라는 사정, 즉 지원대상자 요건에 해당한다는 사정은 국가유공자 등록신청에 대하여 지원대상자로 등록하는 처분을 하는 처분청이 증명책임을 진다고 보아야 한다(대판 2013.8.22. 2011두26589).

20 국가배상 정답 ②

옳지 않은 것은 2개(ㄹ, ㅁ)이다.

ㄱ. [O] 국가가 구 농지개혁법(1994.12.22. 법률 제4817호 농지법 부칙 제2조 제1호로 폐지)에 따라 농지를 매수하였으나 분배하지 않아 원소유자의 소유로 환원된 경우에 국가는 이를 임의로 처분할 수 없고 원소유자에게 반환해야 한다. 만일 이러한 의무를 부담하는 국가의 담당공무원이 농지가 원소유자의 소유로 환원되었음을 제대로 확인하지 않은 채 제3자에게 농지를 처분한 다음 소유권보존등기를 하고 소유권이전등기를 해줌으로써 제3자의 등기부취득시효가 완성되어 원소유자에게 손해를 입혔다면, 이는 특별한 사정이 없는 한 국가배상법 제2조 제1항에서 정한 공무원의 고의 또는 과실에 의한 위법행위에 해당한다(대판 2019.10.31. 2016다243306).

ㄴ. [O] 일반적인 국가배상청구권에 적용되는 소멸시효 기산점과 시효기간에 합리적 이유가 인정된다 하더라도, 과거사정리법 제2조 제1항 제3호에 규정된 '민간인 집단희생사건', 제4호에 규정된 '중대한 인권침해·조작의혹사건'의 특수성을 고려하지 아니한 채 민법 제166조 제1항, 제766조 제2항의 '객관적 기산점'이 그대로 적용되도록 규정하는 것은 국가배상청구권에 관한 입법형성의 한계를 일탈한 것인데, 그 이유는 다음과 같다. 민간인 집단희생사건과 중대한 인권침해·조작의혹사건은 국가기관이 국민에게 누명을 씌워 불법행위를 자행하고, 소속 공무원들이 조직적으로 관여하였으며, 사후에도 조작·은폐함으로써 오랜 기간 진실규명이 불가능한 경우가 많아 일반적인 소멸시효 법리로 타당한 결론을 도출하기 어려운 문제들이 발생하였다. 이에 2005년 여·야의 합의로 과거사정리법이 제정되었고, 그 제정 경위 및 취지에 비추어볼 때 위와 같은 사건들은 사인간 불법행위 내지 일반적인 국가배상 사건과 근본적 다른 유형에 해당됨을 알 수 있다. 이와 같은 특성으로 인하여 과거사정리법에 규정된 위 사건 유형에 대해 일반적인 소멸시효를 그대로 적용하기는 부적합하다. 왜냐하면 위 사건 유형은 국가가 현재까지 피해자들에게 손해배상채무를 변제하지 않은 것이 명백한 사안이므로, '채무자의 이중변제 방지'라는 입법취지가 국가배상청구권 제한의 근거가 되기 어렵기 때문이다. 또한 국가가 소속 공무원을 조직적으로 동원하여 불법행위를 저지르고 그에 관한 조작·은폐를 통해 피해자의 권리를 장기간 저해한 사안이므로, '채권자의 권리불행사에 대한 제재 및 채무자의 보호가치 있는 신뢰 보호'라는 입법취지도 그 제한의 근거가 되기 어렵기 때문이다. 따라서 위와 같은 사건 유형에서는 '법적 안정성'이란 입법취지만 남게 된다. 그러나 국가배상청구권은 단순한 재산권 보장의 의미를 넘어 헌법 제29조 제1항에서 특별히 보장한 기본권으로서, 헌법 제10조 제2문에 따라 개인이 가지는 기본권을 보장할 의무를 지는 국가가 오히려 국민에 대해 불법행위를 저지른 경우 이를 사후적으로 회복·구제하기 위해 마련된 특별한 기본권인 점을 고려할 때, 국가배상청구권의 시효소멸을 통한 법적 안정성의 요청이 헌법 제10조의 국가의 기본권 보호의무와 헌법 제29조 제1항의 국가배상청구권 보장 필요성을 완전히 희생시킬 정도로 중요한 것이라 보기 어렵다. 구체적으로 살펴보면, 불법행위의 피해자가 '손해 및 가해자를 인식하게 된 때'로부터 3년 이내에 손해배상을 청구하도록 하는 것은 불법행위로 인한 손해배상청구에 있어 피해자와 가해자 보호의 균형을 도모하기 위한 것이므로, 과거사정리법 제2조 제1항 제3호, 제4호에 규정된 사건에 민법 제766조 제1항의 '주관적 기산점'이 적용되도록 하는 것은 합리적 이유가 인정된다. 그러나, 국가가 소속 공무원들의 조직적 관여를 통해 불법적으로 민간인을 집단 희생시키거나 장기간의 불법구금·고문 등에 의한 허위자백으로 유죄판결을 하고 사후에도 조작·은폐를 통해 진상규명을 저해하였음에도 불구하고, 그 불법행위 시점을 소멸시효의 기산점으로 삼는 것은 피해자와 가해자 보호의 균형을 도모하는 것으로 보기 어렵고, 발생한 손해의 공평·타당한 분담이라는 손해배상제도의 지도원리에도 부합하지 않는다. 그러므로 과거사정리법 제2조 제1항 제3호, 제4호에 규정된 사건에 민법 제166조 제1항, 제766조 제2항의 '객관적 기산점'이 적용되도록 하는 것은 합리적 이유가 인정되지 않는다. 결국, 민법 제166조 제1항, 제766조 제2항의 객관적 기산점을 과거사정리법 제2조 제1항 제3호, 제4호의 민간인 집단희생사건, 중대한 인권침해·조작의혹사건에 적용하도록 규정하는 것은, 소멸시효제도를 통한 법적 안정성과 가해자 보호만을 지나치게 중시한 나머지 합리적 이유 없이 위 사건 유형에 관한 국가배상청구권 보장 필요성을 외면한 것으로서 입법형성의 한계를 일탈하여 청구인들의 국가배상청구권을 침해한다(헌재 2018.8.30. 2014헌바148).

ㄷ. [O] 군인 등이 직무집행과 관련하여 공상을 입는 등의 이유로 「보훈보상대상자 지원에 관한 법률」이 정한 보훈보상대상자 요건에 해당하여 보상금 등 보훈급여금을 지급받을 수 있는 경우, 국가를 상대로 국가배상을 청구할 수 없다.

판례 이론 조문

[1] 군인 등이 직무집행과 관련하여 공상을 입는 등의 이유로 보훈보상대상자 지원에 관한 법률이 정한 보훈보상대상자 요건에 해당하여 보상금 등 보훈급여금을 지급받을 수 있는 경우, 국가를 상대로 국가배상을 청구할 수 있는지 여부(소극)

국가배상법 제2조 제1항 단서는 헌법 제29조 제2항에 근거를 둔 규정이고, 보훈보상대상자 지원에 관한 법률(이하 '보훈보상자법'이라 한다)이 정한 보상에 관한 규정은 국가배상법 제2조 제1항 단서가 정한 '다른 법령'에 해당하므로, 보훈보상자법에서 정한 보훈보상대상자 요건에 해당하여 보상금 등 보훈급여금을 지급받을 수 있는 경우는 보훈보상자법에 따라 '보상을 지급받을 수 있을 때'에 해당한다. 따라서 군인·군무원·경찰공무원 또는 향토예비군대원이 전투·훈련 등 직무집행과 관련하여 공상을 입는 등의 이유로 보훈보상자법이 정한 보훈보상대상자 요건에 해당하여 보상금 등 보훈급여금을 지급받을 수 있을 때에는 국가배상법 제2조 제1항 단서에 따라 국가를 상대로 국가배상을 청구할 수 없다.

[2] 직무집행과 관련하여 공상을 입은 군인 등이 먼저 국가배상법에 따라 손해배상금을 지급받은 다음 보훈보상대상자 지원에 관한 법률이 정한 보상금 등 보훈급여금의 지급을 청구하는 경우, 국가배상법에 따라 손해배상을 받았다는 이유로 그 지급을 거부할 수 있는지 여부(소극)

전투·훈련 등 직무집행과 관련하여 공상을 입은 군인·군무원·경찰공무원 또는 향토예비군대원이 먼저 국가배상법에 따라 손해배상금을 지급받은 다음 보훈보상대상자 지원에 관한 법률(이하 '보훈보상자법'이라 한다)이 정한 보상금 등 보훈급여금의 지급을 청구하는 경우, 국가배상법 제2조 제1항 단서가 명시적으로 '다른 법령에 따라 보상을 지급받을 수 있을 때에는 국가배상법 등에 따른 손해배상을 청구할 수 없다'고 규정하고 있는 것과 달리 보훈보상자법은 국가배상법에 따른 손해배상금을 지급받은 자를 보상금 등 보훈급여금의 지급대상에서 제외하는 규정을 두고 있지 않은 점, 국가배상법 제2조 제1항 단서의 입법 취지 및 보훈보상자법이 정한 보상과 국가배상법이 정한 손해배상의 목적과 산정방식의 차이 등을 고려하면 국가배상법 제2조 제1항 단서가 보훈보상자법 등에 의한 보상을 받을 수 있는 경우 국가배상법에 따른 손해배상청구를 하지 못한다는 것을 넘어 국가배상법상 손해배상금을 받은 경우 보훈보상자법상 보상금 등 보훈급여금의 지급을 금지하는 것으로 해석하기는 어려운 점 등에 비추어, 국가보훈처장은 국가배상법에 따라 손해배상을 받았다는 사정을 들어 보상금 등 보훈급여금의 지급을 거부할 수 없다(대판 2017.2.3. 2015두60075).

ㄹ. [×] 공무원에 대한 전보인사가 법령이 정한 기준과 원칙에 위배되거나 인사권을 다소 부적절하게 행사한 것으로 볼 여지가 있다 하더라도 그러한 사유만으로 그 전보인사가 당연히 불법행위를 구성한다고 볼 수는 없고, 인사권자가 당해 공무원에 대한 보복감정 등 다른 의도를 가지고 인사재량권을 일탈·남용하여 객관적 정당성을 상실하였음이 명백한 경우 등 전보인사가 우리의 건전한 사회통념이나 사회상규상 도저히 용인될 수 없음이 분명한 경우에, 그 전보인사는 위법하게 상대방에게 정신적 고통을 가하는 것이 되어 당해 공무원에 대한 관계에서 불법행위를 구성한다(대판 2009.5.28. 2006다16215).

ㅁ. [×] 구 부동산소유권 이전등기 등에 관한 특별조치법(1992.11.30. 법률 제4502호, 실효, 이하 '구 특별조치법'이라 한다) 제7조 제1항, 제2항, 제10조 제2항, 제3항, 제11조, 구 부동산소유권 이전등기 등에 관한 특별조치법 시행령(1994.8.25. 대통령령 제14369호로 개정되기 전의 것) 제5조 내지 제9조, 제11조, 제12조 내지 제15조의 규정들을 종합하면, 구 특별조치법상 보증인은 공무를 위탁받아 실질적으로 공무를 수행한다고 보기는 어렵다. 보증인을 위촉하는 관청은 소정 요건을 갖춘 주민을 보증인으로 위촉하는 데 그치고 대장소관청은 보증서의 진위를 확인하기 위한 일련의 절차를 거쳐 확인서를 발급할 뿐 행정관청이 보증인의 직무수행을 지휘·감독할 수 있는 법령상 근거가 없으며, 보증인은 보증서를 작성할 의무를 일방적으로 부과받으면서도 어떠한 경제적 이익도 제공받지 못하는 반면 재량을 가지고 발급신청의 진위를 확인하며 그 내용에 관하여 행정관청으로부터 아무런 간섭을 받지 않기 때문이다(대판 2019.1.31. 2013다14217).

ㅂ. [○] 한센병을 앓은 적이 있는 甲 등이 국가가 한센병 환자의 치료 및 격리수용을 위하여 운영·통제해 온 국립 소△▽병원 등에 입원해 있다가 위 병원 등에 소속된 의사 등으로부터 정관절제수술 또는 임신중절수술을 받았음을 이유로 국가를 상대로 손해배상을 구한 사안에서, 의사 등이 한센인인 甲 등에 대하여 시행한 정관절제수술과 임신중절수술은 법률상 근거가 없거나 적법 요건을 갖추었다고 볼 수 없는 점, 수술이 행해진 시점에서 의학적으로 밝혀진 한센병의 유전위험성과 전염위험성, 치료가능성 등을 고려해 볼 때 한센병 예방이라는 보건정책 목적을 고려하더라도 수단의 적정성이나 피해의 최소성을 인정하기 어려운 점, 甲 등이 수술에 동의 내지 승낙하였다 할지라도, 甲 등은 한센병이 유전되는지, 자녀에게 감염될 가능성이 어느 정도인지, 치료가 가능한지 등에 관하여 충분히 설명을 받지 못한 상태에서 한센인에 대한 사회적 편견과 차별, 열악한 사회·교육·경제적 여건 등으로 어쩔 수 없이 동의 내지 승낙한 것으로 보일 뿐 자유롭고 진정한 의사에 기한 것으로 볼 수 없는 점 등을 종합해 보면, 국가는 소속 의사 등이 행한 위와 같은 행위로 甲 등이 입은 손해에 대하여 국가배상책임을 부담한다고 한 사례(대판 2017.2.15. 2014다230535).

09회 실전동형모의고사

정답

p. 70

01	④	Ⅵ	06	③	Ⅳ	11	③	Ⅴ	16	③	Ⅰ
02	①	Ⅱ	07	④	Ⅵ	12	①	Ⅱ	17	②	Ⅱ
03	③	Ⅱ	08	②	Ⅳ	13	①	Ⅲ	18	①	Ⅱ
04	①	Ⅱ	09	④	Ⅴ	14	③	Ⅵ	19	②	Ⅱ
05	①	Ⅵ	10	②	Ⅱ	15	③	Ⅱ	20	①	Ⅲ

Ⅰ 행정법 서론 / Ⅱ 행정작용법 / Ⅲ 행정절차와 행정공개 / Ⅳ 행정의 실효성 확보수단 / Ⅴ 행정상 손해전보 / Ⅵ 행정쟁송

취약 단원 분석표

단원	맞힌 답의 개수
Ⅰ	/ 1
Ⅱ	/ 9
Ⅲ	/ 2
Ⅳ	/ 2
Ⅴ	/ 2
Ⅵ	/ 4
TOTAL	/ 20

01 항고소송의 대상 정답 ④

① [O] 항고소송의 대상이 되는 행정처분이란 행정청의 공법상 행위로서 특정사항에 대하여 법규에 의한 권리의 설정 또는 의무의 부담을 명하며 기타 법률상 효과를 발생하게 하는 등 국민의 구체적 권리의무에 직접적 변동을 초래하는 행위를 말한다(대판 2019.2.14. 2016두41729).

② [O] 행정청 내부에서의 행위나 알선, 권유, 사실상의 통지 등과 같이 상대방 또는 기타 관계자들의 법률상 지위에 직접적인 법률적 변동을 일으키지 아니하는 행위는 항고소송의 대상이 될 수 없다(대판 2019.2.14. 2016두41729).

③ [O] 甲 회사 등은 위 통보로 구 판로지원법 제8조의2 제1항, 같은 법 시행령 제9조의3에 따라 중소기업자간 경쟁입찰에 참여할 수 있는 자격을 획득할 때까지 물량 배정을 받을 수 없게 되고 이는 甲 회사 등의 권리·의무에 직접적인 영향을 미치는 법적 불이익에 해당하는 점 등을 종합하면, 위 통보가 중소기업청장의 확인처분과 구 판로지원법 제8조의2 제1항 등에 근거한 후속 집행행위로서 상대방인 甲 회사 등의 권리·의무에도 직접 영향을 미치므로, 행정청인 조달청장이 행하는 구체적 사실에 관한 법 집행으로서의 공권력의 행사이고 따라서 항고소송의 대상이 된다(대판 2019.5.10. 2015두46987).

❹ [X] 국민건강보험 직장가입자 또는 지역가입자 자격 변동은 법령이 정하는 사유가 생기면 별도 처분 등의 개입 없이 사유가 발생한 날부터 변동의 효력이 당연히 발생하므로, 국민건강보험공단이 甲 등에 대하여 가입자 자격이 변동되었다는 취지의 '직장가입자 자격상실 및 자격변동 안내' 통보를 하였거나, 그로 인하여 사업장이 국민건강보험법상의 적용대상사업장에서 제외되었다는 취지의 '사업장 직권탈퇴에 따른 가입자 자격상실 안내' 통보를 하였더라도, 이는 甲 등의 가입자 자격의 변동 여부 및 시기를 확인하는 의미에서 한 사실상 통지행위에 불과할 뿐, 위 각 통보에 의하여 가입자 자격이 변동되는 효력이 발생한다고 볼 수 없고, 또한 위 각 통보로 甲 등에게 지역가입자로서의 건강보험료를 납부하여야 하는 의무가 발생함으로써 甲 등의 권리의무에 직접적 변동을 초래하는 것도 아니라는 이유로, 위 각 통보의 처분성이 인정되지 않는다고 보아 그 취소를 구하는 甲 등의 소를 모두 각하한 원심판단이 정당하다(대판 2019.2.14. 2016두41729).

02 행정입법 정답 ①

❶ [O] 법률이 입법위임을 할 때에는 "대통령령", "총리령", "부령" 등 법규명령에 위임함이 바람직하고, 금융감독위원회의 고시와 같은 형식으로 입법위임을 할 때에는 적어도 행정규제기본법 제4조 제2항 단서에서 정한 바와 같이 법령이 전문적·기술적 사항이나 경미한 사항으로서 업무의 성질상 위임이 불가피한 사항에 한정된다(헌재 2004.10.28. 99헌바91). 결국, 예시규정이다.

② [X] 상위법령에서 세부사항 등을 시행규칙으로 정하도록 위임하였음에도 이를 고시 등 행정규칙으로 정한 경우, 대외적 구속력을 가지는 법규명령으로서 효력을 인정할 수 없다.
구 주택건설촉진법 제33조의6 제6항의 위임에 의하여 건설교통부장관의 '고시' 형식으로 되어 있는 '주택건설공사 감리비지급기준'이 이를 건설교통부령으로 정하도록 한 구 주택법이 시행된 이후에도 대외적인 구속력이 있는 법규명령으로서 효력이 인정되지 않는다(대판 2012.7.5. 2010다72076). 이와 유사하게 위임형식을 위반하면 효력이 인정되지 않는다.

③ [X] 일반적으로 법률의 위임에 따라 효력을 갖는 법규명령의 경우에 위임의 근거가 없어 무효였더라도 나중에 법 개정으로 위임의 근거가 부여되면 그 때부터는 유효한 법규명령으로 볼 수 있다. 그러나 법규명령이 개정된 법률에 규정된 내용을 함부로 유추·확장하는 내용의 해석규정이어서 위임의 한계를 벗어난 것으로 인정될 경우에는 법규명령은 여전히 무효이다(대판 2017.4.20. 2015두45700).

④ [X] 규제는 법률에 직접 규정하되, 규제의 세부적인 내용은 법률 또는 상위법령에서 구체적으로 범위를 정하여 위임한 바에 따라 대통령령·총리령·부령 또는 조례·규칙으로 정할 수 있다. 다만, 법령에서 전문적·기술적 사항이나 경미한 사항으로서 업무의 성질상 위임이 불가피한 사항에 관하여 구체적으로 범위를 정하여 위임한 경우에는 고시 등으로 정할 수 있다(「행정규제기본법」 제4조 제2항).

03 행정행위의 취소와 철회 정답 ③

① [O] 병무청장이 법무부장관에게 '가수 甲이 공연을 위하여 국외여행허가를 받고 출국한 후 미국 시민권을 취득함으로써 사실상 병역의무를 면탈하였으므로 재외동포 자격으로 재입국하고자 하는 경우 국내에서 취업, 가수활동 등 영리활동을 할 수 없도록 하고, 불가능할 경우 입국 자체를 금지해 달라'고 요청함에 따라 법무부장관이 甲의 입국을 금지하는 결정을 하고, 그 정보를 내부전산망인 '출입국관리정보시스템'에 입력하였으나 甲에게는 통보하지 않은 사안에서, 행정청이 행정의사를 외부에 표시하여 행정청이 자유롭게 취소·철회할 수 없는 구속을 받기 전에는 '처분'이 성립하지 않으므로 법무부장관이 출입국관리법 제11조 제1항 제3호 또는 제4호, 출입국관리법 시행령 제14조 제1항, 제2항에 따라 위 입국금지결정을 했다고 해서 '처분'이 성립한다고 볼 수는 없고, 위 입국금지결정은 법무부장관의 의사가 공식적인 방법으로 외부에 표시된 것이 아니라 단지 그 정보를 내부전산망인 '출입국관리정보시스템'에 입력하여 관리한 것에 지나지 않으므로, 위 입국금지결정은 항고소송의 대상이 될 수 있는 '처분'에 해당하지 않는데도, 위 입국금지결정이 처분에 해당하여 공정력과 불가쟁력이 있다고 본 원심판단에 법리를 오해한 잘못이 있다(대판 2019.7.11. 2017두38874).

② [O] 외국인의 사증발급 신청에 대한 거부처분은 당사자에게 의무를 부과하거나 적극적으로 권익을 제한하는 처분이 아니므로, 행정절차법 제21조 제1항에서 정한 '처분의 사전통지'와 제22조 제3항에서 정한 '의견제출 기회 부여'의 대상은 아니다. 그러나 사증발급 신청에 대한 거부처분이 성질상 행정절차법 제24조에서 정한 '처분서 작성·교부'를 할 필요가 없거나 곤란하다고 일률적으로 단정하기 어렵다. 또한 출입국관리법령에 사증발급 거부처분서 작성에 관한 규정을 따로 두고 있지 않으므로, 외국인의 사증발급 신청에 대한 거부처분을 하면서 행정절차법 제24조에 정한 절차를 따르지 않고 '행정절차에 준하는 절차'로 대체할 수도 없다(대판 2019.7.11. 2017두38874).

❸ [X] 행정절차에 관한 일반법인 행정절차법은 제24조 제1항에서 "행정청이 처분을 할 때에는 다른 법령 등에 특별한 규정이 있는 경우를 제외하고는 문서로 하여야 하며, 전자문서로 하는 경우에는 당사자 등의 동의가 있어야 한다. 다만, 신속히 처리할 필요가 있거나 사안이 경미한 경우에는 말 또는 그 밖의 방법으로 할 수 있다."라고 정하고 있다. 이 규정은 처분내용의 명확성을 확보하고 처분의 존부에 관한 다툼을 방지하여 처분상대방의 권익을 보호하기 위한 것이므로, 이를 위반한 처분은 하자가 중대·명백하여 무효이다(대판 2019.7.11. 2017두38874).

④ [O] 행정절차법 제3조 제2항 제9호, 행정절차법 시행령 제2조 제2호 등 관련 규정들의 내용을 행정의 공정성, 투명성, 신뢰성을 확보하고 처분상대방의 권익보호를 목적으로 하는 행정절차법의 입법 목적에 비추어 보면, 행정절차법의 적용이 제외되는 '외국인의 출입국에 관한 사항'이란 해당 행정작용의 성질상 행정절차를 거치기 곤란하거나 거칠 필요가 없다고 인정되는 사항이나 행정절차에 준하는 절차를 거친 사항으로서 행정절차법 시행령으로 정하는 사항만을 가리킨다. '외국인의 출입국에 관한 사항'이라고 하여 행정절차를 거칠 필요가 당연히 부정되는 것은 아니다(대판 2019.7.11. 2017두38874).

04 인가 정답 ①

해당하지 않는 것은 ㄱ이다.

ㄱ. [X] 사설묘지 설치허가 신청 대상지가 관련 법령에서 규정한 설치제한구역에 해당하지 않더라도 중대한 공익상 필요가 있는 경우 그 허가를 거부할 수 있다. 법인묘지 설치허가 신청지가 장사 등에 관한 법률 제15조 및 같은 법 시행령 제14조에서 규정한 설치제한지역에 해당하지 않지만 주민들의 보건위생상 이익 보호를 이유로 그 허가를 거부한 처분이 적법하다(대판 2008.4.10. 2007두6106).

ㄴ. [O] 국토이용관리법 제21조의3 제1항 소정의 토지거래허가가 규제지역 내의 모든 국민에게 전반적으로 토지거래의 자유를 금지하고 일정한 요건을 갖춘 경우에만 금지를 해제하여 계약체결의 자유를 회복시켜 주는 성질의 것이라고 보는 것은 위 법의 입법취지를 넘어선 지나친 해석이라고 할 것이고, 규제지역 내에서도 토지거래의 자유가 인정되나, 다만 위 허가를 허가전의 유동적 무효 상태에 있는 법률행위의 효력을 완성시켜 주는 인가적 성질을 띤 것이라고 보는 것이 타당하다(대판 1991.12.24. 90다12243).

ㄷ. [O] 학교법인의 임원에 대한 감독청의 취임승인은 학교법인의 임원선임행위를 보충하여 그 법률상의 효력을 완성케하는 보충적 행정행위로서 성질상 기본행위를 떠나 승인처분 그 자체만으로는 법률상 아무런 효력도 발생할 수 없으므로 기본행위인 학교법인의 임원선임행위가 불성립 또는 무효인 경우에는 비록 그에 대한 감독청의 취임승인이 있었다 하여도 이로써 무효인 그 선임행위가 유효한 것으로 될 수는 없다(대판 1987.8.18. 86누152).

ㄹ. [O] 도시재개발법 제34조에 의한 행정청의 인가는 주택개량재개발조합의 관리처분계획에 대한 법률상의 효력을 완성시키는 보충행위이다(대판 2001.12.11. 2001두7541).

05 행정심판 정답 ①

❶ [X] 직접 처분은 피청구인이 「행정심판법」 제49조 제3항에도 불구하고 처분을 하지 아니하는 경우에만 당사자의 신청에 의해서 가능하고, 동법 제49조 제2항에도 불구하고 처분을 하지 아니하는 경우에는 간접강제는 허용되지만 직접 처분은 할 수 없다.

판례 이론 **조문**

> **제49조 【재결의 기속력】** ① 심판청구를 인용하는 재결은 피청구인과 그 밖의 관계 행정청을 기속(羈束)한다.
> ② 재결에 의하여 취소되거나 무효 또는 부존재로 확인되는 처분이 당사자의 신청을 거부하는 것을 내용으로 하는 경우에는 그 처분을 한 행정청은 재결의 취지에 따라 다시 이전의 신청에 대한 처분을 하여야 한다.
> ③ 당사자의 신청을 거부하거나 부작위로 방치한 처분의 이행을 명하는 재결이 있으면 행정청은 지체 없이 이전의 신청에 대하여 재결의 취지에 따라 처분을 하여야 한다.
> **제50조 【위원회의 직접 처분】** ① 위원회는 피청구인이 제49조 제3항에도 불구하고 처분을 하지 아니하는 경우에는 당사자가 신청하면 기간을 정하여 서면으로 시정을 명하고 그 기간에 이행하지 아니하면 직접 처분을 할 수 있다. 다만, 그 처분의 성질이나 그 밖의 불가피한 사유로 위원회가 직접 처분을 할 수 없는 경우에는 그러하지 아니하다.

② [O] 취소소송은 처분 등이 있음을 안 날부터 90일 이내에 제기하여야 한다. 다만, 제18조 제1항 단서에 규정한 경우와 그 밖에 행정심판청구를 할 수 있는 경우 또는 행정청이 행정심판청구를 할 수 있다고 잘못 알린 경우에 행정심판청구가 있은 때의 기간은 재결서의 정본을 송달받은 날부터 기산한다. 취소소송은 처분등이 있은 날부터 1년(제1항 단서의 경우는 재결이 있은 날부터 1년)을 경과하면 이를 제기하지 못한다. 다만, 정당한 사유가 있는 때에는 그러하지 아니하다(「행정소송법」 제20조).

③ [O] 「행정심판법」 제5조에 대한 옳은 내용이다.

판례 이론 **조문**

> **제5조 【행정심판의 종류】** 행정심판의 종류는 다음 각 호와 같다.
> 1. 취소심판: 행정청의 위법 또는 부당한 처분을 취소하거나 변경하는 행정심판
> 2. 무효등확인심판: 행정청의 처분의 효력 유무 또는 존재 여부를 확인하는 행정심판
> 3. 의무이행심판: 당사자의 신청에 대한 행정청의 위법 또는 부당한 거부처분이나 부작위에 대하여 일정한 처분을 하도록 하는 행정심판

④ [O] 「행정심판법」 제21조에 대한 옳은 내용이다.

판례 이론 **조문**

> **제21조 【심판참가의 요구】** ① 위원회는 필요하다고 인정하면 그 행정심판결과에 대하여 이해관계가 있는 제3자 또는 행정청에게 그 사건에 참가할 것을 요구할 수 있다.
> ② 제1항의 요구를 받은 제3자나 행정청은 지체 없이 그 사건 심판에 참가할 것인지 여부를 위원회에 통지하여야 한다.

06 직접강제와 즉시강제 정답 ③

① [O] 직접강제와 즉시강제는 권력적 사실행위로서의 성질을 갖는다. 따라서 항고소송의 대상이 되는 처분의 성질을 갖는다고 보는 것이 다수설이다.

② [O] 경찰관 직무집행법 제6조는 "경찰관은 범죄행위가 목전에 행하여지려고 하고 있다고 인정될 때에는 이를 예방하기 위하여 관계인에게 필요한 경고를 하고, 그 행위로 인하여 사람의 생명·신체에 위해를 끼치거나 재산에 중대한 손해를 끼칠 우려가 있어 긴급한 경우에는 그 행위를 제지할 수 있다."라고 정하고 있다. 위 조항 중 경찰관의 제지에 관한 부분은 범죄 예방을 위한 경찰 행정상 즉시강제, 즉 눈앞의 급박한 경찰상 장해를 제거할 필요가 있고 의무를 명할 시간적 여유가 없거나 의무를 명하는 방법으로는 그 목적을 달성하기 어려운 상황에서 의무불이행을 전제로 하지 않고 경찰이 직접 실력을 행사하여 경찰상 필요한 상태를 실현하는 권력적 사실행위에 관한 근거조항이다.
경찰관 직무집행법 제6조에 따른 경찰관의 제지 조치가 적법한 직무집행으로 평가되기 위해서는, 형사처벌의 대상이 되는 행위가 눈앞에서 막 이루어지려고 하는 것이 객관적으로 인정될 수 있는 상황이고, 그 행위를 당장 제지하지 않으면 곧 인명·신체에 위해를 미치거나 재산에 중대한 손해를 끼칠 우려가 있는 상황이어서, 직접 제지하는 방법 외에는 위와 같은 결과를 막을 수 없는 절박한 사태이어야 한다. 다만, 경찰관의 제지 조치가 적법한지는 제지 조치 당시의 구체적 상황을 기초로 판단하여야 하고 사후적으로 순수한 객관적 기준에서 판단할 것은 아니다. 주거지에서 음악 소리를 크게 내거나 큰 소리로 떠들어 이웃을 시끄럽게 하는 행위는 경범죄 처벌법 제3조 제1항 제21호에서 경범죄로 정한 '인근소란 등'에 해당한다. 경찰관은 경찰관 직무집행법에 따라 경범죄에 해당하는 행위를 예방·진압·수사하고, 필요한 경우 제지할 수 있다(대판 2018.12.13. 2016도19417).

❸ [X] 불법게임물은 불법현장에서 이를 즉시 수거하지 않으면 증거인멸의 가능성이 있고, 그 사행성으로 인한 폐해를 막기 어려우며, 대량으로 복제되어 유통될 가능성이 있어, 불법게임물에 대하여 관계당사자에게 수거·폐기를 명하고 그 불이행을 기다려 직접강제 등 행정상의 강제집행으로 나아가는 원칙적인 방법으로는 목적달성이 곤란하다고 할 수 있으므로, 이 사건 법률조항의 설정은 위와 같은 급박한 상황에 대처하기 위한 것으로서 그 불가피성과 정당성이 인정된다. 또한 이 사건 법률조항은 수거에 그치지 아니하고 폐기까지 가능하도록 규정하고 있으나, 이는 수거한 불법게임물의 사후처리와 관련하여 폐기의 필요성이 인정되는 경우에 대비하여 근거규정을 둔 것으로서 실제로 폐기에 나아감에 있어서는 비례의 원칙에 의한 엄격한 제한을 받는다고 할 것이므로, 이를 두고 과도한 입법이라고 보기는 어렵다. 따라서 이 사건 법률조항은 피해의 최소성의 요건을 위반한 것으로는 볼 수 없고, 또한 이 사건 법률조항이 불법게임물의 수거·폐기에 관한 행정상 즉시강제를 허용함으로써 게임제공업주 등이 입게 되는 불이익보다는 이를 허용함으로써 보호되는 공익이 더 크다고 볼 수 있으므로, 법익의 균형성의 원칙에 위배되는 것도 아니다(헌재 2002.10.31. 2000헌가12).

④ [O] 행정상 즉시강제는 상대방의 임의이행을 기다릴 시간적 여유가 없을 때 하명 없이 바로 실력을 행사하는 것으로서, 예측가능성과 법적 안정성에 반하여 기본권 침해의 가능성이 큰 권력작용이므로 비례의 원칙 등에 의한 한계가 있다.

판례 이론 조문

> 행정상 즉시강제에 관한 실정법상의 근거를 둠에 있어서는 가능하면 그 허용범위를 최소한도로 하여 규정하여야 하므로, 행정상 즉시강제 중 대물적 강제의 근거조항을 설정함에 있어서 그 범위를 수거만이 아니라 폐기까지 확장하는 것이 정당화되려면 그 대상물을 즉시 폐기해야 할 필요성, 즉 폐기 자체의 독자적인 긴급성이 인정되어야만 한다. 이 사건의 경우 행정상 즉시강제의 발동을 요구하는 행정목적의 실현은 불법게임물의 수거만으로도 충분히 가능함에도 불구하고, 행정상 즉시강제의 근거조항에서 폐기까지 가능하도록 규정하고 있는 부분은 피해의 최소성의 요건에 위배되는 과도한 입법으로서 헌법에 위반된다(헌재 2002.10.31. 2000헌가12).

07 행정심판의 재결 정답 ④

① [×] 심판청구를 인용하는 재결은 피청구인과 그 밖의 관계 행정청을 기속(羈束)한다(「행정심판법」 제49조 제1항). 재결에 의하여 취소되거나 무효 또는 부존재로 확인되는 처분이 당사자의 신청을 거부하는 것을 내용으로 하는 경우에는 그 처분을 한 행정청은 재결의 취지에 따라 다시 이전의 신청에 대한 처분을 하여야 한다(동법 제49조 제2항).

② [×] 위원회는 피청구인이 재처분 의무에도 불구하고 처분을 하지 아니하면 청구인의 신청에 의하여 결정으로 상당한 기간을 정하고 피청구인이 그 기간 내에 이행하지 아니하는 경우에는 그 지연기간에 따라 일정한 배상을 하도록 명하거나 즉시 배상을 할 것을 명할 수 있다(동법 제50조의2 제1항).

③ [×] 청구인은 간접강제결정에 불복하는 경우 그 결정에 대하여 행정소송을 제기할 수 있다(동법 제50조의2 제4항).

❹ [○] 심판청구에 대한 재결이 있으면 그 재결 및 같은 처분 또는 부작위에 대하여 다시 행정심판을 청구할 수 없다(동법 제51조).

08 과징금 정답 ②

①③ [○] 항고소송에 있어서 행정처분의 위법 여부를 판단하는 기준 시점에 대하여 판결시가 아니라 처분시라고 하는 의미는 행정처분이 있을 때의 법령과 사실상태를 기준으로 하여 위법 여부를 판단할 것이며 처분 후 법령의 개폐나 사실상태의 변동에 영향을 받지 않는다는 뜻이고 처분 당시 존재하였던 자료나 행정청에 제출되었던 자료만으로 위법 여부를 판단한다는 의미는 아니므로, 처분 당시의 사실상태 등에 대한 입증은 사실심 변론종결 당시까지 할 수 있고, 법원은 행정처분 당시 행정청이 알고 있었던 자료뿐만 아니라 사실심 변론종결 당시까지 제출된 모든 자료를 종합하여 처분 당시 존재하였던 객관적 사실을 확정하고 그 사실에 기초하여 처분의 위법 여부를 판단할 수 있다(대판 1993.5.27. 92누19033).

❷ [×] 공정거래위원회가 과징금 산정 시 위반 횟수 가중의 근거로 삼은 위반행위에 대한 시정조치가 그 후 '위반행위 자체가 존재하지 않는다는 이유로 취소판결이 확정된 경우' 과징금 부과처분의 상대방은 결과적으로 처분 당시 객관적으로 존재하지 않는 위반행위로 과징금이 가중되므로, 그 처분은 비례·평등원칙 및 책임주의 원칙에 위배될 여지가 있다(대판 2019.7.25. 2017두55077).

④ [○] 행정처분의 위법 여부는 행정처분이 있을 때의 법령과 사실상태를 기준으로 판단하여야 하며, 법원은 행정처분 당시 행정청이 알고 있었던 자료뿐만 아니라 사실심 변론종결 당시까지 제출된 모든 자료를 종합하여 처분 당시 존재하였던 객관적 사실을 확정하고 그 사실에 기초하여 처분의 위법 여부를 판단할 수 있다. 행정청으로부터 행정처분을 받았으나 나중에 그 행정처분이 행정쟁송절차에서 취소되었다면, 그 행정처분은 처분 시에 소급하여 효력을 잃게 된다. 구 과징금부과 세부기준 등에 관한 고시(2014.5.30. 공정거래위원회 고시 제2014-7호로 개정되기 전의 것, 이하 '구 과징금 고시'라 한다) Ⅳ. 2. 나. (2)항은 과거 시정조치의 횟수 산정 시 시정조치의 무효 또는 취소판결이 확정된 건을 제외하도록 규정하고 있다. 공정거래위원회가 과징금 산정 시 위반 횟수 가중의 근거로 삼은 위반행위에 대한 시정조치가 그 후 '위반행위 자체가 존재하지 않는다는 이유로 취소판결이 확정된 경우' 과징금 부과처분의 상대방은 결과적으로 처분 당시 객관적으로 존재하지 않는 위반행위로 과징금이 가중되므로, 그 처분은 비례·평등원칙 및 책임주의 원칙에 위배될 여지가 있다. 다만 공정거래위원회는 독점규제 및 공정거래에 관한 법령상의 과징금 상한의 범위 내에서 과징금 부과 여부 및 과징금 액수를 정할 재량을 가지고 있다. 또한 재량준칙인 '구 과징금 고시' Ⅳ. 2. 나. (1)항은 위반 횟수와 벌점 누산점수에 따른 과징금 가중비율의 상한만을 규정하고 있다. 따라서 법 위반행위 자체가 존재하지 않아 위반행위에 대한 시정조치에 대하여 취소판결이 확정된 경우에 위반 횟수 가중을 위한 횟수 산정에서 제외하더라도, 그 사유가 과징금 부과처분에 영향을 미치지 아니하여 처분의 정당성이 인정되는 경우에는 그 처분을 위법하다고 할 수 없다(대판 2019.7.25. 2017두55077).

09 국가배상청구권 정답 ④

① [○] 한국토지공사는 구 한국토지공사법(2007.4.6. 법률 제8340호로 개정되기 전의 것) 제2조, 제4조에 의하여 정부가 자본금의 전액을 출자하여 설립한 법인이고, 같은 법 제9조 제4호에 규정된 한국토지공사의 사업에 관하여는 공익사업을 위한 토지 등의 취득 및 보상에 관한 법률 제89조 제1항, 위 한국토지공사법 제22조 제6호 및 같은 법 시행령 제40조의3 제1항의 규정에 의하여 본래 시·도지사나 시장·군수 또는 구청장의 업무에 속하는 대집행권한을 한국토지공사에게 위탁하도록 되어 있는바, 한국토지공사는 이러한 법령의 위탁에 의하여 대집행을 수권받은 자로서 공무인 대집행을 실시함에 따르는 권리·의무 및 책임이 귀속되는 행정주체의 지위에 있다고 볼 것이지 지방자치단체 등의 기관으로서 국가배상법 제2조 소정의 공무원에 해당한다고 볼 것은 아니다(대판 2010.1.28. 2007다82950·2007다82967).

② [O] 수사기관은 수사 등 직무를 수행할 때에 헌법과 법률에 따라 국민의 인권을 존중하고 공정하게 하여야 하며 실체적 진실을 발견하기 위하여 노력하여야 할 법규상 또는 조리상의 의무가 있고, 특히 피의자가 소년 등 사회적 약자인 경우에는 수사과정에서 방어권행사에 불이익이 발생하지 않도록 더욱 세심하게 배려할 직무상 의무가 있다. 따라서 경찰관은 피의자의 진술을 조서화하는 과정에서 조서의 객관성을 유지하여야 하고, 고의 또는 과실로 위 직무상 의무를 위반하여 피의자신문조서를 작성함으로써 피의자의 방어권이 실질적으로 침해되었다고 인정된다면, 국가는 그로 인하여 피의자가 입은 손해를 배상하여야 한다(대판 2020.4.29. 2015다224797).

③ [O] 전투·훈련 등 직무집행과 관련하여 공상을 입은 군인·군무원·경찰공무원 또는 향토예비군대원이 먼저 국가배상법에 따라 손해배상금을 지급받은 다음 보훈보상대상자 지원에 관한 법률이 정한 보상금 등 보훈급여금의 지급을 청구하는 경우, 국가배상법 제2조 제1항 단서가 명시적으로 '다른 법령에 따라 보상을 지급받을 수 있을 때에는 국가배상법 등에 따른 손해배상을 청구할 수 없다'고 규정하고 있는 것과 달리 보훈보상자법은 국가배상법에 따른 손해배상금을 지급받은 자를 보상금 등 보훈급여금의 지급대상에서 제외하는 규정을 두고 있지 않은 점, 국가배상법 제2조 제1항 단서의 입법 취지 및 보훈보상자법이 정한 보상과 국가배상법이 정한 손해배상의 목적과 산정방식의 차이 등을 고려하면 국가배상법 제2조 제1항 단서가 보훈보상자법 등에 의한 보상을 받을 수 있는 경우 국가배상법에 따른 손해배상청구를 하지 못한다는 것을 넘어 국가배상법상 손해배상금을 받은 경우 보훈보상자법상 보상금 등 보훈급여금의 지급을 금지하는 것으로 해석하기는 어려운 점 등에 비추어, 국가보훈처장은 국가배상법에 따라 손해배상을 받았다는 사정을 들어 보상금 등 보훈급여금의 지급을 거부할 수 없다(대판 2017.2.3. 2015두60075).

❹ [X] 우편집배원이 압류 및 전부명령 결정 정본을 특별송달하는 과정에서 민사소송법을 위반하여 부적법한 송달을 하고도 적법한 송달을 한 것처럼 우편송달보고서를 작성하여 압류 및 전부의 효력이 발생한 것과 같은 외관을 형성시켰으나, 실제로는 압류 및 전부의 효력이 발생하지 아니하여 집행채권자로 하여금 피압류채권을 전부받지 못하게 함으로써 손해를 입게 한 경우에는, 우편집배원의 위와 같은 직무상 의무위반과 집행채권자의 손해 사이에는 상당인과관계가 있다고 봄이 상당하고, 국가는 국가배상법에 의하여 그 손해에 대하여 배상할 책임이 있다(대판 2009.7.23. 2006다87798).

10 행정행위의 효력 정답 ②

① [O] 구 도시계획법 제78조 제1항에 정한 처분이나 조치명령을 받은 자가 이에 위반한 경우 이로 인하여 같은 법 제92조에 정한 처벌을 하기 위하여는 그 처분이나 조치명령이 적법한 것이라야 하고, 그 처분이 당연무효가 아니라 하더라도 그것이 위법한 처분으로 인정되는 한 같은 법 제92조 위반죄가 성립될 수 없다(대판 1992.8.18. 90도1709).

❷ [X] 일반적으로 행정처분이 불복기간의 경과로 인하여 확정될 경우 그 확정력은 그 처분으로 인하여 법률상 이익을 침해받은 자가 당해 처분의 효력을 더이상 다툴 수 없다는 의미일 뿐, 더 나아가 판결에 있어서와 같은 기판력이 인정되는 것은 아니어서 그 처분의 기초가 된 사실관계나 법률적 판단이 확정되고 당사자들이나 법원이 이에 기속되어 다른 행정처분에 대한 소송에서 그와 모순되는 주장이나 판단을 할 수 없게 되는 것은 아니다(대판 1999.1.15. 97누15463).

③ [O] 표준지로 선정된 토지의 표준지공시지가를 다투기 위해서는 처분청인 국토교통부장관에게 이의를 신청하거나 국토교통부장관을 상대로 공시지가결정의 취소를 구하는 행정심판이나 행정소송을 제기해야 한다. 그러한 절차를 밟지 않은 채 토지 등에 관한 재산세 등 부과처분의 취소를 구하는 소송에서 표준지공시지가결정의 위법성을 다투는 것은 원칙적으로 허용되지 않는다(대판 2022.5.13. 2018두50147).

④ [O] 물품을 수입하고자 하는 자가 일단 세관장에게 수입신고를 하여 그 면허를 받고 물품을 통관한 경우에는, 세관장의 수입면허가 중대하고도 명백한 하자가 있는 행정행위이어서 당연무효가 아닌 한 관세법 제181조 소정의 무면허수입죄가 성립될 수 없다(대판 1989.3.28. 89도149).

11 국가배상 정답 ③

① [O] 우리 헌법이 채택하고 있는 의회민주주의 하에서 국회는 다원적 의견이나 각가지 이익을 반영시킨 토론과정을 거쳐 다수결의 원리에 따라 통일적인 국가의사를 형성하는 역할을 담당하는 국가기관으로서 그 과정에 참여한 국회의원은 입법에 관하여 원칙적으로 국민 전체에 대한 관계에서 정치적 책임을 질 뿐 국민 개개인의 권리에 대응하여 법적 의무를 지는 것은 아니므로, 국회의원의 입법행위는 그 입법 내용이 헌법의 문언에 명백히 위배됨에도 불구하고 국회가 굳이 당해 입법을 한 것과 같은 특수한 경우가 아닌 한 국가배상법 제2조 제1항 소정의 위법행위에 해당한다고 볼 수 없고, 같은 맥락에서 국가가 일정한 사항에 관하여 헌법에 의하여 부과되는 구체적인 입법의무를 부담하고 있음에도 불구하고 그 입법에 필요한 상당한 기간이 경과하도록 고의 또는 과실로 이러한 입법의무를 이행하지 아니하는 등 극히 예외적인 사정이 인정되는 사안에 한정하여 국가배상법 소정의 배상책임이 인정될 수 있으며, 위와 같은 구체적인 입법의무 자체가 인정되지 않는 경우에는 애당초 부작위로 인한 불법행위가 성립할 여지가 없다(대판 2008.5.29. 2004다33469).

② [O] 법령에 대한 해석이 복잡, 미묘하여 워낙 어렵고, 이에 대한 학설, 판례조차 귀일되어 있지 않는 등의 특별한 사정이 없는 한 일반적으로 공무원이 관계 법규를 알지 못하거나 필요한 지식을 갖추지 못하고 법규의 해석을 그르쳐 행정처분을 하였다면 그가 법률전문가가 아닌 행정직 공무원이라고 하여 과실이 없다고는 할 수 없다(대판 2001.2.9. 98다52988).

❸ [×] 헌법재판소는 1998.7.16. 법령의 위임에 따라 치과전문의제도의 실시를 위한 구체적 조치를 마련할 보건복지부장관의 행정입법 의무가 있음에도, 20년 이상이 경과하도록 제도적 조치를 취하지 아니하여 전공의 수련과정을 사실상 마친 사람들의 기본권을 침해한다는 이유로, 보건복지부장관이 구 의료법 제55조 및 구 전문의 규정 제17조의 위임에 따라 치과전문의 자격시험제도를 실시할 수 있는 절차를 마련하지 아니하는 입법부작위는 위헌임을 확인하는 결정(헌재 1998.7.16. 96헌마246, 이하 '이 사건 위헌결정'이라고 한다)을 하였다. 즉 이 사건 위헌결정은 보건복지부장관에게 구 의료법 및 구 전문의 규정의 위임에 따라 치과의사전문의 자격시험제도를 실시하기 위하여 필요한 시행규칙의 개정 등 절차를 마련하여야 할 헌법상 입법의무가 부과되어 있다고 판시하였을 뿐, 사실상 전공의 수련과정을 수료한 치과의사들에게 그 수련경력에 대한 기득권을 인정하는 경과조치를 마련하지 아니한 보건복지부장관의 행정입법부작위가 위헌·위법하다고까지 판시한 것은 아니다. 따라서 이 사건 위헌결정의 기속력이 곧바로 위와 같은 경과조치 마련에 대하여까지 미친다고는 볼 수 없다(대판 2018.6.15. 2017다249769).

④ [O] 공무원이 직무수행 중 불법행위로 타인에게 손해를 입힌 경우에 국가 등이 국가배상책임을 부담하는 외에 공무원 개인도 고의 또는 중과실이 있는 경우에는 불법행위로 인한 손해배상책임을 지고, 공무원에게 경과실이 있을 뿐인 경우에는 공무원 개인은 손해배상책임을 부담하지 아니한다. 이처럼 경과실이 있는 공무원이 피해자에 대하여 손해배상책임을 부담하지 아니함에도 피해자에게 손해를 배상하였다면 그것은 채무자 아닌 사람이 타인의 채무를 변제한 경우에 해당하고, 이는 민법 제469조의 '제3자의 변제' 또는 민법 제744조의 '도의관념에 적합한 비채변제'에 해당하여 피해자는 공무원에 대하여 이를 반환할 의무가 없고, 그에 따라 피해자의 국가에 대한 손해배상청구권이 소멸하여 국가는 자신의 출연 없이 채무를 면하게 되므로, 피해자에게 손해를 직접 배상한 경과실이 있는 공무원은 특별한 사정이 없는 한 국가에 대하여 국가의 피해자에 대한 손해배상책임의 범위 내에서 공무원이 변제한 금액에 관하여 구상권을 취득한다고 봄이 타당하다(대판 2014.8.20. 2012다54478).

12 행정행위의 부관 정답 ①

❶ [×] 도로점용허가의 점용기간은 행정행위의 본질적인 요소에 해당한다고 볼 것이어서 부관인 점용기간을 정함에 있어서 위법사유가 있다면 이로써 도로점용허가 처분 전부가 위법하게 된다(대판 1985.7.9. 84누604).

② [O] 사업인정을 하면서 환경훼손이 심각한 경우에는 사업인정을 취소하겠다는 부관, 숙박업허가를 하면서 윤락행위를 알선하면 허가를 철회한다는 내용의 부관, 행정청이 종교단체에 대하여 기본재산전환 인가를 함에 있어, 인가처분의 효력이 발생하여 기본재산 처분행위가 유효하게 이루어진 이후에 비로소 이행할 수 있는 인가조건을 부가하고 그 불이행시 인가를 취소할 수 있도록 한 경우 등이 철회권유보의 사례이다.

③ [O] 행정청이 관리처분계획에 대한 인가 여부를 결정할 때에는 그 관리처분계획에 도시정비법 제48조 및 그 시행령 제50조에 규정된 사항이 포함되어 있는지, 그 계획의 내용이 도시정비법 제48조 제2항의 기준에 부합하는지 여부 등을 심사·확인하여 그 인가 여부를 결정할 수 있을 뿐 기부채납과 같은 다른 조건을 붙일 수는 없다고 할 것이다(대판 2012.8.30. 2010두24951).

④ [O] 행정행위의 부관은 부담인 경우를 제외하고는 독립하여 행정소송의 대상이 될 수 없는바, 기부채납 받은 행정재산에 대한 사용·수익허가에서 공유재산의 관리청이 정한 사용·수익허가의 기간은 그 허가의 효력을 제한하기 위한 행정행위의 부관으로서 이러한 사용·수익허가의 기간에 대해서는 독립하여 행정소송을 제기할 수 없다(대판 2001.6.15. 99두509).

13 행정절차 정답 ①

❶ [×] 한국방송공사의 설치·운영에 관한 사항을 정하고 있는 방송법은 제50조 제2항에서 "사장은 이사회의 제청으로 대통령이 임명한다."고 규정하고 있는데, 한국방송공사 사장에 대한 해임에 관하여는 명시적 규정을 두고 있지 않다. 그러나 감사원은 한국방송공사에 대한 외부감사를 실시하고(방송법 제63조 제3항), 임용권자 또는 임용제청권자에게 임원 등의 해임을 요구할 수 있는데(감사원법 제32조 제9항) 이는 대통령에게 한국방송공사 사장 해임권한이 있음을 전제로 한 것으로 볼 수 있는 점, 방송법 제정으로 폐지된 구 한국방송공사법(2000.1.12. 법률 제6139호 방송법 부칙 제2조 제3호로 폐지) 제15조 제1항은 대통령이 한국방송공사 사장을 '임면'하도록 규정되어 있었고, 방송법 제정으로 대통령의 해임권을 제한하기 위해 '임명'이라는 용어를 사용하였다면 해임 제한에 관한 규정을 따로 두어 이를 명확히 할 수 있었을 텐데도 방송법에 한국방송공사 사장의 해임 제한 등 신분보장에 관한 규정이 없는 점 등에 비추어, 방송법에서 '임면' 대신 '임명'이라는 용어를 사용한 입법 취지가 대통령의 해임권을 배제하기 위한 것으로 보기 어려운 점 등 방송법의 입법 경과와 연혁, 다른 법률과의 관계, 입법 형식 등을 종합하면, 한국방송공사 사장의 임명권자인 대통령에게 해임권한도 있다고 보는 것이 타당하다(대판 2012.2.23. 2011두5001).

② [O] 군인사법령에 의하여 진급예정자명단에 포함된 자에 대하여 의견제출의 기회를 부여하지 아니한 채 진급선발을 취소하는 처분을 한 것이 절차상 하자가 있어 위법하다(대판 2007.9.21. 2006두20631).

③ [O] 「행정절차법」 제3조 제2항 제1호에 대한 옳은 내용이다.

판례 이론 **조문**

> **제3조 【적용 범위】** ② 이 법은 다음 각 호의 어느 하나에 해당하는 사항에 대하여는 적용하지 아니한다.
> 1. 국회 또는 지방의회의 의결을 거치거나 동의 또는 승인을 받아 행하는 사항

④ [O] 도시·군계획시설결정과 실시계획인가는 도시·군계획시설사업을 위하여 이루어지는 단계적 행정절차에서 별도의 요건과 절차에 따라 별개의 법률효과를 발생시키는 독립적인 행정처분이다. 그러므로 선행처분인 도시·군계획시설결정에 하자가 있더라도 그것이 당연무효가 아닌 한 원칙적으로 후행처분인 실시계획인가에 승계되지 않는다(대판 2017.7.18. 2016두49938).

14 원고적격 정답 ③

원고적격이 인정되는 것은 ㄱ, ㄴ, ㅁ이다.

ㄱ. [O] 甲이 국민권익위원회에 부패방지 및 국민권익위원회의 설치와 운영에 관한 법률(이하 '국민권익위원회법'이라 한다)에 따른 신고와 신분보장조치를 요구하였고, 국민권익위원회가 甲의 소속기관 장인 乙 시·도선거관리위원회 위원장에게 '甲에 대한 중징계요구를 취소하고 향후 신고로 인한 신분상 불이익처분 및 근무조건상의 차별을 하지 말 것을 요구'하는 내용의 조치요구를 한 사안에서, 국가기관 일방의 조치요구에 불응한 상대방 국가기관에 국민권익위원회법상의 제재규정과 같은 중대한 불이익을 직접적으로 규정한 다른 법령의 사례를 찾아보기 어려운 점, 그럼에도 乙이 국민권익위원회의 조치요구를 다툴 별다른 방법이 없는 점 등에 비추어 보면, 처분성이 인정되는 위 조치요구에 불복하고자 하는 乙로서는 조치요구의 취소를 구하는 항고소송을 제기하는 것이 유효·적절한 수단이므로 비록 乙이 국가기관이더라도 당사자능력 및 원고적격을 가진다고 보는 것이 타당하고, 乙이 위 조치요구 후 甲을 파면하였다고 하더라도 조치요구가 곧바로 실효된다고 할 수 없고 乙은 여전히 조치요구를 따라야 할 의무를 부담하므로 乙에게는 위 조치요구의 취소를 구할 법률상 이익도 있다(대판 2013.7.25. 2011두1214).

ㄴ. [O] 시내버스운송사업과 시외버스운송사업은 다 같이 운행계통을 정하고 여객을 운송하는 노선여객자동차운송사업에 속하므로, 위 두 운송사업이 면허기준, 준수하여야 할 사항, 중간경유지, 기점과 종점, 운행방법, 이용요금 등에서 달리 규율된다는 사정만으로 본질적인 차이가 있다고 할 수는 없으며, 시외버스운송사업계획변경인가처분으로 인하여 기존의 시내버스운송사업자의 노선 및 운행계통과 시외버스운송사업자들의 그것들이 일부 중복되게 되고 기존업자의 수익감소가 예상된다면, 기존의 시내버스운송사업자와 시외버스운송사업자들은 경업관계에 있는 것으로 봄이 상당하다 할 것이어서 기존의 시내버스운송사업자에게 시외버스운송사업계획변경인가처분의 취소를 구할 법률상의 이익이 있다(대판 2002.10.25. 2001두4450).

ㄷ. [X] 재단법인 甲 수녀원이, 매립목적을 택지조성에서 조선시설용지로 변경하는 내용의 공유수면매립목적 변경 승인처분으로 인하여 법률상 보호되는 환경상 이익을 침해받았다면서 행정청을 상대로 처분의 무효 확인을 구하는 소송을 제기한 사안에서, 공유수면매립목적 변경 승인처분으로 甲 수녀원에 소속된 수녀 등이 쾌적한 환경에서 생활할 수 있는 환경상 이익을 침해받는다고 하더라도 이를 가리켜 곧바로 甲 수녀원의 법률상 이익이 침해된다고 볼 수 없고, 자연인이 아닌 甲 수녀원은 쾌적한 환경에서 생활할 수 있는 이익을 향수할 수 있는 주체가 아니므로 위 처분으로 위와 같은 생활상의 이익이 직접적으로 침해되는 관계에 있다고 볼 수도 없으며, 위 처분으로 환경에 영향을 주어 甲 수녀원이 운영하는 쨈 공장에 직접적이고 구체적인 재산적 피해가 발생한다거나 甲 수녀원이 폐쇄되고 이전해야 하는 등의 피해를 받거나 받을 우려가 있다는 점 등에 관한 증명도 부족하다는 이유로, 甲 수녀원에 처분의 무효 확인을 구할 원고적격이 없다(대판 2012.6.28. 2010두2005).

ㄹ. [X] 乙 학교법인의 이사 8인과 임시이사 1인을 선임한 데 대하여 甲 대학교 교수협의회와 총학생회 등이 이사선임처분의 취소를 구하는 소송을 제기한 사안에서, 임시이사제도의 취지, 교직원·학생 등의 학교운영에 참여할 기회를 부여하기 위한 개방이사 제도에 관한 법령의 규정 내용과 입법 취지 등을 종합하여 보면, 구 사립학교법과 구 사립학교법 시행령 및 乙 법인 정관 규정은 헌법 제31조 제4항에 정한 교육의 자주성과 대학의 자율성에 근거한 甲 대학교 교수협의회와 총학생회의 학교운영참여권을 구체화하여 이를 보호하고 있다고 해석되므로, 甲 대학교 교수협의회와 총학생회는 이사선임처분을 다툴 법률상 이익을 가지지만, 고등교육법령은 교육받을 권리나 학문의 자유를 실현하는 수단으로서 학생회와 교수회와는 달리 학교의 직원으로 구성된 노동조합의 성립을 예정하고 있지 아니하고, 노동조합은 근로자가 주체가 되어 자주적으로 단결하여 근로조건의 유지·개선 기타 근로자의 경제적·사회적 지위의 향상을 도모하기 위하여 조직된 단체인 점 등을 고려할 때, 학교의 직원으로 구성된 노동조합이 교육받을 권리나 학문의 자유를 실현하는 수단으로서 직접 기능한다고 볼 수는 없으므로, 개방이사에 관한 구 사립학교법과 구 사립학교법 시행령 및 乙 법인 정관 규정이 학교직원들로 구성된 전국대학노동조합 乙 대학교지부의 법률상 이익까지 보호하고 있는 것으로 해석할 수는 없다(대판 2015.7.23. 2012두19496).

ㅁ. [O] 재단법인 한국연구재단이 甲 대학교 총장에게 연구개발비의 부당집행을 이유로 '해양생물유래 고부가식품·향장·한약 기초소재 개발 인력양성사업에 대한 2단계 두뇌한국(BK)21 사업' 협약을 해지하고 연구팀장 乙에 대한 국가연구개발사업의 3년간 참여제한 등을 명하는 통보를 하자 乙이 통보의 취소를 청구한 사안에서, 학술진흥 및 학자금대출 신용보증 등에 관한 법률 등의 입법 취지 및 규정 내용 등과 아울러 위 법 등 해석상 국가가 두뇌한국(BK)21 사업의 주관연구기관인 대학에 연구개발비를 출연하는 것은 '연구 중심 대학'의 육성은 물론 그와 별도로 대학에 소속된 연구인력의 역량 강화에도 목적이 있다고 보이는 점, 기본적으로 국가연구개발사업에 대한 연구개발비의 지원은 대학에 소속된 일정한 연구단위별로 신청한 연구개발과제에 대한 것이지, 그 소속 대학을 기준으로 한 것은 아닌 점 등 제반 사정에 비추어 보면, 乙은 위 사업에 관한 협약의 해지 통보의 효력을 다툴 법률상 이익이 있다(대판 2014.12.11. 2012두28704).

15 행정기본법 정답 ③

① [O] 「행정기본법」 제2조 제1호에 대한 옳은 내용이다.

판례 이론 조문

> **제2조【정의】** 이 법에서 사용하는 용어의 뜻은 다음과 같다.
> 1. "법령등"이란 다음 각 목의 것을 말한다.
> 가. 법령: 다음의 어느 하나에 해당하는 것
> 1) 법률 및 대통령령·총리령·부령
> 2) 국회규칙·대법원규칙·헌법재판소규칙·중앙선거관리위원회규칙 및 감사원규칙
> 3) 1) 또는 2)의 위임을 받아 중앙행정기관(「정부조직법」 및 그 밖의 법률에 따라 설치된 중앙행정기관을 말한다. 이하 같다)의 장이 정한 훈령·예규 및 고시 등 행정규칙
> 나. 자치법규: 지방자치단체의 조례 및 규칙

② [O] 「행정기본법」 제2조 제3호에 대한 옳은 내용이다.

판례 이론 조문

> **제2조【정의】** 이 법에서 사용하는 용어의 뜻은 다음과 같다.
> 3. "당사자"란 처분의 상대방을 말한다.

❸ [X] 「행정기본법」상의 '제재처분'이란 법령등에 따른 의무를 위반하거나 이행하지 아니하였음을 이유로 당사자에게 의무를 부과하거나 권익을 제한하는 처분을 말한다. 따라서 조세부과처분처럼 의무위반 내지 의무 불이행 없이 당사자에게 의무를 부과하거나 권익을 제한하는 처분은 제재처분이 아니다.

④ [O] 「행정기본법」 제3조 제1항에 대한 옳은 내용이다.

판례 이론 조문

> **제3조【국가와 지방자치단체의 책무】** ① 국가와 지방자치단체는 국민의 삶의 질을 향상시키기 위하여 적법절차에 따라 공정하고 합리적인 행정을 수행할 책무를 진다.

16 신뢰보호원칙 정답 ③

① [O] 폐기물관리법령에 의한 폐기물처리업 사업계획에 대한 적정통보와 국토이용관리법령에 의한 국토이용계획변경은 각기 그 제도적 취지와 결정단계에서 고려해야 할 사항들이 다르다는 이유로, 폐기물처리업 사업계획에 대하여 적정통보를 한 것만으로 그 사업부지 토지에 대한 국토이용계획변경신청을 승인하여 주겠다는 취지의 공적인 견해표명을 한 것으로 볼 수 없다(대판 2005.4.28. 2004두8828).

② [O] 행정청의 공적 견해표명이 있었는지의 여부를 판단함에 있어서는, 반드시 행정조직상의 형식적인 권한분장에 구애될 것은 아니고, 담당자의 조직상의 지위와 임무, 당해 언동을 하게 된 구체적인 경위 및 그에 대한 상대방의 신뢰가능성에 비추어 실질에 의하여 판단하여야 한다(대판 2008.1.17. 2006두10931).

❸ [X] 병무청 담당부서의 담당공무원에게 공적 견해의 표명을 구하는 정식의 서면질의 등을 하지 아니한 채 총무과 민원팀장에 불과한 공무원이 민원봉사차원에서 상담에 응하여 안내한 것을 신뢰한 경우, 신뢰보호 원칙이 적용되지 아니한다(대판 2003.12.26. 2003두1875).

④ [O] 조세법률관계에 있어서 신의성실의 원칙이나 신뢰보호의 원칙 또는 비과세 관행 존중의 원칙은 합법성의 원칙을 희생하여서라도 납세자의 신뢰를 보호함이 정의에 부합하는 것으로 인정되는 특별한 사정이 있을 경우에 한하여 적용되는 예외적인 법 원칙이다(대판 2013.12.26. 2011두5940).

17 행정행위의 하자 정답 ②

① [O] 절차규칙 규정들을 공정거래법상 당사자에게 부여된 열람·복사 요구권의 내용과 한계에 비추어 살펴보면, 요구된 대상이 영업비밀, 사생활의 비밀 등 기타 법령 규정이 정한 비공개 자료에 해당하거나 자진신고와 관련된 자료로서 자진신고자 등의 신상 등 사적인 정보가 드러나는 부분 등에 관하여는, 첨부자료의 열람·복사 요구를 거부할 수도 있다. 다만 이 경우에도 일률적으로 거부할 수는 없고 첨부자료의 열람·복사를 거부함으로써 보호되는 이익과 그로 인하여 침해되는 피심인의 방어권의 내용과 정도를 비교·형량하여 신중하게 판단하여야 한다.
그러므로 피심인이 심의·의결절차에서의 방어권을 행사하기 위하여 필요한 심사보고서의 첨부자료 열람·복사를 신청하였으나, 공정거래위원회가 절차규칙 제29조 제12항에서 정한 거부 사유에 해당하지 않음에도 이에 응하지 아니하였다면, 공정거래위원회의 심의·의결의 절차적 정당성이 상실되므로, 공정거래위원회의 처분은 절차적 하자로 인하여 원칙적으로 취소되어야 한다.
다만, 그 절차상 하자로 피심인의 방어권 행사에 실질적으로 지장이 초래되었다고 볼 수 없는 예외적인 경우에는, 공정거래위원회가 첨부자료의 제공 또는 열람·복사를 거절하였더라도 공정거래위원회의 심의·의결에 절차적 정당성이 상실되었다고 볼 수 없으므로 그 처분을 취소할 것은 아니다. 나아가 첨부자료의 제공 또는 열람·등사가 거절되는 등으로 인하여 피심인의 방어권이 실질적으로 침해되었는지는 공정거래위원회가 송부 내지 열람·복사를 거부한 자료의 내용, 범위, 정도, 자료의 내용과 처분요건 등과의 관련 정도, 거부의 경위와 거부 사유의 타당성, 심사보고서에 기재된 내용, 피심인이 심의·의결절차에서 의견을 진술하고 변명하는 등 방어의 기회를 충분히 가졌는지 등을 종합하여 판단하여야 한다(대판 2018.12.27. 2015두44028).

❷ [X] 구 국민연금법 제49조 제2호, 제54 조 제1항, 제67조 제1항, 제5항, 구 국민연금법 시행령 제46조, [별표 2] 등의 규정 내용 및 취지에 비추어 보면, 국민연금법상 장애연금은 국민 연금 가입 중에 생긴 질병이나 부상으로 완치된 후에도 신체상 또는 정신상의 장애가 있는 자에 대하 여 그 장애가 계속되는 동안 장애 정도에 따라 지급되는 것으로서, 치료종결 후에도 신체 등에 장애가 있을 때 지급사유가 발생하고 그때 가입자는 장애연금 지급청구권을 취득한다. 따라서 장애연금 지급을 위한 장애등급 결정은 장애연금 지급청구권을 취득할 당시, 즉 치료종결 후 신체 등에 장애가 있게 된 당시의 법령에 따르는 것이 원칙이다. 나아가 이러한 법리는 기존의 장애등급이 변경되어 장애연금액을 변경하여 지급하는 경우에도 마찬가지이므로, 장애등급 변경결정 역시 변경사유 발생 당시, 즉 장애등급을 다시 평가하는 기준일인 '질병이나 부상이 완치되는 날'의 법령에 따르는 것이 원칙이다(대판 2014.10.15. 2012두15135).

③ [O] 소유권·전세권 및 임차권의 등기 외에 가압류등기가 마쳐져 있어 건축물대장을 합병할 수 없는 건물에 대하여 근거 법령을 잘못 해석하여 건축물대장을 합병한 사안에서, 그 하자가 중대하고 객관적으로 명백하여 당연무효라고 한 사례이다(대판 2009.5.28. 2007두19775).

④ [O] 묘지공원과 화장장의 후보지를 선정하는 과정에서 서울특별시, 비영리법인, 일반 기업 등이 공동발족한 협의체인 추모공원건립추진협의회가 후보지 주민들의 의견을 청취하기 위하여 그 명의로 개최한 공청회는 행정청이 도시계획시설결정을 하면서 개최한 공청회가 아니므로, 위 공청회의 개최에 관하여 행정절차법에서 정한 절차를 준수하여야 하는 것은 아니다(대판 2007.4.12. 2005두1893).

18 행정행위의 하자 정답 ①

❶ [X] 임용당시 공무원임용결격사유가 있었다면 비록 국가의 과실에 의하여 임용결격자임을 밝혀내지 못하였다 하더라도 그 임용행위는 당연무효로 보아야 한다(대판 1987.4.14. 86누459).

② [O] 임용결격자가 공무원으로 임용되어 사실상 근무하여 왔다 하더라도 적법한 공무원으로서의 신분을 취득하지 못한 자로서는 공무원연금법이나 근로자퇴직급여보장법에서 정한 퇴직급여를 청구할 수 없다. 나아가 이와 같은 법리는 임용결격사유로 인하여 임용행위가 당연무효인 경우뿐만 아니라 임용행위의 하자로 임용행위가 취소되어 소급적으로 지위를 상실한 경우에도 마찬가지로 적용된다(대판 2017.5.11. 2012다200486).

③ [O] 임용행위가 당연무효이거나 취소된 공무원(이하 '임용결격공무원 등'이라 한다)의 공무원 임용시부터 퇴직시까지의 사실상의 근로(이하 '이 사건 근로'라 한다)는 법률상 원인 없이 제공된 것으로서, 국가 및 지방자치단체는 이 사건 근로를 제공받아 이득을 얻은 반면 임용결격공무원 등은 이 사건 근로를 제공하는 손해를 입었다 할 것이므로, 손해의 범위 내에서 국가 및 지방자치단체는 위 이득을 민법 제741조에 의한 부당이득으로 반환할 의무가 있다.
즉, 국가 또는 지방자치단체는 공무원연금법이 적용될 수 있었던 임용결격공무원 등의 이 사건 근로 제공과 관련하여 매월 지급한 월 급여 외에 공무원연금법상 퇴직급여의 지급을 면하는 이익을 얻는데, 퇴직급여 가운데 임용결격공무원 등이 스스로 적립한 기여금 관련 금액은 임용기간 중의 이 사건 근로의 대가에 해당하고, 기여금을 제외한 나머지 금액 중 순수한 근로에 대한 대가로서 지급되는 부분(공무원의 지위에 대한 공로보상적, 사회보장적 차원에서 지급되는 부분을 제외하는 취지이다) 상당액이 퇴직에 따라 이 사건 근로의 대가로 지급되는 금액이라 할 수 있다(대판 2017.5.11. 2012다200486).

④ [O] 행정기관이 제작하는 보도자료는 국민의 알 권리를 보호하기 위한 차원에서 작성되어야 한다. 국정을 홍보하기 위하여 보도자료를 작성하는 과정에서 행정기관의 의견을 개진하거나 정책의 타당성 등을 옹호하는 것이 부당하다고 할 수는 없지만, 행정기관이 알고 있는 객관적인 사정과 달리 해당 사항의 긍정적인 측면만을 부각하거나 불확실한 점이 있음에도 과장 되거나 단정적인 표현을 사용하여 국민이 해당 사항에 관하여 잘못된 인식을 가지도록 하여서는 아니 된다. 특히 증권거래등 일반인들에게 영향을 미칠 수 있는 정보가 보도자료에 포함되는 경우에, 국민으로서는 마치 그 정보가 행정기관의 검증을 거치거나 합리적 근거에 기초한 것으로서 공적으로 인정받았다고 인식하게 되고 실질적으로 해당 정보가 주식시장에 공시되는 것과 유사한 결과를 초래하므로, 담당 공무원은 해당 정보의 진실성 여부 및 주식시장에 미칠 파급효과 등에 관하여 보다 면밀히 살펴 사실과 다르거나 오해를 낳을 수 있는 정보가 보도자료에 담기지 아니하도록 할 주의의무를 부담한다(대판 2017.12.22. 2016두38167).

19 행정계획 정답 ②

① [O] 2012년도와 2013년도 대학교육역량강화사업 기본계획은 대학교육역량강화 지원사업을 추진하기 위한 국가의 기본방침을 밝히고 국가가 제시한 일정 요건을 충족하여 높은 점수를 획득한 대학에 대하여 지원금을 배분하는 것을 내용으로 하는 행정계획일 뿐, 위 계획에 따를 의무를 부과하는 것은 아니다. 총장직선제를 개선하지 않을 경우 지원금을 받지 못하게 될 가능성이 있어 대학들이 이 계획에 구속될 여지가 있다 하더라도, 이는 사실상의 구속에 불과하고 이에 따를지 여부는 전적으로 대학의 자율에 맡겨져 있다. 더구나 총장직선제를 개선하려면 학칙이 변경되어야 하므로, 계획 자체만으로는 대학의 구성원인 청구인들의 법적 지위나 권리의무에 어떠한 영향도 미친다고 보기 어렵다. 따라서 2012년도와 2013년도 계획 부분은 헌법소원의 대상이 되는 공권력 행사에 해당하지 아니한다(헌재 2016.10.27. 2013헌마576).

❷ [X] 국토해양부, 환경부, 문화체육관광부, 농림수산부, 식품부가 합동으로 2009.6.8. 발표한 '4대강 살리기 마스터플랜' 등은 행정기관 내부에서 처분성을 긍정하지 않는다(대결 2011.4.21. 2010무111 전합).

③ [O] 항고소송의 대상이 되는 행정처분은 행정청의 공법상 행위로서 특정사항에 대하여 법규에 의한 권리의 설정 또는 의무의 부담을 명하거나, 기타 법률상 효과를 발생하게 하는 등 국민의 권리 의무에 직접 관계가 있는 행위를 가리키는 것이고, 상대방 또는 기타 관계자들의 법률상 지위에 직접적인 법률적 변동을 일으키지 아니하는 행위는 항고소송의 대상이 되는 행정처분이 아니다. 구 하수도법 제5조의2에 의하여 기존의 하수도정비기본계획을 변경하여 광역하수종말처리시설을 설치하는 등의 내용으로 수립한 하수도정비기본계획은 항고소송의 대상이 되는 행정처분에 해당하지 아니한다(대판 2002.5.17. 2001두10578).

④ [O] 건축법에서 인·허가의제 제도를 둔 취지는, 인·허가의제사항과 관련하여 건축허가의 관할 행정청으로 창구를 단일화하고 절차를 간소화하며 비용과 시간을 절감함으로써 국민의 권익을 보호하려는 것이지, 인·허가의제사항 관련 법률에 따른 각각의 인·허가 요건에 관한 일체의 심사를 배제하려는 것으로 보기는 어려우므로, 도시계획시설인 주차장에 대한 건축허가 신청을 받은 행정청으로서는 건축법상 허가 요건뿐 아니라 국토의 계획 및 이용에 관한 법령이 정한 도시계획시설사업에 관한 실시계획인가 요건도 충족하는 경우에 한하여 이를 허가해야 한다(대판 2015.7.9. 2015두39590).

20 행정절차 정답 ①

❶ [X] 1년 이내에 당사자등이 요청하는 경우에 한한다.

판례 이론 **조문**

> **「행정절차법」 제22조 【의견청취】** ⑥ 행정청은 처분 후 1년 이내에 당사자등이 요청하는 경우에는 청문·공청회 또는 의견제출을 위하여 제출받은 서류나 그 밖의 물건을 반환하여야 한다.

② [O] 국가공무원법상 직위해제처분은 구 행정절차법(2012.10.22. 법률 제11498호로 개정되기 전의 것) 제3조 제2항 제9호, 구 행정절차법 시행령(2011.12.21. 대통령령 제23383호로 개정되기 전의 것) 제2조 제3호에 의하여 당해 행정작용의 성질상 행정절차를 거치기 곤란하거나 불필요하다고 인정되는 사항 또는 행정절차에 준하는 절차를 거친 사항에 해당하므로, 처분의 사전통지 및 의견청취 등에 관한 행정절차법의 규정이 별도로 적용되지 않는다(대판 2014.5.16.2012두26180).

③ [O] 시흥소방서의 담당 소방공무원이 피고인에게 행정처분인 위 시정보완명령을 구두로 고지한 것은 행정절차법 제24조에 위반한 것으로 그 하자가 중대하고 명백하여 위 시정보완명령은 당연 무효라고 할 것이고, 무효인 위 시정보완명령에 따른 피고인의 의무위반이 생기지 아니하는 이상 피고인에게 위 시정보완명령에 위반하였음을 이유로 소방시설 설치유지 및 안전관리에 관리에 관한 법률 제48조의2 제1호에 따른 행정형벌을 부과할 수 없다(대판 2011.11.10.2011도11109).

④ [O] 「행정절차법」 제38조의2 제4항에 대한 옳은 내용이다.

판례 이론 **조문**

> **제38조의2 【온라인공청회】** ④ 온라인공청회를 실시하는 경우에는 누구든지 정보통신망을 이용하여 의견을 제출하거나 제출된 의견 등에 대한 토론에 참여할 수 있다.

10회 실전동형모의고사

정답

p. 78

01	④	Ⅱ	06	④	Ⅳ	11	③	Ⅵ	16	②	Ⅱ
02	④	Ⅰ	07	②	Ⅰ	12	④	Ⅱ	17	④	Ⅳ
03	④	Ⅱ	08	①	Ⅴ	13	④	Ⅲ	18	①	Ⅵ
04	②	Ⅵ	09	③	Ⅱ	14	④	Ⅵ	19	④	Ⅵ
05	①	Ⅵ	10	②	Ⅱ	15	①	Ⅲ	20	③	Ⅳ

Ⅰ 행정법 서론 / Ⅱ 행정작용법 / Ⅲ 행정절차와 행정공개 / Ⅳ 행정의 실효성 확보수단 / Ⅴ 행정상 손해전보 / Ⅵ 행정쟁송

취약 단원 분석표

단원	맞힌 답의 개수
Ⅰ	/ 2
Ⅱ	/ 6
Ⅲ	/ 2
Ⅳ	/ 3
Ⅴ	/ 1
Ⅵ	/ 6
TOTAL	/ 20

01 인·허가의제 정답 ④

옳지 않은 것은 ㄱ, ㄷ, ㄹ이다.

ㄱ. [×] 주택건설사업계획 승인권자가 관계 행정기관의 장과 미리 협의한 사항에 한하여 승인처분을 할 때에 인·허가 등이 의제될 뿐이고, 각 호에 열거된 모든 인·허가 등에 관하여 일괄하여 사전협의를 거칠 것을 승인처분의 요건으로 하고 있지는 않다(대판 2017.9.12. 2017두45131).

ㄴ. [O] 인·허가의제 규정의 입법 취지를 고려하면, 주택건설사업계획 승인권자가 구 주택법 제17조 제3항에 따라 도시·군관리계획 결정권자와 협의를 거쳐 관계 주택건설사업계획을 승인하면 같은 조 제1항 제5호에 따라 도시·군관리계획결정이 이루어진 것으로 의제되고, 이러한 협의 절차와 별도로 국토의 계획 및 이용에 관한 법률 제28조 등에서 정한 도시·군관리계획 입안을 위한 주민 의견청취 절차를 거칠 필요는 없다(대판 2018.11.29. 2016두38792).

ㄷ. [×] 사업부지에 관한 선행 도시·군관리계획결정이 존재하지 않거나 또는 그 결정에 관하여 하자가 있더라도, 특별한 사정이 없는 한 그것만으로는 곧바로 주택건설사업계획 승인처분의 위법사유를 구성한다고 볼 수는 없다(대판 2017.9.12. 2017두45131).

ㄹ. [×] 의제된 인·허가는 통상적인 인·허가와 동일한 효력을 가지므로, 적어도 '부분 인·허가의제'가 허용되는 경우에는 그 효력을 제거하기 위한 법적 수단으로 의제된 인·허가의 취소나 철회가 허용될 수 있고, 이러한 직권 취소·철회가 가능한 이상 그 의제된 인·허가에 대한 쟁송취소 역시 허용된다. 따라서 주택건설사업계획 승인처분에 따라 의제된 인·허가가 위법함을 다투고자 하는 이해관계인은, 주택건설사업계획 승인처분의 취소를 구할 것이 아니라 의제된 인·허가의 취소를 구하여야 하며, 의제된 인·허가는 주택건설사업계획 승인처분과 별도로 항고소송의 대상이 되는 처분에 해당한다(대판 2018.11.29. 2016두38792).

02 특별권력관계 정답 ④

① [O] 군인사법 제47조의2가 군인의 복무에 관한 사항에 관한 규율권한을 대통령령에 위임하면서 다소 개괄적으로 위임하였다고 하여 헌법 제75조의 포괄위임금지원칙에 어긋난다고 보기 어렵다(헌재 2010.10.28. 2007헌마890).

② [O] 금치 처분을 받은 수형자에 대한 절대적인 운동의 금지는 징벌의 목적을 고려하더라도 그 수단과 방법에 있어서 필요한 최소한도의 범위를 벗어난 것으로서, 수형자의 헌법 제10조의 인간의 존엄과 가치 및 신체의 안전성이 훼손당하지 아니할 자유를 포함하는 제12조의 신체의 자유를 침해하는 정도에 이르렀다고 판단된다(헌재 2004.12.16. 2002헌마478).

③ [O] 사관생도는 군 장교를 배출하기 위하여 국가가 모든 재정을 부담하는 특수교육기관인 육군3사관학교의 구성원으로서, 학교에 입학한 날에 육군 사관생도의 병적에 편입하고 준사관에 준하는 대우를 받는 특수한 신분관계에 있다(육군3사관학교 설치법 시행령 제3조). 따라서 그 존립 목적을 달성하기 위하여 필요한 한도 내에서 일반 국민보다 상대적으로 기본권이 더 제한될 수 있으나, 그러한 경우에도 법률유보원칙, 과잉금지원칙 등 기본권 제한의 헌법상 원칙들을 지켜야 한다(대판 2018.8.30. 2016두60591).

❹ [×] 구 예규 및 예규 제12조에서 사관생도의 모든 사적 생활에서까지 예외 없이 금주의무를 이행할 것을 요구하면서 제61조에서 사관생도의 음주가 교육 및 훈련 중에 이루어졌는지 여부나 음주량, 음주 장소, 음주 행위에 이르게 된 경위 등을 묻지 않고 일률적으로 2회 위반 시 원칙으로 퇴학 조치하도록 정한 것은 사관학교가 금주제도를 시행하는 취지에 비추어 보더라도 사관생도의 기본권을 지나치게 침해하는 것이므로, 위 금주조항은 사관생도의 일반적 행동자유권, 사생활의 비밀과 자유 등 기본권을 과도하게 제한하는 것으로서 무효이다(대판 2018.8.30. 2016두60591).

03 행정계획 정답 ④

① [O] 구 국토의 계획 및 이용에 관한 법률 시행령(2010.4.20. 대통령령 제22128호로 개정되기 전의 것, 이하 '시행령'이라 한다) 제22조 제5항이 관할 행정청으로 하여금 도시관리계획을 입안할 때 해당 도시관리계획안의 내용을 주민에게 공고·열람하도록 한 것은 다수 이해관계자의 이익을 합리적으로 조정하여 국민의 권리에 대한 부당한 침해를 방지하고 행정의 민주화와 신뢰를 확보하기 위하여 국민의 의사를 그 과정에 반영시키는 데 그 취지가 있다(대판 2015.1.29. 2012두11164).

② [O] 공유수면 점용허가를 필요로 하는 채광계획 인가신청에 대하여도, 공유수면 관리청이 재량적 판단에 의하여 공유수면 점용을 허가 여부를 결정할 수 있고, 그 결과 공유수면 점용을 허용하지 않기로 결정하였다면, 채광계획 인가관청은 이를 사유로 하여 채광계획을 인가하지 아니할 수 있는 것이다(대판 2002.10.11. 2001두151).

③ [O] 도시계획법 제12조 소정의 고시된 도시계획결정은 특정 개인의 권리 내지 법률상의 이익을 개별적이고 구체적으로 규제하는 효과를 가져오게 하는 행정청의 처분이라 할 것이고, 이는 행정소송의 대상이 된다(대판 1982.3.9. 80누105).

❹ [X] 도시계획법상 주민이 도시계획 및 그 변경에 대하여 어떤 신청을 할 수 있음에 관한 규정이 없을 뿐만 아니라, 도시계획과 같이 장기성·종합성이 요구되는 행정계획에 있어서는 그 계획이 일단 확정된 후에 어떤 사정의 변동이 있다고 하여 지역주민에게 일일이 그 계획의 변경을 청구할 권리를 인정해 줄 수도 없는 이치이므로 도시계획시설변경신청을 불허한 행위는 항고소송의 대상이 되는 행정처분이라고 볼 수 없다(대판 1984.10.23. 84누227).

04 행정심판에서 당사자와 관계인 정답 ②

① [O] 「행정심판법」 제16조 제5항에 대한 옳은 내용이다.

판례 이론 **조문**

> **제16조 【청구인의 지위 승계】** ⑤ 심판청구의 대상과 관계되는 권리나 이익을 양수한 자는 위원회의 허가를 받아 청구인의 지위를 승계할 수 있다.

❷ [X] 대표자나 관리인의 이름이 아닌 사단이나 재단의 이름으로 심판청구를 할 수 있다.

판례 이론 **조문**

> **「행정심판법」 제14조 【법인이 아닌 사단 또는 재단의 청구인 능력】** 법인이 아닌 사단 또는 재단으로서 대표자나 관리인이 정하여져 있는 경우에는 그 사단이나 재단의 이름으로 심판청구를 할 수 있다.

③ [O] 「행정심판법」 제17조 제2항에 대한 옳은 내용이다.

판례 이론 **조문**

> **제17조 【피청구인의 적격 및 경정】** ② 청구인이 피청구인을 잘못 지정한 경우에는 위원회는 직권으로 또는 당사자의 신청에 의하여 결정으로써 피청구인을 경정할 수 있다.

④ [O] 「행정심판법」 제15조 제1항에 대한 옳은 내용이다.

판례 이론 **조문**

> **제15조 【선정대표자】** ① 여러 명의 청구인이 공동으로 심판청구를 할 때에는 청구인들 중에서 3명 이하의 선정대표자를 선정할 수 있다.

05 행정소송 정답 ①

❶ [X] 행정소송법상 거부처분 취소소송의 대상인 '거부처분'이란 '행정청이 행하는 구체적 사실에 관한 법집행으로서의 공권력의 행사 또는 이에 준하는 행정작용', 즉 적극적 처분의 발급을 구하는 신청에 대하여 그에 따른 행위를 하지 않았다고 거부하는 행위를 말하고, 부작위위법확인소송의 대상인 '부작위'란 '행정청이 당사자의 신청에 대하여 상당한 기간 내에 일정한 처분을 하여야 할 법률상 의무가 있음에도 불구하고 이를 하지 아니하는 것'을 말한다(제2조 제1항 제1호·제2호). 여기에서 '처분'이란 행정소송법상 항고소송의 대상이 되는 처분을 의미하는 것으로서, 행정소송법 제2조의 처분의 개념 정의에는 해당한다고 하더라도 그 처분의 근거 법률에서 행정소송 이외의 다른 절차에 의하여 불복할 것을 예정하고 있는 처분은 항고소송의 대상이 될 수 없다. 검사의 불기소결정에 대해서는 검찰청법에 의한 항고와 재항고, 형사소송법에 의한 재정신청에 의해서만 불복할 수 있는 것이므로, 이에 대해서는 행정소송법상 항고소송을 제기할 수 없다(대판 2018.9.28. 2017두47465).

② [O] 납세의무부존재확인의 소는 공법상의 법률관계 그 자체를 다투는 소송으로서 당사자소송이라 할 것이므로 행정소송법 제3조 제2호, 제39조에 의하여 그 법률관계의 한쪽 당사자인 국가·공공단체 그 밖의 권리주체가 피고적격을 가진다(대판 2000.9.8. 99두2765).

③ [O] 일반적으로 행정처분의 무효확인을 구하는 소에는 원고가 그 처분의 취소를 구하지 아니한다고 밝히지 아니한 이상 그 처분이 만약 당연무효가 아니라면 그 취소를 구하는 취지도 포함되어 있는 것으로 보아야 한다(대판 1994.12.23. 94누477).

④ [O] 행정소송법 제20조 제1항이 정한 제소기간의 기산점인 '처분 등이 있음을 안 날'이란 통지, 공고 기타의 방법에 의하여 당해 처분 등이 있었다는 사실을 현실적으로 안 날을 의미하므로, 행정처분 이 상대방에게 고지되어 상대방이 이러한 사실을 인식함으로써 행정처분이 있다는 사실을 현실적으로 알았을 때 행정소송법 제20조 제1항이 정한 제소기간이 진행한다고 보아야 하고, 처분서가 처분상대방 의 주소지에 송달되는 등 사회통념상 처분이 있음을 처분상대방이 알 수 있는 상태에 놓인 때에는 반증이 없는 한 처분상대방이 처분이 있음을 알았다고 추정할 수 있다. 또한 우편물이 등기취급의 방법으로 발송된 경우 그것이 도중에 유실되었거나 반송되었다는 등의 특별한 사정에 대한 반증이 없는 한 그 무렵 수취인에게 배달되었다고 추정할 수 있다(대판 2017.3.9. 2016두60577).

06 행정상 즉시강제 정답 ④

① [×] 「감염병의 예방 및 관리에 관한 법률」 제47조 제1호의 '일시적 폐쇄'는 의무의 불이행을 전제로 하지 않으므로 강학상 '즉시강제'에 해당한다.

② [×] 즉시강제는 법적 근거가 있으면 가능하다.

③ [×] 권력적 사실행위는 단기간 종료되므로 집행정지를 전제로 행정쟁송의 실익이 인정된다. 다만, 장기 계속성 있는 권력적 사실행위는 바로 행정쟁송의 실익이 인정될 수 있다.

❹ [○] 즉시강제에서도 비례의 원칙이 적용되므로 즉시강제로써 행정상 장해를 제거하여 보호하고자 하는 공익과 즉시강제에 따른 권익침해 사이에는 비례관계가 있어야 한다.

07 신뢰보호원칙 정답 ②

① [○] 공적 견해 표명이 있었는지 여부에 관한 판단기준은 반드시 행정조직상의 형식적인 권한분장에 구애될 것은 아니고 담당자의 조직상의 지위와 임무, 해당 언동을 하게 된 구체적인 경위 및 그에 대한 상대방의 신뢰가능성에 비추어 실질에 의하여야 한다(대판 1997.9.12. 96누18380).

❷ [×] 정책의 주무 부처인 중앙행정기관이 그 소관 사항에 대하여 입안한 법령안은 법제처 심사 등의 절차를 거쳐 공포함으로써 확정되므로, 법령이 확정되기 이전에는 법적 효과가 발생할 수 없다. 따라서 입법예고를 통해 법령안의 내용을 국민에게 예고한 적이 있다고 하더라도 그것이 법령으로 확정되지 아니한 이상 국가가 이해관계자들에게 위 법령안에 관련된 사항을 약속하였다고 볼 수 없으며, 이러한 사정만으로 어떠한 신뢰를 부여하였다고 볼 수도 없다(대판 2018.6.15. 2017다249769).

③ [○] 행정상 법률관계에 있어서 신뢰보호의 원칙이 적용되기 위해서는, 첫째 행정청이 개인에 대하여 신뢰의 대상이 되는 공적인 견해표명을 하여야 하고, 둘째 행정청의 견해표명이 정당하다고 신뢰한 데 대하여 개인에게 귀책사유가 없어 그 신뢰가 보호가치 있는 것이어야 하며, 셋째 개인이 견해표명을 신뢰하고 이에 따라 어떠한 행위를 하였어야 하고, 넷째 행정청이 위 견해표명에 반하는 처분을 함으로써 견해표명을 신뢰한 개인의 이익이 침해되는 결과가 초래되어야 하며, 이러한 요건을 충족할 때에는 행정청의 처분은 신뢰보호의 원칙에 반하는 행위로서 위법하다(대판 1993.9.10. 93누5741). 이러한 신뢰보호 원칙의 위배 여부를 판단하기 위하여는 한편으로는 침해받은 이익의 보호가치, 침해의 중한 정도, 신뢰가 손상된 정도, 신뢰침해의 방법 등과 다른 한편으로는 새 법령을 통해 실현하고자 하는 공익적 목적을 종합적으로 비교·형량하여야 한다(대판 2006.11.16. 2003두12899).

④ [○] 국세기본법 제18조 제3항에서 말하는 비과세관행이 성립하려면 상당한 기간에 걸쳐 과세를 하지 아니한 객관적 사실이 존재할 뿐만 아니라 과세관청 자신이 그 사항에 관하여 과세할 수 있음을 알면서도 어떤 특별한 사정 때문에 과세하지 않는다는 의사가 있어야 하며, 공적 견해나 의사는 묵시적으로 표시될 수도 있지만 묵시적 표시가 있다고 하기 위하여는 단순한 과세누락과는 달리 과세관청이 상당기간의 비과세상태에 대하여 과세하지 않겠다는 의사표시를 한 것으로 볼 수 있는 사정이 있어야 한다(대판 1993.2.23. 92누12919).

08 행정상 손실보상 정답 ①

❶ [○] 물건 또는 권리 등에 대한 손실보상액 산정의 기준이나 방법에 관하여 구체적으로 정하고 있는 법령의 규정이 없는 경우에는, 그 성질상 유사한 물건 또는 권리 등에 대한 관련 법령상의 손실보상액 산정의 기준이나 방법에 관한 규정을 유추적용할 수 있다(대판 2018.12.27. 2014두11601).

② [×] 어떤 보상항목이 공익사업을 위한 토지 등의 취득 및 보상에 관한 법령상 손실보상대상에 해당함에도 관할 토지수용위원회가 사실을 오인하거나 법리를 오해함으로써 손실보상대상에 해당하지 않는다고 잘못된 내용의 재결을 한 경우에는, 피보상자는 관할 토지수용위원회를 상대로 그 재결에 대한 취소소송을 제기할 것이 아니라, 사업시행자를 상대로 구 공익사업을 위한 토지 등의 취득 및 보상에 관한 법률 제85조 제2항에 따른 보상금증감소송을 제기하여야 한다(대판 2018.7.20. 2015두4044).

③ [×] 공익사업을 위한 토지 등의 취득 및 보상에 관한 법률(이하 '토지보상법'이라 한다) 제26조, 제28조, 제30조, 제34조, 제50조, 제61조, 제79조, 제80조, 제83조 내지 제85조의 규정 내용과 입법 취지 등을 종합하면, 공익사업으로 인하여 공익사업시행지구 밖에서 영업을 휴업하는 자가 사업시행자로부터 공익사업을 위한 토지 등의 취득 및 보상에 관한 법률 시행규칙 제47조 제1항에 따라 영업손실에 대한 보상을 받기 위해서는, 토지보상법 제34조, 제50조 등에 규정된 재결절차를 거친 다음 그 재결에 대하여 불복이 있는 때에 비로소 토지보상법 제83조 내지 제85조에 따라 권리구제를 받을 수 있을 뿐이다. 이러한 재결절차를 거치지 않은 채 곧바로 사업시행자를 상대로 손실보상을 청구하는 것은 허용되지 않는다(대판 2019.11.28. 2018두227).

④ [×] 개발제한구역의 지정으로 개발가능성의 소멸과 그에 따른 지가의 하락이나 지가상승률의 상대적 감소는 토지소유자가 감수해야 하는 재산권에 내재하는 사회적 제약이므로 보상규정을 두지 않았더라도 합헌이라고 본다(헌재 1998.12.24. 89헌마214).

09 행정행위의 부관 정답 ③

① [×] 부담은 다른 부관과는 달리 행정행위의 불가분적 요소가 아니고, 그 존속이 본체인 행정행위의 존재를 전제로 하는 것일 뿐이므로 부담 그 자체로서 행정쟁송의 대상이 될 수 있다(대판 1992.1.21. 91누1264).

② [×] 행정행위의 부관은 부담인 경우를 제외하고는 독립하여 행정소송의 대상이 될 수 없는바, 기부채납 받은 행정재산에 대한 사용·수익허가에서 공유재산의 관리청이 정한 사용·수익허가의 기간은 그 허가의 효력을 제한하기 위한 행정행위의 부관으로서 이러한 사용·수익허가의 기간에 대해서는 독립하여 행정소송을 제기할 수 없다(대판 2001.6.15. 99두509).

❸ [O] 공무원이 인·허가 등 수익적 행정처분을 하면서 상대방에게 그 처분과 관련하여 이른바 부관으로서 부담을 붙일 수 있다 하더라도, 그러한 부담은 법치주의와 사유재산 존중, 조세법률주의 등 헌법의 기본원리에 비추어 비례의 원칙이나 부당결부의 원칙에 위반되지 않아야만 적법한 것인바, 행정처분과 부관 사이에 실제적 관련성이 있다고 볼 수 없는 경우 공무원이 위와 같은 공법상의 제한을 회피할 목적으로 행정처분의 상대방과 사이에 사법상 계약을 체결하는 형식을 취하였다면 이는 법치행정의 원리에 반하는 것으로서 위법하다. 지방자치단체가 골프장사업계획승인과 관련하여 사업자로부터 기부금을 지급받기로 한 증여계약은 공무수행과 결부된 금전적 대가로서 그 조건이나 동기가 사회질서에 반하므로 민법 제103조에 의해 무효이다(대판 2009.12.10. 2007다63966).

④ [X] 종전 허가의 유효기간이 지나 다시 한 허가신청에 대한 허가는 종전의 허가처분을 전제로 하여 단순히 유효기간을 연장하여 주는 행정처분이라기보다는 종전의 허가처분과는 별도의 새로운 영업허가를 내용으로 하는 행정처분이므로 허가권자는 이를 시행행위등규제법 제7조 제2항에 정한 재허가신청으로 보다, 그 규정에 의하여 허가요건의 적합여부를 새로이 판단하여 허가 여부를 결정하여야 한다(대판 1993.6.29. 92누15314).

10 행정행위의 하자 정답 ②

① [O] 과세예고 통지의 대상으로 삼고 있지 않다거나 과세전적부심사를 거치지 않고 곧바로 과세처분을 할 수 있는 예외사유로 정하고 있는 등의 특별한 사정이 없는 한, 과세관청이 과세처분에 앞서 필수적으로 행하여야 할 과세예고 통지를 하지 아니함으로써 납세자에게 과세전적부심사의 기회를 부여하지 아니한 채 과세처분을 하였다면, 이는 납세자의 절차적 권리를 침해한 것으로서 과세처분의 효력을 부정하는 방법으로 통제할 수밖에 없는 중대한 절차적 하자가 존재하는 경우에 해당하므로, 과세처분은 위법하다(대판 2016.4.5. 2015두52326).

❷ [X] 치유의 대상이 되는 하자는 절차상 하자 및 형식의 하자만이 가능하고 내용상의 하자의 치유는 불가능하다. 판례도 같은 입장이다. 행정행위의 성질이나 법치주의의 관점에서 볼 때 하자 있는 행정행위의 치유는 원칙적으로 허용될 수 없을 뿐만 아니라 이를 허용하는 경우에도 국민의 권리와 이익을 침해하지 않는 범위에서 구체적 사정에 따라 합목적적으로 가려야 할 것인바, 이 사건 처분에 관한 하자가 행정처분의 내용에 관한 것이고 새로운 노선면허가 이 사건 소 제기 이후에 이루어진 사정 등에 비추어 하자의 치유를 인정치 않은 원심의 판단은 정당하고, 거기에 소론이 지적하는 바와 같은 법리오해의 위법이 있다 할 수 없다(대판 1991.5.28. 90누1359).

③ [O] 하자 있는 행정행위의 치유는 행정행위의 성질이나 법치주의의 관점에서 볼 때 원칙적으로 허용될 수 없는 것이고, 예외적으로 행정행위의 무용한 반복을 피하고 당사자의 법적 안정성을 위해 이를 허용하는 때에도 국민의 권리나 이익을 침해하지 않는 범위에서 구체적 사정에 따라 합목적적으로 인정하여야 한다(대판 2002.7.9. 2001두10684).

④ [O] 행정행위의 하자가 치유되면 당해 행정행위는 처분시부터 하자가 없는 적법한 행정행위로 효력을 발생한다(소급효).

11 과세처분 정답 ③

① [O] 세무조사가 과세자료의 수집 또는 신고내용의 정확성 검증이라는 본연의 목적이 아니라 부정한 목적을 위하여 행하여진 것이라면 이는 세무조사에 중대한 위법사유가 있는 경우에 해당하고 이러한 세무조사에 의하여 수집된 과세자료를 기초로 한 과세처분 역시 위법하다(대판 2016.12.15. 2016두47659).

② [O] 증액경정인 때에는 처음의 과세처분에서 결정한 과세표준과 세액을 그대로 두고 증액부분만을 결정하는 것이 아니라 처음의 과세표준과 세액을 포함하여 전체로서 증액 된 과세표준과 세액을 다시 결정하는 것이므로 처음의 과세처분은 뒤의 경정처분의 일부로 흡수되어 독립된 존재가치를 상실하여 소멸하고 오직 경정처분만이 쟁송의 대상이 된다(대판 1984.12.11. 84누225).

판례 이론 조문

> 과세관청이 과세처분을 한 뒤에 과세표준과 세액에 오류 또는 탈누가 있음을 발견하여 이를 경정하는 처분을 한 경우에, 그것이 감액경정인 때에는 처음의 과세처분에서 결정된 과세표준과 세액의 일부를 취소하는 데에 지나지 않으므로 처음의 과세처분이 감액된 범위 내에서 존속하게 되고 이 처분만이 쟁송의 대상이 되며 경정처분 자체는 쟁송의 대상이 될 수 없는 반면, 증액경정인 때에는 처음의 과세처분에서 결정한 과세표준과 세액을 그대로 두고 증액부분만을 결정하는 것이 아니라 처음의 과세표준과 세액을 포함하여 전체로서 증액된 과세표준과 세액을 다시 결정하는 것이므로 처음의 과세처분은 뒤의 경정처분의 일부로 흡수되어 독립된 존재가치를 상실하여 소멸하고 오직 경정처분만이 쟁송의 대상이 된다(대판 1984.12.11. 84누225).

❸ [X] 과세처분이 있은 후 이를 증액하는 경정처분이 있으면 당초 처분은 경정처분에 흡수되어 독립된 존재가치를 상실하여 소멸하는 것이고, 그 후 다시 이를 감액하는 재경정처분이 있으면 재경정처분은 위 증액경정처분과는 별개인 독립의 과세처분이 아니라 그 실질은 위 증액경정처분의 변경이고 그에 의하여 세액의 일부 취소라는 납세의무자에게 유리한 효과를 가져오는 처분이라 할 것이므로, 그 감액하는 재경정결정으로도 아직 취소되지 않고 남아 있는 부분이 위법하다 하여 다투는 경우 항고소송의 대상은 그 증액경정처분 중 감액재경정결정에 의하여 취소되지 않고 남은 부분이고, 감액재경정결정이 항고소송의 대상이 되는 것은 아니다(대판 1996.7.30. 95누6328).

④ [O] 원천징수의무자에 대하여 납세의무의 단위를 달리하여 순차 이루어진 2개의 징수처분은 별개의 처분으로서 당초 처분과 증액경정처분에 관한 법리가 적용되지 아니하므로, 당초 처분이 후행 처분에 흡수되어 독립한 존재가치를 잃는다고 볼 수 없고, 후행 처분만이 항고소송의 대상이 되는 것도 아니다(대판 2013.7.11. 2011두7311).

판례 이론 조문

징수처분의 취소를 구하는 항고소송에서도 과세관청은 처분의 동일성이 유지되는 범위 내에서 처분사유를 교환·변경할 수 있다. 그런데 원천징수하는 법인세는 소득금액 또는 수입금액을 지급하는 때에 납세의무가 성립함과 동시에 자동적으로 확정되는 조세로서(구 국세기본법 제21조 제2항 제1호, 제22조 제2항 제3호), 과세관청의 원천징수의무자에 대한 징수처분 그 자체는 소득금액 또는 수입금액의 지급사실에 의하여 이미 확정된 납세의무에 대한 이행을 청구하는 것에 불과하여 소득금액 또는 수입금액의 수령자가 부담하는 원천납세의무의 존부나 범위에는 아무런 영향을 미치지 아니한다. 그리고 구 국세징수법 제9조 제1항은 국세의 징수를 위한 납세고지서에 '세액의 산출근거'를 명시하도록 규정하고 있으나, 여기에서 말하는 '산출근거'에 소득금액 또는 수입금액의 수령자가 포함된다고 보기도 어렵다. 이러한 법리 등에 비추어 보면, 원천징수하는 법인세에서 소득금액 또는 수입금액의 수령자가 누구인지는 원칙적으로 납세의무의 단위를 구분하는 본질적인 요소가 아니라고 봄이 타당하다. 따라서 원천징수하는 법인세에 대한 징수처분 취소소송에서 과세관청이 소득금액 또는 수입금액의 수령자를 변경하여 주장하더라도 그로 인하여 소득금액 또는 수입금액 지급의 기초 사실이 달라지는 것이 아니라면 처분의 동일성이 유지되는 범위 내의 처분사유 변경으로서 허용된다(대판 2013.7.11. 2011두7311).

12 행정행위 정답 ④

옳은 것은 ㄱ, ㄷ, ㄹ이다.

ㄱ. [O]「행정기본법」 제18조에 대한 옳은 내용이다.

판례 이론 조문

제18조 【위법 또는 부당한 처분의 취소】 ① 행정청은 위법 또는 부당한 처분의 전부나 일부를 소급하여 취소할 수 있다. 다만, 당사자의 신뢰를 보호할 가치가 있는 등 정당한 사유가 있는 경우에는 장래를 향하여 취소할 수 있다.
② 행정청은 제1항에 따라 당사자에게 권리나 이익을 부여하는 처분을 취소하려는 경우에는 취소로 인하여 당사자가 입게 될 불이익을 취소로 달성되는 공익과 비교·형량(衡量)하여야 한다. 다만, 다음 각 호의 어느 하나에 해당하는 경우에는 그러하지 아니하다.
1. 거짓이나 그 밖의 부정한 방법으로 처분을 받은 경우
2. 당사자가 처분의 위법성을 알고 있었거나 중대한 과실로 알지 못한 경우

ㄴ. [X] 철회사유는 후발적 사유다.

판례 이론 조문

행정행위의 취소는 일단 유효하게 성립한 행정행위를 그 행위에 위법 또는 부당한 하자가 있음을 이유로 소급하여 그 효력을 소멸시키는 별도의 행정처분이고, 행정행위의 철회는 적법요건을 구비하여 완전히 효력을 발하고 있는 행정행위를 사후적으로 그 행위의 효력의 전부 또는 일부를 장래에 향해 소멸시키는 행정처분이므로, 행정행위의 취소사유는 행정행위의 성립 당시에 존재하였던 하자를 말하고, 철회사유는 행정행위가 성립된 이후에 새로이 발생한 것으로서 행정행위의 효력을 존속시킬 수 없는 사유를 말한다(대판 2003.5.30. 2003다6422).

ㄷ. [O]「행정기본법」 제19조 제1항 제3호에 대한 옳은 내용이다.

판례 이론 조문

제19조 【적법한 처분의 철회】 ① 행정청은 적법한 처분이 다음 각 호의 어느 하나에 해당하는 경우에는 그 처분의 전부 또는 일부를 장래를 향하여 철회할 수 있다.
3. 중대한 공익을 위하여 필요한 경우

ㄹ. [O]「행정기본법」 제19조 제2항에 대한 옳은 내용이다.

판례 이론 조문

제19조 【적법한 처분의 철회】 ② 행정청은 제1항에 따라 처분을 철회하려는 경우에는 철회로 인하여 당사자가 입게 될 불이익을 철회로 달성되는 공익과 비교·형량하여야 한다.

13 처분의 이유제시 정답 ④

① [X] 이유제시는 침익적 행정처분, 수익적 행정처분, 복효적 행정처분 모두에 공통된 절차이다.

판례 이론 조문

- **공통절차**: 이유부기, 처분기준의 설정·공표, 처분의 방식(원칙: 문서), 처분의 정정, 고지
- **침익적 행정처분**: 사전통지, 의견제출 기회부여
- **수익적 행정처분**: 처분의 신청, 처리기간의 설정·공표

② [X] 부적격사유가 없는 후보자들 사이에서 어떤 후보자를 상대적으로 더욱 적합하다고 판단하여 임용제청하는 경우라면, 이는 후보자의 경력, 인격, 능력, 대학운영계획 등 여러 요소를 종합적으로 고려하여 총장임용의 적격성을 정성적으로 평가하는 것으로 그 판단결과를 수치화하거나 이유제시를 하기 어려울 수 있다. 이 경우에는 교육부장관이 어떤 후보자를 총장으로 임용제청하는 행위 자체에 그가 총장으로 더욱 적합하다는 정성적 평가결과가 당연히 포함되어 있는 것으로, 이로써 행정절차법상 이유제시의무를 다한 것이라고 보아야 한다. 여기에서 나아가 교육부장관에게 개별 심사항목이나 고려요소에 대한 평가결과를 더 자세히 밝힐 의무까지는 없다(대판 2018.6.15. 2016두57564).

③ [×] 면허의 취소처분에는 그 근거가 되는 법령이나 취소권 유보의 부관 등을 명시하여야 함은 물론 처분을 받은 자가 어떠한 위반사실에 대하여 당해 처분이 있었는지를 알 수 있을 정도로 사실을 적시할 것을 요하며, 이와 같은 취소처분의 근거와 위반사실의 적시를 빠뜨린 하자는 피처분자가 처분 당시 그 취지를 알고 있었다거나 그 후 알게 되었다 하여도 치유될 수 없다(대판 1990.9.11. 90누1786).

❹ [O] 세액산출근거가 누락된 납세고지서에 의한 과세처분의 하자의 치유를 허용하려면 늦어도 과세처분에 대한 불복여부의 결정 및 불복신청에 편의를 줄 수 있는 상당한 기간내에 하여야 한다고 할 것이므로 위 과세처분에 대한 전심절차가 모두 끝나고 상고심의 계류중에 세액산출근거의 통지가 있었다고 하여 이로써 위 과세처분의 하자가 치유되었다고는 볼 수 없다(대판 1984.4.10. 83누393).

14 당사자소송 정답 ④

① [O] 당사자소송에 관련청구소송인 민사소송을 병합할 수 있다. 그러나 민사소송에는 당사자소송을 병합할 수 없다.

판례 이론 **조문**

> **「행정소송법」 제10조 【관련청구소송의 이송 및 병합】** ① 취소소송과 다음 각 호의 1에 해당하는 소송(이하 "관련청구소송"이라 한다)이 각각 다른 법원에 계속되고 있는 경우에 관련청구소송이 계속된 법원이 상당하다고 인정하는 때에는 당사자의 신청 또는 직권에 의하여 이를 취소소송이 계속된 법원으로 이송할 수 있다.
> 1. 당해 처분 등과 관련되는 손해배상·부당이득반환·원상회복등 청구소송
> 2. 당해 처분등과 관련되는 취소소송
>
> **제44조 【준용규정】** ② 제10조의 규정은 당사자소송과 관련청구소송이 각각 다른 법원에 계속되고 있는 경우의 이송과 이들 소송의 병합의 경우에 준용한다.

② [O] 구 수산업법(1995.12.30. 법률 제5131호로 개정되기 전의 것) 제81조 제1항 제1호는 법 제34조 제1호 내지 제5호와 제35조 제8호(제34조 제1항 제1호 내지 제5호에 해당하는 경우에 한한다)의 규정에 해당되는 사유로 인하여 허가어업을 제한하는 등의 처분을 받았거나 어업면허 유효기간의 연장이 허가되지 아니함으로써 손실을 입은 자는 행정관청에 대하여 보상을 청구할 수 있다고 규정하고 있는바, 이러한 어업면허에 대한 처분 등이 행정처분에 해당된다 하여도 이로 인한 손실은 사법상의 권리인 어업권에 대한 손실을 본질적 내용으로 하고 있는 것으로서 그 보상청구권은 공법상의 권리가 아니라 사법상의 권리이다(대판 1998.2.27. 97다46450).

③ [O] 공법상 계약의 무효확인을 구하는 당사자소송의 청구는 다른 적절한 구제수단이 존재하는 경우 허용되지 않는다. 즉, 무효확인을 구하는 당사자소송은 보충성 요건이 필요하다.

❹ [×] '민주화운동관련자 명예회복 및 보상 등에 관한 법률' 제17조는 보상금 등의 지급에 관한 소송의 형태를 규정하고 있지 않지만, 위 규정 전단에서 말하는 보상금 등의 지급에 관한 소송은 '민주화운동관련자 명예회복 및 보상 심의위원회'의 보상금 등의 지급신청에 관하여 전부 또는 일부를 기각하는 결정에 대한 불복을 구하는 소송이므로 취소소송을 의미한다고 보아야 하며, 후단에서 보상금 등의 지급신청을 한 날부터 90일을 경과한 때에는 그 결정을 거치지 않고 위 소송을 제기할 수 있도록 한 것은 관련자 등에 대한 신속한 권리구제를 위하여 위 기간 내에 보상금 등의 지급 여부 등에 대한 결정을 받지 못한 때에는 지급 거부 결정이 있는 것으로 보아 곧바로 법원에 심의위원회를 상대로 그에 대한 취소소송을 제기할 수 있다고 규정한 취지라고 해석될 뿐, 위 규정이 보상금 등의 지급에 관한 처분의 취소소송을 제한하거나 또는 심의위원회에 의하여 관련자 등으로 결정되지 아니한 신청인에게 국가를 상대로 보상금 등의 지급을 구하는 이행소송을 직접 제기할 수 있도록 허용하는 취지라고 풀이할 수는 없다(대판 2008.4.17. 2005두16185 전합).

15 개인정보 보호법 정답 ①

❶ [×] "개인정보"란 살아 있는 개인에 관한 정보로서 성명, 주민등록번호 및 영상 등을 통하여 개인을 알아볼 수 있는 정보(해당 정보만으로는 특정 개인을 알아볼 수 없더라도 다른 정보와 쉽게 결합하여 알아볼 수 있는 것을 포함한다)를 말한다(「개인정보 보호법」 제2조 제1호).

② [O] 「개인정보 보호법」 제15조 제1항 제2호에 대한 옳은 내용이다.

판례 이론 **조문**

> **제15조 【개인정보의 수집·이용】** ① 개인정보처리자는 다음 각 호의 어느 하나에 해당하는 경우에는 개인정보를 수집할 수 있으며 그 수집 목적의 범위에서 이용할 수 있다.
> 2. 법률에 특별한 규정이 있거나 법령상 의무를 준수하기 위하여 불가피한 경우

③ [O] 「개인정보 보호법」 제18조 제1항에 대한 옳은 내용이다.

판례 이론 **조문**

> **제18조 【개인정보의 목적 외 이용·제공 제한】** ① 개인정보처리자는 개인정보를 제15조 제1항 및 제39조의3 제1항 및 제2항에 따른 범위를 초과하여 이용하거나 제17조 제1항 및 제3항에 따른 범위를 초과하여 제3자에게 제공하여서는 아니 된다.

④ [O] 「개인정보 보호법」 제39조 제3항에 대한 옳은 내용이다.

판례 이론 **조문**

> **제39조 【손해배상책임】** ③ 개인정보처리자의 고의 또는 중대한 과실로 인하여 개인정보가 분실·도난·유출·위조·변조 또는 훼손된 경우로서 정보주체에게 손해가 발생한 때에는 법원은 그 손해액의 3배를 넘지 아니하는 범위에서 손해배상액을 정할 수 있다. 다만, 개인정보처리자가 고의 또는 중대한 과실이 없음을 증명한 경우에는 그러하지 아니하다.

16 공법상 계약 정답 ②

① [O] 지방자치단체가 일방 당사자가 되는 이른바 '공공계약'이 사경제의 주체로서 상대방과 대등한 위치에서 체결하는 사법상 계약에 해당하는 경우 그에 관한 법령에 특별한 정함이 있는 경우를 제외하고는 사적 자치와 계약자유의 원칙 등 사법의 원리가 그대로 적용된다(대판 2018.2.13. 2014두11328).

❷ [X] 고양시장에 의한 재활용자원화시설의 민간위탁대상자 선정행위는 공법상 계약이 아닌 처분이다(대판 2007.9.21. 2006두7973).

③ [O] 계약직공무원에 관한 현행 법령의 규정에 비추어 볼 때, 계약직공무원 채용계약해지의 의사표시는 일반공무원에 대한 징계처분과는 달라서 항고소송의 대상이 되는 처분 등의 성격을 가진 것으로 인정되지 아니하고, 일정한 사유가 있을 때에 국가 또는 지방자치단체가 채용계약 관계의 한쪽 당사자로서 대등한 지위에서 행하는 의사표시로 취급되는 것으로 이해되므로, 이를 징계해고 등에서와 같이 그 징계사유에 한하여 효력 유무를 판단하여야 하거나, 행정처분과 같이 행정절차법에 의하여 근거와 이유를 제시하여야 하는 것은 아니다(대판 2002.11.26. 2002두5948).

④ [O] 근로기준법 등의 입법 취지, 지방공무원법과 지방공무원징계및소청규정의 여러 규정에 비추어 볼 때, 채용계약상 특별한 약정이 없는 한, 지방계약직공무원에 대하여 지방공무원법, 지방공무원징계및소청규정에 정한 징계절차에 의하지 않고서는 보수를 삭감할 수 없다고 봄이 상당하다(대판 2008.6.12. 2006두16328).

17 이행강제금 정답 ④

① [O] 건축법상의 이행강제금은 시정명령의 불이행이라는 과거의 위반행위에 대한 제재가 아니라, 의무자에게 시정명령을 받은 의무의 이행을 명하고 그 이행기간 안에 의무를 이행하지 않으면 이행강제금이 부과된다는 사실을 고지함으로써 의무자에게 심리적 압박을 주어 의무의 이행을 간접적으로 강제하는 행정상의 간접강제 수단에 해당한다(대판 2018.1.25. 2015두35116).

② [O] 구 건축법(2005.11.8. 법률 제7696호로 개정되기 전의 것)상의 이행강제금은 구 건축법의 위반행위에 대하여 시정명령을 받은 후 시정기간 내에 당해 시정명령을 이행하지 아니한 건축주 등에 대하여 부과되는 간접강제의 일종으로서 그 이행강제금 납부의무는 상속인 기타의 사람에게 승계될 수 없는 일신전속적인 성질의 것이다(대판 2006.12.8. 2006마470).

③ [O] 이 사건 법률조항에서 규정하고 있는 이행강제금은 일정한 기한까지 의무를 이행하지 않을 때에는 일정한 금전적 부담을 과할 뜻을 미리 계고함으로써 의무자에게 심리적 압박을 주어 장래에 그 의무를 이행하게 하려는 행정상 간접적인 강제집행 수단의 하나로서 과거의 일정한 법률위반 행위에 대한 제재로서의 형벌이 아니라 장래의 의무이행의 확보를 위한 강제수단일 뿐이어서 범죄에 대하여 국가가 형벌권을 실행한다고 하는 과벌에 해당하지 아니하므로 헌법 제13조 제1항이 금지하는 이중처벌금지의 원칙이 적용될 여지가 없다(헌재 2011.10.25. 2009헌바140).

❹ [X] 농지법 제62조 제6항, 제7항이 위와 같이 이행강제금 부과처분에 대한 불복절차를 분명하게 규정하고 있으므로, 이와 다른 불복절차를 허용할 수는 없다. 설령 관할청이 이행강제금 부과처분을 하면서 재결청에 행정심판을 청구하거나 관할 행정법원에 행정소송을 할 수 있다고 잘못 안내하거나 관할 행정심판위원회가 각하재결이 아닌 기각재결을 하면서 관할 법원에 행정소송을 할 수 있다고 잘못 안내하였다고 하더라도, 그러한 잘못된 안내로 행정법원의 항고소송 재판관할이 생긴다고 볼 수도 없다(대판 2019.4.11. 2018두42955).

18 행정소송 정답 ①

❶ [O] 감사원의 변상판정처분에 대하여서는 행정소송을 제기할 수 없고, 재결에 해당하는 재심의 판정에 대하여서만 감사원을 피고로 하여 행정소송을 제기할 수 있다(대판 1984.4.10. 84누91).

② [X] 어떠한 처분의 근거나 법적인 효과가 행정규칙에 규정되어 있다고 하더라도, 그 처분이 행정규칙의 내부적 구속력에 의하여 상대방에게 권리의 설정 또는 의무의 부담을 명하거나 기타 법적인 효과를 발생하게 하는 등으로 그 상대방의 권리 의무에 직접 영향을 미치는 행위라면, 이 경우에도 항고소송의 대상이 되는 행정처분에 해당한다. 행정규칙에 의한 '불문경고조치'가 비록 법률상의 징계처분은 아니지만 위 처분을 받지 아니하였다면 차후 다른 징계처분이나 경고를 받게 될 경우 징계감경사유로 사용될 수 있었던 표창공적의 사용가능성을 소멸시키는 효과와 1년 동안 인사기록카드에 등재됨으로써 그 동안은 장관표창이나 도지사표창 대상자에서 제외시키는 효과 등이 있다는 이유로 항고소송의 대상이 되는 행정처분에 해당한다(대판 2002.7.26. 2001두3532).

③ [X] 사증발급 거부처분을 다투는 외국인은, 아직 대한민국에 입국하지 않은 상태에서 대한민국에 입국하게 해달라고 주장하는 것으로, 대한민국과의 실질적 관련성 내지 대한민국에서 법적으로 보호가치 있는 이해관계를 형성한 경우는 아니어서, 해당 처분의 취소를 구할 법률상 이익을 인정하여야 할 법정책적 필요성도 크지 않다. 반면, 국적법상 귀화불허가처분이나 출입국관리법상 체류자격변경 불허가처분, 강제퇴거명령 등을 다투는 외국인은 대한민국에 적법하게 입국하여 상당한 기간을 체류한 사람이므로, 이미 대한민국과의 실질적 관련성 내지 대한민국에서 법적으로 보호가치 있는 이해관계를 형성한 경우이어서, 해당 처분의 취소를 구할 법률상 이익이 인정된다고 보아야 한다. 나아가 중화인민공화국(이하 '중국'이라 한다) 출입경관리법 제36조 등은 외국인이 사증발급 거부 등 출입국 관련 제반 결정에 대하여 불복하지 못하도록 명문의 규정을 두고 있으므로, 국제법의 상호주의원칙상 대한민국이 중국 국적자에게 우리 출입국관리 행정청의 사증발급 거부에 대하여 행정소송 제기를 허용할 책무를 부담한다고 볼 수는 없다. 이와 같은 사증발급의 법적 성질, 출입국관리법의 입법 목적, 사증발급 신청인의 대한민국과의 실질적 관련성, 상호주의원칙 등을 고려하면, 우리 출입국관리법의 해석상 외국인에게는 사증발급 거부처분의 취소를 구할 법률상 이익이 인정되지 않는다고 봄이 타당하다(대판 2018.5.15. 2014두42506).

④ [×] 행정관청은 법상 설립요건을 갖추지 못한 단체의 설립신고서를 반려하는데, 이러한 반려는 설립신고의 수리를 거부하는 것이므로 해당 단체의 법적 지위에 직접적인 영향을 미치는 행정처분이다. 즉 결격사유가 있는 단체는 이 사건 법률 규정에 따라 노동조합으로 보지 아니하나, 그러한 법적 효과는 위와 같은 설립신고서의 반려를 통하여 비로소 실현된다. 법외노조 통보는 이와 같은 절차를 거쳐 적법하게 설립되어 활동 중인 노동조합에 대하여 행정관청이 더 이상 노동조합법상 노동조합이 아님을 고권적으로 확정하는 행정처분으로서, 단순히 법률에 의하여 이미 법외노조가 된 것을 사후적으로 고지하거나 확인하는 행위가 아니라 그 통보로써 법외노조가 되도록 하는 형성적 행위이다. 즉, 법상 노동조합에 결격사유가 발생한 경우, 이 사건 법률 규정에 의하여 곧바로 법외노조가 되는 것이 아니라, 이를 이유로 한 법외노조 통보가 있을 때 비로소 법외노조가 된다(대판 2020.9.3. 2016두32992).

19 행정심판법 정답 ④

① [○] 「행정심판법」 제49조 제1항, 제50조의2 제5항에 대한 옳은 내용이다.

판례 이론 **조문**

> **제49조 【재결의 기속력 등】** ① 심판청구를 인용하는 재결은 피청구인과 그 밖의 관계 행정청을 기속(羈束)한다.
> **제50조의2 【위원회의 간접강제】** ⑤ 제1항 또는 제2항에 따른 결정의 효력은 피청구인인 행정청이 소속된 국가·지방자치단체 또는 공공단체에 미치며, 결정서 정본은 제4항에 따른 소송제기와 관계없이 「민사집행법」에 따른 강제집행에 관하여는 집행권원과 같은 효력을 가진다. 이 경우 집행문은 위원장의 명에 따라 위원회가 소속된 행정청 소속 공무원이 부여한다.

② [○] 「행정심판법」 제49조 제2항에 대한 옳은 내용이다.

판례 이론 **조문**

> **제49조 【재결의 기속력 등】** ② 재결에 의하여 취소되거나 무효 또는 부존재로 확인되는 처분이 당사자의 신청을 거부하는 것을 내용으로 하는 경우에는 그 처분을 한 행정청은 재결의 취지에 따라 다시 이전의 신청에 대한 처분을 하여야 한다.

③ [○] 「행정심판법」 제50조의2 제4항에 대한 옳은 내용이다.

판례 이론 **조문**

> **제50조의2 【위원회의 간접강제】** ① 위원회는 피청구인이 제49조 제2항(제49조 제4항에서 준용하는 경우를 포함한다) 또는 제3항에 따른 처분을 하지 아니하면 청구인의 신청에 의하여 결정으로 상당한 기간을 정하고 피청구인이 그 기간 내에 이행하지 아니하는 경우에는 그 지연기간에 따라 일정한 배상을 하도록 명하거나 즉시 배상을 할 것을 명할 수 있다.
> ② 위원회는 사정의 변경이 있는 경우에는 당사자의 신청에 의하여 제1항에 따른 결정의 내용을 변경할 수 있다.
> ④ 청구인은 제1항 또는 제2항에 따른 결정에 불복하는 경우 그 결정에 대하여 행정소송을 제기할 수 있다.

❹ [×] 조정은 당사자가 서명 또는 날인하고 위원회가 이를 확인함으로써 성립한다.

판례 이론 **조문**

> **「행정심판법」 제43조의2 【조정】** ③ 조정은 당사자가 합의한 사항을 조정서에 기재한 후 당사자가 서명 또는 날인하고 위원회가 이를 확인함으로써 성립한다.

20 행정법 정답 ③

① [×] 그 오인에 정당한 이유가 있는 때에 한하여 과태료를 부과하지 아니한다.

판례 이론 **조문**

> **「질서위반행위규제법」 제8조 【위법성의 착오】** 자신의 행위가 위법하지 아니한 것으로 오인하고 행한 질서위반행위는 그 오인에 정당한 이유가 있는 때에 한하여 과태료를 부과하지 아니한다.

② [×] 양벌규정에 의한 영업주의 처벌은 금지위반행위자인 종업원의 처벌에 종속하는 것이 아니라 독립하여 그 자신의 종업원에 대한 선임감독상의 과실로 인하여 처벌되는 것이므로 종업원의 범죄성립이나 처벌이 영업주 처벌의 전제조건이 될 필요는 없다(대판 1987.11.10. 87도1213).

❸ [○] 행정상의 단속을 주안으로 하는 법규라 하더라도 명문규정이 있거나 해석상 과실범도 벌할 뜻이 명확한 경우를 제외하고는 형법의 원칙에 따라 고의가 있어야 벌할 수 있다(대판 1986.7.22. 85도108).

④ [×] 일사부재리의 효력은 확정재판이 있을 때에 발생하는 것이고 과태료는 행정법상의 질서벌에 불과하므로 과태료처분을 받고 이를 납부한 일이 있더라도 그 후에 형사처벌을 한다고 해서 일사부재리의 원칙에 어긋난다고 할 수 없다(대판 1989.6.13. 88도1983).

11회 실전동형모의고사

정답 p. 86

01	③	Ⅵ	06	③	Ⅳ	11	④	Ⅰ	16	②	Ⅵ
02	②	Ⅵ	07	③	Ⅱ	12	②	Ⅲ	17	②	Ⅴ
03	①	Ⅵ	08	②	Ⅱ	13	④	Ⅳ	18	④	Ⅱ
04	④	Ⅳ	09	④	Ⅱ	14	④	Ⅴ	19	②	Ⅲ
05	④	Ⅵ	10	②	Ⅰ	15	④	Ⅲ	20	①	Ⅵ

취약 단원 분석표

단원	맞힌 답의 개수
Ⅰ	/2
Ⅱ	/4
Ⅲ	/3
Ⅳ	/3
Ⅴ	/2
Ⅵ	/6
TOTAL	/20

Ⅰ 행정법 서론 / Ⅱ 행정작용법 / Ⅲ 행정절차와 행정공개 / Ⅳ 행정의 실효성 확보수단 / Ⅴ 행정상 손해전보 / Ⅵ 행정쟁송

01 행정심판법 정답 ③

옳지 않은 것은 ㄷ, ㄹ이다.

ㄱ. [O] 「행정심판법」 제3조 제2항에 대한 옳은 내용이다.

판례 이론 **조문**

> **제3조 【행정심판의 대상】** ② 대통령의 처분 또는 부작위에 대하여는 다른 법률에서 행정심판을 청구할 수 있도록 정한 경우 외에는 행정심판을 청구할 수 없다.

ㄴ. [O] 행정심판에는 당사자의 신청에 대한 행정청의 위법 또는 부당한 거부처분이나 부작위에 대하여 일정한 처분을 하도록 하는 의무이행심판이 포함된다.

판례 이론 **조문**

> **「행정심판법」 제5조 【행정심판의 종류】** 행정심판의 종류는 다음 각 호와 같다.
> 3. 의무이행심판: 당사자의 신청에 대한 행정청의 위법 또는 부당한 거부처분이나 부작위에 대하여 일정한 처분을 하도록 하는 행정심판

ㄷ. [X] 행정심판청구에 대한 재결이 있으면 그 재결 및 같은 처분 또는 부작위에 대하여 다시 행정심판을 청구할 수 없다.

판례 이론 **조문**

> **「행정심판법」 제51조 【행정심판 재청구의 금지】** 심판청구에 대한 재결이 있으면 그 재결 및 같은 처분 또는 부작위에 대하여 다시 행정심판을 청구할 수 없다.

ㄹ. [X] 피청구인은 재결의 기속력으로 인해 불복할 수 없다.

판례 이론 **조문**

> **「행정심판법」 제49조 【재결의 기속력 등】** ① 심판청구를 인용하는 재결은 피청구인과 그 밖의 관계 행정청을 기속(羈束)한다.

02 원고적격 정답 ②

① [O] 지방자치단체인 원고가 이를 다툴 실효적 해결 수단이 없는 이상, 원고는 건축물 소재지 관할 허가권자인 지방자치단체의 장을 상대로 항고소송을 통해 건축협의 취소의 취소를 구할 수 있다(대판 2014.2.27. 2012두22980).

판례 이론 조문

> **구 건축법 제29조 제1항에서 정한 건축협의의 취소가 처분에 해당하는지 여부(적극) 및 지방자치단체 등이 건축물 소재지 관할 허가권자인 지방자치단체의 장을 상대로 건축협의취소의 취소를 구할 수 있는지 여부(적극)**
>
> 구 건축법(2011.5.30. 법률 제10755호로 개정되기 전의 것) 제29조 제1항·제2항, 제11조 제1항 등의 규정 내용에 의하면, 건축협의의 실질은 지방자치단체 등에 대한 건축허가와 다르지 않으므로, 지방자치단체 등이 건축물을 건축하려는 경우 등에는 미리 건축물의 소재지를 관할하는 허가권자인 지방자치단체의 장과 건축협의를 하지 않으면, 지방자치단체라 하더라도 건축물을 건축할 수 없다. 그리고 구 지방자치법 등 관련 법령을 살펴보아도 지방자치단체의 장이 다른 지방자치단체를 상대로 한 건축협의 취소에 다툼이 있는 경우 법적 분쟁을 실효적으로 해결할 구제수단을 찾기도 어렵다.
> 따라서 건축협의 취소는 상대방이 다른 지방자치단체 등 행정주체라 하더라도 '행정청이 행하는 구체적 사실에 관한 법집행으로서의 공권력 행사'(행정소송법 제2조 제1항 제1호)로서 처분에 해당한다고 볼 수 있고, 지방자치단체인 원고가 이를 다툴 실효적 해결 수단이 없는 이상, 원고는 건축물 소재지 관할 허가권자인 지방자치단체의 장을 상대로 항고소송을 통해 건축협의의 취소의 취소를 구할 수 있다(대판 2014.2.27. 2012두22980).

❷ [×] 건물의 사용검사처분은 건축허가를 받아 건축된 건물이 건축허가 사항대로 건축행정 목적에 적합한지 여부를 확인하고 사용검사필증을 교부하여 줌으로써 허가받은 사람으로 하여금 건축한 건물을 사용·수익할 수 있게 하는 법률효과를 발생시키는 것이다. 이러한 사용검사처분은 건축물을 사용·수익할 수 있게 하는 데 그치므로 건축물에 대하여 사용검사처분이 이루어졌다고 하더라도 그 사정만으로는 건축물에 있는 하자나 건축법 등 관계 법령에 위배되는 사실이 정당화되지는 아니하며, 또한 건축물에 대한 사용검사처분의 무효확인을 받거나 처분이 취소된다고 하더라도 사용검사 전의 상태로 돌아가 건축물을 사용할 수 없게 되는 것에 그칠 뿐 곧바로 건축물의 하자 상태 등이 제거되거나 보완되는 것도 아니다. 그리고 입주자나 입주예정자들은 사용검사처분의 무효확인을 받거나 처분을 취소하지 않고도 민사소송 등을 통하여 분양계약에 따른 법률관계 및 하자 등을 주장·증명함으로써 사업주체 등으로부터 하자의 제거·보완 등에 관한 권리구제를 받을 수 있으므로, 사용검사처분의 무효확인 또는 취소 여부에 의하여 법률적인 지위가 달라진다고 할 수 없으며, 구 주택공급에 관한 규칙에서 주택공급계약에 관하여 사용검사와 관련된 규정을 두고 있다고 하더라도 달리 볼 것은 아니다. 오히려 주택에 대한 사용검사처분이 있으면, 그에 따라 입주예정자들이 주택에 입주하여 이를 사용할 수 있게 되므로 일반적으로 입주예정자들에게 이익이 되고, 다수의 입주자들이 사용검사권자의 사용검사처분을 신뢰하여 입주를 마치고 제3자에게 주택을 매매 내지 임대하거나 담보로 제공하는 등 사용검사처분을 기초로 다수의 법률관계가 형성되는데, 일부 입주자나 입주예정자가 사업주체와의 개별적 분쟁 등을 이유로 사용검사처분의 무효확인 또는 취소를 구하게 되면, 처분을 신뢰한 다수의 이익에 반하게 되는 상황이 발생할 수 있다. 위와 같은 사정들을 종합하여 볼 때, 구 주택법상 입주자나 입주예정자는 사용검사처분의 무효확인 또는 취소를 구할 법률상 이익이 없다(대판 2015.1.29. 2013두24976).

③ [○] 미얀마 국적의 甲이 위명(僞名)인 乙명의의 여권으로 대한민국에 입국한 뒤 乙명의로 난민 신청을 하였으나 법무부장관이 乙명의를 사용한 甲을 직접 면담하여 조사한 후 甲에 대하여 난민불인정 처분을 한 사안에서, 처분의 상대방은 허무인이 아니라 乙이라는 위명을 사용한 甲이라는 이유로, 甲이 처분의 취소를 구할 법률상 이익이 있다고 한 사례이다(대판 2017.3.9. 2013두16852).

④ [○] 소방청장도 예외적으로 당사자능력과 원고적격을 가진다.

판례 이론 조문

[1] 법령이 특정한 행정기관 등으로 하여금 다른 행정기관을 상대로 제재적 조치를 취할 수 있도록 하면서, 그에 따르지 않으면 그 행정기관에 대하여 과태료를 부과하거나 형사처벌을 할 수 있도록 정하는 경우, 제재적 조치의 상대방인 행정기관 등에게 항고소송 원고로서의 당사자능력과 원고적격을 인정할 수 있는지 여부(한정 적극)

국가기관 등 행정기관(이하 '행정기관 등'이라 한다) 사이에 권한의 존부와 범위에 관하여 다툼이 있는 경우에 이는 통상 내부적 분쟁이라는 성격을 띠고 있어 상급관청의 결정에 따라 해결되거나 법령이 정하는 바에 따라 '기관소송'이나 '권한쟁의심판'으로 다루어진다. 그런데 법령이 특정한 행정기관 등으로 하여금 다른 행정기관을 상대로 제재적 조치를 취할 수 있도록 하면서, 그에 따르지 않으면 그 행정기관에 대하여 과태료를 부과하거나 형사처벌을 할 수 있도록 정하는 경우가 있다. 이러한 경우에는 단순히 국가기관이나 행정기관의 내부적 문제라거나 권한 분장에 관한 분쟁으로만 볼 수 없다. 행정기관의 제재적 조치의 내용에 따라 '구체적 사실에 대한 법집행으로서 공권력의 행사'에 해당할 수 있고, 그러한 조치의 상대방인 행정기관이 입게 될 불이익도 명확하다. 그런데도 그러한 제재적 조치를 기관소송이나 권한쟁의심판을 통하여 다툴 수 없다면, 제재적 조치는 그 성격상 단순히 행정기관 등 내부의 권한 행사에 머무는 것이 아니라 상대방에 대한 공권력 행사로서 항고소송을 통한 주관적 구제대상이 될 수 있다고 보아야 한다. 기관소송 법정주의를 취하면서 제한적으로만 이를 인정하고 있는 현행 법령의 체계에 비추어 보면, 이 경우 항고소송을 통한 구제의 길을 열어주는 것이 법치국가 원리에도 부합한다. 따라서 이러한 권리구제나 권리보호의 필요성이 인정된다면 예외적으로 그 제재적 조치의 상대방인 행정기관 등에게 항고소송 원고로서의 당사자능력과 원고적격을 인정할 수 있다.

[2] 국민권익위원회가 소방청장에게 인사와 관련하여 부당한 지시를 한 사실이 인정된다며 이를 취소할 것을 요구하기로 의결하고 그 내용을 통지하자 소방청장이 국민권익위원회 조치요구의 취소를 구하는 소송을 제기한 사안에서, 처분성이 인정되는 국민권익위원회의 조치요구에 불복하고자 하는 소방청장으로서는 조치요구의 취소를 구하는 항고소송을 제기하는 것이 유효·적절한 수단으로 볼 수 있으므로 소방청장이 예외적으로 당사자능력과 원고적격을 가진다고 한 사례

국민권익위원회가 소방청장에게 인사와 관련하여 부당한 지시를 한 사실이 인정된다며 이를 취소할 것을 요구하기로 의결하고 그 내용을 통지하자 소방청장이 국민권익위원회 조치요구의 취소를 구하는 소송을 제기한 사안에서, 행정기관인 국민권익위원회가 행정기관의 장에게 일정한 의무를 부과하는 내용의 조치요구를 한 것에 대하여 그 조치요구의 상대방인 행정기관의 장이 다투고자 할 경우에 법률에서 행정기관 사이의 기관소송을 허용하는 규정을 두고 있지 않으므로 이러한 조치요구를 이행할 의무를 부담하는 행정기관의 장으로서는 기관소송으로 조치요구를 다툴 수 없고, 위 조치요구에 관하여 정부 조직 내에서 그 처분의 당부에 대한 심사·조정을 할 수 있는 다른 방도도 없으며, 국민권익위원회는 헌법 제111조 제1항 제4호에서 정한 '헌법에 의하여 설치된 국가기관'이라고 할 수 없으므로 그에 관한 권한쟁의심판도 할 수 없고, 별도의 법인격이 인정되는 국가기관이 아닌 소방청장은 질서위반행위규제법에 따른 구제를 받을 수도 없는 점, 부패방지 및 국민권익위원회의 설치와 운영에 관한 법률은 소방청장에게 국민권익위원회의 조치요구에 따라야 할 의무를 부담시키는 외에 별도로 그 의무를 이행하지 않을 경우 과태료나 형사처벌까지 정하고 있으므로 위와 같은 조치요구에 불복하고자 하는 '소속기관 등의 장'에게는 조치요구를 다툴 수 있는 소송상의 지위를 인정할 필요가 있는 점에 비추어, 처분성이 인정되는 국민권익위원회의 조치요구에 불복하고자 하는 소방청장으로서는 조치요구의 취소를 구하는 항고소송을 제기하는 것이 유효·적절한 수단으로 볼 수 있으므로 소방청장은 예외적으로 당사자능력과 원고적격을 가진다고 한 사례이다(대판 2018.8.1. 2014두35379).

03 항고소송의 대상 정답 ①

옳은 것은 ㄱ, ㄷ이다.

ㄱ. [O] 교도소장이 수형자 甲을 '접견내용 녹음·녹화 및 접견 시 교도관 참여대상자'로 지정한 사안에서, 위 지정행위는 수형자의 구체적 권리의무에 직접적 변동을 가져오는 행정청의 공법상 행위로서 항고소송의 대상이 되는 '처분'에 해당한다고 본 원심판단을 정당한 것으로 수긍한 사례(대판 2014.2.13. 2013두20899).

ㄴ. [X] 개별토지가격합동조사지침은 행정청이 개별토지가격결정에 위산·오기 등 명백한 오류가 있음을 발견한 경우 직권으로 이를 경정하도록 한 규정으로서 토지소유자 등 이해관계인이 그 경정결정을 신청할 수 있는 권리를 인정하고 있지 아니하므로, 토지소유자 등의 토지에 대한 개별공시지가 조정신청을 재조사청구가 아닌 경정결정신청으로 본다고 할지라도, 이는 행정청에 대하여 직권발동을 촉구하는 의미밖에 없으므로, 행정청이 위 조정신청에 대하여 정정불가결정 통지를 한 것은 이른바 관념의 통지에 불과할 뿐 항고소송의 대상이 되는 처분이 아니다(대판 2002.2.5. 2000두5043).

ㄷ. [O] 국립대학교는 국가가 설립·운영하는 공법상의 영조물이므로 공권력행사의 주체가 될 수 있고, 국립대학교의 학칙이 그 자체로 구성원의 구체적인 권리·의무에 직접적인 변동을 가져오는 것이 아닌 일반적·추상적인 학교 운영에 관한 원칙과 계획 또는 구성원들에 대한 규율을 규정한 것에 불과한 경우라면 이는 행정처분이라고 볼 수 없지만, 그 학칙에 기초한 별도의 집행행위의 개입 없이도 그 자체로 구성원의 구체적인 권리나 법적 이익에 영향을 미치는 등 법률상의 효과를 발생시키는 경우라면 이는 항고소송의 대상이 되는 행정처분에 해당한다. 대법원은 국립공주대학교 학칙의 [별표 2] 모집단위별 입학정원을 개정한 학칙개정행위는 행정처분에 해당한다고 판시하였다(대판 2009.1.30. 2008두19550).

ㄹ. [X] 부가가치세법상의 사업자등록은 과세관청으로 하여금 부가가치세의 납세의무자를 파악하고 그 과세자료를 확보하게 하려는 데 제도의 취지가 있는바, 이는 단순한 사업사실의 신고로서 사업자가 관할세무서장에게 소정의 사업자등록신청서를 제출함으로써 성립하는 것이고, 사업자등록증의 교부는 이와 같은 등록사실을 증명하는 증서의 교부행위에 불과한 것이다. 나아가 구 부가가치세법 제5조 제5항에 의한 과세관청의 사업자등록 직권말소행위도 폐업사실의 기재일 뿐 그에 의하여 사업자로서의 지위에 변동을 가져오는 것이 아니라는 점에서 항고소송의 대상이 되는 행정처분으로 볼 수 없다(대판 2011.1.27. 2008두2200).

ㅁ. [X] 피고가 원고에 대하여 한 이 사건 감점조치는 행정청이나 그 소속 기관 또는 그 위임을 받은 공공단체의 공법상의 행위가 아니라 장차 그 대상자인 원고가 피고가 시행하는 입찰에 참가하는 경우에 그 낙찰적격자 심사 등 계약 사무를 처리함에 있어 피고 내부규정인 이 사건 세부기준에 의하여 종합취득점수의 10/100을 감점하게 된다는 뜻의 사법상의 효력을 가지는 통지행위에 불과하다 할 것이고, 또한 피고의 이와 같은 통지행위가 있다고 하여 원고에게 공공기관의 운영에 관한 법률 제39조 제2항·제3항, 구 공기업·준정부기관 계약사무규칙 제15조에 의한 국가, 지방자치단체 또는 다른 공공기관에서 시행하는 모든 입찰에의 참가자격을 제한하는 효력이 발생한다고 볼 수도 없으므로, 피고의 이 사건 감점조치는 행정소송의 대상이 되는 행정처분이라고 할 수 없다(대판 2014.12.24. 2010두6700).

04 행정대집행 정답 ④

① [O] 관계 법령상 행정대집행의 절차가 인정되어 행정청이 행정대집행의 방법으로 건물의 철거 등 대체적 작위의무의 이행을 실현할 수 있는 경우에는 따로 민사소송의 방법으로 그 의무의 이행을 구할 수 없다. 한편 건물의 점유자가 철거의무자일 때에는 건물철거의무에 퇴거의무도 포함되어 있는 것이어서 별도로 퇴거를 명하는 집행권원이 필요하지 않다(대판 2017.4.28. 2016다213916).

② [O] 「행정대집행법」 제4조 제2항에 대한 옳은 내용이다.

판례 이론 **조문**

> **제4조 【대집행의 실행 등】** ② 행정청은 대집행을 할 때 대집행 과정에서의 안전 확보를 위하여 필요하다고 인정하는 경우 현장에 긴급 의료장비나 시설을 갖추는 등 필요한 조치를 하여야 한다.

③ [O] 대집행의 각 절차(계고, 대집행영장통지, 대집행실행, 대집행비용납부명령)는 처분성이 인정되므로 「행정기본법」에 따른 이의신청을 할 수 있고, 「행정심판법」에 따른 행정심판도 청구할 수 있다.

판례 이론 **조문**

> **「행정대집행법」 제7조 【행정심판】** 대집행에 대하여는 행정심판을 제기할 수 있다.
>
> **「행정기본법」 제36조 【처분에 대한 이의신청】** ① 행정청의 처분(「행정심판법」 제3조에 따라 같은 법에 따른 행정심판의 대상이 되는 처분을 말한다. 이하 이 조에서 같다)에 이의가 있는 당사자는 처분을 받은 날부터 30일 이내에 해당 행정청에 이의신청을 할 수 있다.

❹ [X] 해가 지기 전에 대집행을 착수한 경우는 대집행을 해도 된다.

판례 이론 **조문**

> **「행정대집행법」 제4조 【대집행의 실행 등】** ① 행정청(제2조에 따라 대집행을 실행하는 제3자를 포함한다. 이하 이 조에서 같다)은 해가 뜨기 전이나 해가 진 후에는 대집행을 하여서는 아니 된다. 다만, 다음 각 호의 어느 하나에 해당하는 경우에는 그러하지 아니하다.
> 2. 해가 지기 전에 대집행을 착수한 경우

05 행정소송 정답 ④

① [O] 일반적으로 행정처분의 무효확인을 구하는 소에는 원고가 그 처분의 취소는 구하지 아니한다고 밝히고 있지 아니하는 이상 그 처분이 만약 당연무효가 아니라면 그 취소를 구하는 취지도 포함되어 있는 것으로 볼 것이나 행정심판절차를 거치지 아니한 까닭에 행정처분 취소의 소를 무효확인의 소로 변경한 경우에는 무효확인을 구하는 취지속에 그 처분이 당연무효가 아니라면 그 취소를 구하는 취지까지 포함된 것으로 볼 여지가 전혀 없다고 할 것이므로 법원으로서는 그 처분이 당연무효인가 여부만 심리판단하면 족하다고 할 것이다(대판 1987.4.28. 86누887).

② [○] 행정소송법 제34조 소정의 간접강제결정에 기한 배상금은 거부처분취소판결이 확정된 경우 그 처분을 행한 행정청으로 하여금 확정판결의 취지에 따른 재처분의무의 이행을 확실히 담보하기 위한 것으로서, 이는 확정판결의 취지에 따른 재처분의 지연에 대한 제재나 손해배상이 아니고 재처분의 이행에 관한 심리적 강제수단에 불과한 것으로 보아야 하므로, 특별한 사정이 없는 한 간접강제 결정에서 정한 의무이행기한이 경과한 후에라도 확정판결의 취지에 따른 재처분의 이행이 있으면 배상금을 추심함으로써 심리적 강제를 꾀할 목적이 상실되어 처분상대방이 더 이상 배상금을 추심하는 것은 허용되지 않는다(대판 2004.1.15. 2002두2444).

③ [○] 행정처분의 위법을 주장하여 그 처분의 취소를 구하는 소위 항고소송에 있어서는 그 처분이 적법하였다고 주장하는 피고에게 그가 주장하는 적법사유에 대한 입증책임이 있다(대판 1966.10.18. 66누134).

❹ [×] 당사자소송의 경우 취소소송이 제소기간에 관한 규정에 준용되지 않을 뿐 아니라, 「행정소송법」에도 당사자소송의 제소기간에 대해 별도의 제한이 존재하지 않는다. 다만, 당사자소송에 관하여 개별법령에 제소기간이 정해져 있는 때에는 해당 제소기간은 불변기간이라 할 것이다.

06 행정소송법상 거부처분 정답 ③

① [○] 행정소송법상 거부처분 취소소송의 대상인 '거부처분'이란 '행정청이 행하는 구체적 사실에 관한 법집행으로서의 공권력의 행사 또는 이에 준하는 행정작용', 즉 적극적 처분의 발급을 구하는 신청에 대하여 그에 따른 행위를 하지 않았다고 거부하는 행위를 말하고, 부작위위법확인소송의 대상인 '부작위'란 '행정청이 당사자의 신청에 대하여 상당한 기간 내에 일정한 처분을 하여야 할 법률상 의무가 있음에도 불구하고 이를 하지 아니하는 것'을 말한다(대판 2018.9.28. 2017두47465).

② [○] 행정처분의 적법 여부는 그 행정처분이 행하여 진 때의 법령과 사실을 기준으로 하여 판단하는 것이므로 거부처분 후에 법령이 개정·시행된 경우에는 개정된 법령 및 허가기준을 새로운 사유로 들어 다시 이전의 신청에 대한 거부처분을 할 수 있으며 그러한 처분도 행정소송법 제30조 제2항에 규정된 재처분에 해당된다(대결 1998.1.7. 97두22).

❸ [×] 정보의 효율적 활용을 도모하고 청구인의 편의를 제고함으로써 구 정보공개법의 목적인 국민의 알 권리를 충실하게 보장하려는 것이므로, 청구인에게는 특정한 공개방법을 지정하여 정보공개를 청구할 수 있는 법령상 신청권이 있다. 따라서 공공기관이 공개청구의 대상이 된 정보를 공개는 하되, 청구인이 신청한 공개방법 이외의 방법으로 공개하기로 하는 결정을 하였다면, 이는 정보공개청구 중 정보공개방법에 관한 부분에 대하여 일부 거부처분을 한 것이고, 청구인은 그에 대하여 항고소송으로 다툴 수 있다(대판 2016.11.10. 2016두44674).

④ [○] 행정소송법 제38조 제1항이 무효확인 판결에 관하여 취소판결에 관한 규정을 준용함에 있어서 같은 법 제30조 제2항을 준용한다고 규정하면서도 같은 법 제34조는 이를 준용한다는 규정을 두지 않고 있으므로, 행정처분에 대하여 무효확인 판결이 내려진 경우에는 그 행정처분이 거부처분인 경우에도 행정청에 판결의 취지에 따른 재처분의무가 인정될 뿐 그에 대하여 간접강제까지 허용되는 것은 아니라고 할 것이다(대결 1998.12.24. 98무37).

07 행정행위의 부관 정답 ③

① [×] 행정행위의 부관 중에서 부담만이 행정소송의 대상이 될 수 있다. 법률효과의 일부배제는 부담이 아닌 부관이므로 독립하여 행정소송의 대상이 될 수 없다.

판례 이론 조문

공유수면매립준공인가처분 중 매립지 일부에 대하여 한 국가 및 지방자치단체에의 귀속처분만이 독립하여 행정소송 대상이 될 수 있는지 여부(소극)

행정행위의 부관은 부담의 경우를 제외하고는 독립하여 행정소송의 대상이 될 수 없는 것인바, 지방국토관리청장이 일부 공유수면매립지에 대하여 한 국가 또는 직할시 귀속처분은 매립준공인가를 함에 있어서 매립의 면허를 받은 자의 매립지에 대한 소유권취득을 규정한 공유수면매립법 제14조의 효과 일부를 배제하는 부관을 붙인 것이고, 이러한 행정행위의 부관은 위 법리와 같이 독립하여 행정소송 대상이 될 수 없다(대판 1993.10.8. 93누2032).

② [×] 부담부 행정행위에 있어서 처분의 상대방이 부담을 이행하지 아니한 경우에 당해 부담부 행정행위는 당연히 효력을 상실하게 되는 것은 아니고, 주된 행정행위의 철회사유가 되며 철회를 함으로써 효력이 소멸하게 된다.

❸ [○] 판례는 부담이 아닌 기타 부관은 주된 행정행위와 불가분적 요소를 이루고 있어 독립하여 취소소송의 대상이 될 수 없다는 입장이다. 이 경우 부관부 행정행위 전체에 대해 취소소송을 제기하거나, 행정청에 부관이 없는 행정행위로 변경해 줄 것을 청구하고 거부된 경우 거부처분 취소소송을 제기할 수 있다.

판례 이론 조문

기선선망어업의 허가를 하면서 부속선을 사용할 수 없도록 제한한 부관의 적부(소극)

기선선망어업의 허가를 하면서 운반선, 등선 등 부속선을 사용할 수 없도록 제한한 부관은 그것이 비록 수산업법 제15조의 규정에 터잡은 것이라 하더라도 위 어업허가의 목적달성을 사실상 어렵게 하여 본질적 효력을 해하는 것일 뿐만 아니라 위 시행령 제14조의4 제3항의 규정에도 어긋나는 것이며, 더욱 뒤에 보는 바와 같이 어업조정이나 기타 공익상 필요하다고 인정되는 사정이 없는 이 사건에서는 위법한 것이라고 할 것이고, 나아가 이 부관을 삭제하여 등선과 운반선을 사용할 수 있도록 하여 달라는 내용의 원고의 이 사건 어업허가사항변경신청을 불허가한 피고의 처분 역시 위법하다고 보아야 할 것이다(대판 1990.4.27. 89누6808).

④ [×] 행정행위의 부관은 부담인 경우를 제외하고는 독립하여 행정소송의 대상이 될 수 없는바, 기부채납 받은 행정재산에 대한 사용·수익허가에서 공유재산의 관리청이 정한 사용·수익허가의 기간은 그 허가의 효력을 제한하기 위한 행정행위의 부관으로서 이러한 사용·수익허가의 기간에 대해서는 독립하여 행정소송을 제기할 수 없다(대판 2001.6.15. 99두509).

08 행정계획 정답 ②

① [O] 행정계획은 행정에 관한 전문적·기술적 판단을 기초로 도시의 건설·정비·개량 등과 같은 특정한 행정목표를 달성하기 위하여 서로 관련되는 행정수단을 종합·조정함으로써 장래의 일정한 시점에 일정한 질서를 실현하기 위한 활동기준으로 설정된 것으로서, 도시계획법 등 관계 법령에는 추상적인 행정목표와 절차만이 규정되어 있을 뿐 행정계획의 내용에 대하여는 별다른 규정을 두고 있지 아니하므로 행정주체는 구체적인 행정계획을 입안·결정함에 있어서 비교적 광범위한 형성의 자유를 가지는 한편, 이와 같은 형성의 자유는 무제한적인 것이 아니라 그 행정계획에 관련되는 자들의 이익을 공익과 사익 사이에서는 물론이고 공익 상호 간과 사익 상호 간에도 정당하게 비교교량하여야 한다는 제한이 있는 것이고, 따라서 행정주체가 행정계획을 입안·결정함에 있어서 이익형량을 전혀 행하지 아니하거나 이익형량의 고려 대상에 마땅히 포함시켜야 할 사항을 누락한 경우 또는 이익형량을 하였으나 정당성·객관성이 결여된 경우 그 행정계획결정은 재량권을 일탈·남용한 것으로서 위법하게 된다(대판 2000.3.23. 98두27683).

❷ [X] 문화재보호법은 문화재를 보존하여 이를 활용함으로써 국민의 문화적 생활의 향상을 도모함과 아울러 인류문화의 발전에 기여함을 목적으로 하면서도, 문화재보호구역의 지정에 따른 재산권행사의 제한을 줄이기 위하여, 행정청에게 보호구역을 지정한 경우에 일정한 기간마다 적정성 여부를 검토할 의무를 부과하고, 그 검토사항 등에 관한 사항은 문화관광부령으로 정하도록 위임하였으며, 검토 결과 보호구역의 지정이 적정하지 아니하거나 기타 특별한 사유가 있는 때에는 보호구역의 지정을 해제하거나 그 범위를 조정하여야 한다고 규정하고 있는 점, 같은 법 제8조 제3항의 위임에 의한 같은 법 시행규칙 제3조의2 제1항은 그 적정성 여부의 검토에 있어서 당해 문화재의 보존 가치 외에도 보호구역의 지정이 재산권 행사에 미치는 영향 등을 고려하도록 규정하고 있는 점 등과 헌법상 개인의 재산권 보장의 취지에 비추어 보면, 문화재보호구역 내에 있는 토지소유자 등으로서는 위 보호구역의 지정해제를 요구할 수 있는 법규상 또는 조리상의 신청권이 있다(대판 2004.4.27. 2003두8821).

③ [O] 구 도시 및 주거환경정비법(2007.12.21. 법률 제8785호로 개정되기 전의 것)에 따른 주택재건축정비사업조합은 관할 행정청의 감독 아래 위 법상 주택재건축사업을 시행하는 공법인으로서, 그 목적 범위 내에서 법령이 정하는 바에 따라 일정한 행정작용을 행하는 행정주체의 지위를 가진다 할 것인데, 재건축정비사업조합이 이러한 행정주체의 지위에서 위 법에 기초하여 수립한 사업시행계획은 인가·고시를 통해 확정되면 이해관계인에 대한 구속적 행정계획으로서 독립된 행정처분에 해당한다(대결 2009.11.2. 2009마596).

④ [O] 택지개발촉진법 제3조에 의한 건설교통부장관의 택지개발예정지구의 지정은 그 처분의 고시에 의하여 개발할 토지의 위치, 면적과 그 행사가 제한되는 권리내용 등이 특정되는 처분인 반면에, 같은 법 제8조에 의한 건설교통부장관의 택지개발계획 시행자에 대한 택지개발계획의 승인은 당해 사업이 택지개발촉진법상의 택지개발사업에 해당함을 인정하여 시행자가 그 후 일정한 절차를 거칠 것을 조건으로 하여 일정한 내용의 수용권을 설정하여 주는 처분으로서 그 승인고시에 의하여 수용할 목적물의 범위가 확정되는 것이므로, 그 두 처분은 후자가 전자의 처분을 전제로 하는 것이기는 하나 각각 단계적으로 별개의 법률효과를 발생하는 독립한 행정처분이다(대판 1996.12.6. 95누8409).

09 행정행위의 하자 정답 ④

① [O] 취소소송을 제기하여 인용판결이 확정되면 조세부과처분은 소급적으로 효력이 소멸하여 공정력이 제거되므로, 비록 취소사유의 하자가 있었다고 하더라도 인용판결이 확정되면 부당이득반환청구소송을 제기할 수 있다.

② [O] 행정처분의 근거 법률에 의하여 보호되는 직접적이고 구체적인 이익이 있는 경우에는 행정소송법 제35조에 규정된 '무효확인을 구할 법률상 이익'이 있다고 보아야 하고, 이와 별도로 무효확인소송의 보충성이 요구되는 것은 아니므로 행정처분의 무효를 전제로 한 이행소송 등과 같은 직접적인 구제수단이 있는지 여부를 따질 필요가 없다고 해석함이 상당하다(대판 2008.3.20. 2007두6342 전합).

③ [O] 과세처분이 당연무효라고 볼 수 없는 한 과세처분에 취소할 수 있는 위법사유가 있다 하더라도 그 과세처분은 행정행위의 공정력 또는 집행력에 의하여 그것이 적법하게 취소되기 전까지는 유효하다 할 것이므로, 민사소송절차에서 그 과세처분의 효력을 부인할 수 없다(대판 1999.8.20. 99다20179).

❹ [X] 행정처분의 취소를 구하는 취소소송에 당해 처분의 취소를 선결문제로 하는 부당이득반환청구가 병합된 경우, 부당이득반환청구가 인용되기 위해 그 소송절차에서 판결에 의해 당해 처분이 취소되면 충분하고 그 처분의 취소가 확정되어야 하는 것은 아니다(대판 2009.4.9. 2008두23153).

10 공법상 계약 정답 ②

①③④「행정기본법」 제27조에 대한 옳은 내용이다.

판례 이론 **조문**

> **제27조【공법상 계약의 체결】** ① 행정청은 법령등을 위반하지 아니하는 범위에서 행정목적을 달성하기 위하여 필요한 경우에는 공법상 법률관계에 관한 계약(이하 "공법상 계약"이라 한다)을 체결할 수 있다. 이 경우 계약의 목적 및 내용을 명확하게 적은 계약서를 작성하여야 한다.
> ② 행정청은 공법상 계약의 상대방을 선정하고 계약 내용을 정할 때 공법상 계약의 공공성과 제3자의 이해관계를 고려하여야 한다.

❷ [X] 위 운영계약의 실질은 행정재산인 위 부설주차장에 대한 국유재산법 제24조 제1항에 의한 사용·수익 허가로서 이루어진 것임을 알 수 있으므로, 이는 위 국립의료원이 원고의 신청에 의하여 공권력을 가진 우월적 지위에서 행한 행정처분으로서 특정인에게 행정재산을 사용할 수 있는 권리를 설정하여 주는 강학상 특허에 해당한다 할 것이고 순전히 사경제주체로서 원고와 대등한 위치에서 행한 사법상의 계약으로 보기 어렵다고 할 것이다(대판 2006.3.9. 2004다31074).

11 개정 법령의 적용 정답 ④

옳은 것은 ㄱ, ㄴ, ㄷ, ㄹ이다.

ㄱ. [O] 행정처분은 그 근거 법령이 개정된 경우에도 경과규정에서 달리 정함이 없는 한 처분 당시 시행되는 개정 법령과 그에 정한 기준에 의하는 것이 원칙이다(대판 2009.4.23. 2008두8918).

ㄴ. [O] 개정 법령이 기존의 사실 또는 법률관계를 적용대상으로 하면서 국민의 재산권과 관련하여 종전보다 불리한 법률효과를 규정하고 있는 경우에도 그러한 사실 또는 법률관계가 개정 법령이 시행되기 이전에 이미 완성 또는 종결된 것이 아니라면 이를 헌법상 금지되는 소급입법에 의한 재산권 침해라고 할 수는 없다(대판 2009.4.23. 2008두8918).

ㄷ. [O] 개정 법령의 적용과 관련하여서는 개정 전 법령의 존속에 대한 국민의 신뢰가 개정 법령의 적용에 관한 공익상 요구보다 더 보호가치가 있다고 인정되는 경우에 그러한 국민의 신뢰를 보호하기 위하여 그 적용이 제한될 여지가 있을 따름이다(대판 2015.10.15. 2013두2013).

ㄹ. [O] 1977년 유료도로법에 따라 통행료를 징수할 수 없게 된 고속국도라 하더라도 1980년 유료도로법 또는 2001년 유료도로법에 따른 유료도로의 요건을 갖추었다면 그 시행 이후 도로를 통행하는 차량에 대하여 통행료를 부과할 수 있다고 해석하는 것이 타당하고, 이러한 해석이 헌법상 소급입법에 의한 재산권 침해금지 원칙에 반한다고 볼 수 없다(대판 2015.10.15. 2013두2013).

12 청문 정답 ②

①④ [O] 행정절차법 제22조 제1항 제1호에 정한 청문제도는 행정처분의 사유에 대하여 당사자에게 변명과 유리한 자료를 제출할 기회를 부여함으로써 위법사유의 시정가능성을 고려하고 처분의 신중과 적정을 기하려는 데 그 취지가 있으므로, 행정청이 특히 침해적 행정처분을 할 때 그 처분의 근거 법령 등에서 청문을 실시하도록 규정하고 있다면, 행정절차법 등 관련 법령상 청문을 실시하지 않아도 되는 예외적인 경우에 해당하지 않는 한 반드시 청문을 실시하여야 하며, 그러한 절차를 결여한 처분은 위법한 처분으로서 취소사유에 해당한다(대판 2007.11.16. 2005두15700).

❷ [X] '선정하여야 한다'가 아닌 '선정할 수 있다'이다.

판례 이론 **조문**

「행정절차법」 제28조 【청문 주재자】 ① 행정청은 소속 직원 또는 대통령령으로 정하는 자격을 가진 사람 중에서 청문 주재자를 공정하게 선정하여야 한다.
② 행정청은 다음 각 호의 어느 하나에 해당하는 처분을 하려는 경우에는 청문 주재자를 2명 이상으로 선정할 수 있다. 이 경우 선정된 청문 주재자 중 1명이 청문 주재자를 대표한다.
1. 다수 국민의 이해가 상충되는 처분

③ [O] 「행정절차법」 제28조 제3항에 대한 옳은 내용이다.

판례 이론 **조문**

제28조 【청문 주재자】 ③ 행정청은 청문이 시작되는 날부터 7일 전까지 청문 주재자에게 청문과 관련한 필요한 자료를 미리 통지하여야 한다.

13 과세처분 정답 ④

① [O] 세무조사는 기본적으로 적정하고 공평한 과세의 실현을 위하여 필요한 최소한의 범위 안에서만 행하여져야 하고, 더욱이 같은 세목 및 같은 과세기간에 대한 재조사는 납세자의 영업의 자유나 법적 안정성을 심각하게 침해할 뿐만 아니라 세무조사권의 남용으로 이어질 우려가 있으므로 조세공평의 원칙에 현저히 반하는 예외적인 경우를 제외하고는 금지할 필요가 있다(대판 2017.12.13. 2016두55421).

② [O] 국세기본법 및 구 국세기본법 시행령(2015.2.3. 대통령령 제26066호로 개정되기 전의 것)이 과세예고통지의 대상으로 삼고 있지 않다거나 과세전적부심사를 거치지 않고 곧바로 과세처분을 할 수 있는 예외사유로 정하고 있는 등의 특별한 사정이 없는 한, 과세관청이 과세처분에 앞서 필수적으로 행하여야 할 과세예고통지를 하지 아니함으로써 납세자에게 과세전적부심사의 기회를 부여하지 아니한 채 과세처분을 하였다면, 이는 납세자의 절차적 권리를 침해한 것으로서 과세처분의 효력을 부정하는 방법으로 통제할 수밖에 없는 중대한 절차적 하자가 존재하는 경우에 해당하므로, 과세처분은 위법하다(대판 2016.4.15. 2015두52326).

③ [O] 하나의 납세고지서에 의하여 복수의 과세처분을 함께 하는 경우에는 과세처분별로 그 세액과 산출근거 등을 구분하여 기재함으로써 납세의무자가 각 과세처분의 내용을 알 수 있도록 해야 하는 것 역시 당연하다고 할 것이다(대판 2012.10.18. 2010두12347).

❹ [X] 지방국세청장 또는 세무서장이 조세범칙행위에 대하여 고발을 한 후에 동일한 조세범칙행위에 대하여 한 통고처분의 효력은 원칙적 무효이다(대판 2016.9.28. 2014도10748).

판례 이론 조문

지방국세청장 또는 세무서장이 조세범칙행위에 대하여 고발을 한 후에 동일한 조세범칙행위에 대하여 한 통고처분의 효력(원칙적 무효) 및 조세범칙행위자가 이러한 통고처분을 이행한 경우, 조세범 처벌절차법 제15조 제3항에서 정한 일사부재리의 원칙이 적용되는지 여부(소극)

조세범 처벌절차법 제15조 제1항에 따른 지방국세청장 또는 세무서장의 조세범칙사건에 대한 통고처분은 법원에 의하여 자유형 또는 재산형에 처하는 형사절차에 갈음하여 과세관청이 조세범칙자에 대하여 금전적 제재를 통고하고 이를 이행한 조세범칙자에 대하여는 고발하지 아니하고 조세범칙사건을 신속·간이하게 처리하는 절차로서, 형사절차의 사전절차로서의 성격을 가진다. 그리고 조세범 처벌절차법에 따른 조세범칙사건에 대한 지방국세청장 또는 세무서장의 고발은 수사 및 공소제기의 권한을 가진 수사기관에 대하여 조세범칙사실을 신고함으로써 형사사건으로 처리할 것을 요구하는 의사표시로서, 조세범칙사건에 대하여 고발한 경우에는 지방국세청장 또는 세무서장에 의한 조세범칙사건의 조사 및 처분 절차는 원칙적으로 모두 종료된다. 위와 같은 통고처분과 고발의 법적 성질 및 효과 등을 조세범칙사건의 처리 절차에 관한 조세범 처벌절차법 관련 규정들의 내용과 취지에 비추어 보면, 지방국세청장 또는 세무서장이 조세범 처벌절차법 제17조 제1항에 따라 통고처분을 거치지 아니하고 즉시 고발하였다면 이로써 조세범칙사건에 대한 조사 및 처분 절차는 종료되고 형사사건 절차로 이행되어 지방국세청장 또는 세무서장으로서는 동일한 조세범칙행위에 대하여 더 이상 통고처분을 할 권한이 없다.

따라서 지방국세청장 또는 세무서장이 조세범칙행위에 대하여 고발을 한 후에 동일한 조세범칙행위에 대하여 통고처분을 하였더라도, 이는 법적 권한 소멸 후에 이루어진 것으로서 특별한 사정이 없는 한 효력이 없고, 조세범칙행위자가 이러한 통고처분을 이행하였더라도 조세범 처벌절차법 제15조 제3항에서 정한 일사부재리의 원칙이 적용될 수 없다(대판 2016.9.28. 2014도10748).

14 행정상 손실보상 정답 ④

① [O] 도시계획법 제21조에 의한 재산권의 제한은 개발제한구역으로 지정된 토지를 원칙적으로 지정 당시의 지목과 토지현황에 의한 이용방법에 따라 사용할 수 있는 한, 재산권에 내재하는 사회적 제약을 비례의 원칙에 합치하게 합헌적으로 구체화한 것이라고 할 것이나, 종래의 지목과 토지현황에 의한 이용방법에 따른 토지의 사용도 할 수 없거나 실질적으로 사용·수익을 전혀 할 수 없는 예외적인 경우에도 아무런 보상 없이 이를 감수하도록 하고 있는 한, 비례의 원칙에 위반되어 당해 토지소유자의 재산권을 과도하게 침해하는 것으로서 헌법에 위반된다(헌재 1998.12.24. 89헌마214 등).

② [O] 영업의 폐지나 휴업에 대한 손실보상의 대상이 되는 영업의 범위에는, 관계 법령에 의하여 당해 공공사업에 관한 계획의 고시 등이 있은 후에 당해 법률에 의하여 금지된 행위를 하거나 허가를 받아야 할 행위를 허가 없이 행한 경우 또는 관계 법령에 의하여 허가·면허 또는 신고 등이나 일정한 자격이 있어야 행할 수 있는 영업이나 행위를 당해 허가·면허 또는 신고 등이나 자격 없이 행하고 있는 경우만 제외되므로, 공공사업에 관한 계획의 고시 등이 있기 이전은 물론이고 그 이후라도 계약체결, 협의성립 또는 수용재결 이전에 영업이나 행위에 필요한 허가·면허·신고나 자격을 정하고 있는 관계 법령에 의하여 그 허가 등의 요건을 갖춘 영업이나 행위는 그것이 어느 법령에도 위반되지 아니하고 또한 위와 같은 보상제외사유의 어디에도 해당되지 아니하는 것으로서 손실보상의 대상이 된다. 도로구역 결정고시 전에 공장을 운영하다가 고시 후에 시로부터 3년 내에 공장을 이전할 것을 조건으로 공장설립허가를 받았더라도 그 공장부지가 수용되었다면 휴업보상의 대상이 된다(대판 2001.4.27. 2000다50237).

③ [O] 토지수용법 제51조가 정한 토지를 수용함으로 인하여 받은 손실이란 객관적으로 보아 보통의 사정이라면 토지의 수용의 결과 토지소유자 등이 당연히 입을 것으로 예상되는 재산상 손실로서 토지의 수용과 손실의 발생 사이에 상당인과관계가 있어야 하는 것이다(대판 2000.10.6. 98두19414).

❹ [X] 도시계획법에 의한 토지 및 지장물의 수용에 관하여 준용되는 토지수용법 제49조 제1항, 제57조의2, 공공용지의 취득 및 손실보상에 관한 특례법 제4조 제2항 제3호, 같은 법 시행령 제2조의10 제4항·제5항·제8항, 같은 법 시행규칙 제10조 제1항·제2항·제4항에 의하면, 지장물인 건물의 경우 그 이전비를 보상함이 원칙이나, 이전으로 인하여 종래의 목적대로 이용 또는 사용할 수 없거나 이전이 현저히 곤란한 경우 또는 이전비용이 취득가격을 초과할 때에는 이를 취득가격으로 평가하여야 하는데, 그와 같은 건물의 평가는 그 구조, 이용상태, 면적, 내구연한, 유용성, 이전가능성 및 그 난이도 기타 가격형성상의 제 요인을 종합적으로 고려하여 특별히 거래사례비교법으로 평가하도록 규정한 경우를 제외하고는 원칙적으로 원가법으로 평가하여야 한다고만 규정함으로써 지장물인 건물을 보상대상으로 함에 있어 건축허가의 유무에 따른 구분을 두고 있지 않을 뿐만 아니라, 오히려 같은 법 시행규칙 제5조의9는 주거용 건물에 관한 보상특례를 규정하면서 그 단서에 주거용인 무허가건물은 그 규정의 특례를 적용하지 아니한 채 같은 법 시행규칙 제10조에 따른 평가액을 보상액으로 한다고 규정하고, 같은 법 시행규칙 제10조 제5항은 지장물인 건물이 주거용인 경우에 가족수에 따른 주거비를 추가로 지급하되 무허가건물의 경우에는 그러하지 아니하다고 규정함으로써 무허가건물도 보상의 대상에 포함됨을 전제로 하고 있는바, 이와 같은 관계 법령을 종합하여 보면, 지장물인 건물은 그 건물이 적법한 건축허가를 받아 건축된 것인지 여부에 관계없이 토지수용법상의 사업인정의 고시 이전에 건축된 건물이기만 하면 손실보상의 대상이 됨이 명백하다(대판 2000.3.10. 99두10896).

15 정보공개법 정답 ④

옳은 것은 ㄴ, ㄷ, ㄹ이다.

ㄱ. [X] 정보공개청구권은 법률상 보호되는 구체적인 권리이므로 청구인이 공공기관에 대하여 정보공개를 청구하였다가 거부처분을 받은 것 자체가 법률상 이익의 침해에 해당한다(대판 2003.12.12. 2003두8050).

ㄴ. [O] 공공기관의 정보공개에 관한 법률상 공개청구의 대상이 되는 정보란 공공기관이 직무상 작성 또는 취득하여 현재 보유·관리하고 있는 문서에 한정되는 것이기는 하나, 그 문서가 반드시 원본일 필요는 없다(대판 2006.5.25. 2006두3049).

ㄷ. [O] 「공공기관의 정보공개에 관한 법률」 제6조의2에 대한 옳은 내용이다.

판례 이론 **조문**

> **제6조의2 【정보공개 담당자의 의무】** 공공기관의 정보공개 담당자(정보공개 청구 대상 정보와 관련된 업무 담당자를 포함한다)는 정보공개 업무를 성실하게 수행하여야 하며, 공개 여부의 자의적인 결정, 고의적인 처리 지연 또는 위법한 공개 거부 및 회피 등 부당한 행위를 하여서는 아니 된다.

ㄹ. [O] 「공공기관의 정보공개에 관한 법률」 제13조 제3항에 대한 옳은 내용이다.

판례 이론 **조문**

> **제13조 【정보공개 여부 결정의 통지】** ③ 공공기관은 공개 대상 정보의 양이 너무 많아 정상적인 업무수행에 현저한 지장을 초래할 우려가 있는 경우에는 해당 정보를 일정 기간별로 나누어 제공하거나 사본·복제물의 교부 또는 열람과 병행하여 제공할 수 있다.

16 행정심판법 정답 ②

① [X] 관계 행정기관의 장이 특별행정심판 또는 이 법에 따른 행정심판 절차에 대한 특례를 신설하거나 변경하는 법령을 제정·개정할 때에는 미리 중앙행정심판위원회와 협의하여야 한다(「행정심판법」 제4조 제3항).

❷ [O] 「행정심판법」 제3조 제2항에 대한 옳은 내용이다.

판례 이론 **조문**

> **제3조 【행정심판의 대상】** ② 대통령의 처분 또는 부작위에 대하여는 다른 법률에서 행정심판을 청구할 수 있도록 정한 경우 외에는 행정심판을 청구할 수 없다.

③ [X] 국가인권위원회의 처분 또는 부작위에 대한 행정심판의 청구는 중앙행정심판위원회가 아닌 당해 행정청에 두는 행정심판위원회에서 심리·재결한다(「행정심판법」 제6조 제1항 제3호).

④ [X] 행정심판위원회가 직권으로 심판에 참가할 것을 요구할 수 있다.

판례 이론 **조문**

> **「행정심판법」 제21조 【심판참가의 요구】** ① 위원회는 필요하다고 인정하면 그 행정심판 결과에 이해관계가 있는 제3자나 행정청에 그 사건 심판에 참가할 것을 요구할 수 있다.

17 행정상 손실보상 정답 ②

옳은 것은 ㄱ, ㄷ, ㄹ이고, 옳지 않은 것은 ㄴ이다.

ㄱ. [O] 해당 공익사업을 수행하여 공익을 실현할 의사나 능력이 없는 자에게 타인의 재산권을 공권력적·강제적으로 박탈할 수 있는 수용권을 설정하여 줄 수는 없으므로, 사업시행자에게 해당 공익사업을 수행할 의사와 능력이 있어야 한다는 것도 사업인정의 한 요건이라고 보아야 한다(대판 2011.1.27. 2009두1051).

ㄴ. [X] 중단조치에 의한 영업중단으로 영업상 손실이나 주식 등 권리의 가치하락이 발생하였더라도 이는 영리획득의 기회나 기업활동의 여건 변화에 따른 재산적 손실일 뿐이므로, 헌법 제23조의 재산권보장의 범위에 속한다고 보기 어렵다(헌재 2022.1.27. 2016헌마364).

ㄷ. [O] 개발제한구역의 지정으로 인한 개발가능성의 소멸과 그에 따른 지가의 하락이나 지가상승률의 상대적 감소는 토지소유자가 감수해야 하는 사회적 제약의 범주에 속하는 것으로 보아야 한다(헌재 1998.12.24. 89헌마214).

ㄹ. [O] 사업시행자는 해당 공익사업의 성격, 구체적인 경위나 내용, 그 원만한 시행을 위한 필요 등 제반 사정을 고려하여 법이 정한 이주대책대상자를 포함하여 그 밖의 이해관계인에게까지 넓혀 이주대책 수립 등을 시행할 수 있다(대판 2015.8.27. 2012두26746).

18 행정작용 정답 ④

옳은 것은 ㄴ, ㅁ이다.

ㄱ. [X] 인가의 대상이 되는 행위에 취소원인이 있다면 인가가 있어도 그 흠은 치유될 수 없다.

ㄴ. [O] 문화재보호법 제13조 제2항 소정의 중요문화재 가지정의 효력발생요건인 통지는 행정처분을 상대방에게 표시하는 것으로서 상대방이 인식할 수 있는 상태에 둠으로써 족하고, 객관적으로 보아서 행정처분으로 인식할 수 있도록 고지하면 되는 것이다(대판 2003.7.22. 2003두513).

ㄷ. [X] 이 사건 용도위반 부분을 장례식장으로 사용하는 것이 관계 법령에 위반한 것이라는 이유로 장례식장의 사용을 중지할 것과 이를 불이행할 경우 행정대집행법에 의하여 대집행하겠다는 내용의 이 사건 처분은, 이 사건 처분에 따른 '장례식장 사용중지 의무'가 원고 이외의 '타인이 대신'할 수도 없고, 타인이 대신하여 '행할 수 있는 행위'라고도 할 수 없는 비대체적 부작위 의무에 대한 것이므로, 그 자체로 위법함이 명백하다고 할 것인데도, 원심은 그 판시와 같은 이유를 들어 이 사건 처분이 적법하다고 판단하고 말았으니, 거기에는 대집행계고처분의 요건에 관한 법리를 오해한 위법이 있다고 할 것이다(대판 2005.9.28. 2005두7464).

ㄹ. [X] 이유부기를 결한 행정행위는 취소사유이며 그 흠의 치유를 인정하는 것이 판례의 입장이다.

ㅁ. [O] 구성요건적 효력이란 행정행위가 유효하게 존재하는 이상 모든 국가기관은 그의 존재를 존중하여 스스로의 판단의 기초 내지는 구성요건으로 삼아야 하는 행정행위의 기속력을 말한다.

19 개인정보 보호법 정답 ②

① [O] 헌법재판소는 주민등록법 제17조의8 등 위헌 사건에서 "개인정보자기결정권의 헌법상 근거로는 헌법 제17조의 사생활의 비밀과 자유, 헌법 제10조 제1문의 인간의 존엄과 가치 및 행복추구권에 근거를 둔 일반적 인격권 또는 위 조문들과 동시에 우리 헌법의 자유민주적 기본질서 규정 또는 국민주권원리와 민주주의 원리 등을 고려할 수 있으나, 개인정보자기결정권으로 보호하려는 내용을 위 각 기본권들 및 헌법원리들 중 일부에 완전히 포섭시키는 것은 불가능하다고 할 것이므로, 그 헌법적 근거를 굳이 어느 한두 개에 국한시키는 것은 바람직하지 않은 것으로 보이고, 오히려 개인정보 자기결정권은 이들을 이념적 기초로 하는 독자적 기본권으로서 헌법에 명시되지 아니한 기본권이라고 보아야 할 것이다."라고 함으로써 개인정보 자기결정권의 헌법적 근거를 헌법 제37조 제1항에서 규정한 헌법에 열거되지 아니한 권리로 보는 듯하다(헌재 2005.5.26. 99헌마513).

❷ [×] 「개인정보 보호법」 제51조에는 단체소송의 대상에 대한 제한 규정이 있다.

판례 이론 **조문**

> **제51조 【단체소송의 대상 등】** 다음 각 호의 어느 하나에 해당하는 단체는 개인정보처리자가 제49조에 따른 집단분쟁조정을 거부하거나 집단분쟁조정의 결과를 수락하지 아니한 경우에는 법원에 권리침해 행위의 금지·중지를 구하는 소송(이하 "단체소송"이라 한다)을 제기할 수 있다.
> 1. 「소비자기본법」 제29조에 따라 공정거래위원회에 등록한 소비자단체로서 다음 각 목의 요건을 모두 갖춘 단체
>   가. 정관에 따라 상시적으로 정보주체의 권익증진을 주된 목적으로 하는 단체일 것
>   나. 단체의 정회원수가 1천명 이상일 것
>   다. 「소비자기본법」 제29조에 따른 등록 후 3년이 경과하였을 것
> 2. 「비영리민간단체 지원법」 제2조에 따른 비영리민간단체로서 다음 각 목의 요건을 모두 갖춘 단체
>   가. 법률상 또는 사실상 동일한 침해를 입은 100명 이상의 정보주체로부터 단체소송의 제기를 요청받을 것
>   나. 정관에 개인정보 보호를 단체의 목적으로 명시한 후 최근 3년 이상 이를 위한 활동실적이 있을 것
>   다. 단체의 상시 구성원수가 5천명 이상일 것
>   라. 중앙행정기관에 등록되어 있을 것

③ [O] 「개인정보 보호법」 제39조 제1항에 대한 옳은 내용이다.

판례 이론 **조문**

> **제39조 【손해배상책임】** ① 정보주체는 개인정보처리자가 이 법을 위반한 행위로 손해를 입으면 개인정보처리자에게 손해배상을 청구할 수 있다. 이 경우 그 개인정보처리자는 고의 또는 과실이 없음을 입증하지 아니하면 책임을 면할 수 없다.

④ [O] 「개인정보 보호법」 제49조 제1항에 대한 옳은 내용이다.

판례 이론 **조문**

> **제49조 【집단분쟁조정】** ① 국가 및 지방자치단체, 개인정보 보호단체 및 기관, 정보주체, 개인정보처리자는 정보주체의 피해 또는 권리침해가 다수의 정보주체에게 같거나 비슷한 유형으로 발생하는 경우로서 대통령령으로 정하는 사건에 대하여는 분쟁조정위원회에 일괄적인 분쟁조정(이하 "집단분쟁조정"이라 한다)을 의뢰 또는 신청할 수 있다.

20 행정심판 정답 ①

❶ [×] 행정심판의 재결의 효력에는 불가변력이 있다. 즉, 일단 재결을 한 이상 행정심판위원회 자신도 이에 구속되어 소송절차에 의하여 재결이 취소 또는 변경되는 경우를 제외하고는 행정심판위원회 스스로 이를 취소 또는 변경할 수 없다.

② [O] 행정심판위원회는 의무이행심판의 청구가 이유 있다고 인정할 때에는, 직접 신청에 따른 처분을 하거나, 이를 할 것을 명한다(「행정심판법」 제43조 제5항).

③ [O] 심판청구에 대한 재결이 있으면 그 재결 및 같은 처분 또는 부작위에 대하여 다시 행정심판을 청구할 수 없다(「행정심판법」 제51조).

④ [O] 행정청이 심판청구기간을 고지하지 않을 때에는 당해 처분에 대한 심판청구기간은 처분이 있었던 날부터 180일이 된다(「행정심판법」 제27조 제6항).

12회 실전동형모의고사

정답 p. 92

01	③	Ⅵ	06	③	Ⅱ	11	④	Ⅵ	16	②	Ⅰ
02	①	Ⅱ	07	③	Ⅵ	12	①	Ⅵ	17	③	Ⅱ
03	②	Ⅵ	08	②	Ⅳ	13	④	Ⅱ	18	①	Ⅱ
04	③	Ⅴ	09	④	Ⅴ	14	①	Ⅵ	19	②	Ⅵ
05	①	Ⅱ	10	③	Ⅱ	15	④	Ⅳ	20	②	Ⅲ

취약 단원 분석표

단원	맞힌 답의 개수
Ⅰ	/1
Ⅱ	/7
Ⅲ	/1
Ⅳ	/2
Ⅴ	/2
Ⅵ	/7
TOTAL	/20

Ⅰ 행정법 서론 / Ⅱ 행정작용법 / Ⅲ 행정절차와 행정공개 / Ⅳ 행정의 실효성 확보수단 / Ⅴ 행정상 손해전보 / Ⅵ 행정쟁송

01 행정소송 정답 ③

① [O] 행정소송법 제14조에 의한 피고경정은 사실심 변론종결에 이르기까지 허용되는 것으로 해석하여야 할 것이고, 굳이 제1심 단계에서만 허용되는 것으로 해석할 근거는 없다(대판 2006.2.23. 2005부4).

② [O] 행정청의 위법한 처분 등의 취소 또는 변경을 구하는 취소소송의 대상이 될 수 있는 것은 구체적인 권리의무에 관한 분쟁이어야 하고 일반적, 추상적인 법령이나 규칙 등은 그 자체로서 국민의 구체적인 권리의무에 직접적 변동을 초래케 하는 것이 아니므로 그 대상이 될 수 없다(대판 1992.3.10. 91누12639).

❸ [X] 90일이 아닌 60일이다.

판례 이론 **조문**

> **「행정소송법」 제22조 【처분변경으로 인한 소의 변경】** ① 법원은 행정청이 소송의 대상인 처분을 소가 제기된 후 변경한 때에는 원고의 신청에 의하여 결정으로써 청구의 취지 또는 원인의 변경을 허가할 수 있다.
> ② 제1항의 규정에 의한 신청은 처분의 변경이 있음을 안 날로부터 60일 이내에 하여야 한다.

④ [O] 현행 행정소송법상 행정청으로 하여금 일정한 행정처분을 하도록 명하는 이행판결을 구하는 소송이나 법원으로 하여금 행정청이 일정한 행정처분을 행한 것과 같은 효과가 있는 행정처분을 직접 행하도록 하는 형성판결을 구하는 소송은 허용되지 아니한다(대판 1997.9.30. 97누3200).

02 행정기본법 정답 ①

❶ [X] 당초 정부제출안에는, 적극행정의 추진 주체를 '공무원'으로 명시하여 적극행정이 공무원의 의무임을 선언하였다. 이에 대해 국회 논의과정에서, 공무원이 적극적으로 직무를 수행하는지 여부는 행정행위의 상대방인 국민의 주관적인 판단에 따라 달라질 수 있고, 이 규정을 근거로 국가배상청구소송을 제기하는 등 분쟁이 발생할 여지가 있다는 비판이 있었다. 이에 따라, 적극행정의 주체로서 '공무원'을 삭제하여 그와 같은 우려를 없앴다.

판례 이론 **조문**

> **「행정기본법」 제4조 【행정의 적극적 추진】** ① 행정은 공공의 이익을 위하여 적극적으로 추진되어야 한다.

② [O] 「행정기본법」 제4조 제2항에 대한 옳은 내용이다.

판례 이론 **조문**

> **제4조 【행정의 적극적 추진】** ② 국가와 지방자치단체는 소속 공무원이 공공의 이익을 위하여 적극적으로 직무를 수행할 수 있도록 제반 여건을 조성하고, 이와 관련된 시책 및 조치를 추진하여야 한다.

③ [O] 「행정기본법」 제5조 제1항에 대한 옳은 내용이다.

판례 이론 **조문**

> **제5조 【다른 법률과의 관계】** ① 행정에 관하여 다른 법률에 특별한 규정이 있는 경우를 제외하고는 이 법에서 정하는 바에 따른다.

④ [O] 「행정기본법」 제5조 제2항에 대한 옳은 내용이다.

판례 이론 **조문**

> **제5조 【다른 법률과의 관계】** ② 행정에 관한 다른 법률을 제정하거나 개정하는 경우에는 이 법의 목적과 원칙, 기준 및 취지에 부합되도록 노력하여야 한다.

03 행정심판의 재결 정답 ②

① [O] 인용재결의 취소를 구하는 당해 소송은 그 인용재결의 당부를 그 심판대상으로 하고 있고, 그 점을 가리기 위하여는 행정심판청구인들의 심판청구원인 사유에 대한 재결청의 판단에 관하여도 그 당부를 심리·판단하여야 할 것이므로, 원심으로서는 재결청이 원처분의 취소 근거로 내세운 판단사유의 당부뿐만 아니라 재결청이 심판청구인의 심판청구원인 사유를 배척한 판단 부분이 정당한가도 심리·판단하여야 한다(대판 1997.12.23. 96누10911).

❷ [X] 원처분의 취소를 구하는 소송에서 재결 자체의 고유한 위법사유를 주장할 수 없다. 행정처분에 대한 행정심판의 재결에 이유모순의 위법이 있다는 사유는 재결처분 자체에 고유한 하자로서 재결처분의 취소를 구하는 소송에서는 그 위법사유로서 주장할 수 있으나, 원처분의 취소를 구하는 소송에서는 그 취소를 구할 위법사유로서 주장할 수 없다(대판 1996.2.13. 95누8027).

③ [O] 구 체육시설의 설치·이용에 관한 법률 제16조, 제34조, 같은 법 시행령 제16조의 규정을 종합하여 볼 때, 등록체육시설업에 대한 사업계획의 승인을 얻은 자는 규정된 기한 내에 사업시설의 착공계획서를 제출하고 그 수리 여부에 상관없이 설치공사에 착수하면 되는 것이지, 착공계획서가 수리되어야만 비로소 공사에 착수할 수 있다거나 그 밖에 착공계획서 제출 및 수리로 인하여 사업계획의 승인을 얻은 자에게 어떠한 권리를 설정하거나 의무를 부담케 하는 법률효과가 발생하는 것이 아니므로 행정청이 사업계획의 승인을 얻은 자의 착공계획서를 수리하고 이를 통보한 행위는 그 착공계획서 제출사실을 확인하는 행정행위에 불과하고 그를 항고소송이나 행정심판의 대상이 되는 행정처분으로 볼 수 없다. 행정청이 골프장 사업계획승인을 얻은 자의 사업시설 착공계획서를 수리한 것에 대하여 인근 주민들이 그 수리처분의 취소를 구하는 행정심판을 청구하자 재결청이 그 청구를 인용하여 수리처분을 취소하는 형성적 재결을 한 경우, 그 수리처분 취소 심판청구는 행정심판의 대상이 되지 아니하여 부적법 각하하여야 함에도 위 재결은 그 청구를 인용하여 수리처분을 취소하였으므로 재결 자체에 고유한 하자가 있다(대판 2001.5.29. 99두10292).

④ [O] 행정소송법 제19조에 의하면 행정심판에 대한 재결에 대하여도 그 재결 자체에 고유한 위법이 있음을 이유로 하는 경우에는 항고소송을 제기하여 그 취소를 구할 수 있고, 여기에서 말하는 '재결 자체에 고유한 위법'이란 그 재결자체에 주체, 절차, 형식 또는 내용상의 위법이 있는 경우를 의미하는데, 행정심판청구가 부적법하지 않음에도 각하한 재결은 심판청구인의 실체심리를 받을 권리를 박탈한 것으로서 원처분에 없는 고유한 하자가 있는 경우에 해당하고, 따라서 위 재결은 취소소송의 대상이 된다(대판 2001.7.27. 99두2970).

04 국가배상 정답 ③

① [O] 소방법 제63조의 규정에 의하여 시, 읍, 면이 소방서장의 소방업무를 보조하게 하기 위하여 설치한 의용소방대를 국가기관이라고 할 수 없음은 물론 또 그것이 이를 설치한 시, 읍, 면에 예속된 기관이라고도 할 수 없다(대판 1978.7.11. 78다584).

② [O] 국가배상법 제2조 소정의 '공무원'이라 함은 국가공무원법이나 지방공무원법에 의하여 공무원으로서의 신분을 가진 자에 국한하지 않고, 널리 공무를 위탁받아 실질적으로 공무에 종사하고 있는 일체의 자를 가리키는 것으로서(대판 1991.7.9. 91다5570), 공무의 위탁이 일시적이고 한정적인 사항에 관한 활동을 위한 것이어도 달리 볼 것은 아니라고 할 것이다. 원심이 이 사건 사실관계에 터잡아, 피고가 '교통할아버지 봉사활동 계획'을 수립한 다음 관할 동장으로 하여금 '교통할아버지' 봉사원을 선정하게 하여 그들에게 활동시간과 장소까지 지정해 주면서 그 활동시간에 비례한 수당을 지급하고 그 활동에 필요한 모자, 완장 등 물품을 공급함으로써, 피고의 복지행정 업무에 해당하는 어린이 보호, 교통안내, 거리질서 확립 등의 공무를 위탁하여 이를 집행하게 하였다고 보아, 소외 1인은 '교통할아버지' 활동을 하는 범위 내에서는 국가배상법 제2조에 규정된 지방자치단체의 '공무원'이라고 봄이 상당하다고 판단한 것은 수긍되고 거기에 법리오해 등 상고이유로 주장된 바와 같은 위법은 없다(대판 2001.1.5. 98다39060).

❸ [X] 어린이가 미니컵 젤리를 섭취하던 중 미니컵 젤리가 목에 걸려 질식사한 두 건의 사고가 연달아 발생한 뒤 약 8개월 20일 이후 다시 어린이가 미니컵 젤리를 먹다가 질식사한 사안에서, 당시의 미니컵 젤리에 대한 국제적 규제수준과 식품의약품안전청장 등의 기존의 규제조치의 수준, 이전에 발생한 두 건의 질식사고의 경위와 미니컵 젤리로 인한 사고의 빈도, 구 식품위생법이 식품에 대한 규제조치를 식품의약품안전청장 등의 합리적 재량에 맡기고 있는 취지 등에 비추어, 식품의약품안전청장 등이 미니컵 젤리의 유통을 금지하거나 물성실험 등을 통하여 미니컵 젤리의 위험성을 확인하고 기존의 규제조치보다 강화된 미니컵 젤리의 기준 및 규격 등을 마련하지 아니하였다고 하더라도, 그러한 규제권한을 행사하지 아니한 것이 현저하게 합리성을 잃어 사회적 타당성이 없다고 볼 수 있는 정도에 이른 것이라고 보기 어렵다(대판 2010.11.25. 2008다67828). 따라서 손해배상책임을 지지 않는다.

④ [O] 시청 소속 공무원이 시장을 부패방지위원회에 부패혐의자로 신고한 후 동사무소로 하향 전보된 사안에서, 그 전보인사 조치는 해당 공무원에 대한 다면평가 결과, 원활한 업무 수행의 필요성 등을 고려하여 이루어진 것으로 볼 여지도 있으므로, 사회통념상 용인될 수 없을 정도로 객관적 상당성을 결여하였다고 단정할 수 없어 불법행위를 구성하지 않는다(대판 2009.5.28. 2006다16215).

05 허가·특허·인가 정답 ①

❶ [×] 법령이 규정하는 산림훼손 금지 또는 제한지역에 해당하는 경우는 물론 금지 또는 제한지역에 해당하지 않더라도 허가관청은 산림훼손허가신청 대상토지의 현상과 위치 및 주위의 상황 등을 고려하여 국토 및 자연의 유지와 상수원의 수질과 같은 환경의 보전 등 중대한 공익상 필요가 있다고 인정될 때에는 허가를 거부할 수 있고, 그 경우 법규에 명문의 근거가 없더라도 거부처분을 할 수 있다(대판 1993.5.27. 93누4854).

② [○] 도시 및 주거환경정비법(2007.12.21. 법률 제8785호로 개정되기 전의 것)에 기초하여 도시환경정비사업조합이 수립한 사업시행계획은 그것이 인가·고시를 통해 확정되면 이해관계인에 대한 구속적 행정계획으로서 독립된 행정처분에 해당하므로, 사업시행계획을 인가하는 행정청의 행위는 도시환경정비사업조합의 사업시행계획에 대한 법률상의 효력을 완성시키는 보충행위에 해당한다(대판 2010.12.9. 2010두1248).

③ [○] 체류자격 변경허가는 신청인에게 당초의 체류자격과 다른 체류자격에 해당하는 활동을 할 수 있는 권한을 부여하는 일종의 설권적 처분의 성격을 가지므로, 허가권자는 신청인이 관계 법령에서 정한 요건을 충족하였더라도, 신청인의 적격성, 체류목적, 공익상의 영향 등을 참작하여 허가 여부를 결정할 수 있는 재량을 가진다(대판 2016.7.14. 2015두48846).

④ [○] 기본행위인 이사선임결의가 적법·유효하고 보충행위인 승인처분 자체에만 하자가 있다면 그 승인처분의 무효확인이나 그 취소를 주장할 수 있지만, 이 사건 임원취임승인처분에 대한 무효확인이나 그 취소의 소처럼 기본행위인 임시이사들에 의한 이사선임결의의 내용 및 그 절차에 하자가 있다는 이유로 이사선임결의의 효력에 관하여 다툼이 있는 경우에는 민사쟁송으로서 그 기본행위에 해당하는 위 이사선임결의의 무효확인을 구하는 등의 방법으로 분쟁을 해결할 것이지 그 이사선임결의에 대한 보충적 행위로서 그 자체만으로는 아무런 효력이 없는 승인처분만의 무효확인이나 그 취소를 구하는 것은 특단의 사정이 없는 한 분쟁해결의 유효적절한 수단이라 할 수 없으므로, 임원취임승인처분의 무효확인이나 그 취소를 구할 법률상 이익이 없다(대판 2002.5.24. 2000두3641).

06 행정행위의 처분성 정답 ③

처분성이 인정된 것은 ㄷ, ㄹ이다.

ㄱ. [×] 인감증명행위는 인감대장에 이미 신고된 인감을 기준으로 현재 사용하는 인감을 증명하는 것으로서 구체적 사실을 증명하는 것일 뿐, 출원자에게 어떠한 권리가 부여되거나 변동 또는 상실되는 효력을 발생하는 것이 아니므로, 그 무효확인을 구할 법률상 이익이 없다(대판 2001.7.10. 2000두2136).

ㄴ. [×] 자동차운전면허대장상의 등재행위는 운전면허행정사무집행의 편의와 사실증명의 자료로 삼기 위한 것일 뿐 운전면허 취득자에게 권리가 부여되거나 변동 또는 상실되는 효력이 발생하는 것은 아니므로 행정소송의 대상이 되는 독립한 행정처분으로 볼 수 없다(대판 1991.9.24. 91누1400).

ㄷ. [○] 지목은 토지에 대한 공법상의 규제, 개발부담금의 부과대상, 지방세의 과세대상, 공시지가의 산정, 손실보상가액의 산정 등 토지행정의 기초로서 공법상의 법률관계에 영향을 미치고, 토지소유자는 지목을 토대로 토지의 사용·수익·처분에 일정한 제한을 받게 되는 점 등을 고려하면, 지목은 토지소유권을 제대로 행사하기 위한 전제요건으로서 토지소유자의 실체적 권리관계에 밀접하게 관련되어 있으므로 지적공부 소관청의 지목변경신청 반려행위는 국민의 권리관계에 영향을 미치는 것으로서 항고소송의 대상이 되는 행정처분에 해당한다(대판 2004.4.22. 2003두9015 전합).

ㄹ. [○] 구 건축법 제29조 제2항, 구 건축물대장의 기재 및 관리 등에 관한 규칙 제1조, 제5조 제1항·제2항·제3항의 각 규정에 의하면, 구 건축법 제18조의 규정에 의한 사용승인(다른 법령에 의하여 사용승인으로 의제되는 준공검사·준공인가 등을 포함한다)을 신청하는 자 또는 구 건축법 제18조의 규정에 의한 사용승인을 얻어야 하는 자 외의 자는 건축물대장의 작성 신청권을 가지고 있고, 한편 건축물대장은 건축물에 대한 공법상의 규제, 지방세의 과세대상, 손실보상 가액의 산정 등 건축행정의 기초자료로서 공법상의 법률관계에 영향을 미칠 뿐만 아니라, 건축물에 관한 소유권보존등기 또는 소유권이전등기를 신청하려면 이를 등기소에 제출하여야 하는 점 등을 종합해 보면, 건축물대장의 작성은 건축물의 소유권을 제대로 행사하기 위한 전제요건으로서 건축물 소유자의 실체적 권리관계에 밀접하게 관련되어 있으므로 건축물대장 소관청의 작성신청 반려행위는 국민의 권리관계에 영향을 미치는 것으로서 항고소송의 대상이 되는 행정처분에 해당한다(대판 2009.2.12. 2007두17359).

07 당사자소송 정답 ③

해당하는 것은 3개(ㄱ, ㄴ, ㄹ)이다.

ㄱ. [○] [당사자소송] 납세의무자에 대한 국가의 부가가치세 환급세액 지급의무에 대응하는 국가에 대한 납세의무자의 부가가치세 환급세액 지급청구는 민사소송이 아니라 행정소송법 제3조 제2호에 규정된 당사자소송의 절차에 따라야 한다(대판 2013.3.21. 2011다95564 전합).

ㄴ. [○] [당사자소송] 지방자치단체가 보조금 지급결정을 하면서 일정 기한 내에 보조금을 반환하도록 하는 교부조건을 부가한 사안에서, 보조사업자의 지방자치단체에 대한 보조금반환의무는 행정처분인 위 보조금 지급결정에 부가된 부관상 의무이고, 이러한 부관상 의무는 보조사업자가 지방자치단체에 부담하는 공법상 의무이므로, 보조사업자에 대한 지방자치단체의 보조금반환청구는 공법상 권리관계의 일방 당사자를 상대로 하여 공법상 의무이행을 구하는 청구로서 행정소송법 제3조 제2호에 규정한 당사자소송의 대상이다(대판 2011.6.9. 2011다2951).

ㄷ. [×] [항고소송] '민주화운동관련자 명예회복 및 보상 심의위원회'에서 심의·결정을 받아야만 비로소 보상금 등의 지급 대상자로 확정될 수 있다. 따라서 그와 같은 심의위원회의 결정은 국민의 권리의무에 직접 영향을 미치는 행정처분에 해당될 수 있다(대판 2008.4.17. 2005두16185 전합).

ㄹ. [O] [당사자소송] 공무원연금관리공단이 퇴직연금 중 일부 금액에 대하여 지급거부의 의사표시를 하였다고 하더라도 그 의사표시는 퇴직연금 청구권을 형성·확정하는 행정처분이 아니라 공법상의 법률관계의 한쪽 당사자로서 그 지급의무의 존부 및 범위에 관하여 나름대로의 사실상·법률상 의견을 밝힌 것에 불과하다고 할 것이어서, 이를 행정처분이라고 볼 수는 없고, 그리고 이러한 미지급 퇴직연금에 대한 지급청구권은 공법상 권리로서 그 지급을 구하는 소송은 공법상의 법률관계에 관한 소송인 공법상 당사자소송에 해당한다(대판 2004.12.24. 2003두15195).

08 행정벌 정답 ②

① [O] 구 대기환경보전법의 입법목적이나 제반 관계규정의 취지 등을 고려하면, 법정의 배출허용기준을 초과하는 배출 가스를 배출하면서 자동차를 운행하는 행위를 처벌하는 위 법규정은 자동차의 운행자가 그 자동차에서 배출되는 배출가스가 소정의 운행 자동차 배출허용기준을 초과한다는 점을 실제로 인식하면서 운행한 고의범의 경우는 물론 과실로 인하여 그러한 내용을 인식하지 못한 과실범의 경우도 함께 처벌하는 규정이다(대판 1993.9.10. 92도1136).

❷ [X] 경범죄 처벌법상 범칙금제도는 범칙행위에 대하여 형사절차에 앞서 경찰서장의 통고처분에 따라 범칙금을 납부할 경우 이를 납부하는 사람에 대하여는 기소를 하지 않는 처벌의 특례를 마련해 둔 것으로 법원의 재판절차와는 제도적 취지와 법적 성질에서 차이가 있다. 또한 범칙자가 통고처분을 불이행하였더라도 기소독점주의의 예외를 인정하여 경찰서장의 즉결심판 청구를 통하여 공판절차를 거치지 않고 사건을 간이하고 신속·적정하게 처리함으로써 소송경제를 도모하되, 즉결심판 선고 전까지 범칙금을 납부하면 형사처벌을 면 할 수 있도록 함으로써 범칙자에 대하여 형사소추와 형사처벌을 면제받을 기회를 부여하고 있다. 따라서 경찰서장이 범칙행위에 대하여 통고처분을 한 이상, 범칙자의 위와 같은 절차적 지위를 보장하기 위하여 통고처분에서 정한 범칙금 납부기간까지는 원칙적으로 경찰서장은 즉결심판을 청구할 수 없고, 검사도 동일한 범칙행위에 대하여 공소를 제기할 수 없다고 보아야 한다(대판 2020.4.29. 2017도13409).

③ [O] 죄형법정주의는 무엇이 범죄이며 그에 대한 형벌이 어떠한 것인가는 국민의 대표로 구성된 입법부가 제정한 법률로써 정하여야 한다는 원칙인데, 부동산등기특별조치법 제11조 제1항 본문 중 제2조 제1항에 관한 부분이 정하고 있는 과태료는 행정상의 질서유지를 위한 행정질서벌에 해당할 뿐 형벌이라고 할 수 없어 죄형법정주의의 규율대상에 해당하지 아니한다(헌재 1998.5.28. 96헌바83).

④ [O] 「질서위반행위규제법」 제3조에 대한 옳은 내용이다.

판례 이론 **조문**

> **제3조【법 적용의 시간적 범위】** ① 질서위반행위의 성립과 과태료 처분은 행위시의 법률에 따른다.
> ② 질서위반행위 후 법률이 변경되어 그 행위가 질서위반행위에 해당하지 아니하게 되거나 과태료 가 변경되기 전의 법률보다 가볍게 된 때에는 법률에 특별한 규정이 없는 한 변경된 법률을 적용한다.
> ③ 행정청의 과태료 처분이나 법원의 과태료 재판이 확정된 후 법률이 변경되어 그 행위가 질서위반행위에 해당하지 아니하게 된 때에는 변경된 법률에 특별한 규정이 없는 한 과태료의 징수 또는 집행을 면제한다.

09 국가배상 정답 ④

① [O] 공무원의 행위를 원인으로 한 국가배상책임을 인정하려면 '공무원이 직무를 집행하면서 고의 또는 과실로 법령을 위반하여 타인에게 손해를 입힌 때'라고 하는 국가배상법 제2조 제1항의 요건이 충족되어야 한다. 보통 일반의 공무원을 표준으로 공무원이 객관적 주의의무를 소홀히 하고 그로 말미암아 객관적 정당성을 잃었다고 볼 수 있으면 국가배상법 제2조가 정한 국가배상책임이 성립할 수 있다(대판 2021.10.28. 2017다219218).

② [O] 기관위임사무의 경우 사무귀속주체로서 배상책임주체는 위임기관이 속한 행정주체이다.

판례 이론 조문

> 지방자치단체장 간의 기관위임의 경우에 위임받은 하위 지방자치단체장은 상위 지방자치단체 산하 행정기관의 지위에서 그 사무를 처리하는 것이므로 사무귀속의 주체가 달라진다고 할 수 없고, 따라서 하위 지방자치단체장을 보조하는 하위 지방자치단체 소속 공무원이 위임사무처리에 있어 고의 또는 과실로 타인에게 손해를 가하였더라도 상위 지방자치단체는 여전히 그 사무귀속 주체로서 손해배상책임을 진다(대판 1996.11.8. 96다21331).

③ [O] 공무원에게 부과된 직무상 의무의 내용이 단순히 공공 일반의 이익을 위한 것이거나 행정기관 내부의 질서를 규율하기 위한 것이 아니고 전적으로 또는 부수적으로 사회구성원 개인의 안전과 이익을 보호하기 위하여 설정된 것이라면, 공무원이 그와 같은 직무상 의무를 위반함으로 인하여 피해자가 입은 손해에 대하여는 상당인과관계가 인정되는 범위 내에서 국가가 배상책임을 지는 것이고, 이때 상당인과관계의 유무를 판단함에 있어서는 일반적인 결과 발생의 개연성은 물론 직무상 의무를 부과하는 법령 기타 행동규범의 목적이나 가해행위의 태양 및 피해의 정도 등을 종합적으로 고려하여야 하며, 이는 지방자치단체와 그 소속 공무원에 대하여도 마찬가지이다(대판 2008.4.10. 2005다48994).

❹ [×] 공법인이 국가로부터 위탁받은 공행정사무를 집행하는 과정에서 공법인의 임직원이나 피용인이 고의 또는 과실로 법령을 위반하여 타인에게 손해를 입힌 경우에는, 공법인은 위탁받은 공행정사무에 관한 행정주체의 지위에서 배상책임을 부담하여야 하지만, 공법인의 임직원이나 피용인은 실질적인 의미에서 공무를 수행한 사람으로서 국가배상법 제2조에서 정한 공무원에 해당하므로 고의 또는 중과실이 있는 경우에만 배상책임을 부담하고 경과실이 있는 경우에는 배상책임을 면한다(대판 2021.1.28. 2019다260197).

10 법규명령 정답 ③

① [O] 법령에서 행정처분의 요건 중 일부 사항을 부령으로 정할 것을 위임한 데 따라 시행규칙 등 부령에서 이를 정한 경우에 그 부령의 규정은 국민에 대해서도 구속력이 있는 법규명령에 해당한다고 할 것이지만, 법령의 위임이 없음에도 법령에 규정된 처분 요건에 해당하는 사항을 부령에서 변경하여 규정한 경우에는 그 부령의 규정은 행정청 내부의 사무처리 기준 등을 정한 것으로서 행정조직 내에서 적용되는 행정명령의 성격을 지닐 뿐 국민에 대한 대외적 구속력은 없다고 보아야 한다. 따라서 어떤 행정처분이 그와 같이 법규성이 없는 시행규칙 등의 규정에 위배된다고 하더라도 그 이유만으로 처분이 위법하게 되는 것은 아니라 할 것이고, 또 그 규칙 등에서 정한 요건에 부합한다고 하여 반드시 그 처분이 적법한 것이라고 할 수도 없다. 이 경우 처분의 적법 여부는 그러한 규칙 등에서 정한 요건에 합치하는지 여부가 아니라 일반 국민에 대하여 구속력을 가지는 법률 등 법규성이 있는 관계 법령의 규정을 기준으로 판단하여야 한다(대판 2013.9.12. 2011두10584).

② [O] 일반적으로 법률의 위임에 의하여 효력을 갖는 법규명령의 경우, 구법에 위임의 근거가 없어 무효였더라도 사후에 법개정으로 위임의 근거가 부여되면 그때부터는 유효한 법규명령이 되나, 반대로 구법의 위임에 의한 유효한 법규명령이 법개정으로 위임의 근거가 없어지게 되면 그 때부터 무효인 법규명령이 되므로, 어떤 법령의 위임 근거유무에 따른 유효 여부를 심사하려면 법개정의 전·후에 걸쳐 모두 심사하여야만 그 법규명령의 시기에 따른 유효·무효를 판단할 수 있다(대판 1995.6.30. 93추83).

❸ [×] 일반적으로 행정 각부의 장이 정하는 고시라 하더라도 그것이 특히 법령의 규정에서 특정 행정기관에게 법령 내용의 구체적 사항을 정할 수 있는 권한을 부여함으로써 그 법령 내용을 보충하는 기능을 가질 경우에는 그 형식과 상관없이 근거 법령 규정과 결합하여 대외적으로 구속력이 있는 법규명령으로서의 효력을 가지는 것이나 이는 어디까지나 법령의 위임에 따라 그 법령 규정을 보충하는 기능을 가지는 점에 근거하여 예외적으로 인정되는 효력이므로 특정 고시가 비록 법령에 근거를 둔 것이라고 하더라도 그 규정 내용이 법령의 위임 범위를 벗어난 것일 경우에는 위와 같은 법규명령으로서의 대외적 구속력을 인정할 여지는 없다(대판 1999.11.26. 97누13474).

④ [O] 재위임에 의한 부령의 경우에도 위임에 대한 대통령령에 가해지는 헌법상의 제한이 당연히 적용되므로 법률에서 위임받은 사항을 전혀 규정하지 아니하고 그대로 재위임하는 것은 허용되지 않으며 위임받은 사항에 관하여 대강을 정하고 그 중의 특정사항을 범위를 정하여 하위법령에 다시 위임하는 경우에만 재위임이 허용된다(헌재 1996.2.29. 94헌마213).

11 항고소송의 대상적격 정답 ④

① [O] 행정처분으로서의 통보에 대하여는 그 직접 상대방이 아닌 제3자라도 그 취소를 구할 법률상의 이익이 있는 경우에는 원고적격이 인정되는바, 회사가 정하는 자격기준에 준하는 자로서 입회승인을 받은 회원은 일정한 입회금을 납부하고 회사가 지정한 시설을 이용할 때에는 회사가 정한 요금을 지불하여야 하며 회사는 회원의 입회금을 상환하도록 정해져 있는 이른바 예탁금회원제 골프장에 있어서, 체육시설업자 또는 그 사업계획의 승인을 얻은 자가 회원모집계획서를 제출하면서 허위의 사업시설 설치공정확인서를 첨부하거나 사업계획의 승인을 받을 때 정한 예정인원을 초과하여 회원을 모집하는 내용의 회원모집계획서를 제출하여 그에 대한 시·도지사 등의 검토결과 통보를 받는다면 이는 기존회원의 골프장에 대한 법률상의 지위에 영향을 미치게 되므로, 이러한 경우 기존회원은 위와 같은 회원모집계획서에 대한 시·도지사의 검토결과 통보의 취소를 구할 법률상의 이익이 있다고 보아야 한다(대판 2009.2.26. 2006두16243).

② [O] 대학의 장 임용에 관하여 교육부장관의 임용제청권을 인정한 취지는 대학의 자율성과 대통령의 실질적인 임용권 행사를 조화시키기 위하여 대통령의 최종적인 임용권 행사에 앞서 대학의 추천을 받은 총장 후보자들의 적격성을 일차적으로 심사하여 대통령의 임용권 행사가 적정하게 이루어질 수 있도록 하기 위한 것이다. 대학의 추천을 받은 총장 후보자는 교육부장관으로부터 정당한 심사를 받을 것이라는 기대를 하게 된다. 만일 교육부장관이 자의적으로 대학에서 추천한 복수의 총장 후보자들 전부 또는 일부를 임용제청하지 않는다면 대통령으로부터 임용을 받을 기회를 박탈하는 효과가 있다. 이를 항고소송의 대상이 되는 처분으로 보지 않는다면, 침해된 권리 또는 법률상 이익을 구제받을 방법이 없다. 따라서 교육부장관이 대학에서 추천한 복수의 총장 후보자들 전부 또는 일부를 임용제청에서 제외하는 행위는 제외된 후보자들에 대한 불이익처분으로서 항고소송의 대상이 되는 처분에 해당한다고 보아야 한다. 다만, 교육부장관이 특정 후보자를 임용제청에서 제외하고 다른 후보자를 임용제청함으로써 대통령이 임용제청된 다른 후보자를 총장으로 임용한 경우에는, 임용제청에서 제외된 후보자는 대통령이 자신에 대하여 총장 임용 제외처분을 한 것으로 보아 이를 다투어야 한다(대통령의 처분의 경우 소속 장관이 행정소송의 피고가 된다. 국가공무원법 제16조 제2항). 이러한 경우에는 교육부장관의 임용제청 제외처분을 별도로 다툴 소의 이익이 없어진다(대판 2018.6.15. 2016두57564).

③ [O] 행정처분의 근거 법규 또는 관련 법규에 그 처분으로써 이루어지는 행위 등 사업으로 인하여 환경상 침해를 받으리라고 예상되는 영향권의 범위가 구체적으로 규정되어 있는 경우에는, 그 영향권 내의 주민들에 대하여는 당해 처분으로 인하여 직접적이고 중대한 환경피해를 입으리라고 예상할 수 있고, 이와 같은 환경상의 이익은 주민 개개인에 대하여 개별적으로 보호되는 직접적·구체적 이익으로서 그들에 대하여는 특단의 사정이 없는 한 환경상 이익에 대한 침해 또는 침해 우려가 있는 것으로 사실상 추정되어 법률상 보호되는 이익으로 인정됨으로써 원고적격이 인정된다(대판 2010.4.15. 2007두16127).

❹ [×] 교육공무원법상 승진후보자 명부에 의한 승진심사 방식으로 행해지는 승진임용에서 승진후보자 명부에 포함되어 있던 후보자를 승진임용인사발령에서 제외하는 행위(교장임용거부처분)는 불이익처분으로서 항고소송의 대상인 처분에 해당한다. 교육공무원법 제29조의2 제1항, 제13조, 제14조 제1항·제2항, 교육공무원 승진규정 제1조, 제2조 제1항 제1호, 제40조 제1항, 교육공무원임용령 제14조 제1항, 제16조 제1항에 따르면 임용권자는 3배수의 범위 안에 들어간 후보자들을 대상으로 승진임용 여부를 심사하여야 하고, 이에 따라 승진후보자 명부에 포함된 후보자는 임용권자로부터 정당한 심사를 받게 될 것에 관한 절차적 기대를 하게 된다. 그런데 임용권자 등이 자의적인 이유로 승진후보자 명부에 포함된 후보자를 승진임용에서 제외하는 처분을 한 경우에, 이러한 승진임용제외처분을 항고소송의 대상이 되는 처분으로 보지 않는다면, 달리 이에 대하여는 불복하여 침해된 권리 또는 법률상 이익을 구제받을 방법이 없다. 따라서 교육공무원법상 승진후보자 명부에 의한 승진심사 방식으로 행해지는 승진임용에서 승진후보자 명부에 포함되어 있던 후보자를 승진임용인사발령에서 제외하는 행위는 불이익처분으로서 항고소송의 대상인 처분에 해당한다고 보아야 한다(대판 2018.3.27. 2015두47492).

12 항고소송 정답 ①

❶ [O] 공정거래위원회가 부당한 공동행위를 행한 사업자로서 구 독점규제 및 공정거래에 관한 법률(2013.7.16. 법률 제11937호로 개정되기 전의 것) 제22조의2에서 정한 자진신고자나 조사협조자에 대하여 과징금 부과처분(이하 '선행처분'이라 한다)을 한 뒤, 독점규제 및 공정거래에 관한 법률 시행령 제35조 제3항에 따라 다시 자진신고자 등에 대한 사건을 분리하여 자진신고 등을 이유로 한 과징금 감면처분(이하 '후행처분'이라 한다)을 하였다면, 후행처분은 자진신고 감면까지 포함하여 처분 상대방이 실제로 납부하여야 할 최종적인 과징금액을 결정하는 종국적 처분이고, 선행처분은 이러한 종국적 처분을 예정하고 있는 일종의 잠정적 처분으로서 후행처분이 있을 경우 선행처분은 후행처분에 흡수되어 소멸한다. 따라서 위와 같은 경우에 선행처분의 취소를 구하는 소는 이미 효력을 잃은 처분의 취소를 구하는 것으로 부적법하다(대판 2015.2.12. 2013두987).

② [×] 위 거래정지 조치는 비록 추가특수조건이라는 사법상 계약에 근거한 것이지만 행정청인 조달청이 행하는 구체적 사실에 관한 법집행으로서의 공권력의 행사로서 그 상대방인 甲 회사의 권리·의무에 직접 영향을 미치므로 항고소송의 대상이 되는 행정처분에 해당한다(대판 2018.11.29. 2015두52395).

③ [×] 甲 등이 인터넷 포털사이트 등의 개인정보 유출사고로 자신들의 주민등록번호 등 개인정보가 불법 유출되자 이를 이유로 관할 구청장에게 주민등록번호를 변경해 줄 것을 신청하였으나 구청장이 '주민등록번호가 불법 유출된 경우 주민등록법상 변경이 허용되지 않는다'는 이유로 주민등록번호 변경을 거부하는 취지의 통지를 한 사안에서, 피해자의 의사와 무관하게 주민등록번호가 유출된 경우에는 조리상 주민등록번호의 변경을 요구할 신청권을 인정함이 타당하고, 구청장의 주민등록번호 변경신청 거부행위는 항고소송의 대상이 되는 행정처분에 해당한다(대판 2017.6.15. 2013두2945).

④ [×] 부가가치세법상의 위와 같은 사업자등록은 과세관청으로 하여금 부가가치세의 납세의무자를 파악하고 그 과세자료를 확보하게 하려는 데 제도의 취지가 있는바, 이는 단순한 사업사실의 신고로서 사업자가 관할세무서장에게 소정의 사업자등록신청서를 제출함으로써 성립하는 것이고, 사업자등록증의 교부는 이와 같은 등록사실을 증명하는 증서의 교부행위에 불과한 것이다. 나아가 법 제5조 제5항에 의한 과세관청의 사업자등록 직권말소행위도 폐업사실의 기재일 뿐 그에 의하여 사업자로서의 지위에 변동을 가져오는 것이 아니라는 점에서 항고소송의 대상이 되는 행정처분으로 볼 수 없다(대판 2011.1.27. 2008두2200).

13 행정입법 정답 ④

① [O] 입법부가 법률로써 행정부에게 특정한 사항을 위임했음에도 불구하고 행정부가 정당한 이유 없이 이를 이행하지 않는다면 권력분립의 원칙과 법치국가 내지 법치행정의 원칙에 위배되는 것으로서 위법함과 동시에 위헌적인 것이 된다(대판 2007.11.29. 2006다3561).

② [O] 헌법 제107조 제2항의 규정에 따르면 행정입법의 심사는 일반적인 재판절차에 의하여 구체적 규범통제의 방법에 의하도록 명시하고 있으므로, 당사자는 구체적 사건의 심판을 위한 선결문제로서 행정입법의 위법성을 주장하여 법원에 대하여 당해 사건에 대한 적용 여부의 판단을 구할 수 있을 뿐 행정입법 자체의 합법성의 심사를 목적으로 하는 독립한 신청을 제기할 수는 없다(대결 1994.4.26. 93부32).

③ [O] 입법자가 이러한 신뢰보호 조치가 필요한지를 판단하기 위하여는 관련 당사자의 신뢰의 정도, 신뢰이익의 보호가치와 새 법령을 통해 실현하고자 하는 공익적 목적 등을 종합적으로 비교·형량하여야 하는데, 이러한 비교·형량에 관하여는 여러 견해가 있을 수 있으므로, 행정입법에 관여한 공무원이 입법 당시의 상황에서 다양한 요소를 고려하여 나름대로 합리적인 근거를 찾아 어느 하나의 견해에 따라 경과규정을 두는 등의 조치 없이 새 법령을 그대로 시행하거나 적용하였다면, 그와 같은 공무원의 판단이 나중에 대법원이 내린 판단과 같지 아니하여 결과적으로 시행령 등이 신뢰보호의 원칙 등에 위배되는 결과가 되었다고 하더라도, 이러한 경우에까지 국가배상법 제2조 제1항에서 정한 국가배상책임의 성립요건인 공무원의 과실이 있다고 할 수는 없다(대판 2014.4.26. 2011다14428).

❹ [×] 공공기관의 정보공개에 관한 법률 제1조, 제3조, 헌법 제37조의 각 취지와 행정입법으로는 법률이 구체적으로 범위를 정하여 위임한 범위 안에서만 국민의 자유와 권리에 관련된 규율을 정할 수 있는 점 등을 고려할 때, 공공기관의 정보공개에 관한 법률 제7조 제1항 제1호 소정의 '법률에 의한 명령'은 법률의 위임규정에 의하여 제정된 대통령령, 총리령, 부령 전부를 의미한다기보다는 정보의 공개에 관하여 법률의 구체적인 위임 아래 제정된 법규명령(위임명령)을 의미한다(대판 2003.12.11. 2003두8395).

14 행정심판 정답 ①

❶ [×] 청구인이 경제적 능력으로 인해 대리인을 선임할 수 없는 경우에는 위원회에 국선대리인을 선임하여 줄 것을 '신청'할 수 있다. 위원회가 직권으로 국선대리인을 선임할 수는 없다.

판례 이론 **조문**

> **「행정심판법」 제18조의2 【국선대리인】** ① 청구인이 경제적 능력으로 인해 대리인을 선임할 수 없는 경우에는 위원회에 국선대리인을 선임하여 줄 것을 신청할 수 있다.

② [O] 「행정심판법」 제43조의2 제1항에 대한 옳은 내용이다.

판례 이론 **조문**

> **제43조의2 【조정】** ① 위원회는 당사자의 권리 및 권한의 범위에서 당사자의 동의를 받아 심판청구의 신속하고 공정한 해결을 위하여 조정을 할 수 있다. 다만, 그 조정이 공공복리에 적합하지 아니하거나 해당 처분의 성질에 반하는 경우에는 그러하지 아니하다.

③ [O] 「행정심판법」 제21조 제1항에 대한 옳은 내용이다.

판례 이론 **조문**

> **제21조 【심판참가의 요구】** ① 위원회는 필요하다고 인정하면 그 행정심판 결과에 이해관계가 있는 제3자나 행정청에 그 사건 심판에 참가할 것을 요구할 수 있다.

④ [O] 이의신청은 행정청의 위법·부당한 처분에 대하여 행정기관이 심판하는 행정심판과는 구별되는 별개의 제도이나, 이의신청과 행정심판은 모두 본질에 있어 행정처분으로 인하여 권리나 이익을 침해당한 상대방의 권리구제에 목적이 있고, 행정소송에 앞서 먼저 행정기관의 판단을 받는 데에 목적을 둔 엄격한 형식을 요하지 않는 서면행위이므로, 이의신청을 제기해야 할 사람이 처분청에 표제를 '행정심판청구서'로 한 서류를 제출한 경우라 할지라도 서류의 내용에 이의신청 요건에 맞는 불복취지와 사유가 충분히 기재되어 있다면 표제에도 불구하고 이를 처분에 대한 이의신청으로 볼 수 있다(대판 2012.3.29. 2011두26886).

15 과징금 정답 ④

① [O] 구 「독점규제 및 공정거래에 관한 법률」에 의하여 부과되는 과징금은 행정법상의 의무를 위반한 자에 대하여 당해 위반행위로 얻게 된 경제적 이익을 박탈하기 위한 목적으로 부과하는 금전적인 제재로서, 같은 법이 규정한 범위 내에서 그 부과처분 당시까지 부과관청이 확인한 사실을 기초로 일의적으로 확정되어야 할 것이고, 그렇지 아니하고 부과관청이 과징금을 부과하면서 추후에 부과금 산정 기준이 되는 새로운 자료가 나올 경우에는 과징금액이 변경될 수도 있다고 유보한다든지, 실제로 추후에 새로운 자료가 나왔다고 하여 새로운 부과처분을 할 수는 없다(대판 1999.5.28. 99두1571).

② [O] 자동차운수사업면허조건 등을 위반한 사업자에 대하여 행정청이 행정제재수단으로 사업 정지를 명할 것인지, 과징금을 부과할 것인지, 과징금을 부과키로 한다면 그 금액은 얼마로 할 것인지에 관하여 재량권이 부여되었다 할 것이므로 과징금부과처분이 법이 정한 한도액을 초과하여 위법할 경우 법원으로서는 그 전부를 취소할 수밖에 없고, 그 한도액을 초과한 부분이나 법원이 적정하다고 인정되는 부분을 초과한 부분만을 취소할 수 없다(대판 1998.4.10. 98두2270).

③ [O] 구 여객자동차 운수 사업법 제88조 제1항의 과징금부과처분은 제재적 행정처분으로서 여객자동차 운수사업에 관한 질서를 확립하고 여객의 원활한 운송과 여객자동차 운수사업의 종합적인 발달을 도모하여 공공복리를 증진한다는 행정목적의 달성을 위하여 행정법규 위반이라는 객관적 사실에 착안하여 가하는 제재이므로 반드시 현실적인 행위자가 아니라도 법령상 책임자로 규정된 자에게 부과되고 원칙적으로 위반자의 고의·과실을 요하지 아니하나, 위반자의 의무해태를 탓할 수 없는 정당한사유가 있는 등의 특별한 사정이 있는 경우에는 이를 부과할 수 없다(대판 2014.10.15. 2013두5005).

❹ [×] 부동산 실권리자명의 등기에 관한 법률 제3조 제1항, 제5조 제1항, 같은 법 시행령 제3조 제1항의 규정을 종합하면, 명의신탁자에 대하여 과징금을 부과할 것인지 여부는 기속행위에 해당한다(대판 2007.7.12. 2005두17287).

16 신고 정답 ②

① [×] 소정의 시설을 갖추지 못한 체육시설업의 신고는 부적법한 것으로 그 수리가 거부될 수밖에 없고 그러한 상태에서 신고체육시설업의 영업행위를 계속하는 것은 무신고 영업행위에 해당할 것이지만, 이에 반하여 적법한 요건을 갖춘 신고의 경우에는 행정청의 수리처분 등 별단의 조치를 기다릴 필요 없이 그 접수시에 신고로서의 효력이 발생하는 것이므로 그 수리가 거부되었다고 하여 무신고 영업이 되는 것은 아니다(대판 1998.4.24. 97도3121).

❷ [O] 수산업법 제44조 소정의 어업의 신고는 행정청의 수리에 의하여 비로소 그 효과가 발생하는 이른바 '수리를 요하는 신고'라고 할 것이고, 따라서 설사 관할관청이 어업신고를 수리하면서 공유수면매립구역을 조업구역에서 제외한 것이 위법하다고 하더라도, 그 제외된 구역에 관하여 관할관청의 적법한 수리가 없었던 것이 분명한 이상 그 구역에 관하여는 같은 법 제44조 소정의 적법한 어업신고가 있는 것으로 볼 수 없다(대판 2000.5.26. 99다37382).

③ [×] 납골당설치 신고는 이른바 '수리를 요하는 신고'라 할 것이므로, 납골당설치 신고가 구 장사법 관련 규정의 모든 요건에 맞는 신고라 하더라도 신고인은 곧바로 납골당을 설치할 수는 없고, 이에 대한 행정청의 수리처분이 있어야만 신고한 대로 납골당을 설치할 수 있다. 한편 수리란 신고를 유효한 것으로 판단하고 법령에 의하여 처리할 의사로 이를 수령하는 수동적 행위이므로 수리행위에 신고필증 교부 등 행위가 꼭 필요한 것은 아니다(대판 2011.9.8. 2009두6766).

④ [×] 사업양도·양수에 따른 허가관청의 지위승계신고의 수리는 적법한 사업의 양도·양수가 있었음을 전제로 하는 것이므로 그 수리대상인 사업양도·양수가 존재하지 아니하거나 무효인 때에는 수리를 하였다 하더라도 그 수리는 유효한 대상이 없는 것으로서 당연히 무효라 할 것이고, 사업의 양도행위가 무효라고 주장하는 양도자는 민사쟁송으로 양도·양수행위의 무효를 구함이 없이 막바로 허가관청을 상대로 하여 행정소송으로 위 신고수리처분의 무효확인을 구할 법률상 이익이 있다(대판 2005.12.23. 2005두3554).

17 인·허가의제 정답 ③

① [O] 인허가의제 제도는 관련 인허가 행정청의 권한을 제한하거나 박탈하는 효과를 가진다는 점에서 법률 또는 법률의 위임에 따른 법규명령의 근거가 있어야 한다(대판 2022.9.7. 2020두40327).

② [O] 건축물의 건축이 국토계획법상 개발행위에 해당할 경우 그에 대한 건축허가를 하는 허가권자는 건축허가에 배치·저촉되는 관계 법령상 제한 사유의 하나로 국토계획법령의 개발행위허가기준을 확인하여야 하므로, 국토계획법상 건축물의 건축에 관한 개발행위허가가 의제되는 건축허가신청이 국토계획법령이 정한 개발행위허가기준에 부합하지 아니하면 허가권자로서는 이를 거부할 수 있고, 이는 건축법 제16조 제3항에 의하여 개발행위허가의 변경이 의제되는 건축허가사항의 변경허가에서도 마찬가지이다(대판 2016.8.24. 2016두35762).

❸ [×] 주택건설사업계획 승인처분에 따라 의제된 인허가가 위법함을 다투고자 하는 이해관계인은, 주택건설사업계획 승인처분의 취소를 구할 것이 아니라 의제된 인허가의 취소를 구하여야 하며, 의제된 인허가는 주택건설사업계획 승인처분과 별도로 항고소송의 대상이 되는 처분에 해당한다(대판 2018.11.29. 2016두38792).

④ [O] 「행정기본법」 제24조 제3항에 대한 옳은 내용이다.

판례 이론 **조문**

> **제24조 【인허가의제의 기준】** ③ 주된 인허가 행정청은 주된 인허가를 하기 전에 관련 인허가에 관하여 미리 관련 인허가 행정청과 협의하여야 한다.

18 재량행위 정답 ①

❶ [×] 국가공무원법 제73조 제2항의 문언에 비추어 복직명령은 기속행위이므로 휴직사유가 소멸하였음을 이유로 신청하는 경우 임용권자는 지체 없이 복직명령을 하여야 한다(대판 2014.6.12. 2012두4852).

② [O] 위 법 제16조 제3항에 의한 용도변경승인은 특정인에게만 용도 외의 사용을 허용해주는 권리나 이익을 부여하는 이른바 수익적 행정행위로서 법령에 특별한 규정이 없는 한 재량행위이다(대판 2011.1.27. 2010두23033).

③ [O] 체류자격 변경허가는 신청인에게 당초의 체류자격과 다른 체류자격에 해당하는 활동을 할 수 있는 권한을 부여하는 일종의 설권적 처분의 성격을 가지므로, 허가권자는 신청인이 관계 법령에서 정한 요건을 충족하였더라도, 신청인의 적격성, 체류목적, 공익상의 영향 등을 참작하여 허가 여부를 결정할 수 있는 재량을 가진다(대판 2016.7.14. 2015두48846).

④ [O] 가축분뇨 처리방법 변경 불허가처분에 대한 사법심사는 법원이 허가권자의 재량권을 대신 행사하는 것이 아니라 허가권자의 공익판단에 관한 재량의 여지를 감안하여 원칙적으로 재량권의 일탈·남용이 있는지 여부만을 판단하여야 하고, 사실오인과 비례·평등원칙 위반 여부 등이 그 판단 기준이 된다(대판 2021.6.30. 2021두35681).

19 행정소송 정답 ②

① [O] 도로교통법 시행규칙 제91조 제1항에서 정한 처분기준은 그 규정의 성질과 내용으로 보아 운전면허의 취소처분 등에 관한 행정청 내부의 사무처리준칙을 정한 것에 불과하여 대외적으로 법원이나 일반 국민을 기속하는 효력은 없으므로, 시행규칙의 처분기준상 운전면허를 취소하는 요건에 해당된다고 하여 반드시 운전면허를 취소할 것은 아니고, 도로교통법의 규정과 그 취지 및 당해 사건의 모든 정황을 전반적으로 살펴보아 운전면허의 취소를 정당화할만한 중대한 공익상의 필요 등과 운전면허취소처분의 상대방이 받는 불이익을 비교·교량하여 운전면허를 취소하는 것이 재량권의 범위 내에서 적절한지 여부에 따라 당해 취소처분의 적법 여부가 결정되어야 할 것이다(대판 1998.3.27. 97누20236 등).

❷ [×] 처분에 대한 행정소송은 행정심판의 재결을 거치지 아니하면 제기할 수 없다.

판례 이론 **조문**

> **「도로교통법」 제142조 【행정소송과의 관계】** 이 법에 따른 처분으로서 해당 처분에 대한 행정소송은 행정심판의 재결(裁決)을 거치지 아니하면 제기할 수 없다.
> **「국가공무원법」 제16조 【행정소송과의 관계】** ① 제75조에 따른 처분, 그 밖에 본인의 의사에 반한 불리한 처분이나 부작위(不作爲)에 관한 행정소송은 소청심사위원회의 심사·결정을 거치지 아니하면 제기할 수 없다.

③ [O] 행정소송에 있어서 형사판결이 그대로 확정된 이상 위 형사판결의 사실판단을 채용하기 어렵다고 볼 특별한 사정이 없는 한 이와 배치되는 사실을 인정할 수 없다(대판 1999.11.26. 98두1042).

④ [O] 동일한 사유로 인한 제재적 행정처분, 징계벌, 행정형벌은 병과가 가능하므로 일사부재리 원칙이 적용되지 않는다.

판례 이론 조문

1. 징계벌과 형벌 병과 가능

국가기능의 장애를 초래할 수 있는 의식적 직무유기를 예방하고 공무원의 성실한 직무수행을 담보하기 위하여 행정상의 징계처분만으로 충분할 것인지, 아니면 나아가 형벌이라는 제재를 동원하는 것이 더 필요하다고 볼 것인지의 문제는 입법자의 예측판단에 맡겨야 한다(헌재 2005.9.29. 2003헌바52).

2. 제재적 행정처분과 형벌 병과 가능

운행정지처분의 사유가 된 사실관계로 자동차 운송사업자가 이미 형사처벌을 받은바있다 하여 피고(서울특별시장)의 자동차운수사업법 제31조를 근거로 한 운행정지처분이 일사부재리의 원칙에 위반된다 할 수 없다(대판 1983.6.14. 82누439).

20 정보공개제도 정답 ②

① [×] 검찰보존사무규칙(법무부령)은 정보공개법 제9조 제1항 제1호의 '다른 법률 또는 법률에 의한 명령'에 해당하지 않는다(대판 2004.9.23. 2003두1370).

❷ [O] 재판의 독립성과 공정성 등 국가의 사법작용이 훼손되는 것을 막기 위하여 제9조 제1항 제4호에서 '진행 중인 재판에 관련된 정보'를 비공개대상정보로 규정하고 있다. 이와 같은 정보공개법의 입법 목적, 정보공개의 원칙, 위 비공개대상정보의 규정 형식과 취지 등을 고려하면, 법원 이외의 공공기관이 위 규정이 정한 '진행 중인 재판에 관련된 정보'에 해당한다는 사유로 정보공개를 거부하기 위하여는 반드시 그 정보가 진행 중인 재판의 소송기록 그 자체에 포함된 내용의 정보일 필요는 없으나, 재판에 관련된 일체의 정보가 그에 해당하는 것은 아니고 진행 중인 재판의 심리 또는 재판 결과에 구체적으로 영향을 미칠 위험이 있는 정보에 한정된다고 보는 것이 타당하다(대판 2018.9.28. 2017두69892).

③ [×] 정보공개법 제9조 제1항 제6호 본문의 규정에 따라 비공개대상이 되는 정보에는 공공기관의 정보공개에 관한 법률의 이름·주민등록번호 등 정보 형식이나 유형을 기준으로 비공개대상정보에 해당하는지를 판단하는 '개인식별정보'뿐만 아니라 그 외에 정보의 내용을 구체적으로 살펴 '개인에 관한 사항의 공개로 개인의 내밀한 내용의 비밀 등이 알려지게 되고, 그 결과 인격적·정신적 내면생활에 지장을 초래하거나 자유로운 사생활을 영위할 수 없게 될 위험성이 있는 정보'도 포함된다(대판 2012.6.18. 2011두2361 전합).

④ [×] 공무원이 직무와 관련 없이 개인적인 자격으로 간담회·연찬회 등 행사에 참석하고 금품을 수령한 정보는 정보공개법 제9조 제1항 제6호 단서 다목 소정의 '공개하는 것이 공익을 위하여 필요하다고 인정되는 정보'에 해당하지 않는다(대판 2003.12.12. 2003두8050).

13회 실전동형모의고사

정답

p. 98

01	④	Ⅵ	06	①	Ⅲ	11	④	Ⅳ	16	④	Ⅳ
02	④	Ⅵ	07	②	Ⅵ	12	③	Ⅱ	17	①	Ⅳ
03	④	Ⅱ	08	④	Ⅱ	13	④	Ⅵ	18	④	Ⅴ
04	③	Ⅱ	09	④	Ⅱ	14	④	Ⅱ	19	④	Ⅱ
05	④	Ⅰ	10	②	Ⅵ	15	①	Ⅱ	20	④	Ⅲ

취약 단원 분석표

단원	맞힌 답의 개수
Ⅰ	/ 1
Ⅱ	/ 8
Ⅲ	/ 2
Ⅳ	/ 3
Ⅴ	/ 1
Ⅵ	/ 5
TOTAL	/ 20

Ⅰ 행정법 서론 / Ⅱ 행정작용법 / Ⅲ 행정절차와 행정공개 / Ⅳ 행정의 실효성 확보수단 / Ⅴ 행정상 손해전보 / Ⅵ 행정쟁송

01 항고소송의 대상 정답 ④

항고소송의 대상이 되는 것은 ㄴ, ㄹ, ㅁ, ㅂ이다.

ㄱ. [×] 국민건강보험공단이 甲 등에게 '직장가입자 자격상실 및 자격변동 안내' 통보 및 '사업장 직권탈퇴에 따른 가입자 자격상실 안내' 통보를 한 사안에서, 국민건강보험 직장가입자 또는 지역가입자 자격변동은 법령이 정하는 사유가 생기면 별도 처분 등의 개입 없이 사유가 발생한 날부터 변동의 효력이 당연히 발생하므로, 국민건강보험공단이 甲 등에 대하여 가입자 자격이 변동되었다는 취지의 '직장가입자 자격상실 및 자격변동 안내' 통보를 하였거나, 그로 인하여 사업장이 국민건강보험법상의 적용대상사업장에서 제외되었다는 취지의 '사업장 직권탈퇴에 따른 가입자 자격상실 안내' 통보를 하였더라도, 이는 甲 등의 가입자 자격의 변동 여부 및 시기를 확인하는 의미에서 한 사실상 통지행위에 불과할 뿐, 위 각 통보에 의하여 가입자 자격이 변동되는 효력이 발생한다고 볼 수 없고, 또한 위 각 통보로 甲 등에게 지역가입자로서의 건강보험료를 납부하여야 하는 의무가 발생함으로써 甲 등의 권리의무에 직접적 변동을 초래하는 것도 아니라는 이유로, 위 각 통보의 처분성이 인정되지 않는다(대판 2019.2.14. 2016두41729).

ㄴ. [○] 부과처분을 위한 과세관청의 질문조사권이 행해지는 세무조사결정이 있는 경우 납세의무자는 세무공무원의 과세자료 수집을 위한 질문에 대답하고 검사를 수인하여야 할 법적 의무를 부담하게 되는 점, 세무조사는 기본적으로 적정하고 공평한 과세의 실현을 위하여 필요한 최소한의 범위 안에서 행하여져야 하고, 더욱이 동일한 세목 및 과세기간에 대한 재조사는 납세자의 영업의 자유 등 권익을 심각하게 침해할 뿐만 아니라 과세관청에 의한 자의적인 세무조사의 위험마저 있으므로 조세공평의 원칙에 현저히 반하는 예외적인 경우를 제외하고는 금지될 필요가 있는 점, 납세의무자로 하여금 개개의 과태료처분에 대하여 불복하거나 조사 종료 후의 과세처분에 대하여만 다툴 수 있도록 하는 것보다는 그에 앞서 세무조사결정에 대하여 다툼으로써 분쟁을 조기에 근본적으로 해결할 수 있는 점 등을 종합하면, 세무조사결정은 납세의무자의 권리·의무에 직접 영향을 미치는 공권력의 행사에 따른 행정작용으로서 항고소송의 대상이 된다(대판 2011.3.10. 2009두23617·23624).

ㄷ. [×] 농지법은 농지 처분명령에 대한 이행강제금 부과처분에 불복하는 자가 그 처분을 고지받은 날부터 30일 이내에 부과권자에게 이의를 제기할 수 있고, 이의를 받은 부과권자는 지체 없이 관할 법원에 그 사실을 통보하여야 하며, 그 통보를 받은 관할 법원은 비송사건절차법에 따른 과태료 재판에 준하여 재판을 하도록 정하고 있다(제62조 제1항·제6항·제7항). 따라서 농지법 제62조 제1항에 따른 이행강제금 부과처분에 불복하는 경우에는 비송사건절차법에 따른 재판절차가 적용되어야 하고, 행정소송법상 항고소송의 대상은 될 수 없다(대판 2019.4.11. 2018두42955).

ㄹ. [○] 甲주식회사가 조달청과 물품구매계약을 체결하고 국가종합전자조달시스템인 나라장터 종합쇼핑몰 인터넷 홈페이지를 통해 요구받은 제품을 수요기관에 납품하였는데, 조달청이 계약이행내역 점검 결과 일부 제품이 계약 규격과 다르다는 이유로 물품구매계약 추가특수조건 규정에 따라 甲회사에 대하여 6개월의 나라장터 종합쇼핑몰 거래정지 조치를 한 사안에서, 조달청이 계약상대자에 대하여 나라장터 종합쇼핑몰에서의 거래를 일정기간 정지하는 조치는 전자조달의 이용 및 촉진에 관한 법률, 조달사업에 관한 법률 등에 의하여 보호되는 계약상대자의 직접적이고 구체적인 법률상 이익인 나라장터를 통하여 수요기관의 전자입찰에 참가하거나 나라장터 종합쇼핑몰에서 등록된 물품을 수요기관에 직접 판매할 수 있는 지위를 직접 제한하거나 침해하는 행위에 해당하는 점 등을 종합하면, 위 거래정지 조치는 비록 추가특수조건이라는 사법상 계약에 근거한 것이지만 행정청인 조달청이 행하는 구체적 사실에 관한 법집행으로서의 공권력의 행사로서 그 상대방인 甲회사의 권리·의무에 직접 영향을 미치므로 항고소송의 대상이 되는 행정처분에 해당하고, 다만 추가특수조건에서 정한 제재조치의 발동요건조차 갖추지 못한 경우에는 위 거래정지 조치가 위법하므로 甲회사의 행위가 추가특수조건에서 정한 거래정지 조치의 사유에 해당하는지, 추가특수조건의 내용이나 그에 기한 거래정지 조치가 국가를 당사자로 하는 계약에 관한 법령 등을 위반하였거나 평등원칙, 비례원칙, 신뢰보호 원칙 등을 위반하였는지 등에 관하여 나아가 살폈어야 하는데도, 위 거래정지 조치가 사법상 계약에 근거한 의사표시에 불과하고 항고소송의 대상이 되는 행정처분으로 볼 수 없다고 판단하여 소를 각하한 원심판결에 법리를 오해한 잘못이 있다(대판 2018.11.29. 2015두52395).

ㅁ. [O] 건축물대장은 건축물의 소유권을 제대로 행사하기 위한 전제 요건으로서 건축물 소유자의 실체적 권리관계에 밀접하게 관련되어 있으므로, 건축물대장을 직권말소한 행위는 국민의 권리관계에 영향을 미치는 것으로서 항고소송의 대상이 되는 행정처분에 해당한다(대판 2010.5.27. 2008두22655).

ㅂ. [O] 구 약관의 규제에 관한 법률 제19조의2 제3항의 문언 내용을 표준약관제도의 취지 및 구 약관규제법의 목적 등에 비추어 살펴보면, 공정거래위원회는 일정한 거래분야에 관하여 약관이 없거나 불공정 약관조항이 있는 경우 사업자 등에게 표준약관을 마련하여 심사청구할 것을 권고할 수 있는바, 공정거래위원회의 '표준약관 사용권장행위'는 그 통지를 받은 해당 사업자 등에게 표준약관과 다른 약관을 사용할 경우 표준약관과 다르게 정한 주요내용을 고객이 알기 쉽게 표시하여야 할 의무를 부과하고, 그 불이행에 대해서는 과태료에 처하도록 되어 있으므로, 이는 사업자 등의 권리·의무에 직접 영향을 미치는 행정처분으로서 항고소송의 대상이 된다(대판 2010.10.14. 2008두23184).

02 부작위위법확인소송 정답 ④

① [O] 행정소송법 제4조 제3호에 규정된 부작위위법확인의 소는 행정청이 당사자의 법규상 또는 조리상의 권리에 기한 신청에 대하여 상당한 기간 내에 그 신청을 인용하는 적극적 처분 또는 각하하거나 기각하는 등의 소극적 처분을 하여야 할 법률상의 응답의무가 있음에도 불구하고 이를 하지 아니하는 경우에 그 부작위가 위법하다는 것을 확인함으로써 행정청의 응답을 신속하게 하여 부작위 또는 무응답이라고 하는 소극적인 위법상태를 제거하는 것을 목적으로 하는 제도이다(대판 2019.1.17. 2014두41114).

② [O] 행정소송은 구체적 사건에 대한 법률상 분쟁을 법에 의하여 해결함으로써 법적 안정을 기하자는 것이므로 부작위위법확인소송의대상이 될 수 있는 것은 구체적 권리의무에 관한 분쟁이어야 하고 추상적인 법령에 관하여 제정의 여부 등은 그 자체로서 국민의 구체적인 권리의무에 직접적 변동을 초래하는 것이 아니어서 행정소송의 대상이 될 수 없으므로 이 사건 소는 부적법하다고 판단하였다(대판 1992.5.8. 91누11261).

③ [O] 부작위위법확인소송의 경우 '처분변경에 의한 소의 변경'은 준용되지 않으나, '소의 변경'에 대한 규정은 준용된다.

판례 이론 **조문**

「행정소송법」 제21조 【소의 변경】 ① 법원은 취소소송을 당해 처분등에 관계되는 사무가 귀속하는 국가 또는 공공단체에 대한 당사자소송 또는 취소소송외의 항고소송으로 변경하는 것이 상당하다고 인정할 때에는 청구의 기초에 변경이 없는 한 사실심의 변론종결시까지 원고의 신청에 의하여 결정으로써 소의 변경을 허가할 수 있다.

제37조 【소의 변경】 제21조의 규정은 무효등 확인소송이나 부작위위법확인소송을 취소소송 또는 당사자소송으로 변경하는 경우에 준용한다.

판례 **이론** 조문

「행정소송법」상 소의 변경이 가능한 경우

구분	소 변경 후
무효등 확인소송	• 취소소송 • 당사자소송
부작위위법 확인소송	• 취소소송 • 당사자소송
취소소송	• 당사자소송 • 취소소송 외의 항고소송(무효등 확인소송, 부작위위법확인소송)

❹ [X] 부작위위법확인소송의 경우 「행정소송법」 제21조(소의 종류의 변경)는 준용규정이 있으나(동법 제37조), 동법 제22조(처분변경으로 인한 소의 변경)는 준용규정이 없다.

판례 이론 **조문**

「행정소송법」 제38조 【준용규정】 ② 제9조, 제10조, 제13조 내지 제19조, 제20조, 제25조 내지 제27조, 제29조 내지 제31조, 제33조 및 제34조의 규정은 부작위위법확인소송의 경우에 준용한다.

03 행정행위의 하자 정답 ④

① [O] 무효의 주장방법에 대한 옳은 내용이다.

판례 **이론** 조문

행정행위의 무효를 다투는 방법

행정쟁송	행정심판	무효확인심판(심판청구기간 제한 없음)
	행정소송	• 무효등 확인소송(행정심판전치나 제소기간의 제한 규정이 적용 안됨) • 무효선언을 구하는 의미의 취소소송(행정심판전치나 제소기간의 제한 규정이 적용됨)
민·형사소송 등의 선결문제		공법상의 당사자소송 또는 민사소송(부당이득반환청구)을 제기하거나 형사소송에서 선결문제로 행정행위의 무효를 주장하여 확인받는 방법(예 과세처분의 무효를 원인으로 한 부당이득반환청구소송)

② [O] 행정처분이 당연무효라고 하기 위하여는 처분에 위법사유가 있다는 것만으로는 부족하고 그 하자가 법규의 중요한 부분을 위반한 중대한 것으로서 객관적으로 명백한 것이어야 하며, 하자가 중대하고 명백한 것인지 여부를 판별함에 있어서는 그 법규의 목적, 의미, 기능 등을 목적론적으로 고찰함과 동시에 구체적 사안 자체의 특수성에 관하여도 합리적으로 고찰함을 요한다(대판 2008.9.25. 2007다24640).

③ [O] 선행처분과 후행처분이 하나의 법률효과를 목적으로 하든, 별개의 법률효과를 목적으로 하든 선행처분에 당연무효 사유가 있는 경우 후행처분에 하자가 승계되므로 선행처분의 하자를 이유로 후행처분의 효력을 다툴 수 있다.

판례 이론 조문

[1] 택지개발촉진법 제3조에 의한 건설교통부장관의 택지개발예정지구의 지정은 그 처분의 고시에 의하여 개발할 토지의 위치, 면적과 그 행사가 제한되는 권리내용 등이 특정되는 처분인 반면에, 같은 법 제8조에 의한 건설교통부장관의 택지개발사업 시행자에 대한 택지개발계획의 승인은 당해 사업이 택지개발촉진법상의 택지개발사업에 해당함을 인정하여 시행자가 그 후 일정한 절차를 거칠 것을 조건으로 하여 일정한 내용의 수용권을 설정하여 주는 처분으로서 그 승인고시에 의하여 수용할 목적물의 범위가 확정되는 것이므로, 위 두 처분은 후자가 전자의 처분을 전제로 한 것이기는 하나 각각 단계적으로 별개의 법률효과를 발생하는 독립한 행정처분이어서 선행처분에 불가쟁력이 생겨 그 효력을 다툴 수 없게 된 경우에는 선행처분에 위법사유가 있다고 할지라도 그것이 당연무효 사유가 아닌 한 선행처분의 하자가 후행처분에 승계되는 것은 아니다.

[2] 선행처분과 후행처분이 서로 독립하여 별개의 법률효과를 목적으로 하는 때에는 선행처분의 하자가 중대하고 명백하여 당연무효인 경우를 제외하고는 선행처분의 하자를 이유로 후행처분의 효력을 다툴 수 없다(대판 1996.3.22. 95누10075).

❹ [×] 폐기물처리시설 설치계획에 대한 승인권자는 구 폐기물처리시설 설치 촉진 및 주변지역 지원 등에 관한 법률 제10조 제2항의 규정에 의하여 환경부장관이며, 이러한 설치승인권한을 환경관리청장에게 위임할 수 있는 근거도 없으므로, 환경관리청장의 폐기물처리시설 설치승인처분은 권한 없는 기관에 의한 행정처분으로서 그 하자가 중대하고 명백하여 당연무효이다(대판 2004.7.22. 2002두10704).

04 기속행위와 재량행위 정답 ③

옳지 않은 것은 ㄴ, ㄷ, ㅁ이다.

ㄱ. [O] 개발제한구역 내의 건축허가는 예외적 승인으로서 재량행위이다. 개발제한구역 내에서는 구역 지정의 목적상 건축물의 건축, 공작물의 설치, 토지의 형질변경 등의 행위는 원칙적으로 금지되고, 다만 구체적인 경우에 위와 같은 구역 지정의 목적에 위배되지 아니할 경우 예외적으로 허가에 의하여 그러한 행위를 할 수 있게 되며, 한편 개발제한구역 내에서의 건축물의 건축 등에 대한 예외적 허가는 그 상대방에게 수익적인 것으로서 재량행위에 속하는 것이라고 할 것이다(대판 2004.7.22. 2003두7606).

ㄴ. [×] 허가 등의 행정처분은 원칙적으로 처분시의 법령과 허가기준에 의하여 처리되어야 하고 허가신청 당시의 기준에 따라야 하는 것은 아니며, 비록 허가신청 후 허가기준이 변경되었다 하더라도 그 허가관청이 허가신청을 수리하고도 정당한 이유 없이 그 처리를 늦추어 그 사이에 허가기준이 변경된 것이 아닌 이상 변경된 허가기준에 따라서 처분을 하여야 한다(대판 1996.8.20. 95누10877).

ㄷ. [×] 여객자동차 운수사업법에 의한 개인택시운송사업면허는 특정인에게 권리나 이익을 부여하는 행정행위로서 법령에 특별한 규정이 없는 한 재량행위이다(대판 2010.1.28. 2009두19137).

ㄹ. [O] 구 식품위생법상 일반음식점영업허가는 성질상 일반적 금지의 해제에 불과하므로 허가권자는 허가신청이 법에서 정한 요건을 구비한 때에는 허가하여야 하고 관계 법령에서 정하는 제한사유 외에 공공복리 등의 사유를 들어 허가신청을 거부할 수는 없고, 이러한 법리는 일반음식점 허가사항의 변경허가에 관하여도 마찬가지이다(대판 2000.3.24. 97누12532).

ㅁ. [×] 국토의 계획 및 이용에 관한 법률에 의하여 지정된 도시지역 안에서 토지의 형질변경행위를 수반하는 건축허가는 재량행위이다. 국토의 계획 및 이용에 관한 법률에서 정한 도시지역 안에서 토지의 형질변경행위를 수반하는 건축허가는 건축법 제8조 제1항의 규정에 의한 건축허가와 국토의 계획 및 이용에 관한 법률 제56조 제1항 제2호의 규정에 의한 토지의 형질변경허가의 성질을 아울러 갖는 것으로 보아야 할 것이고, 같은 법 제58조 제1항 제4호, 제3항, 같은 법 시행령 제56조 제1항 [별표 1] 제1호 가목 (3), 라목 (1), 마목 (1)의 각 규정을 종합하면, 같은 법 제56조 제1항 제2호의 규정에 의한 토지의 형질변경허가는 그 금지요건이 불확정개념으로 규정되어 있어 그 금지요건에 해당하는지 여부를 판단함에 있어서 행정청에게 재량권이 부여되어 있다고 할 것이므로, 같은 법에 의하여 지정된 도시지역 안에서 토지의 형질변경행위를 수반하는 건축허가는 결국 재량행위에 속한다(대판 2005.7.14. 2004두6181).

05 행정법의 일반원칙 정답 ④

① [×] 국가가 공무원임용결격사유가 있는 자에 대하여 결격사유가 있는 것을 알지 못하고 공무원으로 임용하였다가 사후에 결격사유가 있는 자임을 발견하고 공무원 임용행위를 취소하는 것은 당사자에게 원래의 임용행위가 당초부터 당연무효이었음을 통지하여 확인시켜 주는 행위에 지나지 아니하는 것이므로, 그러한 의미에서 당초의 임용처분을 취소함에 있어서는 신의칙 내지 신뢰의 원칙을 적용할 수 없고 또 그러한 의미의 취소권은 시효로 소멸하는 것도 아니다(대판 1987.4.14. 86누459).

② [×] 비과세 관행 존중의 원칙도 비과세에 관하여 일반적으로 납세자에게 받아들여진 세법의 해석 또는 국세행정의 관행이 존재하여야 적용될 수 있는 것으로서, 이는 비록 잘못된 해석 또는 관행이라도 특정 납세자가 아닌 불특정한 일반 납세자에게 정당한 것으로 이의 없이 받아들여져 납세자가 그와 같은 해석 또는 관행을 신뢰하는 것이 무리가 아니라고 인정될 정도에 이른 것을 의미하고, 단순히 세법의 해석기준에 관한 공적인 견해의 표명이 있었다는 사실만으로 그러한 해석 또는 관행이 있다고 볼 수는 없으며, 그러한 해석 또는 관행의 존재에 대한 증명책임은 그 주장자인 납세자에게 있다(대판 2013.12.26. 2011두5940).

③ [×] 평등의 원칙은 본질적으로 같은 것을 자의적으로 다르게 취급함을 금지하는 것이고, 위법한 행정처분이 수차례에 걸쳐 반복적으로 행하여졌다 하더라도 그러한 처분이 위법한 것인 때에는 행정청에 대하여 자기구속력을 갖게 된다고 할 수 없다(대판 2009.6.25. 2008두13132).

❹ [O] 「행정기본법」 제12조 제2항에 대한 옳은 내용이다.

판례 이론 **조문**

> **제12조 【신뢰보호의 원칙】** ② 행정청은 권한 행사의 기회가 있음에도 불구하고 장기간 권한을 행사하지 아니하여 국민이 그 권한이 행사되지 아니할 것으로 믿을 만한 정당한 사유가 있는 경우에는 그 권한을 행사해서는 아니 된다. 다만, 공익 또는 제3자의 이익을 현저히 해칠 우려가 있는 경우는 예외로 한다.

06 행정절차 정답 ①

❶ [O] 행정청의 행위가 항고소송의 대상이 되는지 판단하는 기준 및 어떠한 처분에 법령상 근거가 있는지, 행정절차법에서 정한 처분절차를 준수하였는지는 소송요건 심사단계에서 고려할 요소가 아니다(대판 2020.1.16. 2019다264700).

② [X] 처분의 성질상 이유제시가 현저히 곤란한 경우는 이유제시의 무가 면제되는 경우에 해당하지 않는다.

판례 이론 **조문**

> **「행정절차법」 제23조 【처분의 이유 제시】** ① 행정청은 처분을 할 때에는 다음 각 호의 어느 하나에 해당하는 경우를 제외하고는 당사자에게 그 근거와 이유를 제시하여야 한다.
> 1. 신청 내용을 모두 그대로 인정하는 처분인 경우
> 2. 단순·반복적인 처분 또는 경미한 처분으로서 당사자가 그 이유를 명백히 알 수 있는 경우
> 3. 긴급히 처분을 할 필요가 있는 경우
>
> ② 행정청은 제1항 제2호 및 제3호의 경우에 처분 후 당사자가 요청하는 경우에는 그 근거와 이유를 제시하여야 한다.

③ [X] 「행정절차법」 제22조 제2항에 따르면 공청회를 개최할 수 있는 요건은 다른 법령 등에서 공청회를 개최하도록 규정하고 있는 경우, 해당 처분의 영향이 광범위하여 널리 의견을 수렴할 필요가 있다고 행정청이 인정하는 경우, 국민생활에 큰 영향을 미치는 처분으로서 대통령령으로 정하는 처분에 대하여 대통령령으로 정하는 수 이상의 당사자 등이 공청회 개최를 요구하는 경우로 총 세가지이다.

판례 이론 **조문**

> **제22조 【의견청취】** ② 행정청이 처분을 할 때 다음 각 호의 어느 하나에 해당하는 경우에는 공청회를 개최한다.
> 1. 다른 법령 등에서 공청회를 개최하도록 규정하고 있는 경우
> 2. 해당 처분의 영향이 광범위하여 널리 의견을 수렴할 필요가 있다고 행정청이 인정하는 경우
> 3. 국민생활에 큰 영향을 미치는 처분으로서 대통령령으로 정하는 처분에 대하여 대통령령으로 정하는 수 이상의 당사자 등이 공청회 개최를 요구하는 경우

④ [X] 의견서를 제출하지 못한 경우에는 10일 이상의 기간을 정하여 의견진술 및 증거제출을 요구하여야 한다.

판례 이론 **조문**

> **「행정절차법」 제35조 【청문의 종결】** ③ 청문 주재자는 당사자 등의 전부 또는 일부가 정당한 사유로 청문기일에 출석하지 못하거나 제31조 제3항에 따른 의견서를 제출하지 못한 경우에는 10일 이상의 기간을 정하여 이들에게 의견진술 및 증거제출을 요구하여야 하며, 해당 기간이 지났을 때에 청문을 마칠 수 있다.

07 행정소송 정답 ②

① [O] 환매권은 사권이므로 사업시행자가 환매권의 존부에 관한 확인을 구하는 소송은 민사소송이다.

판례 이론 조문

> 환매권의 존부에 관한 확인을 구하는 소송 및 구 공익사업법 제91조 제4항에 따라 환매금액의 증감을 구하는 소송 역시 민사소송에 해당한다. … 따라서 원심이 위 각 소송을 모두 행정소송법 제3조 제2호에 규정된 당사자소송이라고 판단한 부분에는 공법상 당사자소송에 관한 법리를 오해한 잘못이 있다(대판 2013.2.28. 2010두22368).

❷ [X] 명예퇴직한 법관이 미지급 명예퇴직수당액에 대하여 가지는 권리는 명예퇴직수당 지급대상자 결정 절차를 거쳐 명예퇴직수당규칙에 의하여 확정된 공법상 법률관계에 관한 권리로서, 그 지급을 구하는 소송은 행정소송법의 당사자소송에 해당하며, 그 법률관계의 당사자인 국가를 상대로 제기하여야 한다(대판 2016.5.24. 2013두14863).

③ [O] 행정소송법에 규정된 부가가치세 환급세액 지급청구가 당사자소송의 대상이다(대판 2013.3.21. 2011다95564 전합).

④ [O] 공무원연금법령상 급여를 받으려고 하는 자는 구체적 권리가 발생하지 않은 상태에서 곧바로 공무원연금공단을 상대로 한 당사자소송을 제기할 수 없다(대판 2017.2.9. 2014두43264).

08 행정행위의 하자 정답 ④

① [O] 과세전적부심사를 거치지 않고 곧바로 과세처분을 할 수 있거나 과세전적부심사에 대한 결정이 있기 전이라도 과세처분을 할 수 있는 예외사유로 정하고 있다는 등의 특별한 사정이 없는 한, 세무조사 결과에 대한 서면통지 후 과세전적부심사 청구나 그에 대한 결정이 있기도 전에 과세처분을 하는 것은 원칙적으로 과세전적부심사 이후에 이루어져야 하는 과세처분을 그보다 앞서 함으로써 과세전적부심사 제도 자체를 형해화시킬 뿐만 아니라 과세전적부심사 결정과 과세처분 사이의 관계 및 그 불복절차를 불분명하게 할 우려가 있으므로, 그와 같은 과세처분은 납세자의 절차적 권리를 침해하는 것으로서 그 절차상 하자가 중대하고도 명백하여 무효이다(대판 2023.11.2. 2021두37748).

② [O] 적법한 권한 위임 없이 세관출장소장에 의하여 행하여진 관세 부과처분이 그 하자가 중대하기는 하지만 객관적으로 명백하다고 할 수 없어 당연무효는 아니다(대판 2004.11.26. 2003두2403).

③ [O] 행정청이 청문서 도달기간을 다소 어겼다하더라도 영업자가 이에 대하여 이의하지 아니한 채 스스로 청문일에 출석하여 그 의견을 진술하고 변명하는 등 방어의 기회를 충분히 가졌다면 청문서 도달기간을 준수하지 아니한 하자는 치유되었다고 봄이 상당하다(대판 1992.10.23. 92누2844).

❹ [X] 절차상 또는 형식상 하자로 인하여 무효인 행정처분이 있은 후 행정청이 관계 법령에서 정한 절차 또는 형식을 갖추어 다시 동일한 행정처분을 하였다면 당해 행정처분은 종전의 무효인 행정처분과 관계없이 새로운 행정처분이라고 보아야 한다(대판 2007.12.27. 2006두3933).

09 행정계획 정답 ④

① [O] 매수를 청구하면 매매의 효과가 바로 발생하는 형성권이 아니고 청구권이다.

판례 이론 **조문**

> **「국토의 계획 및 이용에 관한 법률」 제47조 【도시·군계획시설 부지의 매수 청구】** ⑥ 매수의무자는 제1항에 따른 매수 청구를 받은 날부터 6개월 이내에 매수 여부를 결정하여 토지 소유자와 특별시장·광역시장·특별자치시장·특별자치도지사·시장 또는 군수(매수의무자가 특별시장·광역시장·특별자치시장·특별자치도지사·시장 또는 군수인 경우는 제외한다)에게 알려야 하며, 매수하기로 결정한 토지는 매수 결정을 알린 날부터 2년 이내에 매수하여야 한다.

② [O] 도시계획법 제12조 소정의 고시된 도시계획결정은 특정 개인의 권리 내지 법률상의 이익을 개별적이고 구체적으로 규제하는 효과를 가져오게 하는 행정청의 처분이라 할 것이고, 이는 행정소송의 대상이 된다(대판 1982.3.9. 80누105).

③ [O] 행정주체는 구체적인 행정계획을 입안·결정함에 있어서 비교적 광범위한 형성의 자유를 가진다. 다만, 행정주체의 위와 같은 형성의 자유가 무제한적이라고 할 수는 없고, 행정계획에서는 그에 관련되는 당사자들의 이익을 공익과 사익 사이에서는 물론이고 공익 사이에서나 사익 사이에서도 정당하게 비교·교량하여야 한다는 제한이 있으므로, 행정주체가 행정계획을 입안·결정할 때 이익형량을 전혀 행하지 않거나 이익형량의 고려 대상에 마땅히 포함시켜야 할 사항을 누락한 경우 또는 이익형량을 하였으나 정당성과 객관성이 결여된 경우에는 그 행정계획결정은 이익형량에 하자가 있어 위법하게 될 수 있다(대판 2014.7.10. 2012두1467).

❹ [X] 도시계획구역 내 토지 등을 소유하고 있는 사람과 같이 당해 도시계획시설결정에 이해관계가 있는 주민으로서는 도시시설계획의 입안권자 내지 결정권자에게 도시시설계획의 입안 내지 변경을 요구할 수 있는 법규상 또는 조리상의 신청권이 있고, 이러한 신청에 대한 거부행위는 항고소송의 대상이 되는 행정처분에 해당한다(대판 2015.3.26. 2014두42742).

10 행정소송의 심리 정답 ②

① [O] 행정처분의 무효확인 또는 취소를 구하는 소에서, 비록 행정처분의 위법을 이유로 무효확인 또는 취소 판결을 받더라도 처분에 의하여 발생한 위법상태를 원상으로 회복시키는 것이 불가능한 경우에는 원칙적으로 무효확인 또는 취소를 구할 법률상 이익이 없고, 다만 원상회복이 불가능하더라도 무효확인 또는 취소로써 회복할 수 있는 다른 권리나 이익이 남아 있는 경우 예외적으로 법률상 이익이 인정될 수 있을 뿐이다(대판 2016.6.10. 2013두1638).

❷ [X] 항고소송에서 행정처분의 위법 여부는 행정처분이 있을 때의 법령과 사실 상태를 기준으로 판단하여야 한다. 이는 처분 후에 생긴 법령의 개폐나 사실 상태의 변동에 영향을 받지 않는다는 뜻이지, 처분 당시 존재하였던 자료나 행정청에 제출되었던 자료만으로 위법 여부를 판단한다는 의미는 아니다. 따라서 법원은 행정처분 당시 행정청이 알고 있었던 자료뿐만 아니라 사실심 변론종결 당시까지 제출된 모든 자료를 종합하여 처분 당시 존재하였던 객관적 사실을 확정하고 그 사실에 기초하여 처분의 위법 여부를 판단할 수 있다(대판 2018.6.28. 2015두58195).

③ [O] 부작위위법확인소송의 위법판단의 기준시점은 사실심 변론종결시(=판결시)이고, 변론 종결시까지 행정청의 처분으로 부작위 상태가 해소된 경우 소의 이익이 없게 되므로 각하한다(대판 1999.4.9. 98두12437). 따라서, 사실심 변론종결 전에 거부처분이 이루어져 부작위 상태가 해소된 경우에는 소의 이익이 소멸하므로 원고가 거부처분 취소소송으로 소변경을 하지 않는 이상 법원은 소를 각하하여야 한다.

④ [O] 계약직공무원에 대한 채용계약이 해지된 경우 이미 채용기간이 만료되어 소송 결과에 의해 법률상 그 직위가 회복되지 않는 이상 채용계약 해지의 의사표시의 무효확인만으로는 당해 소송에서 추구하는 권리구제의 기능이 있다고 할 수 없고, 침해된 급료지급청구권이나 사실상의 명예를 회복하는 수단은 바로 급료의 지급을 구하거나 명예훼손을 전제로 한 손해배상을 구하는 등의 이행청구소송으로 직접적인 권리구제방법이 있는 이상 무효확인소송은 적절한 권리구제수단이라 할 수 없어 확인소송의 또 다른 소송요건을 구비하지 못하고 있다 할 것이며, 위와 같이 직접적인 권리구제의 방법이 있는 이상 무효확인소송을 허용하지 않는다고 해서 당사자의 권리구제를 봉쇄하는 것도 아니다(대판 2008.6.12. 2006두16328).

11 행정처분 정답 ④

옳은 것은 ㄱ, ㄴ, ㄷ, ㄹ, ㅁ이다.

ㄱ. [O] 행정처분 자체의 효력이 쟁송기간 경과 후에도 존속 중인 경우, 특히 그 처분이 위헌법률에 근거하여 내려진 것이고 그 행정처분의 목적달성을 위하여서는 후행행정처분이 필요한데 후행행정처분은 아직 이루어지지 않은 경우, 그 행정처분을 무효로 하더라도 법적 안정성을 크게 해치지 않는 반면에 그 하자가 중대하여 그 구제가 필요한 경우에 대하여서는 그 예외를 인정하여 이를 당연무효사유로 보아서 쟁송기간 경과 후에라도 무효확인을 구할 수 있는 것이라고 봐야 할 것이다. … 위헌법률에 근거한 행정처분이라 할지라도 그것이 당연무효는 아니라고 보는 가장 기본적인 논리는 그 하자가 명백한가의 여부를 제쳐놓더라도 이 경우를 무효라고 본다면 법적 안정성을 해칠 우려가 크다는 데 있는 것이므로 그 우려가 적은 경우에까지 확장하는 것은 온당하지 못하다고 할 것이며 그 경우에는 마땅히 그 예외가 인정되어야 할 것이다(헌재 1994.6.30. 92헌바23).

ㄴ. [O] 하자 있는 행정행위의 치유나 전환은 행정행위의 성질이나 법치주의의 관점에서 볼 때 원칙적으로 허용될 수 없는 것이지만, 행정행위의 무용한 반복을 피하고 당사자의 법적 안정성을 위해 이를 허용하는 때에도 국민의 권리와 이익을 침해하지 않는 범위에서 구체적 사정에 따라 합목적적으로 인정해야 할 것이다(대판 1983.7.26. 82누420).

ㄷ. [O] 행정처분 당시에 별다른 하자가 없었고 또 그 처분 후에 이를 취소할 별도의 법적근거가 없다 하더라도 별개의 행정행위로 이를 철회하거나 변경할 수 있다(대판 1992.1.17. 91누3130).

ㄹ. [O] 행정청이 수익적 행정처분을 취소할 때에는 비록 취소 등의 사유가 있더라도 이를 취소하여야 할 공익상의 필요와 그 취소로 인하여 당사자가 입게 될 기득권과 신뢰보호 및 법률만큼 강한 경우에 한하여 취소할 수 있다(대판 1994.10.11. 93누22678).

ㅁ. [O] 직권취소는 처분의 성격을 가지므로, 개별법 또는 「행정절차법」상 처분절차에 따른다. 특히 수익적 행정행위의 취소는 상대방에게 침해적 효과를 발생시키므로 「행정절차법」 제21조에 의하여 사전에 통지해야 하고, 의견청취(동법 제22조), 이유제시(동법 제23조)의 절차를 거쳐야 한다.

12 확약 정답 ③

① [X] 어업권면허에 선행하는 우선순위결정은 행정청이 우선권자로 결정된 자의 신청이 있으면 어업권면허처분을 하겠다는 것을 약속하는 행위로서 강학상 확약에 불과하고 행정처분은 아니므로, 우선순위결정에 공정력이나 불가쟁력과 같은 효력은 인정되지 아니하며, 따라서 우선순위결정이 잘못되었다는 이유로 종전의 어업권면허처분이 취소되면 행정청은 종전의 우선순위결정을 무시하고 다시 우선순위를 결정한 다음 새로운 우선순위결정에 기하여 새로운 어업권면허를 할 수 있다(대판 1995.1.20. 94누6529).

② [X] 행정청이 확약을 할 수 있다는 명문의 규정이 없는 경우에도 확약을 할 수 있는가와 관련해서 견해의 대립이 있으나, 명문의 규정이 없는 경우에도 행정청은 확약을 할 수 있다는 견해가 통설이다.

❸ [O] 행정청이 상대방에게 장차 어떤 처분을 하겠다고 확약 또는 공적 견해표명을 하였다고 하더라도, 그 자체에서 둔 유효기간 내에 상대방의 신청이 없었다거나 공적 견해표명 후에 그 전제로 된 사실적·법률적 상태가 변경되었다면 그러한 견해표명은 행정청의 별다른 의사표시를 기다리지 않고 실효된다(대판 1996.8.20. 95누10877).

④ [X] 확약은 처분성이 부정되므로 취소소송의 대상이 되지 않는다. 따라서 행정청의 확약에 대해 이해관계가 있는 제3자라도 취소소송으로 다툴 수 없다.

13 소의 이익 정답 ④

① [O] 처분청이 당초의 운전면허 취소처분을 신뢰보호의 원칙과 형평의 원칙에 반하는 너무 무거운 처분으로 보아 이를 철회하고 새로이 265일간의 운전면허 정지처분을 하였다면, 당초의 처분인 운전면허 취소처분은 철회로 인하여 그 효력이 상실되어 더 이상 존재하지 않는 것이고 그 후의 운전면허 정지처분만이 남아 있는 것이라 할 것이며, 한편 존재하지 않는 행정처분을 대상으로 한 취소소송은 소의 이익이 없어 부적법하다(대판 1997.9.26. 96누1931).

② [O] 구 주택건설촉진법(1999.2.8. 법률 제5908호로 개정되기 전의 것)은 제32조의4에서 주택건설사업계획의 사전결정제도에 관하여 규정하고 있었으나 위 법률이 1999.2.8. 법률 제5908호로 개정되면서 위 제32조의4가 삭제되었고, 그 부칙 규정에 의하면 개정 후 법은 1999.3.1.부터 시행되며(부칙 제1조), 개정 후 법의 시행 당시 종전의 제32조의4의 규정에 의하여 사전결정을 한 주택건설사업은 종전의 규정에 따라 주택건설사업을 시행할 수 있다고 규정되어 있을 뿐(부칙 제2조), 개정 후 법의 시행 전에 사전결정의 신청이 있었으나 그 시행당시 아직 사전결정이 되지 않은 경우에도 종전의 규정에 의한다는 취지의 규정을 두지 아니하고 있고, 따라서 개정 전의 법에 기한 주택건설사업계획 사전결정반려처분의 취소를 구하는 소송에서 승소한다고 하더라도 위 반려처분이 취소됨으로써 사전결정신청을 한 상태로 돌아갈 뿐이므로, 개정 후 법이 시행된 1999.3.1. 이후에는 사전결정신청에 기하여 행정청으부터 개정 전 법 제32조의4 소정의 사전결정을 받을 여지가 없게 되었다고 할 것이어서 더 이상 소를 유지할 법률상의 이익이 없게 되었다고 할 것이다(대판 1999.6.11. 97누379).

③ [O] 교육부장관이 사학분쟁조정위원회의 심의를 거쳐 甲 대학교를 설치·운영하는 乙 학교법인의 이사 8인과 임시이사 1인을 선임한 데 대하여 甲 대학교 교수협의회와 총학생회 등이 이사선임처분의 취소를 구하는 소송을 제기한 사안에서, 甲 대학교 교수협의회와 총학생회는 이사선임처분을 다툴 법률상 이익을 가지지만, 전국대학노동조합 甲 대학교지부는 법률상 이익이 없다(대판 2015.7.23. 2012두19496·19502).

❹ [×] 산림법 제90조의2 제1항, 제118조 제1항, 같은 법 시행규칙 제95조의2 등 산림법령이 수허가자의 명의변경제도를 두고 있는 취지는, 채석허가가 일반적·상대적 금지를 해제하여 줌으로써 채석행위를 자유롭게 할 수 있는 자유를 회복시켜 주는 것일 뿐 권리를 설정하는 것이 아니어서 관할 행정청과의 관계에서 수허가자의 지위의 승계를 직접 주장할 수는 없다 하더라도, 채석허가가 대물적 허가의 성질을 아울러 가지고 있고 수허가자의 지위가 사실상 양도·양수되는 점을 고려하여 수허가자의 지위를 사실상 양수한 양수인의 이익을 보호하고자 하는 데 있는 것으로 해석되므로, 수허가자의 지위를 양수받아 명의변경신고를 할 수 있는 양수인의 지위는 단순한 반사적 이익이나 사실상의 이익이 아니라 산림법령에 의하여 보호되는 직접적이고 구체적인 이익으로서 법률상 이익이라고 할 것이고, 채석허가가 유효하게 존속하고 있다는 것이 양수인의 명의변경신고의 전제가 된다는 의미에서 관할 행정청이 양도인에 대하여 채석허가를 취소하는 처분을 하였다면 이는 양수인의 지위에 대한 직접적 침해가 된다고 할 것이므로 양수인은 채석허가를 취소하는 처분의 취소를 구할 법률상 이익을 가진다(대판 2003.7.11. 2001두6289).

14 직권취소 정답 ④

① [×] 변상금 부과처분에 대한 취소소송이 진행 중이라도 그 부과권자로서는 위법한 처분을 스스로 취소하고 그 하자를 보완하여 다시 적법한 부과처분을 할 수도 있는 것이어서 그 권리행사에 법률상의 장애사유가 있는 경우에 해당한다고 할 수 없으므로, 그 처분에 대한 취소소송이 진행되는 동안에도 그 부과권의 소멸시효가 진행된다(대판 2006.2.10. 2003두5686).

② [×] 수익적 행정처분에 대한 취소권 등의 행사는 기득권의 침해를 정당화할 만한 중대한 공익상의 필요 또는 제3자의 이익보호의 필요가 있는 때에 한하여 허용될 수 있다는 법리는, 처분청이 수익적 행정처분을 직권으로 취소·철회하는 경우에 적용되는 법리일 뿐 쟁송취소의 경우에는 적용되지 않는다(대판 2019.10.17. 2018두104).

③ [×] 산림법령에는 채석허가처분을 한 처분청이 산림을 복구한 자에 대하여 복구설계서승인 및 복구준공통보를 한 경우 그 취소신청과 관련하여 아무런 규정을 두고 있지 않고, 원래 행정처분을 한 처분청은 그 처분에 하자가 있는 경우에는 원칙적으로 별도의 법적 근거가 없더라도 스스로 이를 직권으로 취소할 수 있지만, 그와 같이 직권취소를 할 수 있다는 사정만으로 이해관계인에게 처분청에 대하여 그 취소를 요구할 신청권이 부여된 것으로 볼 수는 없으므로, 처분청이 위와 같이 법규상 또는 조리상의 신청권이 없이 한 이해관계인의 복구준공통보 등의 취소신청을 거부하더라도, 그 거부행위는 항고소송의 대상이 되는 처분에 해당하지 않는다(대판 2006.6.30. 2004두701).

❹ [○] 일정한 행정처분으로 국민이 일정한 이익과 권리를 취득하였을 경우에 종전 행정처분에 하자가 있음을 전제로 직권으로 이를 취소하는 행정처분은 이미 취득한 국민의 기존 이익과 권리를 박탈하는 별개의 행정처분으로, 취소될 행정처분에 하자가 있어야 하고, 나아가 행정처분에 하자가 있다고 하더라도 취소해야 할 공익상 필요와 취소로 당사자가 입게 될 기득권과 신뢰보호 및 법률생활안정의 침해 등 불이익을 비교·교량한 후 공익상 필요가 당사자가 입을 불이익을 정당화할 만큼 강한 경우에 한하여 취소할 수 있는 것이며, 하자나 취소해야 할 필요성에 관한 증명책임은 기존 이익과 권리를 침해하는 처분을 한 행정청에 있다(대판 2014.11.27. 2014두9226).

15 행정기본법 정답 ①

❶ [×] 행정청은 법령등의 위반행위가 종료된 날부터 5년이 지나면 해당 위반행위에 대하여 제재처분(인·허가의 정지·취소·철회, 등록 말소, 영업소 폐쇄와 정지를 갈음하는 과징금 부과)을 할 수 없다.

판례 이론 **조문**

> **「행정기본법」 제23조 【제재처분의 제척기간】** ① 행정청은 법령등의 위반행위가 종료된 날부터 5년이 지나면 해당 위반행위에 대하여 제재처분(인·허가의 정지·취소·철회, 등록 말소, 영업소 폐쇄와 정지를 갈음하는 과징금 부과를 말한다. 이하 이 조에서 같다)을 할 수 없다.

② [○] 「행정기본법」 제31조 제5항에 대한 옳은 내용이다.

판례 이론 **조문**

> **제31조 【이행강제금의 부과】** ⑤ 행정청은 의무자가 행정상 의무를 이행할 때까지 이행강제금을 반복하여 부과할 수 있다. 다만, 의무자가 의무를 이행하면 새로운 이행강제금의 부과를 즉시 중지하되, 이미 부과한 이행강제금은 징수하여야 한다.

③ [○] 「행정기본법」 제36조 제1항에 대한 옳은 내용이다.

판례 이론 **조문**

> **제36조 【처분에 대한 이의신청】** ① 행정청의 처분(「행정심판법」 제3조에 따라 같은 법에 따른 행정심판의 대상이 되는 처분을 말한다. 이하 이 조에서 같다)에 이의가 있는 당사자는 처분을 받은 날부터 30일 이내에 해당 행정청에 이의신청을 할 수 있다.

④ [O]「행정기본법」 제37조 제1항 제1호에 대한 옳은 내용이다.

판례 이론 조문

> **제37조 【처분의 재심사】** ① 당사자는 처분(제재처분 및 행정상 강제는 제외한다. 이하 이 조에서 같다)이 행정심판, 행정소송 및 그 밖의 쟁송을 통하여 다툴 수 없게 된 경우(법원의 확정판결이 있는 경우는 제외한다)라도 다음 각 호의 어느 하나에 해당하는 경우에는 해당 처분을 한 행정청에 처분을 취소·철회하거나 변경하여 줄 것을 신청할 수 있다.
> 1. 처분의 근거가 된 사실관계 또는 법률관계가 추후에 당사자에게 유리하게 바뀐 경우

16 실효성 확보수단 정답 ④

① [X] 행정상 강제집행이 가능한 경우에는 민사상 강제집행은 허용되지 않는다. 즉, 행정대집행의 절차가 인정되는 경우에는 따로 민사소송의 방법으로 시설물의 철거·수거 등 공법상 의무의 이행을 구하는 것은 허용되지 않는다(대판 2009.6.11. 2009다1122).

② [X] 단순한 부작위의무의 위반, 즉 관계 법령에 정하고 있는 절대적 금지나 허가를 유보한 상대적 금지를 위반한 경우에는 당해 법령에서 그 위반자에 대하여 위반에 의하여 생긴 유형적 결과의 시정을 명하는 행정처분의 권한을 인정하는 규정을 두고 있지 아니한 이상, 법치주의의 원리에 비추어 볼 때 위와 같은 부작위의무로부터 그 의무를 위반함으로써 생긴 결과를 시정하기 위한 작위의무를 당연히 끌어낼 수는 없으며, 또 위 금지규정(특히 허가를 유보한 상대적 금지규정)으로부터 작위의무, 즉 위반 결과의 시정을 명하는 권한이 당연히 추론되는 것도 아니다(대판 1996.6.28. 96누4374).

③ [X] 토지·건물의 인도의무 및 점유자의 퇴거의무는 사람을 실력으로 배제하여야 하는 비대체적 작위의무이므로 대집행을 할 수 없다(대판 1998.10.23. 97누157).

❹ [O] 종전에는 이행강제금 부과처분에 대한 불복절차와 관련하여 비송사건절차법에 의한 과태료재판에 의하도록 하였었고, 따라서 이행강제금 부과처분은 행정소송의 대상이 되는 처분성이 인정될 수 없었다(대판 2000.9.22. 2000두5722). 현재는 건축법·국토의 계획 및 이용에 관한 법률 등의 관련 법률들이 비송사건절차법에 의한 불복절차규정을 삭제하였고, 그 결과 이행강제금 부과처분이 행정행위로서의 성질을 가지게 되어 이제는 일반적인 행정처분과 마찬가지로 행정쟁송으로 다퉈야 한다. 참고로 농지법 제62조 제7항은 종전의 비송사건절차법에 의한 불복제도를 그대로 두고있다.

17 행정처분 정답 ①

❶ [O] 행정소송에서 행정처분의 위법 여부는 행정처분이 행하여졌을 때의 법령과 사실 상태를 기준으로 하여 판단하여야 하고, 처분 후 법령의 개폐나 사실상태의 변동에 의하여 영향을 받지는 않으므로, 난민 인정 거부처분의 취소를 구하는 취소소송에서도 그 거부처분을 한 후 국적국의 정치적 상황이 변화하였다고 하여 처분의 적법 여부가 달라지는 것은 아니다(대판 2008.7.24. 2007두3930).

② [X] 공무원의 연가보상비청구권은 공무원이 연가를 실시하지 아니하는 등 법령상 정해진 요건이 충족되면 그 자체만으로 지급기준일 또는 보수지급기관의 장이 정한 지급일에 구체적으로 발생하고 행정청의 지급결정에 의하여 비로소 발생하는 것은 아니라고 할 것이므로, 행정청이 공무원에게 연가보상비를 지급하지 아니한 행위로 인하여 공무원의 연가보상비청구권 등 법률상 지위에 아무런 영향을 미친다고 할 수는 없으므로 행정청의 연가보상비 부지급 행위는 항고소송의 대상이 되는 처분이라고 볼 수 없다(대판 1999.7.23. 97누10857).

③ [X] 행정청이 전부 또는 일부 환급을 거부하는 경우에, 납부의무자가 환급액에 관하여 불복이 있으면 환급 거부결정에 대하여 취소소송을 제기하여 권리구제를 받을 수 있게 하는 것이 행정소송법 및 기반시설부담금 환급 제도의 입법 취지에도 부합한다. 따라서 납부의무자의 환급신청에 대하여 행정청이 전부 또는 일부 환급을 거부하는 결정은 행정청이 공권력의 주체로서 행하는 구체적 사실에 관한 법집행으로서 납부의무자의 권리·의무에 직접 영향을 미치므로 항고소송의 대상인 처분에 해당한다고 보아야 한다(대판 2018.6.28. 2016두50990).

판례 이론 조문

> **국세환급금결정이나 그 결정을 구하는 신청에 대한 환급거부결정이 항고소송의 대상이 되는 처분인지 여부(소극)**
> 구 국세기본법(2006.12.30. 법률 제8139호로 개정되기 전의 것) 제51조의 오납액과 초과납부액은 조세채무가 처음부터 존재하지 않거나 그 후 소멸되었음에도 불구하고 국가가 법률상 원인 없이 수령하거나 보유하고 있는 부당이득에 해당하고, 그 국세환급금결정에 관한 규정은 이미 납세의무자의 환급청구권이 확정된 국세환급금에 대하여 내부적 사무처리절차로서 과세관청의 환급절차를 규정한 것에 지나지 않고 위 규정에 의한 국세환급금결정에 의하여 비로소 환급청구권이 확정되는 것은 아니므로, 위 국세환급금결정이나 이 결정을 구하는 신청에 대한 환급거부결정은 납세의무자가 갖는 환급청구권의 존부나 범위에 구체적이고 직접적인 영향을 미치는 처분이 아니어서 항고소송의 대상이 되는 처분이라고 볼 수 없다(대판 2009.11.26. 2007두4018).

④ [×] 교원소청심사위원회의 결정은 학교법인 등에 대하여 기속력을 가지고 이는 그 결정의 주문에 포함된 사항뿐 아니라 그 전제가 된 요건사실의 인정과 판단, 즉 불리한 처분 등의 구체적 위법사유에 관한 판단에까지 미친다. 따라서 교원소청심사위원회가 사립학교 교원의 소청심사청구를 인용하여 불리한 처분 등을 취소한 데 대하여 행정소송이 제기되지 아니하거나 그에 대하여 학교법인 등이 제기한 행정소송에서 법원이 교원소청심사위원회 결정의 취소를 구하는 청구를 기각하여 그 결정이 그대로 확정되면, 결정의 주문과 그 전제가 되는 이유에 관한 판단만이 학교법인 등을 기속하게 되고, 설령 판결 이유에서 교원소청심사위원회의 결정과 달리 판단된 부분이 있더라도 이는 기속력을 가질 수 없다. 그러므로 사립학교 교원이 어떠한 불리한 처분을 받아 교원소청심사위원회에 소청심사청구를 하였고, 이에 대하여 교원소청심사위원회가 그 사유 자체가 인정되지 않는다는 이유로 양정의 당부에 대해서는 나아가 판단하지 않은 채 처분을 취소하는 결정을 한 경우, 그에 대하여 학교법인 등이 제기한 행정소송 절차에서 심리한 결과 처분사유 중 일부 사유는 인정된다고 판단되면 법원으로서는 교원소청심사위원회의 결정을 취소하여야 한다. 법원이 교원소청심사위원회 결정의 결론이 타당하다고 하여 학교법인 등의 청구를 기각하게 되면 결국 행정소송의 대상이 된 교원소청심사위원회의 결정이 유효한 것으로 확정되어 학교법인 등이 이에 기속되므로, 그 결정의 잘못을 바로잡을 길이 없게 되고 학교법인 등도 해당 교원에 대하여 적절한 재처분을 할 수 없게 되기 때문이다(대판 2018.7.12. 2017두65821).

18 국가배상 정답 ④

① [○] 법령에 대한 해석이 복잡, 미묘하여 워낙 어렵고, 이에 대한 학설, 판례조차 귀일되어 갖추지 못하고 법규의 해석을 그르쳐 행정처분을 하였다면 그가 법률전문가가 아닌 행정직 공무원이라고 하여 과실이 없다고는 할 수 없다(대판 1981.8.25. 80다1598).

② [○] 甲이 경주보훈지청에 국가유공자에 대한 주택구입대부제도에 관하여 전화로 문의하고 대부신청서까지 제출하였으나, 담당 공무원에게서 주택구입대부금 지급을 보증하는 지급보증서제도에 관한 안내를 받지 못하여 대부제도 이용을 포기하고 시중은행에서 대출을 받아 주택을 구입함으로써 결과적으로 더 많은 이자를 부담하게 되었다고 주장하며 국가를 상대로 정신적손해의 배상을 구한 사안에서, 주택구입대부제도에 있어서 지급보증서를 교부하는 취지와 성격, 관련 법령 등의 규정 내용, 지급보증서제도를 안내받지 못함으로 인하여 침해된 甲의 법익 내지 甲이 입은 손해의 내용과 정도, 관련 공무원이 甲이 입은 손해를 예견하거나 그 결과를 회피하기 위한 조치를 취할 수 있는 가능성의 정도 등 여러 사정을 종합하여 볼 때, 담당공무원이 甲에게 주택구입대부제도에 관한 전화상 문의에 응답하거나 대부신청서의 제출에 따른 대부금지급신청안내문을 통지하면서 지급보증서제도에 관하여 알려주지 아니한 조치가 객관적 정당성을 결여하여 현저하게 불합리한 것으로서 고의 또는 과실로 법령을 위반하였다고 볼 수 없음에도, 담당공무원에게 지급보증서제도를 안내하거나 설명할 의무가 있음을 전제로 그 위반에 대한 국가배상책임을 인정한 원심판결에 법리오해의 위법이 있다(대판 2012.7.26. 2010다95666).

③ [○] 물품세 과세대상이 아닌 것을 세무공무원이 직무상 과실로 과세대상으로 오인하여 과세처분을 행함으로 인하여 손해가 발생된 경우에는, 동 과세처분이 취소되지 아니하였다 하더라도, 국가는 이로 인한 손해를 배상할 책임이 있다(대판 1979.4.10. 79다262).

❹ [×] 교육부장관이 甲 등을 비롯한 국·공립학교 기간제교원을 구 공무원수당 등에 관한 규정(2011.7.4. 대통령령 제23015호로 개정되기 전의 것, 이하 같다)에 따른 성과상여금 지급대상에서 제외하는 내용의 '교육공무원 성과상여금 지급 지침'을 발표한 사안에서, 위 지침에서 甲 등을 포함한 기간제교원을 성과상여금 지급대상에서 제외한 것은 구 공무원수당 등에 관한 규정 제7조의2 제1항의 해석에 관한 법리에 따른 것이므로, 국가가 甲 등에 대하여 불법행위로 인한 손해배상책임을 진다고 볼 수 없다(대판 2017.2.9. 2013다205778).

19 공법상 계약 정답 ④

① [○] 수익적 행정처분에 있어서는 법령에 특별한 근거규정이 없다고 하더라도 그 부관으로서 부담을 붙일 수 있고, 그와 같은 부담은 행정청이 행정처분을 하면서 일방적으로 부가할 수도 있지만 부담을 부가하기 이전에 상대방과 협의하여 부담의 내용을 협약의 형식으로 미리 정한 다음 행정처분을 하면서 이를 부가할 수도 있다(대판 2009.2.12. 2005다65500).

② [○] 현행 실정법이 지방전문직공무원 채용계약 해지의 의사표시를 일반공무원에 대한 징계처분과는 달리 항고소송의 대상이 되는 처분 등의 성격을 가진 것으로 인정하지 아니하고, 지방전문직공무원규정 제7조 각 호의 1에 해당하는 사유가 있을 때 지방자치단체가 채용계약관계의 한쪽 당사자로서 대등한 지위에서 행하는 의사표시로 취급하고 있는 것으로 이해되므로, 지방전문직공무원 채용계약 해지의 의사표시에 대하여는 대등한 당사자간의 소송형식인 공법상 당사자소송으로 그 의사표시의 무효확인을 청구할 수 있다(대판 1993.9.14. 92누4611).

③ [○] 피고의 단원 위촉은 피고가 행정청으로서 공권력을 행사하여 행하는 행정처분이 아니라 공법상의 근무관계의 설정을 목적으로 하여 광주광역시와 단원이 되고자 하는 자 사이에 대등한 지위에서 의사가 합치되어 성립하는 공법상 근로계약에 해당한다고 보아야 한다(대판 2001.12.11. 2001두7794).

❹ [×] 중소기업기술정보진흥원장이 甲 주식회사와 중소기업 정보화지원사업 지원대상인 사업의 지원에 관한 협약을 체결하였는데, 협약이 甲 회사에 책임이 있는 사업실패로 해지되었다는 이유로 협약에서 정한 대로 지급받은 정부지원금을 반환할 것을 통보한 사안에서, 중소기업 정보화지원사업에 따른 지원금 출연을 위하여 중소기업청장이 체결하는 협약은 공법상 대등한 당사자 사이의 의사표시의 합치로 성립하는 공법상 계약에 해당하는 점, 구 중소기업 기술혁신 촉진법(2010.3.31. 법률 제10220호로 개정되기 전의 것) 제32조 제1항은 제10조가 정한 기술혁신사업과 제11조가 정한 산학협력 지원사업에 관하여 출연한 사업비의 환수에 적용될 수 있을 뿐 이와 근거 규정을 달리하는 중소기업 정보화지원사업에 관하여 출연한 지원금에 대하여는 적용될 수 없고 달리 지원금 환수에 관한 구체적인 법령상 근거가 없는 점 등을 종합하면, 협약의 해지 및 그에 따른 환수통보는 공법상 계약에 따라 행정청이 대등한 당사자의 지위에서 하는 의사표시로 보아야 하고, 이를 행정청이 우월한 지위에서 행하는 공권력의 행사로서 행정처분에 해당한다고 볼 수는 없다(대판 2015.8.27. 2015두41449).

20 개인정보 보호 정답 ④

옳지 않은 것은 ㄷ, ㄹ이다.

ㄱ. [O] 「개인정보 보호법」 제2조 제2호에 대한 옳은 내용이다.

판례 이론 **조문**

> **제2조 【정의】** 이 법에서 사용하는 용어의 뜻은 다음과 같다.
> 2. "처리"란 개인정보의 수집, 생성, 연계, 연동, 기록, 저장, 보유, 가공, 편집, 검색, 출력, 정정(訂正), 복구, 이용, 제공, 공개, 파기(破棄), 그 밖에 이와 유사한 행위를 말한다.

ㄴ. [O] 개인정보자기결정권은 자신에 관한 정보가 언제 누구에게 어느 범위까지 알려지고 또 이용되도록 할 것인지를 그 정보주체가 스스로 결정할 수 있는 권리이다. 즉 정보주체가 개인정보의 공개와 이용에 관하여 스스로 결정할 권리를 말한다(헌재 2005.7.21. 2003헌마282).

ㄷ. [×] 개인정보처리자는 고의 또는 과실이 없음을 입증하면 책임을 면할 수 있다.

판례 이론 **조문**

> **「개인정보 보호법」 제39조 【손해배상책임】** ③ 개인정보처리자의 고의 또는 중대한 과실로 인하여 개인정보가 분실·도난·유출·위조·변조 또는 훼손된 경우로서 정보주체에게 손해가 발생한 때에는 법원은 그 손해액의 5배를 넘지 아니하는 범위에서 손해배상액을 정할 수 있다. 다만, 개인정보처리자가 고의 또는 중대한 과실이 없음을 증명한 경우에는 그러하지 아니하다.

ㄹ. [×] 위의 지문은 종전규정이다. 15일 이내에 수락 여부를 알리지 아니하면 조정을 수락한 것으로 본다.

판례 이론 **조문**

> **「개인정보 보호법」 제47조 【분쟁의 조정】** ① 분쟁조정위원회는 다음 각 호의 어느 하나의 사항을 포함하여 조정안을 작성할 수 있다.
> 1. 조사 대상 침해행위의 중지
> 2. 원상회복, 손해배상, 그 밖에 필요한 구제조치
> 3. 같거나 비슷한 침해의 재발을 방지하기 위하여 필요한 조치
>
> ② 분쟁조정위원회는 제1항에 따라 조정안을 작성하면 지체 없이 각 당사자에게 제시하여야 한다.
> ③ 제2항에 따라 조정안을 제시받은 당사자가 제시받은 날부터 15일 이내에 수락 여부를 알리지 아니하면 조정을 수락한 것으로 본다.

정답 p. 106

01	②	Ⅱ	06	②	Ⅰ	11	③	Ⅳ	16	①	Ⅱ
02	①	Ⅲ	07	③	Ⅵ	12	④	Ⅱ	17	②	Ⅵ
03	①	Ⅱ	08	①	Ⅱ	13	③	Ⅱ	18	①	Ⅱ
04	②	Ⅲ	09	③	Ⅵ	14	①	Ⅲ	19	④	Ⅵ
05	①	Ⅵ	10	①	Ⅴ	15	③	Ⅳ	20	③	Ⅴ

취약 단원 분석표

단원	맞힌 답의 개수
Ⅰ	/1
Ⅱ	/7
Ⅲ	/3
Ⅳ	/2
Ⅴ	/2
Ⅵ	/5
TOTAL	/20

Ⅰ 행정법 서론 / Ⅱ 행정작용법 / Ⅲ 행정절차와 행정공개 / Ⅳ 행정의 실효성 확보수단 / Ⅴ 행정상 손해전보 / Ⅵ 행정쟁송

01 행정입법 정답 ②

① [×] 이 사건 규칙 조항에서 위와 같이 처분의 요건을 완화하여 정한 것은 상위법령의 위임 없이 규정한 것이므로 이는 행정기관 내부의 사무처리준칙을 정한 것에 지나지 않는다(대판 2013.9.12. 2011두10584).

❷ [○] 법령의 위임이 없음에도 법령에 규정된 처분 요건에 해당하는 사항을 부령에서 변경하여 규정한 경우에는 그 부령의 규정은 행정청 내부의 사무처리 기준 등을 정한 것으로서 행정조직 내에서 적용되는 행정명령의 성격을 지닐 뿐 국민에 대한 대외적 구속력은 없다(대판 2013.9.12. 2011두10584).

③ [×] 법령의 위임이 없음에도 법령에 규정된 처분 요건에 해당하는 사항을 부령에서 변경하여 규정한 경우에는 그 부령의 규정은 행정청 내부의 사무처리 기준 등을 정한 것으로서 행정조직 내에서 적용되는 행정명령의 성격을 지닐 뿐 국민에 대한 대외적 구속력은 없다고 보아야 한다. 따라서 어떤 행정처분이 그와 같이 법규성이 없는 시행규칙 등의 규정에 위배된다고 하더라도 그 이유만으로 처분이 위법하게 되는 것은 아니라 할 것이고, 또 그 규칙 등에서 정한 요건에 부합한다고 하여 반드시 그 처분이 적법한 것이라고 할 수도 없다. 이 경우 처분의 적법 여부는 그러한 규칙 등에서 정한 요건에 합치하는지 여부가 아니라 일반 국민에 대하여 구속력을 가지는 법률 등 법규성이 있는 관계 법령의 규정을 기준으로 판단하여야 한다(대판 2013.9.12. 2011두10584).

④ [×] 처분의 적법 여부는 그러한 규칙 등에서 정한 요건에 합치하는지 여부가 아니라 일반 국민에 대하여 구속력을 가지는 법률 등 법규성이 있는 관계 법령의 규정을 기준으로 판단하여야 한다(대판 2013.9.12. 2011두10584).

판례 이론 조문

[1] **법령의 위임이 없음에도 법령에 규정된 처분 요건에 해당하는 사항을 부령에서 변경하여 규정한 경우, 부령 규정의 법적 성격 및 처분의 적법 여부를 판단하는 기준**
법령에서 행정처분의 요건 중 일부 사항을 부령으로 정할 것을 위임한 데 따라 시행규칙 등 부령에서 이를 정한 경우에 그 부령의 규정은 국민에 대해서도 구속력이 있는 법규명령에 해당한다고 할 것이지만, 법령의 위임이 없음에도 법령에 규정된 처분 요건에 해당하는 사항을 부령에서 변경하여 규정한 경우에는 그 부령의 규정은 행정청 내부의 사무처리 기준 등을 정한 것으로서 행정조직 내에서 적용되는 행정명령의 성격을 지닐 뿐 국민에 대한 대외적 구속력은 없다고 보아야 한다. 따라서 어떤 행정처분이 그와 같이 법규성이 없는 시행규칙 등의 규정에 위배된다고 하더라도 그 이유만으로 처분이 위법하게 되는 것은 아니라 할 것이고, 또 그 규칙 등에서 정한 요건에 부합한다고 하여 반드시 그 처분이 적법한 것이라고 할 수도 없다. 이 경우 처분의 적법 여부는 그러한 규칙 등에서 정한 요건에 합치하는지 여부가 아니라 일반 국민에 대하여 구속력을 가지는 법률 등 법규성이 있는 관계 법령의 규정을 기준으로 판단하여야 한다.

[2] **공공기관의 운영에 관한 법률 제39조 제3항의 위임에 따라 제정된 기획재정부령인 '공기업·준정부기관 계약사무규칙' 제15조 제1항의 법적 성격**
공공기관의 운영에 관한 법률(이하 '공공기관법'이라 한다) 제39조 제2항·제3항 및 그 위임에 따라 기획재정부령으로 제정된 공기업·준정부기관 계약사무규칙 제15조 제1항(이하 '이 사건 규칙 조항'이라 한다)의 내용을 대비해 보면, 입찰참가자격 제한의 요건을 공공기관법에서는 '공정한 경쟁이나 계약의 적정한 이행을 해칠 것이 명백할 것'을 규정하고 있는 반면, 이 사건 규칙 조항에서는 '경쟁의 공정한 집행이나 계약의 적정한 이행을 해칠 우려가 있거나 입찰에 참가시키는 것이 부적합하다고 인정되는 자'라고 규정함으로써, 이 사건 규칙 조항이 법률에 규정된 것보다 한층 완화된 처분요건을 규정하여 그 처분대상을 확대하고 있다. 그러나 공공기관법 제39조 제3항에서 부령에 위임한 것은 '입찰참가자격의 제한기준 등에 관하여 필요한 사항'일 뿐이고, 이는 그 규정의 문언상 입찰참가자격을 제한하면서 그 기간의 정도와 가중·감경 등에 관한 사항을 의미하는 것이지 처분의 요건까지를 위임한 것이라고 볼 수는 없다. 따라서 이 사건 규칙 조항에서 위와 같이 처분의 요건을 완화하여 정한 것은 상위법령의 위임 없이 규정한 것이므로 이는 행정기관 내부의 사무처리준칙을 정한 것에 지나지 않는다(대판 2013.9.12. 2011두10584).

02 공공기관의 정보공개에 관한 법률 정답 ①

❶ [×] 「공공기관의 정보공개에 관한 법률」 제17조 제2항의 비용감면사유는 공공복리의 유지·증진이다.

판례 이론 조문

> 제17조 【비용 부담】 ① 정보의 공개 및 우송 등에 드는 비용은 실비(實費)의 범위에서 청구인이 부담한다.
> ② 공개를 청구하는 정보의 사용 목적이 공공복리의 유지·증진을 위하여 필요하다고 인정되는 경우에는 제1항에 따른 비용을 감면할 수 있다.

② [○] 「공공기관의 정보공개에 관한 법률」 제13조 제2항에 대한 옳은 내용이다.

판례 이론 조문

> 제13조 【정보공개 여부 결정의 통지】 ② 공공기관은 청구인이 사본 또는 복제물의 교부를 원하는 경우에는 이를 교부하여야 한다.
> ③ 공공기관은 공개 대상 정보의 양이 너무 많아 정상적인 업무수행에 현저한 지장을 초래할 우려가 있는 경우에는 해당 정보를 일정 기간별로 나누어 제공하거나 사본·복제물의 교부 또는 열람과 병행하여 제공할 수 있다.

③ [○] 「공공기관의 정보공개에 관한 법률」 제12조 제1항에 대한 옳은 내용이다.

판례 이론 조문

> 제12조 【정보공개심의회】 ① 국가기관, 지방자치단체, 「공공기관의 운영에 관한 법률」 제5조에 따른 공기업 및 준정부기관, 「지방공기업법」에 따른 지방공사 및 지방공단(이하 "국가기관등"이라 한다)은 제11조에 따른 정보공개 여부 등을 심의하기 위하여 정보공개심의회(이하 "심의회"라 한다)를 설치·운영한다. 이 경우 국가기관등의 규모와 업무성격, 지리적 여건, 청구인의 편의 등을 고려하여 소속 상급기관(지방공사·지방공단의 경우에는 해당 지방공사·지방공단을 설립한 지방자치단체를 말한다)에서 협의를 거쳐 심의회를 통합하여 설치·운영할 수 있다.

④ [○] 「공공기관의 정보공개에 관한 법률」 제11조 제3항에 대한 옳은 내용이다.

판례 이론 조문

> 제11조 【정보공개 여부의 결정】 ③ 공공기관은 공개 청구된 공개 대상 정보의 전부 또는 일부가 제3자와 관련이 있다고 인정할 때에는 그 사실을 제3자에게 지체 없이 통지하여야 하며, 필요한 경우에는 그의 의견을 들을 수 있다.

03 강학상 인가 정답 ①

옳은 것은 ㄱ, ㄴ이다.

ㄱ. [○] 도시 및 주거환경정비법상 행정주체인 주택재건축정비사업조합을 상대로 관리처분계획안에 대한 조합 총회결의의 효력 등을 다투는 소송은 행정처분에 이르는 절차적 요건의 존부나 효력 유무에 관한 소송으로서 그 소송결과에 따라 행정처분의 위법 여부에 직접 영향을 미치는 공법상 법률관계에 관한 것이므로, 이는 행정소송법상의 당사자소송에 해당한다(대판 2009.9.17. 2007다2428).

ㄴ. [○] 토지거래허가지역 내의 토지에 관하여 소유권 등 권리를 이전 또는 설정하는 내용의 거래계약을 체결한 경우, 그 거래계약이 처음부터 허가를 배제하거나 잠탈하는 내용의 계약으로서 확정적으로 무효인 경우를 제외하고는 허가를 받을 때까지는 법률상 미완성의 법률행위로서 유동적 무효 상태에 있다가 일단 허가를 받으면 그 계약은 소급하여 유효한 계약이 되고 이와 달리 불허가가 된 때에는 무효로 확정되므로, 계약을 체결한 당사자 사이에는 그 계약이 효력 있는 것으로 완성될 수 있도록 서로 협력할 의무가 있다(대판 1997.12.26. 97다41318·41325).

ㄷ. [×] 기본행위인 관리처분계획이 적법유효하고 보충행위인 인가처분 자체에만 하자가 있다면 그 인가처분의 무효나 취소를 주장할 수 있지만, 인가처분에 하자가 없다면 기본행위에 하자가 있다 하더라도 따로 그 기본행위의 하자를 다투는 것은 별론으로 하고 기본행위의 무효를 내세워 바로 그에 대한 행정청의 인가처분의 취소 또는 무효확인을 소구할 법률상의 이익이 있다고 할 수 없다(대판 1994.10.14. 93누22753).

ㄹ. [×] 인가는 사인의 법률행위를 대상으로 그 효력을 완성시켜주는 행위라는 점에서 보충적 행위이며 형성적 행정행위이다. 법률행위와 사실행위 모두를 대상으로 하는 허가와 구별된다.

04 개인정보 보호법 정답 ②

① [○] 「개인정보 보호법」 제58조의2에 대한 옳은 내용이다.

판례 이론 조문

> 제58조의2 【적용제외】 이 법은 시간·비용·기술 등을 합리적으로 고려할 때 다른 정보를 사용하여도 더 이상 개인을 알아볼 수 없는 정보에는 적용하지 아니한다.

❷ [×] 보호위원회는 상임위원 2명(위원장 1명, 부위원장 1명)을 포함한 9명의 위원으로 구성한다(동법 제7조의2 제1항).

③ [○] 「개인정보 보호법」 제7조에 대한 옳은 내용이다.

판례 이론 조문

> 제7조 【개인정보 보호위원회】 ① 개인정보 보호에 관한 사무를 독립적으로 수행하기 위하여 국무총리 소속으로 개인정보 보호위원회(이하 "보호위원회"라 한다)를 둔다.
> ② 보호위원회는 「정부조직법」 제2조에 따른 중앙행정기관으로 본다.

④ [O] 「개인정보 보호법」 제34조의2 제1항에 대한 옳은 내용이다.

판례 이론 **조문**

> **제34조의2 【과징금의 부과 등】** ① 보호위원회는 개인정보처리자가 처리하는 주민등록번호가 분실·도난·유출·위조·변조 또는 훼손된 경우에는 5억원 이하의 과징금을 부과·징수할 수 있다. 다만, 주민등록번호가 분실·도난·유출·위조·변조 또는 훼손되지 아니하도록 개인정보처리자가 제24조 제3항에 따른 안전성 확보에 필요한 조치를 다한 경우에는 그러하지 아니하다.

05 집행정지 정답 ①

❶ [O] 집행정지에 관한 규정은 취소소송과 무효등 확인소송에 적용되고, 부작위위법확인소송과 당사자소송에 적용되지 않는다.

② [×] 신청에 대한 거부처분의 효력을 정지하더라도 거부처분이 없었던 것과 같은 상태, 즉 거부처분이 있기 전의 신청시의 상태로 되돌아가는 데에 불과하고 행정청에게 신청에 따른 처분을 하여야 할 의무가 생기는 것이 아니므로, 거부처분의 효력정지는 그 거부처분으로 인하여 신청인에게 생길 손해를 방지하는 데에 아무런 소용이 없어 그 효력정지를 구할 이익이 없다(대판 1992.2.13. 91두47).

③ [×] 집행정지의 결정에 대한 즉시항고에는 결정의 집행을 정지하는 효력이 없다.

④ [×] 집행정지결정의 효력은 장래를 향하여 발생하는 것이 원칙이다.

06 사인의 공법행위 정답 ②

① [O] 체육시설업은 등록체육시설업과 신고체육시설업으로 나누어지고, 당구장업과 같은 신고체육시설업을 하고자 하는 자는 체육시설업의 종류별로 같은 법 시행규칙이 정하는 해당 시설을 갖추어 소정의 양식에 따라 신고서를 제출하는 방식으로 시·도지사에 신고하도록 규정하고 있으므로, 소정의 시설을 갖추지 못한 체육시설업의 신고는 부적법한 것으로 그 수리가 거부될 수밖에 없고 그러한 상태에서 신고체육시설업의 영업행위를 계속하는 것은 무신고 영업행위에 해당할 것이지만, 이에 반하여 적법한 요건을 갖춘 신고의 경우에는 행정청의 수리처분 등 별단의 조처를 기다릴 필요 없이 그 접수시에 신고로서의 효력이 발생하는 것이므로 그 수리가 거부되었다고 하여 무신고 영업이 되는 것은 아니다(대판 1998.4.24. 97도3121).

❷ [×] 일정한 건축물에 관한 건축신고는 건축법 제14조 제2항, 제11조 제5항 제3호에 의하여 국토의 계획 및 이용에 관한 법률 제56조에 따른 개발행위허가를 받은 것으로 의제되는데, 국토의 계획 및 이용에 관한 법률 제58조 제1항 제4호에서는 개발행위허가의 기준으로 주변 지역의 토지이용실태 또는 토지이용계획, 건축물의 높이, 토지의 경사도, 수목의 상태, 물의 배수, 하천·호소·습지의 배수 등 주변 환경이나 경관과 조화를 이룰 것을 규정하고 있으므로, 국토의 계획 및 이용에 관한 법률상의 개발행위허가로 의제되는 건축신고가 위와 같은 기준을 갖추지 못한 경우 행정청으로서는 이를 이유로 그 수리를 거부할 수 있다고 보아야 한다. 건축법 제14조 제2항에 의한 인·허가의제 효과를 수반하는 건축신고가, 행정청이 그 실체적 요건에 관한 심사를 한 후 수리하여야 하는 이른바 '수리를 요하는 신고'이다(대판 2011.1.20. 2010두14954).

③ [O] 주민들의 거주지 이동에 따른 주민등록전입신고에 대하여 행정청이 이를 심사하여 그 수리를 거부할 수는 있다고 하더라도, 그러한 행위는 자칫 헌법상 보장된 국민의 거주·이전의 자유를 침해하는 결과를 가져올 수도 있으므로, 시장·군수 또는 구청장의 주민등록전입신고 수리 여부에 대한 심사는 주민등록법의 입법 목적의 범위 내에서 제한적으로 이루어져야 한다. 한편, 주민등록법의 입법 목적에 관한 제1조 및 주민등록 대상자에 관한 제6조의 규정을 고려해 보면, 전입신고를 받은 시장·군수 또는 구청장의 심사 대상은 전입신고자가 30일 이상 생활의 근거로 거주할 목적으로 거주지를 옮기는지 여부만으로 제한된다고 보아야 한다. 따라서 전입신고자가 거주의 목적 이외에 다른 이해관계에 관한 의도를 가지고 있는지 여부, 무허가 건축물의 관리, 전입신고를 수리함으로써 당해 지방자치단체에 미치는 영향 등과 같은 사유는 주민등록법이 아닌 다른 법률에 의하여 규율되어야 하고, 주민등록전입신고의 수리 여부를 심사하는 단계에서는 고려 대상이 될 수 없다. 무허가 건축물을 실제 생활의 근거지로 삼아 10년 이상 거주해 온 사람의 주민등록 전입신고를 거부한 사안에서, 부동산투기나 이주대책 요구 등을 방지할 목적으로 주민등록전입신고를 거부하는 것은 주민등록법의 입법 목적과 취지 등에 비추어 허용될 수 없다(대판 2009.6.18. 2008두10097).

④ [O] 건축주명의변경신고에 관한 건축법 시행규칙 제3조의2의 규정은 단순히 행정관청의 사무집행의 편의를 위한 것에 지나지 않는 것이 아니라, 허가대상건축물의 양수인에게 건축주의 명의변경을 신고할 수 있는 공법상의 권리를 인정함과 아울러 행정관청에게는 그 신고를 수리할 의무를 지게 한 것으로 봄이 상당하므로, 허가대상건축물의 양수인이 위 규칙에 규정되어 있는 형식적 요건을 갖추어 시장, 군수에게 적법하게 건축주의 명의변경을 신고한 때에는 시장, 군수는 그 신고를 수리하여야지 실체적인 이유를 내세워 그 신고의 수리를 거부할 수는 없다(대판 1992.3.31. 91누4911).

07 항고소송의 대상 정답 ③

옳은 것은 ㄷ, ㄹ이고, 옳지 않은 것은 ㄱ, ㄴ이다.

ㄱ. [×] 지방의회의 의원징계의결은 그로 인해 의원의 권리에 직접 법률효과를 미치는 행정처분의 일종으로서 행정소송의 대상이 된다(대판 1993.11.26. 93누7341).

ㄴ. [×] 어떠한 고시가 일반적·추상적 성격을 가질 때에는 법규명령 또는 행정규칙에 해당할 것이지만, 다른 집행행위의 매개 없이 그 자체로서 직접 국민의 구체적인 권리의무나 법률관계를 규율하는 성격을 가질 때에는 항고소송의 대상이 되는 행정처분에 해당한다. 항정신병 치료제의 요양급여 인정기준에 관한 보건복지부 고시가 다른 집행행위의 매개 없이 그 자체로서 제약회사, 요양기관, 환자 및 국민건강보험공단 사이의 법률관계를 직접 규율한다는 이유로 항고소송의 대상이 되는 행정처분에 해당한다(대결 2003.10.9. 2003무23).

ㄷ. [○] 진정에 대한 국가인권위원회의 각하 및 기각결정은 피해자인 진정인의 권리행사에 중대한 지장을 초래하는 것으로서 항고소송의 대상이 되는 행정처분에 해당하므로, 그에 대한 다툼은 우선 행정심판이나 행정소송에 의하여야 할 것이다. 따라서 이 사건 심판청구는 행정심판이나 행정소송 등의 사전 구제절차를 모두 거친 후 청구된 것이 아니므로 보충성 요건을 충족하지 못하였다(헌재 2015.3.26. 2013헌마214).

ㄹ. [○] 이 사건 시정요구는 서비스제공자 등에게 조치결과 통지의무를 부과하고 있고, 서비스제공자 등이 이에 따르지 않는 경우 방송통신위원회의 해당 정보의 취급거부·정지 또는 제한명령이라는 법적 조치가 내려질 수 있으며, 행정기관인 방송통신심의위원회가 표현의 자유를 제한하게 되는 결과의 발생을 의도하거나 또는 적어도 예상하였다 할 것이므로, 이 사건 시정요구는 단순한 행정지도로서의 한계를 넘어 규제적·구속적 성격을 상당히 강하게 갖는 것으로서 항고소송의 대상이 되는 공권력의 행사라고 봄이 상당하다. 따라서 청구인들은 이 사건 시정요구에 대하여 행정소송을 제기하였어야 할 것임에도 이를 거치지 아니하였으므로 이 부분 심판청구는 보충성을 결여하여 부적법하다(헌재 2012.2.23. 2008헌마500).

08 하자승계 정답 ①

❶ [×] [하자승계 부정] 선행처분인 도시계획결정이나 사업시행인가단계에서 다투지 아니하였다면, 그 쟁소기간이 이미 도과한 후인 수용재결단계에서는 그 위법을 들어 재결처분의 취소를 구할 수 없다(대판 1990.1.23. 87누947).

② [○] [하자승계 인정] 대집행의 계고, 대집행영장에 의한 통지, 대집행의 실행, 대집행에 요한 비용의 납부명령 등은 타인이 대신하여 행할 수 있는 행정의무의 이행을 의무자의 비용부담하에 확보하고자 하는, 동일한 행정목적을 달성하기 위하여 단계적인 일련의 절차로 연속하여 행하여지는 것으로서, 서로 결합하여 하나의 법률효과를 발생시키는 것이다(대판 1996.2.9. 95누12507).

③ [○] [하자승계 인정] 임대차는 물론 원고와의 간의 임대차 및 불하처분에는 하자가 있다고 하지 아니할 수 없음은 위에서 설명한 바와 같으므로 그 취지로 본건 취소의 행정처분이 정당하다고 판시한 원판결에는 아무런 위법이 없는 것이다 논지는 원심이 적법하게 한 증거의 취사판단과 사실 인정을 독자적인 견해아래 비의 하는 것이므로 이유가 없다(대판 1963.2.7. 62누215).

④ [○] [하자승계 인정] 한지의사 자격시험에 응시하기 위한 응시자격 인정의 결정을 사위의 방법으로 받은 이상 이에 터잡아 취득한 한지의사면허처분도 면허를 취득할 수 없는 사람이 취득한 하자있는 처분이 된다 할 것이므로 보건사회부장관이 그와 같은 하자있는 처분임을 이유로 원고가 취득한 한지의사 면허를 취소하는 처분을 하였음은 적법하다(대판 1975.12.9. 75누123).

판례 이론 조문

행정행위의 하자승계 여부

하자승계 인정 사례	• 한지의사시험자격인정과 한지의사면허처분 • 안경사국가시험합격무효처분과 안경사면허취소처분 • 암매장분묘개장명령과 계고처분 • 강제징수의 절차(독촉·압류·매각·청산) • 대집행의 절차(계고·통지·실행·비용징수) • 독촉과 가산금·중가산금 징수처분 • 기준지가고시처분과 토지수용처분 • 표준공시지가결정과 수용재결 • 개별공시지가결정과 과세처분 • 친일반민족행위자로 결정한 친일반민족행위진상규명위원회의 최종발표와 지방보훈청장의 독립유공자법 적용배제자 결정
하자승계 부정 사례	• 철거명령과 대집행의 계고 • 과세처분과 체납처분 • 직위해제처분과 직권면직처분 • 변상판정과 변상명령 • 사업인정과 토지수용재결 • 재개발사업시행인가처분과 토지수용재결 • 도시계획결정과 수용재결처분 • 표준지공시지가결정과 개별공시지가결정 • 표준지공시지가결정과 조세부과처분 • 택지개발계획의 승인과 수용재결 • 농지전용부담금 부과처분과 압류처분 • 납세의무자의 취득세신고와 징수처분 • 보충역편입처분과 공익근무요원소집처분 • 액화석유가스판매사업 허가처분과 사업개시신고 반려처분 • 국제항공노선 운수권배분 실효처분 및 노선면허거부처분과 노선면허처분 • 사업계획승인처분과 도시계획시설변경 및 지적승인고시처분 • 토지구획정리사업 시행 후 시행인가처분의 하자와 환지청산금 부과처분

09 당사자소송 정답 ③

옳은 것은 2개(ㄷ, ㅁ)이다.

ㄱ. [X] 구 도시 및 주거환경정비법(2007.12.21. 법률 제8785호로 개정되기 전의 것)상 재개발조합이 공법인이라는 사정만으로 재개발조합과 조합장 또는 조합임원 사이의 선임·해임 등을 둘러싼 법률관계가 공법상의 법률관계에 해당한다거나 그 조합장 또는 조합임원의 지위를 다투는 소송이 당연히 공법상 당사자소송에 해당한다고 볼 수는 없고, 구 도시 및 주거환경정비법의 규정들이 재개발조합과 조합장 및 조합임원과의 관계를 특별히 공법상의 근무관계로 설정하고 있다고 볼 수도 없으므로, 재개발조합과 조합장 또는 조합임원 사이의 선임·해임 등을 둘러싼 법률관계는 사법상의 법률관계로서 그 조합장 또는 조합임원의 지위를 다투는 소송은 민사소송에 의하여야 할 것이다(대결 2009.9.24. 2009마168·2009마169).

ㄴ. [X] 국가 등 과세주체가 당해 확정된 조세채권의 소멸시효 중단을 위하여 납세의무자를 상대로 제기한 조세채권존재확인의 소는 공법상 당사자소송에 해당한다(대판 2020.3.2. 2017두41771).

ㄷ. [O] 석탄가격안정지원금은 석탄의 수요 감소와 열악한 사업환경 등으로 점차 경영이 어려워지고 있는 석탄광업의 안정 및 육성을 위하여 국가정책적 차원에서 지급하는 지원비의 성격을 갖는 것이고, 석탄광업자가 석탄산업합리화사업단에 대하여 가지는 이와 같은 지원금지급청구권은 석탄사업법령에 의하여 정책적으로 당연히 부여되는 공법상의 권리이므로, 석탄광업자가 석탄산업합리화사업단을 상대로 석탄산업법령 및 석탄가격안정지원금 지급요령에 의하여 지원금의 지급을 구하는 소송은 공법상의 법률관계에 관한 소송인 공법상의 당사자소송에 해당한다(대판 1997.5.30. 95다28960).

ㄹ. [X] 납세의무자에 대한 국가의 부가가치세 환급세액 지급의무는 그 납세의무자로부터 어느 과세기간에 과다하게 거래징수된 세액 상당을 국가가 실제로 납부받았는지와 관계없이 부가가치세법령의 규정에 의하여 직접 발생하는 것으로서, 그 법적 성질은 정의와 공평의 관념에서 수익자와 손실자 사이의 재산상태 조정을 위해 인정되는 부당이득 반환의무가 아니라 부가가치세법령에 의하여 그 존부나 범위가 구체적으로 확정되고 조세 정책적 관점에서 특별히 인정되는 공법상 의무라고 봄이 타당하다. 그렇다면 납세의무자에 대한 국가의 부가가치세 환급세액 지급의무에 대응하는 국가에 대한 납세의무자의 부가가치세 환급세액 지급청구는 민사소송이 아니라 행정소송법 제3조 제2호에 규정된 당사자소송의 절차에 따라야 한다(대판 2013.3.21. 2011다95564 전합).

ㅁ. [O] 행정처분은 비록 하자가 있더라도 당연무효의 흠이 아닌 한 공적 기관에 의하여 취소될 때까지는 일단 유효한 것으로 취급되는 것이므로(공정력), 행정처분에 취소사유의 흠이 잇는 경우 처분취소소송 이외의 방법으로 그 효력을 부인할 수 없다. 그러므로 공무원이 파면처분을 당한 경우 그 처분에 취소원인인 흠이 있는 때에는 파면처분취소소송을 제기하여야 하고 직접 당사자소송으로 공무원지위확인소송을 제시할 수 없다.

10 국가배상 정답 ①

❶ [X] 군인 등이 복무 중 자살로 사망한 경우에도 보훈보상자법 제2조 제1항의 '직무수행이나 교육훈련 중 사망'에 해당하는지 여부는 직무수행 또는 교육훈련과 사망 사이에 상당인과관계가 있는지 여부에 따라 판단하여야 하고, 직무수행 또는 교육훈련과 사망 사이에 상당인과관계가 인정되는데도 그 사망이 자살로 인한 것이라는 이유만으로, 또는 자유로운 의지가 완전히 배제된 상태에서의 자살이 아니라는 이유로 보훈보상자에서 제외되어서는 안된다.
또한 직무수행과 자살로 인한 사망 사이의 상당인과관계는 이를 주장하는 측에서 증명하여야 하지만, 반드시 의학적·자연과학적으로 명백히 증명되어야 하는 것이 아니며 규범적 관점에서 상당인과관계가 인정되는 경우에는 증명이 된 것으로 보아야 한다(대판 2020.2.13. 2017두47885).

② [O] 우리 헌법이 채택하고 있는 의회민주주의 하에서 국회는 다원적 의견이나 각가지 이익을 반영시킨 토론과정을 거쳐 다수결의 원리에 따라 통일적인 국가의사를 형성하는 역할을 담당하는 국가기관으로서 그 과정에 참여한 국회의원은 입법에 관하여 원칙적으로 국민 전체에 대한 관계에서 정치적 책임을 질 뿐 국민 개개인의 권리에 대응하여 법적 의무를 지는 것은 아니므로, 국회의원의 입법행위는 그 입법 내용이 헌법의 문언에 명백히 위배됨에도 불구하고 국회가 굳이 당해 입법을 한 것과 같은 특수한 경우가 아닌 한 국가배상법 제2조 제1항 소정의 위법행위에 해당한다고 볼 수 없고 같은 맥락에서 국가가 일정한 사항에 관하여 헌법에 의하여 부과되는 구체적인 입법의무를 부담하고 있음에도 불구하고 그 입법에 필요한 상당한 기간이 경과하도록 고의 또는 과실로 이러한 입법의무를 이행하지 아니하는 등 극히 예외적인 사정이 인정되는 사안에 한정하여 국가배상법 소정의 배상책임이 인정될 수 있으며 위와 같은 구체적인 입법의무 자체가 인정되지 않는 경우에는 애당초 부작위로 인한 불법행위가 성립할 여지가 없다(대판 2008.5.29. 2004다33469).

③ [O] 수사기관은 수사 등 직무를 수행할 때에 헌법과 법률에 따라 국민의 인권을 존중하고 공정하게 하여야 하며 실체적 진실을 발견하기 위하여 노력하여야 할 법규상 또는 조리상의 의무가 있고, 특히 피의자가 소년 등 사회적 약자인 경우에는 수사과정에서 방어권 행사에 불이익이 발생하지 않도록 더욱 세심하게 배려할 직무상 의무가 있다. 따라서 경찰관은 피의자의 진술을 조서화하는 과정에서 조서의 객관성을 유지하여야 하고, 고의 또는 과실로 위 직무상 의무를 위반하여 피의자신문조서를 작성함으로써 피의자의 방어권이 실질적으로 침해되었다고 인정된다면, 국가는 그로 인하여 피의자가 입은 손해를 배상하여야 한다(대판 2020.4.29. 2015다224797).

④ [O] 공무원에게 경과실이 있을 뿐인 경우에는 공무원 개인은 손해배상책임을 부담하지 아니한다. 이처럼 경과실이 있는 공무원이 피해자에 대하여 손해배상책임을 부담하지 아니함에도 피해자에게 손해를 배상하였다면 그것은 채무자 아닌 사람이 타인의 채무를 변제한 경우에 해당하고, 이는 민법 제469조의 '제3자의 변제' 또는 민법 제744조의 '도의관념에 적합한 비채변제'에 해당하여 피해자는 공무원에 대하여 이를 반환할 의무가 없고, 그에 따라 피해자의 국가에 대한 손해배상청구권이 소멸하여 국가는 자신의 출연 없이 채무를 면하게 되므로 … 국가에 대하여 국가의 피해자에 대한 손해배상책임의 범위 내에서 공무원이 변제한 금액에 관하여 구상권을 취득한다(대판 2014.8.20. 2012다54478).

11 실효성 확보수단 정답 ③

옳은 것은 ㄱ, ㄴ, ㄷ이다.

ㄱ. [O] 독점규제 및 공정거래에 관한 법률(이하 '공정거래법'이라 한다)상 기업결합 제한 위반행위자에 대한 시정조치 및 이행강제금 부과 등에 관한 구 공정거래법(1999.2.5. 법률 제5813호로 개정되기 전의 것) 제17조 제3항, 공정거래법 제7조 제1항 제1호, 제16조 제1항 제7호, 제17조의3 제1항 제1호, 제2항, 독점규제 및 공정거래에 관한 법률 시행령 제23조의4 제1항, 제3항을 종합적·체계적으로 살펴보면, 공정거래법 제17조의3은 같은 법 제16조에 따른 시정조치를 그 정한 기간 내에 이행하지 아니하는 자에 대하여 이행강제금을 부과할 수 있는 근거 규정이고, 시정조치가 공정거래법 제16조 제1항 제7호에 따른 부작위 의무를 명하는 내용이더라도 마찬가지로 보아야 한다. 나아가 이러한 이행강제금이 부과되기 전에 시정조치를 이행하거나 부작위 의무를 명하는 시정조치 불이행을 중단한 경우 과거의 시정조치 불이행기간에 대하여 이행강제금을 부과할 수 있다고 봄이 타당하다(대판 2019.12.12. 2018두63563).

ㄴ. [O] 세법상 가산세는 과세권의 행사 및 조세채권의 실현을 용이하게 하기 위하여 납세자가 정당한 이유 없이 법에 규정된 신고·납세의무 등을 위반한 경우에 법이 정하는 바에 의하여 부과하는 행정상의 제재로서 납세자의 고의·과실은 고려되지 아니하는 것이고, 법령의 부지 또는 오인은 그 정당한 사유에 해당한다고 볼 수 없으며, 또한 납세의무자가 세무공무원의 잘못된 설명을 믿고 그 신고납부의무를 이행하지 아니하였다 하더라도 그것이 관계 법령에 어긋나는 것임이 명백한 때에는 그러한 사유만으로는 정당한 사유가 있는 경우에 해당한다고 할 수 없다(대판 2002.4.12. 2000두5944).

ㄷ. [O] 행정법규 위반에 대한 제재조치는 행정목적의 달성을 위하여 행정법규 위반이라는 객관적 사실에 착안하여 가하는 제재이므로, 반드시 현실적인 행위자가 아니라도 법령상 책임자로 규정된 자에게 부과되고, 특별한 사정이 없는 한 위반자에게 고의나 과실이 없더라도 부과할 수 있다(대판 2017.5.11. 2014두8773).

ㄹ. [X] 행정청은 당사자가 기한 이내에 이의를 제기하지 아니하고 가산금을 납부하지 아니한 때에는 국세 또는 지방세 체납처분의 예에 따라 징수한다.

판례 이론 **조문**

「질서위반행위규제법」 제24조 【가산금 징수 및 체납처분 등】
① 행정청은 당사자가 납부기한까지 과태료를 납부하지 아니한 때에는 납부기한을 경과한 날부터 체납된 과태료에 대하여 100분의 3에 상당하는 가산금을 징수한다.
② 체납된 과태료를 납부하지 아니한 때에는 납부기한이 경과한 날부터 매 1개월이 경과할 때마다 체납된 과태료의 1천분의 12에 상당하는 가산금(이하 이 조에서 "중가산금"이라 한다)을 제1항에 따른 가산금에 가산하여 징수한다. 이 경우 중가산금을 가산하여 징수하는 기간은 60개월을 초과하지 못한다.
③ 행정청은 당사자가 제20조 제1항에 따른 기한 이내에 이의를 제기하지 아니하고 제1항에 따른 가산금을 납부하지 아니한 때에는 국세 또는 지방세 체납처분의 예에 따라 징수한다.

12 행정계획 정답 ④

① [X] 구 도시계획법(1971.1.19. 법률 제2291호로 개정되기 전의 법률) 제7조에 의하면 건설부장관은 도시계획구역 및 도시계획을 결정하거나 도시계획사업실시계획을 인가하는 등의 처분을 하였을 때에는 지체 없이 이를 고시하여야 한다고 규정되어 있는 바, 도시계획의 공공성 및 권리침해적 성격과 위 법조의 규정취지 등에 비추어 볼 때 위 도시계획법은 "고시"를 도시계획구역, 도시계획결정등의 효력발생요건으로 규정하였다고 풀이되므로, 건설부장관 또는 그의 권한의 일부를 위임받은 서울특별시장, 도지사등 지방장관이 기안, 결재등의 과정을 거쳐 정당하게 도시계획결정등의 처분을 하였다고 하더라도 이를 관보에 게재하여 고시하지 아니한 이상 대외적으로는 아무런 효력도 발생하지 아니한다 할 것이다(대판 1985.12.10. 85누186).

② [X] 비구속적 행정계획안이나 행정지침이라도 국민의 기본권에 직접적으로 영향을 끼치고, 앞으로 법령의 뒷받침에 의하여 그대로 실시될 것이 틀림없을 것으로 예상될 수 있을 때에는, 공권력행위로서 예외적으로 헌법소원의 대상이 될 수 있다(헌재 2000.6.1. 99헌마538 등).

③ [X] 문화재보호구역 내에 있는 토지소유자 등으로서는 위 보호구역의 지정해제를 요구할 수 있는 법규상 또는 조리상의 신청권이 있다고 할 것이고, 이러한 신청에 대한 거부행위는 항고소송의 대상이 되는 행정처분에 해당한다(대판 2004.4.27. 2003두8821).

❹ [O] 도시계획의 수립에 있어서 도시계획법 제16조의2 소정의 공청회를 열지 아니하고 공공용지의 취득 및 손실보상에 관한 특례법 제8조 소정의 이주대책을 수립하지 아니하였다 하더라도 이는 절차상의 위법으로서 취소사유에 불과하고 그 하자가 도시계획결정 또는 도시계획사업시행인가가 무효라고 할 수 있을 정도로 중대하고 명백하다고는 할 수 없으므로 이러한 위법을 선행처분인 도시계획결정이나 사업시행인가 단계에서 다투지 아니하였다면 그 쟁송기간이 이미 도과한 후인 수용재결 단계에 있어서는 위 도시계획수립행위의 위와 같은 위법을 들어 재결처분의 취소를 구할 수는 없다고 할 것이다(대판 1990.1.23. 87누947).

13 행정행위 정답 ③

① [O] 기부금품모집규제법상의 기부금품모집허가는 공익목적을 위하여 일반적·상대적으로 제한된 기본권적 자유를 다시 회복시켜 주는 강학상의 허가에 해당한다(대판 1999.7.23. 99두3690).

② [O] 재단법인의 임원취임이 사법인인 재단법인의 정관에 근거한다 할지라도 이에 대한 행정청의 승인(인가)행위는 법인에 대한 주무관청의 감독권에 연유하는 이상 그 인가행위 또는 인가거부행위는 공법상의 행정처분으로서, 그 임원취임을 인가 또는 거부할 것인지 여부는 주무관청의 권한에 속하는 사항이라고 할 것이고, 재단법인의 임원취임승인 신청에 대하여 주무관청이 이에 기속되어 이를 당연히 승인(인가)하여야 하는 것은 아니다(대판 2000.1.28. 98두16996).

❸ [×] 구 여객자동차 운수사업법 제14조 제4항에 의하면 개인택시 운송사업을 양수한 사람은 양도인의 운송사업자로서의 지위를 승계하므로, 관할 관청은 개인택시 운송사업의 양도·양수에 대한 인가를 한 후에도 그 양도·양수 이전에 있었던 양도인에 대한 운송사업면허 취소사유를 들어 양수인의 사업면허를 취소할 수 있다(대판 2010.11.11. 2009두14934).

④ [O] 국가공무원법 제74조에 의하면 공무원이 소정의 정년에 달하면 그 사실에 대한 효과로서 공무담임권이 소멸되어 당연히 퇴직되고 따로 그에 대한 행정처분이 행하여져야 비로소 퇴직되는 것은 아니라 할 것이며 피고(영주지방철도청장)의 원고에 대한 정년퇴직 발령은 정년퇴직 사실을 알리는 이른바 관념의 통지에 불과하므로 행정소송의 대상이 되지 아니한다(대판 1983.2.8. 81누263).

14 처분의 이유제시 정답 ①

❶ [×] 피고는 이 사건 소송에서 '이 사건 산업단지 안에 새로운 폐기물시설부지를 마련할 시급한 필요가 없다'는 점을 이 사건 거부처분의 사유로 추가하였다. 그러나 피고가 당초 처분의 근거로 제시한 사유가 실질적인 내용이 없다고 보는 이상, 위 추가사유는 그와 기본적사실관계가 동일한지 여부를 판단할 대상조차 없는 것이므로, 결국 소송단계에서 처분사유를 추가하여 주장할 수 없다(대판 2017.8.29. 2016두44186).

② [O] 행정행위의 성질이나 법치주의의 관점에서 볼 때 하자 있는 행정행위의 치유는 원칙적으로 허용될 수 없을 뿐만 아니라 이를 허용하는 경우에도 국민의 권리와 이익을 침해하지 않는 범위에서 구체적 사정에 따라 합목적적으로 가려야 할 것인바, 이 사건 처분에 관한 하자가 행정처분의 내용에 관한 것이고 새로운 노선면허가 이 사건 소 제기 이후에 이루어진 사정 등에 비추어 하자의 치유를 인정치 않은 원심의 판단은 정당하고, 거기에 소론이 지적하는 바와 같은 법리오해의 위법이 있다 할 수 없다(대판 1991.5.28. 90누1359).

③ [O] 행정절차법 제23조 제1항은 행정청은 처분을 하는 때에는 당사자에게 그 근거와 이유를 제시하여야 한다고 규정하고 있는바, 일반적으로 당사자가 근거규정 등을 명시하여 신청하는 인·허가 등을 거부하는 처분을 함에 있어 당사자가 그 근거를 알 수 있을 정도로 상당한 이유를 제시한 경우에는 당해 처분의 근거 및 이유를 구체적 조항 및 내용까지 명시하지 않았더라도 그로 말미암아 그 처분이 위법한 것이 된다고 할 수 없다(대판 2002.5.17. 2000두8912).

④ [O] 과세의 절차 내지 형식에 위법이 있어 과세처분을 취소하는 판결이 확정되었을 때는 그 확정판결의 기판력은 거기에 적시된 절차 내지 형식의 위법사유에 한하여 미치는 것이므로 과세관청은 그 위법사유를 보완하여 다시 새로운 과세처분을 할 수 있고 그 새로운 과세처분은 확정판결에 의하여 취소된 종전의 과세처분과는 별개의 처분이라 할 것이어서 확정판결의 기판력에 저촉되는 것이 아니다(대판 1987.2.10. 86누91).

15 대집행 정답 ③

① [×] 법률에 의하여 직접 명령되었거나 또는 법률에 의거한 행정청의 명령에 의한 행위가 모두 해당된다.

판례 이론 **조문**

> **「행정대집행법」 제2조【대집행과 그 비용징수】** 법률(법률의 위임에 의한 명령, 지방자치단체의 조례를 포함한다. 이하 같다)에 의하여 직접 명령되었거나 또는 법률에 의거한 행정청의 명령에 의한 행위로서 타인이 대신하여 행할 수 있는 행위를 의무자가 이행하지 아니하는 경우 다른 수단으로써 그 이행을 확보하기 곤란하고 또한 그 불이행을 방치함이 심히 공익을 해할 것으로 인정될 때에는 당해 행정청은 스스로 의무자가 하여야 할 행위를 하거나 또는 제3자로 하여금 이를 하게 하여 그 비용을 의무자로부터 징수할 수 있다.

② [×] 불이행된 의무는 타인이 대신하여 이행할 수 있는 의무, 즉 대체적 작위의무이어야 한다(위법건축물의 철거의무, 가옥의 청소·소독의무, 산림의 식목의무, 불법으로 개간한 산림의 원상회복의무, 공장 등 시설의 개선의무, 불법공작물의 철거의무, 선전광고물을 제거할 의무, 산지전용허가 종료 후 산지복구명령의 불이행 등). 타인이 대신하여 이행할 수 없는 의무, 즉 비대체적 작위의무나 비대체적 부작위의무는 대집행의 대상이 되지 아니한다.

❸ [O] 법치주의의 원리에 비추어 볼 때 위와 같은 부작위의무로부터 그 의무를 위반함으로써 생긴 결과를 시정하기 위한 작위의무를 당연히 끌어낼 수는 없으며, 또 위 금지규정(특히 허가를 유보한 상대적 금지규정)으로부터 작위의무, 즉 위반결과의 시정을 명하는 권한이 당연히 추론되는 것도 아니다(대판 1996.6.28. 96누4374).

④ [×] 대집행은 다른 수단으로는 그 이행을 확보하기 곤란할 것이라는 요건을 충족해야 한다. 여기서 말하는 '다른 수단'이란 행정지도나 시정명령 및 의무자의 자발적 이행과 같은 의무자에 대한 침해가 '대집행보다 경미'한 수단을 의미한다. 행정지도나 시정명령 등으로도 의무의 이행을 확보할 수 있는 경우에는 대집행이 금지된다. 그러나 의무자에 대한 침해의 정도가 대집행보다 강한 직접강제나 행정벌은 다른 수단에 해당하지 않는다(비례의 원칙상 최소침해의원칙 또는 보충성의 원칙). 대집행보다 경미한 수단임을 요하며, 비용이 많이 들어야 하는 것을 의미하지는 않는다.

16 공법상 계약 정답 ①

옳은 것은 1개(ㄷ)이다.

ㄱ. [×] 과학기술기본법령상 사업 협약의 해지 통보는 단순히 대등 당사자의 지위에서 형성된 공법상 계약을 계약당사자의 지위에서 종료시키는 의사표시에 불과한 것이 아니라 행정청이 우월적 지위에서 연구개발비의 회수 및 관련자에 대한 국가연구개발사업 참여제한 등의 법률상 효과를 발생시키는 행정처분에 해당하므로(대판 2011.6.30. 2010두23859), 이로 인하여 자신의 법률상 지위에 영향을 받는 연구자 등은 적어도 그 이해관계를 대변하는 연구팀장을 통해서 협약 해지 통보의 효력을 다툴 개별적·직접적·구체적 이해관계가 있다고 보이는 점 등 제반 사정을 앞서 본 법리에 비추어 살펴보면, 이 사건 사업의 연구팀장인 원고는 이 사건 사업에 관한 협약의 해지 통보의 효력을 다툴 법률상 이익이 있다(대판 2014.12.11. 2012두28704).

ㄴ. [×] 광주광역시문화예술회관장의 단원 위촉은 광주광역시문화예술회관장이 행정청으로서 공권력을 행사하여 행하는 행정처분이 아니라 공법상 근로계약에 해당한다고 보아야 할 것이므로, 광주광역시립합창단원으로서 위촉기간이 만료되는 자들의 재위촉 신청에 대하여 광주광역시문화예술회관장이 실기와 근무성적에 대한 평정을 실시하여 재위촉을 하지 아니한 것을 항고소송의 대상이 되는 불합격처분이라고 할 수는 없다(대판 2001.12.11. 2001두7794).

ㄷ. [O] 계약직공무원에 관한 현행 법령의 규정에 비추어 볼 때, 계약직공무원 채용계약 해지의 의사표시는 일반공무원에 대한 징계처분과는 달라서 항고소송의 대상이 되는 처분 등의 성격을 가진 것으로 인정되지 아니하고, 일정한 사유가 있을 때에 국가 또는 지방자치단체가 채용계약 관계의 한쪽 당사자로서 대등한 지위에서 행하는 의사표시로 취급되는 것으로 이해되므로, 이를 징계해고 등에서와 같이 그 징계사유에 한하여 효력 유무를 판단하여야 하거나, 행정처분과 같이 행정절차법에 의하여 근거와 이유를 제시하여야 하는 것은 아니다(대판 2002.11.26. 2002두5948).

ㄹ. [×] 여객자동차법 제85조 제1항 제38호에 의하면, 운송사업자에 대한 면허에 붙인 조건을 위반한 경우 감차명령을 할 수 있는데, 감차명령의 사유가 되는 '면허에 붙인 조건을 위반한 경우'에서 '조건'에는 운송사업자가 준수할 일정한 의무를 정하고 이를 위반할 경우 감차명령을 할 수 있다는 내용의 '부관'도 포함된다. 그리고 이러한 부관은 면허 발급 당시에 붙이는 것뿐만 아니라 면허 발급 이후에 붙이는 것도 법률에 명문의 규정이 있거나 그 변경이 미리 유보되어 있는 경우 또는 상대방의 동의가 있는 경우 등에는 특별한 사정이 없는 한 허용된다(대판 2005.4.29. 2004두11954). 따라서 관할 행정청은 면허 발급 이후에도 운송사업자의 동의하에 여객자동차운송사업의 질서 확립을 위하여 운송사업자가 준수할 의무를 정하고 이를 위반할 경우 감차명령을 할 수 있다는 내용의 면허 조건을 붙일 수 있고, 운송사업자가 그러한 조건을 위반하였다면 여객자동차법 제85조 제1항 제38호에 따라 감차명령을 할 수 있으며, 이러한 감차명령은 행정소송법 제2조 제1항 제1호가 정한 처분으로서 항고소송의 대상이 된다(대판 2016.11.24. 2016두45028).

17 행정심판 정답 ②

① [×] 재결은 행정행위임과 동시에 준사법적 작용이므로 행정행위가 가지는 일반적 효력뿐만 아니라 불가변력, 형성력, 기속력을 갖는다. 다만, 재결에 기판력은 발생하지 않는다.

❷ [O] 「행정심판법」 개정으로 국선대리인제도가 도입되었다.

판례 이론 **조문**

> **「행정심판법」 제18조의2 【국선대리인】** ① 청구인이 경제적 능력으로 인해 대리인을 선임할 수 없는 경우에는 위원회에 국선대리인을 선임하여 줄 것을 신청할 수 있다.
> ② 위원회는 제1항의 신청에 따른 국선대리인 선정 여부에 대한 결정을 하고, 지체 없이 청구인에게 그 결과를 통지하여야 한다. 이 경우 위원회는 심판청구가 명백히 부적법하거나 이유 없는 경우 또는 권리의 남용이라고 인정되는 경우에는 국선대리인을 선정하지 아니할 수 있다.
> ③ 국선대리인 신청절차, 국선대리인 지원 요건, 국선대리인의 자격·보수 등 국선대리인 운영에 필요한 사항은 국회규칙, 대법원규칙, 헌법재판소규칙, 중앙선거관리위원회 규칙 또는 대통령령으로 정한다.

③ [×] 피청구인의 경정시가 아닌 종전의 피청구인에 대한 행정심판 청구시를 기산점으로 본다. 제소기간의 도과의 위험성을 회피하기 위함이다.

판례 이론 **조문**

> **「행정심판법」 제17조 【피청구인의 적격 및 경정】** ④ 제2항에 따른 결정이 있으면 종전의 피청구인에 대한 심판청구는 취하되고 종전의 피청구인에 대한 행정심판이 청구된 때에 새로운 피청구인에 대한 행정심판이 청구된 것으로 본다.

④ [×] 통상 고시 또는 공고에 의하여 행정처분을 하는 경우에는 그 처분의 상대방이 불특정다수인이고 그 처분의 효력이 불특정다수인에게 일률적으로 적용되는 것이므로, 그 행정처분에 이해관계를 갖는 자가 고시 또는 공고가 있었다는 사실을 현실적으로 알았는지 여부에 관계없이 고시가 효력을 발생하는 날 행정처분이 있음을 알았다고 보아야 한다(대판 2007.6.14. 2004두619). 고시 또는 공고의 효력발생일을 행정처분이 있음을 안 날로 보아 그 날로부터 90일 이내에 행정심판을 청구할 수 있다.

판례 이론 **조문**

> **「행정심판법」 제27조 【심판청구의 기간】** ① 행정심판은 처분이 있음을 알게 된 날부터 90일 이내에 청구하여야 한다.
> ③ 행정심판은 처분이 있었던 날부터 180일이 지나면 청구하지 못한다. 다만, 정당한 사유가 있는 경우에는 그러하지 아니하다.

18 행정입법부작위 정답 ①

옳은 것은 ㄱ, ㄹ이고, 옳지 않은 것은 ㄴ, ㄷ이다.

ㄱ. [O] 삼권분립의 원칙, 법치행정의 원칙을 당연한 전제로 하고 있는 우리 헌법 하에서 행정권의 행정입법 등 법집행의무는 헌법적 의무라고 보아야 할 것이다. 그런데 이는 행정입법의 제정이 법률의 집행에 필수불가결한 경우로서 행정입법을 제정하지 아니하는 것이 곧 행정권에 의한 입법권 침해의 결과를 초래하는 경우를 말하는 것이므로, 만일 하위 행정입법의 제정 없이 상위 법령의 규정만으로도 집행이 이루어질 수 있는 경우라면 하위 행정입법을 하여야 할 헌법적 작위의무는 인정되지 아니한다(헌재 2005.12.22. 2004헌마66).

ㄴ. [X] 행정소송은 구체적 사건에 대한 법률상 분쟁을 법에 의하여 해결함으로써 법적 안정을 기하자는 것이므로 부작위위법확인 소송의 대상이 될 수 있는 것은 구체적 권리의무에 관한 분쟁이어야 하고 추상적인 법령에 관하여 제정의 여부 등은 그 자체로서 국민의 구체적인 권리의무에 직접적 변동을 초래하는 것이 아니어서 그 소송의 대상이 될 수 없다(대판 1992.5.8. 91누11261).

ㄷ. [X] 행정입법을 제정하지 아니한 부작위도 국가배상청구의 요건인 공무원의 직무에 포함된다(대판 2007.11.29. 2006다3561).

ㄹ. [O] 일반적으로 법률의 위임에 따라 효력을 갖는 법규명령의 경우에 위임의 근거가 없어 무효였더라도 나중에 법 개정으로 위임의 근거가 부여되면 그때부터는 유효한 법규명령으로 볼 수 있다(대판 2017.4.20. 2015두45700).

19 원고적격, 소의 이익 정답 ④

옳은 것은 ㄴ, ㄹ이고, 옳지 않은 것은 ㄱ, ㄷ이다.

ㄱ. [X] 정보공개청구권은 법률상 보호되는 구체적인 권리이므로 청구인이 공공기관에 대하여 정보공개를 청구하였다가 거부처분을 받은 것 자체가 법률상 이익의 침해에 해당한다(대판 2003.12.12. 2003두8050).

ㄴ. [O] 환경상 이익에 대한 침해 또는 침해 우려가 있는 것으로 사실상 추정되어 원고적격이 인정되는 사람에는 환경상 침해를 받으리라고 예상되는 영향권 내의 주민들을 비롯하여 그 영향권 내에서 농작물을 경작하는 등 현실적으로 환경상 이익을 향유하는 사람도 포함된다. 그러나 단지 그 영향권 내의 건물·토지를 소유하거나 환경상 이익을 일시적으로 향유하는 데 그치는 사람은 포함되지 않는다(대판 2009.9.24. 2009두2825).

ㄷ. [X] 인가·허가 등 수익적 행정처분을 신청한 여러 사람이 서로 경원관계에 있어서 한 사람에 대한 허가 등 처분이 다른 사람에 대한 불허가 등으로 귀결될 수밖에 없을 때 허가 등 처분을 받지 못한 사람은 신청에 대한 거부처분의 직접 상대방으로서 원칙적으로 자신에 대한 거부처분의 취소를 구할 원고적격이 있다(대판 2015.10.29. 2013두27517).

ㄹ. [O] 법무사규칙 제37조 제4항이 이의신청 절차를 규정한 것은 채용승인을 신청한 법무사뿐만 아니라 사무원이 되려는 사람의 이익도 보호하려는 취지로 볼 수 있다. 따라서 지방법무사회의 사무원 채용승인 거부처분 또는 채용승인 취소처분에 대해서는 처분 상대방인 법무사뿐만 아니라 그 때문에 사무원이 될 수 없게 된 사람도 이를 다툴 원고적격이 인정되어야 한다(대판 2020.4.9. 2015다34444).

20 행정상 손실보상 정답 ③

① [X] 공익사업을 위한 토지 등의 취득 및 보상에 관한 법률(이하 '토지보상법'이라 한다) 제72조의 문언, 연혁 및 취지 등에 비추어 보면, 위 규정이 정한 수용청구권은 토지보상법 제74조 제1항이 정한 잔여지 수용청구권과 같이 손실보상의 일환으로 토지소유자에게 부여되는 권리로서 그 청구에 의하여 수용효과가 생기는 형성권의 성질을 지니므로, 토지소유자의 토지수용청구를 받아들이지 아니한 토지수용위원회의 재결에 대하여 토지소유자가 불복하여 제기하는 소송은 토지보상법 제85조 제2항에 규정되어 있는 '보상금의 증감에 관한 소송'에 해당하고, 피고는 토지수용위원회가 아니라 사업시행자로 하여야 한다(대판 2015.4.9. 2014두46669).

② [X] 주거이전비는 당해 공익사업 시행지구 안에 거주하는 세입자들의 조기이주를 장려하여 사업추진을 원활하게 하려는 정책적인 목적과 주거이전으로 인하여 특별한 어려움을 겪게 될 세입자들을 대상으로 하는 사회보장적인 차원에서 지급되는 금원의 성격을 가지므로, 적법하게 시행된 공익사업으로 인하여 이주하게 된 주거용 건축물 세입자의 주거이전비 보상청구권은 공법상의 권리이고, 따라서 그 보상을 둘러싼 쟁송은 민사소송이 아니라 공법상의 법률관계를 대상으로 하는 행정소송에 의하여야 한다(대판 2008.5.29. 2007다8129).

❸ [O] 도시계획사업의 시행자가 그 사업에 필요한 토지를 협의취득하는 행위는 사경제주체로서 행하는 사법상의 법률행위에 지나지 않으며 공권력의 주체로서 우월한 지위에서 행하는 공법상의 행정처분이 아니므로 행정소송의 대상이 되지 않는다(대판 1992.10.27. 91누3871).

④ [X] 공공사업의 시행으로 인하여 그러한 손실이 발생하리라는 것을 쉽게 예견할 수 있고 그 손실의 범위도 구체적으로 이를 특정할 수 있는 경우라면 그 손실의 보상에 관하여 공공용지의 취득 및 손실보상에 관한 특례법 시행규칙의 관련 규정 등을 유추적용할 수 있다고 해석함이 상당하고, 이러한 간접손실은 사법상의 권리인 영업권 등에 대한 손실을 본질적 내용으로 하고 있는 것으로서 그 보상청구권은 공법상의 권리가 아니라 사법상의 권리이고, 그 보상금의 결정 방법, 불복절차 등에 관하여 아무런 규정도 마련되어 있지 아니하므로, 그 보상을 청구하려는 자는 사업시행자가 보상청구를 거부하거나 보상금액을 결정한 경우라도 이에 대하여 행정소송을 제기할 것이 아니라, 사업시행자를 상대로 민사소송으로 직접 손실보상금 지급청구를 하여야 한다(대판 1999.6.11. 97다56150).

최종점검 기출모의고사

01회 최종점검 기출모의고사

정답 p. 118

01	④	Ⅳ	06	②	Ⅱ	11	④	Ⅵ	16	③	Ⅳ
02	②	Ⅴ	07	④	Ⅳ	12	②	Ⅱ	17	①	Ⅳ
03	①	Ⅱ	08	②	Ⅱ	13	③	Ⅲ	18	④	Ⅱ
04	②	Ⅵ	09	①	Ⅱ	14	②	Ⅱ	19	④	Ⅱ
05	②	Ⅲ	10	①	Ⅰ	15	④	Ⅱ	20	②	Ⅵ

취약 단원 분석표

단원	맞힌 답의 개수
Ⅰ	/1
Ⅱ	/9
Ⅲ	/2
Ⅳ	/4
Ⅴ	/1
Ⅵ	/3
TOTAL	/20

Ⅰ 행정법 서론 / Ⅱ 행정작용법 / Ⅲ 행정절차와 행정공개 / Ⅳ 행정의 실효성 확보수단 / Ⅴ 행정상 손해전보 / Ⅵ 행정쟁송

23' 국가직 9급

01 행정대집행 정답 ④

① [O] 「행정기본법」 제30조 제1항 제1호에 대한 옳은 내용이다.

판례 이론 **조문**

> **제30조 【행정상 강제】** ① 행정청은 행정목적을 달성하기 위하여 필요한 경우에는 법률로 정하는 바에 따라 필요한 최소한의 범위에서 다음 각 호의 어느 하나에 해당하는 조치를 할 수 있다.
> 1. 행정대집행: 의무자가 행정상 의무(법령등에서 직접 부과하거나 행정청이 법령등에 따라 부과한 의무를 말한다. 이하 이 절에서 같다)로서 타인이 대신하여 행할 수 있는 의무를 이행하지 아니하는 경우 법률로 정하는 다른 수단으로는 그 이행을 확보하기 곤란하고 그 불이행을 방치하면 공익을 크게 해칠 것으로 인정될 때에 행정청이 의무자가 하여야 할 행위를 스스로 하거나 제3자에게 하게 하고 그 비용을 의무자로부터 징수하는 것

② [O] ❹ [X] 대집행에 요한 비용에 대하여서는 행정청은 사무비의 소속에 따라 국세에 다음가는 순위의 선취득권을 가진다. 대집행에 요한 비용은 「국세징수법」의 예에 의하여 징수할 수 있다.

판례 이론 **조문**

> **「행정대집행법」 제6조 【비용징수】** ① 대집행에 요한 비용은 국세징수법의 예에 의하여 징수할 수 있다.
> ② 대집행에 요한 비용에 대하여서는 행정청은 사무비의 소속에 따라 국세에 다음가는 순위의 선취득권을 가진다.
> ③ 대집행에 요한 비용을 징수하였을 때에는 그 징수금은 사무비의 소속에 따라 국고 또는 지방자치단체의 수입으로 한다.

③ [O] 행정대집행법상 대집행의 대상이 되는 대체적 작위의무는 공법상 의무이어야 한다(대판 2006.10.13. 2006두7096).

23' 군무원 9급

02 행정강제 정답 ②

① [O] 관계 법령상 행정대집행의 절차가 인정되어 행정청이 행정대집행의 방법으로 건물의 철거 등 대체적 작위의무의 이행을 실현할 수 있는 경우에는 따로 민사소송의 방법으로 그 의무의 이행을 구할 수 없다(대판 2017.4.28. 2016다213916).

❷ [X] 건물의 점유자가 철거의무자일 때에는 건물철거의무에 퇴거의무도 포함되어 있는 것이어서 별도로 퇴거를 명하는 집행권원이 필요하지 않다(대판 2017.4.28. 2016다213916).

③ [O] 건축법에 위반하여 건축한 것이어서 철거의무가 있는 건물이라 하더라도 그 철거의무를 대집행하기 위한 계고처분을 하려면 다른 방법으로는 이행의 확보가 어렵고 불이행을 방치함이 심히 공익을 해하는 것으로 인정될 때에 한하여 허용되고 이러한 요건의 주장입증책임은 처분 행정청에 있다(대판 1993.9.14. 92누16690).

④ [O] 과세관청이 체납처분으로서 행하는 공매는 우월한 공권력의 행사로서 행정소송의 대상이 되는 공법상의 행정처분이며 공매에 의하여 재산을 매수한 자는 그 공매처분이 취소된 경우에 그 취소처분의 위법을 주장하여 행정소송을 제기할 법률상 이익이 있다고 할 것이다(대판 1984.9.25. 84누201).

23' 국가직 9급

03 행정소송 정답 ①

❶ [X] 구 주택법(2012.1.26. 법률 제11243호로 개정되기 전의 것)상 입주자나 입주예정자는 사용검사처분의 무효확인 또는 취소를 구할 법률상 이익이 없다(대판 2015.1.29. 2013두24976).

② [O] 당사자소송은 「행정소송법」 제3조에서 규정한 행정소송으로 수소법원은 행정법원이어야 하며, 민사소송으로 지방법원에 제기하여 판결이 내려진 경우 관할위반에 해당한다.

③ [O] 민사소송인 이 사건 소가 서울행정법원에 제기되었는데도 피고는 제1심법원에서 관할위반이라고 항변하지 아니하고 본안에 대하여 변론을 한 사실을 알 수 있는바, 공법상의 당사자소송 사건인지 민사사건인지 여부는 이를 구별하기가 어려운 경우가 많고 행정사건의 심리절차에 있어서는 행정소송의 특수성을 감안하여 행정소송법이 정하고 있는 특칙이 적용될 수 있는 점을 제외하면 심리절차면에서 민사소송절차와 큰 차이가 없는 점 등에 비추어 보면, 행정소송법 제8조 제2항, 민사소송법 제30조에 의하여 제1심법원에 변론관할이 생겼다고 봄이 상당하다(2013.2.28. 2010두2236).

④ [O] 환경부장관이 생태·자연도 1등급으로 지정되었던 지역을 2등급 또는 3등급으로 변경하는 내용의 생태·자연도 수정·보완을 고시하자, 인근 주민 甲이 생태·자연도 등급변경처분의 무효 확인을 청구한 사안에서, 생태·자연도의 작성 및 등급변경의 근거가 되는 구 자연환경보전법(2011.7.28. 법률 제10977호로 개정되기 전의 것) 제34조 제1항 및 그 시행령 제27조 제1항, 제2항에 의하면, 생태·자연도는 토지이용 및 개발계획의 수립이나 시행에 활용하여 자연환경을 체계적으로 보전·관리하기 위한 것일 뿐, 1등급 권역의 인근 주민들이 가지는 생활상 이익을 직접적이고 구체적으로 보호하기 위한 것이 아님이 명백하고, 1등급 권역의 인근 주민들이 가지는 이익은 환경보호라는 공공의 이익이 달성됨에 따라 반사적으로 얻게 되는 이익에 불과하므로, 인근 주민에 불과한 甲은 생태·자연도 등급권역을 1등급에서 일부는 2등급으로, 일부는 3등급으로 변경한 결정의 무효 확인을 구할 원고적격이 없다(대판 2014.2.21. 2011두29052).

23' 지방직 7급

04 행정계약 정답 ②

옳은 것은 ㄱ, ㄹ이다.

ㄱ. [O] 「행정기본법」 제27조 제1항에 대한 옳은 내용이다.

판례 이론 **조문**

> **제27조 【공법상 계약의 체결】** ① 행정청은 법령등을 위반하지 아니하는 범위에서 행정목적을 달성하기 위하여 필요한 경우에는 공법상 법률관계에 관한 계약(이하 "공법상 계약"이라 한다)을 체결할 수 있다. 이 경우 계약의 목적 및 내용을 명확하게 적은 계약서를 작성하여야 한다.

ㄴ. [X] 「행정기본법」에는 관련 조항이 없다. 비슷한 조문이 「행정절차법」에 있다.

판례 이론 **조문**

> **「행정절차법」 제24조 【처분의 방식】** ② 제1항에도 불구하고 공공의 안전 또는 복리를 위하여 긴급히 처분을 할 필요가 있거나 사안이 경미한 경우에는 말, 전화, 휴대전화를 이용한 문자 전송, 팩스 또는 전자우편 등 문서가 아닌 방법으로 처분을 할 수 있다. 이 경우 당사자가 요청하면 지체 없이 처분에 관한 문서를 주어야 한다.

ㄷ. [X] 중소기업기술정보진흥원장이 甲 주식회사와 중소기업 정보화지원사업 지원대상인 사업의 지원에 관한 협약을 체결하였는데, 협약이 甲 회사에 책임이 있는 사업실패로 해지되었다는 이유로 협약에서 정한 대로 지급받은 정부지원금을 반환할 것을 통보한 사안에서, 중소기업 정보화지원사업에 따른 지원금 출연을 위하여 중소기업청장이 체결하는 협약은 공법상 대등한 당사자 사이의 의사표시의 합치로 성립하는 공법상 계약에 해당하는 점, 구 중소기업 기술혁신 촉진법(2010.3.31. 법률 제10220호로 개정되기 전의 것) 제32조 제1항은 제10조가 정한 기술혁신사업과 제11조가 정한 산학협력 지원사업에 관하여 출연한 사업비의 환수에 적용될 수 있을 뿐 이와 근거 규정을 달리하는 중소기업 정보화지원사업에 관하여 출연한 지원금에 대하여는 적용될 수 없고 달리 지원금 환수에 관한 구체적인 법령상 근거가 없는 점 등을 종합하면, 협약의 해지 및 그에 따른 환수통보는 공법상 계약에 따라 행정청이 대등한 당사자의 지위에서 하는 의사표시로 보아야 하고, 이를 행정청이 우월한 지위에서 행하는 공권력의 행사로서 행정처분에 해당한다고 볼 수는 없다(대판 2015.8.27. 2015두41449).

ㄹ. [O] 국가를 당사자로 하는 계약에 관한 법률(이하 '국가계약법'이라 한다)에 따라 국가가 당사자가 되는 이른바 공공계약은 사경제 주체로서 상대방과 대등한 위치에서 체결하는 사법상 계약으로서 본질적인 내용은 사인 간의 계약과 다를 바가 없으므로, 그에 관한 법령에 특별한 정함이 있는 경우를 제외하고는 사적 자치와 계약자유의 원칙 등 사법의 원리가 그대로 적용된다(대판 2012.9.20. 2012마1097).

23' 지방직 9급

05 사인의 공법행위 정답 ②

① [X] 공무원이 한 사직 의사표시의 철회나 취소는 그에 터잡은 의원면직처분이 있을 때까지 할 수 있는 것이고, 일단 면직처분이 있고 난 이후에는 철회나 취소할 여지가 없다(대판 2001.8.24. 99두9971).

❷ [O] 주민들의 거주지 이동에 따른 주민등록전입신고에 대하여 행정청이 이를 심사하여 그 수리를 거부할 수는 있다고 하더라도, 그러한 행위는 자칫 헌법상 보장된 국민의 거주·이전의 자유를 침해하는 결과를 가져올 수도 있으므로, 시장·군수 또는 구청장의 주민등록전입신고 수리 여부에 대한 심사는 주민등록법의 입법 목적의 범위 내에서 제한적으로 이루어져야 한다. 한편, 주민등록법의 입법 목적에 관한 제1조 및 주민등록 대상자에 관한 제6조의 규정을 고려해 보면, 전입신고를 받은 시장·군수 또는 구청장의 심사 대상은 전입신고자가 30일 이상 생활의 근거로 거주할 목적으로 거주지를 옮기는지 여부만으로 제한된다고 보아야 한다. 따라서 전입신고자가 거주의 목적 이외에 다른 이해관계에 관한 의도를 가지고 있는지 여부, 무허가 건축물의 관리, 전입신고를 수리함으로써 당해 지방자치단체에 미치는 영향 등과 같은 사유는 주민등록법이 아닌 다른 법률에 의하여 규율되어야 하고, 주민등록전입신고의 수리 여부를 심사하는 단계에서는 고려 대상이 될 수 없다(대판 2009.6.18. 2008두10997).

③ [×] 실질적인 요건에 관한 흠이 민원인의 단순한 착오나 일시적인 사정 등에 기한 경우에는 보완을 요구할 수 있다.

판례 이론 조문

행정기관은 민원사항의 신청이 있는 때에는 다른 법령에 특별한 규정이 있는 경우를 제외하고는 그 접수를 보류하거나 거부할 수 없으며, 민원서류에 흠이 있는 경우에는 보완에 필요한 상당한 기간을 정하여 지체 없이 민원인에게 보완을 요구하고 그 기간 내에 민원서류를 보완하지 아니할 때에는 7일의 기간 내에 다시 보완을 요구할 수 있으며, 위 기간 내에 민원서류를 보완하지 아니한 때에 비로소 접수된 민원서류를 되돌려 보낼 수 있도록 규정되어 있는바, 위 규정 소정의 보완의 대상이 되는 흠은 보완이 가능한 경우이어야 함은 물론이고, 그 내용 또한 형식적·절차적인 요건이거나, 실질적인 요건에 관한 흠이 있는 경우라도 그것이 민원인의 단순한 착오나 일시적인 사정 등에 기한 경우 등이라야 한다(대판 2004.10.15. 2003두6573).

④ [×] 사인의 공법행위도 「행정절차법」이 적용되는 처분인데, 「행정절차법」은 도달주의를 규정하고 있다. 따라서 특별한 사정이 없으면 사인의 공법행위에서도 효력발생시기는 도달주의가 원칙이나, 법률에서 예외적으로 발신주의를 규정하고 있는 경우가 있다.

판례 이론 조문

「행정절차법」 제15조 【송달의 효력 발생】 ① 송달은 다른 법령등에 특별한 규정이 있는 경우를 제외하고는 해당 문서가 송달받을 자에게 도달됨으로써 그 효력이 발생한다.

23' 지방직 9급

06 행정소송 정답 ②

① [O] 「행정소송법」 제29조 제1항에 대한 옳은 내용이다.

판례 이론 조문

제29조 【취소판결등의 효력】 ① 처분등을 취소하는 확정판결은 제3자에 대하여도 효력이 있다.

❷ [×] 취소 확정판결의 기속력은 판결의 주문 및 전제가 되는 처분 등의 구체적 위법사유에 관한 판단에도 미치나, 종전 처분이 판결에 의하여 취소되었더라도 종전 처분과 다른 사유를 들어서 새로이 처분을 하는 것은 기속력에 저촉되지 않는다. 여기에서 동일 사유인지 다른 사유인지는 확정판결에서 위법한 것으로 판단된 종전 처분사유와 기본적 사실관계에서 동일성이 인정되는지 여부에 따라 판단되어야 하고, 기본적 사실관계의 동일성 유무는 처분사유를 법률적으로 평가하기 이전의 구체적인 사실에 착안하여 그 기초인 사회적 사실관계가 기본적인 점에서 동일한지에 따라 결정된다(대판 2016.3.24. 2015두48235).

③ [O] 「행정소송법」 제28조 제1항에 대한 옳은 내용이다.

판례 이론 조문

제28조 【사정판결】 ① 원고의 청구가 이유 있다고 인정하는 경우에도 처분등을 취소하는 것이 현저히 공공복리에 적합하지 아니하다고 인정하는 때에는 법원은 원고의 청구를 기각할 수 있다. 이 경우 법원은 그 판결의 주문에서 그 처분등이 위법함을 명시하여야 한다.

④ [O] 과세의 절차 내지 형식에 위법이 있어 과세처분을 취소하는 판결이 확정되었을 때는 그 확정판결의 기판력은 거기에 적시된 절차내지 형식의 위법사유에 한하여 미치는 것이므로 과세관청은 그 위법사유를 보완하여 다시 새로운 과세처분을 할 수 있고 그 새로운 과세처분은 확정판결에 의하여 취소된 종전의 과세처분과는 별개의 처분이라 할 것이어서 확정판결의 기판력에 저촉되는 것이 아니다(대판 1987.2.10. 86누91).

23' 군무원 7급

07 행정절차법 정답 ④

① [×] 행정청은 당사자에게 의무를 부과하거나 권익을 제한하는 처분을 하는 경우에는 사전통지를 해야 하지만, 신청에 대한 거부처분에 대해서는 사전통지를 할 필요가 없다.

판례 이론 조문

「행정절차법」 제21조 【처분의 사전 통지】 ① 행정청은 당사자에게 의무를 부과하거나 권익을 제한하는 처분을 하는 경우에는 미리 다음 각 호의 사항을 당사자등에게 통지하여야 한다.
1. 처분의 제목
2. 당사자의 성명 또는 명칭과 주소
3. 처분하려는 원인이 되는 사실과 처분의 내용 및 법적 근거
4. 제3호에 대하여 의견을 제출할 수 있다는 뜻과 의견을 제출하지 아니하는 경우의 처리방법
5. 의견제출기관의 명칭과 주소
6. 의견제출기한
7. 그 밖에 필요한 사항

② [×] 행정청이 구 식품위생법 규정에 의하여 영업자지위승계신고를 수리하는 처분은 종전의 영업자의 권익을 제한하는 처분이라 할 것이고 따라서 종전의 영업자는 그 처분에 대하여 직접 그 상대가 되는 자에 해당한다고 봄이 상당하므로, 행정청으로서는 위 신고를 수리하는 처분을 함에 있어서 행정절차법 규정 소정의 당사자에 해당하는 종전의 영업자에 대하여 위 규정 소정의 행정절차를 실시하고 처분을 하여야 한다(대판 2003.2.14. 2001두7015). 영업자 지위승계의 신고의 수리는 양수인에게는 수익적 처분이고 양도인에게 침익적 처분이므로 양도인에게 사전통지를 해야 한다.

③ [×] 이러한 청문절차에 관한 각 규정과 행정처분의 사유에 대하여 당해 영업자에게 변명과 유리한 자료를 제출할 기회를 부여함으로써 위법사유의 시정 가능성을 고려하고 처분의 신중과 적정을 기하려는 청문제도의 취지에 비추어 볼 때, 행정청이 침해적 행정처분을 함에 즈음하여 청문을 실시하지 않아도 되는 예외적인 경우에 해당하지 않는 한 반드시 청문을 실시하여야 하고, 그 절차를 결여한 처분은 위법한 처분으로서 취소 사유에 해당한다(대판 2001.4.13. 2000두3337).

❹ [O] 「행정절차법」 제28조 제2항에 대한 옳은 내용이다.

판례 이론 **조문**

> **제28조 【청문 주재자】** ② 행정청은 다음 각 호의 어느 하나에 해당하는 처분을 하려는 경우에는 청문 주재자를 2명 이상으로 선정할 수 있다. 이 경우 선정된 청문 주재자 중 1명이 청문 주재자를 대표한다.
> 1. 다수 국민의 이해가 상충되는 처분
> 2. 다수 국민에게 불편이나 부담을 주는 처분

23' 지방직 7급

08 행정절차법 정답 ②

① [O] 퇴직연금의 환수결정은 당사자에게 의무를 과하는 처분이기는 하나, 관련 법령에 따라 당연히 환수금액이 정하여지는 것이므로, 퇴직연금의 환수결정에 앞서 당사자에게 의견진술의 기회를 주지 아니하여도 행정절차법 제22조 제3항이나 신의칙에 어긋나지 아니한다. 따라서 이 점에 관한 상고이유도 받아들이지 아니한다(대판 2000.11.28. 99두5443).

❷ [×] 행정절차법 제26조는 "행정청이 처분을 하는 때에는 당사자에게 그 처분에 관하여 행정심판 및 행정소송을 제기할 수 있는지 여부, 기타 불복을 할 수 있는지 여부, 청구절차 및 청구기간 기타 필요한 사항을 알려야 한다."라고 규정하고 있다. 이러한 고지절차에 관한 규정은 행정처분의 상대방이 그 처분에 대한 행정심판의 절차를 밟는 데 편의를 제공하려는 것이어서 처분청이 위 규정에 따른 고지의무를 이행하지 아니하였다고 하더라도 경우에 따라 행정심판의 제기기간이 연장될 수 있음에 그칠 뿐, 그 때문에 심판의 대상이 되는 행정처분이 위법하다고 할 수는 없다(대판 1987.11.24. 87누529).

③ [O] 처분이나 민원의 처리기간을 정하는 것은 신청에 따른 사무를 가능한 한 조속히 처리하도록 하기 위한 것이다. 처리기간에 관한 규정은 훈시규정에 불과할 뿐 강행규정이라고 볼 수 없다. 행정청이 처리기간이 지나 처분을 하였더라도 이를 처분을 취소할 절차상 하자로 볼 수 없다(대판 2019.12.13. 2018두41907).

④ [O] 행정청이 당사자와 사이에 도시계획사업의 시행과 관련한 협약을 체결하면서 관계 법령 및 행정절차법에 규정된 청문의 실시 등 의견청취절차를 배제하는 조항을 두었다고 하더라도, 국민의 행정참여를 도모함으로써 행정의 공정성·투명성 및 신뢰성을 확보하고 국민의 권익을 보호한다는 행정절차법의 목적 및 청문제도의 취지 등에 비추어 볼 때, 위와 같은 협약의 체결로 청문의 실시에 관한 규정의 적용을 배제할 수 있다고 볼 만한 법령상의 규정이 없는 한, 이러한 협약이 체결되었다고 하여 청문의 실시에 관한 규정의 적용이 배제된다거나 청문을 실시하지 않아도 되는 예외적인 경우에 해당한다고 할 수 없다(대판 2004.7.8. 2002두8350).

23' 지방직 9급

09 행정소송 정답 ①

❶ [×] 당사자가 주장하지 아니한 사실에 대하여도 판단할 수 있다.

판례 이론 **조문**

> **「행정소송법」 제26조 【직권심리】** 법원은 필요하다고 인정할 때에는 직권으로 증거조사를 할 수 있고, 당사자가 주장하지 아니한 사실에 대하여도 판단할 수 있다.

② [O] 법원은 행정처분 당시 행정청이 알고 있었던 자료뿐만 아니라 사실심 변론종결 당시까지 제출된 모든 자료를 종합하여 처분 당시 존재하였던 객관적 사실을 확정하고 그 사실에 기초하여 처분의 위법 여부를 판단할 수 있다(대판 1993.5.27. 92누19033).

③ [O] 「행정소송법」 제25조에 대한 옳은 내용이다.

판례 이론 **조문**

> **제25조 【행정심판기록의 제출명령】** ① 법원은 당사자의 신청이 있는 때에는 결정으로써 재결을 행한 행정청에 대하여 행정심판에 관한 기록의 제출을 명할 수 있다.
> ② 제1항의 규정에 의한 제출명령을 받은 행정청은 지체 없이 당해 행정심판에 관한 기록을 법원에 제출하여야 한다.

④ [O] 결혼이민[F-6 (다)목] 체류자격을 신청한 외국인에 대하여 행정청이 그 요건을 충족하지 못하였다는 이유로 거부처분을 하는 경우에는 '그 요건을 갖추지 못하였다는 판단', 다시 말해 '혼인파탄의 주된 귀책사유가 국민인 배우자에게 있지 않다는 판단' 자체가 처분사유가 된다. 부부가 혼인파탄에 이르게 된 여러 사정들은 그와 같은 판단의 근거가 되는 기초 사실 내지 평가요소에 해당한다. 결혼이민[F-6 (다)목] 체류자격 거부처분 취소소송에서 원고와 피고 행정청은 각자 자신에게 유리한 평가요소들을 적극적으로 주장·증명하여야 하며, 수소법원은 증명된 평가요소들을 종합하여 혼인파탄의 주된 귀책사유가 누구에게 있는지를 판단하여야 한다. 수소법원이 '혼인파탄의 주된 귀책사유가 국민인 배우자에게 있다'고 판단하게 되는 경우에는, 해당 결혼이민[F-6 (다)목] 체류자격 거부처분은 위법하여 취소되어야 하므로, 이러한 의미에서 결혼이민[F-6 (다)목] 체류자격 거부처분 취소소송에서도 그 처분사유에 관한 증명책임은 피고 행정청에 있다(대판 2019.7.4. 2018두66869).

23' 군무원 7급

10 취소소송 정답 ①

❶ [×] 어떠한 처분에 법령상 근거가 있는지, 행정절차법에서 정한 처분절차를 준수하였는지는 본안에서 당해 처분이 적법한가를 판단하는 단계에서 고려할 요소이지, 소송요건 심사단계에서 고려할 요소가 아니다(대판 2020.4.9. 2015다34444).

② [O] 항고소송에 있어 행정처분의 위법 여부는 행정처분이 있을 때의 법령과 사실 상태를 기준으로 판단하여야 하며, 법원은 행정처분 당시 행정청이 알고 있었던 자료뿐만 아니라 사실심 변론종결 당시까지 제출된 모든 자료를 종합하여 처분 당시 존재하였던 객관적 사실을 확정하고 그 사실에 기초하여 처분의 위법 여부를 판단할 수 있다(대판 2010.1.14. 2009두11843).

③ [O] 개발부담금부과처분 취소소송에 있어 당사자가 제출한 자료에 의하여 적법하게 부과될 정당한 부과금액이 산출할 수 없을 경우에는 부과처분 전부를 취소할 수밖에 없으나, 그렇지 않은 경우에는 그 정당한 금액을 초과하는 부분만 취소하여야 한다(대판 2004.7.22. 2002두868).

④ [O] 행정처분이 위법한 경우에는 이를 취소하는 것이 원칙이나, 예외적으로 그 위법한 처분을 취소·변경하는 것이 도리어 현저히 공공복리에 적합하지 아니하는 경우에는 그 취소를 허용하지 아니하는 사정판결을 할 수 있다. 이러한 사정판결은 당사자의 명백한 주장이 없는 경우에도 기록에 나타난 여러 사정을 기초로 직권으로 할 수 있는 것이나, 그 요건인 현저히 공공복리에 적합하지 아니한지 여부는 위법한 행정처분을 취소·변경하여야 할 필요와 그 취소·변경으로 인하여 발생할 수 있는 공공복리에 반하는 사태 등을 비교·교량하여 판단하여야 한다(대판 2006.9.22. 2005두2506).

23' 지방직 9급

11 토지보상법 정답 ④

① [O] 하천법 제50조에 의한 하천수 사용권은 공익사업을 위한 토지 등의 취득 및 보상에 관한 법률 제76조 제1항이 손실보상의 대상으로 규정하고 있는 '물의 사용에 관한 권리'에 해당한다(대판 2018.12.27. 2014두11601).

② [O] 「공익사업을 위한 토지 등의 취득 및 보상에 관한 법률」 제88조에 대한 옳은 내용이다.

판례 이론 **조문**

> **제88조 【처분효력의 부정지】** 제83조에 따른 이의의 신청이나 제85조에 따른 행정소송의 제기는 사업의 진행 및 토지의 수용 또는 사용을 정지시키지 아니한다.

③ [O] 사업인정이라 함은 공익사업을 토지 등을 수용 또는 사용할 사업으로 결정하는 것으로서 공익사업의 시행자에게 그 후 일정한 절차를 거칠 것을 조건으로 일정한 내용의 수용권을 설정하여 주는 형성행위이다(대판 2011.1.27. 2009두1051).

❹ [X] 어떤 보상항목이 공익사업을 위한 토지 등의 취득 및 보상에 관한 법령상 손실보상대상에 해당함에도 관할 토지수용위원회가 사실을 오인하거나 법리를 오해함으로써 손실보상대상에 해당하지 않는다고 잘못된 내용의 재결을 한 경우에는, 피보상자는 관할 토지수용위원회를 상대로 그 재결에 대한 취소소송을 제기할 것이 아니라, 사업시행자를 상대로 구 공익사업을 위한 토지 등의 취득 및 보상에 관한 법률 제85조 제2항에 따른 보상금증감소송을 제기하여야 한다(대판 2018.7.20. 2015두4044).

23' 군무원 9급

12 공법관계와 사법관계 정답 ②

① [O] 서울특별시지하철공사의 임원과 직원의 근무관계의 성질은 지방공기업법의 모든 규정을 살펴보아도 공법상의 특별권력관계라고는 볼 수 없고 사법관계에 속할 뿐만 아니라, 위 지하철공사의 사장이 그 이사회의 결의를 거쳐 제정된 인사규정에 의거하여 소속직원에 대한 징계처분을 한 경우 위 사장은 행정소송법 제13조 제1항 본문과 제2조 제2항 소정의 행정청에 해당되지 않으므로 공권력발동주체로서 위 징계처분을 행한 것으로 볼 수 없고, 따라서 이에 대한 불복절차는 민사소송에 의할 것이지 행정소송에 의할 수는 없다(대판 1989.9.12. 89누2103).

❷ [X] 공기업·준정부기관이 법령 또는 계약에 근거하여 선택적으로 입찰참가자격 제한 조치를 할 수 있는 경우, 계약상대방에 대한 입찰참가자격 제한 조치가 법령에 근거한 행정처분인지 아니면 계약에 근거한 권리행사인지는 원칙적으로 의사표시의 해석 문제이다. 이때에는 공기업·준정부기관이 계약상대방에게 통지한 문서의 내용과 해당 조치에 이르기까지의 과정을 객관적·종합적으로 고찰하여 판단하여야 한다(대판 2018.10.25. 2016두33537). 판례는 계약에 근거한 권리행사로서 입찰참가자격 제한 조치와 행정처분으로서 입찰참가자격 제한 조치를 구분하고 있으며, 전자의 경우에는 처분성을 부인하고 있다.

③ [O] 국유재산 등의 관리청이 하는 행정재산의 사용·수익에 대한 허가는 순전히 사경제주체로서 행하는 사법상의 행위가 아니라 관리청이 공권력을 가진 우월적 지위에서 행하는 행정처분으로서 특정인에게 행정재산을 사용할 수 있는 권리를 설정하여 주는 강학상 특허에 해당한다(대판 2006.3.9. 2004다31074).

④ [O] 지방자치단체가 구 지방재정법 시행령(1988.5.7. 대통령령 제12445호로 전면 개정되기 전의 것) 제71조(현행 지방재정법 시행령 제83조)의 규정에 따라 기부채납받은 공유재산을 무상으로 기부자에게 사용을 허용하는 행위는 사경제주체로서 상대방과 대등한 입장에서 하는 사법상 행위이지 행정청이 공권력의 주체로서 행하는 공법상 행위라고 할 수 없으므로, 기부자가 기부채납한 부동산을 일정기간 무상사용한 후에 한 사용허가기간 연장신청을 거부한 행정청의 행위도 단순한 사법상의 행위일 뿐 행정처분 기타 공법상 법률관계에 있어서의 행위는 아니다(대판 1994.1.25. 93누7365).

23' 국가직 7급

13 국가배상 정답 ③

① [O] 국가배상법 제5조 제1항 소정의 "공공의 영조물"이라 함은 국가 또는지방자치단체에 의하여 특정 공공의 목적에 공여된 유체물 내지 물적 설비를 지칭하며, 특정 공공의 목적에 공여된 물이라 함은 일반공중의 자유로운 사용에 직접적으로 제공되는 공공용물에 한하지 아니하고, 행정주체 자신의 사용에 제공되는 공용물도 포함하며 국가 또는 지방자치단체가 소유권, 임차권 그밖의 권한에 기하여 관리하고 있는 경우뿐만 아니라 사실상의 관리를 하고 있는 경우도 포함한다(대판 1995.1.24. 94다45302).

② [O] 국가배상법 제5조 제1항에 정하여진 '영조물의 설치 또는 관리의 하자'라 함은 공공의 목적에 공여된 영조물이 그 용도에 따라 갖추어야 할 안전성을 갖추지 못한 상태에 있음을 말하고, 여기서 안전성을 갖추지 못한 상태, 즉 타인에게 위해를 끼칠 위험성이 있는 상태라 함은 당해 영조물을 구성하는 물적 시설 그 자체에 있는 물리적·외형적 흠결이나 불비로 인하여 그 이용자에게 위해를 끼칠 위험성이 있는 경우뿐만 아니라 그 영조물이 공공의 목적에 이용됨에 있어 그 이용상태 및 정도가 일정한 한도를 초과하여 제3자에게 사회통념상 참을 수 없는 피해를 입히는 경우까지 포함된다고 보아야 할 것이다(대판 2004.3.12. 2002다14242).

❸ [X] 안전성의 구비 여부는 영조물의 설치자 또는 관리자가 그 영조물의 위험성에 비례하여 사회통념상 일반적으로 요구되는 정도의 방호조치의무를 다하였는지를 기준으로 판단하여야 하고, 아울러 그 설치자 또는 관리자의 재정적·인적·물적 제약 등도 고려하여야 한다(대판 2013.10.24. 2013다208074).

④ [O] 객관적으로 보아 시간적·장소적으로 영조물의 기능상 결함으로 인한 손해발생의 예견가능성과 회피가능성이 없는 경우 즉 그 영조물의 결함이 영조물의 설치관리자의 관리행위가 미칠 수 없는 상황 아래에 있는 경우에는 영조물의 설치관리상의 하자를 인정할 수 없다(대판 2000.2.25. 99다54004).

23' 군무원 9급

14 개인정보 보호법 정답 ②

① [O] 「개인정보 보호법」 제3조 제7항에 대한 옳은 내용이다.

판례 이론 **조문**

> **제3조 【개인정보 보호 원칙】** ⑦ 개인정보처리자는 개인정보를 익명 또는 가명으로 처리하여도 개인정보 수집목적을 달성할 수 있는 경우 익명처리가 가능한 경우에는 익명에 의하여, 익명처리로 목적을 달성할 수 없는 경우에는 가명에 의하여 처리될 수 있도록 하여야 한다.

❷ [X] 개인정보처리자는 정보주체가 필요한 최소한의 정보 외의 개인정보 수집에 동의하지 아니한다는 이유로 정보주체에게 재화 또는 서비스의 제공을 거부할 수 없다.

판례 이론 **조문**

> **「개인정보 보호법」 제16조 【개인정보의 수집 제한】** ③ 개인정보처리자는 정보주체가 필요한 최소한의 정보 외의 개인정보 수집에 동의하지 아니한다는 이유로 정보주체에게 재화 또는 서비스의 제공을 거부하여서는 아니 된다.

③ [O] 「개인정보 보호법」 제15조 제1항 제3호에 대한 옳은 내용이다.

판례 이론 **조문**

> **제15조 【개인정보의 수집·이용】** ① 개인정보처리자는 다음 각 호의 어느 하나에 해당하는 경우에는 개인정보를 수집할 수 있으며 그 수집 목적의 범위에서 이용할 수 있다.
> 3. 공공기관이 법령 등에서 정하는 소관 업무의 수행을 위하여 불가피한 경우

④ [O] 「개인정보 보호법」 제21조 제1항에 대한 옳은 내용이다.

판례 이론 **조문**

> **제21조 【개인정보의 파기】** ① 개인정보처리자는 보유기간의 경과, 개인정보의 처리 목적 달성 등 그 개인정보가 불필요하게 되었을 때에는 지체 없이 그 개인정보를 파기하여야 한다. 다만, 다른 법령에 따라 보존하여야 하는 경우에는 그러하지 아니하다.

23' 군무원 9급

15 행정심판 정답 ④

① [O] 도축장 사용정지·제한명령은 공익목적을 위하여 이미 형성된 구체적 재산권을 박탈하거나 제한하는 헌법 제23조 제3항의 수용·사용 또는 제한에 해당하는 것이 아니라, 도축장 소유자들이 수인하여야 할 사회적 제약으로서 헌법 제23조 제1항의 재산권의 내용과 한계에 해당한다(헌재 2015.10.21. 2012헌바367).

② [O] 토지수용위원회의 수용재결에 대한 이의절차는 실질적으로 행정심판의 성질을 갖는 것이므로 토지수용법에 특별한 규정이 있는 것을 제외하고는 행정심판법의 규정이 적용된다고 할 것이다(대판 1992.6.9. 92누565).

③ [O] 구 공무원연금법상 공무원연금급여 재심위원회에 대한 심사청구 제도는 사안의 전문성과 특수성을 살리기 위하여 특히 필요하여 행정심판법에 따른 일반행정심판을 갈음하는 특별한 행정불복절차(행정심판법 제4조 제1항), 즉 특별행정심판에 해당한다(대판 2019.8.9. 2019두38656).

❹ [X] 당사자의 신청을 받아들이지 않은 거부처분이 재결에서 취소된 경우에 행정청은 종전 거부처분 또는 재결 후에 발생한 새로운 사유를 내세워 다시 거부처분을 할 수 있다(대판 2017.10.31. 2015두45045).

23' 지방직 7급

16 행정상 손실보상 정답 ③

① [O] 「공익사업을 위한 토지 등의 취득 및 보상에 관한 법률」 제85조, 제88조에 대한 옳은 내용이다.

판례 이론 **조문**

> **제85조 【행정소송의 제기】** ① 사업시행자, 토지소유자 또는 관계인은 제34조에 따른 재결에 불복할 때에는 재결서를 받은 날부터 90일 이내에, 이의신청을 거쳤을 때에는 이의신청에 대한 재결서를 받은 날부터 60일 이내에 각각 행정소송을 제기할 수 있다. 이 경우 사업시행자는 행정소송을 제기하기 전에 제84조에 따라 늘어난 보상금을 공탁하여야 하며, 보상금을 받을 자는 공탁된 보상금을 소송이 종결될 때까지 수령할 수 없다.
> **제88조 【처분효력의 부정지】** 제83조에 따른 이의의 신청이나 제85조에 따른 행정소송의 제기는 사업의 진행 및 토지의 수용 또는 사용을 정지시키지 아니한다.

② [O] 「공익사업을 위한 토지 등의 취득 및 보상에 관한 법률」 제75조의2 제2항에 대한 옳은 내용이다.

판례 이론 **조문**

> **제75조의2 【잔여 건축물의 손실에 대한 보상 등】** ② 동일한 소유자에게 속하는 일단의 건축물의 일부가 협의에 의하여 매수되거나 수용됨으로 인하여 잔여 건축물을 종래의 목적에 사용하는 것이 현저히 곤란할 때에는 그 건축물소유자는 사업시행자에게 잔여 건축물을 매수하여 줄 것을 청구할 수 있으며, 사업인정 이후에는 관할 토지수용위원회에 수용을 청구할 수 있다. 이 경우 수용 청구는 매수에 관한 협의가 성립되지 아니한 경우에만 하되, 사업완료일까지 하여야 한다.

❸ [X] 구 '공익사업을 위한 토지 등의 취득 및 보상에 관한 법률'(2007.10.17. 법률 제8665호로 개정되기 전의 것) 제74조 제1항에 규정되어 있는 잔여지 수용청구권은 손실보상의 일환으로 토지소유자에게 부여되는 권리로서 그 요건을 구비한 때에는 잔여지를 수용하는 토지수용위원회의 재결이 없더라도 그 청구에 의하여 수용의 효과가 발생하는 형성권적 성질을 가지므로, 잔여지 수용청구를 받아들이지 않은 토지수용위원회의 재결에 대하여 토지소유자가 불복하여 제기하는 소송은 위 법 제85조 제2항에 규정되어 있는 '보상금의 증감에 관한 소송'에 해당하여 사업시행자를 피고로 하여야 한다(대판 2010.8.19. 2008두822).

④ [O] 하나의 재결에서 피보상자별로 여러 가지의 토지, 물건, 권리 또는 영업(이처럼 손실보상 대상에 해당하는지, 나아가 그 보상금액이 얼마인지를 심리·판단하는 기초 단위를 이하 '보상항목'이라고 한다)의 손실에 관하여 심리·판단이 이루어졌을 때, 피보상자 또는 사업시행자가 반드시 그 재결 전부에 관하여 불복하여야 하는 것은 아니며, 여러 보상항목들 중 일부에 관해서만 불복하는 경우에는 그 부분에 관해서만 개별적으로 불복의 사유를 주장하여 행정소송을 제기할 수 있다. 이러한 보상금 증감 소송에서 법원의 심판범위는 하나의 재결 내에서 소송당사자가 구체적으로 불복신청을 한 보상항목들로 제한된다(대판 2018.5.15. 2017두41221).

23' 국가직 7급

17 취소소송 정답 ①

❶ [X] 부당해고 구제신청에 관한 중앙노동위원회의 명령 또는 결정의 취소를 구하는 소송에서 그 명령 또는 결정이 적법한지는 그 명령 또는 결정이 이루어진 시점을 기준으로 판단하여야 하고, 그 명령 또는 결정 후에 생긴 사유를 들어 적법 여부를 판단할 수는 없으나, 그 명령 또는 결정의 기초가 된 사실이 동일하다면 노동위원회에서 주장하지 아니한 사유도 행정소송에서 주장할 수 있다(대판 2021.7.29. 2016두64876).

② [O] 행정소송에서 쟁송의 대상이 되는 행정처분의 존부는 소송요건으로서 직권조사사항이고, 자백의 대상이 될 수 없는 것이므로, 설사 그 존재를 당사자들이 다투지 아니한다 하더라도 그 존부에 관하여 의심이 있는 경우에는 이를 직권으로 밝혀 보아야 할 것이고, 사실심에서 변론종결시까지 당사자가 주장하지 않던 직권조사사항에 해당하는 사항을 상고심에서 비로소 주장하는 경우 그 직권조사사항에 해당하는 사항은 상고심의 심판범위에 해당한다(대판 2004.12.24. 2003두15195).

③ [O] 행정청이 공무원에 대하여 새로운 직위해제사유에 기한 직위해제처분을 한 경우 그 이전에 한 직위해제처분은 이를 묵시적으로 철회하였다고 봄이 상당하므로, 그 이전 처분의 취소를 구하는 부분은 존재하지 않는 행정처분을 대상으로 한 것으로서 그 소의 이익이 없어 부적법하다(대판 2003.10.10. 2003두5945).

④ [O] 처분청의 직권취소에도 완전한 원상회복이 이루어지지 않아 무효확인 또는 취소로써 회복할 수 있는 다른 권리나 이익이 남아 있거나 또는 동일한 소송 당사자 사이에서 그 행정처분과 동일한 사유로 위법한 처분이 반복될 위험성이 있어 행정처분의 위법성 확인 내지 불분명한 법률문제에 대한 해명이 필요한 경우 행정의 적법성 확보와 그에 대한 사법통제, 국민의 권리구제의 확대 등의 측면에서 예외적으로 그 처분의 취소를 구할 소의 이익을 인정할 수 있다(대판 2020.4.9. 2019두49953).

23' 지방직 7급

18 정보공개법 정답 ④

① [O] 지방자치단체의 도시공원에 관한 조례에서 규정된 도시공원위원회의 심의사항에 관하여 위 위원회의 심의를 거친 후 시장이나 구청장이 위 사항들에 대한 결정을 대외적으로 공표하기 전에 위 위원회의 회의관련자료 및 회의록이 공개된다면 업무의 공정한 수행에 현저한 지장을 초래한다고 할 것이므로, 위 위원회의 심의 후 그 심의사항들에 대한 시장 등의 결정의 대외적 공표행위가 있기 전까지는 위 위원회의 회의관련자료 및 회의록은 공공기관의 정보공개에 관한 법률 제7조 제1항 제5호에서 규정하는 비공개대상정보에 해당한다고 할 것이고, 다만 시장 등의 결정의 대외적 공표행위가 있은 후에는 이를 의사결정과정이나 내부검토과정에 있는 사항이라고 할 수 없고 위 위원회의 회의관련자료 및 회의록을 공개하더라도 업무의 공정한 수행에 지장을 초래할 염려가 없으므로, 시장 등의 결정의 대외적 공표행위가 있은 후에는 위 위원회의 회의관련자료 및 회의록은 같은 법 제7조 제2항에 의하여 공개대상이 된다고 할 것인바, 지방자치단체의 도시공원에 관한 조례안에서 공개시기 등에 관한 아무런 제한 규정 없이 위 위원회의 회의관련자료 및 회의록은 공개하여야 한다고 규정하였다면 이는 같은 법 제7조 제1항 제5호에 위반된다고 할 것이다(대판 2000.5.30. 99추85).

② [O] 공공기관의 정보공개에 관한 법률에 의한 정보공개제도는 공공기관이 보유·관리하는 정보를 그 상태대로 공개하는 제도이지만, 전자적 형태로 보유·관리되는 정보의 경우에는, 그 정보가 청구인이 구하는 대로는 되어 있지 않다고 하더라도, 공개청구를 받은 공공기관이 공개청구대상정보의 기초자료를 전자적 형태로 보유·관리하고 있고, 당해 기관에서 통상 사용되는 컴퓨터 하드웨어 및 소프트웨어와 기술적 전문지식을 사용하여 그 기초자료를 검색하여 청구인이 구하는 대로 편집할 수 있으며, 그러한 작업이 당해 기관의 컴퓨터 시스템 운용에 별다른 지장을 초래하지 아니한다면, 그 공공기관이 공개청구대상정보를 보유·관리하고 있는 것으로 볼 수 있고, 이러한 경우에 기초자료를 검색·편집하는 것은 새로운 정보의 생산 또는 가공에 해당한다고 할 수 없다(대판 2010.2.11. 2009두6001).

③ [O] 공공기관의 정보공개에 관한 법률 제1조, 제3조, 헌법 제37조의 각 취지와 행정입법으로는 법률이 구체적으로 범위를 정하여 위임한 범위 안에서만 국민의 자유와 권리에 관련된 규율을 정할 수 있는 점 등을 고려할 때, 공공기관의 정보공개에 관한 법률 제7조 제1항 제1호 소정의 '법률에 의한 명령'은 법률의 위임규정에 의하여 제정된 대통령령, 총리령, 부령 전부를 의미한다기보다는 정보의 공개에 관하여 법률의 구체적인 위임 아래 제정된 법규명령(위임명령)을 의미한다(대판 2003.12.11. 2003두8395).

❹ [X] 행정심판전치주의가 적용되지 않는다.

판례 이론 **조문**

> **「공공기관의 정보공개에 관한 법률」 제19조 【행정심판】** ② 청구인은 제18조에 따른 이의신청 절차를 거치지 아니하고 행정심판을 청구할 수 있다.

23' 지방직 7급

19 질서위반행위규제법 정답 ④

① [O] 「질서위반행위규제법」 제3조 제3항에 대한 옳은 내용이다.

판례 이론 **조문**

> **제3조 【법 적용의 시간적 범위】** ③ 행정청의 과태료 처분이나 법원의 과태료 재판이 확정된 후 법률이 변경되어 그 행위가 질서위반행위에 해당하지 아니하게 된 때에는 변경된 법률에 특별한 규정이 없는 한 과태료의 징수 또는 집행을 면제한다.

② [O] 「질서위반행위규제법」 제10조 제1항에 대한 옳은 내용이다.

판례 이론 **조문**

> **제10조 【심신장애】** ① 심신(心神)장애로 인하여 행위의 옳고 그름을 판단할 능력이 없거나 그 판단에 따른 행위를 할 능력이 없는 자의 질서위반행위는 과태료를 부과하지 아니한다.

③ [O] 「질서위반행위규제법」 제19조 제1항에 대한 옳은 내용이다.

판례 이론 **조문**

> **제19조 【과태료 부과의 제척기간】** ① 행정청은 질서위반행위가 종료된 날(다수인이 질서위반행위에 가담한 경우에는 최종행위가 종료된 날을 말한다)부터 5년이 경과한 경우에는 해당 질서위반행위에 대하여 과태료를 부과할 수 없다.

❹ [X] 90일이 아닌 60일이다.

판례 이론 **조문**

> **「질서위반행위규제법」 제20조 【이의제기】** ① 행정청의 과태료 부과에 불복하는 당사자는 제17조 제1항에 따른 과태료 부과 통지를 받은 날부터 60일 이내에 해당 행정청에 서면으로 이의제기를 할 수 있다.

23' 군무원 7급

20 행정기본법 정답 ②

① [O] 「행정기본법」 제36조 제4항에 대한 옳은 내용이다.

판례 이론 **조문**

> **제36조 【처분에 대한 이의신청】** ④ 이의신청에 대한 결과를 통지받은 후 행정심판 또는 행정소송을 제기하려는 자는 그 결과를 통지받은 날(제2항에 따른 통지기간 내에 결과를 통지받지 못한 경우에는 같은 항에 따른 통지기간이 만료되는 날의 다음 날을 말한다)부터 90일 이내에 행정심판 또는 행정소송을 제기할 수 있다.

❷ [X] 공무원 인사 관계 법령에 따른 징계 등 처분에 관한 사항은 「행정기본법」상의 이의신청 규정이 적용되지 않는다.

판례 이론 **조문**

> **「행정기본법」 제36조 【처분에 대한 이의신청】** ⑦ 다음 각 호의 어느 하나에 해당하는 사항에 관하여는 이 조를 적용하지 아니한다.
> 1. 공무원 인사 관계 법령에 따른 징계 등 처분에 관한 사항

③ [O] 당사자는 처분에 대하여 법원의 확정판결이 있는 경우에는 처분의 근거가 된 사실관계 또는 법률관계가 추후에 당사자에게 유리하게 바뀐 경우에도 해당 처분을 한 행정청이 처분을 취소·철회하거나 변경하여 줄 것을 신청할 수 없다.

판례 이론 **조문**

> **「행정기본법」 제37조 【처분의 재심사】** ① 당사자는 처분(제재처분 및 행정상 강제는 제외한다. 이하 이 조에서 같다)이 행정심판, 행정소송 및 그 밖의 쟁송을 통하여 다툴 수 없게 된 경우(법원의 확정판결이 있는 경우는 제외한다)라도 다음 각 호의 어느 하나에 해당하는 경우에는 해당 처분을 한 행정청에 처분을 취소·철회하거나 변경하여 줄 것을 신청할 수 있다.
> 1. 처분의 근거가 된 사실관계 또는 법률관계가 추후에 당사자에게 유리하게 바뀐 경우

④ [O] 「행정기본법」 제37조 제5항에 대한 옳은 내용이다.

판례 이론 **조문**

> **제37조 【처분의 재심사】** ⑤ 제4항에 따른 처분의 재심사 결과 중 처분을 유지하는 결과에 대해서는 행정심판, 행정소송 및 그 밖의 쟁송수단을 통하여 불복할 수 없다.

02회 최종점검 기출모의고사

정답 p. 126

01	③	Ⅱ	06	①	Ⅱ	11	④	Ⅵ	16	③	Ⅰ
02	①	Ⅲ	07	②	Ⅱ	12	①	Ⅵ	17	④	Ⅳ
03	②	Ⅰ	08	②	Ⅵ	13	③	Ⅰ	18	②	Ⅱ
04	③	Ⅱ	09	①	Ⅵ	14	③	Ⅴ	19	④	Ⅰ
05	③	Ⅱ	10	④	Ⅱ	15	①	Ⅵ	20	④	Ⅲ

취약 단원 분석표

단원	맞힌 답의 개수
Ⅰ	/4
Ⅱ	/7
Ⅲ	/2
Ⅳ	/1
Ⅴ	/1
Ⅵ	/5
TOTAL	/20

Ⅰ 행정법 서론 / Ⅱ 행정작용법 / Ⅲ 행정절차와 행정공개 / Ⅳ 행정의 실효성 확보수단 / Ⅴ 행정상 손해전보 / Ⅵ 행정쟁송

23' 군무원 9급

01 행정기본법 정답 ③

① [O] 「행정기본법」 제13조에 대한 옳은 내용이다.

판례 이론 **조문**

> **제13조 【부당결부금지의 원칙】** 행정청은 행정작용을 할 때 상대방에게 해당 행정작용과 실질적인 관련이 없는 의무를 부과해서는 아니 된다.

② [O] 「행정기본법」 제9조에 대한 옳은 내용이다.

판례 이론 **조문**

> **제9조 【평등의 원칙】** 행정청은 합리적 이유 없이 국민을 차별하여서는 아니 된다.

❸ [X] 공익 또는 제3자의 이익을 현저히 해칠 우려가 있는 경우는 신뢰보호의 원칙이 적용되지 않는다.

판례 이론 **조문**

> **「행정기본법」 제12조 【신뢰보호의 원칙】** ① 행정청은 공익 또는 제3자의 이익을 현저히 해칠 우려가 있는 경우를 제외하고는 행정에 대한 국민의 정당하고 합리적인 신뢰를 보호하여야 한다.

④ [O] 「행정기본법」 제11조 제1항에 대한 옳은 내용이다.

판례 이론 **조문**

> **제11조 【성실의무 및 권한남용금지의 원칙】** ① 행정청은 법령등에 따른 의무를 성실히 수행하여야 한다.

23' 군무원 9급

02 행정행위 정답 ①

❶ [X] 상대방 있는 행정처분은 특별한 규정이 없는 한 의사표시에 관한 일반법리에 따라 상대방에게 고지되어야 효력이 발생하고, 상대방 있는 행정처분이 상대방에게 고지되지 아니한 경우에는 상대방이 다른 경로를 통해 행정처분의 내용을 알게 되었다고 하더라도 행정처분의 효력이 발생한다고 볼 수 없다(대판 2019.8.9. 2019두38656).

② [O] 일반적으로 행정처분이 주체·내용·절차와 형식이라는 내부적 성립요건과 외부에 대한 표시라는 외부적 성립요건을 모두 갖춘 경우에는 행정처분이 존재한다고 할 수 있다(대판 2017.7.11. 2016두35120).

③ [O] 이 사건 입국금지결정은 법무부장관의 의사가 공식적인 방법으로 외부에 표시된 것이 아니라 단지 그 정보를 내부전산망인 '출입국관리정보시스템'에 입력하여 관리한 것에 지나지 않으므로, 항고소송의 대상이 될 수 있는 '처분'에 해당하지 않는다(대판 2019.7.11. 2017두38874).

④ [O] 행정처분의 외부적 성립은 행정의사가 외부에 표시되어 행정청이 자유롭게 취소·철회할 수 없는 구속을 받게 되는 시점을 확정하는 의미를 가지므로, 어떠한 처분의 외부적 성립 여부는 행정청에 의해 행정의사가 공식적인 방법으로 외부에 표시되었는지를 기준으로 판단하여야 한다(대판 2017.7.11. 2016두35120).

23' 국가직 9급

03 행정행위의 취소와 철회 정답 ②

① [O] 「행정기본법」은 제18조에 직권취소 규정을 두고 있고 제19조에 철회 규정을 두고 있다. 직권취소와 철회는 개별법률의 근거가 없어도 할 수 있다.

판례 이론 **조문**

> **「행정기본법」 제18조 【위법 또는 부당한 처분의 취소】** ① 행정청은 위법 또는 부당한 처분의 전부나 일부를 소급하여 취소할 수 있다. 다만, 당사자의 신뢰를 보호할 가치가 있는 등 정당한 사유가 있는 경우에는 장래를 향하여 취소할 수 있다.
> ② 행정청은 제1항에 따라 당사자에게 권리나 이익을 부여하는 처분을 취소하려는 경우에는 취소로 인하여 당사자가 입게 될 불이익을 취소로 달성되는 공익과 비교·형량(衡量)하여야 한다. 다만, 다음 각 호의 어느 하나에 해당하는 경우에는 그러하지 아니하다.
> 1. 거짓이나 그 밖의 부정한 방법으로 처분을 받은 경우
> 2. 당사자가 처분의 위법성을 알고 있었거나 중대한 과실로 알지 못한 경우
>
> **제19조 【적법한 처분의 철회】** ① 행정청은 적법한 처분이 다음 각 호의 어느 하나에 해당하는 경우에는 그 처분의 전부 또는 일부를 장래를 향하여 철회할 수 있다.
> 1. 법률에서 정한 철회 사유에 해당하게 된 경우
> 2. 법령등의 변경이나 사정변경으로 처분을 더 이상 존속시킬 필요가 없게 된 경우
> 3. 중대한 공익을 위하여 필요한 경우
>
> ② 행정청은 제1항에 따라 처분을 철회하려는 경우에는 철회로 인하여 당사자가 입게 될 불이익을 철회로 달성되는 공익과 비교·형량하여야 한다.

❷ [X] 선지는 행정행위의 취소 사유에 대한 설명이다. 행정행위의 '취소'는 일단 유효하게 성립한 행정행위를 그 행위에 위법한 하자가 있음을 이유로 소급하여 효력을 소멸시키는 별도의 행정처분을 의미함이 원칙이다. 반면, 행정행위의 '철회'는 적법요건을 구비하여 완전히 효력을 발하고 있는 행정행위를 사후적으로 효력의 전부 또는 일부를 장래에 향해 소멸시키는 별개의 행정처분이다. 그리고 행정행위의 '취소 사유'는 원칙적으로 행정행위의 성립 당시에 존재하였던 하자를 말하고, '철회 사유'는 행정행위가 성립된 이후에 새로이 발생한 것으로서 행성행위의 효력을 존속시킬 수 없는 사유를 말한다(대판 2018.6.28. 2015두58195).

③ [O] 수익적 처분이 있으면 상대방은 그것을 기초로 하여 새로운 법률관계 등을 형성하게 되는 것이므로, 이러한 상대방의 신뢰를 보호하기 위하여 수익적 처분의 취소에는 일정한 제한이 따르는 것이나, 수익적 처분이 상대방의 허위 기타 부정한 방법으로 인하여 행하여졌다면 상대방은 그 처분이 그와 같은 사유로 인하여 취소될 것임을 예상할 수 없었다고 할 수 없으므로, 이러한 경우에까지 상대방의 신뢰를 보호하여야 하는 것은 아니라고 할 것이다(대판 1995.1.20. 94누6529).

④ [O] 행정행위를 한 처분청은 그 행위에 하자가 있는 경우에 별도의 법적 근거가 없더라도 스스로 이를 취소할 수 있는 것이며, 다만 그 행위가 국민에게 권리나 이익을 부여하는 이른바 수익적 행정행위인 때에는 그 행위를 취소하여야 할 공익상 필요와 그 취소로 인하여 당사자가 입을 기득권과 신뢰보호 및 법률생활 안정의 침해등 불이익을 비교교량한후 공익상 필요가 당사자의 기득권침해등 불이익을 정당화할 수 있을 만큼 강한 경우에 한하여 취소할 수 있다(대판 1986.2.25. 85누664).

23' 군무원 7급

04 행정행위의 하자 정답 ③

① [O] 부과처분에 앞서 보낸 과세예고통지서에 납세고지서의 필요적 기재사항이 제대로 기재되어 있었다면 납세의무자로서는 과세처분에 대한 불복 여부의 결정 및 불복신청에 전혀 지장을 받지 않았음이 명백하므로 비록 납세고지서에 그 기재사항의 일부가 누락되었더라도 이로써 납세고지서의 흠결이 보완되거나 하자가 치유될 수 있다(대판 1993.7.13. 92누13981).

② [O] 체납취득세에 대한 압류처분권한은 도지사로부터 시장에게 권한위임된 것이고 시장으로부터 압류처분권한을 내부위임받은 데 불과한 구청장으로서는 시장 명의로 압류처분을 대행처리할 수 있을 뿐이고 자신의 명의로 이를 할 수 없다 할 것이므로 구청장이 자신의 명의로 한 압류처분은 권한 없는 자에 의하여 행하여진 위법무효의 처분이다(대판 1993.5.27. 93누6621).

❸ [X] 이 사건 서훈취소 처분의 통지가 처분권한자인 대통령이 아니라 그 보좌기관인 피고에 의하여 이루어졌다고 하더라도, 그 처분이 대통령의 인식과 의사에 기초하여 이루어졌고, 앞서 보았듯이 그 통지로 이 사건 서훈취소 처분의 주체(대통령)와 내용을 알 수 있으므로, 이 사건 서훈취소 처분의 외부적 표시의 방법으로서 위 통지의 주체나 형식에 어떤 하자가 있다고 보기도 어렵다(대판 2014.9.26. 2013두2518).

④ [O] 환경영향평가를 거쳐야 할 대상사업에 대하여 환경영향평가를 거치지 아니하였음에도 불구하고 승인 등 처분이 이루어진다면, 사전에 환경영향평가를 함에 있어 평가대상지역 주민들의 의견을 수렴하고 그 결과를 토대로 하여 환경부장관과의 협의내용을 사업계획에 미리 반영시키는 것 자체가 원천적으로 봉쇄되는바, 이렇게 되면 환경파괴를 미연에 방지하고 쾌적한 환경을 유지·조성하기 위하여 환경영향평가제도를 둔 입법 취지를 달성할 수 없게 되는 결과를 초래할 뿐만 아니라 환경영향평가대상지역 안의 주민들의 직접적이고 개별적인 이익을 근본적으로 침해하게 되므로, 이러한 행정처분의 하자는 법규의 중요한 부분을 위반한 중대한 것이고 객관적으로도 명백한 것이라고 하지 않을 수 없어, 이와 같은 행정처분은 당연무효이다(대판 2006.6.30. 2005두14363).

23' 군무원 7급

05 행정소송 정답 ③

① [O] 「행정소송법」 제9조 제3항에 대한 옳은 내용이다.

판례 이론 조문

제9조 【재판관할】 ③ 토지의 수용 기타 부동산 또는 특정의 장소에 관계되는 처분등에 대한 취소소송은 그 부동산 또는 장소의 소재지를 관할하는 행정법원에 이를 제기할 수 있다.

② [O] 「행정소송법」 제2조 제2항에 대한 옳은 내용이다.

판례 이론 조문

제2조 【정의】 ② 이 법을 적용함에 있어서 행정청에는 법령에 의하여 행정권한의 위임 또는 위탁을 받은 행정기관, 공공단체 및 그 기관 또는 사인이 포함된다.

❸ [X] 국무총리가 아닌 행정안전부장관에게 통보해야 한다.

판례 이론 조문

「행정소송법」 제6조 【명령·규칙의 위헌판결등 공고】 ① 행정소송에 대한 대법원판결에 의하여 명령·규칙이 헌법 또는 법률에 위반된다는 것이 확정된 경우에는 대법원은 지체 없이 그 사유를 행정안전부장관에게 통보하여야 한다.

④ [O] 「민사소송법」 제34조 제1항 및 「행정소송법」 제7조에 대한 옳은 내용이다.

판례 이론 조문

「민사소송법」 제34조 【관할위반 또는 재량에 따른 이송】 ① 법원은 소송의 전부 또는 일부에 대하여 관할권이 없다고 인정하는 경우에는 결정으로 이를 관할법원에 이송한다.
「행정소송법」 제7조 【사건의 이송】 민사소송법 제34조 제1항의 규정은 원고의 고의 또는 중대한 과실 없이 행정소송이 심급을 달리하는 법원에 잘못 제기된 경우에도 적용한다.

23' 군무원 9급

06 공공의 영조물 정답 ①

❶ [X] 도로교통법 제3조 제1항에 의하여 특별시장·광역시장 또는 시장·군수의 권한으로 규정되어 있는 도로에서의 신호기 및 안전표지의 설치·관리에 관한 권한은 같은 법 시행령 제71조의2 제1항 제1호에 의하여 지방경찰청장 또는 경찰서장에게 위탁되었으나, 이와 같은 권한의 위탁은 이른바 기관위임으로서 경찰서장 등은 권한을 위임한 시장 등이 속한 지방자치단체의 산하 행정기관의 지위에서 그 사무를 처리하는 것이므로, 경찰서장 등이 설치·관리하는 신호기의 하자로 인한 국가배상법 제5조 소정의 배상책임은 그 사무의 귀속 주체인 시장 등이 속한 지방자치단체가 부담한다(대판 2000.1.14. 99다24201). 판례는 해당 사건에서 사무귀속주체설에 따라서 지방자치단체가 배상책임을 부담한다고 보았다.

② [O] 사실상 군민의 통행에 제공되고 있던 도로 옆의 암벽으로부터 떨어진 낙석에 맞아 소외인이 사망하는 사고가 발생하였다고 하여도 동 사고지점 도로가 피고 군에 의하여 노선인정 기타 공용개시가 없었으면 이를 영조물이라 할 수 없다(대판 1981.7.7. 80다2478).

③ [O] 「국가배상법」 제6조 제1항에 대한 옳은 내용이다.

판례 이론 조문

제6조 【비용부담자 등의 책임】 ① 제2조·제3조 및 제5조에 따라 국가나 지방자치단체가 손해를 배상할 책임이 있는 경우에 공무원의 선임·감독 또는 영조물의 설치·관리를 맡은 자와 공무원의 봉급·급여, 그 밖의 비용 또는 영조물의 설치·관리 비용을 부담하는 자가 동일하지 아니하면 그 비용을 부담하는 자도 손해를 배상하여야 한다.

④ [O] 경찰서지서의 숙직실은 국가배상법 제2조 제1항 단서에서 말하는 전투·훈련에 관련된 시설이라고 볼 수 없으므로 위 숙직실에서 순직한 경찰공무원의 유족들은 국가배상법 제2조 제1항 본문에 의하여 국가배상법 및 민법의 규정에 의한 손해배상을 청구할 권리가 있다(대판 1979.1.30. 77다2389).

23' 군무원 9급

07 행정심판 정답 ②

① [O] 「행정심판법」은 기속력이 인용재결에만 인정되는 효력임을 명시하고 있다.

판례 이론 조문

「행정심판법」 제49조 【재결의 기속력 등】 ① 심판청구를 인용하는 재결은 피청구인과 그 밖의 관계 행정청을 기속(羈束)한다.

❷ [X] 행정심판의 재결은 피청구인인 행정청을 기속하는 효력을 가지므로 재결청이 취소심판의 청구가 이유 있다고 인정하여 처분청에 처분을 취소할 것을 명하면 처분청으로서는 재결의 취지에 따라 처분을 취소하여야 하지만, 나아가 재결에 판결에서와 같은 기판력이 인정되는 것은 아니어서 재결이 확정된 경우에도 처분의 기초가 된 사실관계나 법률적 판단이 확정되고 당사자들이나 법원이 이에 기속되어 모순되는 주장이나 판단을 할 수 없게 되는 것은 아니다(대판 2015.11.27. 2013다6759).

③ [O] 행정심판법 제37조가 정하고 있는 재결은 당해 처분에 관하여 재결주문 및 그 전제가 된 요건사실의 인정과 판단에 대하여 처분청을 기속하므로, 당해 처분에 관하여 위법한 것으로 재결에서 판단된 사유와 기본적 사실관계에 있어 동일성이 인정되는 사유를 내세워 다시 동일한 내용의 처분을 하는 것은 허용되지 않는다(대판 2003.4.25. 2002두3201).

④ [O] 취소재결, 변경재결, 처분재결은 처분청의 별도의 행위를 기다릴 필요 없이 재결의 효력이 발생하는 이른바 형성재결로서, 형성력을 갖는다.

23' 지방직 9급

08 정보공개 정답 ②

옳은 것은 ㄱ, ㄷ이다.

ㄱ. [O] 정보공개청구권은 헌법상 권리로서 모든 국민에게 인정되는 권리이다.

판례 이론 조문

> 국민의 알 권리, 특히 국가 정보에의 접근의 권리는 우리 헌법상 기본적으로 표현의 자유와 관련하여 인정되는 것으로, 그 권리의 내용에는 자신의 권익보호와 직접 관련이 있는 정보의 공개를 청구할 수 있는 이른바 개별적 정보공개청구권이 포함된다(대판 1999.9.21. 98두3426).

ㄴ. [X] 검찰보존사무규칙은 정보공개에 관한 구체적인 위임규정이라고 할 수 없는 검찰청법 제11조에 근거를 두고 있으므로 법률상의 위임근거가 없는 행정기관 내부의 사무처리준칙으로서 행정규칙에 불과하여 제22조와 같이 수사기록의 열람·등사를 제한하는 규정이 있다고 하더라도 그 규정들을 정보공개법 제9조 제1항 제1호에서 정한 '법률에 의한 명령'에 해당한다고 할 수 없다(서울행법 2015.3.26. 2014구합69099).

ㄷ. [O] 실제로는 해당 정보를 취득 또는 활용할 의사가 전혀 없이 정보공개 제도를 이용하여 사회통념상 용인될 수 없는 부당한 이득을 얻으려 하거나, 오로지 공공기관의 담당공무원을 괴롭힐 목적으로 정보공개청구를 하는 경우처럼 권리의 남용에 해당하는 것이 명백한 경우에는 정보공개청구권의 행사를 허용하지 아니하는 것이 옳다(대판 2014.12.24. 2014두9349).

ㄹ. [X] 10일이 아닌 20일이다.

판례 이론 조문

> **「공공기관의 정보공개에 관한 법률」 제19조【행정심판】**
> ① 청구인이 정보공개와 관련한 공공기관의 결정에 대하여 불복이 있거나 정보공개 청구 후 20일이 경과하도록 정보공개 결정이 없는 때에는 「행정심판법」에서 정하는 바에 따라 행정심판을 청구할 수 있다. 이 경우 국가기관 및 지방자치단체 외의 공공기관의 결정에 대한 감독행정기관은 관계 중앙행정기관의 장 또는 지방자치단체의 장으로 한다.

23' 군무원 9급

09 행정소송 정답 ①

❶ [X] 피고가 2008.12.31. 원고에 대하여 한 공사낙찰적격심사 감점처분(이하 '이 사건 감점조치'라 한다)의 근거로 내세운 규정은 피고의 공사낙찰적격심사세부기준(이하 '이 사건 세부기준'이라 한다) 제4조 제2항인 사실, 이 사건 세부기준은 공공기관의 운영에 관한 법률 제39조 제1항, 제3항, 구 공기업·준정부기관 계약사무규칙(2009.3.5. 기획재정부령 제59호로 개정되기 전의 것, 이하 같다) 제12조에 근거하고 있으나, 이러한 규정은 공공기관이 사인과 사이의 계약관계를 공정하고 합리적·효율적으로 처리할 수 있도록 관계 공무원이 지켜야 할 계약사무처리에 관한 필요한 사항을 규정한 것으로서 공공기관의 내부규정에 불과하여 대외적 구속력이 없다(대판 2014.12.24. 2010두6700).

② [O] 지적공부 소관청의 지목변경신청 반려행위는 국민의 권리관계에 영향을 미치는 것으로서 항고소송의 대상이 되는 행정처분에 해당한다(대판 2004.4.22. 2003두9015).

③ [O] 건축물대장 소관청의 용도변경신청 거부행위는 국민의 권리관계에 영향을 미치는 것으로서 항고소송의 대상이 되는 행정처분에 해당한다(대판 2009.1.30. 2007두7277).

④ [O] 이러한 사실을 위 법리에 비추어 보면, 피고가 원고에 대하여 한 이 사건 감점조치는 행정청이나 그 소속 기관 또는 그 위임을 받은 공공단체의 공법상의 행위가 아니라 장차 그 대상자인 원고가 피고가 시행하는 입찰에 참가하는 경우에 그 낙찰적격자 심사 등 계약 사무를 처리함에 있어 피고 내부규정인 이 사건 세부기준에 의하여 종합취득점수의 10/100을 감점하게 된다는 뜻의 사법상의 효력을 가지는 통지행위에 불과하다 할 것이고, 또한 피고의 이와 같은 통지행위가 있다고 하여 원고에게 공공기관의 운영에 관한 법률 제39조 제2항, 제3항, 구 공기업·준정부기관 계약사무규칙 제15조에 의한 국가, 지방자치단체 또는 다른 공공기관에서 시행하는 모든 입찰에의 참가자격을 제한하는 효력이 발생한다고 볼 수도 없으므로, 피고의 이 사건 감점조치는 행정소송의 대상이 되는 행정처분이라고 할 수 없다(대판 2014.12.24. 2010두6700).

23' 군무원 7급

10 정보공개법 정답 ④

① [O] 알권리는 기본적으로 정신적 자유 영역인 표현의 자유 내지는 인간의 존엄성, 행복추구권 등에서 도출된 권리인 점, 정보공개청구제도는 국민이 국가·지방자치단체 등이 보유한 정보에 접근하여 그 정보의 공개를 청구할 수 있는 권리로서 이로 인하여 국정에 대한 국민의 참여를 보장하기 위한 제도인 점, 지방자치단체에게 이러한 정보공개청구권이 인정되지 아니한다고 하더라도 헌법상 보장되는 행정자치권 등이 침해된다고 보기는 어려운 점, 오히려 지방자치단체는 공권력기관으로서 이러한 국민의 알권리를 보호할 위치에 있다고 보아야 하는 점 등에 비추어 보면, 지방자치단체에게는 알권리로서의 정보공개청구권이 인정된다고 보기는 어렵고, 나아가 공공기관의 정보공개에 관한 법률 제4조, 제5조, 제6조의 각 규정의 취지를 종합하면, 공공기관의 정보공개에 관한 법률은 국민을 정보공개청구권자로, 지방자치단체를 국민에 대응하는 정보공개의무자로 상정하고 있다고 할 것이므로, 지방자치단체는 공공기관의 정보공개에 관한 법률 제5조에서 정한 정보공개청구권자인 '국민'에 해당되지 아니한다(서울행법 2005.10.12. 2005구합10484).

② [O] 사법시험 제2차 시험의 답안지 열람은 시험문항에 대한 채점위원별 채점 결과의 열람과 달리 사법시험업무의 수행에 현저한 지장을 초래한다고 볼 수 없다(대판 2003.3.14. 2000두6114).

③ [O]「공공기관의 정보공개에 관한 법률」 제4조 제1항·제3항에 대한 옳은 내용이다.

판례 이론 **조문**

> **제4조 【적용 범위】** ① 정보의 공개에 관하여는 다른 법률에 특별한 규정이 있는 경우를 제외하고는 이 법에서 정하는 바에 따른다.
> ③ 국가안전보장에 관련되는 정보 및 보안 업무를 관장하는 기관에서 국가안전보장과 관련된 정보의 분석을 목적으로 수집하거나 작성한 정보에 대해서는 이 법을 적용하지 아니한다. 다만, 제8조 제1항에 따른 정보목록의 작성·비치 및 공개에 대해서는 그러하지 아니한다.

❹ [X] 1. 독립유공자 등록에 관한 신청당사자의 알권리 보장에는 불가피한 제한이 따를 수밖에 없고 관계 법령에서 제한을 다소나마 해소하기 위해 조치를 마련하고 있는 점, 공적심사위원회의 심사에는 심사위원들의 전문적·주관적 판단이 상당 부분 개입될 수밖에 없는 심사의 본질에 비추어 공개를 염두에 두지 않은 상태에서의 심사가 그렇지 않은 경우보다 더 자유롭고 활발한 토의를 거쳐 객관적이고 공정한 심사 결과에 이를 개연성이 큰 점 등 위 회의록 공개에 의하여 보호되는 알권리의 보장과 비공개에 의하여 보호되는 업무수행의 공정성 등의 이익 등을 비교·교량해 볼 때, 위 회의록은 정보공개법 제9조 제1항 제5호에서 정한 '공개될 경우 업무의 공정한 수행에 현저한 지장을 초래한다고 인정할 만한 상당한 이유가 있는 정보'에 해당한다(대판 2014.7.24. 2013두20301).
2. 형사소송법 제59조의2의 내용·취지 등을 고려하면, 형사소송법 제59조의2는 형사재판확정기록의 공개 여부나 공개 범위, 불복절차 등에 대하여 구 공공기관의 정보공개에 관한 법률과 달리 규정하고 있는 것으로 정보공개법 제4조 제1항에서 정한 '정보의 공개에 관하여 다른 법률에 특별한 규정이 있는 경우'에 해당한다. 따라서 형사재판확정기록의 공개에 관하여는 정보공개법에 의한 공개청구가 허용되지 아니한다(대판 2016.12.15. 2013두20882).

23' 군무원 7급

11 의무이행심판 정답 ④

① [O]「행정심판법」 제13조 제3항에 대한 옳은 내용이다.

판례 이론 **조문**

> **제13조 【청구인 적격】** ③ 의무이행심판은 처분을 신청한 자로서 행정청의 거부처분 또는 부작위에 대하여 일정한 처분을 구할 법률상 이익이 있는 자가 청구할 수 있다.

② [O]「행정심판법」 제49조 제3항에 대한 옳은 내용이다.

판례 이론 **조문**

> **제49조 【재결의 기속력 등】** ③ 당사자의 신청을 거부하거나 부작위로 방치한 처분의 이행을 명하는 재결이 있으면 행정청은 지체 없이 이전의 신청에 대하여 재결의 취지에 따라 처분을 하여야 한다.

③ [O]「행정심판법」 제43조 제5항(의무이행재결)에 대한 옳은 내용이다.

판례 이론 **조문**

> **제43조 【재결의 구분】** ⑤ 위원회는 의무이행심판의 청구가 이유가 있다고 인정하면 지체 없이 신청에 따른 처분을 하거나 처분을 할 것을 피청구인에게 명한다.

❹ [X] 거부처분에 대한 의무이행심판의 경우 처분이므로 「행정심판법」 제27조의 청구기간의 제한을 받지만, 부작위에 대한 의무이행심판의 경우에는 처분이 존재하지 않으므로 청구기간의 제한을 받지 않는다.

23' 지방직 9급

12 국가배상 정답 ①

❶ [X] 국가와 지방자치단체 모두 배상책임의 귀속 주체이다.

판례 이론 조문

> 지방자치단체장이 교통신호기를 설치하여 그 관리권한이 도로교통법 제71조의2 제1항의 규정에 의하여 관할 지방경찰청장에게 위임되어 지방자치단체 소속 공무원과 지방경찰청 소속 공무원이 합동근무하는 교통종합관제센터에서 그 관리업무를 담당하던 중 위 신호기가 고장난 채 방치되어 교통사고가 발생한 경우, 국가배상법 제2조 또는 제5조에 의한 배상책임을 부담하는 것은 지방경찰청장이 소속된 국가가 아니라, 그 권한을 위임한 지방자치단체장이 소속된 지방자치단체라고 할 것이나, 한편 국가배상법 제6조 제1항은 같은 법 제2조, 제3조 및 제5조의 규정에 의하여 국가 또는 지방자치단체가 손해를 배상할 책임이 있는 경우에 공무원의 선임·감독 또는 영조물의 설치·관리를 맡은 자와 공무원의 봉급·급여 기타의 비용 또는 영조물의 설치·관리의 비용을 부담하는 자가 동일하지 아니한 경우에는 그 비용을 부담하는 자도 손해를 배상하여야 한다고 규정하고 있으므로 교통신호기를 관리하는 지방경찰청장 산하 경찰관들에 대한 봉급을 부담하는 국가도 국가배상법 제6조 제1항에 의한 배상책임을 부담한다(대판 1999.6.25. 99다11120).

② [O] 재판에 대하여 따로 불복절차 또는 시정절차가 마련되어 있는 경우에는 재판의 결과로 불이익 내지 손해를 입었다고 여기는 사람은 그 절차에 따라 자신의 권리 내지 이익을 회복하도록 함이 법이 예정하는 바이므로, 불복에 의한 시정을 구할 수 없었던 것 자체가 법관이나 다른 공무원의 귀책사유로 인한 것이라거나 그와 같은 시정을 구할 수 없었던 부득이한 사정이 있었다는 등의 특별한 사정이 없는 한, 스스로 그와 같은 시정을 구하지 아니한 결과 권리 내지 이익을 회복하지 못한 사람은 원칙적으로 국가배상에 의한 권리구제를 받을 수 없다고 봄이 상당하다고 하겠으나, 재판에 대하여 불복절차 내지 시정절차 자체가 없는 경우에는 부당한 재판으로 인하여 불이익 내지 손해를 입은 사람은 국가배상 이외의 방법으로는 자신의 권리 내지 이익을 회복할 방법이 없으므로, 이와 같은 경우에는 배상책임의 요건이 충족되는 한 국가배상책임을 인정하지 않을 수 없다(대판 2003.7.11. 99다24218).

③ [O] 「국가배상법」 제6조에 대한 옳은 내용이다.

판례 이론 **조문**

제6조 【비용부담자 등의 책임】 ① 제2조·제3조 및 제5조에 따라 국가나 지방자치단체가 손해를 배상할 책임이 있는 경우에 공무원의 선임·감독 또는 영조물의 설치·관리를 맡은 자와 공무원의 봉급·급여, 그 밖의 비용 또는 영조물의 설치·관리 비용을 부담하는 자가 동일하지 아니하면 그 비용을 부담하는 자도 손해를 배상하여야 한다.
② 제1항의 경우에 손해를 배상한 자는 내부관계에서 그 손해를 배상할 책임이 있는 자에게 구상할 수 있다.

④ [O] 다른 법령에 따라 지급받은 급여와의 조정에 관한 조항을 두고 있지 아니한 보훈보상대상자 지원에 관한 법률과 달리, 군인연금법 제41조 제1항은 "다른 법령에 따라 국가나 지방자치단체의 부담으로 이 법에 따른 급여와 같은 종류의 급여를 받은 사람에게는 그 급여금에 상당하는 금액에 대하여는 이 법에 따른 급여를 지급하지 아니한다."라고 명시적으로 규정하고 있다. 나아가 군인연금법이 정하고 있는 급여 중 사망보상금(군인연금법 제31조)은 일실손해의 보전을 위한 것으로 불법행위로 인한 소극적 손해배상과 같은 종류의 급여라고 봄이 타당하다. 따라서 피고에게 군인연금법 제41조 제1항에 따라 원고가 받은 손해배상금 상당 금액에 대하여는 사망보상금을 지급할 의무가 존재하지 아니한다(대판 2018.7.20. 2018두36691).

23' 지방직 9급

13 과징금 정답 ③

① [X] 이른바 변형과징금에 대한 문제로, 丙은 영업정지 2개월에 갈음하여 「식품위생법」 소정의 과징금으로 변경할 수 있다.

② [X] 각하판결이 아닌 기각판결이다.

판례 이론 조문

행정소송법 제19조는 취소소송은 행정청의 원처분을 대상으로 하되(원처분주의), 다만 "재결 자체에 고유한 위법이 있음을 이유로 하는 경우"에 한하여 행정심판의 재결도 취소소송의 대상으로 삼을 수 있도록 규정하고 있으므로 재결취소소송의 경우 재결 자체에 고유한 위법이 있는지 여부를 심리할 것이고, 재결 자체에 고유한 위법이 없는 경우에는 원처분의 당부와는 상관없이 당해 재결취소소송은 이를 기각하여야 한다(대판 1994.1.25. 93누16901).

❸ [O] 재결의 기속력으로 인해 행정청은 행정심판 재결에 불복할 수 없다.

판례 이론 **조문**

「행정심판법」 제49조 【재결의 기속력 등】 ① 심판청구를 인용하는 재결은 피청구인과 그 밖의 관계 행정청을 기속(羈束)한다.

④ [X] 행정심판위원회는 심판청구의 대상이 되는 처분보다 청구인에게 불리한 재결을 하지 못한다.

판례 이론 **조문**

「행정심판법」 제47조 【재결의 범위】 ① 위원회는 심판청구의 대상이 되는 처분 또는 부작위 외의 사항에 대하여는 재결하지 못한다.
② 위원회는 심판청구의 대상이 되는 처분보다 청구인에게 불리한 재결을 하지 못한다.

23' 지방직 9급

14 행정절차법 정답 ③

① [O] 「행정절차법」 제20조 제3항에 대한 옳은 내용이다.

판례 이론 **조문**

제20조 【처분기준의 설정·공표】 ③ 제1항에 따른 처분기준을 공표하는 것이 해당 처분의 성질상 현저히 곤란하거나 공공의 안전 또는 복리를 현저히 해치는 것으로 인정될 만한 상당한 이유가 있는 경우에는 처분기준을 공표하지 아니할 수 있다.

② [O] 행정처분의 상대방에 대한 청문통지서가 반송되었다거나, 행정처분의 상대방이 청문일시에 불출석하였다는 이유로 청문을 실시하지 아니하고 한 침해적 행정처분은 위법하다(대판 2001.4.13. 2000두3337).

❸ [X] '당사자등'에는 그 밖에 제3자가 포함되지 않는다.

판례 이론 **조문**

「행정절차법」 제2조 【정의】 이 법에서 사용하는 용어의 뜻은 다음과 같다.
4. "당사자등"이란 다음 각 목의 자를 말한다.
가. 행정청의 처분에 대하여 직접 그 상대가 되는 당사자
나. 행정청이 직권으로 또는 신청에 따라 행정절차에 참여하게 한 이해관계인

④ [O] 행정청은 처분을 하는 때에는 원칙적으로 당사자에게 근거와 이유를 제시하여야 한다(「행정전차법」 제23조 제1항). 당사자가 신청하는 허가 등을 거부하는 처분을 하면서 당사자가 그 근거를 알 수 있을 정도로 이유를 제시한 경우에는 처분의 근거와 이유를 구체적으로 명시하지 않았더라도 그로 말미암아 그 처분이 위법하다고 볼 수는 없다(대판 2017.8.29. 2016두44186).

23' 국가직 7급

15 사인의 공법행위 정답 ①

❶ [×] 공무원이 한 사직의 의사표시는 그에 터잡은 의원면직처분이 있을 때까지는 원칙적으로 이를 철회할 수 있는 것이지만, 다만 의원면직처분이 있기 전이라도 사직의 의사표시를 철회하는 것이 신의칙에 반한다고 인정되는 특별한 사정이 있는 경우에는 그 철회는 허용되지 아니한다(대판 1993.7.27. 92누16942).

② [○] 자기완결적 신고에 대한 옳은 설명이다.

판례 이론 **조문**

> **「행정절차법」 제40조 【신고】** ① 법령등에서 행정청에 일정한 사항을 통지함으로써 의무가 끝나는 신고를 규정하고 있는 경우 신고를 관장하는 행정청은 신고에 필요한 구비서류, 접수기관, 그 밖에 법령등에 따른 신고에 필요한 사항을 게시(인터넷 등을 통한 게시를 포함한다)하거나 이에 대한 편람을 갖추어 두고 누구나 열람할 수 있도록 하여야 한다.
> ② 제1항에 따른 신고가 다음 각 호의 요건을 갖춘 경우에는 신고서가 접수기관에 도달된 때에 신고 의무가 이행된 것으로 본다.
> 1. 신고서의 기재사항에 흠이 없을 것
> 2. 필요한 구비서류가 첨부되어 있을 것
> 3. 그 밖에 법령등에 규정된 형식상의 요건에 적합할 것

③ [○] 인·허가의제 효과를 수반하는 건축신고는 일반적인 건축신고와는 달리, 특별한 사정이 없는 한 행정청이 그 실체적 요건에 관한 심사를 한 후 수리하여야 하는 이른바 '수리를 요하는 신고'로 보는 것이 옳다(대판 2011.1.20. 2010두14954).

④ [○] 구 유통산업발전법에 따른 대규모점포의 개설등록 및 구 재래시장법에 따른 시장관리자 지정은 행정청이 실체적 요건에 관한 심사를 한 후 수리하여야 하는 이른바 '수리를 요하는 신고'로서 행정처분에 해당한다(대판 2019.9.10. 2019다208953).

23' 국가직 7급

16 신뢰보호원칙 정답 ③

① [○] 「행정기본법」 제12조 제1항에 대한 옳은 내용이다.

판례 이론 **조문**

> **제12조 【신뢰보호의 원칙】** ① 행정청은 공익 또는 제3자의 이익을 현저히 해칠 우려가 있는 경우를 제외하고는 행정에 대한 국민의 정당하고 합리적인 신뢰를 보호하여야 한다.

② [○] 「행정기본법」 제12조 제2항에 대한 옳은 내용이다.

판례 이론 **조문**

> **제12조 【신뢰보호의 원칙】** ② 행정청은 권한 행사의 기회가 있음에도 불구하고 장기간 권한을 행사하지 아니하여 국민이 그 권한이 행사되지 아니할 것으로 믿을 만한 정당한 사유가 있는 경우에는 그 권한을 행사해서는 아니 된다. 다만, 공익 또는 제3자의 이익을 현저히 해칠 우려가 있는 경우는 예외로 한다.

❸ [×] 진행 중인 사건에 대하여 신법을 적용하는 것은 이른바 부진정소급효의 문제로서 원칙적으로 허용된다.

판례 이론 **조문**

> **「행정기본법」 제14조 【법 적용의 기준】** ① 새로운 법령등은 법령등에 특별한 규정이 있는 경우를 제외하고는 그 법령등의 효력 발생 전에 완성되거나 종결된 사실관계 또는 법률관계에 대해서는 적용되지 아니한다.

④ [○] 헌법재판소의 위헌결정은 행정청이 개인에 대하여 신뢰의 대상이 되는 공적인 견해를 표명한 것이라고 할 수 없으므로 그 결정에 관련한 개인의 행위에 대하여는 신뢰보호의 원칙이 적용되지 아니한다(대판 2003.6.27. 2002두6965).

23' 군무원 9급

17 개인적 공권 정답 ④

① [○] 재량행위라도 재량권이 영으로 수축하는 경우에는 무하자재량행사청구권이 행정개입청구권으로 전환되어 행정개입청구권이 인정된다.

② [○] 사회적 기본권의 성격을 가지는 연금수급권은 국가에 대하여 적극적으로 급부를 요구하는 것이므로 헌법규정만으로는 이를 실현할 수 없고, 법률에 의한 형성을 필요로 한다(헌재 1999.4.29. 97헌마333).

③ [○] 재량행위의 경우에도 이해관계 있는 개인은 일정한 요건 하에서 행정청에 대해서 하자 없는 재량권행사를 요구할 수 있는 권리, 즉 무하자재량행사청구권이 인정된다고 본다.

❹ [×] 환경부장관이 생태·자연도 1등급으로 지정되었던 지역을 2등급 또는 3등급으로 변경하는 내용의 생태·자연도 수정·보완을 고시하자, 인근 주민 甲이 생태·자연도 등급변경처분의 무효 확인을 청구한 사안에서, 생태·자연도의 작성 및 등급변경의 근거가 되는 구 자연환경보전법(2011.7.28. 법률 제10977호로 개정되기 전의 것) 제34조 제1항 및 그 시행령 제27조 제1항, 제2항에 의하면, 생태·자연도는 토지이용 및 개발계획의 수립이나 시행에 활용하여 자연환경을 체계적으로 보전·관리하기 위한 것일 뿐, 1등급 권역의 인근 주민들이 가지는 생활상 이익을 직접적이고 구체적으로 보호하기 위한 것이 아님이 명백하고, 1등급 권역의 인근 주민들이 가지는 이익은 환경보호라는 공공의 이익이 달성됨에 따라 반사적으로 얻게 되는 이익에 불과하므로, 인근 주민에 불과한 甲은 생태·자연도 등급권역을 1등급에서 일부는 2등급으로, 일부는 3등급으로 변경한 결정의 무효 확인을 구할 원고적격이 없다(대판 2014.2.21. 2011두29052).

23' 군무원 9급

18 처분 정답 ②

① [O] 만일 교육부장관이 자의적으로 대학에서 추천한 복수의 총장 후보자들 전부 또는 일부를 임용제청하지 않는다면 대통령으로부터 임용을 받을 기회를 박탈하는 효과가 있다. 이를 항고소송의 대상이 되는 처분으로 보지 않는다면, 침해된 권리 또는 법률상 이익을 구제받을 방법이 없다. 따라서 교육부장관이 대학에서 추천한 복수의 총장 후보자들 전부 또는 일부를 임용제청에서 제외하는 행위는 제외된 후보자들에 대한 불이익처분으로서 항고소송의 대상이 되는 처분에 해당한다고 보아야 한다(대판 2018.6.15. 2016두57564).

❷ [X] 산림 내에서의 토사채취는 국토 및 자연의 유지와 환경의 보전에 직접적으로 영향을 미치는 행위이므로 법령이 규정하는 토사채취의 제한지역에 해당하는 경우는 물론이거니와 그러한 제한지역에 해당하지 않더라도 허가관청은 토사채취허가신청 대상 토지의 형상과 위치 및 그 주위의 상황 등을 고려하여 국토 및 자연의 유지와 환경보전 등 중대한 공익상 필요가 있다고 인정될 때에는 그 허가를 거부할 수 있다(대판 2007.6.15. 2005두9736).

③ [O] 대학이 복수의 후보자에 대하여 순위를 정하여 추천한 경우 교육부장관이 후순위 후보자를 임용제청하더라도 단순히 그것만으로 헌법과 법률이 보장하는 대학의 자율성이 제한된다고 볼 수는 없다(대판 2018.6.15. 2016두57564).

④ [O] 절차상 또는 형식상 하자로 무효인 행정처분에 대하여 행정청이 적법한 절차 또는 형식을 갖추어 다시 동일한 행정처분을 하였다면, 종전의 무효인 행정처분에 대한 무효확인 청구는 과거의 법률관계의 효력을 다투는 것에 불과하므로 무효확인을 구할 법률상 이익이 없다(대판 2010.4.29. 2009두16879).

23' 국가직 7급

19 대집행 정답 ④

① [O] 원상복구명령은 침익적 처분이므로 사전통지를 해야 한다.

판례 이론 **조문**

> 「행정절차법」 제21조 【처분의 사전 통지】 ① 행정청은 당사자에게 의무를 부과하거나 권익을 제한하는 처분을 하는 경우에는 미리 다음 각 호의 사항을 당사자등에게 통지하여야 한다.

② [O] 계고서라는 명칭의 1장의 문서로서 일정기간 내에 위법건축물의 자진철거를 명함과 동시에 그 소정기한 내에 자진철거를 하지 아니할 때에는 대집행할 뜻을 미리 계고한 경우라도 건축법에 의한 철거명령과 행정대집행법에 의한 계고처분은 독립하여 있는 것으로서 각 그 요건이 충족되었다고 볼 것이다(대판 1992.6.12. 91누13564).

③ [O] 선행행위가 부존재하거나 무효인 경우에는 그 하자는 당연히 후행행위에 승계되어 후행행위도 무효로 된다. 원상복구명령이 당연무효인 이상 후행처분인 계고처분의 효력에 당연히 영향을 미쳐 그 계고처분 역시 무효로 된다(대판 1996.6.28. 96누4374).

❹ [X] 건축법은 '건축물'의 건축허가(제11조 제1항)와 '가설건축물'의 축조신고(제20조 제3항)에 관하여 그 절차와 요건 등을 달리 정하고 있다. (중략) 건축법상 건축물·가설건축물의 구별, 건축허가와 축조신고의 절차·요건 등에서의 차이를 고려하여 보면, 이 사건 처분에 관한 당초의 처분사유와 원심에서 피고가 추가한 처분사유는 그 위반행위의 내용이 다르고, 그에 따라 위법 상태를 해소하기 위하여 거쳐야 하는 절차, 건축기준 및 허용가능성이 달라지므로 결국 그 기초인 사회적 사실관계가 동일하다고 볼 수 없다(대판 2021.7.29. 2021두34756).

23' 국가직 7급

20 토지보상법 정답 ④

옳은 것은 ㄱ, ㄴ, ㄷ, ㄹ이다.

ㄱ. [O] 사업인정이라 함은 공익사업을 토지 등을 수용 또는 사용할 사업으로 결정하는 것으로서 공익사업의 시행자에게 그 후 일정한 절차를 거칠 것을 조건으로 일정한 내용의 수용권을 설정하여 주는 형성행위이며 … 사업시행자에게 해당 공익사업을 수행할 의사와 능력이 있어야 한다는 것도 사업인정의 한 요건이라고 보아야 한다(대판 2011.1.27. 2009두1051).

ㄴ. [O] 토지보상법 제29조 제3항은, 공증을 받아 협의 성립의 확인을 신청하는 경우에 공증에 의하여 협의 당사자의 자발적 합의를 전제로 한 협의의 진정 성립이 객관적으로 인정되었다고 보아, 토지보상법상 재결절차에 따르는 공고 및 열람, 토지소유자 등의 의견진술 등의 절차 없이 관할 토지수용위원회의 수리만으로 협의 성립이 확인된 것으로 간주함으로써, 사업시행자의 원활한 공익사업 수행, 토지수용위원회의 업무 간소화, 토지소유자 등의 간편하고 신속한 이익실현을 도모하고 있다. 토지보상법상 수용은 일정한 요건 하에 그 소유권을 사업시행자에게 귀속시키는 행정처분으로서 이로 인한 효과는 소유자가 누구인지와 무관하게 사업시행자가 그 소유권을 취득하게 하는 원시취득이다. 반면, 토지보상법상 '협의취득'의 성격은 사법상 매매계약이므로 그 이행으로 인한 사업시행자의 소유권 취득도 승계취득이다. 그런데 토지보상법 제29조 제3항에 따른 신청이 수리됨으로써 협의 성립의 확인이 있었던 것으로 간주되면, 토지보상법 제29조 제4항에 따라 그에 관한 재결이 있었던 것으로 재차 의제되고, 그에 따라 사업시행자는 사법상 매매의 효력만을 갖는 협의취득과는 달리 그 확인대상 토지를 수용재결의 경우와 동일하게 원시취득하는 효과를 누리게 된다(대판 2018.12.13. 2016두51719).

ㄷ. [O] 토지수용위원회의 수용재결이 있은 후라고 하더라도 토지소유자 등과 사업시행자가 다시 협의하여 토지 등의 취득이나 사용 및 그에 대한 보상에 관하여 임의로 계약을 체결할 수 있다고 보아야 한다(대판 2017.4.13. 2016두64241).

ㄹ. [O] 사업인정고시는 수용재결절차로 나아가 강제적인 방식으로 토지소유자나 관계인의 권리를 취득·보상하기 위한 절차적 요건에 지나지 않고 영업손실보상의 요건이 아니다. 토지보상법령도 반드시 사업인정이나 수용이 전제되어야 영업손실 보상의무가 발생한다고 규정하고 있지 않다. 따라서 피고가 시행하는 사업이 토지보상법상 공익사업에 해당하고 원고들의 영업이 해당 공익사업으로 폐업하거나 휴업하게 된 것이어서 토지보상법령에서 정한 영업손실 보상대상에 해당하면, 사업인정고시가 없더라도 피고는 원고들에게 영업손실을 보상할 의무가 있다(대판 2021.11.11. 2018다204022).

03회 최종점검 기출모의고사

정답 p. 134

01	③	Ⅵ	06	③	Ⅲ	11	③	Ⅵ	16	②	Ⅳ
02	③	Ⅳ	07	③	Ⅰ	12	④	Ⅱ	17	④	Ⅰ
03	②	Ⅱ	08	①	Ⅱ	13	③	Ⅱ	18	②	Ⅴ
04	①	Ⅵ	09	③	Ⅵ	14	②	Ⅱ	19	②	Ⅴ
05	③	Ⅱ	10	②	Ⅱ	15	④	Ⅵ	20	②	Ⅴ

취약 단원 분석표

단원	맞힌 답의 개수
Ⅰ	/2
Ⅱ	/7
Ⅲ	/1
Ⅳ	/2
Ⅴ	/3
Ⅵ	/5
TOTAL	/20

Ⅰ 행정법 서론 / Ⅱ 행정작용법 / Ⅲ 행정절차와 행정공개 / Ⅳ 행정의 실효성 확보수단 / Ⅴ 행정상 손해전보 / Ⅵ 행정쟁송

23' 군무원 9급

01 소송요건 정답 ③

① [○] 감염병의 예방 및 관리에 관한 법률(이하 '감염병예방법'이라 한다) 제71조에 의한 예방접종 피해에 대한 국가의 보상책임은 무과실책임이지만, 질병, 장애 또는 사망(이하 '장애 등'이라 한다)이 예방접종으로 발생하였다는 점이 인정되어야 한다(대판 2019.4.3. 2017두52764).

② [○] 한편 당사자적격, 권리보호이익 등 소송요건은 직권조사사항으로서 당사자가 주장하지 아니하더라도 법원이 직권으로 조사하여 판단하여야 하고, 사실심 변론종결 이후에 소송요건이 흠결되거나 그 흠결이 치유된 경우 상고심에서도 이를 참작하여야 한다(대판 2011.2.10. 2010다87535).

❸ [×] 법령이 특정한 행정기관 등으로 하여금 다른 행정기관을 상대로 제재적 조치를 취할 수 있도록 하면서, 그에 따르지 않으면 그 행정기관에 대하여 과태료를 부과하거나 형사처벌을 할 수 있도록 정하는 경우가 있다. 이러한 경우에는 단순히 국가기관이나 행정기관의 내부적 문제라거나 권한 분장에 관한 분쟁으로만 볼 수 없다. 행정기관의 제재적 조치의 내용에 따라 '구체적 사실에 대한 법집행으로서 공권력의 행사'에 해당할 수 있고, 그러한 조치의 상대방인 행정기관이 입게 될 불이익도 명확하다. 그런데도 그러한 제재적 조치를 기관소송이나 권한쟁의심판을 통하여 다툴 수 없다면, 제재적 조치는 그 성격상 단순히 행정기관 등 내부의 권한 행사에 머무는 것이 아니라 상대방에 대한 공권력 행사로서 항고소송을 통한 주관적 구제대상이 될 수 있다고 보아야 한다. 기관소송 법정주의를 취하면서 제한적으로만 이를 인정하고 있는 현행 법령의 체계에 비추어 보면, 이 경우 항고소송을 통한 구제의 길을 열어주는 것이 법치국가 원리에도 부합한다. 따라서 이러한 권리구제나 권리보호의 필요성이 인정된다면 예외적으로 그 제재적 조치의 상대방인 행정기관 등에게 항고소송 원고로서의 당사자능력과 원고적격을 인정할 수 있다(대판 2018.8.1. 2014두35379).

④ [○] 원고가 행정소송법상 항고소송으로 제기해야 할 사건을 민사소송으로 잘못 제기한 경우에 수소법원이 그 항고소송에 대한 관할을 가지고 있지 아니하여 관할법원에 이송하는 결정을 하였고, 그 이송결정이 확정된 후 원고가 항고소송으로 소 변경을 하였다면, 그 항고소송에 대한 제소기간의 준수 여부는 원칙적으로 처음에 소를 제기한 때를 기준으로 판단하여야 한다(대판 2022.11.17. 2021두44425).

23' 지방직 9급

02 행정지도 정답 ③

① [○] 「행정절차법」 제48조 제2항에 대한 옳은 내용이다.

판례 이론 **조문**

> **제48조【행정지도의 원칙】** ② 행정기관은 행정지도의 상대방이 행정지도에 따르지 아니하였다는 것을 이유로 불이익한 조치를 하여서는 아니 된다.

② [○] 「행정절차법」 제51조에 대한 옳은 내용이다.

판례 이론 **조문**

> **제51조【다수인을 대상으로 하는 행정지도】** 행정기관이 같은 행정목적을 실현하기 위하여 많은 상대방에게 행정지도를 하려는 경우에는 특별한 사정이 없으면 행정지도에 공통적인 내용이 되는 사항을 공표하여야 한다.

❸ [×] 위법한 행정지도에 따른 사인의 행위는 위법하지 않게 되는가에 대하여, 대법원 판례는 위법한 행정지도에 따른 경우에도 사인의 행위는 그 위법성이 여전히 인정된다고 판시한 바 있다(대판 1994.6.14. 93도3247).

④ [○] 행정지도가 강제성을 띠지 않은 비권력적 작용으로서 행정지도의 한계를 일탈하지 아니하였다면, 그로 인하여 상대방에게 어떤 손해가 발생하였다 하더라도 행정기관은 그에 대한 손해배상책임이 없다(대판 2008.9.25. 2006다18228).

23' 군무원 9급

03 기속행위와 재량행위 정답 ②

① [O] 행정행위가 그 재량성의 유무 및 범위와 관련하여 이른바 기속행위 내지 기속재량행위와 재량행위 내지 자유재량행위로 구분된다고 할 때, 그 구분은 당해 행위의 근거가 된 법규의 체재·형식과 그 문언, 당해 행위가 속하는 행정 분야의 주된 목적과 특성, 당해 행위 자체의 개별적 성질과 유형 등을 모두 고려하여 판단하여야 한다(대판 2001.2.9. 98두17593).

❷ [X] 처분의 근거 법령이 행정청에 처분의 요건과 효과 판단에 일정한 재량을 부여하였는데도, 행정청이 자신에게 재량권이 없다고 오인한 나머지 처분으로 달성하려는 공익과 그로써 처분 상대방이 입게 되는 불이익의 내용과 정도를 전혀 비교형량하지 않은 채 처분을 하였다면, 이는 재량권 불행사로서 그 자체로 재량권 일탈·남용으로 해당 처분을 취소하여야 할 위법사유가 된다(대판 2019.7.11. 2017두38874).

③ [O] 「행정기본법」 제17조 제2항에 대한 옳은 내용이다.

판례 이론 **조문**

> **제17조 【부관】** ② 행정청은 처분에 재량이 없는 경우에는 법률에 근거가 있는 경우에 부관을 붙일 수 있다.

④ [O] 행정행위가 그 재량성의 유무 및 범위와 관련하여 이른바 기속행위 내지 기속재량행위와 재량행위 내지 자유재량행위로 구분된다고 할 때, … 이렇게 구분되는 양자에 대한 사법심사는, 전자의 경우 그 법규에 대한 원칙적인 기속성으로 인하여 법원이 사실인정과 관련 법규의 해석·적용을 통하여 일정한 결론을 도출한 후 그 결론에 비추어 행정청이 한 판단의 적법 여부를 독자의 입장에서 판정하는 방식에 의하게 되나, 후자의 경우 행정청의 재량에 기한 공익판단의 여지를 감안하여 법원은 독자의 결론을 도출함이 없이 당해 행위에 재량권의 일탈·남용이 있는지 여부만을 심사하게 되고, 이러한 재량권의 일탈·남용 여부에 대한 심사는 사실오인, 비례·평등의 원칙 위배, 당해 행위의 목적 위반이나 동기의 부정 유무 등을 그 판단 대상으로 한다(대판 2001.2.9. 98두17593).

23' 지방직 7급

04 행정행위의 취소와 철회 정답 ①

❶ [X] 행정처분이 취소되면 그 소급효에 의하여 처음부터 그 처분이 없었던 것과 같은 효과를 발생하게 되는바, 행정청이 의료법인의 이사에 대한 이사취임승인취소처분(제1처분)을 직권으로 취소(제2처분)한 경우에는 그로 인하여 이사가 소급하여 이사로서의 지위를 회복하게 되고, 그 결과 위 제1처분과 제2처분 사이에 법원에 의하여 선임결정된 임시이사들의 지위는 법원의 해임결정이 없더라도 당연히 소멸된다(대판 1997.1.21. 96누3401).

② [O] 행정행위를 한 처분청은 비록 그 처분 당시에 별다른 하자가 없었고,또 그 처분 후에 이를 취소할 별도의 법적 근거가 없다 하더라도 원래의 처분을 존속시킬 필요가 없게 된 사정변경이 생겼거나 또는 중대한 공익상의 필요가 발생한 경우에는 그 효력을 상실케 하는 별개의 행정행위로 이를 취소할 수 있다(대판 1995.2.28. 94누7713).

③ [O] 국세기본법 제26조 제1호는 부과의 취소를 국세납부의무 소멸사유의 하나로 들고 있으나, 그 부과의 취소에 하자가 있는 경우의 부과의 취소의 취소에 대하여는 법률이 명문으로 그 취소요건이나 그에 대한 불복절차에 대하여 따로 규정을 둔 바도 없으므로, 설사 부과의 취소에 위법사유가 있다고 하더라도 당연무효가 아닌 한 일단 유효하게 성립하여 부과처분을 확정적으로 상실시키는 것이므로, 과세관청은 부과의 취소를 다시 취소함으로써 원부과처분을 소생시킬 수는 없고 납세의무자에게 종전의 과세대상에 대한 납부의무를 지우려면 다시 법률에서 정한 부과절차에 좇아 동일한 내용의 새로운 처분을 하는 수밖에 없다(대판 1995.3.10. 94누7027).

④ [O] 「행정기본법」 제18조 제1항에 대한 옳은 내용이다.

판례 이론 **조문**

> **제18조 【위법 또는 부당한 처분의 취소】** ① 행정청은 위법 또는 부당한 처분의 전부나 일부를 소급하여 취소할 수 있다. 다만, 당사자의 신뢰를 보호할 가치가 있는 등 정당한 사유가 있는 경우에는 장래를 향하여 취소할 수 있다.

23' 군무원 9급

05 행정지도 정답 ③

① [O] 「행정절차법」 제49조 제1항에 대한 옳은 내용이다.

판례 이론 **조문**

> **제49조 【행정지도의 방식】** ① 행정지도를 하는 자는 그 상대방에게 그 행정지도의 취지 및 내용과 신분을 밝혀야 한다.

② [O] 행정지도의 형식에 대해서는 제한이 없으므로 말로 이루어질 수 있다.

❸ [X] 행정기관은 행정지도의 상대방이 행정지도에 따르지 아니하였다는 것을 이유로 불이익한 조치를 하여서는 아니 된다.

판례 이론 **조문**

> **「행정절차법」 제48조 【행정지도의 원칙】** ② 행정기관은 행정지도의 상대방이 행정지도에 따르지 아니하였다는 것을 이유로 불이익한 조치를 하여서는 아니 된다.

④ [O] 「행정절차법」 제50조에 대한 옳은 내용이다.

판례 이론 **조문**

> **제50조 【의견제출】** 행정지도의 상대방은 해당 행정지도의 방식·내용 등에 관하여 행정기관에 의견제출을 할 수 있다.

23' 군무원 7급

06 행정소송 정답 ③

① [O] 행정소송법 제19조에 의하면 행정심판에 대한 재결에 대하여도 그 재결 자체에 고유한 위법이 있음을 이유로 하는 경우에는 항고소송을 제기하여 그 취소를 구할 수 있고, 여기에서 말하는 '재결 자체에 고유한 위법'이란 그 재결자체에 주체, 절차, 형식 또는 내용상의 위법이 있는 경우를 의미하는데, 행정심판청구가 부적법하지 않음에도 각하한 재결은 심판청구인의 실체심리를 받을 권리를 박탈한 것으로서 원처분에 없는 고유한 하자가 있는 경우에 해당하고, 따라서 위 재결은 취소소송의 대상이 된다(대판 2001.7.27. 99두2970).

② [O] 항고소송은 원칙적으로 당해 처분을 대상으로 하나, 당해 처분에 대한 재결 자체에 고유한 주체, 절차, 형식 또는 내용상의 위법이 있는 경우에 한하여 그 재결을 대상으로 할 수 있다(대판 1993.8.24. 93누5673).

❸ [X] 한국자산공사가 당해 부동산을 인터넷을 통하여 재공매(입찰)하기로 한 결정 자체는 내부적인 의사결정에 불과하여 항고소송의 대상이 되는 행정처분이라고 볼 수 없고, 또한 한국자산공사가 공매통지는 공매의 요건이 아니라 공매사실 자체를 체납자에게 알려주는 데 불과한 것으로서, 통지의 상대방의 법적 지위나 권리·의무에 직접 영향을 주는 것이 아니라고 할 것이므로 이것 역시 행정처분에 해당한다고 할 수 없다(대판 2007.7.27. 2006두8464).

④ [O] 병역법상 신체등위판정은 행정청이라고 볼 수 없는 군의관이 하도록 되어 있으며, 그 자체만으로 바로 병역법상의 권리의무가 정하여지는 것이 아니라 그에 따라 지방병무청장이 병역처분을 함으로써 비로소 병역의무의 종류가 정하여지는 것이므로 항고소송의 대상이 되는 행정처분이라 보기 어렵다(대판 1993.8.27. 93누3356).

23' 군무원 7급

07 훈령 정답 ③

① [O] 훈령은 하급 행정기관의 권한에 속하는 사항에 대하여 발하여야 하고 그 내용이 적법·타당·가능해야 한다.

② [O] 상급 행정기관이 하급 행정기관에 대하여 업무처리지침이나 법령의 해석적용에 관한 기준을 정하여 발하는 이른바 '행정규칙이나 내부지침'은 일반적으로 행정조직 내부에서만 효력을 가질 뿐 대외적인 구속력을 갖는 것은 아니므로 행정처분이 그에 위반하였다고 하여 그러한 사정만으로 곧바로 위법하게 되는 것은 아니다. 다만, 재량권 행사의 준칙인 행정규칙이 그 정한 바에 따라 되풀이 시행되어 행정관행이 이루어지게 되면 평등의 원칙이나 신뢰보호의 원칙에 따라 행정기관은 그 상대방에 대한 관계에서 그 규칙에 따라야 할 자기구속을 받게 되므로, 이러한 경우에는 특별한 사정이 없는 한 그를 위반하는 처분은 평등의 원칙이나 신뢰보호의 원칙에 위배되어 재량권을 일탈·남용한 위법한 처분이 된다(대판 2009.12.24. 2009두7967).

❸ [X] 재산제세조사사무처리규정이 국세청장의 훈령형식으로 되어 있다 하더라도 이에 의한 거래지정은 소득세법 시행령의 위임에 따라 그 규정의 내용을 보충하는 기능을 가지면서 그와 결합하여 대외적인 구속력이 있는 법령명령으로서의 효력을 갖게 된다고 보아야 하고 따라서 위 재산제세조사사무처리규정은 양도소득세를 실지거래가액에 의하여 과세함에 있어서 법령상의 적법한 근거가 된다(대판 1988.5.10. 87누1028).

④ [O] 훈령은 상급기관의 명령이라고 볼 수 있고, 하급 행정기관이 훈령에 위반하는 행정행위를 한 경우 직무상 위반행위 및 명령불복종 등의 이유로 징계책임을 지울 수 있다.

23' 국가직 9급

08 서훈 정답 ①

옳은 것은 ㄱ, ㄴ이다.

ㄱ. [O] 구 상훈법 제8조는 서훈취소의 요건을 구체적으로 명시하고 있고 그 절차에 관하여 상세하게 규정하고 있다. 그리고 서훈취소는 서훈수여의 경우와는 달리 이미 발생된 서훈대상자 등의 권리 등에 영향을 미치는 행위로서 관련 당사자에게 미치는 불이익의 내용과 그 정도 등을 고려하면 사법심사의 필요성이 크다. 따라서 기본권의 보장 및 법치주의의 이념에 비추어 보면, 비록 서훈취소가 대통령이 국가원수로서 행하는 행위라고 하더라도 법원이 사법심사를 자제하여야 할 고도의 정치성을 띤 행위라고 볼 수는 없다(대판 2015.4.23. 2012두26920).

ㄴ. [O] 서훈은 서훈대상자의 특별한 공적에 의하여 수여되는 고도의 일신전속적 성격을 가지는 것이다. 나아가 서훈은 단순히 서훈대상자 본인에 대한 수혜적 행위로서의 성격만을 가지는 것이 아니라, 국가에 뚜렷한 공적을 세운 사람에게 영예를 부여함으로써 국민 일반에 대하여 국가와 민족에 대한 자긍심을 높이고 국가적 가치를 통합·제시하는 행위의 성격도 있다. 서훈의 이러한 특수성으로 말미암아 상훈법은 일반적인 행정행위와 달리 사망한 사람에 대하여도 그의 공적을 영예의 대상으로 삼아 서훈을 수여할 수 있도록 규정하고 있다. 그러나 그러한 경우에도 서훈은 어디까지나 서훈대상자 본인의 공적과 영예를 기리기 위한 것이므로 비록 유족이라고 하더라도 제3자는 서훈수여 처분의 상대방이 될 수 없고, 구 상훈법 제33조, 제34조 등에 따라 망인을 대신하여 단지 사실행위로서 훈장 등을 교부받거나 보관할 수 있는 지위에 있을 뿐이다. 이러한 서훈의 일신전속적 성격은 서훈취소의 경우에도 마찬가지이므로, 망인에게 수여된 서훈의 취소에서도 유족은 그 처분의 상대방이 되는 것이 아니다(대판 2014.9.26. 2013두2518).

ㄷ. [X] 국무회의에서 건국훈장 독립장이 수여된 망인에 대한 서훈취소를 의결하고 대통령이 결재함으로써 서훈취소가 결정된 후 국가보훈처장이 망인의 유족 甲에게 '독립유공자 서훈취소결정 통보'를 하자 甲이 국가보훈처장을 상대로 서훈취소결정의 무효 확인 등의 소를 제기한 사안에서, 甲이 서훈취소 처분을 행한 행정청(대통령)이 아니라 국가보훈처장을 상대로 제기한 위 소는 피고를 잘못 지정한 경우에 해당하므로, 법원으로서는 석명권을 행사하여 정당한 피고로 경정하게 하여 소송을 진행해야 함에도 국가보훈처장이 서훈취소 처분을 한 것을 전제로 처분의 적법 여부를 판단한 원심판결에 법리오해 등의 잘못이 있다(대판 2014.9.26. 2013두2518).

ㄹ. [×] 독립유공자의 구체적 인정절차는 입법자가 헌법의 취지에 반하지 않는 한 입법재량으로 정할 수 있다. 독립유공자 인정의 전 단계로서 상훈법에 따른 서훈추천은 해당 후보자에 대한 공적심사를 거쳐서 이루어지며, 그러한 공적심사의 통과 여부는 해당 후보자가 독립유공자로서 인정될만한 사정이 있는지에 달려 있다. 이에 관한 판단에 있어서 국가는 나름대로의 재량을 지닌다. 따라서 국가보훈처장이 서훈추천 신청자에 대한 서훈추천을 하여 주어야 할 헌법적 작위의무가 있다고 할 수는 없으므로, 서훈추천을 거부한 것에 대하여 행정권력의 부작위에 대한 헌법소원으로서 다툴 수 없다(헌재 2005.6.30. 2004헌마859).

23' 지방직 7급

09 행정상 강제집행 정답 ③

옳은 것은 ㄱ, ㄷ, ㄹ이다.

ㄱ. [○] 이행강제금(履行強制金)은 공의무가 이행되지 않은 경우, 의무자에게 강제금을 부과함으로써 심리적 압박을 가하여 의무이행을 간접적으로 확보하는 행정상 강제집행이다.

ㄴ. [×] 판례 이론 **조문**

> **「행정기본법」 제31조 【이행강제금의 부과】** ⑤ 행정청은 의무자가 행정상 의무를 이행할 때까지 이행강제금을 반복하여 부과할 수 있다. 다만, 의무자가 의무를 이행하면 새로운 이행강제금의 부과를 즉시 중지하되, 이미 부과한 이행강제금은 징수하여야 한다.

ㄷ. [○] 토지나 건물 등의 인도나 명도의무는 원칙적으로 대집행의 대상이 되지 아니한다. 이는 타인에 의해 행해 질 성질의 것이 아니므로 대체적 작위의무가 아니라고 할 것이다(대판 1998.10.23. 97누157).

ㄹ. [○] 부작위의무도 대체적 작위의무로 전환하는 규정을 두고 있는 경우에는 대체적 작위의무로 전환한 후에 대집행의 대상이 될 수 있다.

23' 지방직 9급

10 질서위반행위규제법 정답 ②

① [○] 「질서위반행위규제법」 제3조 제2항에 대한 옳은 내용이다.

판례 이론 **조문**

> **질서위반행위규제법 제3조 【법 적용의 시간적 범위】** ② 질서위반행위 후 법률이 변경되어 그 행위가 질서위반행위에 해당하지 아니하게 되거나 과태료가 변경되기 전의 법률보다 가볍게 된 때에는 법률에 특별한 규정이 없는 한 변경된 법률을 적용한다.

❷ [×] 고의 또는 과실이 없는 질서위반행위는 과태료를 부과하지 아니한다.

판례 이론 **조문**

> **「질서위반행위규제법」 제7조 【고의 또는 과실】** 고의 또는 과실이 없는 질서위반행위는 과태료를 부과하지 아니한다.

③ [○] 「질서위반행위규제법」 제20조 제1항에 대한 옳은 내용이다.

판례 이론 **조문**

> **제20조 【이의제기】** ① 행정청의 과태료 부과에 불복하는 당사자는 제17조 제1항에 따른 과태료 부과 통지를 받은 날부터 60일 이내에 해당 행정청에 서면으로 이의제기를 할 수 있다.

④ [○] 「질서위반행위규제법」 제45조 제1항에 대한 옳은 내용이다.

판례 이론 **조문**

> **제45조 【이의신청】** ① 당사자와 검사는 제44조에 따른 약식재판의 고지를 받은 날부터 7일 이내에 이의신청을 할 수 있다.

23' 지방직 9급

11 인가 정답 ③

① [○] 구 자동차관리법 제67조 제1항, 제3항, 제4항, 제5항, 구 자동차관리법 시행규칙 제148조 제1항, 제2항의 내용 및 체계 등을 종합하면, 자동차관리법상 자동차관리사업자로 구성하는 사업자단체인 조합 또는 협회의 설립인가처분은 국토해양부장관 또는 시·도지사가 자동차관리사업자들의 단체결성행위를 보충하여 효력을 완성시키는 처분에 해당한다(대판 2015.5.29. 2013두635).

② [○] 구 도시 및 주거환경정비법 제13조 제1항, 제2항, 제14조 제1항, 제15조 제4항, 제5항 등 관계 법령의 내용, 형식, 체제 등에 비추어 보면, 조합설립추진위원회 구성승인처분은 조합의 설립을 위한 주체인 추진위원회의 구성행위를 보충하여 그 효력을 부여하는 처분이다(대판 2013.1.31. 2011두11112 등).

❸ [×] 도시 및 주거환경정비법에 기초하여 주택재개발정비사업조합이 수립한 관리처분계획은 그것이 인가·고시를 통해 확정되면 이해관계인에 대한 구속적 행정계획으로서 독립적인 행정처분에 해당한다. 이러한 관리처분계획을 인가하는 행정청의 행위는 조합의 관리처분계획에 대한 법률상의 효력을 완성시키는 보충행위이다. 따라서 기본행위가 적법·유효하고 보충행위인 인가처분 자체에 흠이 있다면 그 인가처분의 무효나 취소를 주장할 수 있다. 그러나 인가처분에 흠이 없다면 기본행위에 흠이 있다고 하더라도 따로 기본행위의 흠을 다투는 것은 별론으로 하고 기본행위의 흠을 내세워 바로 그에 대한 인가처분의 무효확인 또는 취소를 구할 수는 없으므로, 그 당부에 관하여 판단할 필요 없이 해당 부분 청구를 기각하여야 한다(대판 2016.12.15. 2015두51347).

④ [O] 구 도시 및 주거환경정비법 제8조 제3항, 제28조 제1항에 의하면, 토지 등 소유자들이 그 사업을 위한 조합을 따로 설립하지 아니하고 직접 도시환경정비사업을 시행하고자 하는 경우에는 사업시행계획서에 정관 등과 그 밖에 국토해양부령이 정하는 서류를 첨부하여 시장·군수에게 제출하고 사업시행인가를 받아야 하고, 이러한 절차를 거쳐 사업시행인가를 받은 토지 등 소유자들은 관할 행정청의 감독 아래 정비구역 안에서 구 도시정비법상의 도시환경정비사업을 시행하는 목적 범위 내에서 법령이 정하는 바에 따라 일정한 행정작용을 행하는 행정주체로서의 지위를 가진다. 그렇다면 토지 등 소유자들이 직접 시행하는 도시환경정비사업에서 토지 등 소유자에 대한 사업시행인가처분은 단순히 사업시행계획에 대한 보충행위로서의 성질을 가지는 것이 아니라 구 도시정비법상 정비사업을 시행할 수 있는 권한을 가지는 행정주체로서의 지위를 부여하는 일종의 설권적 처분의 성격을 가진다(대판 2013.6.13. 2011두19994).

23' 군무원 7급

12 국가배상 정답 ④

① [X] 국가배상의 소송은 배상심의회를 거치지 않고도 제기할 수 있다.

판례 이론 **조문**

「국가배상법」 제9조 【소송과 배상신청의 관계】 이 법에 따른 손해배상의 소송은 배상심의회(이하 "심의회"라 한다)에 배상신청을 하지 아니하고도 제기할 수 있다.

② [X] 공익근무요원은 병역법 제2조 제1항 제9호, 제5조 제1항의 규정에 의하면 국가기관 또는 지방자치단체의 공익목적수행에 필요한 경비·감시·보호 또는 행정업무 등의 지원과 국제협력 또는 예술·체육의 육성을 위하여 소집되어 공익분야에 종사하는 사람으로서 보충역에 편입되어 있는 자이기 때문에, 소집되어 군에 복무하지 않는 한 군인이라고 말할 수 없으므로, 비록 병역법 제75조 제2항이 공익근무요원으로 복무 중 순직한 사람의 유족에 대하여 국가유공자등 예우 및 지원에 관한 법률에 따른 보상을 하도록 규정하고 있다고 하여도, 공익근무요원이 국가배상법 제2조 제1항 단서의 규정에 의하여 국가배상법상 손해배상청구가 제한되는 군인·군무원·경찰공무원 또는 향토예비군대원에 해당한다고 할 수 없다(대판 1997.3.28. 97다4036).

③ [X] 공무원에게 경과실이 있을 뿐인 경우에는 공무원 개인은 손해배상책임을 부담하지 아니한다. 이처럼 경과실이 있는 공무원이 피해자에 대하여 손해배상책임을 부담하지 아니함에도 피해자에게 손해를 배상하였다면 그것은 채무자 아닌 사람이 타인의 채무를 변제한 경우에 해당하고, 이는 민법 제469조의 '제3자의 변제' 또는 민법 제744조의 '도의관념에 적합한 비채변제'에 해당하여 피해자는 공무원에 대하여 이를 반환할 의무가 없고, 그에 따라 피해자의 국가에 대한 손해배상청구권이 소멸하여 국가는 자신의 출연 없이 채무를 면하게 되므로, 피해자에게 손해를 직접 배상한 경과실이 있는 공무원은 특별한 사정이 없는 한 국가에 대하여 국가의 피해자에 대한 손해배상책임의 범위 내에서 공무원이 변제한 금액에 관하여 구상권을 취득한다고 봄이 타당하다(대판 2014.8.20. 2012다54478).

❹ [O] 국가배상청구권은 민법에 따라 피해자나 법정대리인이 손해 및 가해자를 안 날로부터 3년 이내에 행사해야 하며, 국가재정법에 따라 불법행위가 있은 날로부터 5년 이내에 행사해야 한다.

판례 이론 **조문**

「민법」 제766조 【손해배상청구권의 소멸시효】 ① 불법행위로 인한 손해배상의 청구권은 피해자나 그 법정대리인이 그 손해 및 가해자를 안 날로부터 3년간 이를 행사하지 아니하면 시효로 인하여 소멸한다.

「국가재정법」 제96조 【금전채권·채무의 소멸시효】 ① 금전의 급부를 목적으로 하는 국가의 권리로서 시효에 관하여 다른 법률에 규정이 없는 것은 5년 동안 행사하지 아니하면 시효로 인하여 소멸한다.

23' 국가직 7급

13 국·공유재산의 사용관계 정답 ③

① [O] 도로점용의 허가는 특정인에게 일정한 내용의 공물사용권을 설정하는 설권행위로서 공물관리자가 신청인의 적격성, 사용목적 및 공익상의 영향 등을 참작하여 허가를 할 것인지의 여부를 결정하는 재량행위이다(대판 2007.5.31. 2005두1329).

② [O] 하천의 점용허가권은 특허에 의한 공물사용권의 일종으로서 하천의 관리주체에 대하여 일정한 특별사용을 청구할 수 있는 채권에 지나지 아니하고 대세적 효력이 있는 물권이라 할 수 없다(대판 1990.2.13. 89다카23022).

❸ [X] 도로점용허가는 도로의 일부에 대한 특정사용을 허가하는 것으로서 도로의 일반사용을 저해할 가능성이 있으므로 그 범위는 점용목적 달성에 필요한 한도로 제한되어야 한다. 도로관리청이 도로점용허가를 하면서 특별사용의 필요가 없는 부분을 점용장소 및 점용면적에 포함하는 것은 그 재량권 행사의 기초가 되는 사실인정에 잘못이 있는 경우에 해당하므로 그 도로점용허가 중 특별사용의 필요가 없는 부분은 위법하다(대판 2019.1.17. 2016두56721).

④ [O] 구 공유재산 및 물품 관리법(2008.12.26. 법률 제9174호로 개정되기 전의 것) 제14조 제1항, 제28조 제1항 등의 규정에 의하여 특별시장·광역시장 또는 도지사로부터 공유재산 관리의 권한을 위임받은 시장·군수 또는 구청장이 공유재산인 잡종재산을 대부하는 행위는 지방자치단체가 사경제 주체로서 상대방과 대등한 위치에서 행하는 사법상의 계약이다(대판 2010.11.11. 2010다59646).

23' 국가직 7급

14 조세행정 정답 ②

① [O] 부당이득의 반환을 구하는 납세의무자의 국세환급금채권은 오납액의 경우에는 처음부터 법률상 원인이 없으므로 납부 또는 징수시에 이미 확정되어 있고, 초과납부액의 경우에는 신고 또는 부과처분의 취소 또는 경정에 의하여 조세채무의 전부 또는 일부가 소멸한 때에 확정되며, 환급세액의 경우에는 각 개별 세법에서 규정한 환급 요건에 따라 확정되는 것이다(대판 2009.3.26. 2008다31768).

❷ [×] 국세환급금 결정이나 이 결정을 구하는 신청에 대한 환급거부 결정 등은 납세의무자가 갖는 환급청구권의 존부나 범위에 구체적이고 직접적인 영향을 미치는 처분이 아니어서 항고소송의 대상이 되는 처분이라고 볼 수 없으며, 한편 위와 같은 환급청구권은 원천납세의무자가 아닌 원천징수의무자에게 귀속되는 것이므로, 원천납세의무자들이 한 원천징수세액의 환급신청을 과세관청이 거부하였다고 하더라도, 이는 항고소송의 대상이 되는 처분에 해당하지 아니한다(대판 2002.11.8. 2001두8780).

③ [O] 증액경정처분이 있는 경우 당초처분은 증액경정처분에 흡수되어 소멸하고, 소멸한 당초처분의 절차적 하자는 존속하는 증액경정처분에 승계되지 아니한다(대판 2010.6.24. 2007두16493).

④ [O] 취득세는 신고납세 방식의 조세로서 이러한 유형의 조세에 있어서는 원칙적으로 납세의무자가 스스로 과세표준과 세액을 정하여 신고하는 행위에 의하여 조세채무가 구체적으로 확정되고(과세관청은 납세의무자로부터 신고가 없는 경우에 한하여 비로소 부과처분에 의하여 이를 확정하게 되는 것이다), 그 납부행위는 신고에 의하여 확정된 구체적 조세채무의 이행으로 하는 것이며 국가나 지방자치단체는 그와 같이 확정된 조세채권에 기하여 납부된 세액을 보유하는 것이므로, 납세의무자의 신고행위가 중대하고 명백한 하자로 인하여 당연무효로 되지 아니하는 한 그것이 바로 부당이득에 해당한다고 할 수 없다(대판 1995.11.28. 95다18185).

23' 지방직 7급

15 행정규칙 정답 ④

① [O] 구 여객자동차 운수사업법 시행규칙(2000.8.23. 건설교통부령 제259호로 개정되기 전의 것) 제31조 제2항 제1호, 제2호, 제6호는 구 여객자동차 운수사업법(2000.1.28. 법률 제6240호로 개정되기 전의 것) 제11조 제4항의 위임에 따라 시외버스운송사업의 사업계획변경에 관한 절차, 인가기준 등을 구체적으로 규정한 것으로서, 대외적인 구속력이 있는 법규명령이라고 할 것이고, 그것을 행정청 내부의 사무처리준칙을 규정한 행정규칙에 불과하다고 할 수는 없다(대판 2006.6.27. 2003두4355).

② [O] 법령에 반하는 위법한 행정규칙은 무효이며, 따라서 위법한 행정규칙을 위반한 것은 징계사유로 삼을 수 없다.

③ [O] 헌법이 인정하고 있는 위임입법의 형식은 예시적인 것으로 보아야 한다. 법률이 일정한 사항을 행정규칙에 위임하더라도 그 행정규칙은 위임된 사항만을 규율할 수 있으므로, 국회입법의 원칙과 상치되지 않는다. 다만 고시와 같은 행정규칙에 위임하는 것은 전문적·기술적 사항이나 경미한 사항으로서 업무의 성질상 위임이 불가피한 사항에 한정된다. 심판대상조항은 정비사업의 시공자 선정과정에서 공정한 경쟁이 가능하도록 하는 절차나 그에 관한 평가 및 의사결정 방법 등의 세부적 내용에 관하여 국토해양부장관이 정하도록 위임하고 있는바, 이는 전문적·기술적 사항이자 경미한 사항으로서 업무의 성질상 위임이 불가피한 경우에 해당한다(대판 2016.3.31. 2014헌바382).

❹ [×] 일반적으로 행정 각부의 장이 정하는 고시라 하더라도 그것이 특히 법령의 규정에서 특정 행정기관에게 법령 내용의 구체적 사항을 정할 수 있는 권한을 부여함으로써 그 법령 내용을 보충하는 기능을 가질 경우에는 그 형식과 상관없이 근거 법령 규정과 결합하여 대외적으로 구속력이 있는 법규명령으로서의 효력을 가지는 것이나, 이는 어디까지나 법령의 위임에 따라 그 법령 규정을 보충하는 기능을 가지는 점에 근거하여 예외적으로 인정되는 효력이므로, 어떤 고시가 비록 법령에 근거를 둔 것이더라도 그 규정 내용이 법령의 위임 범위를 벗어난 것일 경우에는 위와 같은 법규명령으로서의 대외적 구속력을 인정할 여지는 없다(대판 1999.11.26. 97누13474).

23' 지방직 7급

16 선결문제 정답 ②

① [O] 계고처분 또는 행정 대집행 영장에 의한 통지와 같은 행정처분이 위법인 경우에는 그 각 처분의 무효확인 또는 취소를 소구할 수 있으나 행정대집행이 완료한 후에는 그 처분의 무효확인 또는 취소를 구할 소익이 없다 할 것이며 변론의 전 취지에 의하여 본건 계고처분 행정처분이 위법임을 이유로 배상을 청구하는 취의로 인정될 수 있는 본건에 있어 미리 그 행정처분의 취소판결이 있어야만 그 행정처분의 위법임을 이유로 피고에게 배상을 청구할 수 있는 것은 아니다(대판 1972.4.28. 72다337).

❷ [×] 민사소송에 있어서 어느 행정처분의 당연무효 여부가 선결문제로 되는 때에는 이를 판단하여 당연무효임을 전제로 판결할 수 있고 반드시 행정소송 등의 절차에 의하여 그 취소나 무효확인을 받아야 하는 것은 아니다(대판 1972.10.10. 71다2279).

③ [O] 행정행위의 공정력은 판결의 기판력과 같은 효력은 아니지만 그 공정력의 객관적 범위에 속하는 행정행위의 하자가 취소사유에 불과한 때에는 그 처분이 취소되지 않는 한 처분의 효력을 부정하여 그로 인한 이득을 법률상 원인 없는 이득이라고 말할 수 없고, 따라서 조세의 과오납이 부당이득이 되기 위하여는 납세 또는 조세의 징수가 실체법적으로나 절차법적으로 전혀 법률상의 근거가 없거나 과세처분의 하자가 중대하고 명백하여 당연무효이어야 하고, 과세처분의 하자가 단지 취소할 수 있는 정도에 불과할 때에는 과세관청이 이를 스스로 취소하거나 항고소송절차에 의하여 취소되지 않는 한 그로 인한 조세의 납부가 부당이득이 된다고 할 수 없다(대판 1994.11.11. 94다28000).

④ [O] 소방시설 설치 유지 및 안전관리에 관한 법률 제9조에 의한 소방시설 등의 설치 또는 유지·관리에 대한 명령을 정당한 사유 없이 위반한 자는 같은 법 제48조의2 제1호에 의하여 행정형벌에 처해지는데, 위 명령이 행정처분으로서 하자가 있어 무효인 경우에는 명령에 따른 의무위반이 생기지 아니하므로 행정형벌을 부과할 수 없다(대판 2011.11.10. 2011도11109).

23' 국가직 7급

17 항고소송 정답 ④

① [×] 부작위위법확인의 소는 부작위상태가 계속되는 한 그 위법의 확인을 구할 이익이 있다고 보아야 하므로 원칙적으로 제소기간의 제한을 받지 않는다. 그러나 행정소송법 제38조 제2항이 제소기간을 규정한 같은 법 제20조를 부작위위법확인소송에 준용하고 있는 점에 비추어 보면, 행정심판 등 전심절차를 거친 경우에는 행정소송법 제20조가 정한 제소기간 내에 부작위위법확인의 소를 제기하여야 한다(대판 2009.7.23. 2008두10560).

② [×] 미얀마 국적의 甲이 위명(僞名)인 '乙' 명의의 여권으로 대한민국에 입국한 뒤 乙 명의로 난민 신청을 하였으나 법무부장관이 乙 명의를 사용한 甲을 직접 면담하여 조사한 후 甲에 대하여 난민불인정 처분을 한 사안에서, 처분의 상대방은 허무인이 아니라 '乙'이라는 위명을 사용한 甲이라는 이유로, 甲이 처분의 취소를 구할 법률상 이익이 있다(대판 2017.3.9. 2013두16852).

③ [×] 주민 등의 도시관리계획 입안 제안을 거부한 처분을 이익형량에 하자가 있어 위법하다고 판단하여 취소하는 판결이 확정되었더라도 행정청에게 그 입안 제안을 그대로 수용하는 내용의 도시관리계획을 수립할 의무가 있다고는 볼 수 없고, 행정청이 다시 새로운 이익형량을 하여 적극적으로 도시관리계획을 수립하였다면 취소판결의 기속력에 따른 재처분의무를 이행한 것이라고 보아야 한다(대판 2020.6.25. 2019두56135).

❹ [○] 행정처분의 근거 법률에 의하여 보호되는 직접적이고 구체적인 이익이 있는 경우에는 행정소송법 제35조에 규정된 '무효확인을 구할 법률상 이익'이 있다고 보아야 하고, 이와 별도로 무효확인소송의 보충성이 요구되는 것은 아니므로 행정처분의 무효를 전제로 한 이행소송 등과 같은 직접적인 구제수단이 있는지 여부를 따질 필요가 없다고 해석함이 상당하다(대판 2008.3.20. 2007두6342).

23' 군무원 7급

18 사인의 공법행위 정답 ②

① [○] 국민의 적극적 신청행위에 대하여 행정청이 그 신청에 따른 행위를 하지 않겠다고 거부한 행위가 항고소송의 대상이 되는 행정처분에 해당하는 것이라고 하려면, 그 신청한 행위가 공권력의 행사 또는 이에 준하는 행정작용이어야 하고, 그 거부행위가 신청인의 법률관계에 어떤 변동을 일으키는 것이어야 하며, 그 국민에게 그 행위발동을 요구할 법규상 또는 조리상의 신청권이 있어야 한다(대판 2009.9.10. 2007두20638).

❷ [×] 인·허가의제 효과를 수반하는 건축신고는 일반적인 건축신고와는 달리, 특별한 사정이 없는 한 행정청이 그 실체적 요건에 관한 심사를 한 후 수리하여야 하는 이른바 '수리를 요하는 신고'로 보는 것이 옳다(대판 2011.1.20. 2010두14954).

③ [○] 건축주 등은 신고제하에서도 건축신고가 반려될 경우 당해 건축물의 건축을 개시하면 시정명령, 이행강제금, 벌금의 대상이 되거나 당해 건축물을 사용하여 행할 행위의 허가가 거부될 우려가 있어 불안정한 지위에 놓이게 된다. 따라서 건축신고 반려행위가 이루어진 단계에서 당사자로 하여금 반려행위의 적법성을 다투어 그 법적 불안을 해소한 다음 건축행위에 나아가도록 함으로써 장차 있을지도 모르는 위험에서 미리 벗어날 수 있도록 길을 열어 주고, 위법한 건축물의 양산과 그 철거를 둘러싼 분쟁을 조기에 근본적으로 해결할 수 있게 하는 것이 법치행정의 원리에 부합한다. 그러므로 건축신고 반려행위는 항고소송의 대상이 된다고 보는 것이 옳다(대판 2010.11.18. 2008두167).

④ [○] 허가대상 건축물의 양수인이 구 건축법 시행규칙(1992.6.1. 건설부령 제504호로 전문 개정되기 전의 것)에 규정되어 있는 형식적 요건을 갖추어 시장·군수에게 적법하게 건축주의 명의변경을 신고한 때에는 시장·군수는 그 신고를 수리하여야지 실체적인 이유를 내세워 신고의 수리를 거부할 수 없다(대판 1993.10.12. 93누883).

23' 군무원 7급

19 행정행위 정답 ②

① [○] 조세 부과의 근거가 되었던 법률규정이 위헌으로 선언된 경우, 비록 그에 기한 과세처분이 위헌결정 전에 이루어졌고, 과세처분에 대한 제소기간이 이미 경과하여 조세채권이 확정되었으며, 조세채권의 집행을 위한 체납처분의 근거규정 자체에 대하여는 따로 위헌결정이 내려진 바 없다고 하더라도, 위와 같은 위헌결정 이후에 조세채권의 집행을 위한 새로운 체납처분에 착수하거나 이를 속행하는 것은 더 이상 허용되지 않고, 나아가 이러한 위헌결정의 효력에 위배하여 이루어진 체납처분은 그 사유만으로 하자가 중대하고 객관적으로 명백하여 당연무효라고 보아야 한다(대판 2012.2.16. 2010두10907).

❷ [×] 무효인 서울특별시행정권한위임조례의 규정에 근거하여 이 사건 처분을 한 것이므로 이 사건 처분은 결과적으로 적법한 위임없이 권한없는 자에 의하여 행하여진 것과 마찬가지가 되어 그 하자가 중대하다고 할 것이나, 지방자치단체의 사무에 관한 조례와 규칙은 조례가 보다 상위규범이라고 할 수 있고, 또한 헌법 제107조 제2항의 "규칙"에는 지방자치단체의 조례와 규칙이 모두 포함되는 등 이른바 규칙의 개념이 경우에 따라 상이하게 해석되는 점 등에 비추어 보면 이 사건 처분의 위임과정의 하자가 객관적으로 명백한 것이라고 할 수 없으므로 이로 인한 하자는 결국 당연무효 사유는 아니라고 봄이 상당하다고 할 것이다(대판 1995.7.11. 94누4615). 무효가 아닌 취소사유이다.

③ [○] 「행정기본법」 제18조 제1항에 대한 옳은 내용이다.

판례 이론 **조문**

> **제18조 【위법 또는 부당한 처분의 취소】** ① 행정청은 위법 또는 부당한 처분의 전부나 일부를 소급하여 취소할 수 있다. 다만, 당사자의 신뢰를 보호할 가치가 있는 등 정당한 사유가 있는 경우에는 장래를 향하여 취소할 수 있다.

④ [○] 선행처분이 무효이면 무효인 행정처분에 기한 후속 행정처분도 당연무효이다.

23' 국가직 7급

20 판결의 효력 정답 ②

① [O] 확정판결의 기판력에 따르면, 확정판결의 주문에 포함된 법률적 판단과 동일한 사항이 소송상 문제가 되었을 때 당사자는 이에 저촉되는 주장을 할 수 없고 법원도 이에 저촉되는 판단을 할 수 없다. 후소의 소송물이 전소의 소송물과 동일하지 않더라도 전소의 소송물에 관한 판단이 후소의 선결문제가 되거나 모순관계에 있을 때에는 후소에서 전소 확정판결의 판단과 다른 주장을 하는 것도 허용되지 않는다(대판 2021.9.30. 2021두38635).

❷ [X] 행정처분을 취소하는 확정판결이 제3자에 대하여도 효력이 있다고 하더라도 일반적으로 판결의 효력은 주문에 포함한 것에 한하여 미치는 것이니 그 취소판결 자체의 효력으로써 그 행정처분을 기초로 하여 새로 형성된 제3자의 권리까지 당연히 그 행정처분 전의 상태로 환원되는 것이라고는 할 수 없다(대판 1986.8.19. 83다카2022).

③ [O] 취소 확정판결의 기속력은 판결의 주문 및 전제가 되는 처분 등의 구체적 위법사유에 관한 판단에도 미치나, 종전 처분이 판결에 의하여 취소되었더라도 종전 처분과 다른 사유를 들어서 새로이 처분을 하는 것은 기속력에 저촉되지 않는다. 여기에서 동일 사유인지 다른 사유인지는 확정판결에서 위법한 것으로 판단된 종전 처분사유와 기본적 사실관계에서 동일성이 인정되는지 여부에 따라 판단되어야 하고, 기본적 사실관계의 동일성 유무는 처분사유를 법률적으로 평가하기 이전의 구체적인 사실에 착안하여 그 기초인 사회적 사실관계가 기본적인 점에서 동일한지에 따라 결정된다(대판 2016.3.24. 2015두48235).

④ [O] 특별한 사정이 없는 한 간접강제결정에서 정한 의무이행기한이 경과한 후에라도 확정판결의 취지에 따른 재처분의 이행이 있으면 배상금을 추심함으로써 심리적 강제를 꾀할 목적이 상실되어 처분상대방이 더 이상 배상금을 추심하는 것은 허용되지 않는다(대판 2004.1.15. 2002두2444).

MEMO